Toulouse
Nach Paris
San Sebastián
130
Pamplona
124
Zaragoza
142
N II
115
Lérida
95
Soria
188
Barcelona
105
Tarragona
146
adalajara
Teruel
157
Castellón
154
uenca
182
Valencia
160
351
Menorca
Palma
346
Mallorca
348
Ibiza
351
Albacete
169
Alicante
171
Murcia
177
N
Almería
344
TTELMEER
Die mageren Ziffern bei den Städtenamen weisen auf die Seitenzahlen des Beginns der Stadtbeschreibung hin.
0
200
Kilometer

DER GROSSE POLYGLOTT

SPANIEN

Mit 105 Abbildungen und
47 Karten in Farbe und Schwarzweiß

POLYGLOTT-VERLAG MÜNCHEN

16. Auflage · 1985/86

Druck: Druckhaus Langenscheidt, Berlin
Printed in Germany / 1/2 + 11/12 – L,w. / 3-10 Bw. X. Zc.
ISBN 3-493-60 100-X

VORWORT

Spanien gehört zu den beliebtesten Reiseländern Europas, und zwar vor allem wegen seiner mittelmeerischen Küstenlandschaften, wegen der Balearen und der Kanarischen Inseln. Das bedeutet, daß Spanien in erster Linie das Ziel von sonnenhungrigen Badeurlaubern ist. Es gibt aber in diesen Küstenzonen eine nicht geringe Zahl von Bau- und Kunstdenkmälern, die auch den Badeurlauber nicht gleichgültig bleiben lassen, wenn sie auch eher die Aufmerksamkeit der Bildungsreisenden auf sich ziehen. Interessante Bau- und Kunstdenkmäler finden sich über das ganze Land verteilt, und damit werden auch die Binnenlandschaften zu attraktiven Reisezielen, besonders dann, wenn sich zu den Bau- und Kunstdenkmälern noch Naturschönheiten gesellen.

Dieses ganze Spanien soll in diesem Reiseführer vorgestellt werden. Dieser Vorstellung voraus geht die Behandlung der Fragen, die im Zusammenhang mit der Reise nach Spanien und mit dem Aufenthalt und Reisen in Spanien zusammenhängen, sich aber nicht auf einzelne Orte beziehen („Allgemeine Praktische Hinweise"). Es folgt dann die „Kleine Landes- und Volkskunde", in der ein Gesamtbild von Spanien entworfen wird.
Mit dem Teil „Die schönsten Reiserouten" geht die Darstellung dann ins Detail. Es werden hier einige große Fahrten durch Spanien geschildert, die in beliebiger Weise zu Rundfahrten zusammengelegt werden können.

Die Einzelheiten zu den Teilstrecken der großen Routen sind in dem nach Provinzen gegliederten Hauptteil des Reiseführers zu finden. Die Gliederung in Provinzen wurde gewählt, um dem Besucher zu zeigen, wie er sich von der jeweiligen Provinzhauptstadt aus die Umgebung am besten erschließen kann.

Der Teil „Spezielle Praktische Hinweise" bringt dann die Informationen über Verkehrsverbindungen, Unterkünfte und dergleichen mehr für die Orte, die touristische Bedeutung haben. Das sehr ausführlich gehaltene Register soll die Benutzung des Reiseführers erleichtern und ihn zu einem immer informationsbereiten Reisebegleiter machen.

Zur Bewältigung der Franco-Epoche gehört eine gesamtspanische Aktion, Straßennamen, die an Franco und Franquisten erinnern, zu ändern. Diese Aktion kommt wegen Uneinigkeit der politischen Gruppen nur sehr langsam voran. Immerhin hat sie zur Folge, daß dieser Reiseführer hinsichtlich der Straßennamen nicht immer ganz aktuell sein kann.

Verfasser und Herausgeber

Herausgeber:	Die Polyglott-Redaktion
Verfasser:	Wilhelm Voss-Gerling
Karten und Pläne:	Ferdinand Helm und Kurt Zimmermann
Illustrationen:	Karl Bauer-Oltsch, Vera Solymosi-Thurzó und Ib Withen
Umschlag:	Prof. Richard Blank
Fotos:	(8) Bavaria, (7) Mauritius, (1) Museo del Prado und (2) Spanisches Fremdenverkehrsamt
Klimadaten:	Deutscher Wetterdienst, Offenbach a. M.
Wir danken:	den Oficinas de Información de Turismo (Ministerio de Transporte, Turismo y Comunicaciones) aller spanischen Provinzhauptstädte und dem Spanischen Fremdenverkehrsamt in München.
Zuschriften:	Ergänzende Anregungen, für die wir jederzeit dankbar sind, bitten wir zu richten an Polyglott-Verlag, Redaktion, Postfach 40 11 20, 8000 München 40. Alle Angaben (ohne Gewähr) vom Stand Oktober 1984.

Wertung der Sehenswürdigkeiten

*** kennzeichnen Sehenswürdigkeiten ersten Ranges. Sie wurden nach einem strengen Maßstab im Vergleich mit gleichzubewertenden Sehenswürdigkeiten Europas ausgewählt. Sie aufzusuchen, ist eine Reise wert.
** kennzeichnen bedeutende Landschaften, Orte, Gebäude oder Kunstwerke. Diese Klassifizierung ist am beschriebenen Gebiet orientiert. **-Sehenswürdigkeiten lohnen gegebenenfalls einen Umweg.
* kennzeichnet sehenswerte Objekte. Diese sind durchaus beachtlich, denn auch die in diesem Buch beschriebenen Orte, Landschaften, Gebäude und Kunstwerke, die nicht mit Sternen gekennzeichnet sind, stellen bereits eine relativ strenge Auswahl dar.

Zeichenerklärung

Flugverbindungen
Schiffsverbindungen
Eisenbahnverbindungen
Autobusverbindungen
L Luxushotels
Sehr gute Hotels
Gute Hotels
Einfache Hotels, Pensionen
Jugendherbergen
Campingplätze

Die in eckigen Klammern gesetzten Ziffern oder Buchstaben decken sich mit den auf den Plänen eingezeichneten.

Kilometerangaben hinter Ortsnamen zeigen die Entfernung vom Beginn der jeweiligen Route aus an.

INHALTSVERZEICHNIS

Aussprache des Spanischen

c vor *a*, *o*, *u* wie k, vor *e* und *i* wie scharfes englisches th
g vor *a*, *o*, *u* wie g, vor *e* und *i* wie ch in Krach
ch wie tsch
gue, *gui* wie ge, gi
j wie ch in Krach
ll wie lj
ñ wie nj
qu wie k
s wie ß in Maß
v wie w
y wie j (am Wortende wie i)
z wie scharfes englisches th
b wird sehr weich, oft fast wie w gesprochen
d wird am Wortende kaum oder gar nicht gesprochen
r ist ein gewöhnliches, *rr* ein stark gerolltes Zungen-r; r am Anfang wird wie rr gesprochen

h ist immer stumm. Die *Vokale* sind stets kurz auszusprechen.

Betont werden die Worte auf der vorletzten Silbe, wenn sie auf Vokale, auf n oder s enden (Granada, Linares), auf der letzten, wenn sie auf andere Konsonanten enden (Jerez); Ausnahmen werden durch den Akzent bezeichnet (M**á**laga).

Aussprache des Katalanischen

Das *Katalanische* hat ganz andere Regeln, die u.a. auch eine verschiedene Schreibart vieler Eigennamen bedingen.

Der erste wichtige Unterschied zum Spanischen ist die Aussprache der Selbstlaute *(Vokale)*: So werden im Katalanischen das unbetonte *a* und *e* wie das deutsche e in Gabe, das unbetonte *o* wie das deutsche u ausgesprochen. (Auf den Balearen gibt es diesen Laut auch in betonten Silben.)

Andere Unterschiede:
c vor *e* und *i* wie stimmloses s (wie ß in Maß), ebenso ç (nur vor *a*, *o* und *u*).
ch immer wie k *(Vich, Llafranch)*.
g vor *e* und *i* wie das französische g in Genie *(Palafrugell)*, ebenso *j (Junquera)*.

ll am Wortanfang und Wortende immer wie im Spanischen (lj), im Wortinnern manchmal auch wie Doppel-l, auf den Balearen wie j.
s ist (im Gegensatz zum Spanischen) oft stimmhaft (wie in Rose), z.B. in *Rosas*.
x immer wie sch *(Guixols)*.

Dem spanischen ñ entspricht im Katalanischen das *ny (Santanyi)*. Weitere Besonderheiten der katalanischen Rechtschreibung und Aussprache:
-aitx wie -atsch (*Andraitx* wie Andrátsch), *-oig* wie -otsch (*Son Morroig* wie Son Morrótsch), *-uig* wie -utsch (*Puig* wie Putsch).

ALLGEMEINE PRAKTISCHE HINWEISE

In der hier folgenden alphabetischen Übersicht werden zu den einzelnen Stichwörtern Kurzangaben oder Hinweise auf ausführlichere Angaben gebracht.

Anreise s. S. 10.

Auskunft s. S. 13.

Autobus s. S. 12 und S. 18.

Autofahrer s. S. 10 und S. 15.

Bedienungsgeld macht 10 bis 15% des Rechnungsbetrages aus; ist aber in der Regel in den Rechnungen bereits enthalten.

Botschaften/Konsulate s. S. 13.

Camping s. S. 22.

Devisen: erlaubt ist die Einfuhr von Landeswährung bis 150000 Ptas., die Ausfuhr bis 20000 Ptas. Fremdwährungen können unbegrenzt ein- und bis zum Gegenwert von 80000 Ptas. ohne Einfuhrdeklaration ausgeführt werden.

Einreise s. S. 14.

Eisenbahn s. S. 12 und S. 19.

Entfernungsangaben s. S. 16.

Essenszeiten: Frühstück 8 bis 11, Mittagessen 13 bis 15.30, Abendessen 20 bis 23 Uhr (leichte Abweichungen sind möglich).

Feiertage: 1. und 6. Januar, 19. März (Hl. Josef), Karfreitag, 1. Mai, Christi Himmelfahrt, 24. Juni (Hl. Johannes; „Königstag"), 25. Juli (Hl. Jakobus), 15. August, 12. Oktober, 1. November, 8. und 25. Dezember; zahlreiche lokale Feiertage.

Ferienwohnungen s. S. 21.

Grenzdokumente s. S. 14.

Grenzübergänge s. S. 14.

Hotels s. S. 20.

Hunde s. S. 14.

Jugendherbergen s. S. 22.

Museen: es gibt keine allgemein gültigen Besichtigungszeiten für Museen und Sehenswürdigkeiten. Bei der Planung von Stadtbesichtigungen und Rundfahrten geht man am besten davon aus, daß man in der Regel zwischen 10 und 13 Uhr, meist auch zwischen 16 und 18 (im Winter 15 und 17 Uhr) nicht vor verschlossenen Türen steht. Bei Kirchen muß man aber damit rechnen, daß sie nachmittags geschlossen bleiben (das kann auch bei Kirchen vorkommen, die als bedeutende Sehenswürdigkeiten gelten). Viele bedeutende wie private Museen (besonders außerhalb der großen Städte) sind montags vormittags geschlossen (einen festen Ruhetag gibt es nicht). Sehr häufig sind Sonderregelungen für Sonn- und Feiertage sowie für Samstagnachmittage (kürzere Öffnungszeiten, auch völlige Schließungen).

Netzspannung: in den Touristengebieten durchweg 220 Volt, manchmal noch 110 bis 125 Volt Wechselstrom.

Öffnungszeiten: Geschäfte sind gewöhnlich von 9–13 Uhr und von 16–20 Uhr (im Winter von 15–19 Uhr) geöffnet, Banken und offizielle Dienststellen haben Publikumsverkehr werktags von 9–14 Uhr, samstags bis 13 Uhr, einige auch nachmittags.

Pkw-Reisen s. S. 10 und S. 15.

Porto: Post- oder Ansichtskarte 30 Ptas., Brief bis 20 g in die Bundesrepublik Deutschland, in die Schweiz oder nach Österreich 40 Ptas.

Postsparer können bei der spanischen Post gegen Vorlage des Ausweises oder Passes innerhalb 30 Tagen bis zu 2000 DM abheben. Die Auszahlung erfolgt in Peseten, ohne Abzug von Spesen und Gebühren.

Reisewege s. S. 10.

Reisezeit: für das Landesinnere sind Frühling und Herbst die besten Reisezeiten; Einzelheiten für die Küstenlandschaften und Inseln s. S. 76.

Restaurants s. S. 23.

Schuhputzen ist in den Hotels nicht üblich; diese Arbeit übernimmt auf der Straße, in Cafés usw. der limpiabotas (Schuhputzer).

Tabakwaren kauft man im Estanco (Tabacalera), in dem auch Briefpapier und Briefmarken zu haben sind; in Bars, Cafés usw. bekommt man meist ebenfalls Tabakwaren.

Tankstellen s. S. 15.

Trinkgeld s. S. 20.

Unfall s. S. 15.

Unterkunft s. S. 20.

Verkehrsregeln s. S. 15.

Verpflegung s. S. 22.

Vokabular s. S. 24.

Währung; Die Währungseinheit ist die Peseta (Pta., Mehrzahl Ptas. oder Pts.) = 100 Céntimos (cts.). 100 Pesetas = 1,80 DM = 1,40 sfr = 13 öS.

Zeit: Spanien hat mitteleuropäische Zeit und Sommerzeit.

Zollbestimmungen: s. S. 25.

ANREISE

Vom Verkehrsmittel her kann die Spanienreise eine Pkw-, Flug-, Bus-, Eisenbahn- oder Schiffsreise sein. Alle diese Reisen kann man als Individualreisender, einige auch als Gruppenreisender machen.

Pkw-Reise: Der eigene Wagen ist neben dem Flugzeug das für Spanienreisen beliebteste Verkehrsmittel (für Reisen zu den Balearen und zu den Kanarischen Inseln lohnt sich die Mitnahme des eigenen Wagens kaum oder gar nicht). Die zu fahrenden Strecken sind allerdings recht lang: nach Barcelona zwischen rund 1000 (Zürich) und rund 1800 km (Wien/Berlin), nach Madrid zwischen rund 1580 (Zürich) und rund 2400 km (Wien/Berlin), nach Sevilla zwischen rund 2100 (Zürich) und rund 2800 km (Wien/Berlin).

Diese Entfernungsangaben beziehen sich auf die Reisewege, die als die empfehlenswertesten angesehen werden dürfen: aus allen Richtungen strebt man zunächst Lyon an; von dort fährt man über Valence und Perpignan nach Barcelona, von wo aus man über Zaragoza Madrid und über Valencia die südspanischen Küstenzonen erreicht (liegt das Reiseziel im Norden Spaniens, ist, wenn man aus der Nordhälfte Deutschlands kommt, der Weg über Paris und Bordeaux vorzuziehen).

In Anbetracht der langen Reisewege ist die Benutzung der Autoreisezüge sehr zu empfehlen. Zu den wichtigsten Autoreisezügen gehören die von deutschen Bahnhöfen aus nach Avignon, Narbonne und Biarritz verkehrenden Züge. In Spanien gibt es auf allen Hauptstrecken Züge mit Autotransport. Über die jeweiligen Autotransportmöglichkeiten unterrichten die Reisebüros.

Flugreise: Sie kann eine individuelle Flugreise, eine IT (Inclusive Tour) oder eine Charterreise sein. Bei der individuellen Flugreise gibt es auch Sondertarife, wie beispielsweise bei einem Aufenthalt von mindestens 6 und höchstens 30 Tagen.

Nach dem vorgenannten Sondertarif kostet ein Hin- und Rückflug Deutschland/Österreich/Schweiz–Madrid zwischen etwa 800 und 1200, – Barcelona 600 und 1200, – Palma de Mallorca 650 und 1100, – Málaga 850 und 1300,– Las Palmas 1100 und 1700 DM.

Ab Frankfurt, Düsseldorf und Hamburg gibt es außerdem von Frühjahr bis Herbst den ermäßigten „Bungalowtarif", der für direkte Flüge auf die Balearen (Mallorca, Ibiza), nach Teneriffa und zu den verschiedenen Küstenstädten auf dem spanischen Festland gilt.

Die IT und die Charterreise sind Pauschalreisen. Die IT ist eine Einzelflugpauschalreise, deren Termin, Verlauf, Dauer und Leistungen man im Rahmen der tariflichen Bestimmungen selbst festlegt und die ausschließlich mit Linienflugzeugen durchgeführt wird. Bedingung für diesen Sondertarif ist, daß entweder die Hotelunterkunft oder ein Leihwagen am Zielort mitgebucht wird.

Eine IT kann eine Städte-IT sein (Aufenthalt nur in einer Stadt, z.B. in Madrid) oder eine Badereise mit ein- oder mehrwöchigem Aufenthalt etwa auf den Balearen, den Kanarischen Inseln oder an der Costa Brava. Über das breite IT-Angebot unterrichten die Reisebüros. Die Kosten einer IT liegen unter denen einer Individualreise mit Hotelarrangement.

Die Charterflugreise wird mit Charterflugzeugen und in Gruppen durchgeführt. Handelt es sich um Aufenthaltsreisen (Badereisen), so lösen sich die Fluggruppen im Zielgebiet auf. Handelt es sich um Rundreisen (z.B. Autobusrundreisen innerhalb Spaniens zwischen den Flügen), bleiben die Gruppen für die ganze Dauer der Reise bestehen. Das Angebot an Charterreisen ist sehr groß; die Preisgestaltung ist sehr unterschiedlich. Eine intensive Prüfung der Angebote kann sehr gewinnbringend sein. Der Pauschalpreis einer Charterflugreise schließt die Kosten für Unterbringung und Teil- und Vollverpflegung ein. Dieser Preis kann im Extremfall für eine fünfzehntägige Charterflugreise niedriger sein als der Preis eines Normalfluges. Die IT ist im Durchschnitt etwa 20% teurer als die hinsichtlich der Leistungen vergleichbare Charterflugreise.

Die *Deutsche Lufthansa* hat eigene Büros in: Barcelona, Paseo de Gracia 83; Madrid, Edificio España, Gran Vía 88; Málaga-Torremolinos, La Nogalera 515; Palma de Mallorca, Edificio Palma, Poeta Tous y Maroto 5. Im übrigen wird die Lufthansa durch die Iberia, auf den Kanarischen Inseln durch A. Paukner S. A. vertreten.

Die *Swissair* hat eigene Büros in: Barcelona, Paseo de Gracia 44; Bilbao, Gran Vía Don Diego López de Haro 17; Madrid, Edificio de España, Gran Vía 84; Málaga-Torremolinos, La Nogalera 410; Palma de Mallorca, Flughafen, Haupthalle. Auf den Kanarischen Inseln ist die Swissair durch Atlántico, S. A. vertreten.

Autobusreisen: Auch sie können Einzel- oder Gruppenreisen sein. Einzelreisen kann man mit dem Europabus der Deutschen Touring-Gesellschaft unternehmen. Von vielen deutschen Städten aus gibt es Direktverbindungen nach Madrid und Barcelona, teils mit, teils ohne Unterwegsübernachtung. Fahrpläne erhält man in den DER-Reisebüros und an den Schaltern größerer Bahnhöfe; dort können auch Buchungen vorgenommen werden (Platzreservierung ist im allgemeinen vier Tage vor Reiseantritt notwendig). Die Fahrten sind um etwa 20–25% billiger als die Eisenbahnfahrt (hin und zurück) in der Zweiten Klasse. Für Gruppenreisen werden Autobusse hauptsächlich zur Durchführung von Rundreisen durch Spanien eingesetzt; in diesem Fall sind Unterkunft und Verpflegung im Pauschalpreis eingeschlossen. Über Autobusreisen nach Spanien geben die Reisebüros nähere Auskunft.

Eisenbahnreisen: Die beiden Hauptstrecken für Eisenbahnreisen nach Spanien sind die Strecken über Basel, Genf, Lyon und Cerbère/Port Bou nach Barcelona und über Paris, Bordeaux, Hendaye/Irún und Burgos nach Madrid. Gruppenreisen werden in kleinem Umfang nur an die Costa Brava (Richtung Barcelona) durchgeführt. Die Einzelreisenden überwiegen im Eisenbahnverkehr. Was die Fahrpreise anbelangt, so kann man als Faustregel aufstellen, daß eine Hin- und Rückreise in der Zweiten Klasse um rund 60% billiger ist als die entsprechende Flugreise (Preise s. S. 11). Zuschläge für Liege- oder Schlafwagen sind nicht einkalkuliert.

Schiffsreisen: Von den deutschen Nordseehäfen aus kann man mit Kombischiffen (Frachter mit Personenbeförderung) die Häfen des spanischen Festlandes und der Kanarischen Inseln anlaufen. Die Zahl dieser Schiffe und die Zahl ihrer Kabinen ist ziemlich klein. Anmeldungen müssen daher sehr frühzeitig vorgenommen werden. Exakte Auskünfte bekommt man in den Reisebüros, die eine eigene Schiffsabteilung haben.

Sodann gibt es Fährschiffverbindungen von Genua und Sète nach Barcelona bzw. Palma/Ibiza. Die eingesetzten Schiffe sind auch für den Wagentransport eingerichtet.

Schließlich gibt es eine nicht kleine Anzahl von Kreuzfahrten durch das westliche Mittelmeer, die im Turnus (meist handelt es sich um einen einwöchigen Turnus) durchgeführt werden. Im Rahmen dieser Kreuzfahrten kann man – je nach Anlegehäfen – einen ein- oder mehrwöchigen Aufenthalt auf den Balearen oder an der spanischen Mittelmeerküste vorsehen. Einige Kreuzfahrten werden einschließlich eines solchen Aufenthaltes angeboten (Näheres über die Reisebüros).

AUSKUNFT

Auskünfte erteilen außer den Reisebüros und den Automobilclubs die *Spanischen Fremdenverkehrsämter* in: 4000 Düsseldorf, Graf-Adolf-Str. 81; 6000 Frankfurt, Bethmannstr. 50–54; 2000 Hamburg 1, Ferdinandstr. 64–68; 8000 München 2, Oberanger 6; 1010 Wien 1, Rotenturmstr. 27; 8008 Zürich, Seefeldstr. 19; 1207 Genf 1, 67, rue du Rhône.

In den spanischen Provinzhauptstädten gibt es eine *Jefatura Provincial de Turismo*, also eine für die ganze Provinz zuständige Außenstelle des Ministeriums für Information und Tourismus. Solche Außenstellen befinden sich außerdem in den wichtigsten Fremdenverkehrsorten, an den wichtigsten Grenzübergängen und auf den für den Tourismus wichtigen Flughäfen. In den auf Seite 357 beginnenden *Speziellen Praktischen Hinweisen* wird mit MIT auf eine solche Stelle aufmerksam gemacht. Gibt es neben dieser Außenstelle ein besonderes Auskunftsbüro, eine *Oficina de Información de Turismo*, so wird dessen Anschrift unter OIT angegeben. Unter OMT wird schließlich auf die *Oficina Municipal de Turismo*, das örtliche Verkehrsbüro, hingewiesen.

Von den vielen Orten, die zu touristischer Bedeutung gelangt sind oder sich eine solche erhoffen, haben nur verhältnismäßig wenige eine Oficina de Información de Turismo oder eine Oficina Municipal de Turismo. Als Ersatz für diese staatlichen oder städtischen Einrichtungen ist in vielen kleinen Orten ein Centro de Iniciativas Turísticas geschaffen worden (CIT), ein Büro zur Förderung des Tourismus, an das man sich wenden kann, wenn man für seine Reiseplanung sehr detaillierte Auskünfte über einen dieser kleinen Orte haben möchte. Eine Liste dieser Centros gibt es. Damit man einigermaßen sicher ist, eine Antwort zu bekommen, adressiert man seine Anfrage am besten folgendermaßen: Centro de Iniciativas Turísticas o Ayuntamiento (der Zusatz „oder Bürgermeisteramt“ garantiert dafür, daß der Brief nicht als unzustellbar zurückkommt, wenn es einmal kein Centro gibt).

An die in wichtigen Fremdenverkehrsgebieten gelegenen Auskunftsstellen kann man sich in deutscher Sprache wenden, in allen anderen Fällen ist die spanische Sprache angebracht. Die Antwort wird immer in spanischer Sprache abgefaßt sein. Mit einer schnellen Beantwortung von Anfragen kann man in der Regel nicht rechnen.

BOTSCHAFTEN/ KONSULATE

Die *Bundesrepublik Deutschland* ist vertreten in: Madrid (Botschaft), Calle Fortuny 8 (Tel. 4199100); Barcelona (Generalkonsulat), Paseo de Gracia 111, 14. Stock (Tel. 2184750); Bilbao (Generalkonsulat), Calle Gobelas 1 (Tel. 4641877); Sevilla (Generalkonsulat), Avenida Ramón de Carranza 22 (Tel. 457811). Außerdem gibt es Honorarkonsulate in: Alicante (Tel. 21 70 60); Granada (Tel. 224528); Ibiza (Tel. 307461); Málaga (Tel. 212442); Palma de Mallorca (Außenstelle des Generalkonsulats Barcelona, Passeig d'es Born, 15 (Tel. 222997); San Sebastián (Tel. 421679); Santander (Tel. 234176); Valencia (Tel. 3614354); Vigo (Tel. 217074). Außenstellen der Botschaft befinden sich in Las Palmas (Gran Canaria; Tel. 275700) und Santa Cruz de Tenerife (Tel. 284812).

Österreich ist vertreten in: Madrid (Botschaft), Paseo de la Castellana 91 (Tel. 4565315); Barcelona (Tel. 2363544); Bilbao (Tel. 4640763); Gerona (Tel. 203254); Málaga (Tel. 441281); Sevilla (Tel. 222162); Valencia (Tel. 3671658); Palma de Mallorca (Tel. 210145); Las Palmas (Tel. 261300); Santa Cruz de Tenerife (Tel. 243799).

Die *Schweiz* ist vertreten in: Madrid (Botschaft), Edificio Goya, Calle Núñez de Balboa 35 (Tel. 4313400); Barcelona (Generalkonsulat), Edificios Trade Gran Via de Carlos III 94 (Tel. 3309211); Las Palmas de Gran Canaria (Konsulat), Calle el Cid, 38/40 (Tel. 274544, 267041); Málaga (Konsulat), Puerta del Mar 8 (Tel. 217266); Palma de Mallorca (Konsulat), Paseo de Mallorca 24 (Tel. 212520).

EINREISE

Staatsangehörige der Bundesrepublik Deutschland, der Schweiz, des Fürstentums Liechtenstein und Österreichs benötigen für Einreise und bis zu dreimonatigem Aufenthalt nur den Personalausweis, der allerdings am Tag der Einreise noch mindestens 3 Monate gültig sein muß.

Autofahrer, die als Touristen und in der üblichen Reisezeit nach Spanien kommen, benötigen nur den nationalen Führerschein. Neben dem Führerschein wird die nationale Zulassung und die internationale Grüne Versicherungskarte gefordert. Am Fahrzeug muß das Nationalitätszeichen angebracht sein.

Wer die Grüne Versicherungskarte vergessen hat, muß an der spanischen Grenze eine Grenzversicherung abschließen (wenn Nachsendung der Grünen Versicherungskarte möglich, nur Kurzversicherung abschließen).

Für Hunde muß bei der Einreise nach Spanien und bei der Wiedereinreise in die Heimat eine vom Amtstierarzt des Herkunftsortes ausgestellte Gesundheitsbescheinigung vorgelegt werden. Außerdem muß der Nachweis über eine Tollwut-Impfung erbracht werden, Gesundheitszeugnis und Impfpaß dürfen nicht älter als ein Jahr und nicht jünger als 1 Monat sein.

Die meisten Grenzübergänge sind zwischen November und April nur von 9 bis 21 Uhr geöffnet (auch an Sonn- und Feiertagen). Die Abfertigungsstelle bei Behobia ist ganzjährig von

7–24 Uhr geöffnet. Die Übergänge bei Irún, Puigcerda und La Junquera sind ganzjährig durchgehend geöffnet.

Ein recht reizvoller, allerdings für Wohnwagengespanne ungeeigneter Übergang ist der drei Kilometer lange Pyrenäenstraßentunnel zwischen dem französischen Aragenout und dem spanischen Bielsa (s. S. 122). Die Benützung ist gebührenfrei, der Tunnel ist von Juni bis Oktober geöffnet. Man erreicht ihn von Toulouse aus über St-Gaudens, La Barthe-de-Neste, Arreau und St-Lary-Soulan. Von Bordeaux aus nimmt man den Weg über Pau, Tarbes und Arreau oder über Agen, Auch und La Barthe-de-Neste.

REISEN IN SPANIEN

Pkw-Reisen: Es ist hier an Reisen mit eigenem Wagen oder mit Leihwagen gedacht. Leihwagen sind in allen Touristengebieten und in allen Städten von einiger Bedeutung zu bekommen. Der Mieter eines Wagens soll wenigstens 21 Jahre alt und im Besitz eines gültigen Führerscheins (s. S. 14) sein. Es ist dringend zu empfehlen, den Wagen vor Abschluß des Mietvertrags gründlich zu prüfen.

Die Kosten für einen kompakten Kleinwagen belaufen sich auf dem spanischen Festland bei einer Mietdauer von einem Tag auf etwa 2500–5000 Ptas (hinzu kommen 3% Mehrwertsteuer, Versicherungskosten usw.). Auf den Balearen und auf den Kanarischen Inseln sind die Kosten etwas niedriger. In Einzelheiten weichen die Tarife der einzelnen Leihwagenfirmen stark voneinander ab. Ein prüfender Vergleich kann sehr lohnend sein.

Die spanischen Verkehrsregeln unterscheiden sich nicht wesentlich von den deutschen, jedoch gilt ausnahmslos die Regel „rechts vor links". Parken ist nur in Fahrtrichtung erlaubt. In Einbahnstraßen wird an geraden Kalendertagen auf der Straßenseite mit geraden Hausnummern geparkt, an ungeraden Kalendertagen auf der anderen Straßenseite. Es besteht Gurtanschnallpflicht.

Die zulässige Höchstgeschwindigkeit beträgt in geschlossenen Ortschaften 60 km/h, auf zwei- bzw. dreispurigen Landstraßen 90 bzw. 100 km/h, auf Autobahnen 120 km/h.

Bei Verwicklung in einen Unfall muß – je nach Schwere des Unfalls und unabhängig von Schuld oder Unschuld – mit der Beschlagnahme des Fahrzeugs und sogar mit Inhaftierung gerechnet werden. Es muß daher sofort die Versicherungsgesellschaft in der Heimat und die auf der Grünen Versicherungskarte angegebene spanische Versicherungsgesellschaft benachrichtigt werden, damit eventuell geforderte Kautionszahlungen unverzüglich geleistet werden können.

Tankstellen sind im allgemeinen in ausreichender Zahl vorhanden, liegen allerdings vor allem im nördlichen und nordwestlichen Spanien, sodann in den vom Tourismus weniger erfaßten Teilen im Süden und Südosten des Landes nicht gerade dicht beieinander.

Zur Zeit kostet ein Liter Normalbenzin (90 Oktan) 87 Ptas., Superbenzin (96 Oktan 93 Ptas.

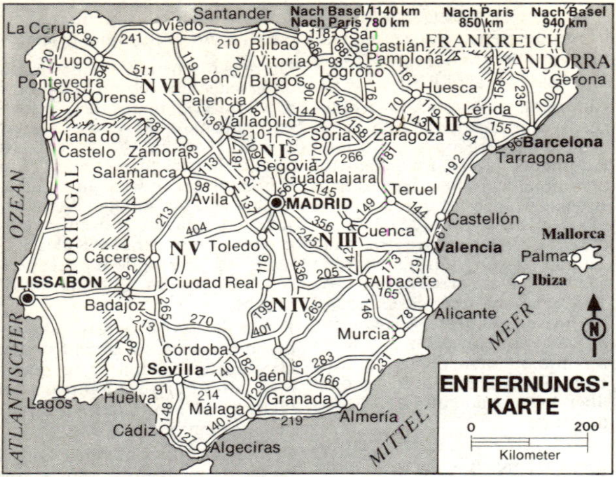
ENTFERNUNGS-
KARTE
0
200
Kilometer
Nach Basel 1140 km
Nach Paris 780 km
Nach Paris
850 km
Nach Basel
940 km
FRANKREICH
ANDORRA
La Coruña
Santander
Oviedo
Bilbao
San
Sebastián
Vitoria
Pamplona
Logroño
Lugo
Pontevedra
Orense
León
Burgos
Palencia
Huesca
Gerona
Lérida
Valladolid
Soria
Zaragoza
Barcelona
Tarragona
Viana do
Castelo
Zamora
Salamanca
Segovia
Guadalajara
Teruel
Avila
MADRID
Castellón
Cuenca
Toledo
Valencia
Mallorca
Palma
Ibiza
Cáceres
LISSABON
Ciudad Real
Albacete
Badajoz
Alicante
Murcia
Córdoba
Sevilla
Jaén
Granada
Lagos
Huelva
Málaga
Almería
Cádiz
Algeciras
N I
N II
N III
N IV
N V
N VI
PORTUGAL
ATLANTISCHER OZEAN
MITTELMEER
N

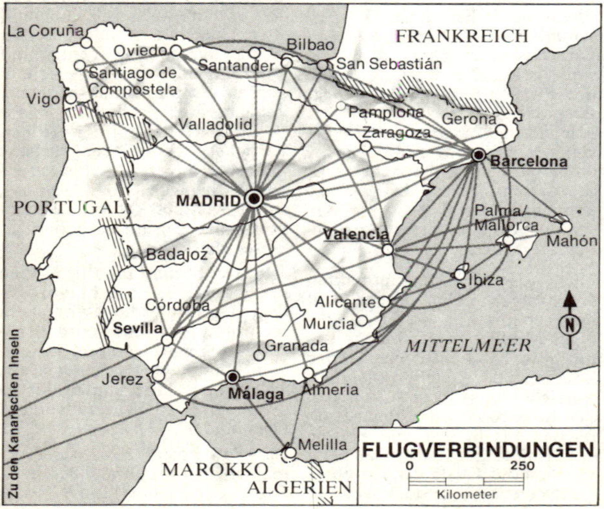
FLUGVERBINDUNGEN
0
250
Kilometer
FRANKREICH
La Coruña
Oviedo
Bilbao
Santander
San Sebastián
Santiago de
Compostela
Vigo
Pamplona
Gerona
Valladolid
Zaragoza
Barcelona
PORTUGAL
MADRID
Palma/
Mallorca
Mahón
Valencia
Badajoz
Ibiza
Alicante
Córdoba
Murcia
Sevilla
Granada
MITTELMEER
Jerez
Málaga
Almeria
Melilla
MAROKKO
ALGERIEN
Zu den Kanarischen Inseln
N

und Extra (98 Oktan) 97 Ptas. Für Diesel zahlt man 58 Ptas.

Die spanischen Autobahnen sind gebührenpflichtig (ca. 6 Ptas./km).

Der Pannendienst des *Real Automóvil Club de España* (RACE) kann unter folgenden Telefonnummern angefordert werden: Madrid (91) 4473200, Lérida (973) 241245, Salamanca (923) 228154, Barcelona (93) 2003311, Lugo (982) 222608, Burgos (947) 224809, La Coruña (981) 229602, Ciudad Real (926) 222122, Málaga (952) 214260, Gerona (972) 200868, Palencia (988) 721125, Santander (942) 212643, Pontevedra (986) 853137, Valencia (96) 3339403, Segovia (911) 543009, Tarragona (977) 211962, Zaragoza (976) 357972, Zamora (988) 525096, Palma de Mallorca (971) 237346, Gran Canaria (928) 366188. Das Abschleppen durch Privatfahrzeuge ist nicht erlaubt.

Folgende Autofährverbindungen bestehen zwischen dem spanischen Festland und den Balearen:

Barcelona–Palma de Mallorca
Valencia–Palma de Mallorca
Alicante–Palma de Mallorca
Barcelona–Ibiza
Alicante–Ibiza
Valencia–Ibiza
Barcelona–Mahón (Menorca)

Eine Fährverbindung zu den Kanarischen Inseln nur von Cádiz.

Richtpreise pro Person und Strecke (1984):

Barcelona–Balearen

Vierbettkabine	70 DM
Einzelbettkabine	171 DM
Pkw bis/über 4,5 m	174/217 DM
Anhänger pro m/ Motorräder	43 DM

Cádiz–Kanarische Inseln:

Vierbettkabine	205 DM
Einzelbettkab. Du/WC	545 DM
Pkw bis/über 4,5 m	183/229 DM
Anhänger pro m/ Motorräder	46 DM

Als Planungshilfe sind in die obere Karte von Seite 16 die Entfernungen zwischen den Provinzhauptstädten des spanischen Festlandes eingetragen.

Flugreisen: Die untere Karte von Seite 16 gibt einen Überblick über die innerspanischen Flugverbindungen. Sie macht deutlich, daß Madrid und Barcelona die Schwerpunkte des innerspanischen Luftverkehrs sind. Zwischen den auf der Karte nicht mehr erscheinenden Kanarischen Inseln, von denen die Inseln Tenerife und Gran Canaria von den festländischen Flughäfen Barcelona, Madrid, Alicante, Bilbao, Jerez de La Frontera, Málaga, Sevilla und Valencia aus direkt zu erreichen sind, bestehen folgende Verbindungen: von Tenerife aus nach Arrecife (Insel Lanzarote), Fuerteventura, Hierro, Santa Cruz de la Palma und Las Palmas de Gran Canaria; von Las Palmas de Gran Canaria aus nach Arrecife, Fuerteventura, Santa Cruz de la Palma und Tenerife. Nicht auf allen Flugstrecken gibt es tägliche Verbindungen. Die für den Tourismus wichtigen Strecken werden in der Saison wenigstens einmal täglich beflogen.

Die Preise der innerspanischen Flüge sind gegenüber den Flügen innerhalb vieler anderer Länder recht günstig. Die Flugstrecken Düsseldorf–München und Madrid–Barcelona sind fast genau gleich lang. Ein Hin- und Rückflug (Economy-Klasse) kostet auf der Strecke Düsseldorf–München 594 DM (Flieg- und Spar- bzw. Wochenendtarif 358 DM), auf der Strecke Madrid–Barcelona 16 590 Ptas. (ca. 300 DM), zum Nachttarif ab 22 Uhr nur 12 440 Ptas. (ca. 225 DM). Die Preise für die Erste Klasse liegen um etwa 25% über denen der Economy-Klasse. Bei nicht rechtzeitig vorgenommener Annullierung (3 Tage vor Abflug) von in Spanien gekauften Inlandflügen muß mit einer Gebühr gerechnet werden.

Zu beachten ist, daß man nicht für jeden Flug eine Vorausreservierung vornehmen kann; zur Zeit gilt dies für den stündlichen Pendelverkehr zwischen Madrid und Barcelona.

Autobusreisen: Das alles in allem ziemlich dichte Streckennetz der Autobusse setzt sich zusammen aus Routen, die von den Autobussen des RENFE (Spanische Staatsbahnen) befahren werden und das Netz der Eisenbahn ergänzen sowie aus Routen, deren Ausgangspunkte in der Regel die Provinzhauptstädte sind und die meist weit über die jeweiligen Provinzgrenzen hinausgehen. Hier handelt es sich um Busse größerer Privatunternehmen.

Darüber hinaus gibt es Nahverkehrsstrecken, die von Autobussen eines städtischen Verkehrsunternehmens oder kleiner Autobusunternehmen befahren werden.

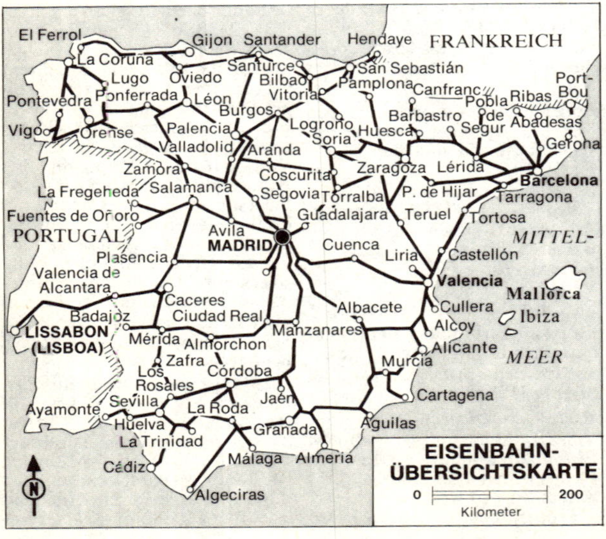

Hinzu kommen die touristisch interessanten Strecken, die während der Saison befahren werden. Damit ist es möglich, alle Orte von touristischer Bedeutung mit dem Autobus – hier und da unter Einbeziehung von Eisenbahnstrecken – zu erreichen.

Die Kombination von Fahrten mit der Eisenbahn und mit den Autobussen der RENFE ist auch fahrkartenmäßig möglich. Man wendet sich um Auskunft und Fahrkarten an die Oficinas de Viajes RENFE, die Reisebüros der Spanischen Staatsbahnen.

Eisenbahnreisen: Die Eisenbahnübersichtskarte (s. S. 18) zeigt, daß Spanien ein ausreichend dichtes Eisenbahnnetz besitzt (Nebenstrecken sind nur zum Teil eingezeichnet). Es ist durchaus möglich, auf kleinen oder großen Eisenbahnrundfahrten die besuchenswertesten Orte zu erreichen oder ihnen doch so nahe zu kommen, daß man den Rest des Weges mit dem Taxi oder einem Lokalautobus zurücklegen kann.

Die spanische Bahn bietet folgende Ermäßigungen:

15% Ermäßigung erhält man mit einem „Chequetren", einer Art Zug-Scheckheft. Allerdings bekommt man diese Vergünstigung nur wenn man eine Strecke zurücklegt, für die ein Fahrschein zum Normaltarif mindestens 15000 Ptas. kostet. Wer also beabsichtigt, weite Teile Spaniens mit der Eisenbahn zu bereisen, sollte sich dort nach dem „Chequetren" erkundigen.

30% Ermäßigung in Spanien (wie auch bei der Durchreise durch Frankreich) erhalten Besitzer eines Seniorenpasses, die ihre Fahrkarte in Deutschland kaufen.

Außerdem gibt es eine ganze Reihe anderer Vergünstigungen, z.B. Familienermäßigung, Gruppenfahrkarten, Kinder- und Seniorenermäßigung, verbilligte Hin- und Rückfahrkarten, die an den sogenannten „días azules" (den „blauen Tagen") gelten. Zu den „blauen Tagen" gehören alle Tage außer jenen, die direkt vor und nach den Feiertagen liegen. Man erkundige sich am besten jeweils vor Antritt der Fahrt nach den Ermäßigungsmöglichkeiten.

Schiffsreisen: Es bestehen folgende Schiffsverbindungen vom Festland zu den Inseln:

von Barcelona nach Palma de Mallorca, Ibiza und Mahón (Menorca);

von Valencia und Denia nach Palma de Mallorca und Ibiza;

von Palma de Mallorca nach Ibiza, Cabrera, Mahón und Ciudadela (Menorca);

von Puerto de Alcudia (Mallorca) nach Ciudadela (Menorca);

von Cádiz nach Las Palmas und Santa Cruz de Tenerife;

von Algeciras nach Ceuta und Melilla (nordafrikanische Besitzungen), außerdem nach Tánger (Marokko);

von Málaga und Almería, Melilla und Centa.

Zwischen den Kanarischen Inseln bestehen folgende Schiffsverbindungen:

Von Sta. Cruz de Tenerife (Tenerife) nach Sta. Cruz de la Palma

(La Palma), Valverde (Hierro), Las Palmas (Gran Canaria) und San Sebastián (Gomera).

Von Los Cristianos (Tenerife) nach San Sebastián (Gomera) und nach Valverde (Hierro).

Von San Sebastián (Gomera) nach Valverde (Hierro).

Von Las Palmas (Gran Canaria) nach Puerto del Rosario (Fuerteventura) und nach Arrecife (Lanzarote).

Weitere Auskünfte erteilen die Reisebüros.

TRINKGELD

Man sollte es im allgemeinen vom Grad der Zufriedenheit abhängig machen, ob und in welcher Höhe man ein Trinkgeld gibt. Das gilt auch für Restaurants, obwohl die Kellner es dort vielfach für selbstverständlich halten, daß sie über das in der Rechnung enthaltene Bedienungsgeld hinaus noch ein Trinkgeld in Höhe von 5 bis maximal 10% bekommen. Man nehme gegebenenfalls ein Murren gelassen in Kauf.

Nicht ohne Trinkgeld läßt man grundsätzlich den Taxifahrer. Er bekommt als Trinkgeld 10% des Fahrpreises. Auch der Gepäckträger sollte 10 Ptas. pro Gepäckstück erhalten. Mit sonstigen Trinkgeldern (z.B. für Schuhputzer, Garderobenfrauen, Platzanweiserinnen) ist der Spanier selbst sehr sparsam; bis zu fünf Pesetas sind üblich, und diesen Satz sollte man auch als Tourist nicht überschreiten.

UNTERKUNFT

An Unterkünften stehen Hotels, Gasthöfe und Pensionen, Ferienwohnungen, Jugendherbergen und Campingplätze zur Verfügung.

Hotels, Gasthöfe, Pensionen: Die Spanier unterscheiden Hoteles, Hoteles-Residencias, Hotel-Apartamentos, Residencias-Apartamentos, Hostales, Hostales-Residencias und Pensiones.

Hoteles (Hotels im Sinne des deutschen Begriffs; 5 Kategorien mit einem Stern bis zu 5 Sternen);

Hoteles-Residencias (entsprechen dem deutschen Hotel garni, haben also kein Restaurant und geben nur Frühstück; Kategorien wie Hoteles);

Hotel-Apartamentos (hotelartige Einrichtungen, die aus Appartements, Bungalows und ähnlichen Unterkünften bestehen und in 4 Kategorien mit einem Stern bis zu 4 Sternen eingeteilt sind.

Residencias-Apartamentos (es handelt sich hier um die Gruppe garni der Hotel-Apartamentos; Kategorien wie diese);

Hostales (den deutschen Gasthöfen vergleichbar; 3 Kategorien mit einem Stern bis zu drei Sternen);

Hostales-Residencias (die Gruppe garni der Hostales; Kategorien wie diese);

Pensiones (den Hostales vergleichbare Betriebe; Kategorien wie Hostales).

Neben diesen Betrieben gibt es als staatliche Betriebe die *Paradores Nacionales* und die *Albergues de carretera*. Es handelt sich hier um Beherbergungsbetriebe, die der Staat an touristisch wichtigen, aber mit solchen Betrieben gar nicht oder nicht genügend ausgestatteten Orten eingerichtet hat. Die Paradores sind Hotels in Neubauten, vorwiegend aber in alten Palästen und Burgen, in denen man sich neuerdings beliebig lang aufhalten kann. Die Albergues de carretera (Landstraßen-Raststätten) sind für Kurzaufenthalte (bis zu 48 Stunden) gedacht. Die Paradores und Albergues de carretera gehören vorwiegend zu den besseren Hotels.

Bei den Hotelangaben (ab S. 357) sind aufgelistet unter ⌂⌂⌂ L die *****Hotels; unter ⌂⌂⌂ die ****Hotels und Hoteles-Residencias und Hotel-Apartamentos und Residencias-Apartamentos; unter den guten Hotels (⌂⌂) die ***Betriebe der vorgenannten Klassen und die ***Betriebe der Hostales, Hostales-Residencias und Pensiones; alle anderen Betriebe werden den einfachen Hotels (⌂) zugerechnet.

Die Preise für Zimmer und Verpflegung variieren innerhalb der einzelnen Klassen und Kategorien sehr stark, und zwar nicht nur von Ort zu Ort, sondern auch innerhalb eines Ortes. Daher wird hier auf detaillierte Preisangaben, die wegen ihrer Unvollständigkeit doch nur irreführend wären, verzichtet. Immerhin mögen aber die folgenden Richtpreise eine Vorstellung von der Preisgestaltung vermitteln (die Preise sind von Jahr zu Jahr Änderungen unterworfen; aufgrund der rückläufigen Touristenzahlen in den letzten Jahren ist man jedoch dieses Jahr wieder dazu übergegangen, die Preispolitik etwas gemäßigter zu gestalten.

Richtpreise für Doppelzimmer mit Bad:

Hotels	
*****	8000–15000 Ptas.
****	4000– 7000 Ptas.
***	2500– 4000 Ptas.
**	1500– 2500 Ptas.
*	1500– 2000 Ptas.
Hostales und Pensionen	
***	2000– 3000 Ptas.
**	1500– 2000 Ptas.
*	1000– 2000 Ptas.
Ciudades de Vacaciones (EZ)	
**	1500– 2500 Ptas.

Die angegebenen Richtpreise entsprechen dem Stand 1983; für die beiden oberen Hotelkategorien (4 und 5 Sterne) gibt es keine Preisbindungen mehr.

Detaillierte Angaben zu Hotels usw. enthält das amtliche Hotelverzeichnis *Guía de Hoteles*, das in Spanien im Buchhandel erhältlich ist (Ptas. 350,–).

Ferienwohnungen: Unter Ferienwohnungen werden verstanden Appartements in Ferienappartementhäusern, Bungalows, Villen und Wohnungen in Privathäusern. Sie sind meistens mit allem, was man für den Haushalt braucht, ausgestattet. Die größte Zahl der Ferienwohnungen ist von den zuständigen spanischen Behörden erfaßt und den Kategorien 3, 2, 1 oder Luxus zugeordnet. Die Behörden haben auch einen Einheitsmietvertrag erarbeitet. Ein Verzeichnis der Ferienwohnungen (mit Vordruck des Einheitsmietvertrags) ist bei den auf Seite 13 genannten Fremdenverkehrsämtern zu bekommen.

Mit der Vermietung von Ferienwohnungen befassen sich die

Reisebüros in der Bundesrepublik Deutschland, der Schweiz und Österreich, in manchen Fällen auch die Eigentümer selbst, sehr oft sodann spanische Agenturen. Verzeichnisse dieser Agenturen bekommt man von der Oficina de Información de Turismo in Gerona (für die Costa Brava), in Barcelona und Tarragona (für die Costa Dorada), in Castellón de la Plana und Valencia (für die Costa del Azahar), in Almería und Málaga (für die Costa del Sol), in Palma de Mallorca (für die Balearen), in Las Palmas (für die Inseln Gran Canaria, Fuerteventura und Lanzarote) und in Santa Cruz de Tenerife (für die Inseln Tenerife und Gomera). In den übrigen Teilen Spaniens gibt es nur wenige Ferienwohnungen.

Jugendherbergen: Bei den spanischen Jugendherbergen handelt es sich ganz überwiegend um Schulen (Internate), die während der Sommerferien Jugendherbergsaufgaben wahrnehmen. Diese Jugendherbergen auf Zeit sind in der Regel nur im Juli und August (in einigen Fällen auch nur im August) geöffnet. Es kann vorkommen, daß die eine oder andere dieser Jugendherbergen in einem Jahr gar nicht geöffnet ist. Ein Teil der Jugendherbergen auf Zeit nimmt nur männliche, ein anderer Teil nur weibliche Gäste auf. Aktuelle Verzeichnisse der Jugendherbergen bei den Spanischen Fremdenverkehrsämtern, dem Hauptverband für Jugendherbergen, Bülowstr. 26, 4930 Detmold oder der *Dirección General de la Juventud, José Ortega y Gasset 71, Madrid 6.*

Die spanischen Jugendherbergen nehmen bevorzugt Gäste bis zu 26 Jahren (Mindestalter 13 Jahre) auf, und zwar auch motorisierte. Übernachtung mit Frühstück kostet 375–450 Ptas. In den meisten Jugendherbergen sind Mahlzeiten, vielfach sogar in der Form der Vollpension, zu bekommen. Es kosten: Mittagessen bzw. Abendessen 275–300 Ptas. und die Übernachtung mit Vollpension 800–900 Ptas.

Camping: Ein Verzeichnis der vom Ministerium für Information und Tourismus zugelassenen und kategorisierten Campingplätze ist bei den auf Seite 13 genannten Spanischen Fremdenverkehrsämtern zu bekommen. Wer einen Campingplatz benutzen will, muß im Empfangsbüro lediglich Reisepaß oder Personalausweis vorlegen. Personen unter 16 Jahre werden nur zugelassen, wenn sie sich in Begleitung von Erwachsenen befinden.

Am Eingang zum Campingplatz oder im Empfangsbüro ist einem mit dem Stempel der Provinzdelegation für Information und Tourismus versehenen Anschlag zu entnehmen, wie der Campingplatz eingestuft und was für die einzelnen Leistungen zu zahlen ist (die Preise sind von Platz zu Platz sehr unterschiedlich, und zwar auch bei kategoriegleichen Plätzen). Sehr viele Campingplätze sind mit festen Unterkünften (Bungalows) ausgestattet (welche dies sind, geht aus dem oben erwähnten Verzeichnis hervor).

VERPFLEGUNG

Die Verpflegungsprobleme lösen sich am besten, wenn man Vollpension bucht. Man hat dann sein Frühstück, in den Pensionen und einfacheren Hotels sein festes Mittags- und Abendmenü, in den besseren Hotels die Wahl zwischen zwei oder drei gleichwertigen Menüs. In den besseren Hotels kann man gegen entsprechende Zuzahlung auch à la carte essen. Die Buchung einer Halbpension (Frühstück mit Mittag- oder Abendessen) ist finanziell nicht zu empfehlen. Die für die Halbpension eingeräumten Preise (in Ferienorten machen viele Hoteliers grundsätzlich keine Halbpensionspreise) sind meist nur um ein Geringes niedriger als die Vollpensionspreise; der Nachlaß entspricht nicht einmal annähernd dem Preis der ausfallenden Mahlzeit. Auch wer den Tag über unabhängig zu sein wünscht und deshalb auf die Vollpension glaubt verzichten zu müssen, sollte Vollpension buchen und sich für die nicht im Hotel eingenommene Mahlzeit Kaltverpflegung mitgeben lassen; die Hotels sind darauf eingestellt und sortieren die Kaltverpflegung im allgemeinen recht gut.

Wer sich nur bis zu drei Tagen in einem Hotel aufhält, hat keinen Anspruch auf den Vollpensionspreis. Aber auch in einem solchen Fall kann man im Endeffekt auf den günstigen Vollpensionspreis kommen. Man muß dann nur in einem Restaurant außerhalb des Hotels mittags und abends ein Plato del día (Tagesmenü) nehmen, der in allen von Touristen regelmäßig aufgesuchten Orten von den Restaurants angeboten wird. Es handelt sich dabei um ein in der Regel gutes und ausreichendes Menü, das aus Vorspeise (oder Suppe), dem Hauptgang und der Nachspeise sowie einem Viertel Wein (oder einem Bier) besteht.

VERSICHERUNGEN

Vor Reiseantritt sollte man prüfen, ob bestehende Versicherungen, vor allem die Kranken- und Unfallversicherungen, auch für Spanien und die zu durchreisenden Länder gültig sind und ausreichen. Für die Versicherung zählen die Kanarischen Inseln zu Afrika!

Hinsichtlich der Krankenversicherung sollte man sich nicht allzu sehr auf Sozialversicherungsabkommen zwischen der Bundesrepublik Deutschland und einigen Reiseländern verlassen; theoretisch kann man sich zwar in den Ländern, mit denen ein solches Abkommen besteht, auf Grund einer von der gesetzlichen Krankenversicherung ausgestellten Anspruchsbescheinigung (in Deutschland „SP 11“) behandeln lassen, es ist aber keineswegs gesagt, daß man einen Arzt findet, der diesen Krankenschein anerkennt und der nicht weit höhere Gebühren berechnet, als die gesetzliche Krankenversicherung dem Touristen erstattet. Eine private Auslandsreisekrankenversicherung ist daher sehr zu empfehlen.

Die Auslandsreisekrankenversicherung kann man im Rahmen eines Versicherungspakets abschließen, das auch Unfall-, Reisegepäck- und Rücktrittskosten-Versicherung enthält. Damit sind alle für eine Versicherung wichtigen Bereiche erfaßt. Die Reise-Rücktrittskosten-Versicherung kann von sehr großer Wichtigkeit sein, wenn man eine Ferienwohnung gemietet und vertragsgemäß die Miete vorher entrichtet hat (die Mietsumme geht bei kurzfristigem Rücktritt verloren, wenn man keinen Ersatzmieter stellen kann).

Über die Versicherungsmöglichkeiten unterrichten die Reisebüros und die Automobilclubs.

VOKABULAR

Hier sind besonders wichtig erscheinende Wörter und Verkehrshinweise zusammengestellt, auf die man bei Besichtigungen, auf Ausflügen und bei Pkw-Fahrten durch Spanien oft stößt und von denen die meisten auch in den auf Seite 95 beginnenden Beschreibungen vorkommen.

Alameda – Allee, öffentliche Anlage
Albufera – Lagune
Alcazaba – maurische Festung
Alcázar – maurische Stadtburg (Zitadelle)
Arco – Bogen, Torbogen
Artesonado – maurisches Täfelwerk
Azulejo – Kachel, Fliese
Balneario – Bade-, Kurort
Barranco – Schlucht
Barrio – Stadtviertel
Cabo – Kap
Cala – Bucht
Caldas – Thermalquellen, in Verbindung mit Ortsnamen = Bad
Calle – Straße
Capilla – Kapelle; in Verbindung mit Mayor = Raum des Hochaltars
Carretera – Landstraße
Casa – Haus
Castillo – Burg, Schloß
Catedral – Kathedrale
Convento – Kloster
Cuesta – Steige; abschüssiger Weg
Cueva – Höhle, Grotte
Custodia – Monstranz
Embalse – Stausee
Entrada – Eingang
Estación – Bahnhof, Station
Huerta – fruchtbares, in der Regel bewässertes Gartenland
Jardín – Garten
Lago – See
Mirador – Aussichtspunkt
Monasterio – Kloster
Montaña – Berg, im Plural = Gebirge
Monte – Berg
Palacio – Palast, Schloß
Paseo – Promenade
Patio – Innenhof
Pico – Berg, Gipfel
Piedad – Pietá, Vesperbild
Playa – Strand
Plaza – Platz
Plaza de Toros – Stierkampfarena
Portada – Portal
Puente – Brücke
Puerta – Tor, Portal
Puerto – Gebirgspaß; Hafen
Ría – fjordartiger Küsteneinschnitt
Río – Fluß
Romería – Wallfahrt
Salida – Ausgang
Santuario – (Wallfahrts-) Heiligtum
Seo – Kathedrale
Sierra – Bergkette
Torre – Turm
Torreón – großer Turm
Valle – Tal
Vega – bewässertes Anbaugebiet
Vía – Straße
Virgen – Jungfrau (Maria)
Visita – Besichtigung

Verkehrshinweise

Alto – Halt!
Calle sin salida – Sackgasse
Cuidado – Vorsicht!

Desvio – Umleitung

Dirección única – Einbahnstraße

Estacionamiento prohibido – Parken verboten!

Ir al paso – Schritt fahren!

Ir por la derecha (izquierda) – Rechts (links) fahren!

Obras – Bauarbeiten

Paso a nivel – schienengleicher Übergang

Paso prohibido – Durchfahrt verboten!

Peligro – Gefahr!

Curva peligrosa – Gefährliche Kurve!

ZOLLBESTIMMUNGEN

Gegenstände des persönlichen Gebrauchs, darunter alles das, was zur Reiseausrüstung gerechnet werden kann, sind zollfrei. Hinzu kommen 200 Zigaretten oder 100 Zigarillos oder 50 Zigarren oder 250 g Rauchtabak, 2 Liter Wein oder Spirituosen mit weniger als 22° Alkohol, 1 Liter Spirituosen mit mehr als 22° Alkohol (dies gilt nicht für Personen unter 15 Jahren).

Obwohl ein Musikinstrument, Fernsehgerät, Kofferradio und dergleichen zollfrei eingeführt werden kann, kommt es vor, daß die spanische Zollstelle für Geräte, die ihr besonders wertvoll erscheinen, eine hohe Zollkaution verlangt (manchmal bis zum Gegenwert des Gerätes – z. B. für Videoapparate).

Geschenke können bis zu einem Gesamtwert von 1700 Ptas. zollfrei eingeführt, bis zu 25000 Ptas. ausgeführt werden. Für die Ausfuhr von Kunstgegenständen ist eine Genehmigung erforderlich (sie wird nicht für jede Art von Kunstgegenständen erteilt).

Für die Wiedereinreise in die Heimat aus Nicht-EG-Ländern ist zu beachten, daß Mitbringsel nur im Wert bis zu 115,– DM bzw. 200,– sfr. bzw. 1000 öS. pro Person zollfrei sind. Da diese Freigrenzen pro Person gelten, können zwei gemeinsam reisende Personen kein einzelnes Mitbringsel höheren Wertes zollfrei einführen. Zollfrei sind ferner 200 Zigaretten oder 50 Zigarren oder 250 g Tabak; 1 l Spirituosen mit mehr als 22% oder 2 l Spirituosen mit weniger als 22% oder 2 l Likör- oder Schaum- oder sonstiger Wein; 50 g Parfum; 0,25 l Eau de Toilette.

Reisende aus der Bundesrepublik Deutschland, die ihren Spanienaufenthalt mit einem Aufenthalt in einem EG-Land (am ehesten kommt Frankreich in Betracht) verbinden, können Reisemitbringsel im Wert bis zu ca. 600 DM pro Person (Kinder die Hälfte) zollfrei einführen. Die sonst zulässigen Freimengen erhöhen sich in diesem Fall: 300 Zigaretten (nur 200 bei Duty Free-Einkauf) oder 75 Zigarren oder 400 g Tabak; 1,5 l Spirituosen mit mehr als 22% oder 3 l Spirituosen mit weniger als 22% oder 3 l Likör- oder Schaumwein oder 4 l sonstigen Wein; 75 g Parfum; 0,375 l Eau de Toilette.

LANDES- UND VOLKSKUNDE

Spanien ist in der Vorstellung der Urlauber in erster Linie ein südliches Sonnenland. Es ist kaum anzunehmen, daß alte Lieder und Gedichte, etwa Emanuel Geibels (1815–1884) „Fern im Süd' das schöne Spanien", zur Entstehung des heute verbreitetsten Spanienbildes beigetragen haben, wenn auch vielleicht der eine oder andere Spanienreisende sich noch an diese Lieder und Gedichte erinnert. Stärker dürfte das heutige Spanienbild dagegen immer noch beeinflußt sein von der Oper „Carmen", die in erster Linie ein ziemlich unrealistisches Bild von Andalusien, Zigeunern und Stierkämpfern vermittelt. Wer seinen Schiller nicht vergessen hat, wird sich im Zusammenhang mit „Don Carlos" an den Palacio Real in Madrid und an die Gärten von Aranjuez erinnern. Ein anderer sieht Spanien mit den Augen des Don Quijote de la Mancha (Cervantes), des Barbiers von Sevilla (Rossini), des Don Juan (Mozart), der Menschen von Fuente Ovejuna (Lope de Vega) und aus Bernarda Albas Haus (Federico García Lorca), mit den Augen des stierkampfbegeisterten Ernest Hemingway oder des Diplomaten und Schriftstellers Salvador de Madariaga y Rojo, mit den Augen von Malern wie Diego Velázquez und Francisco Goya, endlich mit den Augen moderner Schlagertexter, -komponisten und -sänger. Diese Aufzählung, die beliebig lang fortgesetzt werden könnte, läßt erkennen, wie unterschiedlich die Spanienbilder sein können, wie verwirrend bunt zusammengesetzt ein Gesamtbild Spaniens sein muß. Die Aufgabe dieser Landes- und Volkskunde ist es, im Stil des Pointillismus Farbtupfer neben Farbtupfer zu setzen und so zu einem Bild zu kommen, das in etwa ein Gesamtbild Spaniens sein könnte.

Geographische Übersicht

Die *Iberische Halbinsel*, die durch die Pyrenäen gegen Frankreich und das übrige Europa abgegrenzt wird, ist rund 582 000 km² groß. Von dieser Fläche entfallen 492 463 km², also mehr als vier Fünftel, auf *Spanien*, ein Fünftel teilen sich *Portugal* (88950 km²), *Andorra* (453 km²) und *Gibraltar* (6 km²). Außer diesem festländischen Teil Spaniens werden in diesem Reiseführer behandelt: die *Balearen* (5014 qkm), die *Kanarischen Inseln* (7272 qkm) und die an der marokkanischen Küste gelegenen spanischen Städte *Ceuta* (zur Provinz *Cádiz* gehörig) und *Melilla* (zur Provinz *Granada* gehörig). Der festländische Teil Spaniens und die Balearen sind Gegenstand der folgenden geographischen Übersicht, während die notwendigen geographischen

Hinweise für die übrigen spanischen Gebiete im Zusammenhang mit den Insel- und Ortsbeschreibungen gebracht werden; das gilt in erster Linie für die Kanarischen Inseln, die in eine Geographie Spaniens nicht hineinpassen.

In geologischer Hinsicht besteht die Iberische Halbinsel hauptsächlich aus der sogenannten *Iberischen Masse* und aus den Gebieten junger Faltungen. Die Iberische Masse, die ursprünglich auf der ganzen Iberischen Halbinsel angestanden hat, ist ein Block, der im Karbon (*Variskische Faltung*) aufgefaltet wurde und etwa gleichaltrig ist mit *Harz* und *Spessart*. Dieser Block steht heute nur noch im Westen von der Nordküste bis zum *Guadalquivir* an und greift mit vier Spornen nach Osten aus: mit dem *Asturischen Gebirge*, dem *Hauptscheidegebirge*, den *Montes de Toledo* und der *Sierra Morena*. Zwischen diesen Spornen haben sich drei mächtige Mulden gebildet; es sind von Nord nach Süd das *Duerobecken*, das *Tajobecken* und das *Guadianabecken*. Bei den jungen Faltungen, durch die die Iberische Masse im Süden und Osten der Iberischen Halbinsel über-

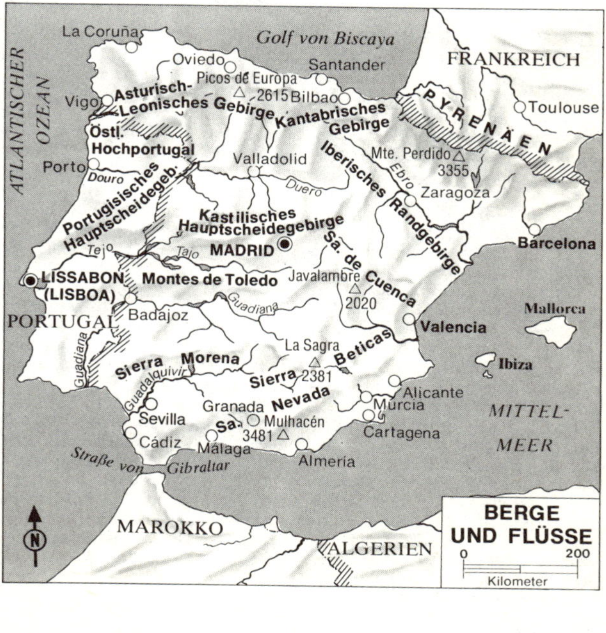

deckt wurde, handelt es sich um tertiäre Faltungen (im Tertiär wurden die *Alpen* aufgefaltet), zu denen die *Betische Kordillere*, das *Iberische Randgebirge*, das *Kantabrische Gebirge*, das *Katalonische Gebirge* und die *Pyrenäen* gehören. Die Betische Kordillere reicht von der *Straße von Gibraltar* bis zum *Cabo de la Nao* (zwischen *Valencia* und *Alicante*) und setzt sich dann auf den Balearen, insbesondere auf *Mallorca*, fort. Eine südliche Fortsetzung der Betischen Kordillere ist das marokkanische *Rifgebirge*, an dessen Fuß die beiden spanischen Exklaven *Ceuta* und *Melilla* liegen. Zwischen der Betischen Kordillere und der Iberischen Masse liegt als betische Vortiefe das *Guadalquivirbecken*. Auch die Pyrenäen, das zweite wichtige Gebirge der jungen Faltungen, besitzen eine Vortiefe: das *Ebrobecken*. Dieses Becken ist außer von den Pyrenäen selbst im Norden vom Kantabrischen Gebirge, das die Pyrenäen fortsetzt und die Verbindung mit dem Asturischen Gebirge herstellt, im Südwesten vom Iberischen Randgebirge und im Südosten vom Katalonischen Gebirge umgeben. Wie diese Gebirge im Tertiär die Iberische Masse überdeckt haben, so haben jungtertiäre und quartäre Ablagerungen die Mulden zwischen den Spornen der Iberischen Masse aufgefüllt und so die zentralspanische Hochebene, die *Meseta*, entstehen lassen.

Mit der geologischen Gliederung der Iberischen Halbinsel ist die geographische bereits fast völlig gegeben. Das Innere der Halbinsel wird von der sogenannten Meseta gebildet, einer über 200000 qkm großen und vorwiegend recht ebenen Hochfläche, die im Norden bis an die *Cordillera Cantábrica* (Asturisch-Leonesisches und Kantabrisches Gebirge), im Osten bis an die *Cordillera Ibérica* (Iberisches Randgebirge) und im Süden bis an die Sierra Morena reicht. Nach Westen zu wird die Grenze von weniger stark in Erscheinung tretenden spanisch-portugiesischen Höhenzügen gebildet.

Diese mächtige Hochebene wird von der *Cordillera Central* (auch *Sistema Central* genannt), dem Hauptscheidegebirge, in zwei Teile zerschnitten. Dieses von Nordosten nach Südwesten sich hinziehende Gebirge wird gebildet von der *Sierra de Pela* (bis 1635 m; auf der Grenze der Provinzen *Soria* und *Guadalajara*), den *Montes Carpetanos* (bis 2129 m; auf der Grenze zwischen den Provinzen *Segovia* einerseits, *Guadalajara* und *Madrid* andererseits), der *Sierra de Guadarrama* (bis 2430 m; auf der Grenze der Provinzen *Segovia* und *Ávila* einerseits und Madrid andererseits), der *Sierra de Gredos* (bis 2592 m; auf der Grenze zwischen den Provinzen Ávila und *Salamanca* im Norden und *Toledo* und *Cáceres* im Süden) und der *Sierra de Gata* (bis 1592 m; auf der Grenze zwischen den Provinzen Salamanca und Cáceres).

Die nördlich des Gebirges gelegene *Meseta Septentrional* (Nordmeseta) ist zwischen 680 und 920 m hoch. Ihre Ausdehnung entspricht weitgehend derjenigen der historischen Landschaften *Altkastilien* und *León*. Die südlich des Hauptscheidegebirges gelegene *Meseta Meridional* (Südmeseta), 500 bis 700 m hoch, ist weniger einheitlich als die Nordmeseta, da sie durch einige nicht zusammenhängende Höhenzüge zergliedert wird. Dabei handelt es sich hauptsächlich um die *Montes de Toledo* und die *Sierra de Guadalupe*, die beide zwischen dem *Tajo* und dem *Guadiana* gelegen sind und Höhen bis zu gut 1400 m bzw. gut 1600 m erreichen. Da das Bild der Südmeseta weniger einheitlich ist als das der Nordmeseta, gehen die Auffassungen über ihre Ausdehnung ein wenig auseinander. In der Regel wird aber die Südmeseta mit den historischen Landschaften *Neukastilien*, *Extremadura* und dem Nordwesten der Landschaft *Murcia* gleichgesetzt.

Die Meseta ist von Gebirgen umgeben, die zum Teil allerdings nur wenig über die Hochfläche emporragen und dann als Gebirge kaum in Erscheinung treten. Die Südgrenze der Meseta bildet die Sierra Morena, die zwar einige Höhen von rund 1100 und rund 1300 m aufweist, zum Teil aber auch nur aus Hochflächen, die rund 600 m hoch liegen, besteht. Südlich und südöstlich der Sierra Morena liegen die Landschaften der Betischen Kordillere, nämlich *Andalusien* und *Murcia*, von denen die letzte rein geographisch vielfach als *Seguraland* bezeichnet wird.

Andalusien gliedert sich in *Niederandalusien*, das dem Bekken des Guadalquivir entspricht, und *Hochandalusien*, das von den Ketten der Betischen Kordillere bedeckt ist. Das Kernstück der Betischen Kordillere ist die *Sierra Nevada*, zu der der *Mulhacén* (3487 m), der höchste Berg Festlandspaniens, gehört.

Bei der Landschaft Murcia oder Seguraland handelt es sich im wesentlichen um das Einzugsgebiet des *Río Segura* und um das sich östlich anschließende kleine Einzugsgebiet des *Río Vinalapó*; beide Flüsse münden zwischen *Santa Pola* und *Torrevieja* ins Mittelmeer.

Im Norden grenzt die Meseta an das Asturisch-Leonesische Gebirge, das sich nach Osten hin im Kantabrischen Gebirge fortsetzt. Während das Kantabrische Gebirge nur Höhen bis um 1700 m erreicht, steigt das Asturisch-Leonesische Gebirge in den *Picos de Europa* (an der Grenze der Provinzen Oviedo, Santander und León) auf über 2600 m an. Im Bereich dieser beiden Gebirgszüge, die in mehr oder weniger großer Entfernung parallel zur nordspanischen Atlantikküste verlaufen, liegen die historischen Landschaften *Galicien*, *Asturien*, *Kantabrien* und das *Baskenland* (*País Vasco*), die heutzutage alle autonome Regionen sind.

Das im Osten der Meseta gelegene Iberische Randgebirge ähnelt insofern der Sierra Morena, als es teils Gebirgs- teils Hochflächencharakter hat. Es stellt außerdem keinen ununterbrochenen Gebirgszug dar; daher sprechen viele spanische Geographen von den *Montes Celtibéricos*, den keltiberischen Bergen, die aus der Gegend von *Burgos* bis in die Nähe von *Castellón de la Plana* (an der Mittelmeerküste) reichen und zu denen unter anderen die *Sierra de la Demanda* (2265 m; östlich von Burgos), die *Sierra del Moncayo* (2313 m; östlich von Soria), die *Sierra de Albarracín* (1855 m; nordwestlich von

Teruel) und die *Sierra de Javalambre* (2020 m; südöstlich von Teruel) gehören. Dem Iberischen Randgebirge ist das Ebrobecken vorgelagert, das im Norden durch die Pyrenäen begrenzt wird.

Die *Pyrenäen*, in die sich Frankreich, Spanien und Andorra teilen, sind rund 430 km lang und reichen vom *Golfo de Vizcaya* (Golf von Biskaya) bis ans *Mittelmeer* beiderseits der französisch-spanischen Grenze heran. Sie sind das mächtigste Gebirge Spaniens (der spanische Anteil liegt bei etwa zwei Dritteln), wenn der höchste Berg des Landes auch in der Betischen Kordillere liegt. Gegliedert werden die Pyrenäen in die *Pirineos Occidentales* (Westpyrenäen, auch Baskische Pyrenäen genannt), die *Pirineos Centrales* (Zentralpyrenäen) und die *Pirineos Orientales* oder *Mediterráneos* (Ost- oder Mittelmeerpyrenäen). Die Westpyrenäen, die zum größeren Teil Mittelgebirgscharakter haben, erreichen nahe ihrer Ostgrenze im *Orhy* (2015m) ihre größte Höhe.

Sie gehören zur historischen Landschaft *Navarra*, die bis zum Ebro reicht (Provinzhauptstadt *Pamplona*). Die Zentralpyrenäen, die sich vom 2504 m hohen *Pic d'Anie* (am Dreiländereck Frankreich/Provinz Navarra/Provinz Huesca) bis nach *Puigcerdá* erstrecken, haben zahlreiche Gipfel von mehr als 3000 m Höhe (der höchste Berg ist der nahe der Grenze zwischen den Provinzen Huesca und Lérida gelegene *Pico de Aneto* mit 3404 m). Sie bilden auch heute noch den unwegsamsten Teil des Gebirges. Nahe ihrer Ostgrenze liegt der Staat *Andorra*.

Die Mittelmeerpyrenäen haben ebenso wie die Baskischen Pyrenäen vorwiegend Mittelgebirgscharakter, erreichen aber östlich von Puigcerdá noch Höhen bis zu annähernd 3000 m. Den Zentral- und den Mittelmeerpyrenäen sind die historischen Landschaften *Aragonien und Katalonien* vorgelagert, die über den Ebro hinaus bis an das Iberische Randgebirge heranreichen und zu denen auch die sogenannte *Levante* mit dem Zentrum *Valencia* gehört.

Die Küsten Spaniens sind recht unterschiedlich geartet. Die atlantische Nordküste ist vorwiegend eine reich gegliederte Steilküste, deren Gliederung in Galicien durch die zahlreichen *Rías*, die mit den norwegischen Fjorden zu vergleichen sind, eine besondere Note erhält. Dagegen ist die atlantische Südküste, von der portugiesischen Grenze bis fast zur Straße von Gibraltar (ein großer Teil dieser Küste wird in der touristischen Werbung *Costa de la Luz*, Küste des Lichts, genannt), eine flache Sanddünenküste, aufgebaut aus dem Material, das der Guadalquivir hier angeschwemmt hat. Zwischen Huelva, Sevilla und Cádiz hat hier eine Meeresbucht bestanden, die vom Guadalquivir zugeschüttet worden ist.

An der Mittelmeerküste schließlich wechseln große und kleine Sandstrände, steile Felsabstürze und felsige Buchten unaufhörlich einander ab. Eine Besonderheit der Küstenformation sind hier die *Albufera* südlich von Valencia und das *Mar Menor* in der Nähe von Cartagena, zwei haffartige Strandseen, von denen der letztere große touristische Bedeutung erlangt hat.

Dem nordöstlichen Teil der Mittelmeerküste, der vielfach als Levante bezeichnet wird, sind die Balearen vorgelagert, die sich aus den Inseln *Ibiza* und *Formentera* (den sogenannten *Pitiusas*) und den Inseln *Mallorca* und *Menorca* (den Balearen im engeren Sinne) und einigen kleinen Eilanden zusammensetzen. Während Ibiza Hügelland, Formentera in der Hauptsache eine flache Sandinsel und Menorca vorwiegend flache Hochebene ist, gliedert sich Mallorca in das bis zu 1445 m hohe Mittelgebirge im Nordwesten, die weite Tiefebene in der Mitte und das Hügelland im Südosten. Die Balearen sind mit der historischen Landschaft Katalonien engstens verbunden.

Die *hydrographische Gliederung* Spaniens ist sehr klar und einfach. Die Hauptwasserscheide verläuft über den Kamm der Pyrenäen und des nach Westen sich anschließenden Kantabrischen Gebirges bis zu den Picos de Europa (siehe Seite 29), folgt von dort aus in allgemein südlicher Richtung dem Iberischen Randgebirge, wendet sich von diesem in der *Sierra de Albarracín* und in der benachbarten *Serranía de Cuenca* nach Südwesten, westlich des *Río Júcar* nach Süden und folgt schließlich etwa von der *Sierra de María* (in der Nähe von *Vélez-Rubio*) ab dem Kamm der Betischen Kordillere nach Westen. Der weitaus größte Teil Spaniens wird infolge dieses Verlaufs der Hauptwasserscheide nach dem Atlantik hin entwässert. In den Atlantik fließen außer den kleinen Küstenflüssen des nördlichen und südwestlichen Küstenstreifens die Flüsse *Miño*, *Duero*, *Tajo*, *Guadiana* und *Guadalquivir*, zu deren Einzugsbereich der größte Teil Spaniens und ein großer Teil Portugals gehören. Östlich der Hauptwasserscheide, also in dem zum Mittelmeer hin entwässerten Teil Spaniens, ist der *Ebro* der einzige große Fluß mit beachtlichem Einzugsbereich. Neben ihm spielt nur der *Júcar* noch eine größere Rolle. Bei allen übrigen Mittelmeerzuflüssen handelt es sich um kleine Küstenflüsse. Auf den Balearen gibt es nur einen ständig Wasser führenden Fluß: den *Río de Santa Eulalia* auf der Insel Ibiza.

Große natürliche Seen, die einer Erwähnung wert wären, besitzt Spanien nicht. Dafür gibt es aber weit über zweihundert *Stauseen* (darunter einige sehr große mit mehr als 1500 Millionen cbm Stauinhalt), die in erster Linie der Wasserregulierung und der künstlichen Bewässerung dienen, aber, soweit sie in den immerfeuchten Gebieten Spaniens liegen, mehr noch für die Elektrizitätsgewinnung von Bedeutung sind. Einige in mäßiger Entfernung von Madrid gelegene Stauseen sind inzwischen auch dem Tourismus (besonders dem Segelsport) erschlossen worden.

Hinsichtlich der *Bodenarten* ist Spanien in zahlreiche große und kleine Landschaften gegliedert, die sich zu zwei Hauptgruppen zusammenfassen lassen. Da sind zunächst die Landschaften mit fossilen Böden, also mit Böden, die im wesentlichen unter Klimaten älterer Erdperioden entstanden sind und bei denen es sich hauptsächlich um *Terra Rossa* und *Braunlehm* handelt. Diese Böden, die an ihrer rötlichen Farbe meist leicht erkannt werden können, sind über weite Teile des Iberischen Randgebirges (Norden und Süden) und der Betischen Kordillere, im Guadalquivirbecken, beiderseits des Oberlaufs des Guadiana, im Hauptscheidegebirge, am Nordrand der Meseta und auf den Balearen verbreitet. Sie tragen, falls keine künstliche Bewässerung erfolgt, in der Regel nur eine sporadische Vegetation. Bei der zweiten Gruppe von Böden handelt es sich um rezente Böden, die sich unter dem Einfluß des heutigen Klimas gebildet haben. Hauptsächlich vertreten sind *Braunerden* des feucht-gemäßigten Klimabereichs (von Galicien bis zu den Mittelmeerpyrenäen und im größeren Teil Kataloniens), die *Terra fusca* (Kalkschwarzerde) und *Xero-Rendzina* (vor allem auf der Meseta, in der westlichen Sierra Morena, im östlichen Niederandalusien und in der mallorquinischen Ebene) sowie *Salz-Staubböden* und andere Staubböden in einem beträchtlichen Teil des Ebrobeckens.

Klimatische Verhältnisse

Spanien liegt zwischen 43° 47' und 36° nördlicher Breite. Das entspricht, auf den vielen etwas vertrauteren italienischen Raum übertragen, ziemlich genau der Breitenlage *Florenz* – Nordspitze *Maltas*. Somit gehört Spanien – wenn man von den zahlreichen örtlichen, das Klima beeinflussenden Faktoren einmal absieht – im äußersten Norden noch in den Bereich der warm-gemäßigten Zone, im übrigen aber in den subtropischen Bereich. Neben dieser Breitenlage erweisen sich die Massigkeit der Iberischen Halbinsel und die weitgehende Abgeschlossenheit (durch Gebirge) des Landesinnern als wichtige Klimafaktoren, da sie dem Klima im Landesinnern wesentliche Züge des Kontinental- oder Binnenklimas verleihen. Daher gibt es in Spanien klimatische Unterschiede in zwei Richtungen: von Nord nach Süd und von der Peripherie nach dem Landesinnern hin.

Man kann Spanien in sechs Klimaregionen gliedern. *Nördliche Atlantikküste:* ozeanisches Klima mit milden Sommern und Wintern und reichlichen Niederschlägen. – *Meseta:* Binnenklima mit empfindlichen Temperaturunterschieden zwischen Tag und Nacht und Sommer und Winter, mit heißen Sommern und kalten Wintern, geringer Luftfeuchtigkeit und gelegentlichen Niederschlägen. – Das *Ebrobecken* mit einem Klima, das dem der Meseta sehr ähnlich ist, dessen Extreme aber noch weiter auseinander liegen und das durch eine noch größere Trockenheit gekennzeichnet ist. – Das *Guadalquivirbecken*, dessen Klima besonders mit seinen heißen und trockenen Sommern dem der Meseta ein wenig gleicht, sich von ihm aber durch milde Winter wesentlich unterscheidet; im Mündungsgebiet des Guadalquivir (Costa de la Luz) werden auch die Sommertemperaturen durch Seewinde gemildert. – Die *Mittelmeerküste* (mit den *Balearen*) mit milden Wintern und langen, trockenen Sommern, besonders angenehmem Frühling und regnerischem Herbst (regnerisch aber nur im Ver-

Lufttemperatur (°C): I = mittl. Max.; II = mittl. Min.
Sonnenscheindauer: III = Stunden pro Tag

Ort		Jan.	Febr.	März	April	Mai	Juni	Juli	Aug.	Sept.	Okt	Nov.	Dez.	Jahres-niederschlag (mm)
La Coruña	I	12,8	13,0	15,0	16,0	17,5	20,1	21,9	22,6	21,6	18,7	15,4	13,2	
(58 m)	II	7,1	6,8	8,1	9,1	10,6	12,9	14,6	14,9	14,1	11,8	9,4	7,5	937
	III	3,4	4,5	5,1	5,9	7,1	7,8	8,7	7,8	5,7	5,4	3,7	2,5	
Barcelona	I	12,7	13,7	15,6	18,2	21,4	25,4	27,9	27,7	25,0	20,5	16,4	13,1	
(93 m)	II	6,3	7,1	8,9	11,0	14,0	18,1	20,7	20,8	18,7	14,5	10,5	7,5	587
	III	4,2	5,3	5,6	6,7	8,3	8,9	9,7	8,2	6,4	5,9	4,5	4,6	
Valencia	I	15,0	16,2	18,1	19,9	22,7	26,6	28,5	29,3	27,2	23,1	19,1	16,0	
(13 m)	II	5,6	6,2	8,2	10,1	13,0	16,8	19,9	19,9	17,9	13,4	9,5	6,7	422
	III	4,7	5,9	6,3	7,0	8,1	8,3	9,4	9,0	7,7	6,5	5,0	5,1	
Madrid	I	8,5	11,0	14,9	18,4	21,2	26,9	30,8	29,5	25,0	18,5	12,8	8,8	
(660 m)	II	1,5	2,2	5,2	7,4	10,2	14,6	17,4	17,1	14,1	9,5	5,3	2,2	444
	III	4,4	5,9	6,5	8,2	10,4	10,9	12,7	11,7	8,4	7,0	4,6	4,8	
Ciudad Real	I	10,2	13,4	16,6	19,6	22,7	29,6	34,5	33,4	28,8	21,4	14,7	10,8	
(628 m)	II	0,7	1,3	4,2	6,3	8,9	13,0	16,6	16,0	13,1	8,3	4,3	1,8	409
	III	4,1	5,6	6,1	7,5	10,1	10,6	12,8	12,0	8,5	6,7	4,5	4,0	
Sevilla	I	15,1	17,4	20,3	23,6	26,6	32,0	36,4	36,0	32,1	25,8	19,9	15,7	
(9 m)	II	5,5	6,5	9,0	11,1	13,4	17,2	19,6	19,8	17,7	13,7	9,9	6,6	564
	III	4,5	5,8	6,1	8,0	10,4	10,8	12,0	11,3	8,5	6,5	4,7	5,2	
Malaga	I	16,5	16,9	18,4	20,5	23,3	26,6	29,2	29,7	27,3	23,3	19,7	17,3	
(33 m)	II	8,2	8,8	10,8	12,7	15,1	18,9	21,3	21,7	19,6	15,9	12,0	9,6	474
	III	5,5	6,0	6,7	8,2	9,9	10,8	11,5	10,7	8,5	7,0	5,7	5,7	
Palma de	I	14,1	14,8	16,6	18,9	21,9	26,0	28,9	28,8	26,9	22,5	18,1	15,1	
Mallorca	II	6,3	6,4	7,9	10,4	12,8	16,9	19,6	20,2	18,1	13,9	10,2	7,6	449
(10 m)	III	5,2	6,5	6,6	7,9	9,8	10,5	11,4	10,6	8,5	7,1	5,7	5,0	

Wassertemperaturen (°C)

Ort	Jan.	Febr.	März	April	Mai	Juni	Juli	Aug.	Sept.	Okt.	Nov.	Dez.
La Coruña	12	12	12	12	14	15	17	17	17	16	14	13
Santander	12	12	12	12	14	16	19	20	19	17	15	13
Barcelona	13	12	13	14	16	19	22	24	22	20	16	14
Valencia	13	13	13	15	17	20	24	25	23	21	17	15
Malaga	15	14	14	15	17	18	21	22	21	19	17	16
Cádiz	15	15	15	16	17	19	20	21	21	19	17	16
Palma de Mallorca	14	13	14	15	17	21	24	25	24	21	18	15

hältnis zu den trockenen Gebieten). – Die *Mittelmeerküste von Adra bis Alicante* mit ihrer extremen Trockenheit, föhnigen Westwinden und glühendheißen trockenen, von Afrika herüberwehenden Südwinden.

Die Tabelle auf Seite 33 verdeutlicht die thermische Ausgeglichenheit des Klimas an der Nordküste sowie die Zunahme der Temperaturschwankung im Tages- und Jahresgang an der Mittelmeerküste, doch vor allem im Innern Spaniens.

Auch hinsichtlich des Wasserhaushaltes gibt es in Spanien verschiedene Klimazonen. Von Galicien bis zu den Mittelmeerpyrenäen herrscht *humides* (feuchtes) Klima; hier ist der Niederschlag höher als die Verdunstung, so daß die Flüsse einen gewissen Wasserüberschuß abtransportieren müssen. Ein fast *arides* (trockenes) Klima (der Niederschlag verdunstet, so daß die Flüsse kaum Wasser führen) ist in dem bereits erwähnten mittelmeerischen Küstenstreifen von Adra bis Alicante anzutreffen. Das übrige Spanien hat entweder ein halbfeuchtes (*semihumides*) oder ein halbtrockenes (*semiarides*) Klima. Ein wenig vereinfachend kann man sagen, daß alle Gebirge, die nicht der humiden Zone angehören, in der semihumiden Zone liegen und daß die Hochflächen und Flußbecken die semiaride Zone bilden. Diese letzte Behauptung mag erstaunlich klingen, aber sie wird durch die Tatsache, daß es an den Flußläufen Vegetationsinseln gibt und daß gerade in der semiariden Zone große künstlich bewässerte Gebiete anzutreffen sind, nur scheinbar widerlegt.

Flora und Fauna

Auf einer Fahrt durch Spanien stößt man immer wieder auf kleinere oder größere vegetationsarme Gebiete. Vor allem fällt die Waldarmut auf.

Mit der Zerstörung des Waldes wurde wahrscheinlich schon vor der Bronzezeit begonnen. In der Bronze- und Eisenzeit nahm sie infolge des großen Holzbedarfs bei der Eisenverhüttung erheblich zu, und in römischer Zeit ist bereits von weiten Kahlflächen im Landesinnern die Rede. Mit der Zerstörung des Waldes ging eine Austrocknung des Bodens Hand in Hand, die zu erheblichen Veränderungen in der gesamten Naturvegetation (von der Kulturvegetation ist hier zunächst nicht die Rede) geführt hat. Trotz dieser Veränderungen sind drei Hauptvegetationsgebiete zu erkennen.

Im immerfeuchten Spanien sind vor allem in nördlicheren Breiten Europas verbreitete sommergrüne Bäume und Sträucher anzutreffen (Pflanzen, die ihr Laub im Herbst abwerfen), darunter etliche Eichenarten, Buchen und Edelkastanien. In Galicien hat sich auf einstigen Waldflächen die *atlantische Heide* mit verschiedenen Heidepflanzen (Heidekraut, Glockenheide), mit Stechginster und Adlerfarnen gebildet (diese Heide wird im galicischen Dialekt „landa“ genannt; die Bezeichnung entspricht dem französischen „landes“, das für die Heidegebiete in Südwestfrankreich gebraucht wird).

Im sommertrockenen Spanien, also im semihumiden und semiariden Bereich, herrschen immergrüne Laubwälder und Hartlaubgewächse vor, darunter Steineichen, Korkeichen, Nadelbäume, Tamarisken und Oleander. Vielfach ist an die Stelle der Wälder die *Macchia* getreten, ein immergrünes, mannshohes Gebüsch, in dem Erdbeerbäume, Wilder Ölbaum, Zwergpalmen und Johannisbrotsträucher, um nur einige wenige Arten zu nennen, anzutreffen sind. Unter sehr ungünstigen Verhältnissen (Raubbau; Viehfraß) wird die Macchia zum *Matorral* (*Garrigue*), einem lichten, kümmerlichen Gestrüpp. Macchia und Matorral sind hauptsächlich in Zentralspanien und im Südosten des Landes anzutreffen.

Das armseligste Vegetationsbild endlich bieten die *Salzsteppen* (Ebrobecken) und die *Halfa-* oder *Espartosteppen*, die vor allem in den Provinzen Granada, Albacete und Murcia weite Flächen einnehmen.

Das Bild der Naturvegetation erfährt durch die Kulturvegetation, deren Voraussetzung vielfach allerdings die künstliche Bewässerung ist, eine starke Veränderung und Bereicherung. Es sollen hier nun nicht alle Nutzpflanzen aufgezählt werden, die in Spanien anzutreffen sind und die es fast ausnahmslos auch in den nördlicheren Ländern Europas gibt. Es sei hier nur an einige Bäume und Pflanzen südlicher Prägung erinnert. Über den ganzen Süden des Landes und über das Ebrobecken ist der *Ölbaum* (Olive) verbreitet. Besonders in den Landschaften Andalusien, Murcia und Valencia gedeihen *Mandel-*, *Feigen-* und *Aprikosenbäume*, *Apfelsinen* und *Zitronen*, in Andalusien *Reis* und *Baumwolle*. In den gleichen Landschaften sind *Opuntiendickichte* (Feigenkaktus) und *Agaven* weit verbreitet.

Auf einen sehr schmalen Küstensaum etwa von der Ebromündung bis zur Straße von Gibraltar ist die *Dattelpalme* beschränkt (der größte Dattelpalmenhain ist mit rund 180000 Bäumen der von Elche in der Provinz Alicante).

Die spanische *Fauna* ist im großen und ganzen von der des übrigen Europa nicht sehr verschieden. Als Besonderheiten sind zu nennen: der Spanische Steinbock (*Capra pyrenaica* oder *hispanica*); der Kaiseradler (*Aquila heliaca adalberti*); unter den vielen Eichhörnchenarten das in der Sierra de Segura vorkommende (*Sciurus vulgaris segurae*); der Spanische Rothirsch (*Cervus elaphus hispanicus*); die in der Sierra de Guadarrama vorkommende und eigentlich in Afrika beheimatete Ginsterkatze oder Genette (*Genetta genetta*); der Ägyptische Mungo (*Herpestes ichneumon widdringtoni*), der sonst nirgendwo in Europa vorkommt; die Elsternart *Cyanopolius Cooki*, die sonst nur in Nordostasien anzutreffen ist.

Erwähnt seien auch folgende Meerestiere: die an allen spanischen Küsten vorkommenden *Sardinen*, der im Golf von Cádiz und im Alboránbecken (Mittelmeerinsel *Alborán* zwischen Adra und Melilla) lebende *Große Thunfisch* und die in Küstennähe anzutreffenden *Tintenfische* und *Langusten*.

Bevölkerung

Spanien hat 38 Millionen Einwohner. In dieser Zahl sind die Bewohner der Balearen und der Kanarischen Inseln sowie der beiden nordafrikanischen Exklaven Melilla und Ceuta enthalten. Das ergibt eine Bevölkerungsdichte von 74 Menschen je Quadratkilometer (in Niedersachsen, dem am dünnsten besiedelten Bundesland, sind es über 152 Menschen).

Die Bevölkerungsdichte ist von Provinz zu Provinz sehr unterschiedlich. Die Küstenprovinzen haben durchweg eine erheblich größere Dichte (bis zu weit über 250 je km²) als die Binnenprovinzen, in denen es zahlreiche Verwaltungsbezirke mit weniger als 15 Einwohnern je Quadratkilometer gibt. Von den Binnenprovinzen kann nur die Provinz Madrid mit den dicht besiedelten Küstenprovinzen verglichen werden.

Die sehr unterschiedliche Bevölkerungsdichte ist auf unterschiedliche wirtschaftliche Bedingungen zurückzuführen. In den Binnenprovinzen herrscht eine sehr extensive Landwirtschaft vor, die keine dichte Besiedlung zuläßt. In den Küstenprovinzen herrscht ein angenehmeres Klima und sind dem Menschen reiche Erwerbsmöglichkeiten geboten (Bergbau und Industrie, intensive Landwirtschaft, Fischfang, Schiffsverkehr, Tourismus). Die Bevölkerungsbewegung zeigt daher auch deutlich einen Trend aus den Binnenprovinzen an die Küsten oder aber nach Madrid (Madrid erfährt seit Jahren allmonatlich einen starken Zuzug aus den bäuerlichen Bezirken der engeren Umgebung), also in erster Linie eine Landflucht, der man hier und da durch die Bodenreform und die Anlage neuer Kolonistendörfer zu begegnen sucht (bisher nur verhältnismäßig geringe Erfolge).

Von der spanischen Bevölkerung sind rund 13 Millionen Männer und Frauen berufstätig (Anteil der Frauen etwa 25%), davon etwa 42 Prozent im Dienstleistungssektor (dieser hohe Anteil ist nicht zuletzt auf den Tourismus zurückzuführen), rund 38 Prozent in Industrie und Handel und nur etwa 19 Prozent in der Landwirtschaft. Das Pro-Kopf-Einkommen, das seit 1960 eine stetige Steigerung aufweist, liegt seit einigen Jahren bei knapp 4500 US $ (Bundesrepublik Deutschland gut 11 500 US $). Damit steht Spanien unter den 168 Ländern der Erde zur Zeit an 33. Stelle (Bundesrepublik Deutschland an 4. Stelle). Die Abweichungen vom Durchschnitts-Pro-Kopf-Einkommen betragen von Provinz zu Provinz nach oben oder unten bis zu 40%.

Eine wesentliche Aufgabe des spanischen Bildungswesens ist die Beseitigung des Analphabetentums. In dieser Hinsicht sind zwar schon beachtliche Fortschritte erzielt worden, der volle Erfolg steht aber noch aus, weil in manchen Gebieten wegen des Fehlens von Schulen und Lehrern eine Einschulung der Kinder (es besteht achtjährige Schulpflicht) nicht möglich ist und weil manche Eltern aus wirtschaftlichen Gründen die Mitarbeit der Kinder immer noch höher einschätzen müssen als den Schulbesuch (der Volksschulbesuch ist zwar seit 1973 kostenlos, entscheidend ist in diesen Fällen aber der Ausfall des Kindes als Arbeitskraft).

In religiöser Hinsicht ist Spanien ein fast rein katholisches Land; die Zahl der praktizierenden Katholiken ist aber vor allem in den Großstädten sehr klein. Die größte religiöse Minderheit (etwa 32 000) bilden die Protestanten, die mehreren Kirchen angehören. Die Zahl der Juden, die während des Zweiten Weltkrieges verhältnismäßig groß war, ist auf etwa 9000 zurückgegangen. In den nordafrikanischen Städten Ceuta und Melilla leben etwa 1000 Moslems.

In Spanien werden, wenn man von dem nur im Valle de Arán (s. S. 118) verbreiteten gaskonischen Dialekt absieht, vier Sprachen gesprochen: drei Regionalsprachen, nämlich das *Catalán* und *Gallego*, beide romanisch, und *Euskera*, sodann als Staatssprache das *Castellano* genannte Spanische, das ebenfalls eine romanische Sprache ist. In das Castellano haben infolge der langen Maurenherrschaft über weite Teile Spaniens viele arabische Wörter Eingang gefunden.

Das Gallego (Galicische), das sich neben dem Castellano und dem Catalán selbständig aus dem Lateinischen entwickelt hat, aber, wie das Catalán, auf einer früheren Entwicklungsstufe stehen geblieben ist, wird als dem Castellano gleichgestellte Sprache in den vier galicischen Provinzen Orense, Lugo, Pontevedra und La Coruña sowie in den angrenzenden westlichen Teilen von Asturien und León gesprochen, und zwar von schätzungsweise zwei Millionen Menschen. Es ist engstens mit dem Portugiesischen verwandt (die beiden Sprachen entwickelten sich erst vom 15. Jahrhundert an voneinander weg).

Das Catalán (Katalanische) ist mit dem Castellano die offizielle Sprache der Region Katalonien (heutige Provinzen: Gerona, Lérida, Barcelona und Tarragona) und außerhalb Spaniens des Fürstentums Andorra und des größten Teils des französischen Departements Pyrénées-Orientales. Man schätzt, daß das Catalán von weit über sechs Millionen Menschen gesprochen wird. Das Catalán gliedert sich in zahlreiche Dialekte, wie das Valenciá, das in Valencia (heutige Provinzen: Castellón de la Plana, Valencia und Alicante) gesprochen wird oder jene, die auf den Balearen heimisch sind.

Das Euskera (Baskische) ist die Sprache der Basken und wird von etwa 500000 Menschen gesprochen, die beiderseits der spanisch-französischen Grenze leben, und zwar zum weitaus größten Teil auf spanischem Boden (Provinzen Guipúzcoa, Navarra und Vizcaya), zu einem kleinen Teil auch im französischen Departement Pyrénées-Atlantiques. Es handelt sich beim Euskera um die einzige noch lebende vorindogermanische Sprache Europas. Eine Verwandtschaft mit irgendeiner anderen Sprache konnte bisher nicht nachgewiesen werden.

Die Frage nach der Herkunft des Euskera und der Basken ist früher vielfach mit der Frage nach der Herkunft der Spanier verbunden worden. Man hat die Basken und ihre Sprache in unmittelbare Verbindung mit den Iberern gebracht, die die ersten namentlich bekannten Bewohner der Iberischen Halbinsel waren. Heute herrscht die Meinung vor, daß die Völker, die als Vorfahren der Basken einerseits und der Iberer andererseits anzusehen sind, in vorgeschichtlicher Zeit unabhängig voneinander Teile der Iberischen Halbinsel besiedelt haben. Wie aus den Iberern die Spanier wurden, ist im geschichtlichen Überblick (s. S. 44) kurz umrissen.

Folklore

Die spanische Folklore ist besonders in den Touristengebieten sehr stark kommerzialisiert worden (hier und da wurde sie auf diese Weise zu neuem Leben erweckt). Aber neben der kommerzialisierten Folklore hat sich doch eine über das ganze Land verbreitete ursprüngliche Folklore erhalten, deren Kristallisationspunkte die ungemein zahlreichen kirchlichen und weltlichen Feste sind. An diesen Festen werden die alten Trachten getragen, erklingt Volksmusik, werden Volkstänze getanzt und Volksschauspiele aufgeführt. Die folkloristisch bedeutenden Ereignisse lassen sich in einigen Gruppen zusammenfassen.

Prozessionen: Am bekanntesten sind die Prozessionen der *Semana Santa* (Karwoche), an denen unter Kapuzenmänteln sich verbergende Büßer teilnehmen und zu denen die *Pasos* (große Figuren oder Figurengruppen, die Szenen aus der Passion Christi darstellen) mitgeführt werden. Am berühmtesten ist die Semana Santa von *Sevilla*. Kaum weniger bedeutend sind an vielen Orten, zum Beispiel in *Toledo*, die *Fronleichnamsprozessionen*. Oft wird der Prozessionsweg mit prächtigen Bildteppichen aus Blumen geschmückt (so in *La Orotava* auf Tenerife).

Geistliche Schauspiele: In diesen Schauspielen wird mit Vorliebe das Leben Christi (*Passionsspiele* in *Olesa de Montserrat* bei Barcelona) und seiner Mutter Maria (*Marienspiel* in *Elche*, Provinz Alicante) dargestellt. Texte und Art der Inszenierung gehen vielfach auf mittelalterliche Vorlagen zurück.

Moros y Cristianos (Mauren und Christen): Hierbei handelt es sich um historische Spiele, die an die Zeit der Mauren erinnern und vor allem aus Scheingefechten zwischen Mauren und Christen bestehen. Besonders eindrucksvoll sind die Spiele von *Alcoy* (Provinz Alicante).

Stiereintreibungen und *Stierkämpfe:* Obwohl der Stierkampf in der Beliebtheitsskala den ersten Platz dem Fußballsport hat abtreten müssen (das gilt ganz besonders in Städten mit berühmten Fußballmannschaften), ist ein Volksfest ohne Stierkampf doch noch kaum vorstellbar. In manchen Orten finden Stiereintreibungen statt: die Stiere, die nachmittags in der Arena auftreten, werden durch den ganzen Ort zur Arena hingetrieben. Dieses Eintreiben ist in *Pamplona* eine echte, aber keineswegs ganz ungefährliche Tradition.

Eine Stierkampfveranstaltung (*Corrida de Toros*) besteht aus sechs oder acht Kämpfen und wird mit dem feierlichen Einzug (*Paseo*) der drei oder vier Stierkämpfergruppen (*cuadrillas*) eingeleitet; jede bestreitet zwei Kämpfe.

Der einzelne Kampf nimmt folgenden Verlauf. Der Stier wird zunächst von den *Capeadores* durch das Schwingen der *Capas* (der kleinen Stierkämpferumhänge) gereizt, und der Torero führt die *pases de muleta* (Vorbeischießenlassen des Stieres) durch. Nach diesem Vorspiel beginnt der erste Teil, die sogenannte *Suerte de varas* (Spießgang). Der berittene *Picador* hat die Aufgabe, dem angreifenden Stier den Spieß in den Nacken zu stoßen. Die durch den Spieß hervorgerufenen Verletzungen führen zu starkem Blutverlust und damit zu einer Schwächung des Stiers.

Im zweiten Teil des Kampfes, der *Suerte de banderillas*, haben die *Banderilleros* die Aufgabe, dem Stier drei Paar *Banderillas* (bis zu 90 cm lange Stäbe mit Widerhaken und bunten Bändern) in den Nacken zu stoßen. Erweist sich der Stier als zu wenig angriffslustig, setzen die Banderilleros ihm etwa 15 cm lange und stark schmerzende Spieße *(banderillas negras)* in den Nakken. Im dritten Gang, der *Suerte de matar* (Todesgang), steht der *Matador* dem Stier allein gegenüber. Seine Aufgabe ist es, den Stier mit der *Muleta* (Scharlachtuch) zu reizen und ihm schließlich mit dem *Estoque* (Stoßdegen) den Todesstoß *(estocada)* zu versetzen.

Musik, *Tanz* und *Gesang:* Diese drei gehören zu jedem Volksfest, sie machen in manchen Orten sogar das ganze Fest aus. Volksmusik, -tanz und -gesang sind so vielgestaltig, daß hier nur auf einige besonders typische Erscheinungsformen der einzelnen Regionen hingewiesen werden kann.

Andalusien: *Cante jondo*, die wohl älteste Liedart Spaniens; sie hat sich am reinsten in den *Siguiriyas* und *Soleares* erhalten, während ihre modernsten Formen unter dem Namen *Flamenco* bekannt sind (oft stehen diese Bezeichnungen für Lied und Tanz); zu den bekanntesten andalusischen Volkstänzen gehören *Fandangos*, *Malagueñas*, *Granadinas* und vor allem die *Sevillanas*. – Kastilien: als Lieder und Tänze vor allem die *Seguidillas*. – Galicien: hier singt und tanzt man zur *Gaita gallega* (Dudelsack) die *Muñeiras*. – Asturien: unter den Liedern herrscht das *Ringo Rango*, unter den Tänzen die *Raposa* vor. – León: hier singt man die *Marzas* und *Picayos* und tanzt man die *Charrada* und die *Giraldilla*. – Baskische Provinzen *(Vascongadas):* die beliebteste Gesangsweise ist der *Zortzico*, während der *Aurresku* und die *Ezpata dabiza* (ein Schwerttanz) zu den typischsten Tänzen zählen. – Aragonien: hier steht als Lied und Tanz die *Jota* unangefochten an der Spitze. – Katalonien: uralte Lieder sind die *Goigs*, der verbreitetste Tanz ist die *Sardana*. – Levante (Valencia, Murcia): man singt die *Albaes*, *Alboradas* und *Auroros* und tanzt die *Huertanos* und die *Xáquera vella*. – Balearen: man tanzt und singt *Copeos*, *Curtas* und *Llargas*. – – Kanarische Inseln: der Zauber der Inseln drückt sich in Tanz und Gesang am stärksten in den *Folías* aus.

Speisen und Getränke

Die spanische Küche, mit der hier nicht die in vielen Touristenorten internationalisierte oder dem deutschen, englischen, schwedischen oder einem sonstigen Geschmack mehr oder weniger angepaßte Küche gemeint ist, darf man als eine spanisch - maurisch - südamerikanische Küche bezeichnen; denn die ursprüngliche spanische Küche bereicherten die Mauren durch die Zitrone (mit ihr wurde die Zubereitung süßsaurer Speisen möglich) und etliche Gewürze, die südamerikanischen Länder sodann nach ihrer Entdeckung mit Kartoffeln, Tomaten und vielem anderen. Dank diesen Bereicherungen nahm die spanische Küche um 1500 eine Spitzenstellung in Europa ein. Dennoch ist die spanische Küche im Grunde genommen einfach. Unter den typischen Gerichten aller Landschaften stehen Eintopfgerichte (meist *Cocido* oder *Caldereta* genannt und hauptsächlich aus Suppenfleisch, Gemüse und Kichererbsen bestehend) obenan. Der größten Beliebtheit erfreut sich aber der Lammbraten *(Cordero)*. An den Küsten tritt an die Stelle dieser beiden Gerichte vielfach die *Caldera de pescado*, die Fischsuppe, oder ein anderes Fischgericht. Zu den vielen Speisen, die einen besonders guten Ruf haben, gehören die asturische *Fabada* (Eintopfgericht aus weißen Bohnen, dem französischen *Cassoulet* vergleichbar), der *Bacalao a la vizcaína* (Stockfisch auf baskische Art), *Pollo al chilindrón* aus Aragonien (zerkleinertes, in Öl gebratenes Huhn), das katalanische *Suquet de peix* (ein Fischgericht, das der französischen *Bouillabaisse* ähnelt), die *Paella valenciana* (Safranreis mit allerlei Zutaten) und der andalusische *Gazpacho*, eine Rohkostsuppe, die kalt gegessen wird.

Zum Essen wird vorwiegend Wein getrunken. Spanien ist reich an guten Weinen. Aus Andalusien kommen der berühmte *Jerez* (auch *Sherry* genannt) und der *Manzanilla* von *Sanlúcar de Barrameda*, der *Málaga* und der *Moscatel*. Die *Mancha* ist die Heimat des *Valdepeñas*, des am meisten getrunkenen Tischweins. Die renommierten *Rioja-Weine* kommen aus dem baskisch-aragonesischen Grenzgebiet zwischen Vitoria und Logroño. Katalonien trägt zur Auswahl bei mit seinem *Tarragona*, den Weinen aus dem *Priorato* und denen von *Alella*.

Neben seinen Weinen besitzt Spanien einige recht gute Mineralwasser, zum Beispiel das *Lanjarón*, *Vichy Catalán*, *Solares* und *Caldas de Malavella*, darunter auch einige ohne Kohlensäure (*sin gas*). Für Mineralwasser und auch für einfaches Wasser wird stets das größere der beiden Gläser, die zu einem Gedeck gehören, benutzt. Das kleinere Glas ist für den Wein bestimmt, den der Spanier in der Regel unverdünnt trinkt.

Ein sehr erfrischendes Getränk ist die *Sangría*, die aus Rotwein, einfachem Sekt, viel Zucker, Eis und Früchten, am geeignetesten Orangen und Zitronen (gegebenenfalls auch Orangensaft), besteht und der, wenn sie besonders schmackhaft sein soll, ein Schuß Cognac beigegeben wird. Ein sehr beliebtes nichtalkoholisches Erfrischungsgetränk ist die *Horchata de chufas* (Erdmandelgetränk).

Die schärferen Getränke (Weinbrand und Likör) sind zahlreich und auch recht gut. Zu den besten Weinbrandsorten zählen „Carlos I", „Magno", „Felipe II", „Fundador", „Veterano" und „Cardenal Mendoza".

Staatsform und Verwaltung

Der von Franco geschaffene, autoritär und korporativ fundierte Staat, der Estado Español franquistischer Prägung, gehört im wesentlichen bereits der Vergangenheit an, und die Gruppen, die sich noch für ihn einsetzen, werden immer kleiner, stellen aber, sofern sie rechtsextremistische Terrorgruppen bilden, zusammen mit der linksextremistischen antifaschistischen Widerstandsbewegung GRAPO und mit der baskischen Terrororganisation ETA (militar) eine ernste Herausforderung des jungen Staates dar. Und wie ernst diese ist, zeigte 1981 ein mißglückter Putschversuch spanischer Offiziere. 1982 konnte eine Obristenverschwörung noch rechtzeitig vor dem Tag des geplanten Umsturzes, dem 27. Oktober (Vortag der Parlamentswahlen), aufgedeckt werden.

Die Änderungen, die König Juan Carlos I. seit 1975 zusammen mit dem ehemaligen Premierminister Adolfo Suárez González (geboren am 25. September 1932; Premier von 1976–1981) und seinem Nachfolger Calvo Sotelo bisher vorgenommen hat, haben aus dem Francostaat eine demokratisch-parlamentarische Monarchie gemacht, in der alle Parteien – einige extremistische Gruppen ausgenommen – zugelassen sind. Die einzige Partei, die zur Zeit Francos zugelassen war, der Movimiento Nacional (Nationale Bewegung), wurde im April 1977 aufgelöst.

Die von König und Premierminister ergriffenen Maßnahmen zur Liquidierung des Francostaates haben ihre Abrundung erfahren durch die neue Verfassung, die im Dezember 1978 die Zustimmung des spanischen Volkes gefunden hat. Die Beteiligung an der Abstimmung über die Verfassung war allerdings überraschend gering, aber die Mehrheit derjenigen, die für die Verfassung gestimmt hatten, war doch so groß, daß die Regierung sich in ihrer Arbeit bestätigt fühlen konnte.

Spanien hat jetzt wieder ein aus zwei Kammern, dem Senat und dem Kongreß, bestehendes Parlament, die Cortes, deren Mitglieder vom Volk gewählt werden. Der Kongreß zählt 350, der Senat 260 Mitglieder. Neben diesen beiden Institutionen gibt es den dem König, der Staatsoberhaupt ist, zur Seite stehenden „Rat des Königreiches" (Consejo del Reino).

Nach der neuen Verfassung beginnt das aktive Wahlrecht der

Spanier mit 18 Jahren. Der allgemeinen Wehrpflicht steht das Recht der Wehrdienstverweigerung gegenüber. Ferner sind in der neuen Verfassung verankert: die Religions- und Meinungsfreiheit (der Katholizismus ist nicht mehr Staatsreligion) die Abschaffung der Todesstrafe (ausgenommen im Militärrecht), die Zivilehe und das Scheidungsrecht, die Ablehnung der Abtreibung.

Von größter Bedeutung für die Form des spanischen Staates ist die ebenfalls in der Verfassung verankerte Regionalisierung, die Verleihung der Autonomie an die Regionen Spaniens, die eine Föderalisierung Spaniens bedeuten würde.

Heutzutage ist Spanien in 17 Regionen aufgeteilt, die alle ihre Autonomie erreicht haben (s.S. 43, Karte S. 44).

Es ist bereits jetzt erkennbar, daß die Regionalisierung eine Gefahr für die Zentralregierung in Madrid bedeuten kann. Die derzeitige Regierung wird von der PSOE (Sozialistische Arbeiter Partei) gestellt, die eine absolute Mehrheit in den Wahlen im Oktober 1982 erreichte und in den Kommunalwahlen im Mai 1983 ihre starke Position bestätigte. Ihre Regionalpolitik stößt jedoch auf Widerspruch bei den autonomen Regierungen.

Es hat den Anschein, als suche die Madrider Regierung bereits nach Möglichkeiten, der Dezentralisierung entgegenzuwirken. Je mehr die Regionalisierung die Einheit Spaniens gefährden würde, desto mehr müßte die Madrider Regierung mit dem Widerstand der Streitkräfte (Generalität) gegen die Regionalisierung rechnen. Für die Streitkräfte ist nämlich die Einheit

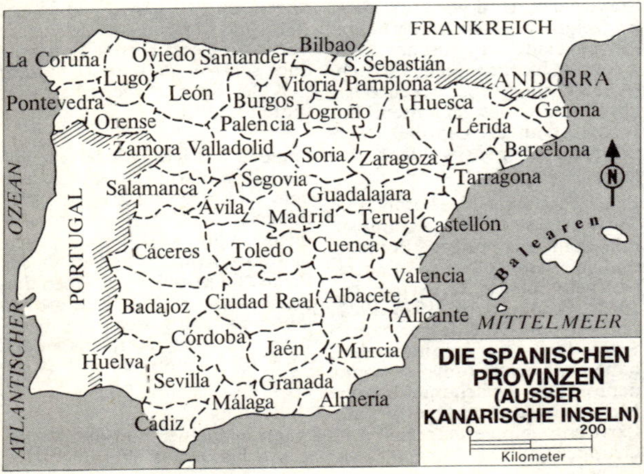

Spaniens eine Frage von zentraler Bedeutung. Wie groß die Gefahr für die Madrider Zentralregierung ist, zeigt das Abstimmungs- und Wählerergebnis zum baskischen Regionalparlament: die UCD, die damalige Partei der Zentralregierung, hatte im Baskenland im März 1980 nur sechs der 60 Sitze dieses Parlaments erringen können.

Die Karte von Seite 44 vermittelt ein Bild von der Lage und Ausdehnung der Regionen. In der folgenden Aufzählung bestehen die Regionen ohne weitere Angaben aus nur einer Provinz, deren Name gleich dem der Region ist:

Catalunya/Katalonien (Gerona, Lérida, Barcelona, Tarragona); *Baleares; Aragón* (Huesca, Zaragoza, Teruel); *Navarra; Baskenland* (Vizcaya, Álava, Guipúzcoa); *La Rioja; Kantabrien; León-Castilla* (Zamora, León, Salamanca, Soria, Valladolid, Palencia, Burgos, Ávila); *Asturien; Galicien* (La Coruña, Orense, Lugo, Pontevedra); *Segovia; Madrid; Extremadura* (Cáceres, Badajoz); *Castilla–La Mancha* (Guadalajara, Cuenca, Albacete, Ciudad Real, Toledo); *Murcia; Andalusien* (Huelva, Jaén, Córdoba, Almería, Cádiz, Málaga, Granada, Sevilla); *Valencia* (Valencia, Castellón de la Plana, Alicante); *Kanarische Inseln* (Las Palmas de Gran Canaria, Santa Cruz de Tenerife).

Spanien ist verwaltungsmäßig in 50 *Provinzen* gegliedert, von denen 47 auf dem Festland liegen. Die Balearen bilden eine, die Kanarischen Inseln zwei Provinzen. Die Provinzen sind in der Regel nach ihrer Hauptstadt benannt.

Eine Ausnahme machen nur die Festlandsprovinzen *Álava* (Hauptstadt Vitoria), *Guipúzcoa* (San Sebastián), *Navarra* (Pamplona), *Vizcaya* (Bilbao), *La Rioja* (Logroño), *Asturien* (Oviedo), *Kantabrien* (Santander), die aber auf der Karte auf Seite 42 der Einfachheit halber doch durch die Namen ihrer Hauptstädte gekennzeichnet sind, sowie die Inselprovinz *Baleares* (Balearen; Hauptstadt Palma de Mallorca).

Die Provinzialregierungen werden von der Diputación Provincial (Landtag) und dem vom Innenminister der Zentralregierung in Madrid ernannten Gobernador (Zivilgouverneur) gebildet. Die Mitglieder der Landtage werden im Rahmen der Gemeindewahlen (seit 46 Jahren im April 1979 die ersten freien Gemeindewahlen) frei gewählt. In diesen Wahlen von 1979 erreichte zwar die damals noch regierende UCD die Mehrheit, doch vor allem in den Großstädten wie Madrid, Barcelona, Valencia und in ganz Andalusien setzten sich die Sozialisten (PSOE) durch, die dann auch in den meisten dieser Städte mit den Stimmen der Kommunisten (PCE) einen eigenen Bürgermeister stellen konnten. In den Kommunalwahlen im Mai 1983 kandidierte die in Splitterparteien zerfallene UCD nicht mehr, während die Sozialisten eine überragende Mehrheit erreichten; weit abgefallen war die konservative Partei *Alianza Popular* (Volksallianz).

Geschichte

Auf der Pyrenäenhalbinsel lebten bereits in der *Altsteinzeit* Menschen, wie unter anderem Schädel und Unterkiefer von Neandertalern, die bei *Gibraltar* und bei *Bañolas* (Provinz Gerona) gefunden worden sind, beweisen. Jüngere und eindrucksvollere Beweise für die Anwesenheit des Menschen in dieser frühen Zeit sind die eiszeitlichen Höhlenmalereien, besonders die von *Altamira* (s. S. 205).

Zur Zeit des Übergangs von der *Mittelsteinzeit* zur *Jungsteinzeit*, um 3000 v. Chr., dürften sich bereits Völkerschaften gebildet haben. Inwieweit in der Folgezeit zur Differenzierung afrikanische, asiatische oder nordeuropäische Einwanderer beigetragen haben, läßt sich nicht ermitteln. Sicher ist es, daß die Pyrenäenhalbinsel starken kulturellen Einflüssen aus dem östlichen Mittelmeerraum unterworfen war und daß sie in das Verbreitungsgebiet der *Megalithkultur* (s. S. 55) einbezogen wurde. Die Völker, die auf der Pyrenäenhalbinsel die Träger dieser Kultur und anderer jungsteinzeitlicher/bronzezeitlicher Kulturen waren, wurden später von den Griechen *Iberer* genannt.

Seit dem 11. Jahrhundert v. Chr. kamen die asiatischen *Phöniker* auf ihren Handelsfahrten an die iberische Mittelmeer- und Atlantikküste und legten dort Handelsniederlassungen an (als Gründungen der asiatischen Phöniker gelten mit der größten Sicherheit *Málaga* und *Cádiz*). Seit dem 7. Jahrhundert v. Chr. ließen sich auch *Griechen* an der

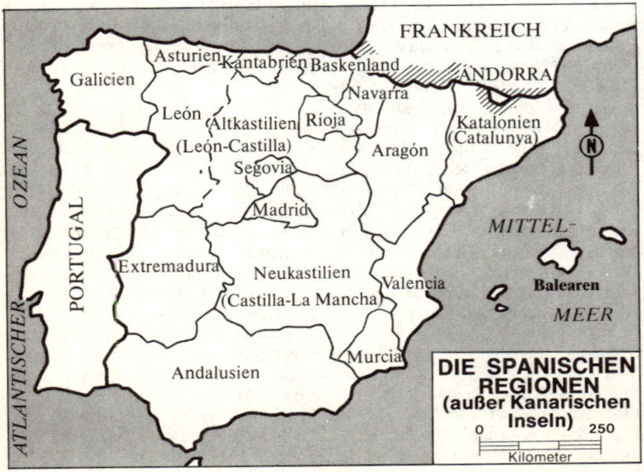

iberischen Mittelmeerküste nieder. Ihre bedeutendste Stadtgründung war *Ampurias* (s. S. 98). Die asiatischen Phöniker und die Griechen haben die Wirtschaft und Kultur der Küsten und des Hinterlandes beeinflußt, aber wohl kaum zum Entstehen einer Mischbevölkerung beigetragen.

Etwa gleichzeitig mit den ersten Griechen kamen aus Mitteleuropa die *Kelten* auf die Iberische Halbinsel. Es ist nach wie vor unklar, über welche Teile der Halbinsel die Kelten sich verbreiteten; ihnen werden vorwiegend der Norden und Westen der Halbinsel als Siedlungsgebiete zugeschrieben, sodann weite Teile der Meseta, und vor allem auf der Meseta soll es zu jener Mischung von Kelten und Iberern gekommen sein, deren Ergebnis das Volk der *Keltiberer* war (vielfach wird angenommen, daß es mehr zu einer Mischung der Kulturen der Kelten und Iberer und weniger zu einer Mischung der beiden Völker gekommen ist; bei dieser Mischung sollen die Kelten als die sich Anpassenden von ihrer Kultur mehr verloren als gegeben haben).

Nach dem Zusammenbruch der Macht der asiatischen Phöniker kamen im 6. Jahrhundert v. Chr. die afrikanischen Phöniker, nämlich die *Karthager* oder *Punier*, auf die Iberische Halbinsel. Sie begnügten sich nicht mit Handelsstützpunkten, sondern sie eroberten nach und nach die späteren Regionen Andalusien, Murcia und Valencia, gründeten im 3. Jahrhundert v. Chr. als Hauptstadt ihrer iberischen Besitzungen als *Neu-Karthago* das heutige *Cartagena* und drangen weiter in Richtung auf den *Ebro* vor.

Der Vormarsch der Karthager gegen *Sagunto*, dessen iberische Bevölkerung Bundesgenosse *Roms* war und 219 v. Chr. *Hannibal* energischen Widerstand leistete (s. S. 164), und die Überschreitung des Ebro hatten zum Ziel, Ersatz zu schaffen für die im *Ersten Punischen Krieg* (264–241 v. Chr.) an Rom verlorenen Gebiete (Sizilien, Sardinien und Korsika). Da aber der Ebro vertraglich als Grenze zwischen dem römischen und dem karthagischen Einflußbereich auf der Iberischen Halbinsel bestimmt worden war, löste die Überschreitung des Ebros durch Hannibal den *Zweiten Punischen Krieg* (218–201 v. Chr.) aus. Nachdem das Römische Reich zunächst an den Rand des völligen Zusammenbruchs geraten war (211 v. Chr. stand Hannibal vor Rom) schlugen die Römer unter den *Scipionen* zurück. *Publius Cornelius Scipio* (später *Africanus* zubenannt) eroberte 209 v. Chr. *Carthago Nova* (Cartagena) und vertrieb bis 206 v. Chr. die Karthager völlig von der Iberischen Halbinsel. Damit begann die rund 600 Jahre währende römische Herrschaft.

Die beiden ersten Jahrhunderte der römischen Herrschaft bestanden vorwiegend aus der Niederschlagung iberischer und keltiberischer Aufstände. Erst im Jahre 19 v. Chr. wurden die Kämpfe auf der nun *Hispania* genannten Iberischen Halbinsel mit der Eroberung der nördlichen Berggebiete (Asturien, Kantabrien) beendet; es folgte die Gliederung in die drei Provinzen *Tarraconensis* (im wesentlichen die Mittelmeerküste und das Ebrogebiet), *Baetica* (Andalusien) und *Lusitania* (der Westen, vor allem das heutige Portugal). Die Romanisierung erfaßte das ganze Land, aber es gab doch ein deutliches Gefälle von den Mittelmeergebieten aus nach Norden und Westen. Das Christentum scheint hier und da (Mittelmeerküste) schon im 2. Jahrhundert Fuß gefaßt zu haben, zu einer größeren Verbreitung kam es aber erst vom 3. Jahrhundert an.

Das 5. Jahrhundert brachte den allmählichen Zusammenbruch der römischen Herrschaft, im Zusammenhang damit das Eindringen germanischer Völker (zunächst der *Alanen*, *Vandalen* und *Sueben*, von denen die letzten im Nordwesten Spaniens, in Galicien, ein Reich bildeten), vor allem der *Westgoten*, denen es bis gegen Ende des 7. Jahrhunderts gelang, ihre Herrschaft über die ganze Iberische Halbinsel auszudehnen. Die Hispanoromanen und die Westgoten verschmolzen ab Ende des 6. Jahrhunderts (nach dem Übertritt der Westgoten vom Arianismus zum Katholizismus) zu einem Staatsvolk. Die damals bereits zahlreichen *Juden* wurden als Fremdkörper betrachtet und schließlich auf dem Konzil von 694 (Toledo) für unfrei erklärt. Dies soll die Juden bewogen haben, die Invasion der *Araber* zu unterstützen.

Zu Beginn des 8. Jahrhunderts kam es zu Thronstreitigkeiten und damit zu einer erheblichen Schwächung des Westgotenreiches. Diese Situation nutzten die Araber aus. Im Jahre 711 landete ein vorwiegend berberisches Heer unter Führung des Walis *Tarik* in der Nähe des Berges *Calpe*, der nach dieser Begebenheit *Djebel al Tarik* (daraus entwickelte sich der Name *Gibraltar*) genannt wurde. In wenigen Jahren eroberten die *Mauren*, wie die islamisierten Berber genannt wurden, die ganze Iberische Halbinsel; lediglich der äußerste Norden und Nordwesten konnten sich der völligen Beherrschung durch die Mauren in etwa entziehen, und daher konnte dort auch ein ernsthafter Widerstand gegen die Mauren organisiert werden.

Während sich die Hispanoromanen und die Juden um ein gutes Verhältnis zu den neuen Herren bemühten und bei deren weitgehender Toleranz damit auch erfolgreich waren, zog sich ein Teil des westgotischen Adels und seiner Anhänger in die genannten nördlichen Gebiete zurück, wo er die Unterstützung der besonders freiheitsliebenden Bergvölker fand. Es bildeten sich kleine christliche Herrschaften, als erste wahrscheinlich die Herrschaft *Asturien* (schon sehr bald als Königreich bezeichnet), deren Gründer der Westgote *Pelayo* und deren Hauptort *Cangas de Onís* (s. S. 210) war. Von Asturien ging die *Reconquista*, die Zurückeroberung der Iberischen Halbinsel, aus. Noch im 8. Jahrhundert eroberten die Könige von Asturien Galicien und Teile Kantabriens (ein Gebiet, das vor allem die heutige gleichnamige Region umfaßt), und bis gegen 900 wurden die Grenzen des neuen Reiches nach Süden bis an den *Duero* und nach Osten bis weit über *Burgos* hinaus vorgetrieben. 914 wurde

León Hauptstadt des Königreiches, das sich nun nach dieser Stadt nannte. Aus diesem Reich schied 961 *Kastilien* als selbständige Grafschaft (seit 1035 Königreich) aus. Bis zur endgültigen Vereinigung (1230) der Königreiche León und Kastilien bestanden diese zeitweilig als unabhängige Königreiche nebeneinander, zeitweilig war León mit Kastilien und zeitweilig Kastilien mit León vereinigt.

In die Zeit *Alfonsos VI.* (seit 1065 König von León und seit 1072 auch König von Kastilien) fiel der Beginn der Loslösung *Portugals* von Spanien. Der leonesische König *Alfonso V.* (999 bis 1028) drang bereits bis *Viseu* vor, und im 11. Jahrhundert gehörte das heutige Portugal bis in die Gegend von *Coimbra* zum Königreich León, im übrigen zum maurischen Reich. Alfonso VI., der sich 1077 den Titel *Imperator totius Hispaniae* (Kaiser ganz Spaniens) zulegte und als solcher von den anderen christlichen Königen der Halbinsel anerkannt wurde, überließ die Grafschaft *Portucalia* (das heutige Portugal zwischen *Minho* und *Tejo*) um 1093 seiner illegitimen Tochter *Teresa*, deren Sohn *Afonso Henriques* die Oberhoheit von León abschüttelte und sich 1139 zum König von Portugal ausrufen ließ (1143 von León anerkannt).

Eine von Spanien wegführende Entwicklung vollzog sich zeitweilig auch im Nordosten des Landes. Dort unternahm *Karl der Große* 778 den Versuch, einen Teil der christlichen Bevölkerung Spaniens von islamischer Herrschaft zu befreien; der Versuch mißlang (im Tal von *Roncesvalles* wurde die von *Roland* geführte Nachhut vernichtet), aber es kam zur Gründung der *Spanischen Mark*, einer Art Pufferzone, die vom französischen *Toulouse* aus bis über Barcelona hinaus zur Ebromündung reichte und zur Keimzelle der Grafschaft *Katalonien* oder *Barcelona* wurde. Die Grafen von Barcelona erheirateten 1112 die südfranzösische Grafschaft *Provence*, 1137 das junge Königreich *Aragonien*, das an die Grafschaft Barcelona angrenzte, und erbten 1172 die französischen Grafschaften *Roussillon* und *Cerdagne* (in etwa das heutige Departement *Pyrénées-Orientales*); die französischen Besitzungen wurden 1207 noch um die Herrschaft *Montpellier* erweitert. Erst nach allen diesen Erwerbungen griff Aragonien-Barcelona in die Reconquista ein: in den Jahren 1229 bis 1235 wurden den Mauren die *Balearen* und 1238 das Königreich *Valencia* entrissen.

Zwischen León-Kastilien und Barcelona entstand ab etwa 800, anfangs unter Schutz des Fränkischen Reiches, eine Herrschaft, deren Herren sich ab Mitte des 9. Jahrhunderts *Könige von*

Roncesvalles

Pamplona nannten. Das Königreich Pamplona (*Navarra*) unterhielt im Gegensatz zu León-Kastilien und Barcelona gute Beziehungen zum maurischen Reich. König *García II.* (925–970) von Pamplona war ein Vetter des maurischen Kalifen *Abderrahman III.* von Córdoba. König *Sancho III.*, der Große (1005–1035), brachte es zu einer kurzen Hegemonie über alle anderen christlichen Herrscher Spaniens. Er teilte sein Reich unter seinen drei Söhnen auf: *García IV.* erhielt das Stammland Navarra (um Pamplona), *Fernando* erhielt das 1029 an Sancho gefallene Kastilien und *Ramiro* erhielt die Pyrenäengrafschaft *Aragón* (am Fluß Aragón, Hauptstadt *Jaca*), den Kern des Königreichs Aragonien, das später mit Katalonien vereinigt wurde.

Nach dieser Aufteilung hatte Navarra keine gemeinsame Grenze mehr mit dem maurischen Reich und schied damit aus der Front gegen dieses Reich aus. Als 1234 die französischen *Grafen von Champagne* Könige von Navarra geworden waren, wandte sich das Land mehr und mehr Frankreich zu. Die französischen Könige *Philipp IV. der Schöne* (1285–1314) und *Ludwig X.* (1314–1316) waren auch Könige von Navarra. Erst durch die Heirat der Thronerbin *Blanca von Navarra* mit *Johann II. von Aragonien* kam Navarra 1420 wieder in engere Verbindung mit Spanien, aber erst 1512 wurden die spanischen Teile Navarras endgültig mit dem durch die Heirat *Ferdinands von Aragonien* mit *Isabella von Kastilien* geschaffenen Königreich Spanien vereinigt.

Zwischen der Konsolidierung der Königreiche León-Kastilien (endgültiger Name Kastilien) und Aragonien-Katalonien (endgültiger Name Aragonien) und der Schaffung des Königreiches Spanien lag der letzte und entscheidende Abschnitt der Reconquista, die Eroberung des maurischen Königreichs *Granada*.

Das maurische Reich auf der Iberischen Halbinsel war anfangs nur eine Provinz des Omaijadenkalifats von *Damaskus*. 756 wurde aus der Provinz das *Emirat von Córdoba*. Die arabische Zivilisation erlebte auf der Halbinsel nunmehr ihre erste Blütezeit, die auch in den Tagen des *Kalifats von Córdoba* (929 bis 1031) zunächst noch andauerte. Bezeichnend für diese Blütezeit waren die erfolgreiche Handelstätigkeit, das rege Bauen, die Pflege der Landwirtschaft (Einführung der künstlichen Bewässerung, fremder Pflanzen und neuer Anbaumethoden) und die intensive Beschäftigung mit den Wissenschaften, besonders mit Philosophie, Mathematik und Astronomie.

Nach der Abdankung des Kalifen *Hischam III.* (1031) löste sich das maurische Reich in *Taifas* (Teilfürstentümer) auf, und fast jede Stadt von einiger Bedeutung (z.B. Granada, Sevilla, Toledo, Valencia, Murcia, Badajoz) war Hauptstadt eines solchen Fürstentums. Die Schwäche des maurischen Reiches wurde vor allem von *Fernando I.* (1037 bis 1065) und *Alfonso VI.* (1065 bis 1109), beide Könige von Kastilien und León und unterstützt von dem später zum Nationalhelden gewordenen *Ruy Díaz de Vivar* (um 1043–1099; genannt

El Cid), ausgenutzt (1085 Eroberung von *Toledo*). Ab Mitte des 13. Jahrhunderts war nur noch das Königreich *Granada* in maurischer Hand. Die *Nasriden*, die in der *Alhambra* von Granada residierten, ließen dieses Königreich im 14. Jahrhundert noch einmal eine Blütezeit der Kunst und Kultur erleben. **Das bedeutendste Bau- und Kunstdenkmal der Nasridenzeit ist die Alhambra (siehe Seite 334).** 1492 wurde das Königreich Granada von den Katholischen Königen, wie Isabella von Kastilien und Ferdinand von Aragonien genannt wurden, erobert. Damit ging die Zeit der Maurenherrschaft in Spanien zu Ende.

Granada: Die Alhambra

Noch vor Beendigung der territorialen Reconquista hatte eine religiöse Reconquista begonnen. Bis in das 14. Jahrhundert hinein lebten die religiösen Minderheiten (Mauren und Juden) in den christlichen Reichen Spaniens ungestört. Gegen Ende des 14. Jahrhunderts kam es zu Ausschreitungen gegen die Juden, und zwar mehr aus wirtschaftlichen und sozialen als aus religiösen Gründen. Ab 1391 gab es für die Juden nur noch Tod, Auswanderung oder Übertritt zum Katholizismus. Aber auch die zum Katholizismus übergetretenen Juden fanden keine Ruhe. Sie zogen sich den Haß der Bevölkerung zu, weil sie es verstanden, sich wichtige wirtschaftliche und politische Positionen zu erobern, und weil sie außerdem als Opportunisten galten, die nur zum Schein zum Katholizismus übergetreten waren, in Wirklichkeit aber ihren jüdischen Glauben nicht aufgegeben hatten. Man unterschied schließlich scharf zwischen Alt- und Neuchristen und führte schließlich für Neuchristen, die sich um öffentliche Ämter bewarben, eine Art Abstammungsnachweis ein (damit wurde die religiöse Frage zur Rassenfrage). Außerdem gerieten viele Neuchristen in den Verdacht der Ketzerei; damit war die Kirche aufgerufen, sich mit den Neuchristen zu befassen. 1478 wurde zur Ausrottung der Ketzerei die *Inquisition* eingeführt, die zu einer wesentlichen Verschärfung der Minderheitenbekämpfung beitrug. 1492 wurden die letzten Juden aus Spanien ausgewiesen. Nach dem Fall von Granada erlebten die Mauren, ob sie nun Moslems geblieben oder zum Katholizismus übergetreten waren, das Schicksal der Juden. 1502 wurden sie vor die Wahl zwischen Bekehrung und Ausweisung gestellt, und alsbald wurden die bekehrten Mauren ebenso verdächtigt und verfolgt wie die bekehrten Juden. Ab 1609 wurden die letzten Mauren aus Spanien vertrieben.

Zu den Juden, die zur Zeit der ersten Judenverfolgung (ab 1391) aus Spanien flohen, gehörte die jüdisch-katalanische Familie

Colom, die sich in der Nähe von Genua niederließ. Aus dieser Familie stammte *Christoph Kolumbus* (*Cristóbal Colón*), der 1451 im *Vico dell'Olivella* (heute ein Teil von *Genua*) geboren wurde und im Jahre 1492, also im Jahr der Eroberung Granadas und des ersten Ausweisungsedikts gegen die Juden, mit seinem Schiff „Santa María" aufbrach, um für Spanien eine neue Welt zu entdecken und so den Grundstein zum spanischen Weltreich zu legen.

„Santa María", Schiff des Kolumbus

Mit der Entdeckung Amerikas durch Kolumbus begann für Spanien die Zeit der *Conquista*, der Eroberung, die sich keineswegs auf Amerika beschränkte. Zur Vorbeugung gegen maurische Angriffe von Nordafrika her wurde die Conquista auch auf Afrika ausgedehnt (z.B. 1497 Eroberung von *Melilla*). Die spanische Conquista stand von Anfang an in einem harten Wettkampf mit der portugiesischen Conquista.

Als *Karl*, Enkel der Katholischen Könige und des Kaisers *Maximilian I.*, Sohn des deutschen Königs *Philipps I. des Schönen* und *Johannas der Wahnsinnigen*, 1516 König von Spanien (*Karl I.*) und 1519 Kaiser (*Karl V.*) wurde, kam ein Reich zustande, mit dem sich kein anderes messen konnte und das sich durch seine Weltoffenheit (nicht jedoch durch religiöse Toleranz) auszeichnete. Da Karl V. bei seiner Abdankung (1556; er starb 1558 im Kloster *Yuste*, s. S. 300) das Reich teilte (das Kaiserreich erhielt sein Bruder *Ferdinand I.*, Spanien mit den Kolonien und einigen europäischen Gebieten, z.B. den Spanischen Niederlanden, sein eigener Sohn *Philipp II.*), konnte Spanien in der Folgezeit seine eigenen Wege gehen.

Karls Erbe und Nachfolger, Philipp II. (1556–1598), war für diese eigenen Wege wie geschaffen. Er mißtraute ausländischen Einflüssen und verschloß sich ihnen. Er führte Spanien damit in eine Isolation, die heute noch in manchen traditionalistischen Kreisen (*Filipizantes*) als erstrebenswert gilt. Die Regierungszeit Philipps II. war der Höhepunkt der Geschichte Spaniens (ab 1580 war sogar das portugiesische Weltreich mit Spanien in Personalunion verbunden), aber in ihr deutete sich auch schon der Niedergang Spaniens an (Überhandnehmen der Staatsschulden trotz den aus den Kolonien kommenden Reichtümern; 1581 Abfall der Spanischen Niederlande; 1588 Vernichtung der *Großen Armada* durch die Engländer und damit verbundener Verlust der Vorherrschaft zur See). Weitere Stufen des Niedergangs waren unter *Philipp III.* (1598–1621) die Ausweisung der Mauren (sie brachte für die Landwirtschaft, in etwa auch für das Handwerk besonders Aragoniens und Valencias schwerste Verluste) und unter *Philipp IV.* (1621–1665) der Verlust Portugals und mehrerer Kolonien.

Die spanischen Habsburger, deren Zeit mit Kaiser Karl V. begonnen hatte, starben mit dem kinderlosen *Karl II.* (1665–1700) aus. Ansprüche auf den spanischen Thron erhoben der französische Bourbone *Philipp von Anjou* (Enkel von Karls II. Schwester *Maria Theresia*, die mit *Ludwig XIV.* von Frankreich verheiratet war; ihn hatte Karl II. zum Erben bestimmt) und *Karl von Habsburg* (österreichische Linie; Sohn von Karls II. Schwester *Margarethe Theresia*, die mit Kaiser *Leopold I.* verheiratet war). Philipp wurde zunächst überall in Spanien anerkannt, aber dann lehnten ihn die Länder der aragonesischen Krone ab. In den nun folgenden *Spanischen Erbfolgekrieg* (1701–1714) griffen alle europäischen Mächte ein, und zwar zunächst vorwiegend für den Habsburger, weil ein Bourbone auf dem spanischen Thron die französische Hegemonie gestärkt und das europäische Gleichgewicht gestört hätte. Als aber Karl von Habsburg 1711 nach dem Tode seines Bruders als *Karl VI.* Kaiser wurde, wandten sich die europäischen Mächte vorwiegend dem Bourbonen Philipp zu, um eine Störung des europäischen Gleichgewichts durch Österreich zu verhindern. In den Spanischen Erbfolgekrieg spielte auch das Ringen zwischen England und Frankreich um die Weltherrschaft hinein. England benutzte die Gelegenheit, seinen Seeweg durch das Mittelmeer durch die Eroberung von *Gibraltar* und *Menorca* (Naturhafen *Mahón*) zu sichern. Während Menorca 1802 an Spanien zurückgegeben wurde, ist Gibraltar nach wie vor britisch.

Von den spanischen Bourbonen des 18. Jahrhunderts (*Philipp V.*, 1701–1746; *Ferdinand VI.*, 1746–1759; *Karl III.*, 1759–1788; *Karl IV.*, 1788–1808, gestorben 1819) war Karl III. der profilierteste Vertreter des aufgeklärten Absolutismus (beachtliche Reformen auf den Gebieten des Handels, der Landwirtschaft, der öffentlichen Arbeiten und der Verwaltung; 1767 Vertreibung der Jesuiten als Staatsfeinde). Außenpolitische Fehlentscheidungen besonders von *Manuel de Godoy* (1767–1851; Geliebter der Königin *María Luisa*, der Gattin *Karls IV.*), der als 25jähriger Premierminister wurde, führten zu einer entwürdigenden Abhängigkeit Spaniens von Frankreich und schließlich 1808 zur Besetzung Spaniens durch die Franzosen. *Joseph Bonaparte*, ein Bruder *Napoleons*, wurde König von Spanien. Gleichzeitig machten sich fast alle amerikanischen Kolonien Spaniens selbständig.

Am 2. Mai 1808 kam es in Madrid zur Auflehnung gegen die Franzosen und damit zu dem bis 1814 dauernden Unabhängigkeitskrieg. In dieser Zeit erarbeiteten die *Cortes* (die alten Reichsstände) in Cádiz eine neue, liberale Verfassung, die der 1814 nach Spanien zurückkehrende *Ferdinand VII.* trotz auf sie geleistetem Eid verwarf. Ferdinand VII. kehrte zum Absolutismus zurück und unterdrückte die Liberalen grausam.

Nach dem Tod Ferdinands VII. (1833) kam es immer wieder zu oft bürgerkriegsähnlichen Auseinandersetzungen, deren tiefste Ursache stets der Gegensatz zwischen den verharrenden und den fortschrittlichen Richtungen war (allerdings spielten auch Thronstreitigkeiten, die zu den *Karlistenkriegen* führten, eine Rolle: nach geltendem Recht hätte 1833 statt Ferdinands VII. Tochter dessen Bruder *Carlos* den Thron besteigen müssen; Ferdinand bestimmte aber seine Tochter zur Thronfolgerin, und so kam es zu den Karlistenkriegen von 1834–1840 und 1872–1876).

1868 wurde *Isabella II.* (Tochter von Ferdinand VII.) gestürzt; nach königsloser Übergangszeit wurde 1870 *Amadeus*, Herzog von Aosta (Italien), auf den Thron erhoben. Amadeus fand bei keiner politischen Gruppe Spaniens Zustimmung und dankte daher 1873 ab. Obwohl sich nun viele Spanier für *Alfons*, den Sohn Isabellas II., einsetzten, wurde die Republik ausgerufen. Sie hatte nur bis 1874 Bestand und wurde durch einen Staatsstreich beendet. 1875 wurde die Monarchie wiederhergestellt und Isabellas Sohn bestieg als *Alfons XII.* (1874–1885) den Thron. Die von ihm 1876 verkündete Verfassung war zwar nicht so liberal, wie viele es gewünscht und erhofft hatten, aber mit ihr begann immerhin die Zeit der Parteien und des Parlamentarismus. Andererseits wurden die Sonderrechte, die manche Regionen und Provinzen noch besaßen (dies gilt besonders für die baskischen Provinzen, für Galicien und Katalonien), aufgehoben oder bis zur Bedeutungslosigkeit reduziert.

Unter *Alfons XIII.* (1886–1941), der nach dem Tode seines Vaters, Alfons XII., geboren wurde und für den bis 1902 seine Mutter *Maria Christina von Österreich* die Regentschaft führte, gingen Spanien die letzten überseeischen Kolonien (Kuba, Puerto Rico und die Philippinen) verloren. Im übrigen sah sich der König immer neuen innenpolitischen Krisen gegenüber, weil jede politische Gruppe ausschließlich ihre eigenen Interessen vertrat und jede andere Gruppe schärfstens bekämpfte.

Als der völlige Zusammenbruch des Landes sich abzeichnete, machte sich der General *Miguel Primo de Rivera* (1870–1930) mit Zustimmung des Königs zum Diktator. Nach anfänglichen Erfolgen und dann wieder zunehmenden Schwierigkeiten (Ablehnung durch die Intellektuellen und durch die Hochfinanz; Verstärkung der Autonomiebestrebungen besonders in Katalonien; durch die Weltwirtschaftskrise von 1929 hervorgerufene empfindliche Abwertung der Peseta) trat er 1930 zurück. Alfons XIII. versuchte mehr oder weniger im Stile von Primo de Rivera weiterzuregieren. Als die Gemeindewahlen von 1931 zwar insgesamt eine Mehrheit für die Monarchie, in allen großen Städten aber eindeutige Mehrheiten für die republikanischen Parteien ergaben, verließ der König, ohne abzudanken, das Land.

Die nunmehr ausgerufene Republik fand zunächst breite Zustimmung, aber es gelang der Regierung nicht, die vor allem von der äußersten Rechten und der äußersten Linken ständig bedrohte Ordnung und Sicherheit aufrechtzuerhalten. Das Parlament wurde aufgelöst; die Wahlen von 1936 ergaben nach Sitzen eine umstrittene Mehrheit für die Linksparteien, die sich nun zur Volksfront zusammenschlossen. Die äußerste Linke hielt den Zeitpunkt für gekommen, die proletarische Revolution vorzubereiten. Für die äußerste Rechte war die Ermordung des Politikers *Calvo Sotelo* das Signal, ihrerseits aktiv zu werden. Es kam zu Kontakten unter anderem zwischen der *Falange* (1933 gegründet von *José Antonio Primo de Rivera*, dem Sohn des schon erwähnten Diktators) und hohen Offizieren, und am 17./18. 7. 1936 begann die Erhebung der *Nationalen* gegen die *Republikaner*. Damit war der *Spanische Bürgerkrieg* (1936–1939) ausgebrochen, in den auf beiden Seiten mehrere Staaten eingriffen. Der von den Nationalen am 1. Oktober 1936 zum Oberbefehlshaber und Staatschef (*Caudillo*) ernannte General *Francisco Franco* (1892–1975) zog am 1. April 1939 als Sieger in Madrid ein.

Der von Franco geschaffene Neue Staat (*Nuevo Estado*) war autoritär und zentralistisch. In ihm gab es selbst für die kleinsten Sonderwünsche der Regionen keinen Platz. Parteien oder parteiähnliche Organisationen hatten keine Daseinsberechtigung. Die persönlichen Freiheiten wurden auf ein Minimum reduziert. Nach 1960 erst kam es zu einer in engen Grenzen bleibenden Liberalisierung.

Wichtige außenpolitische Daten dieser Zeit sind: nach 1945 als faschistischer Staat zunächst boykottiert (trotz neutralem Verhalten während des Zweiten Weltkriegs); 1953 Abschluß eines Militärabkommens mit den USA; 1955 Abschluß eines Konkordats mit dem Vatikan; 1955 Beitritt zur UNO; 1956 wurde *Spanisch-Marokko* an Marokko abgetreten (nur die Städte *Ceuta* und *Melilla* verblieben bei Spanien); 1965 scheitert ein Versuch, das Gibraltarproblem zu lösen, und demzufolge wird der Landweg von Spanien nach Gibraltar gesperrt; 1967 werden erste Gespräche über eine Assoziierung Spaniens an die EWG geführt. Am 20. November 1975 starb General Franco. Am 22. November wurde Prinz Juan Carlos de Borbón y Borbón (geboren 1938) zum König ausgerufen und am 27. November als Juan Carlos I. gekrönt. Sein Ziel: Spanien zu einer Monarchie auf parlamentarisch-demokratischer Grundlage zu machen, hat er mit Hilfe seines jungen Premierministers Adolfo Suárez im wesentlichen bereits erreicht. Stationen auf diesem Wege waren:

1977: · Auflösung des franquistischen Movimiento Nacional; Abhaltung der nach 41 Jahren ersten freien Parlamentswahlen und Ende des ständestaatlichen Parlaments franquistischer Prägung; mit der Wiederherstellung der regionalen Autonomie wird begonnen.

1979: Abhaltung der nach 46 Jahren ersten freien Kommunalwahlen. Autonomie für Katalonien und das Baskenland.

1981: Mißglückter Putschversuch einiger Offiziere.

1982: Beitritt zur Nato. Wahlsieg der Sozialisten (PSOE).

Geschichte der Kunst

Die erste Blütezeit künstlerischer Betätigung des Menschen nicht nur in Europa, sondern überhaupt auf der Erde erlebten in der Altsteinzeit (60000 bis 10000 v. Chr.) die Iberische Halbinsel und Südwestfrankreich. Neben zahlreichen Arbeiten der mobilen Kunst (vor allem Gravierungen auf Gebrauchsgegenständen und kleine Skulpturen) entstanden in schwer zugänglichen Höhlen *Wandgravierungen* und *-malereien*, die zunächst linearen Charakter hatten (vor allem im Aurignacien und im Solutréen, die bis gegen 30000 v. Chr. gedauert haben mögen), dann im frühen Magdalénien (bis gegen 18000 v. Chr.) mehr und mehr malerisch und „impressionistisch" wurden und sich schließlich im späten Magdalénien (bis gegen 10000 v. Chr.) unter teilweiser Beibehaltung des Malerischen wieder dem Linearen zuwandten. Da diese Kunstwerke vorwiegend in Südwestfrankreich und in Kantabrien (Nordspanien) anzutreffen sind, spricht man von *franko-kantabrischer Kunst*.

Von 35 Höhlen Spaniens, in denen altsteinzeitliche (eiszeitliche) Gravierungen und Malereien entdeckt worden sind, liegen nur zwei in Zentralspanien (Provinz Guadalajara) und drei in Südspanien (Andalusien). Die Bilder dienten in erster Linie (vielleicht sogar ausschließlich) magischen Zwecken (Jagdzauber, Fruchtbarkeitszauber), es läßt sich aber kaum bestreiten, daß es vor allem den Künstlern der malerischen Epoche auch um die Schönheit der Darstellung zu tun gewesen ist. Im übrigen gibt die Gesamtheit der Bilder einen recht umfassenden Überblick über die materielle und geistige Kultur der damaligen Menschen, die der *Cro-Magnon-Rasse* zugerechnet werden.

Höhlenmalerei: Jagdszene

Die berühmte *Höhle von Altamira* (siehe Farbbild Seite 200; ferner Seite 205) bei *Santillana del Mar*, die den Beinamen „Sixtinische Kapelle der eiszeitlichen Kunst" erhalten hat, weist Malereien aus allen drei Epochen der eiszeitlichen Kunst auf und beweist damit – wie auch die meisten anderen Höhlen –, daß Kultstätten (als solche sind die Höhlen anzusehen) ihren Weihecharakter über Jahrzehntausende hinweg nicht verloren (die Landbevölkerung hält vielfach noch heute die Höhlen für Behausungen von Geistern und Gespenstern und weigert sich, sie zu betreten oder Neugierige dorthin zu führen).

Die franko-kantabrische Kunst findet in der Nacheiszeit ihre

Fortsetzung in der sogenannten *Ostspanischen Kunst* (10000 bis 2000 v. Chr.), die ihren Namen dem Umstand verdankt, daß die meisten und wichtigsten Fundstätten sich in Ostspanien befinden. Die Malereien dieser Epoche sind vorwiegend im Freien an überhängenden Felswänden und in Schluchten anzutreffen. Das wesentlich Neue dieser Kunst ist die Darstellung von Szenen (siehe Abbildung der Jagdszene, Seite 54).

Schon gegen Ende der Epoche der Ostspanischen Kunst kündigt sich der Übergang zu schematischen und völlig abstrakten Darstellungen an, von denen es nur noch ein Schritt bis zu hieroglyphenartigen Schriftzeichen sein könnte (dieser Schritt wurde aber nicht getan). Die stilisierten Menschen und Tiere sind Geister und Geistertiere, äußerer Ausdruck des *Animismus* (= Geisterglaube und Glaube an die Macht der Toten), der von den Ländern des östlichen Mittelmeers nach den Ländern des westlichen Mittelmeers vorgedrungen ist und die beiden letzten vorchristlichen Jahrhunderte der Iberischen Halbinsel beherrscht.

Mit dem Animismus hängt die *Megalithkultur* zusammen. Die eindrucksvollsten Monumente dieser Kultur sind steinerne Grabkammern wie die *Cueva de Menga* (s. S. 324) und die *Naveta d'Es Tudons* (s. S. 351), die beide aus dem frühen 2. Jahrtausend v. Chr. stammen dürften. Diese Grabkammern sind oft große Ganggräber (z.B. die vorerwähnte Cueva de Menga, ferner der *Dolmen de Soto*, s. S. 308). Hier und da sind auch die Ruinen megalithischer Ansiedlungen zu sehen, so auf der Insel Mallorca bei *Capocorb Vell* (im Südosten von Palma de Mallorca).

Die Felsbildkunst endete in Spanien um 500 v. Chr., also um die Zeit, in der es eine iberische, eine griechische und eine punische (karthagische) Kunstprovinz gab. Am größten, nämlich über die ganze Iberische Halbinsel sich erstreckend, war die iberische Kunstprovinz. Die *iberische Kunst*, geschaffen von iberischen und keltiberischen Stämmen, hatte ihre Blütezeit von etwa 500 bis 150 v. Chr. Sie ist hauptsächlich mit bemalten Keramiken, wie sie in allen größeren archäologischen Museen Spaniens zu sehen sind, und mit Skulpturen vertreten. Die bedeutendste dieser Skulpturen ist die wohl um 500 v. Chr. entstandene und in den Ruinen der iberischen Stadt *Illici* (bei *Elche*, s. S. 175) gefundene Büste der „Dame von Elche" (heute im *Museo Arqueológico* in *Madrid*). Ferner sind zu nennen die in der Nähe von *Guisando* (s. S. 249) auf freiem Felde stehenden *Stiere* (um 400 v. Chr.), Zeugen des mittelmeerischen Stierkultes. Vom Bauen der Iberer vermitteln am ehesten die Ruinen der um 500 v. Chr. angelegten befestigten Stadt *Ullastret* (s. S. 101) eine Vorstellung. Auch die *Muralla ciclópea* von *Tarragona* (s. S. 148) ist iberischen Ursprungs. Die iberische Kunst weist vor allem in ihren Skulpturen *griechische* Einflüsse auf. Die griechische Kunstprovinz bestand hauptsächlich aus der Stadt *Emporion* (s. S. 98), die mit hervorragenden Kunstwerken geschmückt war.

Bei den Werken der *punischen*, d.h. *karthagischen Kunst* handelt es sich in erster Linie um Kleinkunst, um Terrakottafigürchen, die Weihegaben und Grabbeigaben waren. Das Zentrum der punischen Kunstprovinz war die Insel *Ibiza*, und das dortige Archäologische Museum ist, was punische Kleinkunst anbetrifft, das bedeutendste der Erde. Neben Ibiza spielt nur noch *Cádiz* für die punische Kunst eine größere Rolle. Eine Vorstellung von punischen Grabanlagen vermitteln die *Nekropolen Puig dels Molins* auf Ibiza (siehe Seite 351) und *Punta de la Vaca* bei Cádiz (siehe Seite 319).

Die *römische Kunst* verbreitete sich über die ganze Iberische Halbinsel. Sie verdrängte die punische Kunst, brachte die iberische Kunst zum Erliegen und übernahm, wie in Italien selbst, weitgehend die griechische Kunst. Die bedeutendsten Werke der römischen Baukunst sind Zweckbauten wie der Leuchtturm *Torre de Hércules* bei *La Coruña*, der *Aquädukt von Segovia*, die *Brücke* über den *Tormes (Salamanca)*, die *Stadtmauern* von *Segovia* und von vielen anderen Städten. Aber sie schuf auch andere bedeutende Bauwerke, zum Beispiel das *Theater von Mérida* und die Gräber der Vornehmen in der *Gräberstadt von Carmona*. Die reichste Ausbeute an Skulpturen und Kleinkunst erbrachten die Ruinen von Mérida und *Itálica*.

Die *westgotische Kunst* ist im wesentlichen eine Fortführung der römischen Kunst. An den Kirchenbauten der Westgoten ist aber beachtenswert, daß der Hufeisenbogen Verwendung findet und daß die Nebenräume vielfach wahllos und unregelmäßig an den Hauptraum (Schiff, Seitenschiffe) angebaut werden und nicht selten wegen ihrer Abgeschlossenheit gegen den Hauptraum wie selbständige Räume wirken. Der Hufeisenbogen wird manchmal als Element der iberischen Kunst bezeichnet; es wird aber auch die Meinung vertreten, er sei von den Westgoten, die ihn auf ihren Wanderungen durch die östlichen Teile des römischen Reiches kennen gelernt hatten, mitgebracht worden. Sicher ist jedenfalls, daß der Hufeisenbogen nicht erst mit den Mauren auf die Iberische Halbinsel gekommen ist. Die angedeutete Raumgestaltung ist auch in der späteren spanischen Architektur noch anzutreffen.

Die wichtigsten ganz oder teilweise erhaltenen Baudenkmäler aus westgotischer Zeit sind die Kirchen *San Juan Bautista* in *Baños de Cerrato* (s. S. 201), *Santa Comba* in *Baños de Bande* (s. S. 232), *Santa María* bei *Quintanilla de las Viñas* (s. S. 196) und *San Pedro de la Nave* in *El Campillo* (s. S. 235), von denen die drei ersten mit Sicherheit im 7. Jahrhundert, die letzte um 700 entstanden.

Im Rückzugsgebiet der Westgoten lebte die westgotische Kunst als *asturische Kunst* fort. Die Architektur dieser Zeit (8. und 9. Jh.) weist keine Fortentwicklung auf, so daß sie nicht wie etwa die karolingische Architektur in Frankreich und Deutschland als eine Hinführung zur romanischen Kunst angesehen werden kann. Die wichtigsten Baudenkmäler der asturischen Kunst befinden sich in und um *Oviedo* (siehe Seite 207ff.)

Mit den Arabern (Mauren) kam ein neuer Architektur- und Schmuckstil auf die Iberische Halbinsel, die *islamische Kunst* der Omaijaden, an deren Formung Künstler aus allen Ländern des Vorderen Orients beteiligt gewesen sind und die dennoch eine gewisse Ähnlichkeit mit der westgotischen Kunst aufweist. Das in der westgotischen Architektur häufig festzustellende Fehlen einer künstlerischen Einheit aller Gebäudeteile (Atektonik) kehrt in der Kunst der Omaijaden insofern wieder, als die weiten annähernd quadratischen und mit einem Wald von Säulen besetzten Innenräume der Moscheen (zum Beispiel die heutige Kathedrale von Córdoba) gleichfalls kaum den Eindruck architektonischer Einheit vermitteln. Dieser Eindruck eines Uneinheitlichen und Unüberschaubaren wird auch dadurch nicht abgeschwächt, daß das Innere der Moschee auf die nach *Mekka* hin gelegene Gebetsnische *(Mihrab)* ausgerichtet ist; diese Ausrichtung kann man nämlich von vielen Stellen des Säulenwaldes aus nur vermuten, nicht aber optisch wahrnehmen. Eine zweite Ähnlichkeit besteht insofern, als in der westgotischen und weit mehr noch in der islamischen Kunst die Tendenz bestand, die festen Bauelemente durch schmückende Ornamentik wenigstens nach außen hin ihrer Festigkeit zu berauben.

In den westgotischen Kirchen *Santa María de Naranco* und *San Miguel de Lillo* bei Oviedo (siehe Seite 208) erhalten die Säulen durch die Ornamentik das Aussehen von geflochtenen Tauen; andere Ornamente sind der Textilkunst entnommen und an Stellen angebracht, an denen eigentlich die Stärke der Baukonstruktion zum Ausdruck kommen müßte. Viel weiter geht die islamische Kunst. Sie sucht nicht nur die schweren Bauteile auf ein Mindestmaß zu beschränken, sondern sie versieht diese Bauteile (Wände) auch noch mit einer alle Schwere verhüllenden Ornamentik, den verspielten Arabesken. Schließlich wird für das Auge auch die Festigkeit der Gewölbe dadurch völlig aufgelöst, daß man an die Stelle einer glatten Wölbung ein sich in zahllose Einzelteile gliederndes Stalaktitengewölbe setzte. So kam schließlich die zauberhafte Leichtigkeit zustande, die das Charakteristikum zum Beispiel vieler Säle der *Alhambra* in Granada bildet.

Aus der Kunst der Omaijaden, die man in gewisser Hinsicht als eine gesamtislamische bezeichnen kann, entwickelte sich, als der islamische Westen *(Maghreb)* sich aus dem islamischen Reich gelöst hatte, eine Kunst, die die *maurische*, die *hispanomaurische*, die *maghrebinische* und die *mauritanische* genannt wird. Es handelt sich hierbei um die Kunst vor allem der Almoraviden- und Almohadenzeit (11. bis 13. Jh.), also der Zeit, in der das maurische Spanien und Portugal mit Marokko eine politische Einheit bildeten.

Die Bauwerke, die durch ihre der Gleichheit nahekommende Ähnlichkeit die Zusammengehörigkeit vor allem Andalusiens und Marokkos unter Beweis stellen, sind drei fast zur gleichen

Kathedrale von Sigüenza

Zeit erbaute Minarette: die *Giralda* von *Sevilla*, der *Hassan-Turm* in *Rabat* und das *Koutoubia-Minarett* in *Marrakesch*. Diese Bauten zeichnen sich, obwohl auch sie reiche und manchmal spielerisch leichte Ornamentik aufweisen, durch majestätische Größe und wehrhaften Charakter aus und können insofern mit etwa zur gleichen Zeit erbauten wehrhaften christlichen Kathedralen (z.B. der Kathedrale von *Sigüenza*; zweite Hälfte des 12. Jh) verglichen werden.

Während im maurischen Teil der Iberischen Halbinsel die maurische Kunst blühte, entwickelte sich in den christlichen Rückzugsgebieten und in den bis gegen Ende des 11. Jahrhunderts von den Christen zurückeroberten Landschaften, also in den Gegenden, die man aus der Sicht der Reconquista als die altchristlichen Gebiete bezeichnen könnte, die *romanische Kunst*. Sie ist besonders stark in Katalonien und in Nordspanien (da nicht zuletzt im Bereich des berühmten *Camino*, der Pilgerstraße nach *Santiago de Compostela*) vertreten. Unverkennbar sind die äußerst engen Beziehungen der spanischen Romanik vor allem zur Romanik der südfranzösischen Kunstprovinzen. Der politischen Situation Spaniens entsprechend, sind aber die romanischen Kirchen und Klöster Spaniens in viel stärkerem Maße als diejenigen Frankreichs Wehrbauten und deshalb nur spärlich oder gar nicht mit Bauornamenten oder Bauplastik versehen.

So ist der Chor der *Kathedrale von Ávila* als echter Festungsturm ein Teil der Stadtbefestigung (er ist in die Stadtmauer einbezogen). Der turmbewehrte Eingang zum Kloster *Santa María de Ripoll* (s. S. 104) ist ein wahres Festungstor. Aus dem Wehrcharakter der meisten romanischen Bauten darf nun aber nicht einfach geschlossen werden, daß die Meister der spanischen Romanik keinen Sinn für Schönheit, für Ornamente und Skulpturen gehabt hätten und nicht auch auf dem Gebiet der Malerei zu hervorragenden Leistungen fähig gewesen wären. Es sprechen für sich: verschwenderisch reich mit Skulpturen geschmückte Portale und Portalzonen wie die der Kirche des oben genannten Klosters Santa María de Ripoll und der *Pórtico de la Gloria* der Kathedrale von *Santiago de Compostela* (s. S. 224); die Wandmalereien in den kleinen Kirchen abgelegener Pyrenäendörfer, zum Beispiel das Fresko „Pantokrator“ der Kirche *San Clemente de Tahull*, das sich heute im *Museo de Arte de Cataluña* in *Barcelona* befindet und als Meisterwerk der katalanischen Wandmalerei gilt.

Neben der maurischen und romanischen Kunst gab es die *moz-*

arabische Kunst, benannt nach den *Mozarabern*, unter den Mauren lebenden Christen (nicht selten mit Mauren verheiratet oder aus maurisch-christlichen Ehen stammend). Unter der mozarabischen Kunst ist eine Kunst zu verstehen, die von Mozarabern geschaffen wurde und in der sich vor- und frühromanische Elemente mit maurischen Elementen gemischt haben. Mozarabische Bauten entstanden teils in maurischen Gebieten, in denen sich die Mauren als besonders tolerant erwiesen (z.B. in der Provinz *Toledo*, in der bei *San Martín de Montalbán* die Ruine der um 900 erbauten Kirche *Santa María de Melque*, s. S. 293, steht), teils – und zwar vorwiegend – in altchristlichen Gebieten, in die viele Mozaraber bei abnehmender religiöser Toleranz der Mauren vor allem im 10. Jahrhundert flohen. Die schönsten mozarabischen Kirchen sind die nur 7,70 m lange *Capilla de San Miguel* (10. Jh.), die im Garten des Klosters *San Salvador* (*San Rosendo*) in *Celanova* (s. S. 232) steht, die architektonisch sehr bemerkenswerte Eremitage *San Baudel de Berlanga* (s. S. 191) bei *Casillas de Berlanga*, die Kirche *Santa María de Lebeña* (um 930; s. S. 205) und vor allem die Kirche des Klosters *San Miguel de Escalada* (s. S. 216), die zu Beginn des 10. Jahrhunderts erbaut wurde und die auch hinsichtlich ihres Skulpturenschmucks als das bedeutendste Werk mozarabischer Kunst anzusehen ist.

Um die Mitte des 13. Jahrhunderts ist Spanien bis auf das etwa die heutigen Provinzen Málaga, Granada und Almería umfassende *Königreich Granada* wieder christlich. So kann sich die *Gotik* vom frühen 13. Jahrhundert an über den größten Teil des Landes verbreiten. Da sie bis ins 16. Jahrhundert hinein der herrschende Kunststil bleibt, erfaßt sie nach 1492 auch das nun spanische Königreich Granada. Diese neue Kunst verbreitet sich ähnlich wie die Romanik von Frankreich her über Spanien, ihre Künstler aber kommen nicht nur aus Frankreich, sondern auch aus Deutschland und vor allem aus Spanien selbst. Die gotischen Bau- und Kunstdenkmäler Spaniens weisen daher sehr oft eine starke Ähnlichkeit mit nichtspanischen auf: das Innere der Kathedrale von Cuenca (siehe Seite 183) erinnert an normannische Kathedralen, die Kathedrale von León (siehe Seite 214), die die am meisten französische unter den spanischen Kathedralen ist, an die Kathedralen von Reims, Amiens, Chartres und an Notre-Dame von Paris, die durchbrochenen Helme der Kathedraltürme von Burgos erinnern an die Türme des *Ulmer* und *Freiburger Münsters*, und die Kathedrale von Toledo ähnelt in vieler Hinsicht der von *Bourges*.

Spanische Eigenheiten der Gotik sind der hier und dort in neuester Zeit beseitigte *Coro* (ein im Hauptschiff vor der Vierung gelegener und nach allen Seiten hin abgeschlossener Versammlungsraum des Domkapitels), die mächtigen *Retablos*, Altaraufsätze, die bis zu über zehn Meter hoch die ganze Wand hinter dem Hochaltar einnehmen, und, besonders in der Zeit der Spätgotik, die überaus reiche

Gestaltung (vom Netzgewölbe über das Sterngewölbe zum Zellengewölbe) und Ornamentierung der Gewölbe (hier ist der Vergleich mit dem spätgotischen Gewölbe im Chor der *Heiligkreuzkirche* in *Schwäbisch-Gmünd* und mit dem *Perpendicular Style* etwa der *Kapelle Heinrichs VII.* in der *Westminster Abbey* in *London* angebracht). Von dem Mudejarstil und dem Platereskenstil, die die Gotik beeinflussen, wird später die Rede sein.

Gingen die Einflüsse auf die gotische Baukunst Spaniens hauptsächlich von Frankreich und Deutschland aus (eine deutsche Baumeisterdynastie bildeten im 15./16. Jh. die hauptsächlich in Burgos tätigen *Hans*, *Simon* und *Franz von Köln*), so wurde die spanische *Malerei* und *Bildnerei* dieser Zeit vor allem von *Italien* und von *Flandern* aus beeinflußt. Künstler aus diesen Gebieten kamen nach Spanien, oder spanische Künstler ließen sich dort ausbilden. Seit der Mitte des 14. Jh. faßte die toskanische Malerei besonders in den mit Italien eng verbundenen Landschaften Katalonien und Aragonien Fuß. Die im Kloster *Pedralbes* (siehe Seite 111) von *Ferrer Bassa* 1346 geschaffenen Wandmalereien gehören zu den besten toskanischen Bilderzyklen außerhalb Italiens. Eine ähnliche Stellung nehmen die Tafelmalereien am Hochaltar der *Alten Kathedrale* von Salamanca ein; sie wurden um 1445 von dem aus *Florenz* stammenden *Nicolás Florentino* geschaffen, der toskanische Auffassungen und Techniken nach Kastilien brachte. Während Florentino und seine toskanische Malerei eine etwas isolierte Stellung einnahmen und auch kaum Nachahmer fanden, pflegten die aragonesischen und katalanischen Maler bis gegen Anfang des 16. Jh. den toskanischen Stil (zum Beispiel *Jaume Huguet*, von dem Werke im *Museo de Arte de Cataluña* in Barcelona zu sehen sind).

Flämische (deutsche) Einflüsse auf die spanische Malerei und Bildnerei sind ab Ende des 14. Jh. festzustellen, beachtlich

Burg Coca

werden sie aber erst im 15. Jh. Einflüsse der Brüder *Hubert* und *Jan van Eyck* sind bei den valencianischen Malern *Lluis Dalmau* und *Jaime Baçó Jacomart* erkennbar. Die Meister der *Schule von Salamanca* hingegen (der bedeutendste ist *Fernando Gallego*) lehnen sich an den *Meister von Flémalle* und an *Rogier van der Weyden* an.

Königin Isabella die Katholische selbst hatte eine große Vorliebe für die flämische Kunst; sie ließ flämische Kunstwerke nach Kastilien kommen, und zu den von ihr besonders begünstigten Künstlern gehörte *Johann von Flandern* (*Juan de Flandre*, Schüler des großen *Gerard David*), der vor allem die zwölf Tafelbilder des Hochaltaraufsatzes in der Kathedrale von Palencia (siehe Seite 201) schuf. Zur Zeit Isabellas und wenig später kamen aus Flandern (und Deutschland) ferner unter anderen die Bildschnitzer *Pieter Dancart* (Hochaltaraufsatz der Kathedrale von Sevilla) und *Rodrigo Alemán* (Chorgestühle der Kathedralen in Toledo und Ciudad Rodrigo) und schließlich noch der vielbeschäftigte flämische Gold- und Silberschmied *Enrique de Arfe* (Harfe), der zahlreiche großartige Monstranzen schuf.

Im Zusammenhang mit der Gotik ist noch vom *Mudéjarstil* und vom *Platereskenstil* zu sprechen. Der Mudéjarstil war gewissermaßen das gotische Gegenstück zum mozarabischen Stil. Die Mudejaren waren Mauren, die in den von den Christen zurückeroberten Gebieten lebten. Die mudejarischen Künstler, die von Königen, dem Adel, Bischöfen und Klöstern gern herangezogen wurden, vereinigten maurische Bau- und Schmuckelemente mit den gotischen zum sogenannten Mudéjarstil, der vom 13. bis in das 16. Jh. hinein eine große Rolle gespielt hat. Christliche Künstler ahmten den Stil der Mudéjaren nach. Typisch für den Mudéjarstil sind vor allem die Verwendung des *Backsteins* als dekoratives Element (Burg *Coca*, s. Abbildung S. 60; etliche Bauten vor allem in *Sahagún* und *Cuéllar*) und die *Artesonadodecken*, reich verzierte Kassettendecken wie in der *Capilla dorada* des Klosters *Santa Clara* (s. Abbildung) in *Tordesillas* und im Kapitelsaal von *Sigüenza*.

Der Mudéjarstil war somit weitgehend ein Dekorationsstil und insofern mit dem Platereskenstil (*Plater*sco) verwandt, der sich

Tordesillas: Santa Clara

gegen Ende des 16. Jh. entwickelte. Er erhielt seinen Namen von dem *platero*, dem Gold- und Silberschmied, weil seine Schmuckformen wie auf Bauten übertragene Ziselierarbeiten dieser Plateros erschienen. Der Platereskenstil, der sich in überschwenglicher Weise gotischer und mudejarischer Elemente, später auch der Elemente der Renaissance, bediente, fand vor allem bei der Gestaltung von Fassaden (Portalen und Fenstereinfassungen), Eisengittern (Chor- und Kapellengittern) und Altaraufsätzen (Retablos) Verwendung. Zu den großartigsten plateresken Fassaden gehören die der Universität von Salamanca (sie ist als ziselierte Silberplatte bezeichnet worden) und die von San Pablo und San Gregorio in Valladolid. Einer der bedeutendsten plateresken

Eisenschmiede war *Meister Bartolomé* von *Jaén*; das von ihm geschaffene Gitter der *Capilla real* in *Granada* gilt als eine der hervorragendsten plateresken Arbeiten Spaniens.

Das dekorative Konglomerat aus später Gotik, Mudéjarstil, Platereskenstil und früher Renaissance wird vielfach als *Arte Isabelino* (Isabellinischer Stil) bezeichnet, weil es zur Zeit der Königin Isabella der Katholischen (1451–1504) entstand. Zur gleichen Zeit entwickelte sich in *Portugal* unter *König Manuel I.* (1469–1521) der etwa die gleiche Formensprache sprechende *Manuelinische Stil*.

Die *Renaissance*, die sich zur Zeit der Katholischen Könige langsam, aber auf breiter Front durchzusetzen begann, fand in die Baukunst erst zur Zeit Kaiser Karls V. Eingang. Im Grunde aber lag die strenge, nüchterne und sich sehr an Kunstgesetzen orientierende Renaissance den Spaniern wenig.

Die spanischen Renaissancekünstler sind daher in erster Linie Ausländer, vor allem Italiener, und eine recht kleine Gruppe von Spaniern, die während eines längeren Italienaufenthaltes und in der Zusammenarbeit mit bedeutenden italienischen Künstlern Zugang zum Wesen der Renaissance gefunden hatte. Infolgedessen ist die Zahl der reinen Renaissancewerke verhältnismäßig klein, die Zahl der von der spanischen Freude am Bewegten, am Überschwang der Formen und Motive durchdrungenen Werke umso größer. Die spanische Renaissance ist daher zu einem wesentlichen Teil eine zutiefst barocke Renaissance, und man muß sich oft fragen, ob in dieser Wortzusammenstellung das Schwergewicht auf „barock" oder auf „Renaissance" liegt. Reine Renaissance italienischer Prägung sind der Palast Karls V. in der Alhambra von Granada (siehe Seite 334; erbaut von dem in Rom ausgebildeten *Pedro Machuca*), das Grabmal des Infanten Juan in der Kirche Santo Tomás in Ávila (siehe Seite 246; geschaffen von dem Florentiner *Domenico Fancelli*), das Innere des Schlosses La Calahorra (siehe Seite 342; gestaltet von lombardischen Künstlern). Aber schon bei den Kathedralen von Granada, Jaén und Málaga, die oft als die drei Renaissancekathedralen Andalusiens bezeichnet werden , sind hier und da Bedenken anzumelden. Auch der bedeutendste Renaissancebildhauer spanischen Blutes, der von *Donatello* und *Michelangelo* ausgebildete *Alonso Berruguete*, konnte den seinem Wesen gemäßeren barocken Formen nicht widerstehen. Als die spanische Renaissance bereits vollends barokkisiert zu sein schien, schuf *Juan de Herrera* den *Escorial* (siehe Seite 282) in strengstem Renaissancestil, im sogenannten *Desornamentadostil*, der eine Absage an alle barockhaften Formen und Zierate bedeutete. Aber dieser Stil fand nur wenig Anklang, und es ist bezeichnend, daß in den Escorial selbst gut dreißig Jahre nach seiner Fertigstellung durch den Bau des *Panteón de los Reyes* der Barock hineingetragen wurde.

Ab etwa 1600 setzte sich der Barock durch. Zahlreiche ältere Kirchen wurden im Innern barockisiert, viele barocke Bauwerke entstanden. Ein spätbarockes Bauwerk, das mit seinem Grundriß an deutsche Barockkirchen erinnert, ist die Kirche *San Antón* (1767) in *Cuenca*.

In der Entwicklung des *Barocks* spielte der *Churriguerismus* eine besondere Rolle. Der Stil ist nach dem Baumeister *José Benito Churriguera* (1655–1725) benannt, obwohl dieser Baumeister dem fast grenzenlosen barocken Überschwang nicht huldigte, der heute mit Churriguerismus bezeichnet wird. Lediglich in den riesigen Altaraufsätzen, die von José Benito, seinen Brüdern und seinen Söhnen in der ersten Hälfte des 18. Jahrhunderts geschaffen wurden, tritt dieser Überschwang ungehemmt hervor. Als das wichtigste Werk des churrigueresken Stils gilt der Aufsatz auf dem Hochaltar der Kirche *San Esteban* in *Salamanca*.

Für die *Malerei* begann gegen Mitte des 16. Jh. das *Siglo de Oro*, das Goldene Zeitalter, das bis in die zweite Hälfte des 17. Jh. hinein andauerte. Unter dem Einfluß der spanischen Mystik *(Petrus von Alcántara, Johannes vom Kreuz, Theresia von Ávila)* wandten sich die spanischen Maler im Gegensatz zu den zahlreich im Lande vertretenen und vielfach vom königlichen Hof besonders geförderten flämischen und italienischen Malern einem Bildtyp zu, bei dem es vor allem um die Darstellung tiefer Frömmigkeit, mystischer Versenkung und Vision und des Büßertums ging.

Luis de Morales (1510–86), der *El Divino* (Der Göttliche) genannt wurde, war zeitlich der erste unter diesen großen Malern (Hauptwerk: Hochaltaraufsatz in der Kirche zu Arroyo de la Luz, siehe Seite 299). Um 1575 ließ sich in Toledo der von Kreta stammende *Domenikos Theotokopulos* (1541–1613) nieder, der *El Greco* (Der Grieche) genannt wurde. Er paßte trotz mancher Fremdartigkeiten und Eigenwilligkeiten großartig in die Landschaft der neuen spanischen Malerei hinein, wurde aber nicht zum Begründer einer Schule (Hauptwerk: „Das Begräbnis des Grafen Orgaz" in der Kirche Santo Tomé in Toledo; siehe Seite 290). *José de Ribera* (um 1590–1652), der ab 1616 in Neapel tätig war und dort *Il Spagnoletto* genannt wurde, stellte in seinen Bildern voller Leidenschaft, voll düsterer Askese, voll harter Grausamkeit, aber manchmal auch voll unirdischer Lieblichkeit Heilige, Märtyrer und Eremiten dar und wurde zum Lehrmeister von *Zurbarán*, *Velázquez* und *Murillo* (zu seinen besten Werken gehören die *Immaculata* in der Kirche *de las Agustinas* in *Salamanca* und die „Dreifaltigkeit", die sich im Saal XXVI des Prado in Madrid befindet). Mönchsgestalten und Heilige standen im Vordergrund des Schaffens von *Francisco de Zurbarán* (1598–1664), der aus der Sevillaner Malerschule kam und eine strenge, naturalistische und monumentale Darstellungsweise bevorzugte (seine besten Werke befinden sich im Provinzialmuseum in Sevilla). *Diego Velázquez* (1599–1660), der ebenfalls aus der Sevillaner Schule kam, wurde zum Maler der spanischen Könige und zum „König der Maler", einem der größten Maler aller Zeiten. Dem großen Porträtisten, der ganz und gar Realist war, ging es in seinen Bildern vor allem um Wahrheit und Wahrhaftigkeit (fast alle Meisterwerke befinden sich im Prado in Madrid). *Bartolomé Esteban Murillo* (1618–1682), der aus Sevilla stammte und diese Stadt und ihre Umgebung fast nie verließ, war im Gegensatz zu den bisher genannten Malern der Maler der Grazie und der Zartheit, die vor allen Dingen seine zahlreichen Madonnen kennzeichnen, die aber auch bei der realistischen Darstellung von Menschen aus dem Volk (zum Beispiel den „Bettelbuben") nie ganz verloren gingen (andererseits ist oft hinter der zartesten Madonna die Sevillanerin aus Fleisch und Blut zu erkennen, die Murillo als Modell vorgeschwebt hat).

Der Realismus, der bei allen genannten Malern eine große Rolle spielt, feiert einen schreckenerregenden und grausigen Triumph in den Vanitas-Darstellungen des Sevillaners *Juan de Valdés Leal* (1622–90), in denen der Tod und die Verwesung des Leichnams ohne jede Beschönigung gezeigt werden (Gemälde in der Kapelle des *Hospital de la Caridad* in *Sevilla*).

Auch in der *Plastik* dieser Zeit setzte sich der Realismus durch. Die bemalten Plastiken nahmen mehr und mehr naturalistische Züge an. Nicht zu Unrecht wird immer wieder betont, daß viele Plastiken, ganz besonders die *Pasos* (lebensgroße, vielfarbige Holzfiguren oder -gruppen, die bei den Prozessionen der Karwoche mitgeführt werden), den Figuren eines Panoptikums ähneln (Augen und Tränen aus Glas, Perücken und dergleichen mehr sind keine Seltenheiten).

Trotz dieser Absonderlichkeiten schufen die Künstler der Valladolider Gruppe, vor allem *Gregorio Fernández* (1576–1636), und der andalusischen Gruppe, vor allem *Juan Martínez Montañés* (1568–1648), *Alonso Cano* (1601–67) und *Pedro de Mena* (1628–88), beachtliche Werke, von denen in den Ortsbeschreibungen die Rede sein wird.

Im 17. und 18. Jahrhundert herrschte zwar der Barock vor, aber es gab in dieser Zeit doch immer Künstler, die sich nach dem am Escorial vorexerzierten Desornamentadostil richteten, und sie waren es, die im 18. Jahrhundert dem *Neoklassizismus*, der als Gegenbewegung gegen den Barock (besonders in der churrigueresken Form) anzusehen ist, zu einem bescheidenen Erfolg verhalfen. Neoklassizistische Bauten sind die Neue Kathedrale in Lérida, die Neue Kathedrale in Cádiz, die Kirche El Pilar in Zaragoza und der Prado in Madrid.

Zu einer Absage an die verspielte Welt von Barock und Rokoko wurde auch das Werk von *Francisco de Goya* (1746 bis 1828), obwohl dieses Werk selbst in seinen Anfängen noch dem Rokoko verhaftet war (das zeigen vor allem die Teppich-

Vor den beiden höchsten Gebäuden Madrids steht das Cervantes-Denkmal mit dem edlen Ritter Don Quijote und dem treuen Sancho Panza.

entwürfe volkstümlicher Szenen, die im Saal LV des Prado in Madrid zu sehen sind). Mehr und mehr wurden die Arbeiten Goyas aber Ausdruck einer schonungslosen Gesellschafts- und Zeitkritik, wie vor allem die Radierfolgen „Caprichos“ und „Desastres de la Guerra“ beweisen. Im Alter sah sich Goya von einer Welt von Dämonen und Monstren umgeben, die er in der *Schwarzen Malerei* (Saal LVI A des Prado) festgehalten hat.

Als die herausragenden Künstler des 19. und 20. Jahrhunderts sind zu nennen: der katalanische Baumeister, Bildhauer und Keramiker *Antonio Gaudí* (1852–1926), der Vater einer spanischen Variante des Jugendstils und Erbauer phantastisch wirkender Gebäude wie der Kirche *Sagrada Familia* in *Barcelona*, etlicher Wohnhäuser in Barcelona und des *Bischöflichen Palastes* in *Astorga* (León); – der katalanische Maler *Joan Miró* (geboren 1893), mit seiner Liebe zum Phantastischen dem oben genannten Gaudí verwandt, lange Zeit einer der führenden Vertreter des Surrealismus (viele Werke befinden sich im *Museo de Arte Moderno* in *Barcelona*; ein Monumentalgemälde ist im Gebäude der UNESCO in *Paris* zu sehen); – der katalanische Maler und Bildhauer *Salvador Dalí* (geboren 1904), der oft als das „enfant terrible“ des Surrealismus bezeichnet wird, von dem man nicht weiß, ob er etwas ernst meint und was er dann eventuell ernst meint, ein Künstler, der mit seinen Traumdarstellungen einer – wie er sagt – psychoanalytischen Kunst huldigt (Werke im *Museo de Arte Moderno* in *Barcelona* und im *Dalí-Museum* in *Figueras*, seiner Geburtsstadt); – der Madrider Maler *Juan Gris* (1887 bis 1927), einer der großen Meister des Kubismus, der vorwiegend in Frankreich gelebt und gearbeitet hat (in Spanien sind keine Werke von ihm zu finden); – der aus Málaga stammende Maler und Graphiker *Pablo Ruiz Picasso* (1881–1973), einer der umstrittensten Künstler der letzten 100 Jahre, dessen Werk als die „Summe eines Jahrhunderts“ bezeichnet worden ist und von dem Arbeiten unter anderem im *Picasso-Museum* in *Barcelona* zu sehen sind; – der katalanische Maler und Graphiker *Antonio Tàpies* (geboren 1923), der, von Miró beeinflußt, zunächst dem Surrealismus nahestand, dann aber in archaisch anmutenden „Mauerbildern“ seinen persönlichen Stil fand (abstrakte Linien und Flächen auf reliefartigem, aus Pappe, Gips oder Sand bestehendem Grund; man spricht auch von Relief-Gemälden).

Barcelona: Sagrada Familia

◀ Seltsam geformte Felsen stehen am Fuß des Teide auf Tenerife, bis zu dessen 3707 Meter hohem Gipfel jetzt eine bequeme Seilbahn führt.

Geschichte der Literatur

Daß ein romanisches Land wie Spanien einen Beitrag auch zur lateinischen (römischen) Literatur geleistet hat, ist nicht überraschend. So stammten aus Córdoba der Rhetor *Lucius Annaeus Seneca* („der Ältere" genannt; um 54 v. Chr.–39 n. Chr.), sein gleichnamiger Sohn („der Jüngere" genannt und als Dichter, Philosoph und Erzieher *Neros* bekannt, um 4 v. Chr.–65 n. Chr.) und sein Enkel *Marcus Annaeus Lucanus* (als Schriftsteller unter dem Namen *Lukan* bekannt; 39–65 n. Chr.).

In Calagurris (heute Calahorra in der Provinz Logroño) war *Marcus Fabius Quintilianus* (um 35–95 n. Chr.) beheimatet, der seit 68 n. Chr. als Leiter einer Rhetorenschule in Rom wirkte. Aus Bilbilis (heute Calatayud) stammte der größte Epigrammatiker der Weltliteratur, *Marcus Valerius Martialis* (um 40 bis 102 n. Chr.), der unter dem Kurznamen *Martial* besser bekannt ist. Offizier war ursprünglich der in Cádiz geborene *Lucius Junius Moderatus Columella* (1. Jh. n. Chr.), der einer der bedeutendsten landwirtschaftlichen Schriftsteller Roms wurde. Bedeutende Beiträge zur lateinischen Literatur lieferten ferner: *Aurelius Clemens Prudentius* (348–410) aus Tarragona, der hoher Staatsbeamter und einer der bedeutendsten lateinischen Dichter der katholischen Kirche war; – der aus einer in oder bei Cartagena ansässigen Familie stammende heilige *Isidor* (560–636), der ab 601 Erzbischof von Sevilla war und durch enzyklopädische, theologische und historische Werke zum Ruhm gelangte.

Nach dem Zusammenbruch des westgotischen Reiches gab es in Spanien eine christliche und eine arabisch-jüdische Literatur, zwischen denen mancherlei Beziehungen bestanden. Die spanisch-arabische Dichtkunst war zunächst nach dem Orient orientiert. Zu Beginn des 10. Jh. jedoch kam im maurischen Spanien das *Muwaschschah* auf, ein lyrisches Gedicht, das meist aus fünf Strophen mit feststehender Reimverschränkung bestand und in dem vor allem Liebe und Wein besungen wurde. Diese Gedichte wurden in klassischem Arabisch (später von jüdischen Dichtern in Hebräisch) abgefaßt. Für die zweite Hälfte der letzten Strophe (*kharja* oder *markaz* genannt) wurde aber das Umgangsarabische oder das Mozarabische (also Spanisch) verwandt. Diese Verse sind die ältesten Beispiele lyrischer Dichtung in einer romanischen Sprache; vielleicht sind die arabischen und jüdischen Dichter von älteren romanischen Dichtungen beeinflußt worden.

Die arabische Literatur (das gesamte Schrifttum) ging aber über die lyrische Poesie weit hinaus, wie schon einige wenige Beispiele beweisen: *Ibn Al-Faradi* (962 bis 1013; aus Córdoba) schrieb bereits eine Geschichte der andalusischen Gelehrten und Dichter. Der Philosoph *Ibn Tufail* (um 1100–85; aus Guadix) verfaßte den Roman der philosophischen Entwicklung eines Menschen, der fünfzig Jahre auf einer einsamen Insel lebte, also ein arabischer Robinson Crusoe war. *Ibn Ruschd* (1126–98 aus Córdoba) war einer der großen Philosophen des Abendlandes und ist als solcher unter dem Namen *Averroes* bekannt. Der weitgereiste *Ibn Jubayr* (1145–1217; aus Valencia) machte sich als Reiseschriftsteller (Arabien, Ägypten, Irak, Syrien, Sizilien) einen Namen. Der ebenfalls weitgereiste *Ibn Arabi* (1165 bis 1240; aus Murcia) schrieb theologische und mystische Werke.

Für die jüdische Literatur war die Zeit von etwa 1100–1400 die große Blütezeit (man spricht von einer jüdisch-spanischen Renaissance). Religionsphilosophie und religiöse Dichtung standen im Mittelpunkt. Zu den bedeutendsten Persönlichkeiten gehörten: der Dichterphilosoph *Salomon Ibn Gabirol* (1020–69; aus Málaga); – der in Zaragoza tätige Staatsmann, Gelehrte und Dichter *Samuel ha-Nagid* (11. Jh.); – *Judah Halevi* (um 1085 bis 1141; aus Tudela), der größte hebräische Dichter Spaniens; – *Abraham Ibn Esra* (1090–1164; aus Tudela), Bibelkommentator, Dichter, Philosoph, Grammatiker und Astronom; – *Moses Maimonides* (1135–1204; aus Córdoba), einer der einflußreichsten jüdischen Philosophen und seit etwa 1170 Führer der Juden Ägyptens und Leibarzt des Sultans *Saladin* (1137–1193).

Den kraftvollen Auftakt der spanischen (christlichen und spanischsprachigen) Literatur bildete das um 1140 entstandene Heldenepos *Cantar de mío Cid*, das Leben und Taten des spanischen Nationalhelden *Ruy Díaz de Vivar*, genannt *El Cid*, der 1099 bei Valencia im Kampf gegen die Mauren fiel, schildert. *Gonzalo de Berceo* (1195–1264), der erste namentlich bekannte spanische Dichter, war Geistlicher; sein bekanntestes Werk sind die *Milagros de Nuestra Señora* (Marienwunder), in denen sich der Dichter als ein geistlicher Troubadour erweist. Etwas später dichtete *Alfonso X., der Weise* (1226–1284), König von León und Kastilien, seine *Cantigas de Santa María*; außerdem gab er den Anstoß zu wissenschaftlichen Arbeiten.

Um die gleiche Zeit wurden zahlreiche arabische Erzählungen, darunter viele Tiergeschichten, ins Kastilische übersetzt (das orientalische Geschichtenbuch „Calila und Dimna" und das auf Veranlassung von *Don Fadrique*, dem Bruder König Alfons X., übersetzte „Buch von Weiberlist und Weibertücke").

Viele dieser Erzählungen sind in Spanien volkstümlich geworden, und manches in ihnen enthaltene Motiv ist in die spanische Märchenwelt eingegangen. Das gilt in etwa auch von den Erzählungen, die Prinz *Juan Manuel* 1335 in seinem *Conde Lucanor* (übersetzt von *Joseph von Eichendorff*) zusammenstellte. Diese Erzählungen waren bereits nicht mehr reine Nacherzählungen, sie verraten vielmehr eine eigene Gestaltungskraft des Verfassers und kennzeichnen somit (neben einigen anderen Werken) den Beginn der spanischen Erzählkunst.

Zeitgenossen Juan Manuels waren *Alfonso XI.* (1311–1350), angeblich der Dichter des ersten Minneliedes in kastilischer Sprache, und vor allem *Juan Ruiz*, (1283–1350), der meist als *Erzpriester von Hita* bezeichnet wird und der das *Libro de buen amor* (das Buch von der guten Liebe) schrieb. Die Gedichte und Lieder dieses Buches sind zu einem guten Teil Vagantenpoesie, ein Stück Ovidscher Liebeskunst, und kennen die Liebe zur Gottesmutter ebenso gut wie die als Wegzoll von einer Hirtin geforderte Liebe.

In das 12. bis 14. Jh. reichen vielfach noch die Texte der geistlichen Spiele zurück, zum Beispiel des Mysterienspiels von Elche und vieler Dreikönigsspiele, die heute noch aufgeführt werden.

Die mittelalterliche Literatur klang vor allem mit den volkstümlichen und von den *Romanceros* vorgetragenen Romanzen aus. Diese Romanzen, die zu einem wesentlichen Teil mit den deutschen Balladen verglichen werden können, behandelten die eindrucksvollsten Geschehnisse der alten und im übrigen mehr oder weniger vergessenen Heldenepen. Die Romanze wurde so sehr zur typisch spanischen Dichtungsgattung, daß sie von bedeutenden Dichtern des 16. und 17. Jh. übernommen und zur Kunstromanze umgestaltet wurde.

Der Renaissance-Einfluß, von dem im Zusammenhang mit der Kunst schon die Rede war, machte sich auch in der Literatur vom 15. Jh. an bemerkbar. Humanistischer Geist verdrängte mehr und mehr die mittelalterlichen Vorstellungen. Kunstdichtung trat weithin an die Stelle der Volksdichtung. Das wichtigste und beliebteste Werk aus der Zeit des Übergangs war die Tragikomödie von *Calisto und Melibea*, ein Roman in Dialogform, der um 1500 von dem zum Christentum übergetretenen Juden *Fernando de Rojas* geschrieben worden sein soll. Da die Kupplerin *Celestina* im Mittelpunkt des Interesses stand, hieß das Stück bald nur noch *La Celestina*.

Fast unmittelbar nach dem Einzug der Renaissance und des Humanismus in Spanien begann für die Literatur das von der Kunstgeschichte her bereits bekannte *Siglo de Oro*, das Goldene Zeitalter, das in das 16. und 17. Jh. fiel, somit die Zeit der Renaissance und des Barocks umfaßt. In dieser Zeit entwickelte sich das spanische Drama, für das *Juan del Encina* (1468–1529) durch eine teilweise Loslösung des Stoffes vom rein Religiösen die Voraussetzungen schuf und das dann vor allem durch *Lope de Rueda* (um 1510–65), der mit seiner Schauspielertruppe durchs Land zog, weitergeführt wurde. *Juan de la Cueva* (um 1550 bis um 1610) trug zur Befreiung des spanischen Dramas vom italienischen Vorbild, das Lope de Rueda sehr stark beeinflusste, bei. Das 17. Jahrhundert schließlich beherrschen drei große Dramatiker: *Lope de Vega* (1562–1635; aus Madrid) schrieb angeblich etwa 1500 der *Comedia* nahestehende Bühnenstücke, die sich teils um Historien und Legenden ranken, teils Intrigen und Mantel-und-Degenstücke sind (rund 500 seiner Stücke sind noch bekannt). *Tirso de Molina* (um 1584–1648; aus Madrid) schrieb vor allem das Stück *El Burlador de Sevilla* (Der Spötter von Sevilla) und brachte damit zum ersten Mal *Don Juan*, eine der Zentralgestalten der Weltliteratur, auf die Bühne. Ihren Höhepunkt erreichte die spanische Dramendichtung mit *Pedro Calderón de la Barca* (1600–81; aus Madrid), dem bedeutendsten Dramatiker der europäischen Barockliteratur. Er schrieb Sakramentsspiele *(autos sacramentales)*, die sich mit der christlichen Glaubenslehre befaßten, und zahlreiche Dramen, von denen viele noch heute gespielt werden („Das Leben ein Traum", „Das große Welttheater", „Der Richter von Zalamea", „Der Arzt seiner Ehre", „Dame Kobold").

Die namhaftesten Lyriker des Siglo de Oro waren *Garcilaso de la Vega* (1503–36; aus Toledo), einer der vollendetsten und gefeiertsten Dichter Spaniens („Fürst der kastilischen Dichter"); – der Augustiner *Luis de León* (1527–91; aus Belmonte, Provinz Cuenca), dessen Ruhm als Lyriker dem Garcilasos nahekam (im übrigen war Luis de León einer der bedeutendsten wissenschaftlichen Schriftsteller des 16. Jh.); – *Luis de Góngora y Argote* (1561–1627; aus Córdoba) war einer der besten Stilisten unter den spanischen Lyrikern, bediente sich andererseits aber auch meisterhaft einer volkstümlichen Ausdrucksweise (dies gilt besonders für seine Lieder zur Gitarre). Der „gepflegte Stil" Góngoras wurde als *Culteranismo* oder als *Gongorismus* bezeichnet. Góngora gilt heute als Vorläufer der modernen spanischen Lyrik; – *Francisco de Quevedo y Villegas* (1580–1645; aus Madrid) schuf schönste Lyrik, aber wegen seiner Lust an Kritik und Satire befaßte er sich, sein enormes Wissen verwertend, vorwiegend mit politischen und religiösen Themen in der satirischen Weise, die auch in seinem pikaresken (s. unten) Roman *La vida del Buscón* deutlich wird.

Zu Beginn des Siglo de Oro gab es in Spanien nebeneinander den *Ritterroman* (zum Beispiel *Amadís de Gaula*, 1508 gedruckt), den *Schäferroman* (zum Beispiel *Diana*, um 1559 erschienen) und den *Schelmenroman*, die *novela picaresca*. Der Schelmenroman war gegen die Ritterromane und gegen die verlogene Welt des Rittertums gerichtet, denen er, die Schwächen der menschlichen, besonders der ritterlichen, Gesellschaft schonungslos entlarvend, das wirkliche Leben des einfachen Volkes oder aber einen die Ideale des Rittertums ad absurdum führenden Pseudoritter, einen Antihelden, entgegenstellte. Ein Unbekannter schrieb um 1554 den Schelmenroman *Lazarillo de Tormes*, der Verfasser des *Guzmán de Alfarache* (1599) war *Mateo Alemán*.

Das Meisterwerk aber schuf *Miguel de Cervantes Saavedra*

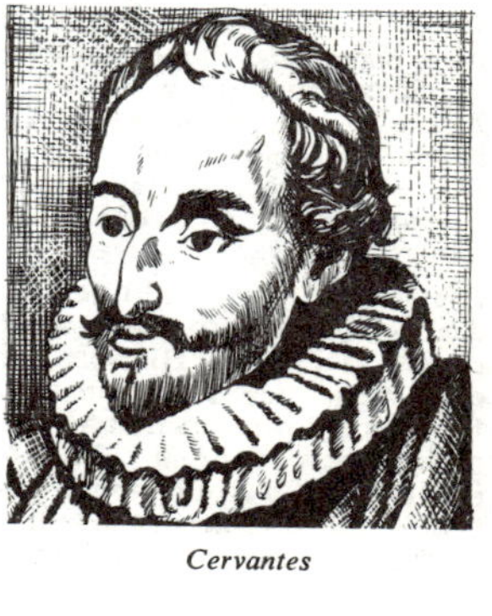

Cervantes

(1547–1616; aus Alcalá de Henares bei Madrid) mit seinem *El ingenioso hidalgo don Quijote de la Mancha*, der 1605 bis 1615 erschien und auch unter Kurztiteln wie *Don Quijote* oder *Don Quichote und Sancho Pansa* weltbekannt geworden ist.

Der ideelle Gehalt dieses Romans geht über den der übrigen Schelmenromane weit hinaus, und es ist bezeichnend, daß Don Quijote, der „Ritter von der traurigen Gestalt", neben *Hamlet*, *Don Juan* und *Faust* eine der ganz großen Gestalten europäischen Geistes geworden ist.

Zum Siglo de Oro gehören endlich noch die Werke der großen *Mystiker* des 16. Jahrhunderts, vor allem die der heiligen *Teresa de Jesús* (1515–82; aus Ávila), die in Deutschland unter dem Namen *Theresia von Ávila* bekannter ist und deren bedeutendstes Werk das *Castillo interior* (Die Seelenburg; 1577) ist, sodann aber die sprachlich zu den besten spanischen Dichtungen gehörigen Werke des heiligen *Juan de la Cruz* (*Johann vom Kreuz;* 1542–91; aus Fontiveros, Provinz Ávila), insbesondere *Subida del monte Carmelo* (Aufstieg zum Berg Karmel), *Noche oscura del alma* (Dunkle Nacht der Seele), *Cántico espiritual* (Geistlicher Gesang) und *Llama de amor viva* (Lebendige Liebesflamme).

Die Darstellung der Literatur des Siglo de Oro darf nicht enden ohne einen Hinweis auf das Werk des Jesuitenpaters, Predigers, Professors und Moralphilosophen *Baltasar Gracián*, (1601–1658; aus Belmonte bei Calatayud). Graciáns Hauptwerk *El Criticón*, das den Untertitel „Über die allgemeinen Laster des Menschen" trägt, ist ein allegorischer, moralistischer und vorwiegend pessimistischer Roman, der mehrmals ins Deutsche übertragen wurde und Schopenhauer erheblich beeinflußte.

Das 18. Jahrhundert, das mit der Besteigung des spanischen Thrones durch einen französischen Bourbonen begann, brachte auch für die Literatur in steigendem Maße französische Einflüsse, die vor allem von der französischen Aufklärung ausgingen. Die Literatur wurde vorwiegend Literaturkritik und Literaturgeschichte, die sich in besonderem Maße mit der mittelalterlichen Literatur des Landes befaßten. Erst gegen Ende des 18. Jahrhunderts bahnte sich vor allem in Salamanca und in Sevilla eine Neubelebung der spanischen Dichtung an, die auf eine Verbindung von Tradition und Neuzeitlichem abzielte.

Ein liberaler Geist erwachte, der hauptsächlich von dem Staatsmann und Dichter *Gaspar Melchor de Jovellanos* (1744 bis 1811; aus Gijón) und dem Patrioten und Dichter *Manuel José Quintana* (1772–1857; aus Madrid) vertreten wurde. Dieser Geist wurde von König *Ferdinand VII.* nach seiner Rückkehr (1823) aus dem Exil unterdrückt, so daß viele Liberale nach Frankreich und England flohen und hier mit der Romantik bekannt wurden, die sie nach Ferdinands Tod (1833) nach Spanien brachten.

In der spanischen Romantik lassen sich eine „deutsche" Gruppe, die vorwiegend der Tradition verhaftet ist, und eine

„spanische" Gruppe, der es hauptsächlich um die individuelle Freiheit geht, unterscheiden.

Der traditionsverhafteten Gruppe sind zuzurechnen: der mit einer Andalusierin verheiratete deutsche Kaufmann *Nikolaus Böhl de Faber* (1770–1836), der alte kastilische Dichtungen sammelte und herausgab und eine Arbeit über das spanische Theater von Lope de Vega schrieb; – *Juan Eugenio Hartzenbusch* (1806 bis 1880; aus Madrid), der Sohn eines deutschen Kunsttischlers und erfolgreicher Dramendichter (am besten ist sein Bühnenstück *Los amantes de Teruel*, Die Liebenden von Teruel); – *Ángel de Saavedra, Duque de Rivas* (1791–1865; aus Córdoba), Politiker und Dramendichter; – *José Zorrilla* (1817–93; aus Valladolid), der sich vor allem mittelalterlichen nationalen Stoffen zuwandte und in seinem heute noch regelmäßig aufgeführten Bühnenstück *Don Juan Tenorio* dem Don-Juan-Stoff eine neue Fassung gab. Um die individuelle und schrankenlose Freiheit im Leben und Dichten ging es dagegen *Mariano José de Larra* (1809–37; aus Madrid), dem satirischen Journalisten, und *José Espronceda* (1808–42; aus Almendralejo, Provinz Badajoz), der in seinem Epos *El estudiante de Salamanca* (Der Student von Salamanca) den Don-Juan-Stoff entsprechend seiner eigenen Lebensauffassung bearbeitete.

Zu den Romantikern gehörten auch noch wenigstens teilweise die sogenannten Intimisten, von denen *Gustavo Adolfo Bécquer* (1836–70; aus Sevilla), dessen *Rimas* an *Byron* und *Heine* erinnern, und *Rosalía de Castro* (1837–85; aus Santiago de Compostela), deren Dichtungen von Melancholie erfüllt sind, die bedeutendsten waren.

Um die Mitte des 19. Jh. begann die Zeit des Realismus, der teils in der *Alta Comedia*, den Theaterstücken vor allem von *Adelardo López de Ayala* (1828–79; aus Guadalcanal, Provinz Sevilla) und von *Manuel Tamayo y Baus* (1829–98; aus Madrid), mehr aber noch im Roman zum Ausdruck kam. Eine Vorstufe des realistischen und naturalistischen Romans waren die sogenannten Sittenromane (ihre Verfasser, die *costumbristas*, schilderten Sitten und Bräuche einer bestimmten Landschaft), zum Beispiel die von Madrid und seinen Menschen handelnden Arbeiten von *Ramón de Mesonero Romanos* (1803–82; aus Madrid) und die sich mit Andalusien befassenden Romane (besonders *La Gaviota*) von *Fernán Caballero* (Pseudonym von *Cecilia Böhl de Faber*, Tochter des bereits genannten Nikolaus Böhl de Faber; 1796–1877; geboren in Morges/Schweiz, seit 1813 in Spanien). Desgleichen sind die Tendenzromane besonders von *Pedro Antonio de Alarcón* (1833 bis 1891; aus Guadix) als Vorstufe anzusehen.

Meister des realistisch-naturalistischen Romans waren u.a.: *Benito Pérez Galdós* (1843–1920; aus Las Palmas/Kanarische Inseln), zu dessen größten Werken die Romane *Gloria*, *La Familia de León Roch*, *Fortunata y Jacinta*, *Ángel Guerra* und *Misericordia* gehören; – *Emilia Pardo Bazán* (1851–1921; aus La Coruña) hatte einen Lehrstuhl für Literatur an der Universität

Madrid inne und erreichte ihre höchste literarische Meisterschaft in den Romanen *Los Pazos de Ulloa* und *La Madre Naturaleza*; – *Vicente Blasco Ibáñez* (1867–1928; aus Valencia), Abenteurer, Republikaner und einer der meistgelesenen und bestbezahlten Romanciers seiner Zeit, schrieb unter anderem *La Barraca*, *La Catedral* und *Los muertos mandan* (dieser letzte Roman, der in Deutschland unter dem Titel „Das Leben befiehlt" erschienen ist, sollte von Besuchern Mallorcas und Ibizas gelesen werden).

Während der Zeit des Realismus und des Naturalismus gab es eine neuromantische Strömung. Ihr Hauptvertreter war der Nobelpreisträger (1904) *José Echegaray y Eizaguirre* (1832 bis 1916; aus Madrid), der ausschließlich Bühnenstücke schrieb und in seinem Schaffen mit *Sudermann* und *Ibsen* verglichen wurde. Eines seiner bedeutendsten Werke ist *O locura o santidad* (Wahnsinn oder Heiligkeit).

Als das Jahr 1898 das Ende der spanischen Kolonialmacht brachte, galt das als nationale Katastrophe. Heftige Kritik an der Regierung wurde laut, eine Aera der Selbstbesinnung begann, und das Schlagwort von der „Europäisierung" Spaniens wurde zum Leitmotiv der „Generation von 98". Diese „Generation von 98" bildete eine Gruppe der spanischen Modernisten. Während sich die Modernisten im engeren Sinne aber aus dem Zusammenbruch Spaniens im wesentlichen in eine aristokratische und galante Scheinwelt retteten – das ist zum Beispiel in einem großen Teil des Werkes von *Ramón del Valle-Inclán* (1869–1936; aus Villanueva de Arosa, Provinz Pontevedra), des bedeutendsten Prosaschriftstellers unter den Modernisten, der Fall –, ging es der „Generation von 98" um das „Problem Spanien"; sie strebte eine echte nationale Erneuerung an, ohne daß sie aber eine in ihren Vorstellungen homogene Gruppe gebildet hätte.

Wichtigste Vertreter der „Generation von 98" waren: *Miguel de Unamuno* (1864–1936; aus Bilbao; wichtigste Romane: *Paz en la guerra*, *Niebla*; *San Manuel Bueno, mártir*; in seinem Bühnenstück *El hermano Juan o El mundo es teatro* gibt er dem Don-Juan-Stoff eine neue Deutung); – *Antonio Machado* (1875–1939; aus Sevilla; der große Lyriker der „Generation von 98"); – *Pío Baroja* (1872–1956; aus San Sebastián; wegen seiner Romantrilogie *La lucha por la vida*, Der Kampf ums Dasein, von *Ortega y Gasset* als „Homer des Pöbels" bezeichnet); – *José Ortega y Gasset* (1883–1955; aus Madrid; einer der großen Kulturphilosophen und einer der bedeutendsten Essayisten Spaniens; sein bekanntestes Werk ist *La Rebelión de las masas*, *Der Aufstand der Massen*); – *José Martínez Ruiz* (Pseudonym: *Azorín*; 1874 bis 1967; aus Monóvar, Provinz Alicante; seine Werke, besonders *La Voluntad*, sind Ausdruck eines grenzenlosen Pessimismus).

Das politische Engagement, das für die „Generation von 98" eine Selbstverständlichkeit war, wurde von der „Generation von 1925" (manchmal auch „Generation von 1927" genannt) abgelehnt. Den zu dieser Gruppe gehörenden Dichtern ging es um reine Lyrik. Ihren Namen verdankt sie dem Umstand, daß zwischen 1920 und 1930 ihre wesentlichen Werke erschienen (der Hinweis auf 1927 deutet an, daß sich diese Dichter dem Seite 71 erwähnten *Luis de Góngora*, dessen 300. Todestages 1927 gedacht wurde, besonders verbunden fühlten). Die namhaftesten Dichter dieser Gruppe waren: *Federico García Lorca* (1898–1936; aus Granada), Lyriker und Dramatiker, von dessen Dramen besonders *Bodas de Sangre* (Bluthochzeit) und *La casa de Bernarda Alba* (Das Haus der Bernarda Alba) auch in Deutschland bekannt wurden; – der Lyriker *Pedro Salinas* (1892 bis 1951; aus Madrid).

Schriftsteller und Dichter, die nach dem Spanischen Bürgerkrieg von sich reden gemacht haben, sind: *Camilo José Cela* (geboren 1916 in Padrón, Provinz La Coruña), der mit seinem Roman *La familia de Pascual Duarte* den italienischen Neorealismus in Spanien einführte; – der 1917 in Darnius (Provinz Gerona) geborene *José María Gironella*, der den eindrucksvollen Bürgerkriegsroman *Los cipreses creen en Dios* (Die Zypressen glauben an Gott) schrieb (der Spanische Bürgerkrieg ist überhaupt immer noch ein bei spanischen Schriftstellern, auch bei den Exilspaniern, sehr beliebtes Thema; allein im Jahre 1967 erschienen drei Bürgerkriegsromane: *Tres días de julio*, der meistgelesene Roman des Jahres 1967, von *Luis Romero*, *Las últimas banderas* von *Ángel María de Lera* und *El otro árbol de Guernica* von *Luis de Castresana*); – *Carmen Laforet* (geboren 1921 in Barcelona) schrieb den Roman *Nada*, der mit dem *Nadalpreis*, einem der bedeutendsten spanischen Literaturpreise, ausgezeichnet wurde; – *Juan Antonio de Zunzunegui* (geboren 1901 in Portugalete, Vizcaya), der unter anderem pikareske Romane schrieb und 1954 den Roman *La vida como es* (Die dunklen Straßen von Madrid) veröffentlichte; – die 1926 geborene *Ana María Matute*, die erfolgreichste spanische Schriftstellerin der Gegenwart, ist in Deutschland besonders durch ihren Roman „Nachts weinen die Soldaten" bekannt geworden; – der 1931 in Barcelona geborene *Juan Goytisolo*, einer der kritischsten unter den jungen Autoren Spaniens (er kehrte Spanien 1967 den Rücken und veröffentlichte in Mexiko die *Señas de identidad*, ein Manifest gegen das Franco-Spanien), von dessen Romanen einige auch in deutscher Übersetzung erschienen sind (zum Beispiel *Juegos de manos* unter dem Titel *Die Falschspieler*, *Duelo en el paraíso* unter dem Titel *Trauer im Paradies* und *Fiestas* unter dem Titel *Das Fest der anderen*; sehr lesenswert ist auch seine Spanienkunde *Spanien und die Spanier*). Stellvertretend für die jüngste Schriftstellergeneration Spaniens seien erwähnt: *Félix de Azúa* mit *Las Lecciones de Jena*, *Javier Fernández de Castro* mit *Alimento del Salto*, *Javier del Amo* mit *La espiral* und der Dramatiker *Miguel Romero Esteo* mit *Paraphernalia de la olla podrida, la misericordia y la mucha consolación*.

Ferienlandschaften

Die *Costa Brava* ist unter den spanischen Mittelmeerküstenlandschaften die älteste Ferienlandschaft insofern, als sie als erste dem Massentourismus erschlossen wurde. Sie reicht von der französisch-spanischen Grenze bei *Port Bou* bis nach *Blanes*, ist also die Küste der katalonischen Provinz *Gerona*. Ihren Namen, der *Wilde Küste* bedeutet, hat sie von den zum Teil steilen, felsigen und schwer zugänglichen Uferstreifen, die zweifellos die eindrucksvollsten Abschnitte der Costa Brava darstellen. Diese Felspartien wechseln ab mit kleinen und großen Sandbuchten und einigen kilometerlangen Stränden. Da die Nachfrage nach Unterkünften und Baugrundstücken bis 1975 ständig gestiegen ist, hat sich die Zahl der verschwiegenen Buchten sehr vermindert, und die ohnehin aus Fischerdörfern schon zu mehr oder weniger großen Fremdenverkehrsorten angewachsenen Küstensiedlungen wurden zu Touristenstädten. Obwohl wegen des immer knapper werdenden Baugeländes viele Campingplätze in Baugrundstücke umgewandelt wurden, ist die Costa Brava weiterhin die an Campingplätzen reichste Landschaft Spaniens (sie besitzt mehr als ein Viertel der behördlich zugelassenen Plätze). Die Tagesdurchschnittstemperaturen betragen:

Januar 6,9°, Februar 9,0,° März 11,9°, April 13,7°, Mai 15,7°, Juni 18,8°, Juli 24,4°, August 23,3°, September 20,1°, Oktober 17,8°, November 12,3° und Dezember 6,2° C. Diese Temperaturen machen deutlich, daß die Costa Brava im Gegensatz zu einigen anderen spanischen Ferienlandschaften für Reisen in den Frühling während des mitteleuropäischen Winters nicht geeignet ist. Auf keinen Fall kann man damit rechnen, daß man hier während der Wintermonate bereits im Meer baden kann.

Die *Costa Dorada*, die *Goldene Küste*, reicht von *Malgrat* bis *Alcanar*, also von der Grenze zwischen den Provinzen Gerona und Barcelona bis zur Grenze zwischen den Provinzen Tarragona und Castellón de la Plana. Sie entspricht somit der Küste der Provinzen Barcelona und Tarragona, die beide zur Region Katalonien gehören. Die Küste verdankt ihren Namen den langen, flachen und goldfarbenen Sandstränden, von denen die schönsten bei *Castelldefels* und *Sitges* in der Provinz Barcelona, sodann zwischen *Calafell* und *Tarragona*, bei *Salou* und bei *Hospitalet del Infante (Miami Playa)* liegen. Der östliche Teil der Costa Dorada ist sehr dicht besiedelt und nicht nur im Raum Barcelona teilweise industrialisiert.

Die Tatsache, daß die auf zwei Millionen Einwohner zugehende Stadt Barcelona in der Mitte dieses östlichen Teils der Costa Dorada liegt, bringt es mit sich, daß in den Bademonaten die Strände bis zur Costa Brava nach Osten und bis Sitges im Westen nicht nur an den Wochenenden äußerst stark besucht sind. Die Bautätigkeit und Umstrukturierung, von der im Zusammenhang mit der Costa Brava die Rede war, ist auch in den Gebieten von Castelldefels, Sitges und Calafell/Comarruga/Torredembarra sowie in starkem Maße in der Gegend von Salou, anzutreffen. Die durchschnittlichen Tagestemperaturen an der Costa Dorada betragen: Januar 9,0°, Februar 10,6°, März 12,3°, April 13,9°, Mai 18,3°, Juni 21,2°, Juli 24,3°, August 24,0°, September 21,8°, Oktober 17,7°, November 13,7° und Dezember 9,8° C. Im allgemeinen liegen die Temperaturen im östlichen Teil (Barcelona) ein wenig höher als im westlichen (Tarragona). Ein Winteraufenthalt ist auch an der Costa Dorada recht problematisch.

Hält man sich dort aber außerhalb der Saison auf, so hat man den großen Vorteil, die Sehenswürdigkeiten der in der Saison überlaufenen Städte Tarragona und Barcelona in aller Ruhe besichtigen zu können (meist keine organisierten Ausflüge).

Die *Costa del Azahar*, die *Küste der Orangenblüte*, ist die Küste der Provinzen Castellón de la Plana und Valencia. Sie erstreckt sich am Golf von Valencia von *Vinaroz* bis *Oliva*. Ihren Namen verdankt sie dem Umstand, daß sich nur wenig landeinwärts über weite Strekken hin Orangenhaine ausbreiten, die hier und da zu ausgedehnten Wäldern werden, und der Duft der Orangenblüten zeitweilig das ganze Land erfüllt. Die Küste am Golf von Valencia ist vorwiegend flach, die Strände sind sehr unterschiedlich, hier recht schmal, dort sehr breit, hier feinsandig, dort mit Kiesel untermischt oder auch nur aus Kiesel bestehend. Die Zahl der Badeorte ist im Verhältnis zur Länge der Costa del Azahar klein, und klein sind auch nach der Zahl der Fremdenbetten die Badeorte (lediglich Benicasim, Gandía und Oropesa del Mar haben jeweils einige tausend Fremdenbetten). Die durchschnittlichen Tagestemperaturen betragen: Januar 10,7°, Februar 11,5°, März 13,6°, April 15,5°, Mai 18,0°, Juni 21,3°, Juli 23,5°, August 24,8°, September 23,3°, Oktober 19,1°, November 14,6° und Dezember 11,7° C. Im allgemeinen liegen die Temperaturen im Norden des Golfs von Valencia (Provinz Castellón de la Plana) etwas höher als im Süden; nur in den Monaten Juni und Juli ist es umgekehrt. Da die Wintermonate am Golf von Valencia recht mild sind, darf die Costa del Azahar als auch für Winterreisen geeignet bezeichnet werden.

Die *Costa Blanca*, die *Weiße Küste*, war ursprünglich nur die Küste der Provinz Alicante. Heute wird auch in der spanischen Werbung die Küste der Provinz Valencia manchmal mit der der Provinz Alicante zu den *Costas de Levante*, den Levanteküsten, zusammengefaßt; eine andere Küstengliederung faßt die Küsten der Provinzen Alicante und Murcia zur Costa Blanca zusammen, und hin und wieder wird auch der nach Osten gewandte Teil der Küste der Provinz Almería zur Costa Blanca gerechnet. In dieser Unsicherheit der Begrenzung spiegelt sich eine touristische Entwicklung. Der touristisch wichtigste Abschnitt der Costa Blanca, unter der in diesem Reiseführer die Küsten der Provinzen Alicante und Murcia und die Küste der Provinz Almería bis zum *Cabo de Gata* verstanden werden, ist nach wie vor die Küste der Provinz Alicante mit dem großen Seebad *Benidorm*. Die Küste der Provinz Murcia hat erst durch die Erschließung des Gebiets um das *Mar Menor* touristische Bedeutung erlangt. An der nach Osten gelegenen und sehr dünn besiedelten Küste der Provinz Almería gibt es zwar einige recht gute Strände, aber alle sonstigen touristischen Einrichtungen fehlen fast ganz. Das Kernstück der Costa Blanca zeichnet sich durch prachtvolle weite Sandstrände aus, und das Gebiet des lagunenartigen *Mar Menor* hat sich besonders auf der *Manga del Mar Menor* zu einer Ferienkolonie ersten Ranges entwickelt.

Die durchschnittlichen Tagestemperaturen betragen (die der Murcia- und östlichen Almería-Küste sind in Klammern gesetzt): Januar 11° (11,1°), Februar 12° (12,7°), März 13° (15,7°), April 15° (16,1°), Mai 18° (20,1°), Juni 22° (23,1°), Juli 24° (27,1°), August 25° (27°), September 23° (24,3°), Oktober 19° (22°), November 15° (16°) und Dezember 12° (10,7°). Die Costa Blanca ist auch für einen Winteraufenthalt geeignet.

Die *Costa del Sol* ist die mittelmeerische Südküste Spaniens vom Cabo de Gata in der Provinz Almería bis Tarifa an der Straße von Gibraltar, im einzelnen der nach Süden gelegene Teil der Küste der Provinz Almería, die Küste der Provinzen Granada und Málaga und der mittelmeerische Küstenabschnitt der Provinz Cádiz. Ihren Namen, der *Sonnenküste* bedeutet, verdankt sie dem ungemein günstigen Klima und der intensiven Sonneneinstrahlung. Die Strände sind in der Regel klein, da die Küste fast überall felsig ist und die Gebirge, die mehr oder weniger parallel zur Küste verlaufen, immer wieder direkt an die Küste herantreten. Nicht zuletzt auf dieser engen Verbundenheit von Fels und Meer beruht die landschaftliche Schönheit der Costa del Sol. Die Ferienorte reichen hier vom schlichten Fischerdorf bis zu internationalen Seebädern wie *Torremolinos* und *Marbella*, die aus Hotelkomplexen, Appartementhochhäusern und Bungalowsiedlungen bestehen und eher den Charakter internationaler Ferienkolonien als den spanischer Mittelmeerorte haben (lediglich in Marbella findet man noch ein Stückchen altes Spanien).

Die durchschnittlichen Tagestemperaturen betragen: Januar 12,5°, Februar 13,1°, März 15,3°, April 16,5°, Mai 19°, Juni 22,3°, Juli 26,5°, August 27,6°, September 24,4°, Oktober 20,9°, November 16,6°, Dezember 12,8° C. Bei diesen Temperaturen ist die Costa del Sol im allgemeinen auch für einen Winteraufenthalt (empfindliche Temperaturrückgänge kommen vor) durchaus geeignet.

Die *Costa de la Luz*, die *Küste des Lichts*, ist eine atlantische Küste. Sie reicht von der Straße von Gibraltar (Tarifa) bis zur spanisch-portugiesischen Grenze und gehört zu den Provinzen Cádiz und Huelva. Der touristisch wichtigere Abschnitt ist der zwischen Cádiz und der spanisch-portugiesischen Grenze. Eine flache, vorwiegend sandige, größtenteils dünn besiedelte und verkehrsmäßig nur teilweise erschlossene Küste ist hier einer weiten Ebene vorgelagert, die zu einem wesentlichen Teil aus den *Marismas* (Sumpfniederungen, deren Trockenlegung von Jahr zu Jahr weiter voranschreitet) besteht. Es gibt an dieser Küste nur einige kleine Badeorte, die sich aber fast ausnahmslos riesiger Sandstrände erfreuen. Die durchschnittlichen Tagestemperaturen betragen: Januar 11,2°, Februar 12,3°, März 14,4°, April 16,6°, Mai 18,6°, Juni 22,3°, Juli 25,1° August 25,2°, September 23,1°, Oktober 19,4°, November 15,2° und Dezember 11,9° C. Für einen Winterurlaub ist die Costa de la Luz nicht zu empfehlen.

Die *Rías Gallegas*, die *Galicische Fjordküste*, bilden den westlichen Teil der atlantischen Nordküste Spaniens. Die Galicische Fjordküste entspricht den Küsten der Provinzen Pontevedra und La Coruña und dem westlichen Teil der Küste der Provinz Lugo. Man unterscheidet die *Rías Altas*, die im Norden gelegenen, weniger tief ins Land einschneidenden und meist unmittelbar von Höhenzügen eingeschlossenen „hohen Fjorde" (zum Beispiel *Ría de Vivero*, *de Santa María*, *de El Ferrol*, *de Betanzos*, *de Camarinas* und *de Corcubión*) von den *Rías Bajas*, den „niedrigen Fjorden", die tiefe Landeinschnitte bilden und in der Regel die tief gelegenen Mündungstäler der Flüsse einnehmen (zum Beispiel *Ría de Muros y Noya*, *de Arosa*, *de Pontevedra* und *de Vigo*). Obwohl die Ríasküste und ein großer Teil ihres Hinterlandes landschaftlich sehr reizvoll sind und obwohl sich an der Küste viele gute Strände befinden, spielt der Tourismus im allgemeinen noch eine bescheidene Rolle. Die Rías Gallegas gehören zu den Ferienlandschaften, die zum größeren Teil gerade erst entdeckt werden. Die durchschnittlichen Tagestemperaturen betragen im Gebiet der Rías Bajas: Januar 10°, Februar 11,2°, März 12,2°, April 14,4°, Mai 18,3°, Juni 19,4°, Juli 21,3°, August 22,5°, September 20,3°, Oktober 18°, November 13,5° und Dezember 9° C.

Die *Costa Verde*, die *Grüne Küste*, ist die Küste der Provinzen Oviedo und Santander. Sie führt ihren Namen zu Recht; denn nirgendwo sonst an den Küsten Spaniens herrscht das satte Grün der Wälder und Wiesen in einem solchen Maße vor wie an dieser felsigen, aber von vielen flachen Buchten unterbrochenen Küste. Die meisten Badeorte sind der Zahl der Fremdenbetten nach noch ziemlich klein, die Zahl der stillen Buchten und Strände dagegen erfreulich groß. Santander aber, das durch die Sommeraufenthalte der königlichen Familie als Badeort bekannt geworden ist, konkurriert mit San Sebastián. Der Aufenthalt an der Costa Verde bietet die Möglichkeit, die Picos de Europa, eine der eindrucksvollsten Berglandschaften Spaniens, zu besuchen oder in den ungewöhnlich fischreichen Flüssen zu angeln.

Die durchschnittlichen Tagestemperaturen betragen: Januar 9,4°, Februar 10,0°, März 11,1°, April 11,4°, Mai 14,2°, Juni 18,1°, Juli 20,1°, August 19,5°, September 18,1°, Oktober 15,7°, November 12,1° und Dezember 9,4° C.

Die *Cornisa Cantábrica* überschneidet sich mit der Costa Verde insofern, als häufig auch der östliche Küstenabschnitt der Provinz Santander (zwischen Santander und der Grenze zwischen den Provinzen Santander und Vizcaya) zur Cornisa Cantábrica gerechnet werden. In diesem Reiseführer werden unter der Cornisa Cantábrica die Küsten der Provinzen Vizcaya (Hauptstadt Bilbao) und Guipúzcoa (Hauptstadt San Sebastián) verstanden. Der Name bedeutet nichts anderes als *Kantabrische Uferstraße* oder *Kantabrisches Ufer* und ist diesem Küstenstreifen zweifellos mit einem Seitenblick auf die wegen ihrer landschaftlichen Schönheit berühmte *Route de la Corniche* zwischen *Nizza* und *Mentone* gegeben worden. Ganz unberechtigt ist der Vergleich allerdings nicht. Die Küste ist reich an Kaps, Buchten und Steilhängen und besitzt einige hervorragende Strände, unter denen der Strand La Concha in San Sebastián als einer der schönsten Spaniens gilt.

San Sebastián ist der bedeutendste Badeort an der Cornisa Cantábrica, ein „aristokratisches" Seebad, in das im Sommer viele Mitglieder der Regierung und des diplomatischen Corps, dem heißen Madrid entfliehend, gern kommen. Neben San Sebastián haben einige kleinere Seebäder Bedeutung erlangt. Von ihnen gehört Zarauz zu den beliebtesten (nach der Zahl der Fremdenbetten ist es das größte).

Die durchschnittlichen Tagestemperaturen an der Cornisa Cantábrica betragen: Januar 8,2°, Februar 8,9°, März 10,8°, April 11,5°, Mai 14,8°, Juni 16,8°, Juli 19,5°, August 19,3°, September 18,4°, Oktober 14,7°, November 11,6° und Dezember 9,0° C. San Sebastián wird auch im Winter gern zur Erholung aufgesucht.

Die *Balearen*, also die der katalonischen Küste vorgelagerten Inseln Mallorca und Menorca, Ibiza und Formentera, sind eine Ferienlandschaft ersten Ranges.

Die teils gebirgige, teils flache Insel Mallorca weist an ihren Küsten, die hier aus Steilhängen mit kleinen Buchten, dort aus kilometerlangen Sandstränden bestehen, eine Kette von Badeorten (viele von ihnen sind reine Hotelorte) auf, die, wo die Natur der Küste es erlaubt, mehr und mehr zu ausgedehnten Touristenzentren zusammenwachsen. Auf der Insel Menorca, die im wesentlichen aus Flachland besteht, liegen die wenigen und meist noch recht kleinen Badeorte an den Buchten der Südküste. Die Insel Ibiza ist Hügelland; die Siedlungen sind vorwiegend Streusiedlungen. Um einige kleine Ortskerne herum haben sich an den Küsten Badeorte von beträchtlicher Größe entwickelt. Die kleine Insel Formentera macht weithin den Eindruck, als bestände sie nur aus Stränden; in den letzten Jahren ist auch diese Insel vom Tourismus fast ganz erobert worden.

Die durchschnittlichen Tagestemperaturen für die gesamten

Balearen betragen: Januar 10,9°, Februar 9,8°, März 11,2°, April 13,4°, Mai 17,3°, Juni 21,6°, Juli 25,5°, August 26,1°, September 24,0°, Oktober 17,8°, November 15,1° und Dezember 12,4° C. Diese Mittelwerte treffen für Mallorca am ehesten zu; auf Menorca pflegt es etwas kühler, auf Ibiza und Formentera etwas wärmer zu sein. Mallorca ist auch für Winterreisen geeignet (besonders in der Umgebung von Palma de Mallorca ist man auf Winterurlauber eingestellt).

Die *Kanarischen Inseln* gehören geographisch zu Afrika. Sie liegen etwa zwei Breitengrade südlicher als Kairo. Die Inselgruppe ist in zwei Provinzen gegliedert; zur Provinz Las Palmas gehören die Inseln Gran Canaria, Lanzarote und Fuerteventura, zur Provinz Santa Cruz de Tenerife die Inseln Tenerife, La Palma, Gomera und Hierro. Die Inseln sind vulkanischen Ursprungs. Vulkane und schwarzer Lavasand gehören zu den landschaftsprägenden Elementen.

Die Nähe Afrikas zeigt sich in den fast wüstenhaften Landschaften im Süden der Inseln Tenerife und Gran Canaria, zum Beispiel an den weiten goldgelben Stränden von Los Cristianos und El Médano (beide auf Tenerife) und am Dünenstrand von Maspalomas (Gran Canaria), ferner in den Kamelkarawanen, die auf der Insel Lanzarote die Touristen auf die Montaña del Fuego hinaufbringen. Der Lage in den Subtropen verdanken die Inseln ihre reiche und bunte Vegetation, die Fülle an Zier- und Nutzpflanzen und schließlich auch das angenehme Klima, das während des größten Teils des Jahres mild ist.

Auf Grund derart günstiger Bedingungen konnte sich auf den Inseln Gran Canaria und Tenerife ein blühender Fremdenverkehr entwickeln, der allerdings in einigen Orten zu einer außerordentlich hohen und auf manchen Besucher lästig wirkenden Fremdenverkehrsdichte geführt hat.

Die durchschnittlichen Tagestemperaturen betragen auf der Gran Canaria: Januar 18,4°, Februar 18,5°, März 19,3°, April 18,2°, Mai 19,7°, Juni 20,6°, Juli 21,8°, August 22,9°, September 23,6°, Oktober 22,3°, November 19,6°, Dezember 17,9° C.

Für die Insel Tenerife gelten die folgenden Werte: Januar 17,4°, Februar 18,0°, März 19,6°, April 18,3°, Mai 19,8°, Juni 21,5°, Juli 24,7°, August 25,3°, September 23,2°, Oktober 22,4°, November 19,0°, Dezember 17,5° C.

Die mittleren Meerestemperaturen liegen im Sommer bei 22°, im Winter bei 18° C. In den wichtigeren Badeorten ist man aber auf das Meer nicht angewiesen, da Schwimmbecken in großer Zahl vorhanden sind.

Die regenreichsten Monate sind November und Dezember (je 9 bis 10 Regentage); aber auch in diesen Monaten handelt es sich nur um kurze, aber heftige Regenschauer (Platzregen).

DIE SCHÖNSTEN REISEROUTEN

Wenn hier von den schönsten Reiserouten in Spanien gesprochen wird, ist keineswegs nur an die landschaftlich schönsten Routen gedacht, ja, diese stehen nicht einmal an erster Stelle. Es gibt nämlich zwar viele landschaftlich schöne Straßen oder Straßenabschnitte, aber sie sind zum größeren Teil Straßen minderer Qualität, verlaufen außerdem vorwiegend durch Gebiete, die aus touristischer Sicht als abgelegen zu bezeichnen sind, und kommen daher nur sehr bedingt als Teile von Reiserouten in Betracht.

Wenn eine Reiseroute als sehr schön gelten soll, muß also zur hier weniger und dort mehr vorhandenen Schönheit der Natur noch etwas Fesselndes hinzukommen, und das können nur Sehenswürdigkeiten sein, Städte, die in ihrer Gesamtheit oder wegen ihres Reichtums an Sehenswürdigkeiten besuchenswert sind, oder aber einzelne Bau- und Kunstdenkmäler, die am Wege liegen oder auf kurzen Abstechern erreicht werden können.

So weit voneinander oft die landschaftlich schönen Straßenabschnitte sind, so groß sind oft auch die Entfernungen zwischen sehenswerten Städten oder Einzelobjekten. Das bedeutet, daß man beim Befahren auch der schönsten Reiserouten immer wieder mehr oder weniger lange Durststrecken zu überwinden hat. Das gilt besonders für die Routen, die durch das Landesinnere, über die weiten Flächen der Meseta, führen; diese Routen haben, sobald sie die küsten- und gebirgsnahen Randgebiete des Landes verlassen haben, an landschaftlichen Schönheiten fast nichts mehr zu bieten, aber an ihren landschaftlich reizlosesten Abschnitten liegen viele der sehenswertesten Städte des Landes.

Für die nachstehend geschilderten Routen, deren ungefährer Verlauf der auf Seite 83 abgebildeten Karte zu entnehmen ist, sind keineswegs immer die Hauptverkehrsstraßen vorgesehen. Es ging ja nicht um möglichst schnelle Reisewege, es kam vielmehr darauf an, Routen mit einem möglichst großen Reichtum an natürlicher Schönheit und an Sehenswürdigkeiten zusammenzustellen.

Die Schilderung der einzelnen Routen wird möglichst knapp gehalten, da Einzelheiten zu den einzelnen Abschnitten in den Beschreibungen der Provinzen, durch die die Route verläuft, zu finden sind. Nur wenn die Route von den in den Provinzbeschreibungen vorgeschlagenen Rundfahrten durch die einzelnen Provinzen abweicht und so Sehenswertes zusätzlich erschlossen wird, geht die Beschreibung ins Detail. Die Routen können zu Rundfahrten zusammengeschlossen werden (ein Blick auf die Karte auf Seite 83 verdeutlicht die Möglichkeiten).

Route A: Von Gerona nach Huelva. Man könnte diese Route als *Mittelmeerroute* bezeichnen, da sie vorwiegend durch die mediterrane Küstenzone verläuft. Von der französisch-spanischen Grenze (*Le Perthus/La Junquera*) aus wird man bis *Gerona* die Autobahn benutzen. Nach der Besichtigung von Gerona (von dort eventuell Abstecher in die Gegend von *Bagur*, einen der schönsten Teile der *Costa Brava*), fährt man auf der Nationalstraße II an die Küste und an der Küste entlang nach *Barcelona*, von wo aus man einen Abstecher zum *Montserrat*, einer der eindrucksvollsten Natursehenswürdigkeiten Spaniens, macht.

Für die Fahrt von *Barcelona* nach *Tarragona* benutzt man die über *Sitges* und *Vendrell* führende Küstenstraße, die erheblich reizvoller ist als die Autobahn, die größtenteils weit landeinwärts verläuft.

Die kürzeste Verbindung zwischen *Tarragona* und *Vinaroz* ist die küstennahe Autobahn. Die hier vorgeschlagene Route nimmt aber den Weg landeinwärts über *Reus*, durch das Weinbaugebiet *Priorato*, dessen Zentrum *Falset* ist, dann über *Gandesa* bis zur Abzweigung (links) der Nationalstraße 232, die über *Morella* nach Vinaroz führt. Nach diesem weiten Umweg bleibt man wieder in Küstennähe. Nach einem Abstecher in das südlich von *Benicarló* gelegene *Peñíscola* kommt man über *Castellón de la Plana* nach *Valencia*.

Für die Strecke *Valencia–Alicante* empfiehlt sich die küstennah verlaufende Nationalstraße 332, von der aus man bei *Cal-*

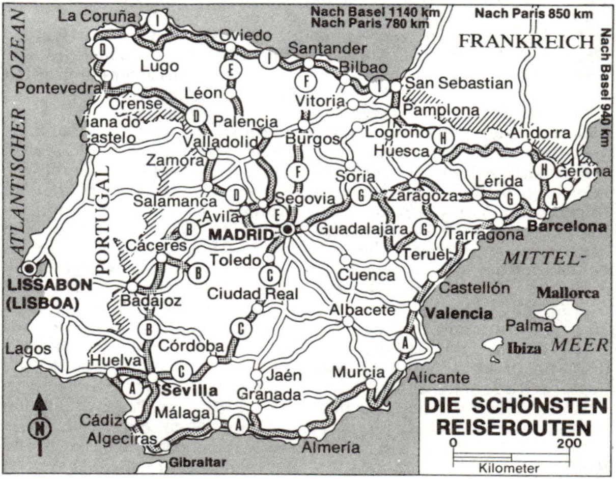

pe einen Abstecher zum *Peñón de Ifach* machen sollte. Wer eine Bergstraße vorzieht, wird bei *Oliva* die Nationalstraße 332 verlassen und über den 540 m hohen *Coll de Rates* nach *Benidorm*, das wieder an der Nationalstraße 332 liegt, fahren. Von Benidorm bis Alicante verläuft die Straße an der von Stränden gesäumten Küste.

Nach einem Abstecher von *Alicante* nach *Elche* fährt man auf der Küstenstraße weiter zum *Mar Menor*, von dem aus man über *Cartagena* das landeinwärts gelegene *Murcia* erreicht. Über *Lorca* und *Vera* kommt man nach *Almería* und damit an die *Costa del Sol*, an der man über *Málaga* und *Algeciras* bis *Tarifa* entlang fährt. Zu Abstechern ergeben sich vor allem Möglichkeiten in *La Rábita* (über *Albuñol* und *Orgiva* nach *Granada*), *Motril* (direkt nach *Granada*), *Vélez-Málaga* (nach *Alhama de Granada*), *San Pedro de Alcántara* (nach *Ronda*).

In Tarifa, das an der *Straße von Gibraltar* liegt, wechselt man von der Mittelmeerküste zur Atlantikküste hinüber, der man allerdings nicht ununterbrochen folgen kann. Von *Cádiz* aus muß man einen großen Bogen schlagen um die Niederung, die sich beiderseits des *Río Guadalquivir* erstreckt, und kommt so nach *Sevilla*, von wo aus man über *Huelva* (Autobahn) und *Cartaya* bis *Ayamonte*, das an der spanisch-portugiesischen Grenze liegt, weiterfahren kann. Westlich von Ayamonte liegt die portugiesische Landschaft *Algarve*, deren Einbeziehung in diese Route recht verlockend ist.

Route B: Von Sevilla über Cáceres nach Madrid. Man verläßt *Sevilla* auf der Nationalstraße 630 und erreicht als erste wichtige Station an dieser Route *Mérida*, das selbst viel Sehenswertes bietet und außerdem Ausgangspunkt für einen Abstecher nach *Badajoz* ist. Weiter nördlich liegt an der Nationalstraße 630 das sehenswerte *Cáceres*, von wo aus man einen Abstecher nach *Trujillo* und weiter bis zu dem in der *Sierra de Guadelupe* gelegenen Kloster *Guadalupe* machen sollte. Das Kloster ist eines der bedeutendsten Heiligtümer der Spanier in aller Welt.

Nördlich von Cáceres führt die Nationalstraße 630 quer durch den *Alcántara-Stausee*, den der *Río Tajo* bildet; der schmale, rund 35 km nach Westen und rund 45 km nach Osten sich erstreckende Stausee ist mit einem Fassungsvermögen von über 3 Milliarden cbm (Rurtalsperre Schwammenauel gut 200 Millionen cbm) einer der größten Stauseen Spaniens.

Nordöstlich des Stauseeübergangs erreicht man *Plasencia*, von wo man auf der durch die *Sierra de Gredos* führenden Straße in Richtung *Ávila* weiterfährt. Die Sierra de Gredos, die bis zu 2592 m hoch ist, gehört zum Hauptscheidegebirge (*Cordillera Central*) und ist ein Zentrum des Alpinismus. Durch das Gebirge führt in Süd-Nord-Richtung nur eine einzige Paßstraße (sie ist für diese Route vorgesehen): die Straße von *Arenas de San Pedro* über den 1352 m hohen *Puerto del Pico*. Nach Passieren des Passes sollte man von *Venta del Obispo* einen

Abstecher in westlicher Richtung zu dem in 1525 m Höhe prächtig gelegenen *Parador Nacional de Gredos* machen.

Von Venta del Obispo aus erreicht man über den 1566 m hohen *Puerto de Menga* die an Sehenswürdigkeiten reiche Stadt *Ávila*. Dort hat man für die Weiterfahrt nach *Madrid*, wenn man die Autobahn (ab *Villacastín*) ausklammert, die Wahl zwischen zwei Wegen: der nördliche führt über *San Lorenzo del Escorial* und bietet die Möglichkeit zur Besichtigung des berühmten *Escorial*; der südliche Weg führt zunächst in eine der Gebirgsketten hinauf, die die Sierra de Gredos mit der *Sierra de Guadarrama* verbinden, dann ins Tal des *Río Alberche*, einen der Stauseen überquerend, die dieser Fluß in seinem Oberlauf bildet, sodann über das von Wäldern umgebene *San Martín de Valdeiglesias* und erneut durch das Tal des Río Alberche, den Fluß zwischen den Stauseen *de San Juan* und *de las Picadas* überquerend, und schließlich vorbei an dem beachtenswerten Dorf *Brunete* nach Madrid.

Route C: Von Sevilla über Córdoba nach Madrid. Man verläßt *Sevilla* auf der Nationalstraße IV und kommt über *Carmona* und *Écija* nach *Córdoba*, dessen Besuch man mit einem Ausflug in die *Sierra de Córdoba* verbinden sollte. Von Córdoba aus fährt man auf der Nationalstraße IV weiter bis *Montoro* und durchquert ab dort auf kurvenreicher Straße die wilde und fast unbewohnte *Sierra Morena*. Über den *Puerto Valderrepiso* (860 m) und den *Puerto de Niefla* (920 m) erreicht man *Puertollano-Peñarroya*, das den Mittelpunkt eines Bergbaugebietes bildet.

Über *Ciudad Real* und den *Río Guadiana* führt die Nationalstraße 420/401 in die *Montes de Toledo*, die sich zwischen dem Río Guadiana und dem *Río Tajo* erheben und Höhen bis zu gut 1200 m erreichen. In den Montes liegt nahe der Abzweigung (rechts) der Straße nach *Consuegra* das *Castillo de Guadalerzas* (14. Jh.). Von dort kommt man über *Orgaz* sowie *Sonseca* und *Ajofrín* (in den Pfarrkirchen der beiden zuletzt genannten Orte befinden sich sehenswerte Altaraufsätze) nach *Toledo*, einer der sehenswertesten Städte Spaniens.

Statt der über *Illescas* direkt nach Madrid führenden Nationalstraße 401 nimmt man die am Südufer des Río Tajo verlaufende Straße, die in die ehemalige königliche Residenzstadt *Aranjuez* führt. Die autobahnähnlich ausgebaute Nationalstraße IV verbindet Aranjuez mit Madrid.

Route D: Von Madrid nach La Coruña. Die direkte und beste Straße zwischen Madrid und La Coruña ist die Nationalstraße VI. Von ihr sind aber nur die 17 km zwischen dem Zentrum von *Madrid* und der Abzweigung der nach *San Lorenzo des Escorial* führenden Straße in die hier vorgeschlagene Route einbezogen. Man fährt also von der genannten Abzweigung aus über San Lorenzo del Escorial nach *Ávila* (dieser Abschnitt entspricht einem der Abschnitte der Route B), von wo aus man auf der Nationalstraße 501 die berühmte Universitätsstadt *Sa-*

lamanca erreicht. Der durch Salamanca fließende *Río Tormes* ist von dem 34 km nordwestlich gelegenen Städtchen *Ledesma* bis kurz vor seiner Mündung in den *Río Duero* zum großen *Almendra-See* aufgestaut. Südwestlich von Salamanca liegt die *Sierra de la Peña de Francia* mit dem Kloster *de la Peña* und dem außergewöhnlich malerischen Dorf *La Alberca*.

Auf der Nationalstraße 630 erreicht man von Salamanca aus *Zamora*, das am Río Duero liegt. Dieser Fluß und einige seiner Nebenflüsse, besonders der *Río Elsa*, sind westlich und nordwestlich der Stadt zu einer Gruppe von Seen aufgestaut, die insgesamt den *Ricobayo*-See, einen der größten Stauseen Spaniens, bilden. Auf der Weiterfahrt nach Norden (Nationalstraße 630) kommt man mehrmals an diesen weitverzweigten Stausee heran, der bis in die Nähe von *Benavente* reicht.

In Benavente wendet man sich nach Westen und benutzt dann ab *Puebla de Sanabria* die sich im Ausbau befindende, aber recht gut zu befahrende Nationalstraße 525, die in der Nähe der portugiesischen Grenze über *Verín* und *Allariz* nach *Orense* führt. Es empfiehlt sich, von Orense aus Abstecher über das südlich gelegene *Celanova* hinaus bis *Baños de Bande*, nach Osten zu in das Talsperrengebiet um *Castro-Caldelas* und *La Rúa*, in nordöstlicher Richtung sodann zu dem über den Schluchten des *Río Sil* gelegenen Kloster *San Esteban de Ribas de Sil* und weiter nach *Monforte de Lemos* zu machen (den letzten Abstecher kann man über *Sarria* hinaus bis *Lugo* ausdehnen, wenn man von La Coruña aus nicht auf dem direkten Weg nach Madrid zurückfährt und dann ohnehin über Lugo kommt).

Von *Orense* aus fährt man über *Ribadavia* zu der am *Río Miño* (Grenzfluß) gelegenen Stadt *Túy* und folgt dann zunächst dem Río Miño bis zu seiner Mündung, sodann der von zahlreichen Rías tief ausgebuchteten Meeresküste über *Bayona*, *Vigo*, *Puente Sampayo*, *Cangas*, *Pontevedra*, *La Toja*, *Villagarcía* und *Puentecesures* bis *Padrón*. Nach dieser landschaftlich äußerst reizvollen Fahrt wendet man sich landeinwärts, um *Santiago de Compostela* zu besuchen.

Die Küstenfahrt setzt man dann ab Padrón über *Santa Eugenia*, *Noya* und *Muros* fort bis *Corcubión*, von wo aus man einen Abstecher zum *Cabo Finisterre* machen kann. Von Corcubión aus fährt man auf küstenferner Straße durch Pinien- und Eukalyptuswälder über *Vimianzo* und *Carballo* nach *La Coruña*.

Route E: Von Madrid nach Oviedo. Man verläßt Madrid auf der Nationalstraße VI, von der aus man zahlreiche Abstecher unternehmen kann. Von *Guadarrama* aus kann man das südwestlich gelegene *San Lorenzo del Escorial* und das westlich gelegene *Valle de los Caídos*, in dem nun auch *Franco* seine letzte Ruhestätte gefunden hat, besuchen. Außerdem kann man von dort durch die *Sierra de Guadarrama* nach

La Granja und weiter nach *Segovia* fahren. Statt von Segovia nach Guadarrama zurückzufahren, schlägt man die nach *Villacastín* führende Straße ein und fährt dann über Villacastín hinaus weiter bis *Ávila*, von wo aus man, da die Nationalstraße VI nichts Interessantes zu bieten hat, auf direktem Weg nach *Arévalo*, das etwas abseits der Nationalstraße VI liegt, fährt.

Arévalo ist der Ausgangspunkt zu einem weiteren Umweg: man fährt in nordöstlicher Richtung nach *Coca* und von dort in nordwestlicher Richtung über *Olmedo* nach *Medina del Campo* und dann auf der Nationalstraße VI weiter nach *Tordesillas*. Dort verläßt man die Nationalstraße VI erneut zu einem großen Umweg. Dieser führt über *Valladolid*, *Palencia* und *Sahagún* nach *León*, der alten Königsstadt am Fuß der *Cordillera Cántabra*, und zwar des asturisch-leonesischen Abschnitts dieses Gebirges. Das südwestlich von León gelegene *Astorga* ist einen Abstecher wert.

Von León aus fährt man hinauf zum 1366 m hohen *Puerto de Pajares* (die Umgebung ist ein beliebtes Wintersportgebiet).

Von dem Paß aus erreicht man auf zunächst sehr kurvenreicher Straße die asturische Hauptstadt *Oviedo*.

Route F: Von Madrid nach Santander. Man verläßt Madrid auf der Nationalstraße I, erreicht über *Buitrago del Lozoya* nach kurzem, kräftigem Anstieg den in der *Sierra de Guadarrama* gelegenen *Puerto de Somosierra* (1440 m), der an der Grenze zwischen Neukastilien (Provinz Madrid) und Altkastilien (Provinz Segovia) liegt, und hat dann in dem Dorf *Castillejo de Mesleón* Gelegenheit zu einem lohnenden Abstecher nach *Sepúlveda*.

Einen Abstecher nach *Peñafiel* sollte man von dem am *Río Duero* gelegenen *Aranda de Duero* aus in Betracht ziehen. Das weiter nördlich gelegene *Lerma* ist Ausgangspunkt für einen Abstecher nach *Covarrubias* und weiter zum Kloster *Santo Domingo de Silos*. Von Lerma aus erreicht man *Burgos*, das zu den sehenswertesten Städten Spaniens zählt und dessen engere Umgebung man in das Besuchsprogramm einbeziehen sollte.

Nördlich von Burgos geht es in das *Kantabrische Gebirge* hinauf. Nach Passieren der Pässe *Páramo de Masa* (1050 m) und *Portillo del Fresno* (1028 m) kommt man in das bei *Escalada* malerische Tal des *Río Ebro* und erreicht schließlich den *Ebro-Stausee*, der sich nach Westen bis *Reinosa* erstreckt. Nur wenige Kilometer weiter nördlich verläßt die Straße mit einem Gefälle von streckenweise 17% das Gebirge und erreicht, dem zum Teil schluchtartigen Tal des *Río Pas* folgend, das kleine Thermalbad *Puente Viesgo*, in dessen Nähe sich besuchenswerte Höhlen mit eiszeitlichen Malereien befinden und von wo aus es nicht weit ist bis zu den berühmten Höhlen von *Altamira*.

Von Puente Viesgo aus fährt man auf dem Umweg über *Torrelavega*, das am Wege zu den Höhlen von Altamira liegt, weiter nach *Santander*, dem Seebad an der Atlantikküste.

Route G: Von Madrid nach Barcelona. Man verläßt Madrid auf der Nationalstraß II und kommt über *Alcalá de Henares* nach *Guadalajara*, von wo man einen Abstecher ins Gebiet des sogenannten *Mar de Castilla* machen sollte. Mit dem Mar de Castilla sind die beiden großen Stauseen *de Entrepeñas* und *de Buendía* gemeint, zwischen denen der Erholungsort *Sacedón* liegt. Für die Rückfahrt von Sacedón nach Guadalajara nimmt man den Weg über *Pastrana*.

Auf der Weiterfahrt von *Guadalajara* nach *Medinaceli* sollte man von *Alcolea del Pinar* aus einen Abstecher nach *Sigüenza* machen. Von Medinaceli aus lohnt sich ein Abstecher über *Almazán* nach *Soria*. Zwischen Medinaceli und *Calatayud* gibt es an und in der Nähe der Nationalstraße II recht beachtenswerte Sehenswürdigkeiten: das Kloster in *Santa María de Huerta*, die Burgkapelle von *Cetina*, das von *Alhama de Aragón* aus zu erreichende Kloster *de Piedra*, dessen Park eine prächtige Vegetationsinsel im vorwiegend sehr trockenen und vegetationsarmen Aragonien ist.

An der direkten Straße von *Calatayud* nach *Zaragoza* gibt es keine nennenswerten Sehenswürdigkeiten. Man unternimmt daher von Calatayud aus einen großen Umweg, der über *Daroca* nach *Teruel* führt. Von Teruel aus sollte man unbedingt einen Abstecher nach *Albarracín* machen. Dann fährt man über *Montalbán* und *Belchite* nach Zaragoza. Die zwischen Zaragoza und *Lérida* gelegene Landschaft ist so eintönig, daß sich für diese Strecke die schnellste Straße, nämlich die Autobahn, deren Fertigstellung für 1976 vorgesehen ist, empfiehlt (bis zur Fertigstellung dieser Straße benutzt man die Nationalstraße II, die mehr oder weniger parallel zur Autobahn verläuft).

Für die Fahrt von *Lérida* nach *Barcelona* muß man die stark befahrene Nationalstraße II benutzen, da sich ein lohnender Umweg nicht anbietet. Die große, an diesem Routenabschnitt gelegene Sehenswürdigkeit ist der *Montserrat*.

Route H: Von Barcelona nach San Sebastián. Wer von Barcelona aus auf dem schnellsten und kürzesten Weg nach San Sebastián fahren will, benutzt bis *Lérida* die Nationalstraße II, dann die über *Huesca* und *Pamplona* führende Nationalstraße 240 (nach Fertigstellung der Autobahnstrecken Lérida–Zaragoza und Zaragoza–Pamplona werden eilige Reisende allerdings den Weg über Zaragoza bevorzugen).

Die hier vorgeschlagene Route Barcelona–San Sebastián hat mit Kürze und Schnelligkeit nichts zu tun. Sie möchte eine *Pyrenäenroute* sein, hat es dabei aber nicht so leicht wie die französische Pyrenäenstraße, weil sie verschiedentlich in das Pyrenäenvorland ausweichen muß. Das bedeutet, daß die hier vorgeschlagene Route zu einem einzigen Serpentinenweg mit ständigem Auf und Ab wird.

Man verläßt Barcelona auf der Nationalstraße 152 und kommt bei ständigem Anstieg über *Vich* hinauf in die *Pirineos Oritales* (Ostpyrenäen). Von *Ripoll* ab wird die über *Ribas de Freser* und durch das Wintersportgebiet von *La Molina* (1357 m) zur Grenzstation *Puigcerdá* (die französische Grenzstation ist *Bourg-Madame*) führende Straße sehr kurvenreich (diese Strecke kann von Dezember bis Ende März wegen Schnee gesperrt sein).

Von Puigcerdá aus fährt man durch das malerische Tal des *Río Segre* hinunter nach *Seo de Urgel* (691 m), von wo aus man einen Abstecher nach *Andorra* machen sollte. Dann setzt man die Fahrt in südlicher Richtung durch das Tal des Río Segre (*Organa-Schluchten*) fort bis zum *Oliana-Stausee*, an dem bei *Coll de Nargo* eine Straße nach Westen abzweigt. Diese Straße führt in einer Höhe zwischen 500 und 600 m aus dem Tal des Río Segre hinüber ins Tal des *Río Noguera Pallaresa*, das bei *Tremp* (468 m) erreicht wird. Von Tremp aus steigt die Straße im Tale des Río Noguera Pallaresa über *Pobla de Segur* (in der Umgebung forellenreiche Bergbäche), durch den *Desfiladero de Collegats* (eine etwa 5 km lange Schlucht), über den Erholungsort *Sort* (692 m), vorbei an der Abzweigung nach *Espot* (6 km entfernt; Ausgangspunkt für Touren durch den *Parque Nacional de Aigües Tortes*) nach *Esterri de Aneu* (957 m), wo das Tal des Río Noguera Pallaresa verlassen wird.

Auf einer sehr kurvenreichen und eindrucksvollen Straße geht es dann hinauf zum 2072 m hohen *Puerto de la Bonaigua* und dann auf ebenso kurvenreicher Straße hinunter zum Wintersportort *Baqueira-Beret* (1520 m) und weiter in das hübsche *Salardú* (1236 m), von dem aus man auf weniger gewundener Straße *Viella*, den Hauptort des schönen *Valle de Arán*, erreicht. Aus dem Valle de Arán führen zwei Straßen in die französischen Pyrenäen, und zwar nach *Bagnères-de-Luchon* und nach *Fos*.

Von Viella aus muß man sich wieder südwärts wenden. Man fährt hinauf zum fast 6 km langen Straßentunnel von Viella, der am Nordeingang 1400 m, am Südeingang 1635 m hoch liegt. Unmittelbar nach Verlassen des Tunnels kommt man ins Tal des *Río Noguera Ribargorzana*, dessen Name an die Landschaft *Ribagorza*, die zum Kern des alten Königreichs Aragonien gehört hat, erinnert. Im Westen sieht man die Pyrenäengruppe *Macizo de la Maladeta* mit dem 3404 m hohen *Pico de Aneto*.

Auf der Fahrt durch das Tal des Río Noguera Ribagorzana kommt man kurz vor *Pont de Suert*, das am Stausee von *Escales* liegt, an eine nach rechts abzweigende Straße, die, dem Lauf des *Río Noguera de Tor* folgend, wieder in die Pyrenäen hinaufführt. Eine Fahrt durch das *Valle de Bohí*, wie das Tal des Río *Noguera* de Tor meist genannt wird, lohnt sich wegen der landschaftlichen Schönheit und wegen der alten romanischen Kirchen, die in fast allen Dörfern anzutreffen sind. Man kommt über *Llesp*, vorbei an dem westlich gelegenen *Coll* und an dem ebenfalls westlich gelegenen, aber nur auf einem Fußweg zu erreichenden *Cardet*, über *Barruera* und *Errill-Vall* in das etwas abseits der Hauptstraße gelegene *Bohí* (1282 m). Von dort sind es nur noch 3 km bis zum Dorf *Tahull* und seiner berühmten Kirche *San Clemente*. Von Errill-Vall aus kann man in nördlicher Richtung noch weiterfahren bis *Caldas de Bohí* (1470 m), einem Thermalbad, das zugleich Ausgangspunkt für Bergtouren ist.

Man fährt zurück ins Tal des Río Noguera Ribagorzana und dann in ihm aufwärts bis zu der nach links abzweigenden Straße, die über den *Coll de Espina* (1407 m) und den *Coll de Fabas* (1470 m) nach *Castejón de Sos* (904 m) und ins Tal des *Río Esera* führt. Als Abstecher macht man zunächst eine Fahrt talaufwärts bis zum hübschen Dorf *Benasque* (1138 m), in dem noch ein Palast der Grafen von Ribagorza steht, und fährt dann talabwärts durch den *Congosto de Ventanillo* (eine Schlucht) und über *Graus* (in der Nähe die Basilika *Nuestra Señora de la Peña* aus dem 16. Jh.) zum *Barasona-Stausee*, an dessen Westufer von der nach *Barbastro* führenden Straße eine Straße abzweigt, auf der man über den *Grado-Stausee* das Dorf *El Grado* erreicht.

Es hängt von den jeweiligen Straßenverhältnissen ab, wie man die Weiterfahrt gestaltet. Ist die von El Grado aus in die Pyrenäen hinaufführende Straße einigermaßen befahrbar, so sollte man die Fahrt auf dieser Straße fortsetzen (andernfalls muß man von *El Grado* über *Barbastro* nach *Huesca* fahren; in diesem Fall hat man die Möglichkeit, von Barbastro aus einen Abstecher nach *Alquézar* zu machen).

Die von El Grado in die Pyrenäen hinaufführende Straße verläuft westlich der Stauseen *de El Grado* und *de Mediano* (zu ihnen ist der *Río Cinca* aufgestaut) nach *Ainsa* (589 m). Von dort kann man einen Abstecher über *Bielsa* zum *Parador Nacional Monte Perdido* (s. S. 122) machen. Durch das Tal des *Río Ara* fährt man von Ainsa über *Boltaña* (Kirche *San Pedro* mit Chorgestühl aus dem 16. Jh.) bis zur Abzweigung der nach *Biescas* führenden Straße. Von dieser Abzweigung aus sollte man einen Abstecher in den nur gut 5 km weiter nördlich gelegenen *Parque Nacional de Ordesa* machen. Dann fährt man von der Abzweigung aus über *Liñas de Broto* (1232 m) und über den *Puerto de Cotefablo* (1423 m) nach Biescas, das im Tal des *Río Gállego* in 860 m Höhe liegt.

Biescas kann als Ausgangspunkt für zwei Abstecher in den Norden dienen: nach *Baños de Panticosa* (1693 m), einem sehr schön gelegenen Thermalbad, und über *Sallent de Gállego* (1305 m) zum Wintersportplatz *El Formigal* (1480 m). Dann wendet man sich von Biescas aus nach Süden und kommt über *Sabiñánigo* nach *Huesca* (488 m), das an der Nationalstraße 240 liegt. Dieser Straße folgt man bis *Santa María*; dort biegt man nach rechts ab, um nach *Jaca* zu fahren. Es lohnt sich, von Jaca aus einen Abstecher nach Norden zu machen, und zwar, dem Tal des *Río Aragón* folgend, bis zu dem nahe der spanisch-französischen Grenze gelegenen Wintersportplatz *Candanchú* (1043 m).

Ab Jaca folgt man dem Tal des Río Aragón nach Westen, und zwar bis *Yesa*, das in der Nähe des Staudamms der *Yesa-Talsperre* (Río Aragón) liegt und von dem aus man Abstecher nach *Sangüesa*, nach *Sos del Rey Católico*, nach *Javier* und zum Kloster *de Leyre* machen kann. Man fährt dann in Richtung Jaca zurück bis zu der in der Nähe der Einmündung des *Río Esca* in die Yesa-Talsperre nach Norden abzweigenden Straße, die in das sehr besuchenswerte *Valle de Roncal* hinaufführt. Die Dörfer dieses Tals, das bei *Burgui* beginnt und bei *Isaba* endet, sind vorwiegend recht altertümlich. Eine beachtenswerte neuzeitliche Sehenswürdigkeit besitzt das Dorf *Roncal* in dem von *Mariano Benlliure* (1892–1947) geschaffenen prächtigen Grabmal für den aus Roncal stammenden Tenor *Julián Gayarre*. Das 813 m hoch gelegene Isaba ist am 13. Juli Schauplatz eines französisch-spanischen Volksfestes, dessen Ursprünge weit ins Mittelalter zurückreichen.

Von Isaba aus fährt man aus dem Valle de Roncal über den *Alto de Lazar* (1129 m) hinüber ins *Valle de Salazar*, das man bei *Ochagavía* (765 m; in der Pfarrkirche sehr guter Altaraufsatz von 1578) erreicht. In diesem an Naturschönheiten reichen Tal werden an Sonn- und Feiertagen (vielfach auch an Werktagen) noch die alten Trachten getragen. Traditionelle Tänze werden noch liebevoll gepflegt. Um den 8. September herum werden die *Fiestas Patronales* vor allem in Ochagavía, dem Hauptort des Tales, gefeiert.

2 km südlich von Ochagavía liegt der Weiler *Escároz*, von dem aus eine Straße durch das *Valle de Aézcoa* über *Abaurrea-Alta* (1032 m) und *Garralda* ins *Valle de Arce* führt, das man etwa 1 km südlich von *Burguete* erreicht. Man macht zunächst über die Sommerfrische Burguete (893 m) hinaus einen Abstecher nach Norden, und zwar bis zum berühmten Kloster *Roncesvalles* (981 m), das unter dem französischen Namen *Roncevaux* im Zusammenhang mit dem *Rolandlied* bekannter ist. Dann wendet man sich wieder nach Süden und kommt über *Espinal*, den 802 m hohen *Puerto Erro*, über *Urdániz* und *Villava* nach *Pamplona*, der Hauptstadt Navarras, die selbst sehr sehenswert ist, deren Umgebung aber nicht vernachlässigt werden sollte (vor allem ein Abstecher in die Gegend von *Estella* ist sehr zu empfehlen).

Von Pamplona, das nur noch 449 m hoch liegt, fährt man noch einmal in die Pyrenäen hinauf, und zwar schlägt man die Nationalstraße 121 ein, auf der man bei *Oronoz* das *Valle de Baztán* erreicht. Man macht von Oronoz aus zunächst einen Abstecher nach Nordosten. Dort liegt das Städtchen *Elizondo*, der Hauptort der sogenannten aus 14 Dörfern bestehenden *Republik Baztán*. In diesem Gebiet ist altes Brauchtum in reichem Maß erhalten geblieben. Es tritt vor allem am Jakobstag (25.

Juli) und am voraufgehenden Sonntag in Erscheinung.

Von Oronoz aus setzt man die Fahrt in westlicher Richtung fort, wendet sich in *Sanesteban* nach Norden und erreicht über *Vera de Bidasoa* die spanisch-französische Grenze, an der entlang man durch das Tal des *Río Bidasoa* nach *Irún* fährt. Statt von Irún auf der direkten Straße nach *San Sebastián* zu fahren, entschließt man sich noch einmal zu einem Umweg: man fährt über *Fuenterrabia* und am Nordwesthang des *Monte Jaizquibel* nach *Lezo* und von dort auf der Nationalstraße I nach San Sebastián.

Wer die hier vorgeschlagene Route fahren will, braucht sich, obwohl er zum Teil in recht abgelegene Gegenden kommt, wegen der Unterkunft keine Sorgen zu machen. In den meisten der in der Beschreibung genannten Orte gibt es Unterkünfte; sie sind oft allerdings recht einfach. Wer etwas bessere Unterkunft sucht, stößt ebenfalls auf keine Schwierigkeiten, da es an der Route in nicht zu großen Entfernungen voneinander Orte mit Hotels der Mittelklasse gibt.

Für eine möglichst reibungslose Abwicklung der Fahrt ist es sehr wichtig, daß man eine gute Straßenkarte zur Hand hat; die Beschilderung der Straßen ist nämlich nicht immer ausreichend, und man kann nicht immer damit rechnen, daß man gerade an einer kritischen Wegkreuzung jemanden antrifft, der den Weg weisen kann. Die Karten der Autoatlanten reichen für diese Route nur bedingt aus.

Route I: Von San Sebastián nach La Coruña. Diese Route führt durch die Landschaften an der spanischen Nordküste und ist mit Abstechern vor allem in das Kantabrische Gebirge verbunden. Die wichtigste Straße dieser Route ist die Nationalstraße 634, die allerdings streckenweise aufgegeben wird.

Man verläßt *San Sebastián* auf der Nationalstraße 634 und kommt über das Seebad *Zarauz* ins Seebad *Zumaya*. Von dort kann man den ersten Abstecher unternehmen, und zwar über das Thermalbad *Cestona* und über *Azpeitia* zum *Monasterio de Loyola*, das 2 km von Azpeitia entfernt ist.

In *Deva* verläßt man die Nationalstraße 634 und fährt an der Küste entlang bis zur Fischerstadt *Lequeitio*, von der aus man über *Arteaga* (in der Nähe die *Cuevas de Santimamiñe* mit eiszeitlichen Malereien) nach *Guernica y Luno* kommt. An der *Ría de Guernica* entlang führt die Straße nordwärts nach *Bermeo*, von wo aus man ein im *Cabo Machichaco* auslaufendes Vorgebirge umrundet und dann von *Baquio* über *Munguía*, *Butrón*, *Plencia* und *Algorta* nach *Bilbao* fährt. Ab Bilbao benutzt man wieder die Nationalstraße 634, die man in *Colindres* zu einem Abstecher nach *Ramales de la Victoria* (in der Nähe die Höhle *Covalanes* mit eiszeitlichen Felsmalereien) verläßt.

Nordwestlich von Colindres verläßt man die Nationalstraße 634 erneut, fährt über *Santoña* nach *Noja*, von dort zurück zur Nationalstraße 634, der man nun bis *Solares* folgt. Über *Astillero* erreicht man *Santander*. Von dort sollte man einen Abstecher zu den bei *Puente Viesgo* gelegenen und mit eiszeitlichen Malereien geschmückten Höhlen machen.

Für die Weiterfahrt ab Santander benutzt man die Nationalstraße 611, von der man bei *Barreda* nach rechts in die Straße 6316 einbiegt; diese führt über *Santillana* (Höhlen von *Altamira*) und dann an der *Costa Verde* entlang über *Comillas* und *San Vicente de la Barquera* nach *Unquera*, von wo aus man einen Abstecher in die *Picos de Europa*, das eindrucksvollste Gebirgsmassiv Nordspaniens, machen kann. Man fährt im Tal des *Río Deva* durch die *Hermida-Schluchten* (Abstecher nach *Lebeña*) nach *Potes* (Abstecher zum Kloster *Santo Toribio de Liébana*) und weiter nach *Fuente Dé* (*Parador Nacional Río Deva*), von wo eine Kabinenseilbahn zum *Mirador del Cable* (Aussichtsterrasse) hinaufführt. Will man möglichst viel von den Picos de Europa sehen und ist man ein guter Bergfahrer, setzt man von Potes aus die Fahrt auf der Nationalstraße 621 fort bis *Riaño* (man kommt über den 1609 m hohen *Puerto de San Glorio* nach *Portillo de la Reina*, von wo aus sich ein Abstecher zum 1562 m hohen *Puerto de Pandetrave* lohnt). In *Riaño* wendet man sich nach Norden, überquert den 1298 m hohen *Puerto del Pontón*, macht von *Oseja de Sajambre* aus einen Abstecher zum hervorragenden Aussichtspunkt oberhalb des Ortes, folgt dann dem Tal des *Río Sella*, der den herrlichen *Desfiladero de los Beyos* (Schluchten) gebildet hat, und erreicht schließlich *Cangas de Onís*. Von dort macht man einen Abstecher über *Covadonga* bis zu den hübschen Seen *Enol* und *de la Ercina* und fährt dann am Río Sella entlang zurück zur Costa Verde, die man bei *Ribadesella* erreicht (wer von Unquera aus an der Küste entlang nach Ribadesella fährt, kommt durch etliche hübsche Badeorte).

Ab Ribadesella fährt man auf der Küstenstraße (Nationalstraße 632), die vielfach sehr kurvenreich ist und durch Wälder führt, über *Villaviciosa* nach *Gijón*, von dort auf der Nationalstraße 630 oder auf der Autobahn nach *Oviedo*. Als Abstecher ab Oviedo ist eine Fahrt über *Trubia* und durch den *Desfiladero de Peñas Juntas* (Schluchten des *Río Teverga*) nach *La Plaza* (Kirche *San Pedro de Teverga*) zu empfehlen.

Ab Oviedo benutzt man wieder die Nationalstraße 634 und fährt über *Trubia*, *Grado* (Abstecher zur eiszeitlichen *Cueva de San Román de Candamo*), *Cornellana* und *Salas* an die Küste zurück. Dort erreicht man über *Luarca* und *Navia* das an der *Ría de Ribadeo* gelegene *Castropol*. Weit nach Süden ausholend, umrundet man diese Ría, die die Grenze zwischen Asturien und Galicien bildet, und kommt über *Vigadeo* nach *Ribadeo*, das gegenüber von Castropol am Westufer der Ría liegt.

Für den letzten Abschnitt der Route San Sebastián–La Coruña bieten sich zwei Wege an, die sich recht gut in einer Rundfahrt zusammenfassen lassen und daher hier als eine solche beschrieben werden.

Man fährt auf der Nationalstraße 634 bis *Barreiros* und macht von dort einen Abstecher über *Lorenzana* nach *Mondoñedo*. Dann fährt man von Barreiros aus an der Küste entlang nach *Vivero*, das malerisch an der *Ría de Vivero* liegt. Diese Ría bildet den Anfang des Küstenabschnitts, der bevorzugt als *Rías Gallegas* bezeichnet wird. Von Vivero aus erreicht man *El Barquero*, das an der *Ría La Coba* liegt und von wo aus man einen Abstecher zum nördlich gelegenen *Cabo de Bares* und zum Leuchtturm der *Estaca de Bares* machen kann.

Wenige Kilometer südwestlich von El Barquero erreicht man die Küste der in zahlreiche kleine Buchten gegliederten *Ría de Santa Marta*, an deren Ostseite *Ortigueira* liegt. Von dem an der Südküste der Ría gelegenen *Puente de Mera* aus macht man einen Abstecher an der Westküste nach Norden, und zwar bis *Cariño*, das am *Cabo Ortegal* liegt. Das Cabo Ortegal bildet den nördlichsten Punkt der *Sierra de la Capelada*, die sich über die Halbinsel zwischen der Ría de Santa Marta und *Ría de Cedeira* erstreckt. Über das an der Ría de Cedeira gelegene *Cedeira* und über *Valdoviño*, zu dem die große *Playa de Frouxeira* gehört, kommt man nach *El Ferrol del Caudillo*, das an der *Ría de El Ferrol* liegt. Man umrundet diese Ría und kommt über *Mugardos* nach *Ares*, das der *Ría de Ares* den Namen gegeben hat. An dieser Ría liegt auch *Puentedeume*, von wo aus man nach *Miño* und *Betanzos*, beide an der *Ría de Betanzos* gelegen, kommt. Von Betanzos aus fährt man auf der Nationalstraße VI nach La Coruña.

Bietet die von Ribadeo an der Ríasküste verlaufende Straße nach La Coruña fast ausschließlich Naturschönheiten, so haben an der durch das Landesinnere verlaufenden Straße die Bau- und Kunstdenkmäler das Übergewicht. Das beweist schon das Ziel des Abstechers, den man von La Coruña aus unbedingt unternehmen muß: das berühmte Santiago de Compostela.

Von La Coruña aus fährt man zurück bis Betanzos. Dort verläßt man die Nationalstraße VI und fährt auf der Provinzialstraße 540 über Vilasantar nach Corredoiras, von wo man einen Abstecher nach Sobrado macht. Von Corredoiras aus fährt man in südöstlicher Richtung weiter und erreicht über Mellid und Palas de Rey die Nationalstraße 640/540, die nach Lugo führt. Lugo ist ein guter Ausgangspunkt für zwei Abstecher, die man zu einer Rundfahrt verbinden kann. Man fährt auf der Provinzialstraße 546 nach Sarria und von dort auf einer Nebenstraße zum Kloster San Julián de Samos; dann wendet man sich von Sarria aus auf der Provinzialstraße 535 nach Westen, erreicht das am Belesar-Stausee (zu ihm ist der Río Miño aufgestaut) gelegene Puertomarín und fährt von dort auf einer Landstraße über Lousada nach Lugo zurück.

Für die Weiterfahrt ab Lugo benutzt man die Nationalstraße 640; sie führt über Meira ins Tal des Río Eo, dessen Mündungstrichter die Ría de Ribadeo bei Ribadeo und Castropol ist.

DIE PROVINZ GERONA

Die Provinz *Gerona* (5886 qkm) gehört zu *Katalonien* und ist im Norden von *Frankreich*, im Westen von den Provinzen *Lérida* und *Barcelona*, im Süden von der Provinz *Barcelona* und im Osten vom *Mittelmeer* begrenzt. Die Nationalstraße II (französisch-spanische Grenze – Barcelona–Madrid) und die parallel zu ihr verlaufende Autobahn durchziehen über *Figueras* und *Gerona* die ganze Provinz, bewegen sich ab Südgrenze aber voneinander weg. Vom Grenzbahnhof *Cerbère/Port Bou* verläuft die Eisenbahnlinie über Figueras und Gerona nach Barcelona. In Gerona zweigen die Linien nach *San Felíu de Guixols* (Costa Brava) und nach *Olot* ab. In *Massanet-Massanas* gabelt sich die Hauptlinie in die über *Mataró* nach Barcelona führende Küstenlinie und in die *Granollers* berührende landeinwärts verlaufende Linie nach Barcelona. Zur Provinz Gerona gehört die gesamte Ferienlandschaft *Costa Brava*. Die sehenswertesten Landschaften und Orte der Provinz Gerona sind: die ***Costa Brava* zwischen dem *Cabo Bagur* und *Blanes*, die Stadt **Gerona*, die griechische Ruinenstadt **Ampurias* und in der *Cerdaña* die bei *Puigcerdá* beginnende **Andorra-Straße*.

Die Provinzhauptstadt *Gerona

*Gerona liegt beiderseits des *Río Oñar*, der wenig nördlich der Stadt in den *Río Ter* mündet. Das Westufer des Río Oñar wird von der Neustadt und dem rund 40 ha großen Park *de la Dehesa* eingenommen. Am ansteigenden Ostufer baut sich die Altstadt auf, die zum großen Teil noch mittelalterlichen Charakter hat.

GESCHICHTE

Gerona geht wahrscheinlich auf eine iberische Ansiedlung zurück, die von den Römern befestigt und *Gerunda* genannt wurde. Die maurisch gewordene Stadt wurde 785 von den *Franken* zurückerobert, die sie zur Hauptstadt einer Grafschaft machten. Stadt und Grafschaft fielen wenig später an die Grafschaft Barcelona. In der Folgezeit erlebte die Festung Gerona in den Kriegen der Katalanen und dann der Spanier gegen die Franzosen zahlreiche Belagerungen, von denen die siebenmonatige Belagerung durch die Truppen *Napoleons* in den Jahren 1808 bis 1809 die furchtbarste war. Eine kleine Besatzung unter General *Alvarez de Castro* stand 35000 Franzosen gegenüber.

SEHENSWÜRDIGKEITEN

Die wichtigsten Sehenswürdigkeiten sind: das **Museo Diocesano* und die **Kathedrale*. Von dem den Río Oñar über-

Karte S. 97

Gerona: Altstadt

spannenden *Puente de Piedra* (schönster Blick auf die Stadt) geht man zur *Plaza de España.*

Durch die Straßen *Calle de Ciudadanos*, *Zapatería* und *de la Forsa* kommt man zu einer *Freitreppe* (17. Jh.), die zur

***Kathedrale** hinaufführt. Die gotische Kathedrale wurde im 14. und 15. Jh. erbaut; von dem älteren romanischen Bau blieben nur der „Turm Karls des Großen" und der *Kreuzgang* (beachtenswerte Kapitelle) erhalten. Die barocke Fassade wurde im 17. und 18. Jh. geschaffen. Die wichtigsten Kunstwerke im Innern der einschiffigen und mit 27 Seitenkapellen ausgestatteten Kirche sind der aus gehämmertem Silber bestehende *Hochaltaraufsatz* (14. Jh.) mit über dreihundert Darstellungen aus dem Leben Jesu und der Heiligen, der ebenfalls aus gehämmertem Silber bestehende *Baldachin* (14. Jh.) über dem Hochaltar und das Grabmal des Bischofs *Bernat de Pau* (15. Jh.).

In den Kapitelsälen ist der Kirchenschatz untergebracht. Neben hervorragenden Werken der katalanischen Goldschmiedekunst befindet sich dort ein um 1100 hergestellter *Wandteppich*, auf dem die Schöpfungsgeschichte dargestellt ist.

Neben der Kathedrale ist im ehemaligen *Bischofspalast* (Palacio Episcopal) das

***Museo Diocesano** eingerichtet. Die Sammlungen reichen von frühgeschichtlichen Funden bis zu Gemälden aus dem 19. Jahrhundert. Zu den wertvollsten Stücken gehören die Fresken aus romanischen Dorfkirchen Kataloniens, besonders die *Geburt Christi* (12. Jh.) aus der Kirche von *Pedrinyà.*

Man geht die Freitreppe vor der Kathedrale hinunter, geht durch das mittelalterliche Stadttor *de Sobre Portes* und dann durch die *Calle Sacsimort* zu den zweistöckigen sogenannten *Arabischen Bädern*, einem romanischen Bauwerk, das 1295 im Mudejarstil erneuert wurde. Hinter den Arabischen Bädern liegt der *Paseo Arqueológico* am Fuß der mittelalterlichen Stadtmauer, in die Teile der römischen Befestigung verbaut sind.

Man geht zum Portal de Sobre Portes zurück und von dort zur gotischen Kirche *San Feliú* (14. Jh.), in der rund um den Hochaltar acht *Marmorsarkophage* aus dem 2. bis 4. Jh. n. Chr. zu sehen sind.

Durch die *Subida del Rey Martín* kommt man zur ehemaligen Benediktinerklosterkirche *San Pedro de Galligans* (12. Jh.). In ihr und ihrem herrlichen romanischen Kreuzgang ist heute das *Museo Arqueológico Provincial* untergebracht.

Route 1: Nördliche Costa Brava – Gerona

Die Strecke *La Junquera-Figueras* (24 km) ist für eilige Reisende. Wer Zeit hat, fährt ab *Port Bou* an der Küste über *Colera* und *Llansá* nach

Puerto de la Selva, einem Fischerdorf, über dem in 670 m Höhe die Ruinen der Burg *San Salvador* und in 460 m Höhe die Ruinen des im 9. Jh. gegründeten Benediktinerklosters *San Pedro de Roda* liegen (mit dem Auto nur von Vilajuiga, im Landesinneren gelegen, zu erreichen). In der romanisch-byzantinischen Klosterkirche (1022 geweiht) sind noch Kapitelle mit Pflanzenmotiven erhalten.

Nur mit dem Boot kann man von Puerto de la Selva aus die schönen Buchten beiderseits des *Cabo Creus* erreichen. Eine gute Straße führt dagegen in den an der Ostküste der Halbinsel Creus gelegenen Badeort

Cadaqués (35 km), der malerisch an einer von Steilwänden umgebenen Bucht liegt (mäßige Bademöglichkeiten). In der Pfarrkirche (17. Jh.) befindet sich der einzige während des

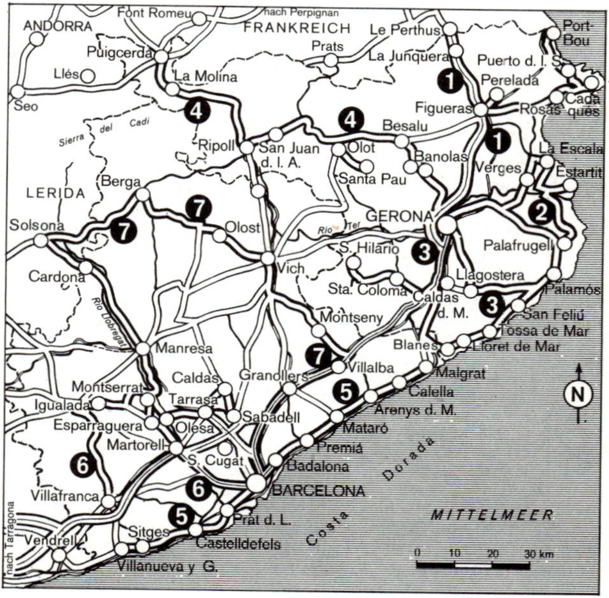

Spanischen Bürgerkriegs nicht zerstörte Barockaltar der Costa Brava. Im Ortsteil *Port Lligat* steht das eigenartige Wohnhaus von *Salvador Dalí* (s. Seite 67).

Rosas (53 km), an der weiten *Bucht von Rosas* gelegen, ist eine griechische Gründung und war im Mittelalter und bis in die Neuzeit hinein Mittelpunkt eines Festungssystems, an das die Ruinen der *Zitadelle* und des *Castillo de la Trinidad* erinnern. Heute ist Rosas der größte Fremdenverkehrsort der nördlichen Costa Brava.

Castelló de Ampurias (62 km) geht auf eine römische Siedlung zurück. An die mittelalterliche Bedeutung des Ortes erinnert die große vorwiegend gotische Kirche (Kathedrale) *Santa María* (13./14. Jh.), deren figurenreiches **Portal* aus dem 15. Jh. stammt; der spätgotische Alabasteralteraufsatz (1485) im Innern stammt von *V. Borrás.*

Ampuriabrava ist eine neue, noch wachsende Ferienstadt im Küstengebiet von Castelló. Ein wesentlicher Teil der Stadt ist als Marina (weitverzweigtes Kanalnetz mit Bootsliegeplätzen für die an den Kanälen gelegenen Häuser) angelegt. Es gibt in dieser Ferienstadt nur Eigentumswohnungen; die meisten werden als Ferienwohnungen vermietet.

Figueras (72 km) ist der Hauptort der Landschaft *Ampurdán.* Das *Castillo de San Fernando* (1743) im Nordwesten der Stadt ist heute Kaserne (Besichtigung nur mit Genehmigung des Kommandanten). In der Stadt befinden sich das *Museo del Ampurdán* und das *Museo Dalí.*

Zwischen Figueras und Gerona (107 km) gibt es nichts Sehenswertes.

Route 2: Gerona – Mittlere Costa Brava

Man fährt von Gerona über *Flassá* und *Parlabá* nach

Verges (30 km), wo in der Karwoche die eigenartigsten *Passionsfeierlichkeiten* Kataloniens stattfinden (als Skelette verkleidete Tänzer tanzen in der Nacht zum Karfreitag den *Totentanz*).

La Escala (45 km) ist ein mittlerer, mit modernen Badeeinrichtungen ausgestatteter Badeort (in der Nähe hübsche Badebuchten). Von Nachteil ist, daß der Ort nach Norden offen liegt und daher oft dem kalten Nordwind *(tramontana)* ausgesetzt ist. La Escala ist das Zentrum des Fischfangs an der Costa Brava; man fischt bei Nacht von erleuchteten Booten aus mit Zugnetzen. Unmittelbar nordwestlich von La Escala liegen die Ruinen von

****Ampurias.** Die griechische Handelsniederlassung (Emporion) wurde im 6. Jh. v. Chr. gegründet. Wenig später entstand neben der Griechenstadt die iberische Ansiedlung *Indica*, über deren Resten *Julius Caesar* eine römische Veteranenstadt errichten ließ. Während von der römischen Stadt, die zusammen mit der griechischen im 9. Jh. von den Normannen zerstört wurde, bisher nur ein kleiner

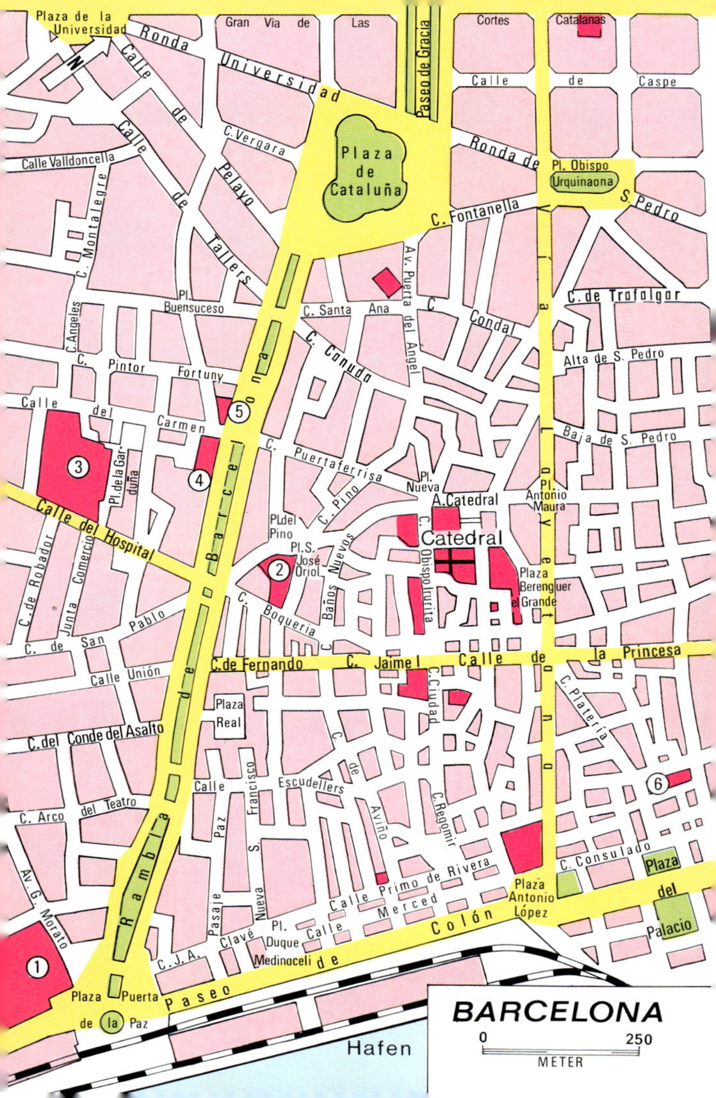

BARCELONA
0
250
METER
Hafen
Plaza de la Universidad
N
Ronda Universidad
Gran Via de Las Cortes Catalanas
Paseo de Gracia
Calle de Caspe
Plaza de Cataluña
Ronda de S. Pedro
Pl. Obispo Urquinaona
C. Fontanella
C. Vergara
Calle de Pelayo
Calle de Talleres
Calle Valldoncella
C. Montalegre
Pl. Buensuceso
C. Angeles
C. Pintor Fortuny
Calle del Carmen
Rambla de Barcelona
Rambla de
C. Santa Ana
C. Canuda
Av. Puerta del Angel
C. Condal
C. de Trafalgar
Alta de S. Pedro
Baja de S. Pedro
Via Layetana
C. Puertaferrisa
Pl. Nueva
A. Catedral
Catedral
Pl. Antonio Maura
C. Pino
Pl. del Pino
Pl. S. José Oriol
Nuevos
C. Obispo Irurita
Plaza Berenguer el Grande
Pl. de la Garduña
Calle del Hospital
C. de Robador
Junta Comercio
C. de San Pablo
C. Boqueria
C. Baños
C. de Fernando
C. Jaime I
Calle de la Princesa
C. Ciudad
C. Platería
Calle Unión
Plaza Real
C. del Conde del Asalto
C. de Escudellers
Calle Paz
Francisco
C. Aviño
C. Regomir
C. Arco del Teatro
Av. G. Morato
Pasaje S.
Nueva
Calle Primo de Rivera
Calle Merced
C. Consulado
Plaza del Palacio
Plaza Antonio López
Pl. Duque Medinaceli
C. J. A. Clavé
Paseo de Colón
Plaza Puerta de la Paz
1
2
3
4
5
6

Die an Brunnen und Standbildern reiche Plaza de Cataluña in Kataloniens Hauptstadt Barcelona ist einer der schönsten Plätze Spaniens.

An die bizarr geformten Felswände des Montserrat schmiegt sich das Kloster, in dessen Kirche sich das Gnadenbild der Moreneta befindet.

Teil ausgegraben worden ist, wurde die Neustadt der griechischen Stadt (die Altstadt liegt unter dem heutigen Dorf *San Martín de Ampurias*) fast ganz freigelegt. Im Museum, das man zuerst besuchen sollte, befinden sich sehr instruktive Pläne und Modelle des Ausgrabungsgeländes und antike Funde (alle wichtigen Kunstwerke sind in die Museen von Gerona und Barcelona gebracht worden). Auf einem Rundgang durch die Ruinenstadt beachte man vor allem: das *Südtor* (um 200 v. Chr.), den *Asklepios-Tempel* (die Asklepios-Statue ist eine Kopie), die 60 × 22 m große *Agora* (Marktplatz), die *Stoa* (Versammlungsgebäude aus dem 3. Jh. v. Chr.), die aus westgotischer Zeit stammende *Basilika*, die *Hafenmole* (2. Jh. v. Chr.; an der Stelle des antiken Hafens befinden sich heute Reisfelder).

Ruinenstadt Ampurias

Von La Escala aus fährt man über *Bellcaire* und *Torroella de Montgrí* (wuchtiges Kastell aus dem 13./14. Jh.; gotische Kirche aus dem 15. Jh.; Renaissancepalast des *Marqués de Robert*) nach

Estartit (64 km), das sich aus einem Bauern- und Fischerdorf zu einem respektablen Badeort entwickelt hat (hervorragender Strand, weite Pinienwälder, die *Islas Medas* als Ziele für Bootsausflüge).

Man fährt zurück bis Torroella de Montgrí, macht nach Überqueren des *Río Ter* einen Abstecher nach *Ullastret* (Ruinen einer iberischen Stadt) und fährt dann weiter nach

Bagur (87 km), einem hübschen Bergstädtchen, zu dem einige der schönsten Buchten der Costa Brava gehören (*Sa Riera*, *Aiguafreda*, *Sa Tuna*, *Fornells* und *Aiguablava*) und das sich deshalb zu einem beliebten Ferienort entwickelt hat. Die Wachttürme des Ortes wurden im 17. Jh. zum Schutz gegen Piraten errichtet.

Palafrugell (94 km), ein kleiner Markt- und Industrieort (Korkeiche), besitzt zwei beachtenswerte Kirchen: die spätgotische Kirche *San Martín* (15. Jh.) und die Barockkirche *de los Dolores*.

Östlich und Südöstlich von Palafrugell liegen einige auf Stichstraßen zu erreichende Fischerdörfer und Badeorte, im Süden das Städtchen *Palamós*.

Tamariú bietet einen kleinen Badestrand in idyllischer Bucht, die etwa 20 Minuten entfernte einsame Badebucht *Aigua Xellida* und Bootsfahrten zu den Höhlen *d'En Gisbert* und *del Bispe*.

Llafranch besitzt einen guten, rund 500 m langen Strand. Auf dem nahen *Cabo de San Sebastián* stehen eine Wallfahrtskapelle aus dem 18. Jh. und ein Leuchtturm.

Calella de Palafrugell hat mehrere kleine Strände. Südlich des Ortes liegt das *Cabo Roig* mit einem von prächtigen Gärten umgebenen Schloß (Besichtigung mit Erlaubnis des Besitzers).

Palamós (103 km) wurde 1277 als Hafenstadt gegründet. Der Hafen ist noch heute für die Ausfuhr von Kork und Fischkonserven von Bedeutung. Die geschützte Lage der Bucht von Palamós und der 700 m lange feinsandige Strand haben Palamós zu einem beliebten Badeort werden lassen. Sehenswert sind die gotische Pfarrkirche (14. Jh.) und vor allem das *Stadtmuseum* (Sammlungen zur Geschichte der Korkindustrie).

Über *La Bisbal* (Zentrum der Korkindustrie; ehemaliges Schloß der Bischöfe von Gerona; Turm aus dem 13. Jh.) fährt man nach Gerona (152 km) zurück.

Route 3: Gerona – Südliche Costa Brava

Man verläßt Gerona in Richtung *Llagostera* und fährt dann über *Santa Cristina de Aro* und *Castillo de Aro* an die Küste. Hier liegen an dem von der Touristik eindeutig bevorzugten und in jeder Hinsicht am besten erschlossenen Teil der Costa Brava von Norden nach Südwesten die folgenden Badeorte:

San Antonio de Calonge (40 km), auch von Palamós aus erreichbar, besitzt einen langen, feinsandigen Strand. Der Ferienort umfaßt auch das Gebiet von *Torre Valentina* und von *Condado de San Jorge*, die mit ihren Buchten und Stränden am Wege nach Playa de Aro liegen.

Playa de Aro (36 km) ist ein von Pinienwäldern umgebener Villen- und Hotelort, der sich des längsten Badestrandes (1800 m) an der Costa Brava rühmen kann.

S'Agaró (36 km) ist eine auf dem Reißbrett entworfene mondäne Villensiedlung mit einem Luxushotel, das zu den besten Spaniens zählt.

San Felíu de Guixols (35 km) ist der größte Ort an der Costa Brava und der Zahl der Fremdenbetten nach auch einer der größten Fremdenverkehrsorte. Der Ort besitzt eine großartige Seepromenade, zahlreiche Unterhaltungslokale und eine Stierkampfarena. Zum Baden sucht man am besten die Strände von S'Agaró oder die am Wege nach Tossa gelegenen Strände auf. Die bedeutendste Sehenswürdigkeit der Stadt ist die an die ehemalige Benediktinerklosterkirche sich anschließende Vorhalle, die im Untergeschoß aus einer dreifachen Hufeisenarkade (*Porta Ferrada*; wohl um das Jahr 1000) und im Obergeschoß aus einer romanischen Galerie besteht. Das Stadtmuseum birgt vorgeschichtliche Funde. Südlich des Ortes steht auf einem Felssporn in der Nähe des * *Mirador de la Costa Brava* (hier soll der Name *Costa Brava* aus der Taufe gehoben worden sein) die Wallfahrtskirche *Sant Elm* (18. Jh.).

Die rund 22 km lange und sehr kurvenreiche **Küstenstraße von San Felíu nach Tossa de

Mar ist eine der schönsten Straßen an den Ufern des Mittelmeers.

Tossa de Mar (57 km) ist nach der Zahl der Fremdenbetten der zweitgrößte Badeort an der Costa Brava. Dieser oft das „Saint Tropez der Costa Brava" genannte Ort besteht aus den neuen, sich regellos immer weiter ausdehnenden und dem Tourismus dienenden Vierteln und aus der * *Vila Vella*, der mittelalterlichen Altstadt mit Mauern, Türmen und winkligen Gassen. Diese Altstadt war bis ins 18. Jh. hinein wichtiger Militärstützpunkt.

Am Wege von Tossa de Mar nach Lloret de Mar liegen, auf Stichstraßen erreichbar, die großen Badestrände *Playa de Llorell* und *Playa de Canyellas*.

Lloret de Mar (70 km) ist der bei weitem größte Fremdenverkehrsort an der Costa Brava und im übrigen das etwas schlichtere Gegenstück zu Tossa de Mar. Der feinsandige Strand ist

Lloret de Mar

über 1 km lang. Südwestlich des Ortes liegt der Landsitz *Santa Clotilda* mit herrlichen Gärten und besuchenswertem Museum (Besichtigung mit Erlaubnis des Eigentümers).

Blanes (76 km) ist der letzte Badeort an der Costa Brava und gleichermaßen Ziel der Touristen wie der Einwohner von Barcelona, so daß der 1 km lange Strand oft zu klein wird. Sehenswert ist der berühmte botanische Garten *Mar y Murtra* (vor allem Kakteensammlungen).

Man fährt nun durch den östlichsten Zipfel der Provinz Barcelona zur N. II, die nach Gerona (116 km) zurückführt.

Von dieser Straße aus sollte man aber einen der folgenden Abstecher unternehmen:

„Katalanische Schweiz". Über das kleine Thermalbad *Santa Coloma de Farnés* (in der Nähe die Ruinen des *Castillo de Farnés*, 12.–14. Jh.; die *Ermita de Farnés* mit romanischer Marienstatue) erreicht man auf kurvenreicher, aber landschaftlich schöner Straße *San Hilario de Sacalm* und die in einem Hochtal gelegenen Thermalquellen von *Balneario de San Hilario*.

Die Umgebung dieses Hochtals wird vielfach als „Katalanische Schweiz" bezeichnet.

Caldas de Malavella ist ein Thermalbad (Quellen mit Temperaturen bis zu 60° C), das als das „Katalanische Vichy" bezeichnet wird und dessen Quellen bereits den Römern bekannt waren (Ruinen der römischen *Thermen*). Von der Pfarrkirche *San Esteban* sind die Apsis und Teile der Schiffe Überreste eines frühromanischen Baus (wahrscheinlich 11. Jh.).

Route 4: Gerona – Puigcerdá

Man verläßt Gerona in Richtung auf den

Lago de Bañolas (18 km), der vulkanischen Ursprungs ist. Am Ostufer des bei Wassersportlern sehr beliebten Sees liegt das Städtchen *Bañolas* (Pfarrkirche *Santa María*, 13. Jh.), am Westufer das Dorf *Porqueras* mit der sehr beachtenswerten frühromanischen Pfarrkirche (frühes 12. Jh.). In ihr sind ausgezeichnet gearbeitete Kapitelle zu sehen.

Besalú (34 km) ist ein Ort mittelalterlichen Gepräges. Er besitzt eine im Kern römische Brücke über den *Río Fluviá*. Die Ruinen der Kirche *Santa María* (11. Jh.) und die Kirche *San Vicente* sind gute Beispiele katalanischer Romanik.

Über das auf Lavamassen erbaute *Castellfullit de la Roca* kommt man in die Industriestadt *Olot* (55 km), in deren *Stadtmuseum* man sich unter anderem über die geologische Formation (Vulkanismus) der Umgebung unterrichten kann. Einen zusätzlichen Anschauungsunterricht über Vulkanismus erhält man auf einer Fahrt in das noch fast ganz mittelalterliche *Santa Pau* (9 km). An diesem Weg steht die *Capilla Santa Lucia*, von der aus der Vulkan *Santa Margarita* leicht zu ersteigen ist. Den besten Blick über das Vulkangebiet hat man von der *Capilla Santa María de Finestras* (1000 m).

San Juan de las Abadesas (78 km) ist eine kleine Industriestadt. Von dem 887 gegründeten *Kloster* ist die im 12. Jh. erbaute romanische Kirche mit ihren skulpturenreichen Kapitellen erhalten geblieben. Im Innern steht eine eindrucksvolle *Kreuzigungsgruppe (bemalte Holzfiguren) aus dem frühen 13. Jh.

Ripoll (89 km) ist wegen seiner im 6. Jh. gegründeten und 888 neugegründeten *Benediktinerabtei* berühmt. Die 1835 größtenteils vernichteten Bauten des 9. bis 16. Jahrhunderts wurden Ende des 19. Jh. fast originalgetreu wiederaufgebaut. Von der alten Kirche erhalten ist vor allem das aus dem frühen 12. Jh. stammende **Portal, ein Meisterwerk romanischer Bildhauerkunst. Beim Wiederaufbau des zweistöckigen Kreuzgangs (252 Säulen) wurden einzelne ältere Bauteile verwandt. In der Nähe des Klosters steht das *Museo de San Pedro*, in dem vor allem folkloristische Sammlungen zu sehen sind.

Von dort fährt man nach *La Molina*. dem ältesten Wintersportort Spaniens. Die Schneeverhältnisse und Sporteinrichtungen sind gut bis ausgezeichnet, die Landschaft großartig. An Winterwochenenden finden sich so viele Wintersportler aus Barcelona dort ein, daß die Verhältnisse infolge mangelhafter Organisation chaotisch werden.

Puigcerdá. Die 1177 als Festung gegründete Stadt ist heute beliebter Sommer- und Wintererholungsort. Sie ist außerdem Ausgangspunkt der durch Frankreich führenden reizvollen, in *Andorra* aber schwierigen **Andorra-Straße*.

DIE PROVINZ BARCELONA

Die Provinz *Barcelona* (7733 qkm) gehört zu *Katalonien* und ist im Osten von der Provinz *Gerona*, im Norden von den Provinzen *Gerona* und *Lérida*, im Westen von den Provinzen *Lérida* und *Tarragona* und im Südosten vom *Mittelmeer* begrenzt. Die von *Gerona* kommende Nationalstraße II verläuft an der Küste bis *Barcelona* und verläßt dann die Provinz landeinwärts in Richtung *Lérida*. Die zweite wichtige Straße ist die ebenfalls von Gerona kommende Autobahn, die ab Barcelona über *Martorell* nach *Vendrell* (Abzweigung nach *Lérida*) und nach *Tarragona* führt. Die beiden aus der Provinz Gerona (von Port Bou) kommenden Eisenbahnlinien treffen sich in Barcelona. Weitere Eisenbahnlinien in der Provinz Barcelona sind: Barcelona – Granollers – Vich und weiter nach Puigcerdá und San Juan de las Abadesas; Barcelona – Sabadell – Manresa und weiter nach Lérida; Barcelona – Martorell – Villafranca del Panadés und weiter nach Tarragona und von Martorell nach Igualada und nach Monistrol-Montserrat und Manresa; Barcelona – Villanueva y Geltrú und weiter nach Tarragona und Zaragoza.
Von den großen Ferienlandschaften Spaniens gehört der östliche Teil der *Costa Dorada* zur Provinz Barcelona. Die sehenswertesten Landschaften und Orte der Provinz Barcelona sind: ** *Barcelona*, * die *Sierra del Montseny* und der ** *Montserrat*.

Die Provinzhauptstadt **Barcelona

** Barcelona ist die Hauptstadt des alten und in der Vorstellung vieler Katalanen noch immer fortlebenden oder wiederherzustellenden Katalonien. Es ist ferner die zweitgrößte Stadt Spaniens und die wichtigste Industrie- und Handelsstadt des Landes, Sitz eines Erzbischofs und einer Universität. Der Hafen ist einer der größten Häfen am Mittelmeer.
Die Stadt liegt an der flachen Küste zwischen den Mündungen des *Río Llobregat* und des *Río Besós* auf einem ebenen Gelände, das kaum merklich gewellt ist und nur in den nordwestlichen Stadtrandgebieten zum *Tibidabo* und zur *Montaña Pelada* hin stärker ansteigt. Die einzige nennenswerte Erhebung im Bereich der Altstadt ist der südwestlich des Hafens gelegene *Montjuich* (213 m).

GESCHICHTE

Wann und von wem Barcelona gegründet wurde, ist unbekannt. Die zur Zeit der Auseinandersetzungen zwischen Karthagern und Römern bestehende Ansiedlung mit dem iberischen Namen *Barcino* wurde von den Römern erweitert und *Julia Faventia Augusta Pia Barcino* genannt. Diese Stadt lag auf dem 15 m hohen *Mons Taber*, auf dem heute die Kathedrale steht. Zur Zeit der Westgoten war Barcelona vorübergehend Hauptstadt des gotischen Reiches (auf den damals vielleicht gebräuchlichen Namen *Gothalania* soll der Name *Katalonien* zurückgehen). Im 8. Jh. war die Stadt maurisch (sie hieß nun *Barcaluna*). 801 wurde sie von dem späteren Kaiser *Ludwig dem Frommen* zurückerobert und zur Hauptstadt einer Grafschaft gemacht, aus der sich die unabhängige *Grafschaft Barcelona* entwickelte, deren Grafen 1137 Könige von Aragón wurden.

Bis in das 15. Jh. hinein war Barcelona eine der führenden Handelsstädte des Mittelmeers. Da Barcelona von den Katholischen Königen zugunsten der andalusischen Städte vom Amerikahandel ausgeschlossen wurde, geriet es in eine Zeit der Rezession, die bis 1778 (Freigabe des Amerikahandels) andauerte. Im 19. und 20. Jh. erlebte die Stadt einen großartigen wirtschaftlichen Aufstieg. Während der gleichen Zeit waren die Autonomiebestrebungen Kataloniens besonders stark, und von 1931 bis 1939 war Barcelona die Hauptstadt eines autonomen Katalonien. Im Spanischen Bürgerkrieg stand Barcelona auf der Seite der Republikaner und konnte erst am 26. Januar 1939 von den Nationalisten erobert werden.

SEHENSWÜRDIGKEITEN

Die wichtigsten Sehenswürdigkeiten sind: die * *Ramblas*, der * *Montjuich*, das ** *Barrio Gótico* mit der Kathedrale, die Kirche * *Santa María del Mar*, der * *Tibidabo*.

Es werden nachstehend zuerst die Sehenswürdigkeiten geschildert, die in der engeren Altstadt (siehe Stadtplan Seite 99) gelegen sind und die man auf einem einzigen Rundgang wenigstens flüchtig besuchen kann (bei gründlichen Innenbesichtigungen ist eine Aufteilung auf wenigstens zwei Rundgänge erforderlich).

Plaza Puerta de la Paz. In der Mitte des großen Platzes steht das *Kolumbusdenkmal* (1882–88; 60 m hoch; im Innern Aufzug). An der Ostseite befinden sich Hafenanlagen (am Kai Boote für Hafenrundfahrten und eine Nachbildung des Segelschiffs *Santa María*, mit dem Kolumbus Amerika entdeckte; zur Besichtigung des Schiffes berechtigen die Eintrittskarten des Seefahrtmuseums). Das *Seefahrtmuseum* [1] mit seinen Schiffsmodellen und Seekarten ist in den weiten gotischen Hallen der mittelalterlichen Schiffswerft *(Atarazanas)* an der Westseite des Platzes untergebracht. Nach Nordwesten verlaufen bis zur *Plaza de Cataluña* die

* **Ramblas**, eine prächtige Platanenallee und die beliebteste Flanierstraße der Stadt. Beiderseits des ersten Abschnitts der Ramblas liegen Vergnügungsviertel mit Bars, Flamencolokalen und Restaurants (einige der Hauptstraßen sind links *Conde de Asalto* und *Arco del Teatro*, rechts *Escudellers*). Am Anfang der Calle Conde de Asalto steht der von *Antonio Gaudí* (siehe Seite 67) erbaute *Palacio Güell* mit dem *Theater-*

museum. Die palmenbestandene *Plaza Real* war früher der Treffpunkt der Hautevolée und ist heute von buntem Volksleben erfüllt. In der *Calle de Fernando* befinden sich zahlreiche gute Andenkengeschäfte. An der Ecke der *Calle de San Pablo* steht das *Gran Teatro del Liceo*, mit 5000 Plätzen eines der größten Opernhäuser der Erde.

Die Calle de San Pablo führt zur Kirche *San Pablo del Campo* (10. bis 13. Jh.), deren Kreuzgang (auf Doppelsäulen ruhende Kleeblattarkaden) besonders sehenswert ist. Wo die *Calle del Hospital* in die Ramblas einmündet, liegt der *Llano de la Boquería* (kleiner Platz), von dem halbrechts die *Calle del Cardenal Casanas* zur Kirche *Santa María del Pino* [2] (Turm und Portal aus dem 13. Jh.) führt. An der Calle del Hospital steht das ehemalige *Hospital de la Santa Cruz* [3], dessen Gebäude einen Patio aus dem 15. Jh. umgeben. Jenseits des Llano de la Boquería haben die Ramblas wegen des dort stattfindenden Vogel- und Blumenmarktes ein besonders farbenfrohes Aussehen *(Rambla de las Flores)*. Hier steht der *Palacio de la Virreina* [4] (18. Jh.) mit dem *Museum für Kunstgewerbe* und der *Gemäldesammlung Francisco Cambó*. Die Ecke der *Calle del Carmen* nimmt die barocke Kirche *Nuestra Señora de Belén* (1687–1729) [5] ein (im Bürgerkrieg schwer beschädigt). Die

Plaza de Cataluña, die zu den größten und schönsten Plätzen Europas zählt, ist mit drei Brunnen, mit Grünanlagen und mit zahlreichen Statuen (Werke zeitgenössischer katalanischer Bildhauer) geschmückt. Von der Südostseite des Platzes aus führen die *Avenida Puerta del Ángel* und die sie verlängernde *Calle Archs* zur *Plaza Nueva* und zur *Avenida Catedral* und damit zum

Plaza de Cataluña

**** Barrio Gótico,** dem Gotischen Viertel, unter dem der Kern der Altstadt (die einstige römische Stadt) rund um die Kathedrale verstanden wird und das seinen Namen den zahlreichen gotischen Bauwerken verdankt. Am Anfang der *Calle Obispo Irurita* sind zwei restaurierte römische *Rundtürme* [A] und am Anfang der *Calle Tapinería* Teile der römischen *Stadtmauer* [B] zu sehen. Beiderseits der *Plaza Cristo Rey* [C] stehen die *Pía Almoina* (15. Jh.) [D] und die *Casa del Arcediano* (16. Jh.; heute *Stadtarchiv*) [E] mit einem der reizvollsten Innenhöfe Barcelonas. Das *Bischöfliche Palais* [F] besteht zum Teil aus Gebäuden des 13. und 15. Jahrhunderts.

An das Palais schließt sich die kleine *Plaza Garriga Bachs* [G] mit einem von *José Llimona* geschaffenen Erinnerungsmal an den Spanischen Unabhängigkeitskrieg an. Dahinter liegt die barocke Kirche *San Severo* [H]. An der *Calle de los Condes de Barcelona* befinden sich das *Museo Federico Marés* [I] mit ausgezeichneten Skulpturensammlungen (Antike und Mittelalter) und das *Archiv der Krone von Aragón* [K]. Die kleine **Plaza del Rey* [L] war einst der Mittelpunkt des Palastes der Grafen von Barcelona und der Könige von Aragón. Von dem Palast sind der Wachtturm *Mirador de Mar* (1557), der *Palas* mit dem **Salón del Tinell* (14. Jh.) [M] und die Schloßkapelle *Santa Águeda* (14. Jh.) [N] erhalten. Diese Palastteile gehören heute zum *Stadtgeschichtlichen Museum*, zu dem sich der Eingang in der *Casa Clariana-Padellás* (16. Jh.) [O] befindet. Man geht hier zunächst zu den unter den zuletzt genannten Gebäuden sich hinziehenden Ausgrabungen hinunter (Ruinen aus römischer, frühchristlicher und westgotischer Zeit und der romanischen Kathedrale, mit deren Bau 1058 begonnen wurde).

In den oberen Stockwerken des Museums sind stadtgeschichtliche Sammlungen (von der iberischen Zeit bis zum 19. Jh.) untergebracht. Im zweiten Stockwerk befinden sich die Kapelle Santa Águeda mit einem Altarbild von *Jaume Huguet* und

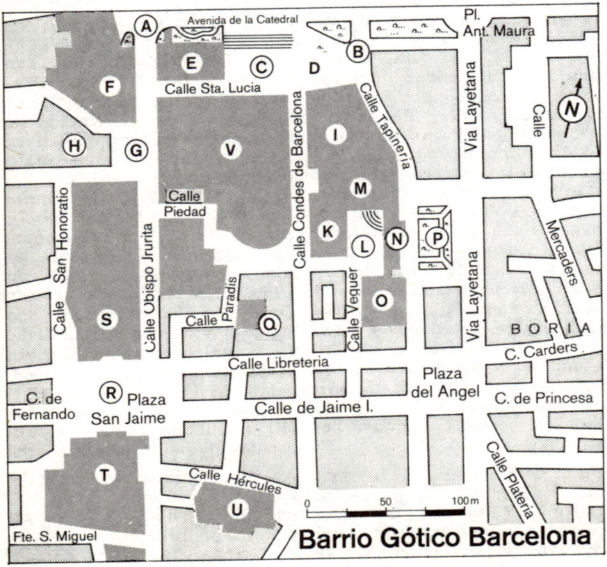

der Salón del Tinell, der einstige Thron- und Festsaal des Palastes und einer der bedeutendsten gotischen Säle Europas. Von der *Plaza Berenguer el Grande* [P] aus hat man einen guten Blick auf die römischen Mauern, auf denen der Palst errichtet worden ist. An der *Calle Paradís* steht das Haus des *Centro Excursionista de Cataluña* [Q]; im Hof sind vier Säulen des römischen *Augustus-Tempels* zu sehen. Die *Plaza San Jaime* [R] liegt zwischen der *Provinzialverwaltung* [S] und dem *Rathaus* [T]. Die Provinzialverwaltung (*Diputación Provincial*; 15. Jh.; Fassade aus dem 18. Jh.) ist der hervorragendste Profanbau katalanischer Gotik (zweistöckiger *Arkadenhof; *Kapelle San Jorge mit flämischen Wandteppichen; Dachgarten mit Orangenbäumen; Großer Sitzungssaal; gotische Fassade zur *Calle Obispo Irurita*). Im Rathaus (*Ayuntamiento*; 14. Jh., Fassade aus dem 19. Jh.) sind vor allem der Ratssaal (*Salón de Ciento*; 1373) und der moderne *Salón de las Crónicas* (Wandmalereien von *José María Sert*) sehenswert. In der Nähe des Rathauses steht die gotische Kirche *San Justo y Pastor* [U]. In der Beschreibung des Barrio Gótico ist die Kathedrale als wichtigstes Bauwerk ausgespart worden. Die

***Kathedrale** [V] *Santa Cruz* (auch *Santa Eulalia*) wurde 1298 bis 1448 in gotischem Stil erbaut. Die neogotische Hauptfassade entstand im 19. Jh., die Kuppel im Jahr 1913. Das Innere der dreischiffigen Kirche erhält durch kleine hochliegende Fenster mit Glasmalereien aus dem 15. Jh. sein Licht. Die wesentlichen Sehenswürdigkeiten im Innern sind: an der Außenwand (*Trascoro*) des *Coro* (siehe Seite 59) die Basreliefs (16. Jh.; Szenen aus dem Leben der heiligen Eulalia); das reichgeschnitzte Gestühl (15. Jh.) im Coro; in der Krypta der Sarkophag (toskanische Arbeit von 1327) der heiligen Eulalia; die Altaraufsätze (14. und 15. Jh.) in den Kapellen des Chorumgangs; die rechts vom Hauptportal gelegene *Capilla del Santísimo Cristo* mit prächtigem Eisengitter (15. Jh.) und dem hochverehrten *Christus von Lepanto*, einer Holzfigur (15. Jh.), die *Don Juan d'Austria* in der *Seeschlacht von Lepanto* (1571) mit sich geführt haben soll; der *Kreuzgang mit dem Georgspavillon; im Kapitelsaal die *Piedad Desplà* (1490) von *Bartolomé Bermejo*; in der Sakristei der Kirchenschatz.

Von der *Via Layetana* aus führt die *Calle Platería* zur gotischen Kirche

***Santa María del Mar** [6]. Sie ist nach der Kathedrale das bedeutendste Gotteshaus Barcelonas. Die 1329 bis 1378 erbaute Kirche besitzt ein harmonisch gegliedertes Portal und einige gute Glasmalereien (15. Jh.). Hinter der Kirche verläuft die *Calle de Moncada*, von deren vielen ehemaligen Adelshäusern der *Palacio de Aguilar in* ein *Picasso-Museum* umgewandelt worden ist.

Man geht zur Via Layetana zurück, folgt dieser bis zur *Plaza Antonio López* und erreicht dann auf dem *Paseo de Colón* wieder die *Plaza Puerta de la Paz*.

Die folgenden Sehenswürdigkeiten liegen außerhalb des beigegebenen Stadtplans.

Parque de Ciudadela, in der Nähe der *Estación de Francia*. Der an der Stelle der alten Zitadelle angelegte Park umschließt mehrere Museen, vor allem das *Museo de Arte Moderno* mit spanischer Malerei und Plastik des 19. und 20. Jahrhunderts.

Montjuich. Der Hügel wird zu einem wesentlichen Teil von einem Park eingenommen, der für die Weltausstellung von 1929/1930 geschaffen wurde. Man erreicht ihn von der *Plaza de España* aus über die breite *Avenida Reina María Cristina*, die *Plaza de la Fuente Mágica* (große Wasserspiele) und die dort nach rechts abzweigende *Avenida Marqués de Comillas*, an der das **Pueblo Español* (Spanisches Dorf) liegt, ein großartiges Freilichtmuseum mit Nachbildungen zahlreicher typischer oder wichtiger Bauten aus allen Teilen Spaniens. Die *Avenida Montanyans* endet am *Palacio Nacional*, in dem sich das sehr sehenswerte **Museo de Arte de Cataluña* befindet. Zu den bedeutendsten Schätzen dieses Museums gehören: das ***Fresko Pantokrator* (Christus als Weltherrscher) aus der Kirche *San Clemente de Tahull* gilt als eines der besten Werke romanischer Malerei; die *Majestad Batlló*, ein bekleideter, polychromer Christus am Kreuz (12. Jh.) aus der Gegend von *Olot*. In der Nähe des Palacio Nacional liegt das *Museo Arqueológico*, in dem vor allem frühgeschichtliche und antike Funde aus dem Raum Barcelona, aus Ampurias und von Ibiza und Mallorca zu sehen sind. Am *Teatro Griego*, dem in einen Steinbruch hinein gebauten Theater griechischen Stils, kommt man zur *Avenida de Miramar*, die zu beiden Seiten mit Agaven und Kakteen bepflanzt wurde, und zur Umsteigestation der Seilbahn Montjuich (Verbindung zur Talstation *Marqués del Duero/Conde de Asalto* und zur Bergstation *Castillo Museo Militar*).

Die Avenida de Miramar führt weiter zum *Parque de Atracciones* (Vergnügungspark; besonders abends sehr belebt) und zu den *Jardines de Miramar*, von wo aus man mit einer Kabinenseilbahn über das Hafengebiet hinweg bis zur *Torre de Jaime I* oder bis zur *Torre de San Sebastián* in der Nähe des Fischerviertels *Barceloneta* fahren kann.

Templo de la Sagrada Familia. Das im nördlichen Teil des *Ensanche* (= Erweiterung; Bezeichnung des größten Teils der Neustadt) gelegene Gotteshaus wurde 1898 bis 1914 nach Plänen von *Antonio Gaudí* (siehe Seite 67) erbaut und ist bis jetzt unvollendet geblieben. Fertiggestellt sind die Krypta mit Vorhalle, die Apsis und die sogenannte Weihnachtsfassade (Ostfassade), die eine einzige große Darstellung des Weihnachtsgeschehens ist. Das ganze Bauwerk ist als „Predigt aus Stein“ gedacht, und daher wird sozusagen jeder Baustein aufgelöst und zur Plastik.

Monasterio de Pedralbes. In der gotischen Kirche des 1326 gegründeten und im Stadtteil Pedralbes gelegenen Klosters befindet sich das Alabastergrabmal (1364) der Klostergründerin *Doña Elisenda*. An dem herrlichen dreigeschossigen Kreuzgang (Besichtigung nur sonntags

Pedralbes: Kreuzgang

12–14 Uhr) liegt die 1346 von dem Maler *Ferra Bassa* meisterhaft ausgeschmückte * *Capilla de San Miguel*. Die Wandmalereien sind den toskanischen Malereien des 14. Jh. eng verwandt und befassen sich mit dem Leben Christi und Marias.

* **Tibidabo.** Auf den im Nordwesten der Stadt gelegenen 532 m hohen Berg kann man mit einer Zahnradbahn hinauffahren (Talstation an der *Plaza del Funicular*, am Ende der *Avenida del Doctor Andreu*). Auf dem Tibidabo befindet sich ein vielbesuchter Vergnügungspark (Karussells und dergleichen; Cafés und Restaurants). Oberhalb des Vergnügungsparks steht die Kirche *Sagrado Corazón de Jesús*, die von einer mächtigen Herz-Jesu-Statue überragt wird. Die Kirche, an der von 1886 bis 1961 gebaut wurde, besteht aus einer byzantinischen Krypta und einer gotischen Oberkirche. Auf dem höchsten Punkt des Tibidabo steht ein 45 m hoher Wasserturm (großartige, weitreichende Aussicht).

Route 5: Costa Dorada

Die *Costa Dorada* beginnt bei der kleinen Industriestadt *Malgrat*, in deren Nähe die Costa-Brava-Küstenstraße auf die N. II trifft. Über den bescheidenen Badeort *Pineda de Mar* (guter Strand) erreicht man das von Deutschen besonders gern aufgesuchte

Calella (6 km ab Malgrat). Nach Sitges ist es der Zahl der Fremdenbetten nach der größte Badeort an der gesamten Costa Dorada. Der Badestrand ist gut.

In kurzen Abständen folgen die Badeorte *San Pol de Mar* und *Canet de Mar* aufeinander (in der Nähe das Schloß *Santa Florentina* mit prachtvollem Rittersaal).

Arenys de Mar (17 km) ist Sitz einer Seefahrtschule und Zentrum des katalanischen Segelsports. Der Ort besitzt einen guten Badestrand. Die in Richtung Caldas de Estrach stehende *Torre dels Encantats* weist römische Fundamente auf; in der Nähe sind Funde aus iberorömischer Zeit gemacht worden (heute im *Museo Municipal*).

Caldas de Estrach (19 km) ist ein kleines See- und Thermalbad, das etwa die Mitte der Landschaft *Maresma* bildet. In dieser Landschaft stehen über 40 Millionen Nelkenstöcke. Von November bis in den April hinein werden die spanischen und viele westeuropäische Märkte von der Maresma mit Nelken versorgt. 3 km südwestlich von Caldas de Estrach zweigt nach rechts der Weg zur Sommerfrische *San Andrés de Llevaneras* (114 m; Golfplatz) ab (an der der Abzweigung Strandzone).

Über die Industriestadt *Mataró* und die kleinen Badeorte *San Juan de Vilasar*, *Premiá de Mar* und *Masnou* erreicht man *Mongat* und *Badalona*, die beide schon zum Industriegebiet von Barcelona gehören.

Man durchfährt Barcelona (57 km), überquert bei *Prat de Llobregat* den Río Llobregat, fährt in geringer Entfernung am Flughafen von Barcelona vorbei und erreicht die Küste wieder in dem kilometerlangen Urbanisationsgebiet von *Gavamar*, einem Teil des sich durch Urbanisationen immer mehr vergrößernden Badeortes

Castelldefels (80 km). Die prächtigen Sandstrände und die Nähe Barcelonas haben Castelldefels zu einem internationalen Badeort werden lassen. Unmittelbar westlich von Castelldefels beginnen die *Costas de Garraf*, ein steiler und sehr vegetationsarmer Abschnitt der Costa Dorada, der unbewohnt ist und an dem an Pflanzen fast nur Agaven und eine Art der Zwergpalme *(Chamaerops humilis)* anzutreffen sind. Die Costas de Garraf enden erst kurz vor

Sitges (98 km). Die auf einem nur wenig in das Meer vorspringenden Felsen erbaute Altstadt geht auf das iberische *Subur* zurück. Beiderseits des Altstadtfelsens liegen die feinsandigen Strände von *San Sebastián* (im Nordosten) und *de la Ribera* (im Südwesten), die wesentlich dazu beigetragen haben, daß Sitges zum bedeutendsten Seebad der Costa Dorada geworden ist. Den höchsten Punkt der Altstadt nimmt die barocke Pfarrkirche *San Bartolomé y Santa Tecla* (18. Jh.) ein. Nahe der Kirche steht die einstige Villa *Cau Ferrat* („Eisennest“) des katalanischen Malers und Schriftstellers *Santiago Rusiñol* (1861–1931), heute Museum mit beachtenswerten schmiedeeisernen Arbeiten, Skulpturen, Keramiken, Gemälden und Zeichnungen (zwei Gemälde von *El Greco*). Das benachbarte *Museum Maricel* ist ein Annex des *Cau Ferrat*. Das *Museo Romántico* besteht aus der *Colección Lola Anglada* (Plaza General Mola; Puppen aus ganz Europa) und der *Casa Llopis* (Calle San Gaudencio; Wohnkultur des 18. Jh.).

Sitges

Villanueva y Geltrú (105 km) ist in erster Linie Industriestadt, wird wegen seines guten Strandes aber auch als Badeort aufgesucht. Das *Castillo de la Geltrú* (12.–17. Jh.) ist heute Museum. Gegenüber dem Bahnhof steht das palastartige *Museo Balaguer*, in dem sich neben antiken Ausstellungsstücken eine „Verkündigung“ von *El Greco* befindet. Zum *Museo Romántico* von *Sitges* gehört die *Casa Papiol* (Wohnkultur des ausgehenden 18. Jh.).

Route 6: Süden der Provinz Barcelona

Man verläßt Barcelona auf der zum Tibidabo hinaufführenden Straße und erreicht jenseits des Höhenzuges

San Cugat del Vallés (16 km). In dem Städtchen steht ein ehemaliges Benediktinerkloster mit einer romanischen *Kirche* (11. Jh.; später gotisiert) und einem sehr stimmungsvollen romanischen *Kreuzgang* (Kapitelle mit figürlichen Darstellungen), der im 12. Jh. von dem Katalanen *Arnau Catell* geschaffen wurde. Über *Sardanyola* fährt man nach *Sabadell* (Museum mit vorgeschichtlichen Sammlungen) und von dort nach

Caldas de Montbúy (42 km). In dem Thermalbad sind bedeutende Reste römischer Thermen zu sehen. In der Pfarrkirche befindet sich die berühmte **Majestad de Caldas* (12. Jh.), ein Gekreuzigter, dessen Haupt- und Barthaar recht eigenwillig behandelt ist.

Tarrasa (64 km) das römische *Egara*, ist eine bedeutende und vorwiegend moderne Industriestadt, aber im Vorort *San Pedro* hat sich eine Gruppe von drei Kirchen erhalten, die zum Teil aus westgotischer Zeit stammen. Die Kirche *San Pedro* (9. und 12. Jh.) weist noch Reste byzantinischer Mosaiken auf. Die Kirche *San Miguel* (6. Jh.; im 9. Jh. restauriert) besitzt eine Apsis mit westgotischen Wandmalereien (7. Jh.). Die Kirche *Santa María* (9. und 12. Jh.) ist *Museum* (römisches Mosaik aus der schon im 4. Jh. bestehenden Basilika von Egara; Wandmalereien aus dem 12. und 13. Jh.; meisterhafter *Altaraufsatz von *Jaume Huguet*). In der Neustadt befindet sich das *Museo Textil Biosca* mit einer Sammlung von Textilien.

Über *Olesa de Montserrat* (hier wie auch im benachbarten *Esparraguera* während der Fastenzeit *Passionsspiele*) und *Monistrol* fährt man hinauf zum

****Montserrat** (1100–1241 m; 101 km). Das Gebirge besteht aus weichem Buntsandstein, den Wasser und Wind zernagt, zersägt (Montserrat heißt „zersägter Berg") haben. So sind die eigenartigen Einzelformen zustandegekommen, die „Verzau-

Montserrat

berte Riesen", „Totenkopf", „Mumie" usw. heißen. Über einer Schlucht an den Felsen geschmiegt steht das im 11. Jh. gegründete Benediktinerkloster. Von den mittelalterlichen Bauten ist nur ein Teil des Kreuzgangs erhalten. Alle übrigen Bauten stammen aus dem 16. Jh. (Renaissance), wurden aber 1812 von französischen Truppen so schwer zerstört, daß eine gründliche, heute noch nicht abgeschlossene, Restauration notwendig wurde. In der Apsis hoch über dem Hauptaltar wird die

* *Moreneta* (vielleicht aus dem 11. Jh. stammende schwarze Madonna), das Ziel vieler Pilger, aufbewahrt. Von den Ausflügen, die im Gebiet des Montserrat unternommen werden können, ist der zur Einsiedelei *San Jerónimo* (1241 m) der empfehlenswerteste (vom Kloster mit der Drahtseilbahn zur Einsiedelei *San Juan*, dann weiter zu Fuß).

Man fährt am Nordhang des Montserrat weiter über *Bruch Alto*, dann über *Igualada* nach

Villafranca del Panadés (163 km). Das *Panadés* ist ein gutes Weinanbaugebiet. Daher ist in einem ehemaligen Palast der Könige von Aragonien ein *Weinmuseum* eingerichtet worden, in dem man die Weine des Panadés kosten kann.

Martorell (195 km) besitzt die berühmte *„Teufelsbrücke" (im Kern römisch), an deren höchstem Punkt ein Brückentor steht. Am linken Ufer des Río Llobregat bildet ein *Triumphbogen* eine Art Brückenkopf. Der Bogen soll 218 v. Chr. von *Hannibal* erbaut worden sein; wahrscheinlicher ist aber, daß er aus römischer Zeit stammt. Von Martorell fährt man nach Barcelona (223 km) zurück.

Route 7: Norden der Provinz Barcelona

Man fährt über *Granollers* in Richtung *Gerona*, biegt aber kurz nach *Villalba Saserra* nach links in die großartige Bergwelt der

*** Sierra del Montseny** (bis 1712 m hoch) ab, die man auf einer äußerst kurvenreichen Straße über die Streusiedlung *Montseny* (58 km) durchquert. Nach Passieren des 1145 m hohen *Coll Formich* kommt man über das Thermalbad *Tona* nach

Vich (94 km). Von der im 11. Jh. erbauten Kathedrale ist nur die Krypta erhalten. Der Glockenturm stammt aus dem 12. Jh. Alle übrigen Bauteile gehen unter Verwendung von Ruinen auf die Restaurationsarbeiten der Jahre 1940–1945 zurück. *José Maria Sert* hat die Kathedrale mit Wandmalereien geschmückt. Im Bischöflichen Palais befindet sich ein Museum romanischer und gotischer Kunst.

Man fährt weiter über *Olost* (Ruinen des *Castillo de Llusá*, darunter das kleine Kloster *Santa María* aus der Zeit um 1100) und *Berga* (153 km; in der Nähe das 1200 m hoch gelegene *Santuario de Queralt*) in Richtung *Solsona*, biegt aber kurz vor Erreichen der Stadt nach links ab, um in die Provinz Barcelona zurückzufahren. Bald kommt man nach

Cardona (225 km). Innerhalb der teilweise erhaltenen und das Städtchen beherrschenden *Zitadelle* steht die eindrucksvolle Kirche *San Vicente* (geweiht 1040). Südlich des Ortes erhebt sich die *Montaña de Sal*, ein Steinsalzvorkommen von etwa 500 Millionen Tonnen. Die herrlichen Naturgrotten der *Saline* können mit Genehmigung der Direktion besichtigt werden (*Salzmuseum* in der Nachbarstadt *Solsona*, Provinz Lérida, s. S. 117).

Über *Manresa* (gotische Kirche *Santa María de la Seo*) und *Esparraguera* fährt man nach Barcelona (331 km) zurück.

DIE PROVINZ LÉRIDA

Die Provinz *Lérida* (12028 qkm) gehört zu *Katalonien* und wird im Norden von *Frankreich* und *Andorra*, im Osten von den Provinzen *Gerona* und *Barcelona*, im Süden von der Provinz *Tarragona* und im Westen von den Provinzen *Zaragoza* und *Huesca* begrenzt. Die Hauptstraßen sind die Nationalstraße II (Barcelona–Lérida–Zaragoza) und die Autobahn, die zwischen Barcelona und Lérida weit südlich der N. II, ab Lérida parallel zur N. II verläuft. Die Haupteisenbahnlinie ist die Linie Barcelona – Huesca bzw. Zaragoza, die größtenteils parallel zur N. II verläuft. Außerdem gibt es von Lérida aus Verbindungen nach Pobla de Segur und nach Tarragona. Die sehenswertesten Landschaften und Orte der Provinz sind: das Tal des oberen **Río Segre*, das **Valle de Arán*, **Seo de Urgel*, ferner das zusammen mit der Provinz Lérida behandelte Land **Andorra*.

Die Provinzhauptstadt Lérida

Lérida liegt in dem zum Ebrobecken gehörenden Teil Kataloniens am rechten Ufer des in den Ebro mündenden *Río Segre*. Während sich am linken Flußufer eine fruchtbare *Huerta* (Obst- und Gemüseanbaugebiet) befindet, ist der Boden am rechten Ufer, an dem Industrieviertel entstanden sind, ziemlich unfruchtbar. Die Stadt, deren Kern auf einem Hügel erbaut wurde, ist Bischofssitz und Hauptmarkt für die Landwirtschaft der Provinz.

GESCHICHTE

Die Stadt geht zurück auf das ibero-römische *Ilerda*. In westgotischer Zeit wurde sie Bischofssitz. Die Mauren zerstörten sie völlig und bauten sie neu auf. Seit der Zugehörigkeit (1149) zur Grafschaft Katalonien litt die Stadt immer wieder unter Belagerungen. Im Spanischen Erbfolgekrieg wurde sie zerstört; ihre um 1300 gegründete Universität wurde nach dem Krieg nach *Cervera* verlegt, weil die Bevölkerung Léridas auf der Seite des österreichischen Thronprätendenten gestanden hatte. Im Spanischen Unabhängigkeitskrieg und im Spanischen Bürgerkrieg erlebte die Stadt erneut schwere Zerstörungen.

SEHENSWÜRDIGKEITEN

Die wichtigste Sehenswürdigkeit der Stadt ist die *Alte Kathedrale.

Über die enge und winklige Altstadt ragt der Burgberg mit dem im 12. Jh. in Erweiterung des maurischen *Alcázars* erbauten *Castillo* empor. Innerhalb des Castillos steht die

***Alte Kathedrale**, ein romanischer Bau (13. Jh.) mit Mudejar- und gotischen Elementen, der im Spanischen Erbfolgekrieg schwer beschädigt und nach dem Krieg in eine Kaserne umgewandelt wurde. Die Kirche wird jetzt restauriert. Sehenswert sind vor allem die an Ornamentik reichen Portale: das Hauptportal (*Puerta de la Anunciación*; Mudejarelemente), die *Puerta dels Fillols* (Südseite; spätromanisch) und die *Puerta de las Calaveras* mit ihren Totenköpfen (daher auch der

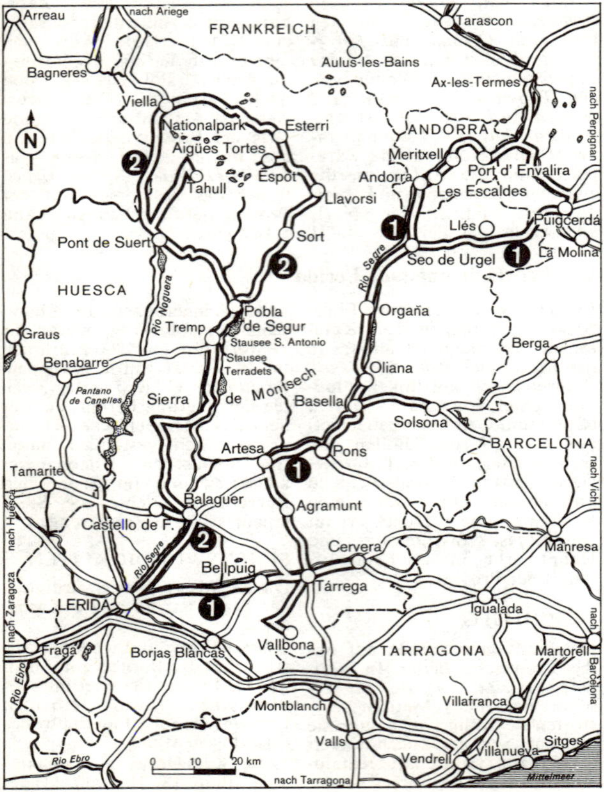

Name). Der restaurierte gotische Kreuzgang stammt aus dem 14. Jh.

Weitere beachtenswerte Bauten sind: die klassizistische *Neue Kathedrale* (1671–1781); der *Palacio de la Pahería* (Rathaus; Fassade aus dem 13. Jh.); die Kirche *San Lorenzo* (12.–15. Jh.; im Innern beachtliche Altaraufsätze aus dem 14. und 15. Jh.).

Unter Denkmalschutz steht das ehemalige gotische *Hospital Santa María* (gegenüber der Neuen Kathedrale), in dem mehrere *Museen* untergebracht sind.

Route 1: Cervera – Andorra

Man verläßt Lérida in Richtung Barcelona auf der N. II und kommt nach

Bellpuig (33 km). In der Pfarrkirche befindet sich das großartige Marmorgrabmal (1525) von *Don Ramón Folch de Cardona*, des Vizekönigs von Neapel, und seiner Frau *Isabel*. Das etwa 10 Minuten von der Kirche entfernt gelegene und von dem Vizekönig 1507 gegründete Kloster *del Jésús* besitzt einen Kreuzgang, dessen Untergeschoß in gotischem und dessen zwei Obergeschosse in barockem Stil erbaut sind.

Von Tárrega (46 km) kann man einen Abstecher (23 km je Weg) zum ehemaligen Zisterzienserkloster *Vallbona de las Monjas* machen (in der gotischen Kirche schöne „Grablegung“; beachtenswerter Kreuzgang).

Nach diesem Abstecher fährt man von Tárrega weiter nach *Cervera*, dessen Gesicht von zahlreichen alten Bauten geprägt wird. Zu den schönsten gehören das *Rathaus* (Fassaden von 1679), die teils romanische teils gotische Kirche *Santa María* und die außerhalb gelegene, aus dem 11. Jh. stammende Rundkapelle *Sant Pere el Gros*.

Man fährt zurück bis Tárrega und von dort über *Agramunt* (romanische Kirche aus dem 13. Jh. mit einem hervorragenden *Portal), *Artesa de Segre* und *Pons* in das

***Tal des Río Segre** (Pons 110 km). In dem fruchtbaren, waldreichen Pyrenäental liegt *Basella* (128 km), von wo man einen Abstecher (25 km je Weg) in die alte Bischofsstadt *Solsona* macht (*Kathedrale* aus dem 14./15. Jh., aber mit Resten der romanischen Vorgängerin; *Diözesanmuseum* mit romanischen und gotischen Malereien, angeschlossen das *Salzmuseum*, s. Cardona, S. 114).

Von Basella führt die Straße zum *Oliana-Stausee* und dann an ihm entlang zu der vom Río Segre gebildeten *Organá-Schlucht*. Weiter nördlich liegt an der Einmündung des aus Andorra kommenden *Río Valira* in den Río Segre die Fürstbischofsstadt (Bischofsstadt seit 527; Fürstbischöfe seit 1278)

***Seo de Urgel** (179 km). Die Altstadt mit ihren engen Gassen und Arkadenhäusern ist rech[illegible] malerisch. Die *Kathedrale[illegible] 1936 fast aller ihrer Kuns[illegible] beraubt worden ist, [illegible] architektonisch eine [illegible] kung aus; sie is[illegible] ragendes romar[illegible] des 12. Jh. [illegible] *Kreuzgang* [illegible] besuchenswe[illegible]

DIE PROVINZ HUESCA

Die Provinz *Huesca* (15671 qkm) gehört zu *Aragonien* und wird im Norden von *Frankreich*, im Osten von der Provinz *Lérida*, im Süden und Westen von der Provinz *Zaragoza* und im Nordwesten von der Provinz *Navarra* begrenzt. Die Fernverkehrsstraße N. II durchzieht, von Lérida kommend und nach Zaragoza weiterführend, nur den dünn besiedelten äußersten Süden der Provinz. Wichtiger ist daher die N. 240, die von Tarragona über Lérida nach Huesca führt und in der N. 330 (Zaragoza) ihre Fortsetzung findet. Die Haupteisenbahnlinie (Barcelona – Zaragoza) führt ebenfalls durch den Süden der Provinz, hat aber Abzweigungen nach Barbastro (ab Seluga) und ab Tardienta nach Huesca – Ayerbe – Jaca – Canfranc (und weiter nach Pau/Frankreich).

Außerdem führt die Linie Zaragoza – Zuera – Ayerbe westlich Huesca durch das Provinzgebiet.

Die sehenswertesten Landschaften und Orte der Provinz sind: die *Montes Malditos bei Benasque, der *Parque Nacional de Ordesa, *Ainsa, *Alquézar, *Loarre, *Roda de Isábena und *Jaca.

Die Provinzhauptstadt Huesca

Huesca (475 m) liegt an den Hängen eines Hügelzuges am Rande der *Hoya* (Ebene) *de Huesca*. Es ist Bischofssitz. In den Vororten entwickelt sich eine Lebensmittel- und Textilindustrie. Im übrigen ist die Stadt, eine der kleinsten Provinzhauptstädte Spaniens, vor allem wichtige Marktstadt.

GESCHICHTE

Das iberische *Osca* war 82 bis 72 v. Chr. unter Führung des *Quintus Sertorius* das Zentrum des spanischen Widerstandes gegen *Sulla* und *Pompeius*. Nach der Vertreibung der Mauren (1096) wurde Huesca Hauptstadt des kleinen Königreichs Aragonien, mußte diese Stellung aber bereits 1118 an Zaragoza abtreten. 1837 (Karlistenkriege) und 1936 bis 1938 (Spanischer Bürgerkrieg) erlitt die Stadt schwere Zerstörungen.

SEHENSWÜRDIGKEITEN

Die wichtigsten Sehenswürdigkeiten sind die *Kathedrale* und das *Museo Provincial*.

Kathedrale (1497–1515; Hauptportal Rest des Baus aus dem 14. Jh.). Von der Innenausstattung sind vor allem beachtenswert: der aus Alabaster bestehende *Hochaltaraufsatz* (1520 bis 1533 von *Damián Forment*) und das reichgeschnitzte *Chorgestühl* (1587); in der sich anschließenden *Parroquía* der aus *Monte Aragón* stammende *Altaraufsatz* von *Gil Morlanes* (frühes 16. Jh.).

Museo Provincial. Es befindet sich im ehemaligen Universitätsgebäude (1690) und enthält vor allem eine Sammlung aragonesischer Malerei, darunter die *Fresken* (13. Jh.) aus der Kirche *San Fructuoso de Bierge* und den die *Marienkrönung* darstellenden *Altaraufsatz* (15. Jh.) von *Pedro de Zuera.*

San Pedro el Viejo (romanische Kirche aus der Zeit um 1135). An den sehr beachtenswerten romanischen Kreuzgang schließen sich zwei Grabkapellen der aragonesischen Könige an (der Sarkophag des 1144 gestorbenen Königs *Ramiro II.* ist ein römischer Sarkophag aus dem 2. Jh. n. Chr.; Ramiro starb in Huesca als Mönch).

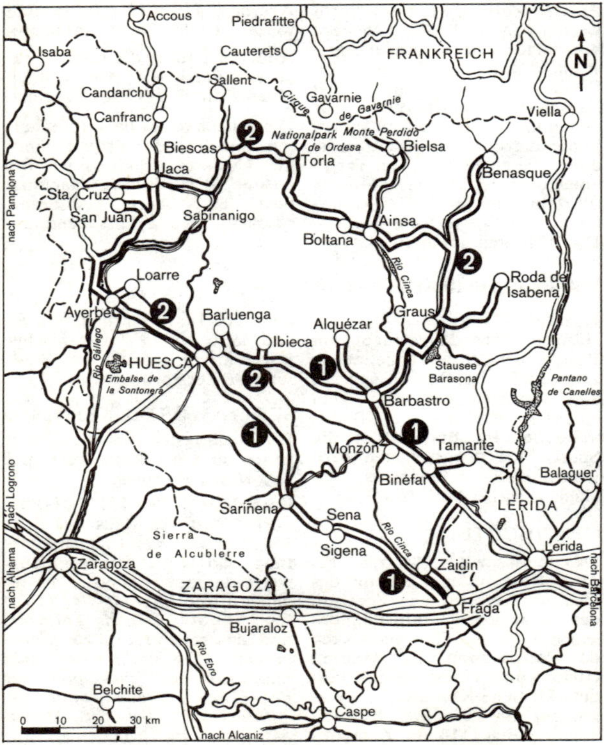

Route 1: Der Süden der Provinz

Man verläßt Huesca in Richtung *Barbastro*. Von *Quicena* (4 km) aus empfiehlt sich ein Besuch der Ruinen des *Castillo de Monte Aragón* (11. Jh.). Rund 3 km weiter zweigt nach links die Straße nach *Barluenga* (6 km je Weg) ab, in dessen Friedhofskirche *San Miguel* bereits zur Gotik neigende Wandmalereien (13. Jh.) zu sehen sind.

Nach 10 km stößt man auf eine nach links abzweigende Straße, die nach *Ibieca* (7 km je Weg) führt. In der Nähe steht die Kirche *San Miguel de Foces* (1249; in Ibieca muß man nach dem Schlüssel fragen), in der sich über den Gräbern von *Ximeno* und *Atón de Foces* beachtenswerte gotische Wandmalereien befinden.

Barbastro (53 km) ist eine alte Bischofsstadt. Die Kathedrale (frühes 16. Jh.) ist in einer von der Renaissance schon stark beeinflußten Gotik erbaut. Im Innern verdienen das Sterngewölbe und der von *Damián Forment* (16. Jh.) begonnene Hochaltaraufsatz Beachtung.

***Alquézar**, 20 km nordwestlich von Barbastro gelegen, ist allein schon wegen seiner Lage über den Schluchten des *Río Vero* besuchenswert. Das Städtchen, das oft als das „aragonesische Toledo“ bezeichnet wird, hat noch maurisches Gepräge. Gegen Ende des 8. Jh. erbauten die Mauren dort einen *Alcázar* (Burg; davon hat der Ort seinen Namen), das heutige *Castillo* (11. Jh.). Nahe dem Castillo steht die *Colegiata* (1525 bis 1532), die auf die 1099 geweihte Burgkapelle zurückgeht. Der Kreuzgang stammt noch aus der Zeit um 1100; seine Wandmalereien gehören dem 15. und 17. Jh. an. Beachtenswert sind die Figurenkapitelle des Kreuzgangs (Darstellung von Szenen aus dem Alten und Neuen Testament). In der *Capilla del Cristo* der Kirche ist ein sehr schönes gotisches Kruzifix zu sehen, während die Sakristei mit Bildern geschmückt ist, von denen eines *Murillo*, ein anderes *Alonso Cano* zugeschrieben wird.

Man fährt von Barbastro weiter über *Monzón* (ehemalige Burg der Tempelritter, zur Zeit Kaiser *Karls V.* restauriert) nach *Binéfar* (83 km), von wo aus man einen Abstecher (12 km je Weg) nach *Tamarite de Litera* machen kann. Die dortige Stiftskirche wurde im 12. Jh. im romanischen Stil des französischen Poitou erbaut (Turm zum Teil 14. Jh.).

11 km südöstlich von Binéfar zweigt nach rechts die Straße ab, die über *Zaidin* in das am *Río Cinca* gelegene Städtchen *Fraga* führt. Der malerische Ort hat seinen altaragonesischen Charakter besonders gut bewahrt. Die Kirche *San Pedro* stammt im Kern aus dem 12. Jh.

Man überquert den Río Cinca und fährt an ihm, dann am *Río Alcanadre* entlang nach *Sena* (163 km), in dessen Nähe am Ufer des Río Alcanadre die Ruinen des im 12. Jh. gegründeten und im Bürgerkrieg zertörten Klosters *Sigena* liegen (der Wiederaufbau ist im Gange; erhalten ist das romanische Portal der Kirche).

Über *Sariñena* fährt man nach *Huesca* (227 km) zurück.

Route 2: Der Norden der Provinz

Man fährt über Barbastro (siehe Seite 119) und am Stausee von *Barasona* entlang nach *Graus* (91 km), der einstigen Hauptstadt eines keltiberischen Stammes und dem Hauptort der Landschaft *Ribagorza*, die eines der Stammlande des Königreichs Aragonien war. Von dort aus macht man, meist dem Lauf des *Río Isábena* folgend, einen Abstecher (28 km je Weg) nach *La Puebla de Roda*, zu dem die heute fast menschenleere einstige Hauptstadt des Bistums Ribagorza gehört:

* **Roda de Isábena.** Die wehrhafte romanische Kathedrale wurde in der zweiten Hälfte des 11. Jh. erbaut. In der Krypta unter dem Hochaltar steht der Sarkophag des heiligen *Ramón*. Eine Kreuzgangkapelle (12. Jh.) hat Wandmalereien aus dem 13. Jh. Im Museum (ehemaliger Kapitelsaal) befindet sich unter anderem ein Faltstuhl (12. Jh.) aus Buchsbaum (angeblich Bischofsstuhl des heiligen *Ramón*).

Von Graus geht es im Tal des *Río Esera* hinauf ins malerische Dorf *Benasque* (154 km; Wintersport) am Fuß der

* **Montes Malditos,** die auch kurz *Maladeta* genannt werden und zu denen der 3404 m hohe *Pico de Aneto*, der höchste Berg der Pyrenäen, gehört. In Benasque sind viele Häuser und Paläste aus dem 14. bis 16. Jh. erhalten geblieben, unter ihnen der Palast der Grafen von Ribagorza.

Man fährt das Tal des Río Esera abwärts bis zur Abzweigung (rechts) der C. 140. Die streckenweise etwas schwierig zu befahrende C. 140 führt nach

* **Ainsa** (216 km), das im 11. Jh. kurze Zeit Hauptstadt des Königreichs *Sobrarbe* (im Königreich Aragonien aufgegangen) war. Das Dorf wirkt am stärksten durch die Gesamtheit seines alten Baubestandes, der die arkadenumgebene *Plaza Mayor* ebenso einschließt wie die romanische Kirche (12. Jh.) mit dem wuchtigen quadratischen Turm und die Ruinen der Burg.

Von Ainsa aus sollte man einen Abstecher in das besonders reizvolle Tal des oberen *Río Cinca* und das dort gelegene *Bielsa* (33 km) machen, das ein Renaissancerathaus aus dem 16. Jh. besitzt. Man kann dann noch weiterfahren bis zu dem 1230 m hoch im *Valle de Pineta* gelegenen *Parador Nacional Monte Perdido* (13 km ab Bielsa), dem der *Circo de Barrosa* benachbart ist.

Von Ainsa steigt das Tal des *Río Ara* über *Boltaña* und *Torla* hinauf in den

* **Parque Nacional de Ordesa,** in dem das von Juni bis September geöffnete *Refugio Nacional de Ordesa* (266 km) steht. Die Landschaft, in der der Park angelegt worden ist (er liegt unmittelbar südlich des berühmten *Cirque de Gavarnie* in den französischen Pyrenäen), gehört zu den eindrucksvollsten Gebirgslandschaften Europas. Die Berglandschaft nördlich des Refugios wird *Brecha de Rolando* (Rolandsbresche) genannt und so, jedoch ohne schlüssigen Beweis, mit der Rolandssage (siehe Roncesvalles, Seite 126) in Verbindung gebracht.

An der Straßengabelung südlich Torla wählt man die C. 140 und kommt nach *Biescas*, von wo man einen Abstecher (21–25 km je Weg) ins obere Tal des *Río Gállego (Valle de Tena)* machen sollte. Westlich des Hauptortes *Sallent* liegt der Wintersportplatz *El Formigal* (Gondelbahn; 20 Lifte; 12 km Pisten; geheiztes Freibad). Zu dem in der Luftlinie nur 10 km westlich gelegenen Wintersportgebiet von *Candanchú* gibt es von El Formigal höchstens für sehr geübte Skiwanderer einen direkten Zugang.

Fährt man ab Biescas das Tal des Río Gállego abwärts, kommt man nach

Jaca: Kathedrale

***Jaca** (326 km). Die auf einem Hügel über dem *Río Aragón* gelegene Stadt war die erste Hauptstadt des 1035 gegründeten Königreichs Aragonien (Sobrarbe) und erhielt bereits um die Mitte des 11. Jh. eine * Kathedrale, die als erste romanische Kathedrale auf spanischem Boden Vorbild für viele andere Kathedralen und Kirchen war. Eine eingehende Betrachtung verdient die Bauplastik (im Innern die Figurenkapitelle, an der Außenseite der Apsiden die Tierdarstellungen an den Sparrenköpfen und die Darstellungen in den zwischen diesen Köpfen gelegenen metopenartigen Feldern). Das Innere der Kirche wurde im 16. Jh. größtenteils gotisiert. Sehenswert sind neben der Kathedrale das *Rathaus* (16. Jh.; plateresk) und das Benediktinerinnenkloster mit dem Sarkophag der *Doña Sancha* (gestorben 1095), Tochter des ersten aragonesischen Königs und Gründerin des Klosters *Santa Cruz de la Serós*. Dieses Kloster steht in dem gleichnamigen, hübschen und 14 km südwestlich von Jaca gelegenen Dorf; die romanische Kirche ist gut erhalten.

17 km südlich von Jaca macht man nach Passieren des *Puerto de Oroe* (1070 m) einen Abstecher zum 10 km westlich gelegenen Doppelkloster *San Juan de la Peña* (das Oberkloster wurde 1809 zerstört; der Wiederaufbau ist in Angriff genommen). Zum unteren Kloster gehören zwei Kirchen: die Unterkirche ist heute Krypta, die Oberkirche war Grabkirche der Könige und des Adels von Aragonien.

Über *Ayerbe* (386 km) fährt man zur Burg **Loarre*, dem grandiosesten Festungsbauwerk Spaniens. Burg und Burgkirche (beide 11. Jh.) bilden mit dem steilen Felsen eine Einheit.

Von Ayerbe fährt man nach Huesca (414 km) zurück.

DIE PROVINZ NAVARRA

Die Provinz *Navarra* (10421 qkm) entspricht in etwa dem ehemaligen Königreich Navarra und bildet für sich allein die historische Landschaft Navarra. Sie wird im Norden von der Provinz *Guipúzcoa* und *Frankreich*, im Osten von den Provinzen *Huesca* und *Zaragoza*, im Süden von den Provinzen *Zaragoza* und *Logroño* und im Westen von den Provinzen *Álava* und *Guipúzcoa* begrenzt. Die wichtigsten Straßen der Provinz sind die N. 240 (Huesca – Tolosa), N. 121 (spanisch-französische Grenze-Tarazona; etwa parallel zu ihr verläuft südlich von Pamplona die nach Zaragoza führende Autobahn) und N. 111 (Pamplona – Logroño), die sich alle in der Provinzhauptstadt Pamplona treffen. Die einzige durch die Provinz führende Eisenbahnlinie ist die Linie San Sebastián – Alsasua – Pamplona – Tudela – Zaragoza; außerdem beginnt in Vitoria eine Linie, die bis Estella in die Provinz Navarra hineinreicht. Die sehenswertesten Orte der Provinz sind: *Pamplona, *Roncesvalles, *Estella; ferner zahlreiche einzelne Bauten am Pilgerweg (Camino) nach Santiago de Compostela.

Die Provinzhauptstadt *Pamplona

*Pamplona (449 m) liegt auf einer Terrasse über dem *Río Arga*. Es ist Sitz eines Erzbischofs. In wirtschaftlicher Hinsicht ist die Stadt Marktzentrum für einen großen Teil der Provinz. Seine Industrie produziert vorwiegend Verbrauchsgüter.

GESCHICHTE

Die Entstehung der Stadt ist legendär. Als sicher darf gelten, daß sie im 5. Jh. zum Reich des Westgotenkönigs *Eurich* gehörte und im 6. Jh. unter fränkische Herrschaft kam. Die Mauren, die die Stadt 738 besetzten, wurden 750 von den Navarresen vertrieben. Der gegen die Mauren gerichtete Spanienfeldzug (778) *Karls des Großen* brachte für Pamplona die Schleifung seiner Stadtmauern mit sich. Die Navarresen nahmen dafür an der von dem bretonischen Grafen *Roland* geführten Nachhut des fränkischen Heeres im Tal von *Roncesvalles* (*Roncevaux)* Rache. Ende des 9. Jh. wurde Pamplona die Hauptstadt des Königreichs Navarra und teilte nun das Schicksal dieses Reiches.

1521 wurde der Offizier *Iñigo López de Recalde* gelegentlich der Belagerung der Stadt durch die Franzosen schwer verwundet; er gab die Offizierslaufbahn auf und wurde später als *Ignatius von Loyola* der Gründer des Jesuitenordens.

SEHENSWÜRDIGKEITEN

Die überragende Sehenswürdigkeit ist die ** Kathedrale.

Unterhalb der 1551 erbauten *Zitadelle* liegt der hübsche *Paseo de la Taconera*, an dem man mit dem Stadtrundgang am besten beginnt. An der Kirche *San Lorenzo* biegt man in die *Calle Mayor* ein und kommt zur gotischen Kirche *San Saturnino* (auch *San Cernín*; 14. Jh.), der ältesten der Stadt. An der nahen *Plaza Consistorial* steht das *Rathaus* (Ende 17. Jh.), von wo aus man an der Kirche *Santo Domingo* vorbei zum ehemaligen *Hospital* (16. Jh.), in dem jetzt das *Museo de Navarra* (unter anderem eine hervorragende Sammlung gotischer Wandmalereien) untergebracht ist, gelangt.

Man geht zum Rathaus zurück und kommt dann durch die Straßen *de Doña Blanca de Navarra* und *de la Curia* zu der an der *Stadtmauer* stehenden

****Kathedrale,** einer der schönsten gotischen Kirchen Spaniens. Sie wurde in den Jahren 1397 bis 1530 errichtet. Die klassizistische Westfassade wurde 1783 vorgesetzt. Am Bau und an der Ausstattung der Kirche und des Kreuzgangs waren vorwiegend französische Künstler beteiligt.

Die wesentlichen Kunstwerke im Innern sind: das *Grabmal Karls III.* von Navarra und seiner Frau, ein Werk (frühes

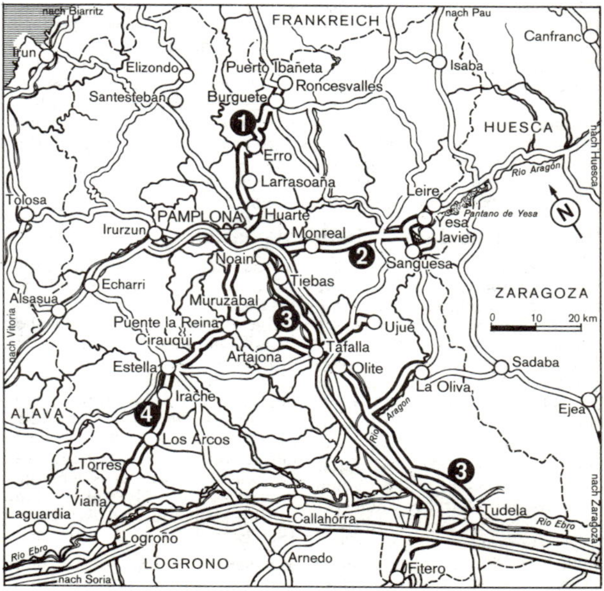

15. Jh.) von *Jannin Lhomme* aus *Tournai*; das in den Kreuzgang führende Portal (14. Jh.); der Kreuzgang in seiner Gesamtheit. An den Kreuzgang schließt sich das sehr besuchenswerte *Museo Diocesano* an.
Durch die Straßen *Dormitaleria* und *Javier* gelangt man zur *Plaza del Castillo*, dem Hauptplatz der Stadt, und weiter zum *Paseo de Sarasate*, an dem der *Palacio de la Diputación* (Provinziallandtag) steht; im Thronsaal des Gebäudes befinden sich unter anderen zwei Gemälde *Goyas* (Porträts *Ferdinands VII.* und des *Marquis de San Adrián*).

Route 1: Pamplona – Roncesvalles

Die Straße (C. 135) entspricht in ihrem Verlauf fast ganz einem Abschnitt der mittelalterlichen Pilgerstraße nach Santiago de Compostela. Sie führt über *Huarte* (in der Kirche gotische Madonna aus der Zeit um 1300), *Larrasoaña* (dort stand eine Pilgerherberge), *Urdaniz*, *Zubiri*, *Erro* und *Espinal* nach *Burguete* (dort wurde bereits um 1100 eine Pilgerherberge eingerichtet) und weiter nach

***Roncesvalles** (47 km), das in 981 m Höhe unmittelbar unter dem *Puerto Ibañeta* (1056 m) liegt. Die aus einigen wenigen Häusern bestehende Ortschaft verdankt ihre Berühmtheit einmal den auf Seite 124 erwähnten Ereignissen um den Helden *Roland*, sodann dem im 12. Jh. gegründeten *Kloster*, das mit seiner Pilgerherberge eine wichtige Station auf dem Wege nach und von Santiago de Compostela war. In der zu Beginn des 13. Jh. erbauten Kirche befindet sich unter anderem die *Virgen de Roncesvalles*, eine mit Silber, Gold und Edelsteinen verzierte Zedernholzstatue (um 1300), die von den Pilgern sehr verehrt wurde. – Am Puerto Ibañeta steht eine Säule, die an Roland und seine Gefährten erinnert.

Route 2: Pamplona – Castillo de Javier

Diese Route ist ebenfalls ein Stück der alten Pilgerstraße, und zwar des Abschnittes vom *Puerto de Somport* über *Jaca* nach Pamplona. Man fährt über *Monreal* nach dem am Río Aragón gelegenen *Yesa* (46 km), von wo aus man zunächst das 4 km entfernte Kloster *Leyre* besucht.

Die Klostergebäude stammen aus dem 17. und 18. Jh., unter der vom 11. bis 13. Jh. erbauten romanischen Kirche aber befindet sich der älteste Teil des Klosterkomplexes, die zum Teil noch dem 9. Jh. angehörende *Krypta*, deren wuchtige Gewölbe sich auf Säulenstümpfe stützen, die meist niedriger sind als ihre Kapitelle. Ein großartiges Werk spätromanischer Plastik ist das Westportal der Kirche.
Gut 3 km südlich von Yesa liegt das Dorf *Javier* mit dem *Schloß* (14. Jh.), auf dem 1506 *Francisco Javier* (Franz Xavier), der Gefährte des Ignatius von Loyola und Apostel Asiens, geboren wurde. Die neben dem Schloß stehende *Basilika* wurde 1900 erbaut.

Sangüesa (57 km), nach dem man von Javier aus weiterfährt, wurde 1122 gegründet. Wenige Jahre später wurde mit dem Bau der Kirche *Santa María la Real*, des bedeutendsten Bauwerks des Städtchens, begonnen. Von großem künstlerischen Wert sind die **Skulpturen* (Ende 12. Jh.) des Portals: die Gewände-Statuen, das „Jüngste Gericht" im Tympanon, die Fabeltiere in den Zwickeln beiderseits des Tympanons, denen Szenen aus der germanischen Sage zugesellt sind (zum Beispiel im rechten Zwickel übereinander: Wieland schmiedet Siegfrieds Schwert; Siegfried tötet den Drachen). Alle diese Skulpturen scheinen Arbeiten eines burgundischen Künstlers namens *Leodegar* zu sein (die Apostel- und Christusdarstellungen in dem Doppelfries über dem Portal sind ein wenig jüngere Arbeiten eines anderen Künstlers). Von den übrigen Bauten Sangüesas verdienen Beachtung: die Kirche *Santiago* (12. und 13. Jh.) mit ihrem zinnengekrönten Turm und das ehemalige *Schloß* (12. Jh.; später restauriert) des Prinzen *Carlos de Viana*, der gegen seinen Vater, den König *Johann II.* von Aragonien und Navarra (1425–1479), rebellierte; das Schloß ist heute Rathaus. – Von Sangüesa führt man über *Rocaforte* nach Pamplona (102 km) zurück.

Route 3: Pamplona – Tudela

Man verläßt Pamplona in südlicher Richtung auf der N. 121 und kommt über *Noain* (Reste eines Aquädukts aus dem 18. Jh.) und *Tiebas* (Ruinen einer Burg aus dem 13. Jh.) nach *Tafalla* (35 km), in dessen Kirche *Santa María* ein guter Altaraufsatz (16. Jh.) von *Juan de Anchieta* zu sehen ist. Von Tafalla aus sollte man zwei Abstecher unternehmen. Der erste führt (11 km je Weg) nach *Artajona* (gut erhaltene turmbewehrte Stadtmauern mit Wehrkirche *San Saturnino*, beide vorwiegend aus dem 13. und 14. Jh.). Das Ziel des zweiten Abstechers (18 km je Weg) ist *Ujué*. Von der romanischen Wehrkirche sind im wesentlichen die Apsiden und die beiden bergfriedartigen Türme erhalten geblieben; im übrigen wurde die Kirche im 14. Jh. gotisiert. Im Innern befindet sich die *Santa María la Blanca*, eine Holzstatue der Mutter mit Kind, wahrscheinlich aus der Zeit um 1200.

Olite (42 km), wohin man von Tafalla aus weiterfährt, war die Residenzstadt der navarresischen Könige aus französischem Geblüt. Der vielgliedrige, türmereiche *Castillo-Palacio* erhielt im wesentlichen im 14. Jh. seine heutige Gestalt und wurde in den Jahren 1406 bis 1414 unter Mitwirkung von vielen ausländischen Künstlern und von Mudejaren vollendet. Die Kirche *Santa María la Real*, die einstige Schloßkapelle, besitzt eine gotische Vorhalle mit einem prachtvollen Portal (14. Jh.). An der Kirche *San Pedro* (13. Jh.; später verändert) fallen das spätromanische Portal und die achtseitige Turmspitze auf.

14 km südlich von Olite zweigt links die Straße zum Kloster *La Oliva* (18 km je Weg) ab. Die im schlichten Zisterzienserstil erbaute und kurz vor 1200

fertiggestellte Kirche beeindruckt gerade durch ihre Einfachheit. Der schöne Kapitelsaal stammt aus dem 13. Jh., wurde aber später gotisiert.

Kirche del Crucifijo, Puente la Reina

Tudela (95 km) ist eine am Ebro gelegene alte Bischofsstadt. Ihr bedeutendstes Bauwerk ist die Kathedrale *Santa María* (um 1200) aus der Übergangszeit von der Romanik zur Gotik. Besonders eindrucksvoll ist das Westportal (*Puerta del Juício* = Portal des Jüngsten Gerichts), in dessen Archivolten 114 kleine Figurengruppen Szenen aus dem Jüngsten Gericht darstellen. Im Innern der Kirche ist vor allem das Grabmal (frühes 15. Jh.) des *Moisén Francisco Villaespesa* beachtenswert. Der Kreuzgang ist rein romanisch (12. Jh.). – Die im 13. bis 15. Jh. erbaute Kirche *La Magdalena* steht an der Stelle der einstigen Hauptmoschee. Eine Straße der Adelshäuser ist die *Calle de Sáinz*. Etwa 5 km südlich von Tudela beginnt bei *Fontellas* der *Canal Imperial de Aragón*, mit dessen Bau 1528 begonnen wurde (Fertigstellung im 18. Jh.) und der als Ebro-Seitenkanal bis Zaragoza führt. Von Tudela aus sollte man einen Abstecher nach *Fitero* (23 km je Weg) machen. In dem kleinen Thermalbad steht das Zisterzienserkloster *Santa María la Real*, dessen Gebäude vorwiegend aus dem Ende des 12. Jh. und aus dem 13. Jh. stammen. Der schönste Gebäudeteil ist der gewölbte Kapitelsaal (13. Jh.).

Route 4: Pamplona – Viana

Diese Route stellt wiederum einen Teil der Pilgerstraße nach Santiago de Compostela dar. Man verläßt Pamplona in Richtung Puente la Reina, biegt aber 2 km vor diesem Ort nach links ab, um über *Obanos* nach *Muruzábal* (3 km je Weg) zu fahren. In der Nähe von Muruzábal steht auf freiem Feld die im späten 12. Jh. erbaute *Kirche der Tempelritter*, ein achteckiger Bau mit einem Durchmesser von nur 11 Metern, umgeben von einem leicht unregelmäßigen Bogengang (33 Bögen), der früher überdacht war.

Puente la Reina (24 km) war der Treffpunkt der von Roncesvalles und vom Puerto de Somport kommenden Pilgerstraßen. Von der Pilgerherberge sind noch Reste neben der Kirche *del Crucifijo* zu sehen. Die Kirche soll von Tempelrittern im 11. Jh. erbaut worden sein. Die Kirche *Santiago* (älteste Teile aus dem 12. Jh.) besitzt ein Südportal mit sehenswerter Plastik. Die

Brücke über den *Río Arga* wurde im 11. Jh. erbaut.

Über *Ciraugui* (beachtenswertes Portal an der Kirche *San Ramón*, maurisch beeinflußt) erreicht man

Estella: Kreuzgang

***Estella** (45 km), das wegen seiner Lage und wegen seiner vielen Baudenkmäler das „Toledo des Nordens" genannt wird. Die wichtigsten Bauten dieser Stadt, die römischen Ursprungs ist, aber 1090 neu gegründet werden mußte und dann im Mittelalter königliche Residenz war, sind: die auf einem Felshügel (dort erhob sich ursprünglich die Burg) stehende Kirche *San Pedro de la Rúa* (12. Jh.) mit schöner Fassade und kleinem Kreuzgang (beide romanisch; im Kreuzgang einige Gruppen verschlungener Säulen); in der Nähe der sogenannte *Palaz del Rey* (12. Jh.; heute Gerichtsgebäude); die Kirche *San Miguel* (12./13. Jh.) mit dem an Skulpturen überaus reichen Nordportal; die Kirche *San Sepulcro* mit dem wegen seiner Plastik beachtenswerten Südportal (13. Jh.); die Kirche *San Juan Bautista* mit ihren barocken Altaraufsätzen; der *Palacio de los Condes de San Cristóbal* (16. Jh.; Renaissance); das den Ort beherrschende Heiligtum der *Virgen del Puy* mit dem Bild der Stadtpatronin. Auch dem alten Judenviertel *(Judería)* sollte man einen Besuch ab statten.

In der Nähe von Estella liegt die ehemalige Abtei von *Irache*, eines der ältesten Klöster Navarras (Gründung spätestens im 10. Jh.), dessen Kirche um 1200 erbaut wurde und zwischen Romanik und Gotik steht.

Rund 10 km nördlich von Estella liegt in einer wilden Schlucht nahe der *Sierra de Andia* das ehemalige Zisterzienserkloster *Iranzu* (gegründet 1176; seit 1942 wieder instandgesetzt; heute Internat). Die Kirche stammt aus der Zeit um 1200, der Kreuzgang aus der Zeit um 1300. An den Kreuzgang schließt sich unter anderem die alte Klosterküche mit mächtigem Mittelkamin an.

Nach diesen Abstechern fährt man dann weiter über *Los Arcos* (in der Kirche *de la Asunción* ein die ganze Apsis einnehmender Altaraufsatz aus dem 17. Jh.) und *Torres del Río* (achteckige Kirche *Santo Sepulcro*, 12. Jh.) nach *Viana* (95 km). Nach dieser Stadt nannten sich die Erbprinzen von Navarra „Prinzen von Viana". In der Kirche *Santa Maria* (14. Jh.; Seitenportal nach Art eines Altaraufsatzes) ist der 1507 bei Viana getötete *Cesare Borgia* beigesetzt.

DIE PROVINZ GUIPÚZCOA

Die Provinz *Guipúzcoa* (1997 qkm) ist die kleinste Provinz Spaniens und gehört zu den *provincias vascongadas*, zum *Baskenland*. Sie wird im Norden vom *Atlantik (Golfo de Vizcaya)*, im Osten von *Frankreich* und der Provinz *Navarra*, im Süden von der Provinz *Álava* und im Westen von der Provinz *Vizcaya* begrenzt. Die wichtigste Straße der Provinz ist die Fernverkehrsstraße N. I (Irún – Madrid), von der die N. 240 nach Pamplona und die N. 634 nach Bilbao abzweigen. Die Haupteisenbahnlinie ist die Linie Irún – Madrid, von der in San Sebastián die nach Bilbao führende Linie abzweigt. Außerdem zweigt unmittelbar südlich der Provinzgrenze in Alsasua/Navarra die Linie nach Pamplona und Zaragoza ab. Zur Provinz Guipúzcoa gehört ein Teil der Ferienlandschaft *Cornisa Cantábrica*. Die sehenswertesten Landschaften und Orte der Provinz sind: die ** Kantabrische Küstenstraße, * San Sebastián, * Fuenterrabía und das * Monasterio de Loyola.

Die Provinzhauptstadt *San Sebastián

Die Altstadt von * San Sebastián liegt am Südhang des 125 m hohen *Monte Urgull* auf einer Insel, die durch die Anschwemmungen des *Río Urumea* landfest geworden ist. Die Neustadt hat sich beiderseits des Río Urumea landeinwärts entwikkelt und dehnt sich außerdem nach Westen an den Stränden *Concha* und *Ondarreta* entlang bis zum *Monte Igueldo* und nach Osten gegen den *Monte Ulía* hin beständig weiter aus. Die Existenzgrundlage der Stadt, die das vornehmste Seebad Spaniens ist und sich des besten internationalen Publikums erfreut, ist der Tourismus.

GESCHICHTE

Über den Ursprung von San Sebastián ist nichts Sicheres bekannt. Im Jahre 1200 ging der Ort eine enge Bindung mit Kastilien ein, die von Dauer war. Während des Unabhängigkeitskrieges wurde die Stadt 1813 niedergebrannt. 1816 begann der Wiederaufbau. 1863 wurden die Festungsmauern der Altstadt geschleift, und damit begann der Ausbau der Neustadt.

SEHENSWÜRDIGKEITEN

Die wichtigsten Sehenswürdigkeiten der Stadt sind die ** *Playa de la Concha*, der * *Monte Igueldo*, der * *Monte Ulía* und das * *Stadtmuseum* im ehemaligen Kloster *San Telmo*.

An der Nahtstelle zwischen Alt- und Neustadt liegt die baumbestandene *Alameda de Calvo Sotelo*, von der aus man nach Westen zum Hafen, nach Norden in die Altstadt und hinauf zum Monte Urgull, nach Osten über den *Puente del Kursaal* in das neue Stadtviertel *Gros* jenseits des Río Urumea und nach Süden schließlich zur Playa de la Concha gehen kann. Dieser letzte Weg führt am *Rathaus* (ehemaliges Casino; 19. Jh.) vorbei und durch den *Parque de Alderdi-Eder* zum *Paseo de la Concha*, einer prachtvollen Allee, an deren linker Seite Hotels und Villen stehen, während sie nach rechts hin eine einzige Terrasse über der berühmten

****Playa de la Concha,** dem schönsten und elegantesten Badestrand der Stadt, bildet. Der Strand liegt an einer muschelförmigen Bucht (*Concha* = Muschel), die vom Monte Urgull und vom Monte Igueldo begrenzt und außerdem von der Insel *Santa Clara* gegen das offene Meer abgeschirmt ist. Auf dem weiteren Weg um die Bucht kommt man am *Palacio Real* (früherer Sommersitz der spanischen Könige) und am Strand von Ondarreta vorbei zur Talstation der Standseilbahn, die zum 184 m hohen

*** Monte Igueldo** führt. Auf dem Berg befinden sich u.a. eine Aussichtsterrasse, ein Terrassenrestaurant und ein sehr beliebter Vergnügungspark.

In und nahe der Altstadt sind sehenswert: die Kirchen *Santa María* (18. Jh.) und *San Vicente* (16. Jh.), der *Palacio del Mar* mit ozeanographischem Museum und Aquarium, der *Monte Urgull* mit dem *Castillo de la Mota* und vor allem das ***Museo de San Telmo.** Das Museum umfaßt eine Gemäldegalerie, historische und ethnographische Sammlungen und in der Kapelle Wandmalereien von *José María Sert*. Östlich des

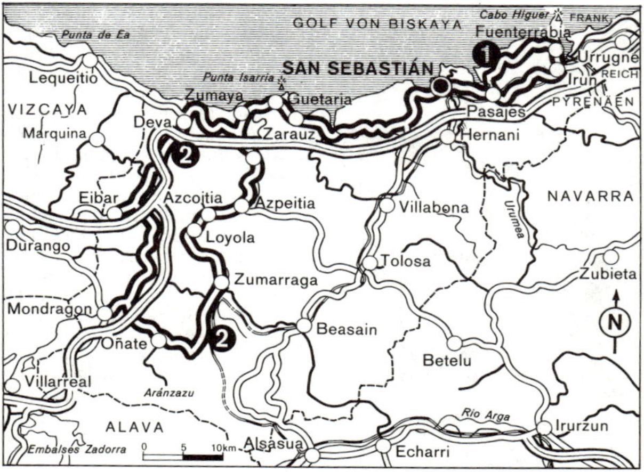

Río Urumea liegen die *Playa de Gros* und der ***Monte Ulía** (200 m) mit Aussichtsterrassen und Restaurant.

Route 1: San Sebastián – Fuenterrabía

Man fährt die Kantabrische Küstenstraße über die an einer fjordartigen Bucht gelegenen Orte *Pasajes*, *Rentería*, *Lezo* und *San Juan* nach

***Fuenterrabía** (29 km). Das an der Mündungsbucht des *Bidasoa* gelegene altertümliche Städtchen und Seebad (guter Strand) beeindruckt vor allem durch die *Calle Mayor* mit ihren wappengeschmückten Häusern und dem ehemaligen *Palast Karls V*. Besuchenswert ist das Fischerviertel *La Marina*. – Man fährt über die Grenzstadt *Irún* (31 km) nach San Sebastián (49 km) zurück.

Route 2: Der Westen der Provinz

Man fährt an oder nahe der Kantabrischen Küste entlang über die Badeorte *Zarauz* (längster Strand der Provinz; *Palacio de Narros*, 15. Jh.; *Torre Lucea*, 14. Jh.), *Guetaria* (einer der malerischsten Orte an der ** Kantabrischen Küstenstraße), *Zumaya* (Gemäldegalerie und Museum in der Villa des Malers *Ignacio Zuloaga*) und *Deva* (sehr schöner Strand). Dann fährt man landeinwärts über *Éibar* (Waffenfabriken; Kirche *San Andrés*, 16. Jh.) und *Mondragón* (Kirche *San Juan*, 13. Jh.; Rathaus von 1746) nach *Oñate* (93 km). Dort ist neben dem ehemaligen Universitätsgebäude (frühes 16. Jh.) die Kirche *San Miguel* (15. Jh.) sehenswert. Von Oñate aus erreicht man über *Zumárraga* und *Azcoitia* das 2 km vor Azpeitia gelegene

Jesuitenkolleg

*** Monasterio de Loyola** (127 km). Die große Klosteranlage (Baubeginn 1689) ist um das Geburtshaus des *Ignatius von Loyola* herum entstanden. Dieses Geburtshaus, die sogenannte *Casa Santa*, ist ein Turm des einstigen Herrenhauses der *de Recalde*, wie die Familie des Ignatius hieß. Die Räume der Casa Santa sind voll von Erinnerungsstücken an den Gründer des Jesuitenordens. Die prunkvoll ausgestattete *Klosterkirche* ist ein Rundbau, der nach Entwürfen des Tessiner Barockbaumeisters *Carlo Fontana* (1634 bis 1714) errichtet worden ist. – Über das Städtchen *Azpeitia* (zahlreiche Adelshäuser, darunter die im Mudejarstil gehaltene *Casa de Anchieta*) und über das Thermalbad *Cestona* fährt man nach San Sebastián (181 km) zurück.

DIE PROVINZ VIZCAYA

Die Provinz *Vizcaya* (2217 qkm) gehört zum *Baskenland.* Sie wird im Norden vom *Atlantik*, im Osten von der Provinz *Guipúzcoa*, im Süden von den Provinzen *Álava* und *Burgos* und im Westen von der Provinz *Santander* begrenzt. Die Hauptstraße ist die von San Sebastián kommende und nach Santander weiterführende N. 634, von der in der Nähe der Provinzhauptstadt Bilbao die Straßen nach Burgos (N. 625) und Vitoria (N. 240) abzweigen. Die Haupteisenbahnlinien sind die Linien San Sebastián – Bilbao – Santander, Bilbao – Zaragoza und Bilbao – León. Zur Provinz Vizcaya gehört ein Teil der Ferienlandschaft *Cornisa Cantábrica*. Am sehenswertesten sind die **Kantabrische Küstenstraße und Bilbao.

Die Provinzhauptstadt Bilbao

Bilbao liegt 12 km vom Meer entfernt an beiden Ufern des *Río Nervión*, die Altstadt am rechten Ufer, die Neustadt vorwiegend am linken Ufer. Die Stadt ist Sitz eines Bischofs, vor allem aber Banken- und Börsenzentrum, Mittelpunkt eines der wichtigsten spanischen Industrie- und Bergbaugebiete und eine der bedeutendsten Hafenstädte des Landes.

GESCHICHTE

Die Stadt wurde im Jahre 1300 von *Diego López de Haro* gegründet (der regelmäßige Grundriß dieser Stadt ist in dem Viertel *Las Siete Calles*, Die sieben Straßen, erhalten, einem Viertel, das aus einer Längsstraße und sieben parallelen, zum Río Nervión strebenden Querstraßen besteht). In der Folgezeit erlebte die Stadt so viele Belagerungen, daß sie die *Ciudad de los Sitios* (Stadt der Belagerungen) genannt wurde. Die Entwicklung zur Industriestadt begann gegen Ende des 19. Jahrhunderts.

SEHENSWÜRDIGKEITEN

Einen Besuch verdient vor allem das **Museo de Bellas Artes.*

In der Altstadt steht am *Paseo del Arenal* die achteckige Kirche *San Nicolás de Bari* (18. Jh.), im Zentrum die Kathedrale *Santiago* (14. Jh.; Renaissanceportikus) und am *Puente de San Antón* die Kirche *San Antón* (15. Jh.; Renaissanceportikus und -portal). In der Neustadt beginnt an der *Plaza de España* (Denkmal des Stadtgründers) die Prachtstraße *Gran Vía de López de Haro*, an der der *Palacio Provincial* (1897) steht. Am Ende der Straße erhebt sich das Denkmal *Sagrado Corazón de Jesús* (1927). Von der *Plaza Elíptica* aus kommt man zum

***Museo de Bellas Artes,** in dem Werke alter (*El Greco*, *Ribera*, *Zurbarán* usw.) und neuer Meister (*Zuloaga*, *Vázquez Díaz*, *Sorolla* usw.) zu sehen sind. Empfehlenswert ist auch ein Besuch des nicht weit von der Altstadt entfernten hochgelegenen *Santuario de Nuestra Señora de Begoña* (16. Jh.; auch Aussichtspunkt).

Route 1: Der Osten der Provinz

Man verläßt Bilbao auf der Autostraße und erreicht zunächst die Industriestadt *Galdácano* (9 km), deren spätromanische Kirche *Santa María* wegen der schon gotisch beeinflußten Portalplastiken einen kurzen Aufenthalt rechtfertigt. Man fährt weiter über *Durango* (30 km), von dessen mittelalterlichen Mauern noch vier Stadttore erhalten sind und dessen am Ortsrand gelegene Kirche *San Pedro de Tavira* als eine der ältesten des Baskenlandes gilt. Von Durango aus geht die Fahrt durch eine Berglandschaft über *Marquina* nach dem an der Küste und an der **Kantabrischen Küstenstraße gelegenen *Ondárroa* (56 km), einem Fischerort, dessen vielstöckige Häuser den Vorstellungen von einem Fischerort nicht so recht entsprechen wollen. Zu dem malerischen Ort gehört ein guter Strand.

Auf der Kantabrischen Küstenstraße, die sehr kurvenreich ist, kommt man nach *Lequeitio* (68 km), einem Städtchen mit bedeutendem Fischerhafen, von dem aus im Sommer Wettkämpfe im Thunfischfang ausgetragen werden. Der Ort hat sich dank seiner beiden sehr großen und feinsandigen Strände zu einem beliebten Badeort entwickelt. Die Kirche *Santa María de la Asunción* besitzt ein bemerkenswertes gotisches Portal (15. Jh.) und im Innern einen die Leidensgeschichte darstellenden, vergoldeten Altaraufsatz.

Der nächste Abschnitt der Kantabrischen Küstenstraße, der

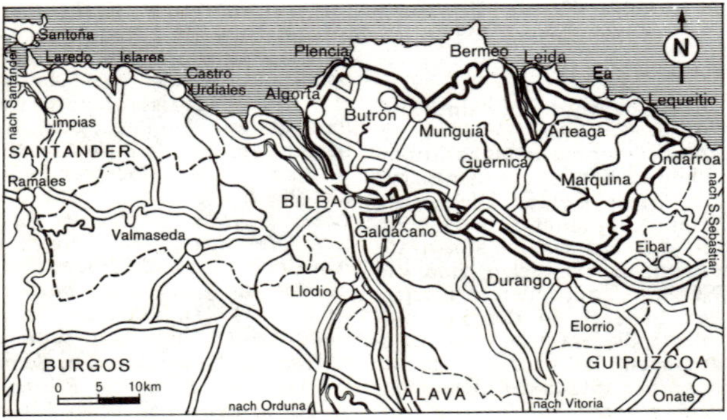

Detail aus Picassos „Guernica"

über *Ispaster*, *Ea*, *Nachitua* und *Ibarranguelua* nach *Laida* und von dort am Mündungstrichter des *Río Mundaca* entlang über *Arteaga* nach *Guernica* führt, ist zwar zum Teil recht schwierig zu befahren, man sollte ihn aber wegen seiner landschaftlichen Schönheit der direkten Straße über *Ereño* vorziehen.

Guernica y Luno (102 km), meist kurz Guernica genannt, wurde 1937 durch einen Bombenangriff fast völlig zerstört (*Picasso* hat die Ereignisse in einem Wandgemälde, das sich im *Prado* in Madrid befindet, dargestellt) und später in Anlehnung an sein früheres Aussehen wiederaufgebaut. Guernica ist die „heilige Stadt" der Basken. Im Hof des Landtagsgebäudes steht noch der Stumpf einer uralten Eiche, unter der früher der Landtag zusammentrat. Der Baum ist ein Symbol der nach wie vor angestrebten baskischen Selbständigkeit.

Über das sehr hübsch gelegene *Bermeo* (bedeutender Fischereihafen) und *Munguía* (6 km westlich das *Castillo de Butrón*, im 19. Jh. ganz im Stil des 13. Jh. erneuert) fährt man nach *Plencia* (146 km), einem von Badelustigen, Anglern und Segelsportlern gern aufgesuchten Fischerort. Am Río Nervión entlang geht der Weg zurück nach Bilbao (172 km).

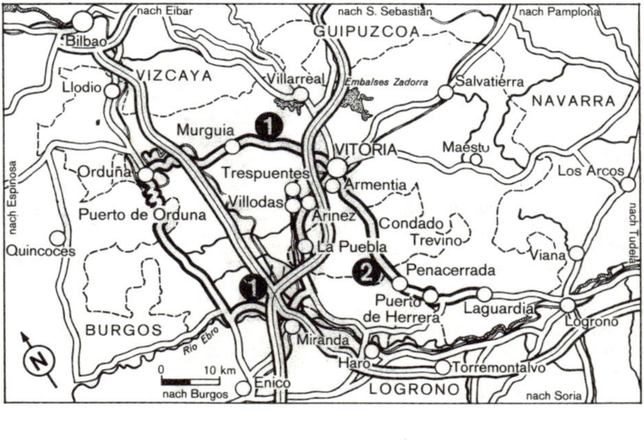

DIE PROVINZ ÁLAVA

Die Provinz *Álava* (3047 qkm) ist die dritte der drei Provinzen des *Baskenlandes*. Sie wird im Norden von den Provinzen *Vizcaya* und *Guipúzcoa*, im Osten von der Provinz *Navarra*, im Süden von der Provinz *Logroño* und im Westen von der Provinz *Burgos* begrenzt. Im südlichen Teil der Provinz Álava liegt der *Condado de Treviño*, der zur Provinz Burgos gehört, aber hier zusammen mit der Provinz Álava behandelt wird. Die Hauptstraße der Provinz ist die N. I (Irún – Madrid), von der in der Provinzhauptstadt die N. 240 (nach Bilbao) abzweigt. Die Haupteisenbahnlinie ist die Linie Irún – Vitoria – Madrid. Neben ihr ist die Linie Bilbao – Zaragoza zu nennen, die den Westen der Provinz durchquert. Der sehenswerteste Ort der Provinz ist Vitoria.

Die Provinzhauptstadt Vitoria

Vitoria liegt auf einem 547 m hohen Hügel, der aus der *Llanada alavesa* (Álava-Ebene) emporragt, und in geringer Entfernung vom *Río Zadorra*, der nordöstlich der Stadt einen großen Stausee bildet. Die Stadt ist Bischofssitz. Von jeher war sie der Haupthandelsplatz der Provinz. Seit einigen Jahren entwickelt sie sich mehr und mehr zu einer Industriestadt, deren Industrieanlagen der Entlastung des Raums Bilbao dienen sollen.

GESCHICHTE

Die Stadt wurde wahrscheinlich von den Westgoten gegründet. 1181 machte *Sancho der Weise* von Navarra die Stadt zur Grenzfeste (Navarra reichte damals bis zum Ebro) gegen Kastilien. Am 21. Juni 1813 schlugen die vereinigten Engländer, Portugiesen und Spanier unter *Wellington* die Franzosen unter *Joseph Bonaparte* südlich der Stadt vernichtend. Dieser Sieg bedeutete die Befreiung Spaniens von französischer Herrschaft.

SEHENSWÜRDIGKEITEN

Die bedeutendste Sehenswürdigkeit ist die *Casa de Álava* mit ihren Museen.

Reliquiar in der Casa de Álava

Den Mittelpunkt der Altstadt bildet die gotische *Catedral Vieja* (14. Jh.), deren Portal besondere Aufmerksamkeit verdient. Rund um die Kathedrale bilden die Hauptstraßen der Altstadt konzentrische Kreise; wegen ihrer alten Adelshäuser sind vor allem die Straßen *de la Cuchillería* (*Casa del Cordón*, 15. Jh.), *de la Zapatería* und *de la Herrería* sehenswert. Die Kirchen *San Vicente* und *San Miguel* sind gotische Bauten. In San Miguel befindet sich ein von *Gregorio Fernández* und von *Juan Velázquez* geschaffener Altaraufsatz. Den Übergang von der Altstadt zur Neustadt bildet die 1791 angelegte und von Arkadenhäusern umgebene *Plaza de España*. In der Neustadt steht am *Paseo de Fray Francisco de Vitoria* die **Casa de Álava** (1916). In dem dort untergebrachten *Diözesanmuseum* befindet sich hauptsächlich alte Kunst, während das *Provinzialmuseum* auch Werke moderner Meister besitzt. Von den übrigen Museen in der Casa de Álava ist vor allem das *Volkskundemuseum* besuchenswert.

Route 1: Der Westen der Provinz

Man fährt über *Murguía*, in dessen Nähe die neue Autobahn Bilbao-Mirando de Ebro verlaufen wird, in das Städtchen *Orduña* (beachtenswerte Kirche *Santa María*), das eine zur Provinz Vizcaya gehörende Exklave bildet. Von dort führt eine sehr schwer zu fahrende und äußerst kurvenreiche Straße (10–13% Steigung) an der *Peña de Orduña* hinauf zum 900 m hohen *Puerto de Orduña* (50 km), einem prächtigen Aussichtspunkt.

Südlich des Passes geht es hinunter ins *Ebrotal*, dann am Nordufer des Flusses bis zur Nationalstraße I, auf der man in Richtung Vitoria bis *La Puebla de Arganzón* fährt. Man biegt nach links ab, kommt zu den Ruinen des römischen *Iruña* und zu den nordwestlich von ihnen am *Río Zadorra* gelegenen Ortschaften *Villodas* und *Trespuentes* und ihren römischen Brücken. Man fährt von dort zur N. I zurück und kommt auf ihr vorbei an *Armentía* (romanische Kirche *San Andrés*, 1181) wieder nach Vitoria, 117 km.

Route 2: Vitoria – Laguardia

Eine schmale, kurvenreiche Landstraße führt über den *Puerto de Vitoria* in den *Condado de Treviño* (Teil der Provinz Burgos), vorbei an der *Capilla San Vicente de los Olleros* (1162) und über den *Puerto de Herrera* (1109 m) in das 635 m hoch gelegene **Laguardia** (45 km). In dem von mittelalterlichen Mauern umgebenen Städtchen sind besuchenswert: die Kirche *Santa María de los Reyes* (skulpturenreiches Portal aus dem 14. Jh.), die *Casa de la Villa* (16. Jh.) und die Rioja-Weinkellereien.

DIE PROVINZ LOGROÑO

Die Provinz Logroño (5034 qkm) gehört zu *Altkastilien*. Sie wird im Norden von den Provinzen *Burgos* und *Álava*, im Osten von der Provinz *Navarra* und auf knapp 5 km Länge auch von der Provinz *Zaragoza*, im Süden von der Provinz *Soria* und im Westen von der Provinz *Burgos* begrenzt. Die Hauptstraßen sind die N. 232 (Verbindung zwischen Zaragoza und der N. I), die N. 111 (Pamplona – Soria) und die N. 120 (Logroño – Burgos). An der Nordgrenze der Provinz entlang verläuft die Eisenbahnlinie Bilbao – Logroño – Zaragoza. Die sehenswertesten Orte der Provinz sind * *Haro*, * *Santo Domingo de la Calzada* und * *Calahorra*; die schönste Landschaft ist das Weinbaugebiet *Rioja Alta* (der Nordwesten der Provinz).

Die Provinzhauptstadt Logroño

Logroño liegt an der Einmündung des *Río Irégua* in den Ebro und im Osten der von Weinfeldern übersäten *Rioja Alta*. Die Rioja-Weine und die Obstkonserven- und Textilindustrie bilden die wirtschaftliche Grundlage Logroños.

GESCHICHTE

Die Stadt geht auf eine keltiberische Ansiedlung zurück, die in römischer Zeit *Varia* (oder *Varea*) *Lucrosus* hieß. Nach kurzer maurischer Herrschaft (8. Jh.) gehörte der Ort zunächst zu Navarra, kam aber bereits 1076 mit dem größten Teil der heutigen Provinz Logroño zu Kastilien. Seine Lage an der von Pamplona über Burgos nach Santiago de Compostela führenden Pilgerstraße und der Wollhandel verliehen der Stadt im Mittelalter ihren Wohlstand. Die Rioja-Weine scheinen damals noch keine große Rolle gespielt zu haben; sie werden in den mittelalterlichen Pilgerreiseführern, die über alles Wesentliche berichten, nicht erwähnt.

SEHENSWÜRDIGKEITEN

Die Stadt ist trotz ihres hohen Alters sehr arm an Sehenswürdigkeiten. In der Kirche *Santa María de Palacio* (heutiges Aussehen im wesentlichen aus dem 16. und 18. Jh.; steinerne Turmpyramide aus dem 13. Jh.) steht die hochverehrte *Señora de la Antigua* (13. Jh.). Die Kirche *Santa María de la Redonda* (der Name geht auf einen abgerissenen Rund- oder Achteckbau zurück) hat eine ansehnliche Westfassade mit zwei Barocktürmen und einem nach Art eines Altaraufsatzes angelegten Portal. Von der Kirche *San Bartolomé* verdient die Portalplastik (14. Jh.) Beachtung. Die zwölfbogige Brücke über den Ebro wurde 1183 für die Santiago-Pilger erbaut.

Route 1: Der Westen der Provinz

Man verläßt Logroño in westlicher Richtung und kommt über den Weinort *Cenicero* und über *Briones* (Palast des *Marqués de San Nicolás*) nach

***Haro** (42 km). Die kleine Stadt liegt an der Einmündung des *Río Tirón* in den Ebro. Über beide Flüsse spannen sich je drei Brücken, über den Ebro der alte *Puente Gótico* (Gotische Brücke). Das wichtigste Baudenkmal ist die Kirche *Santo Tomás* (16. Jh.), deren platereskes Hauptportal 1516 von dem aus Langres (Frankreich) stammenden *Felipe Bigarny* geschaffen wurde. Im Innern der Kirche befinden sich barocke Altaraufsätze. Die Basilika *Nuestra Señora de la Vega* ist ein Werk des 18. Jh. Der gleichen Zeit gehört das *Rathaus* an der *Plaza de la Paz* an. Unterhalb des Aussichtspunkts *Alto de Santo Domingo* steht die Kapelle *San Felices de Belibio*, die am 29. Juni Ziel einer Wallfahrt mit der berühmten *Batalla del Vino* (Weinschlacht; Haro ist bedeutendes Weinbauzentrum) ist. Von den zahlreichen Palästen der Stadt sind vor allem zu beachten: der *Palast* der *Grafen von Haro (Städtisches Kulturinstitut)*, der *Palacio de la Cruz* und der *Palacio de Paternina*. Berühmte Weinkeller, auf den Besuch von Touristen eingestellt, runden das Bild ab.

Über *Casalareina* (zum Teil platereskes Kloster *de la Piedad*, 16. Jh.) fährt man weiter nach

***Santo Domingo de la Calzada** (61 km). Der Ort geht zurück auf die Einsiedelei des heiligen *Domingo de Viloria*, der, um den Santiago-Pilgern den Weg zu verkürzen und zu erleichtern, im Bereich des heutigen Ortes eine neue Straße und eine Brücke über den *Río Oja* baute und

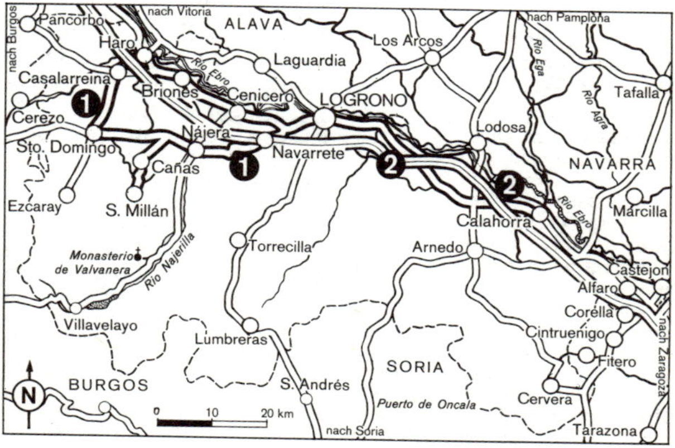

Sto. Domingo: Kathedrale

außerdem eine Pilgerherberge und eine Kirche errichtete. Von seiner Tätigkeit her erhielt der 1109 gestorbene Heilige den Beinamen „de la Calzada" („von der Straße"), der im Ortsnamen erhalten geblieben ist. Aus der alten Pilgerherberge ist der *Parador Nacional Santo Domingo de la Calzada* geworden.

An die Stelle der ersten Kirche ist die heutige *Kathedrale* (zweite Hälfte des 12. Jh.; Einwölbung aus dem 16. Jh.; freistehender barocker Glockenturm aus dem 18. Jh.) getreten.

Im Innern der Kathedrale sind zu sehen: der mächtige *Hochaltaraufsatz* (1537), das Meisterwerk von *Damián Forment*; das platereske Grabmal des heiligen Domingo (1513), ein Werk von *Juan de Rasines*, und gegenüber in einem Käfig ein weißer Hahn und eine weiße Henne, beide lebend, als Erinnerung an die legendäre Errettung eines des Diebstahls bezichtigten und bereits gehenkten jungen Pilgers; das *Chorgestühl* (1521) von *Andrés de Nájera*; die *Capilla de Santa Teresa* mit sehr schönem flämischem Altaraufsatz. Weitere sehenwerte Bauten sind die Kirche *San Francisco* (16. Jh.) und das Kloster der *Monjas Bernardas* (17. Jh.).

Man fährt weiter nach *Nájera* (81 km), der einstigen königlichen Residenzstadt. In der Kirche (15. Jh.) des Klosters *Santa María* befinden sich Grabmäler der Könige von Navarra, Kastilien und León.

Es empfiehlt sich, von Nájera aus einen Abstecher (21 km je Weg) über *Cañas* (in der Kapelle des Klosters *Santa María* sehenswertes Grabmal der Klostergründerin *Doña Urraca López de Haro*) nach *San Millán de la Cogolla* zu machen. Der Name des Ortes geht zurück auf den heiligen Einsiedler *Millán*, der dort 574 gestorben ist. Von den beiden Klöstern des Ortes ist das Kloster *de Yuso* (das untere Kloster) unter teilweiser Verwendung älterer Bauten vom 16. bis 18. Jh. vorwiegend in dem Desornamentadostil des Escorial-Baumeisters *Herrera* erbaut worden. Unter den Klosterschätzen befinden sich Elfenbeinreliquiare aus dem 11. Jh.

Das Kloster *de Suso* (das obere Kloster) ist ein Bau aus dem 11. Jh.; einige Teile, besonders die Kirche *San Millán*, stammen noch aus der Zeit um 900, der Gründungszeit dieses Klosters.

Die Kirche weist mozarabische Züge auf. Sie steht mit Grotten in Verbindung, die ursprünglich einen Teil des Klosters bildeten und in deren einer das romanische Grabmal des heiligen Millán steht.

Von Nájera aus fährt man über *Navarrete* (Kirche mit sehenswerten Altaraufsätzen) nach Logroño (109 km) zurück.

Bei Navarrete fand 1367 eine Schlacht zwischen *Peter dem Grausamen* von Kastilien und dem berühmten *Schwarzen Prinzen* (Eduard, Prinz von Wales) einerseits sowie *Heinrich von Trastamare* (kastilischer Thronprätendent) und dem bretonischen Heerführer *Bertrand Du Guesclin* andererseits um die Herrschaft über Kastilien statt. Peter und Heinrich siegten.

Route 2: Logroño – Calahorra

Die N. 232 führt direkt nach

* **Calahorra** (49 km). Das ibero-römische *Calagurris Nassica* war die Vorgängerin der heutigen Stadt, in der einige spärliche Ruinen an die Römerzeit erinnern. Das bedeutendste Baudenkmal ist die *Kathedrale* (15./16. Jh.) mit der *Puerta de San Jerónimo* (Nordportal). Ferner sind sehenswert: die gotische Kirche *San Andrés* (16. Jh.), die barocken Altaraufsätze der Kirche *Santiago*, der von *Gregorio Fernández* geschaffene *Christus an der Martersäule* in der *Karmeliterinnenkirche*.

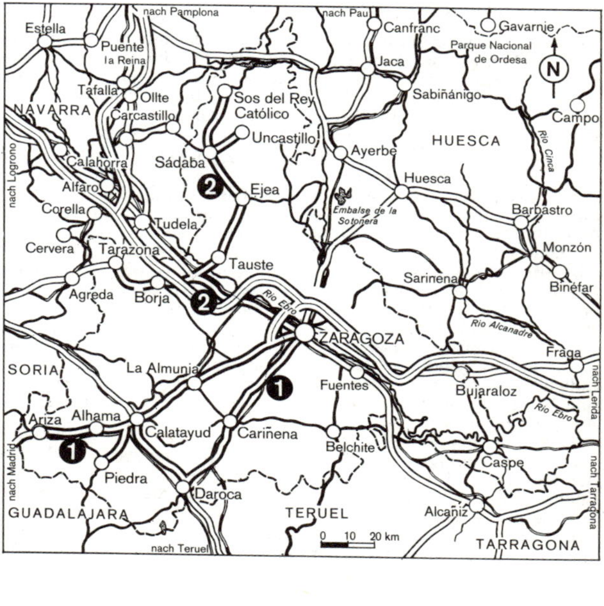

DIE PROVINZ ZARAGOZA

Die Provinz *Zaragoza* (17194 qkm) gehört zu *Aragonien*. Die Provinz wird im Nordosten von der Provinz *Huesca*, im Westen von den Provinzen *Lérida* und *Tarragona*, im Süden von den Provinzen *Teruel* und *Guadalajara*, im Westen von den Provinzen *Soria*, *Logroño* und *Navarra* begrenzt. Die Fernverkehrsstraße N. II führt in Ost-West-Richtung durch die ganze Provinz. Weitere wichtige Straßen sind die von Zaragoza nach Pamplona führende N. 232 und die nach Huesca führende N. 123/330. Zaragoza ist Eisenbahnknotenpunkt (Verbindungen nach Lérida – Barcelona, nach Tarragona – Barcelona, nach Teruel – Valencia, nach Calatayud – Madrid – Valladolid, nach Bilbao und Irún, nach Huesca und Canfranc). Der weitaus sehenswerteste Ort ist die Provinzhauptstadt *Zaragoza.

Die Provinzhauptstadt *Zaragoza

*Zaragoza (weitverbreitete deutsche Schreibweise *Saragossa*) liegt am rechten Ufer des *Río Ebro* in der Nähe der Einmündung des *Río Huerva*. Am linken Ufer des Ebros liegt die neue Vorstadt *El Arrabal*. Die Altstadt bildet ein Rechteck, das im Norden vom Ebro, im Osten und Süden von der *Calle del Coso* und im Westen von der *Plaza de Lanuza* begrenzt wird. Um die Altstadt legt sich eine im 18. Jh. angelegte Neustadt, die bis zum Río Huerva und zum *Paseo de María Agustín* reicht. Über die Grenzen dieser Neustadt hinaus sind im 20. Jh. Industrievororte entstanden, die sich bis zum *Canal Imperial de Aragón* (siehe Seite 128) hinziehen. Die ganze Stadt wird von einer infolge intensiver Bewässerung sehr fruchtbaren Ebene umgeben. Zaragoza ist Sitz eines Erzbischofs, einer Universität und einer Militärakademie. In wirtschaftlicher Hinsicht ist die Stadt Marktzentrum für die Agrarprodukte Aragoniens und ein an Bedeutung ständig wachsendes Industriezentrum.

GESCHICHTE

Das iberische *Salduba* wurde von den Römern zur *Colonia Caesaraugusta* ausgebaut, die sich zu einer der bedeutendsten Städte der *Provincia Taraconensis* entwickelte. Zum westgotischen Reich gehörte die Stadt von 476 bis zur Eroberung durch die Mauren (712). 1118 eroberte König *Alfons I.* von Aragonien die Stadt und machte sie zur Hauptstadt des Königreichs.

Nach der Vereinigung Aragoniens und Kastiliens durch die Katholischen Könige verlor Zaragoza seine Stellung als Residenzstadt, blieb aber weiterhin die Hauptstadt des mit Privilegien ausgestatteten Aragonien.

Da sich die Stadt im Spanischen Erbfolgekrieg auf die Seite des österreichischen Thronprätendenten gestellt hatte, wurden ihr von dem Bourbonen *Philipp V.* alle Sonderrechte genommen. Im Jahre 1809 wurde die Stadt nach dreimonatiger Belagerung von den Franzosen eingenommen; in den erbitterten Straßenkämpfen kamen über 50000 Einwohner Zaragozas und nach Zaragoza geflohene Aragonesen ums Leben. Im Spanischen Bürgerkrieg stand Zaragoza von vornherein auf der Seite der Nationalisten.

SEHENSWÜRDIGKEITEN

Die sehenswertesten Bauten der Stadt sind die *Kathedrale, die Kirche **Nuestra Señora del Pilar*, die **Lonja* und die **Audiencia*.

Den schönsten Blick auf die von zahlreichen Türmen überragte Altstadt hat man vom linken Ufer des Ebros aus. Von dort geht man über den *Puente de Piedra* (15. Jh.; in der Mitte Denkmal an die Belagerung von 1808/1809) zur *Puerta del Ángel* am *Paseo de Echegaray y del Caballero* und befindet sich dann inmitten der auf engstem Raum zusammengedrängten wichtigsten Baudenkmäler Zaragozas. Rechts von der *Calle de Don Jaime I*, die von der Brücke quer durch die Altstadt zur *Plaza de España* führt, steht der Renaissancebau der

***Lonja** (Börse), Mitte des 16. Jh. zum größten Teil von *Gil Morlanes* erbaut. Das Innere ist ein einziger großer Säulensaal mit Sterngewölbe. Neben der Lonja steht das *Rathaus* (1949 bis 1952), an das sich die große Wallfahrtskirche

***Nuestra Señora del Pilar** anschließt. Dieser zwischen der Uferstraße und der *Plaza de Nuestra Señora del Pilar* breit hingelagerte rechteckige Bau ist von zehn kleinen, mit bunten Azulejos gedeckten und mit Renaissancelaternen versehenen Kuppeln, einer großen Mittelkuppel und vier Ecktürmen gekrönt. Das mächtige Bauwerk (129 mal 68 m) wurde unter nur teilweiser Beibehaltung der Pläne des *Francisco Herrera des Jüngeren* (gestorben 1685) von *Ventura Rodriguez* erbaut (vollendet erst gegen Ende des 19. Jh.). Das Innere bildet einen prachtvollen, von Kapellen umgebenen Pfeilersaal. In der Hauptkapelle unter der großen Kuppel, der *Capilla de Nuestra Señora del Pilar*, steht auf dem rechten Altar das kleine alabasterne Gnadenbild (14. Jh.) der *Virgen del Pilar* (Jungfrau auf der Säule). Die Malereien in der Kuppel stammen von *Antonio González Velázquez*, von den Brüdern *Bayeu* und von dem jungen *Goya*. Der Aufsatz des Hochaltars im Chor ist ein Werk (1509 bis 1515) von *Damián Forment* und stammt noch aus der alten Kirche.

Schräg gegenüber der Lonja liegt die kleine *Plaza de la Seo* mit der

***Kathedrale,** der Bischofskirche (Seo) von Zaragoza. Die Kirche wurde von 1119 bis gegen 1550 an der Stelle einer Moschee erbaut; der Turm kam Ende des 17. Jh., das Hauptportal Ende des 18. Jh. hinzu. Der Bau ist teils romanisch, teils gotisch.

Karte S. 141

Mudejar-Kuppel der Kathedrale

Die Backsteinornamentik, die vor allem an der Außenseite der Apsis zu sehen ist, beweist starken mudejarischen Einfluß. An den Portalen, besonders aber im Innern, wird der Einfluß der Renaissance deutlich. Am und im Coro sind das schöne Gitter, das spätgotische Gestühl und der Trascoro mit den Reliefarbeiten von *Arnau von Brüssel* und von *Tudelilla* zu beachten. In der *Capilla Mayor* befindet sich der Hochaltaraufsatz, der hauptsächlich von *Hans von Gmünd* in den Jahren 1473 bis 1477 geschaffen wurde. In fast allen Kapellen sind Grabmäler, Gemälde und Altaraufsätze zu sehen, die ein Verweilen wert sind. Die Sakristei ist eine kleine Schatzkammer. Der Kapitelsaal dient als *Diözesanmuseum* (flämische Wandteppiche).

Man geht nun die Calle de Don Jaime I bis zur Plaza de España (hier beginnt der prächtige bis zur *Plaza de Aragón* führende *Paseo de la Independencia*), biegt nach rechts in die Calle del Coso ein und kommt zur

* **Audiencia.** Dieser einstige Palast der Grafen *Luna* ist ein Renaissancebau des 16. Jh. mit der für Aragonien typischen Bogenreihe im oberen Stockwerk. Das Hauptportal wird von zwei Giganten flankiert (das Gebäude, das heute Berufungsgericht ist, wird daher auch *Casa de los Gigantes* genannt). Der Binnenhof weist reichen Azulejosschmuck auf.

Durch die Straßen *Escuelas Pias* und *San Pablo* kommt man zur Kirche *San Pablo* (13. Jh.; Mudejarturm; Altaraufsatz von *Damián Forment*) und geht von dort weiter durch die Straßen San Pablo und *Santa Inés* zur *Plaza Portillo*, in deren Nähe die Stierkampfarena steht. Von der Plaza Portillo aus sind es gut 300 m bis zu dem am westlichen Stadtrand gelegenen *Castillo de la Aljafería*, dem einstigen Palast der maurischen Könige, von dem noch die Palastmoschee (11. Jh.) erhalten ist. Die großartige Artesonadodecke im Thronsaal stammt aus dem 15. Jh.

Geht man von der Plaza de España zur Plaza de Aragón (siehe oben), so kann man der an der *Plaza de Santa Engracia* gelegenen Kirche (von den Franzosen 1808 zerstört; ab 1891 wiederaufgebaut; platereske Fassade der alten Kirche erhalten) gleichen Namens einen Besuch abstatten und durch die *Calle Costa* weitergehen zum *Museo Provincial de Bellas Artes*, das zugleich archäologisches Museum und Gemäldegalerie ist.

Nur etwa 12 km nördlich von Zaragoza liegt das noch von Mönchen bewohnte und im 16. Jh. erbaute Karthäuserkloster *Aula Dei*, das wegen der Wandmalereien, mit denen *Goya* die Kirche 1774 geschmückt hat, einen Besuch lohnt.

Route 1: Daroca – Calatayud

Man fährt über *Cariñena* (47 km; Weinbauzentrum) nach *Daroca* (85 km), einem Städtchen, das in seine viel zu weiten und mit 114 Türmen bewehrten mittelalterlichen Stadtmauern eine große Viehweide (für den Fall der Belagerung) eingeschlossen hatte (die Mauer steht noch). Sehenswert ist das Pfarrmuseum der Stiftskirche *Santa María* (Altaraufsätze und Goldschmiedearbeiten).

Calatayud (124 km) geht auf eine iberische Ansiedlung, die in römischer Zeit *Bilbilis* (Ruinen etwa 6 km nordöstlich der heutigen Stadt) hieß, zurück. Die Mauren zerstörten die Stadt und erbauten sie an der heutigen Stelle neu (*Kalat-Ayub*). Aus der ehemaligen Moschee wurde durch Umbauten die heutige Stiftskirche *Santa María* (platereskes Portal, frühes 16. Jh.).

An verlassenen Höhlenwohnungen vorbei kann man zu den Ruinen der im 8. Jh. erbauten arabischen Burg hinaufgehen.

Vor der Rückfahrt nach Zaragoza sollte man zwei Abstecher unternehmen, den ersten (27 km je Weg) nach dem schön gelegenen und heute zum Teil als Hotel dienenden festungsartigen *Kloster von Piedra* (13. Jh.), den zweiten (41 km je Weg) über *Alhama de Aragón* (schon den Römern bekanntes Thermalbad) nach *Ariza*, in dessen Nähe mächtige Mauern einer iberischen Stadt freigelegt worden sind. Nach diesen Abstechern fährt man von Calatayud nach Zaragoza (213 km ohne Abstecher) zurück.

Route 2: Tarazona und Sádaba

Man fährt über *Borja* (Stammburg der *Borja/Borgia*, zu denen Papst *Alexander VI.* gehörte) in die Bischofsstadt

Tarazona (89 km). Die gotische und platereske, reich ausgestattete *Kathedrale des hübschen Ortes besitzt einen prachtvollen *Kreuzgang (16. Jh.) im Mudejarstil. Sehenswert sind ferner die Kirche *La Magdalena* (Mudejarturm), das *Bischofspalais* (14. Jh.) und das *Rathaus*.

Im Norden der Provinz liegt *Sádaba* (189 km), ein alter Ort mit römischen Ruinen (besonders beachtenswert das aus dem 2. Jh. n. Chr. stammende Grabmal der Familie *Atilia*) und einem Kastell aus dem 13. Jh.

Ein Abstecher führt nach dem 16 km entfernten *Uncastillo*, unter dessen romanischen Kirchen vor allem Santa María wegen ihrer Portalplastiken sehenswert ist. Von Sádaba fährt man weiter nach *Sos del Rey Católico* (217 km), das heute noch wie eine mittelalterliche Festung wirkt. In der *Casa de Sada* wurde 1452 *Ferdinand der Katholische von Aragonien* geboren (daher rührt auch der Beiname des Ortes).

DIE PROVINZ TARRAGONA

Die Provinz Tarragona (6283 qkm) gehört zu *Katalonien*. Sie wird im Norden von der Provinz *Lérida*, im Osten von der Provinz *Barcelona*, im Südosten vom *Mittelmeer*, im Westen von den Provinzen *Castellón de la Plana*, *Teruel* und *Zaragoza* begrenzt. Die wichtigste Straße ist die fast immer an der Küste entlangführende N. 340 (Barcelona – Tarragona – Cádiz), von der in Tarragona die N. 240 (nach Lérida – Huesca – Pamplona) und die N. 420 (nach Alcañiz) abzweigen. Die wichtigste Eisenbahnlinie ist die Küstenstrecke von Barcelona über Tarragona und Tortosa nach Valencia. Tarragona liegt außerdem an der Strecke nach Madrid, die auch von Tortosa aus zu erreichen ist. Zur Provinz Tarragona gehört der westliche Teil der Ferienlandschaft *Costa Dorada*. Die größten Sehenswürdigkeiten der Provinz sind die Stadt **Tarragona und die Klöster ***Poblet* und **Santas Creus*.

Die Provinzhauptstadt **Tarragona

**Tarragona liegt an und auf einem Hügel von rund 100 m Höhe, der sich nahe der Mündung des *Río Francolí* über der Mittelmeerküste erhebt. Wegen dieser Lage – sie gewährt eine großartige Aussicht nach allen Himmelsrichtungen – wird die Stadt vielfach der „Balkon des Mittelmeers“ genannt. Die Stadt ist Sitz eines Erzbischofs. Für die Wirtschaft spielen der Weinhandel und der Handelshafen die größte Rolle. Ein kleines Industrieviertel liegt zwischen Bahnhof und Hafen.

GESCHICHTE

Die Anfänge der Stadt, an die die kyklopischen Fundamente der Stadtmauern erinnern, verlieren sich in vorgeschichtlicher Zeit. Über das Volk, das die Stadt gründete, ist nichts Sicheres bekannt. In iberischer Zeit war die Stadt von dem Stamm der *Kessetaner* bewohnt. Den Karthagern wurde sie 218 v. Chr. von den Römern entrissen. In römischer Zeit entwickelte sich

Playa del Milagro

Tarraco zur bedeutendsten Stadt der Iberischen Halbinsel. Im Jahre 26 v. Chr. wurde die Stadt zur Hauptstadt der größten römischen Provinz auf der Iberischen Halbinsel erhoben, und diese Provinz wurde nach der Stadt *Provincia Tarraconensis* genannt. Die Bürger Tarracos waren den Bürgern Roms gleichgestellt. Die Stadt soll damals rund eine Million Einwohner gezählt haben. Das Stadtareal war rund zehnmal größer als das der heutigen Stadt. Die Westgoten und die Mauren zerstörten die Stadt. *Ramón Berenguer III.*, Graf von Barcelona, eroberte die Stadt und überließ sie als Lehen den Normannen, die für eine Neubevölkerung (ab 1118) Sorge trugen, die Stadt aber bald wieder an die Mauren verloren. 1220 wurde Tarragona endgültig mit Katalonien vereinigt, erlebte aber auch weiterhin eine glücklose Geschichte.

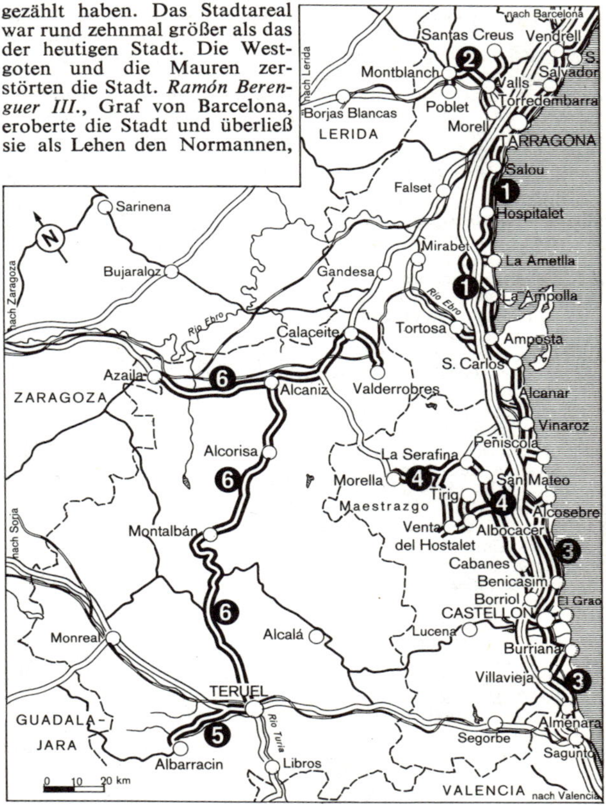

Die letzte teilweise Zerstörung und Entvölkerung erlebte die Stadt 1813 im Spanischen Unabhängigkeitskrieg. Am Wiederaufbau und an der Wiederbevölkerung im 19. Jh. waren auch Ausländer beteiligt.

SEHENSWÜRDIGKEITEN

Die bedeutendsten Sehenswürdigkeiten der Stadt und ihrer engsten Umgebung sind die **Kathedrale*, das **Archäologische Museum*, die ***antiken Mauern* und außerhalb der Stadt der römische **Aquädukt*.

Die Stadtbesichtigung sollte man auf dem *Balcón del Mediterráneo* beginnen. Dieser befindet sich am Südostende der *Rambla del Generalísimo*, der Hauptverkehrsstraße Tarragonas. Man sieht von dort aus den zum Teil auf den alten Stadtmauern verlaufenden *Paseo de Calvo Sotelo*, darunter den *Parque del Milagro* mit den Ruinen eines *Amphitheaters* (um Christi Geburt) und die jenseits der Bahnlinie gelegene *Playa del Milagro*, einen der Strände der Stadt. Weiter westlich sieht man den *Hafen* mit seinem rund 1700 m langen Damm. Die Verlängerung des Paseo de Calvo Sotelo ist die *Avenida de la Victoria*. Zwischen ihr und der *Plaza del Rey* erhebt sich der *Palacio de Augusto* (auch *Pretorio Romano* und *Torreón de Pilatos* genannt; der letzte Name beruht auf der legendären Überlieferung, daß *Pontius Pilatus*, der Landpfleger von *Judäa*, vorher Praetor in Tarragona gewesen sei). Der Palast, im dem Kaiser *Augustus* einige Jahre gewohnt hat und der später Residenz der Könige von Aragonien war, stand in direkter Verbindung mit dem *Forum* (an der zur *Nazareth-Kirche* hingewandten Mauer sind noch die Pilaster eines überdeckten Verbindungsgangs zu sehen). Neben dem Palast steht das

*** Museo Arqueológico Provincial,** in dem vorwiegend Funde aus der römischen Kaiserzeit zusammengetragen sind. Zu den bedeutendsten oder interessantesten Stücken der Sammlungen gehören: im Saal IV Mosaiken, darunter ein Medusenhaupt; im Saal II ein Marmorsarkophag (2. Jh. n. Chr.) mit Reliefdarstellungen der griechischen Hippolytos-Sage; im Saal V eine 23 cm große elfenbeinerne Gliederpuppe (4. Jh. n. Chr.) aus einem Kindergrab der Nekropole (siehe Seite 150); im Saal VI die Bronzefigur eines Negerknaben (Lampenträger); im Treppenaufgang vom 1. zum 2. Stockwerk ein Mosaik mit Darstellungen von Fischen und anderen Meerestieren; im Kellergeschoß ist ein Teil der römischen Mauer zu sehen, über der das Museumsgebäude errichtet worden ist.

Man geht die Avenida de la Victoria weiter und kommt durch die *Puerta de San Antonio* zum *Paseo Arqueológico*, der Archäologischen Promenade, die an der mächtigen ***Stadtmauer* entlangführt. Auf einer aus unregelmäßigen Blöcken bestehenden Unterschicht aus dem 6. Jh. v. Chr. (auf sie geht die Bezeichnung *Muralla ciclópea* = Kyklopenmauer zurück) liegen die römische (218 v. Chr. und später; Netzverband) und die mittelalterliche Schicht (Quaderwerk).

Diese Mauer umschließt auf etwa 3 km Länge den höchstgelegenen Teil der Stadt. Man verläßt den Paseo Arqueológico durch die *Puerta del Rosario* und geht über die *Plaza del Pallol* (in einem römischen Stadttor das *Stadtmuseum*) zur *Calle de Caballeros* und biegt von dieser nach links in die *Calle Mayor* ein, die zu der 160 m hoch gelegenen

***Kathedrale** hinaufführt. Mit dem Bau der Kathedrale – sie

Fassade der Kathedrale

steht an der Stelle, an der ein römischer Tempel und dann eine Moschee gestanden hatten – wurde im 12. Jh. begonnen. Der unvollendete Bau wurde 1331 seiner Bestimmung übergeben und dann bis in das frühe 16. Jh. hinein durch Kapellen vervollständigt. Er ist im wesentlichen gotisch (von der Frühgotik bis zum Platereskenstil); die ursprüngliche romanische Konzeption ist an der festungsartigen Apsis, an den Seitenportalen und vor allem im Kreuzgang noch festzustellen. Im einzelnen sind besonders sehenswert: die unvollendete Fassade (Beginn 1278) mit prächtigem Portal und großartiger Fensterrose; im *Coro* das Chorgestühl (15. Jh.); in den Fenstern der Vierungskuppel Glasmalereien (16. Jh.); in der *Capilla Mayor* der Altaraufsatz (15. Jh.) von *Pere Johan* und *Guillén de la Mota*; rechts vom Hochaltar in der Capilla Mayor das Grabmal des Erzbischofs *Juan de Aragón* (gestorben 1334); die Altaraufsätze besonders in den am linken Seitenschiff gelegenen Kapellen; der Kreuzgang mit seinen hervorragenden figürlichen Kapitellen (an einem Kapitell ist das Begräbnis einer Katze, die von Ratten auf einer Bahre getragen wird, dargestellt) und dem im Mauerwerk des Westflügels erhaltenen *Mihrab* der einstigen Moschee; das am Kreuzgang gelegene *Diözesanmuseum* (unter anderem flämische Wandteppiche aus dem 15. und 16. Jh.).

Man kann um die Kathedrale herumgehen und trifft an der linken Seite auf die *Plaza del Palacio* mit dem Bischöflichen Palais (1814), auf der rechten Seite, an der Ecke der Straßen *San Pablo* und *Vilamitjana*, auf die Kapelle *Santa Tecla la Vella* (13. Jh.), die jetzt einen Teil des *Diözesanmuseums* bildet.

Man geht die Calle Mayor wieder hinunter, erreicht über die *Bajada de la Misericordia* die langgestreckte *Plaza José Antonio* (sie liegt an der Stelle des einstigen römischen *Zirkus*) und geht dann in südwestlicher Richtung, die *Rambla de San Carlos* kreuzend, weiter bis zur *Rambla del Generalísimo*, von deren westlichem Abschnitt die *Avenida de Ramón y Cajal* abzweigt. Diese Straße führt zur

Necrópolis de San Fructuoso, der auf dem Gelände einer Tabakfabrik gelegenen frühchristlichen Begräbnisstätte. Die wichtigsten Funde, die in den rund 2000 Gräbern gemacht wurden, sind in einem *Museum* untergebracht; die Funde stammen aus dem 3. bis 5. Jh. n. Chr.

Route 1: Die Costa Dorada

Der tarragonesische Teil der *Costa Dorada* beginnt mit dem kleinen Badeort *Segur de Calafell* (37 km von Tarragona; langer, feinsandiger Strand), dem das größere *Calafell* (34 km; 3 km langer Sandstrand) benachbart ist. 4 km landeinwärts liegt das Städtchen *Vendrell* (30 km), das die Heimat des berühmten Cellisten *Pablo Casals* ist, vor allem aber die städtische Mitte für die an dem östlichsten Abschnitt der tarragonesischen Küste gelegenen Badeorte bildet. Eine Stichstraße führt zu dem 3 km entfernten kleinen Badeort *San Salvador*, dessen zum Teil mit

Arco de Bará

Pinien bestandener Strand fast 2 km lang ist. An der Straße nach Tarragona liegt die Badezone von *Comarruga* (25 km) mit Hotels, Villen, Ferienwohnungen und feinsandigem Strand, der rund 4,5 km lang ist. Westlich von Comarruga steht auf einer Insel zwischen den beiden Fahrbahnen der N. 340, die in ihrem Verlauf weitgehend der römischen *Via Augusta* (Barcelona – Cartagena) entspricht, der

***Arco de Bará** (20 km), der schönste römische Triumphbogen Spaniens. Er wurde um 105 n. Chr. erbaut, ist gut 12 m hoch und auf jeder Seite mit vier korinthischen Pfeilern geschmückt. In der Nähe des Triumphbogens liegt am Strand das Urbanisationsgebiet *Roda de Bará*.

Es folgen die Badeorte *Torredembarra* (14 km; 3,5 km feinsandiger und noch recht ruhiger Strand) und *Altafulla* (11 km; zum Teil kiesiger Strand), in dessen Nähe das *Castillo de Tamarit* (um 1200) steht. 9 km vor Tarragona biegt nach rechts ein Weg ab, der zu dem römischen Steinbruch von *El Medol* führt. 2 km weiter sieht man rechts der Straße nach Tarragona die sogenannte *Torre de los Escipiones*, den Scipionenturm, ein 8 m hohes römisches Mausoleum aus dem 1. Jh. n. Chr., das mit den Scipionen (um 200 v. Chr.) nichts zu tun hat.

12 km westlich von Tarragona liegt der weitaus größte Badeort der tarragonesischen Costa Dorada, das vielleicht von Griechen gegründete und von den Römern *Salauris* genannte

Salou. Der Hafen von Salou hat im Mittelalter eine große Rolle gespielt; 1229 brach die katalonisch-aragonesische Flotte

Scipionenturm

von Salou auf, um die Balearen zu erobern. Heute ist Salou wegen seiner beiden großen Strände beiderseits des Kaps von Salou und wegen seiner ausgezeichneten touristischen Einrichtungen, die ständig verbessert und erweitert werden, auf dem besten Wege, ein internationales Seebad zu werden.

Die Küstenstraße führt weiter über die Badeorte *Cambrils* (18 km; Fischerhafen, feinsandiger Strand, neben der Kirche mächtiger Wehrturm zum Schutz gegen Piraten) und *Miami Playa* (Feriensiedlung mit teils feinem, teils grobem Sandstrand) nach *Hospitalet del Infante* (33 km), das seinen Namen dem 1314 gegründeten viertürmigen Pilgerhospital verdankt und mit seinem sehr sanft abfallenden Schwemmsandstrand auch als Badeort eine bescheidene Rolle spielt. Kurz hinter Hospitalet del Infante verläßt die Straße die Küste, in der Nähe von *Pons* zweigt aber eine Stichstraße nach dem Badeort *La Ametlla del Mar* (Fischerhafen; grober Sandstrand) ab. Über *Perelló* erreicht die N. 340 bei *Ampolla* wieder das Meer, wendet sich aber sogleich erneut dem Landesinnern zu (links der Straße bleibt das weit ins Meer vorgeschobene und zum Teil sumpfige Ebrodelta liegen). Von *Aldea* (77 km) aus sollte man einen Abstecher (13 km je Weg) nach

Tortosa machen. Die von Wein- und Reisfeldern, von Oliven- und Johannisbrotbäumen umgebene Bischofsstadt am Ebro geht auf das iberische *Hibera* und das römische *Dertosa Julia Augusta* zurück. Während des Spanischen Bürgerkriegs bildete der Ebro lange Zeit die Grenze zwischen den Republikanern und den Nationalisten. Infolgedessen hat die Stadt sehr schwer gelitten. Nur das Viertel um die Kathedrale hat sich sein altes Aussehen bewahrt. Die Kathedrale ist ein gotisches Bauwerk des 14. Jh. (der Turm, die sogenannte *Almudena*, ist ein Rest der Moschee), das im 18. Jh. eine klassizistische Fassade erhielt. Im Innern verdienen besondere Beachtung der doppelte Chorumgang (15. Jh.), der Flügelaltar (14. Jh.) in der Apsis, die *Capilla de la Cinta* (zweite Kapelle rechts), die im 18. Jh. zur Aufbewahrung des angeblichen Gürtels der Jungfrau *Maria* erbaut wurde, und schließlich der Kreuzgang (13. Jh.).

Sehenswert sind ferner der Innenhof des Bischöflichen Palais' (14. Jh.), Innenhof und Renaissanceportale des *Collegio San Luis* (1544 zur Erziehung getaufter Mauren erbaut) und die Renaissancefassade des ehemaligen Klosters *Santo Domingo* (heute Museum und Archiv).

Von Aldea aus fährt man über den Ebro und durch *Amposta* nach *San Carlos de la Rápita* (Fischer- und Badeort mit etwa 9 km langem, grobkörnigem Strand) und weiter nach *Alcanar* (106 km), dem letzten Badeort (vorwiegend kiesiger Strand) der Costa Dorada, an der Grenze zwischen den Provinzen Tarragona und Castellón de la Plana gelegen.

Route 2: Santas Creus und Poblet

Man verläßt Tarragona auf der N. 240 und erreicht über einen Feldweg, der etwa 100 m nach der Autobahnunterführung rechts abzweigt, den

***Puente del Diablo** („Teufelsbrücke"), der offiziell *Acueducto de las Ferreras* heißt. Es handelt

Puente del Diablo

sich um einen um das Jahr 100 n. Chr. erbauten römischen Aquädukt, der aus zwei Arkadenreihen (untere Reihe 11 Bögen, 73 m Länge, 13 m Höhe; obere Reihe 25 Bögen, 217 m Länge, 29 m Höhe) besteht und die Stadt Tarragona mit dem Wasser des etwa 35 km entfernten *Río Gayá* versorgte. Der Aquädukt ist eines der schönsten römischen Bauwerke in Spanien.

Man fährt weiter nach *Valls* (20 km), einer noch von Mauern umgebenen Industriestadt mit der malerischen Straße *Arco de los Judíos* und der Kirche *San Juan Bautista* (1570), in der sich ein prächtiger Altaraufsatz mit dem Gnadenbild der *Nuestra Señora de la Candela* befindet. In Valls verläßt man die N. 240 und schlägt die C. 246 (Richtung Vendrell) ein, von der nach 10 km die Straße zum

***Monasterio de Santas Creus** abzweigt. Das Mitte des 12. Jh. gegründete Zisterzienserkloster, dessen Name „Heilige Kreuze" bedeutet, wurde 1835 geplündert und großenteils zerstört. Die inzwischen weitgehend restaurierten Gebäude dienen heute als Wohnungen, Schule, Bürgermeisterei, die Kirche (um 1200) als Pfarrkirche. In der Pfarrkirche, der Grabkirche der aragonesischen Könige aus dem Hause der Grafen von Barcelona, befinden sich königliche Grabmäler (besonders das des Königs *Pedro III.*, gestorben 1285, ist sehenswert) und Grabmäler des katalonischen Adels. Am sehenswertesten ist der an die Kirche sich anschließende gotische *Neue Kreuzgang* (14. Jh.). Im Kapitelsaal (12. Jh.) sind Gräber von Äbten. Der Alte Kreuzgang (12. Jh.) ist in strengem romanischen Stil gehalten.

Von Santas Creus fährt man nach Valls zurück und dann auf der N. 240 weiter nach *Mont-*

blanch (71 km), das noch von mittelalterlichen Mauern umgeben ist und in dessen Straßen viele ehemalige Adelshäuser von der einstigen Bedeutung des Ortes künden. In der Nähe liegt das

****Monasterio de Poblet** (77 km). Dieses ebenfalls im 12. Jh. gegründete Zisterzienserkloster erlitt im Jahre 1835 das gleiche Schicksal wie das Kloster Santas Creus. Im Gegensatz zu jenem wurde es aber nach der Wiederherstellung im Jahre 1940 wenigstens teilweise wieder von Zisterziensermönchen bezogen. Das Kloster, das im Mittelalter eines der angesehensten und reichsten Klöster Spaniens war und mit dem das Kloster Santas Creus vergebens zu rivalisieren suchte, ist von einem dreifachen Mauergürtel umgeben. Der Raum zwischen dem ersten und zweiten Mauergürtel diente in erster Linie dem Schutz der Klosterbauern und -handwerker; hier steht neben der *Puerta Dorada* (1493), dem Durchgang durch den zweiten Mauergürtel, die hübsche gotische *Capilla San Jorge* (15. Jh.). Zwischen dem zweiten und dritten Mauergürtel befanden sich Lagerräume und sonstige Wirtschaftsgebäude, außerdem eine Pilgerherberge und ein Armenspital.

An der *Plaza Mayor* steht die romanische Kirche *Santa Catalina* (12. Jh.), Die Plaza Mayor grenzt an den inneren Mauergürtel, einen von zwölf Türmen verstärkten echten Befestigungsring, in dem das eigentliche Kloster liegt, zu dem es zwei Zugänge gibt: die von zwei Türmen flankierte *Puerta Real* und das barocke Portal der Klosterkirche. Man betritt das Kloster in der Regel durch die Puerta Real und kommt in den vorwiegend gotischen *Großen Kreuzgang* (13./14. Jh.), an dessen Nordseite sich die *Küche*

Poblet: Puerta Real

(13. Jh.) und das *Refektorium* (12. Jh.) befinden, während an der Ostseite der *Kapitelsaal* mit Gräbern von Äbten liegt. An der Südseite des Kreuzgangs steht die im 12. Jh. erbaute romanische Kirche (Anbauten aus dem 13./14. Jh.), in der besonders der von *Damián Forment* 1526 bis 1531 geschaffene Hochaltaraufsatz und die im 20. Jh. vorzüglich restaurierten Grabmäler der aragonesischen Könige Beachtung verdienen. Links vom Hochaltar führt eine Treppe hinauf in den 87 m langen einstigen Schlafsaal und zum Königlichen Palast, den sich König *Martin I.* als Ruhesitz ab 1397 erbauen ließ, der aber nie vollendet wurde.

Man fährt über Montblanch, *Morell* und *Constanti* (in der Nähe das *Baptisterio de Centcelles*, 4. Jh. n. Chr.) nach Tarragona (117 km) zurück.

DIE PROVINZ CASTELLÓN DE LA PLANA

Die Provinz Castellón de la **Plana (6679 qkm) gehört zur historischen Landschaft *Valencia*, gilt aber heute meist als Teil der nichthistorischen *Levante*, deren Zentren Valencia** und Murcia sind. Die Provinz wird im Norden von den Provinzen *Teruel* und *Tarragona*, im Osten vom *Mittelmeer*, im Süden von der Provinz *Valencia* und im Westen von der Provinz *Teruel* begrenzt. Die Hauptverkehrsstraße ist die an der Küste entlangführende N. 340 (Barcelona – Castellón de la Plana – Cádiz), von der in Vinaroz die N. 232 nach Zaragoza abzweigt. Den äußersten Südwesten der Provinz durchzieht außerdem die N. 234 (Sagunto – Teruel). Parallel zur Küstenstraße verläuft die Haupteisenbahnlinie (Barcelona – Valencia), parallel zur N. 234 die Linie Valencia – Zaragoza. Zur Provinz Castellón de la Plana gehört der nördliche Teil der Ferienlandschaft *Costa del Azahar*. Die wichtigsten Sehenswürdigkeiten sind die Orte **Peñíscola und Morella und die *Höhlenmalereien bei Tirig und Albocácer.

Die Provinzhauptstadt Castellón de la Plana

Castellón de la Plana liegt im Anschwemmungsgebiet des *Río Mijares*, inmitten einer gut bewässerten Ebene (Plana = Ebene), in der vor allem Apfelsinen angebaut werden (im sumpfigen Küstengebiet auch Reis). Die Stadt wurde an dieser Stelle 1251 gegründet. Im Spanischen Bürgerkrieg war sie eines der Widerstandsnester der Republikaner; ihre sehenswerten Bauten, insbesondere die Kirchen, wurden daher im Jahre 1936 zerstört. Die Kathedrale *Santa María*, ein Neubau des Jahres 1940, ist eine ziemlich getreue Kopie der um 1400 erbauten gotischen Kirche. *Grao de Castellón*, der Hafen der Stadt, liegt 4 km entfernt. Beiderseits des Hafens (die Fischversteigerungen am Morgen sollte man einmal miterleben) befinden sich flache Sandstrände. Am schönsten ist der von *El Pinar*, umgeben von einem Pinienwald und mit hervorragenden touristischen Einrichtungen. Die Stadt Castellón de la Plana muß wegen ihres Vorortes *El Grao* den Badeorten der Costa del Azahar zugerechnet werden. Nordöstlich der Stadt (in Richtung auf die Playa del Pinar) steht das *Santuario de Lidón* (18. Jh.), das vielbesuchte Heiligtum der Stadtpatronin *María*.

Recht reizvoll sind kleine Fahrten in die vom Mijares bewässerte *Plana*, die mit ihrer dichten Besiedlung einen guten Einblick in die Lebensverhältnisse einer *Huerta* bietet.

Route 3: Die Costa del Azahar

An der Costa del Azahar, die an der Grenze zwischen den Provinzen Tarragona und Castellón de la Plana beginnt, liegen zunächst die kleinen Badeorte *Vinaroz* (78 km von Castellón de la Plana entfernt; typischer Fischerort; ausgezeichnete Langusten) und *Benicarló* (71 km). Von Benicarló aus kann man die Küste entlang nach

****Peñíscola (6 km) fahren. Das Städtchen ist wegen seiner Lage** und Anlage einer der sehenswertesten Orte Spaniens. Es ist auf einem 37 m hohen Felsen erbaut, der mit dem Festland durch eine heute ebenfalls besiedelte Sandbank verbunden ist. Die Besiedlung dieses Felsens scheint bis in vorgeschichtliche Zeiten zurückzureichen. Zu Beginn des 13. Jh. entriß *Jaime I.* von Aragonien die Insel den Mauren und überließ sie dann den Tempelrittern, die die wuchtige, den Felsen krönende Burg erbauten. Von 1415 bis 1423 war das Schloß Zufluchtsort des abgesetzten Gegenpapstes *Benedikt XIII.*, der aus dem aragonesischen Adelsgeschlecht *de Luna* stammte.

Zur Zeit *Philipps II.* erhielt die kleine Stadt ihre Festungsmauern (auf ihnen kann man einen Spaziergang um die Stadt machen). In neuster Zeit hat Peñíscola als Badeort Bedeutung erlangt. Die Strände und Hotels liegen teils am Fuß des Felsens, teils an der benachbarten Festlandsküste.

Die Straße wendet sich landeinwärts und führt über *Alcalá de Chivert* (49 km; in der Nähe die Ruinen der Burg Chivert), zu dem die am Meer gelegene Ansiedlung *Alcocebre* (Sommervillen, neues Touristenzentrum *Las Fuentes*, schöne Strände) gehört, nach *Oropesa del Mar* (22 km), das sich bis an die Küste (schöner Sandstrand; *Torre del Rey* aus dem 16. Jh.) ausgedehnt hat.

Einer der größten Bade- und Touristenorte an der Costa del Azahar ist

Benicasim (13 km), dessen Ortskern ein wenig von der Küste entfernt liegt. An der Küste aber hat sich das Badeviertel *Las Villas de Benicasim* entwickelt (und es entwickelt sich beständig noch weiter), das mit dem im Entstehen begriffenen *Las Playetas* in Richtung Oropesa del Mar ausgreift und mit seiner *Playa de las Villas* bis an die *Playa del Pinar* von Castellón de la Plana heranreicht. Über dem Ort stehen die Ruinen des *Castillo de Montornes*, und noch höher liegt das Karmeliterkloster *Desierto de las Palmas* (18. Jh.; 728 m hoch, herrliche Aussicht).

Südlich von Castellón de la Plana liegt in einem riesigen Orangenhain *Villareal de los Infantes* (7 km), von wo aus es rund 7 km bis zu den Stränden von *Burriana* sind. Die N. 340 führt weiter nach *Nules* (in der Nähe das kleine Thermalbad *Villavieja*) und *Almenara* (31 km), in dessen Nähe auf dem *Monte del Cid* Ruinen eines *Venustempels* stehen, der wahrscheinlich zu einem römischen Lager gehört hat. Die an der Küste gelegenen Sümpfe von Almenara sollen teilweise Becken des Hafens Saguntum gewesen sein.

Route 4: Die Landschaft Maestrazgo

Man verläßt Castellón de la Plana auf der C. 238 und fährt über *Borriol* und *Puebla Tornesa* nach *Cabanes* (26 km), wo auf freiem Feld an der alten Römerstraße der Rest eines römischen Triumphbogens steht. *San Mateo* (68 km) liegt bereits im unteren *Maestrazgo* (die Pfarrkirche ist wegen ihres romanischen Portals aus dem 13. Jh. sehenswert). Bei *La Serafina* trifft die C. 238 auf die N. 232, die an der Wallfahrtskirche *Virgen de Vallivana* vorbei nach

Morella (108 km) führt. Die Altstadt *(Morella la Vella)* liegt

Morella

auf einem einzelnen Bergkegel, der in weitem Umkreis von Bergen umgeben ist, und reicht in die Zeit der Iberer (Mauerreste) zurück. Auf dem Gipfel des Kegels steht eine mittelalterliche Burg. Die ganze Stadt ist von Türmen und Mauern umgeben. Der Abgeschlossenheit nach außen hin entspricht die Fülle stiller Winkel im Innern. Das bedeutendste Baudenkmal ist die Kirche *Santa María* (13./14. Jh.), die zwei schöne gotische Portale und eine reiche barocke und churriguereske Innenausstattung besitzt. Etwa 5 km außerhalb der Stadt (in Richtung *Forcall*) liegt die *Cueva de Morella la Vella*, eine Höhle mit Felsmalereien.

Man fährt von Morella bis zur Kirche der Virgen de Vallivana zurück und biegt knapp 1 km weiter nach rechts in einen landschaftlich sehr schönen Weg ein, der über das mittelalterlich anmutende *Catí* in die Gasulla- und in die Valltorta-Schlucht führt. Bei der *Venta del Hostalet* fährt man zunächst nach rechts und besucht die Höhlen bei *Montalvana*, die im

***Barranco de Gasulla** liegen. Die wichtigste Höhle ist die *Cueva Remigia*. Dann fährt man über die Venta del Hostalet hinaus bis *Albocácer* (sehenswerte Pfarrkirche aus dem 16. Jh.) und von dort weiter auf der Straße in Richtung *Tirig*. An dieser letzten Straße liegt der

***Barranco de Valltorta** mit den Höhlen, deren Felsmalereien den historisch Interessierten zu empfehlen sind. Die wichtigste Höhle ist die *Cueva dels Civils y dels Cavalls*. Alle Malereien stammen aus der Zeit zwischen 10000 und 2000 v. Chr.
Auf der C. 238, die man von Albocácer aus erreicht, fährt man nach Castellón de la Plana (262 km) zurück.

DIE PROVINZ TERUEL

Die Provinz Teruel (14803 qkm) gehört zu *Aragonien*. Sie wird im Norden von der Provinz *Zaragoza*, im Osten von den Provinzen *Tarragona* und *Castellón de la Plana*, im Süden von den Provinzen *Valencia* und *Cuenca* und im Westen von den Provinzen *Cuenca* und *Guadalajara* begrenzt. Die wichtigsten Straßen sind die N. 234 (Valencia – Teruel – Burgos) und die N. 420 (Tarragona – Teruel – Cuenca). Zu den Hauptverkehrsstraßen Spaniens zählen diese Straßen nicht. Auch von der Eisenbahn wird die Provinz, die immerhin zu den größten Provinzen Spaniens zählt, nur schlecht bedient. Die Linie Valencia – Zaragoza führt über Teruel durch den westlichen Teil der Provinz. Außerdem wird der nördlichste Teil der Provinz von der Linie Tarragona – Zaragoza berührt. Die bedeutendste Sehenswürdigkeit der Provinz ist die Hauptstadt Teruel.

Die Provinzhauptstadt Teruel

Teruel liegt auf einer rund 60 m hohen Terrasse über dem linken Ufer des *Río Turia* in 916 m Höhe. Die Stadt ist Bischofssitz. Die fruchtbare Vega im Tal des Río Turia bildet neben der Holzindustrie die Existenzgrundlage Teruels.

GESCHICHTE

Die von den Iberern gegründete Stadt wurde 218 v. Chr. von den Römern zerstört (Vergeltung für die Zerstörung von Sagunto, siehe Seite 164), aber bald wiederaufgebaut. In maurischer Zeit gehörte die Stadt zeitweilig zu dem Kleinkönigreich *Albarracín* (siehe Seite 159), bis sie 1171 von *Alfonso II.* von Aragonien zurückerobert wurde. Die Mauren blieben nach der Eroberung in auffallend großer Zahl in Teruel, und diesem Umstand verdankt es die Stadt, daß sie in architektonischer Hinsicht in ganz besonderem Maße eine Mudejarstadt geworden ist.

1486 erlebte Teruel einen Judenpogrom, und 1502 wurde die letzte Moschee geschlossen. Im 16. Jh. wurde in einem gemeinsamen Grab ein junges Paar gefunden, das in die spanische Literatur als die „Liebenden von Teruel" eingegangen ist (siehe Seite 158). Im Spanischen Bürgerkrieg erlitt die Stadt schwere Zerstörungen, jedoch sind die alten Bauten wenigstens zum Teil originalgetreu wiedererrichtet worden.

SEHENSWÜRDIGKEITEN

Die bedeutendsten Baudenkmäler sind die *Kathedrale* und die Türme der Kirchen *San Salvador* und *San Martín*.

Vom *Paseo del Generalísimo* aus

geht man durch die enge *Calle del Santísimo Cristo del Salvador* ins Stadtzentrum. Dabei durchschreitet man den Torbogen der

Torre del Salvador (13. Jh.), des berühmtesten Mudejarturmes der Stadt. Er ist, wie auch die anderen Mudejartürme, aus Backsteinen erbaut und mit Azulejos geschmückt. Neben ihm steht die Kirche *San Salvador* (12. Jh.; im 18. Jh. verändert). Man folgt der *Calle Salvador* ein Stück in Richtung Stadtzentrum, biegt nach links in die *Calle Yagüe de Salas* ein und erreicht über die *Plaza del Cristo Rey* die *Plaza de Perez-Prado*. An dieser stehen die *Casa de la Cultura* (archäologisches Museum) und vor allem die

Torre de San Martín (13. Jh.), die als der schönste Mudejarturm der Stadt gilt (er gehört zur Kirche *San Martín*). An der rechten Seite der Kirche geht man die *Calle 22 de Febrero* bis zur *Calle Chantria* und kommt auf ihr zur

Torre de San Martín

Kathedrale (vorwiegend 16. Jh.; Restaurierung nach 1937), deren schöner Mudejarturm 1257 erbaut wurde (der ebenfalls im Mudejarstil gehaltene Vierungsturm ist jünger). Im Innern der Kirche ist vor allem die mit hübschen Malereien versehene Kasettendecke (Artesonado) beachtenswert. Der platereske Aufsatz des Hochaltars wurde 1535 von *Gabriel Joli* geschaffen. Im Kirchenschatz befindet sich eine fast drei Meter hohe Silbermonstranz (1742).

Man geht nördlich der Kathedrale durch die *Calle San Miguel* zur Kirche *San Miguel*, in deren Nähe sich der Aquädukt *Los Arcos* (16. Jh.) befindet. Von dort folgt man der *Ronda de Damaso Torán* bis zur *Calle Joaquin Costa*, die zur dreieckigen *Plaza de Carlos-Castell* führt. Dieser hübsche Platz wird nach der einen Brunnen schmückenden Stierplastik (Stadtsymbol) *Plaza del Torico* genannt. Eine Treppenstraße führt von dort zur Kirche

San Pedro (12./13. Jh.), einem Mudejarbau, dessen Altaraufsatz wahrscheinlich *Gabriel Joli* geschaffen hat. In der neben der Kirche stehenden Grabkapelle sind die „Liebenden von Teruel" beigesetzt. Das Grabmal ist eine Arbeit von *Juan de Ávalos*.

Route 5: Albarracín

Albarracín (38 km), einst Hauptstadt eines maurischen Königreiches, ist heute eine fast verlassene Stadt, die aber wegen ihres mittelalterlichen Gepräges einen Besuch verdient. Turmbewehrte Stadtmauern, Adelshäuser, eine Kathedrale aus dem 14. Jh. mit sieben flämischen Wandteppichen (16. Jh.) und in der Umgebung Höhlen mit vorgeschichtlichen Felsmalereien lassen den Besuch von Albarracín nicht zuletzt für Fotografen zu einem Erlebnis werden.

Route 6: Der Norden der Provinz

Nach einer 167 km langen Fahrt auf der N. 420 durch ein Gebiet, das sich keinerlei Sehenswürdigkeiten rühmen kann, erreicht man die Stadt

Alcañiz, die wahrscheinlich dem iberischen *Anitorgis* entspricht. An der hübschen *Plaza de España* stehen die *Lonja*, ein spätgotischer Bau mit drei hohen Arkaden, und das Re-

Alcañiz: Stiftskirche

naissancerathaus. Die Stiftskirche *Santa María* ist ein Barockbau des 18. Jh. Die Burg wurde im 12. Jh. von den Tempelrittern erbaut und später erweitert; der Kapitelsaal im ersten Stockwerk ist reich mit Fresken (14. Jh.) geschmückt.

Von Alcañiz aus lassen sich mehrere Abstecher unternehmen. Der erste führt nach *Azaila* (46 km je Weg), in dessen Nähe an und auf dem Hügel *de Alcalá* Ruinen aus iberischer und römischer Zeit liegen.

Der zweite Abstecher hat *Calaceite* (37 km je Weg) zum Ziel. Die *Plaza Mayor* des kleinen Ortes ist von Arkadenhäusern umgeben, unter denen sich auch das Rathaus mit der typisch aragonesischen Galerie im obersten Stockwerk befindet. Die Kirche (17. Jh.) besitzt ein schönes Barockportal (1720).

Von Calaceite aus kann man auf einer allerdings schlechten Straße in die Landschaft *Maestrazgo* (s. S. 156) fahren. Dort liegt, 20 km südlich von Calaceite, das zu Unrecht etwas vergessene *Valderrobres*, das von mächtigen Burgruinen beherrscht wird und manches beachtenswerte Bauwerk besitzt (Kirche *Santa María* mit schöner Fensterrose über gotischem Portal; *Rathaus* im Stil der Renaissance).

DIE PROVINZ VALENCIA

Die Provinz Valencia (10763 qkm) ist der Kern der historischen Landschaft *Valencia*, wird aber heute meist als Teil der nichthistorischen Landschaft *Levante* bezeichnet. Sie wird im Norden von den Provinzen *Teruel* und *Castellón de la Plana*, im Osten vom *Mittelmeer*, im Süden von der Provinz *Alicante* und im Westen von den Provinzen *Albacete* und *Cuenca* begrenzt.

Die Hauptstraßen der Provinz sind die von *Castellón de la Plana* kommende und bis *Gandía* gehende Autobahn, die parallel zur Küstenstraße 340/332 verläuft, und die Nationalstraße III (Valencia–Madrid).

Die folgenden Eisenbahnlinien verlaufen teilweise durch die Provinz: Barcelona – Valencia, Madrid – Valencia über Cuenca, Madrid – Valencia über Albacete, Valencia – Cartagena und Valencia – Zaragoza. Außerdem gibt es einige kleine Nebenlinien. Zur Provinz Valencia gehört der südliche Teil der Ferienlandschaft *Costa del Azahar*.

Die sehenswertesten Orte der Provinz sind **Valencia, Sagunto und Játiva.

Die Provinzhauptstadt **Valencia

**Valencia liegt knapp 4 km vom Meer entfernt am Ufer des *Río Turia*. Eine Ulmenallee verbindet die Stadt mit ihrem Hafen *(Grao)*. Die Umgebung der Stadt ist eine große und fruchtbare Huerta, in der vor allem Apfelsinenhaine und Gemüsefelder (Frühgemüse) anzutreffen sind. Außerdem gehören Baumwolle, Reis und der weiße Maulbeerbaum zum Bild der Huerta; diese bildet zusammen mit der dank dem Hafen entstandenen Industrie die Existenzgrundlage der Stadt. Valencia ist Sitz eines Erzbischofs und einer Universität. Der Bevölkerungszahl nach ist Valencia, obwohl es seit langem eine weit geringere Bevölkerungszunahme aufweist als andere Großstädte Spaniens, immer noch die drittgrößte Stadt des Landes.

GESCHICHTE

Im Jahre 138 v. Chr. legte der römische Konsul *Decimus Junius Brutus* eine Militärkolonie an, die sich zur wohlhabenden Stadt *Valentia Edetanorum* entwickelte (Angaben über eine ältere griechische oder karthagische Ansiedlung entbehren jeder Grundlage). 413 wurde die Stadt von den Westgoten, 714 von den Mauren erobert. 1094 nahm der **_Cid_ (siehe Seite 48) die Stadt in Besitz und machte aus ihr und** ihrer Umgebung ein kleines Fürstentum, das 1101 von den Mauren zurückerobert wurde. In maurischer Zeit (bis 1238) war Valencia die Hauptstadt eines Königreiches, zu dem die östlichen Teile der heutigen Provinzen Castellón de la Plana und Valencia und der nördliche Teil der Provinz Alicante gehörten. Auf dieses Königreich geht die gelegentlich anzutreffende Bezeichnung „Región Valencia" zurück, die gleichberechtigt neben die Regionen Katalonien, Aragonien usw. gestellt wird. 1238 eroberte *Jaime I.* von Aragonien, der Eroberer, das Königreich Valencia und vereinigte es mit dem aus Katalonien und Aragonien bestehenden Königreich Aragonien. Da in den Gebieten des ehemaligen Königreichs Valencia Dialekte gesprochen werden, die den katalanischen eng verwandt sind, werden die Gebiete besonders von den die Autonomie eines möglichst großen Katalonien anstrebenden Kräften gern für Katalonien in Anspruch genommen. Im Spanischen Erbfolgekrieg stand Valencia auf der Seite des österreichischen Thronprätendenten und verlor deshalb alle seine Privilegien. Seit der Mitte des 19. Jh. wurde Valencia mehr und mehr zum Stützpunkt und Ausgangspunkt republikanischer und revolutionärer Bewegungen. Im Spanischen Bürgerkrieg war es lange Zeit Sitz der Volksfrontregierung. Für die heutige wirtschaftliche Bedeutung der Stadt spricht die alljährlich im Mai stattfindende *Feria Muestrario Internacional* (Internationale Mustermesse).

SEHENSWÜRDIGKEITEN

Die wichtigsten Sehenswürdigkeiten der Stadt sind die *Kathedrale, die *Torres de Serranos, das *Museo Provincial de Bellas Artes, die *Lonja de la **Seda, das *Museo Nacional de Cerámica und das *Colegio de Patriarca, die alle, das Museum ausgenommen, in der Altstadt liegen.**

Man beginnt den Rundgang auf der in der Nähe des Nordbahnhofs und der *Plaza de Toros* (Stierkampfmuseum) gelegenen, den Mittelpunkt der Altstadt bildenden

Plaza del Caudillo [1], an der das Rathaus (18. Jh.; zugleich *Stadtmuseum*) und die Hauptpost (1922) stehen. Von dort führt die *Calle de María Cristina* zur langgestreckten *Plaza del Mercado*, an deren Nordende man auf die

***Lonja de la Seda** [2], die Seidenbörse, trifft. Das 1483 bis 1498 von *Pedro Compte* erbaute spät-

Lonja de la Seda

gotische Gebäude ist vor allem wegen des *Großen Saals (Sala de Contratación)* – er ist 36 mal 21 m groß – besuchenswert. 24 gewundene Säulen tragen das Sterngewölbe des Saales, der in vieler Hinsicht dem Saal der Lonja von *Palma de Mallorca* (siehe Seite 347) gleicht. Nord-

 Plan S. 162

westlich der Lonja biegt nach links die *Calle de Murillo Carda* ab, an deren Ende eines der alten Stadttore, die Torres de Cuarte [3] (Mitte 15. Jh.), steht. Durch die Straßen *Cuarte* und *Caballeros* geht man bis zur *Calle de Serranos* (links), die zu einem anderen Stadttor führt, das wegen seiner beiden 1392 bis 1398 erbauten Türme

***Torres de Serranos** [4], Serranos-Türme, genannt wird. Das Tor selbst stammt aus dem Jahre 1238. Die ganze Anlage gilt als ein Meisterwerk spätmittelalterlicher Festungsbaukunst (von den Türmen guter Rundblick über die Stadt). Man geht die Calle de Serranos zurück bis zur *Calle de Caballeros*. An der Ecke dieser beiden Straßen steht der

Palacio de la Generalidad [5], ein gotischer Palast aus dem 15. Jh., Gebäude des Provinziallandtags, im Innern reich mit Gemälden ausgestattet. Besonders sehenswert ist der *Salón de Cortes* (prächtige Kassettendecke und Wandfresken). An der hinter dem Palast gelegenen *Plaza de Manises* liegt das *Museo de Prehistoria Ibérica de España*, dessen Sammlungen Funde aus der Altsteinzeit bis zur jüngsten iberi-

schen Zeit umfassen. Von dem Palast aus sind es nur wenige Schritte bis zur *Plaza de la Virgen*, an der die mit der Kathedrale durch eine Arkade verbundene *Capilla de la Virgen de los Desemparados* steht, ein barockes Bauwerk, in dem sich das hochverehrte Bild (1416) der *Jungfrau der Verlassenen*, der Schutzpatronin der Stadt, befindet. Hinter der Kapelle liegt der *Alte Markt* mit dem *Almudín* (Kornspeicher, um 1500), in dem sich heute das *Paläontologische Museum* befindet. Gegenüber der Kapelle erhebt sich an der *Plaza de la Virgen* die

***Kathedrale** [6], an deren Westseite man entlanggeht. Auf diesem Weg sieht man die Galerie des Querschiffs, den *Cimborio* (achteckige Vierungskuppel), das skulpturenreiche gotische *Apostelportal* (14./15. Jh.) und den *Miguelete*, den achteckigen, mit der Glockenstube 65 m hohen Turm, der im valencianischen Dialekt *Micalet* heißt und 1381 bis 1429 von A. Chulía erbaut wurde. Der Turm hat seinen Namen von der *Michaelsglocke* (Miguel = Michael), der Glocke, die zum *Wassergericht* (*Tribunal de las Aguas;* Aufgabe dieses Gerichtes, das schon Mitte des 10. Jh. bestand, war es, die Wasserverteilung in der Huerta zu regeln) und zur Wasserverteilung rief. Nach Umrundung des Turmes steht man vor der barocken Fassade der vorwiegend gotischen Kathedrale, die von 1262 bis gegen Ende des 15. Jh. erbaut und im 18. Jh. im Innern weitgehend umgestaltet wurde. Der wesentlichste Bauteil aus dem 13. Jh. ist das romanische Ostportal (*Puerta del Palau;* Palastportal, weil gegenüber dem bischöflichen Palais gelegen). Im Innern der an wertvollen Gemälden ungemein reichen Kathedrale verdienen besondere Beachtung: der *Cimborio* über der Vierung (die gotischen Fenster haben Scheiben aus durchscheinendem Alabaster); in der *Capilla Mayor* der Hochaltar mit Darstellungen aus dem Marienleben; die gotische *Sala Capitular Antigua*, jetzt *Capilla del Santo Cáliz*, in der ein Achatkelch, der sogenannte *Gral*, verehrt wird, der als der Kelch gilt, den Christus beim Letzten Abendmahl benutzt hat.

Über die *Plaza de Zaragoza* geht man zur Geschäftsstraße *Calle San Vicente* und biegt von ihr an der Kirche *San Martín* nach links ab zum

***Museo Nacional de Cerámica**, das sich im *Palacio del Marqués de Dos Aguas* [7] befindet. Die hervorragenden Keramiksammlungen umfassen die Zeit vom 13. bis 19. Jh., räumlich vor allem den ganzen Süden Spaniens.

Südlich des Museums biegt man von der *Calle María de Molina* in die *Calle Salvá* ein, die zum

***Colegio del Patriarca** [8] führt. In dem schönen Renaissancepalast (1586–1610) ist ein Museum mit Sammlungen von Wandteppichen (16. Jh.) und Gemälden (unter anderem von *El Greco*, *Ribalta*, *Rogier van der Weyden* und *Caravaggio*) eingerichtet. Auch in der zum Colegio gehörenden Kirche *Corpus Christi* (16. Jh.) befinden sich Werke von Ribalta.

An der *Universität* (1830) vorbei geht man zur *Plaza de Alfonso*

 Karte S. 164

el Magnánimo (hübsche Gartenanlagen), dann zum *Paseo de la Glorieta* [9] (an der Ostseite die ehemalige *Zitadelle*) und zur *Plaza de Tetuán*, in deren Nähe der *Puente del Real* [10] sich über den *Río Turia* spannt. Gegenüber der 1598 erbauten und später mehrfach restaurierten Brücke liegen das Gelände der *Internationalen Mustermesse* und die *Jardines del Real*, an deren Rand das ***Museo Provincial de Bellas Artes** [11] steht. Das in einem Barockbau von 1683 eingerichtete Museum besitzt in erster Linie Werke von Malern der *Valencianer Schule*, und zwar im ersten Stock Werke des 15.–19. Jh., im zweiten Stock Werke des späten 19. und des 20. Jh. Von den neueren Meistern ist *Joaquín Sorolla* (1863–1923), einer der führenden valencianischen Maler, mit rund 70 Gemälden vertreten.

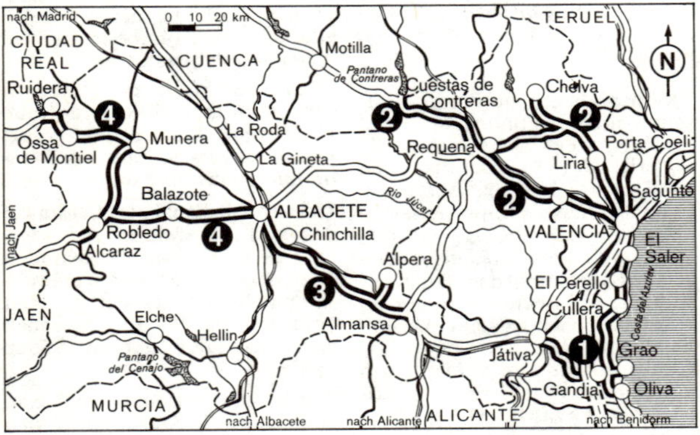

Route 1: Die Costa del Azahar

Der valencianische Abschnitt der Costa del Azahar beginnt bei der modernen Industriestadt **Sagunto** (25 km von Valenica), das auf das iberische Saguntum zurückgeht. Saguntum wurde 219 v. Chr. von *Hannibal* nach langer Belagerung erobert und zerstört; dadurch wurde der *Zweite Punische Krieg* ausgelöst. Obwohl die Ruinen in späterer Zeit als Steinbruch benutzt wurden, ist vor allem das römische *Amphitheater* noch verhältnismäßig gut erhalten. Die über dem Theater gelegenen Festungsbauten, das sogenannte *Castillo*, stammen aus iberischer, karthagischer und römischer

Schroffe Felspartien wie die bei Tossa de Mar waren es, die der Küste von Port Bou bis Blanes den Namen Costa Brava, Wilde Küste, gaben.

Am Strand der afrikanisch anmutenden Oasenlandschaft im Süden der Gran Canaria entstanden bei Maspalomas moderne Badezentren.

Zauberhaft sind die Sonnenuntergänge an der spanischen Mittelmeerküste – wie hier in der Nähe des internationalen Badeorts Benidorm.

Zeit, gehen zum größeren Teil aber auf die Zeit der Mauren zurück. Vor der Besichtigung des Theaters und des Castillos sollte man das *archäologische Museum* besuchen.

Von Sagunto aus fährt man auf der 3 km südlich des Ortes beginnenden Küstenstraße an den Stränden *del Puig*, *de Malvarossa* und *de Levante* entlang nach *Grao de Valencia*, dem Hafen von Valencia (Grao bedeutet eigentlich „sandiges Ufer"; die Bezeichnung ist auf die an solchen Ufern gelegenen Verladeplätze und schließlich auf die Häfen übergegangen).
Von Valencia aus nimmt man wiederum die Küstenstraße und fährt an den Stränden *de Nazareth* und *Pinedo* entlang nach *El Saler* (11 km), einem guten Badestrand, der von einem Pinienhain begrenzt wird und an dem der *Parador Luis Vives* steht. Unmittelbar südlich von El Saler beginnt die

Albufera, eine ca. 20 km lange Lagune, die durch eine im Durchschnitt 2 km breite und von einem Pinienhain (Dehesa) bedeckte Sandbank vom Meer getrennt ist. Die Lagune ist ein Zentrum der Wildentenjagd und des Angelsports, die *Playa de la Dehesa* ein beliebter Badestrand. Das touristische Zentrum ist das kleine, südlich der Albufera gelegene *El Perelló* (24 km von Valencia). Bei *Cullera* (38 km), einem vielbesuchten Badeort mit kilometerlangen, feinsandigen Stränden, kommt man auf die N. 332, die nach

Gandía (66 km) führt. Der Ort war Mittelpunkt eines kleinen Herzogtums, das 1485 von *Ferdinand II.* dem *Juan Borja*, einem Sohn des Papstes *Alexander VI.* (aus dem Haus *Borja/Borgia*; siehe Seite 145), verliehen worden war. Ein Enkel Juans war der heilige *Franz von Borgia* (1510 bis 1572), der zunächst Herzog von Gandía und Vizekönig von Katalonien war, nach dem Tod seiner Frau aber in den Jesuitenorden eintrat. Der ehemalige herzogliche *Palast* (16. bis 18. Jh.) kann teilweise besichtigt werden. 5 km von Gandía entfernt liegt *Grao de Gandía*, der Hafen von Gandía, dessen schöne Badestrände Gandía zum bedeutendsten Badeort der valencianischen Costa del Azahar gemacht haben. 8 km südlich von Gandía liegt der kleine Badeort *Oliva*, dessen Strand rund 3 km vom Ort entfernt ist.

Von Gandía aus sollte man einen Abstecher (39 km je Weg) nach der am Hang des *Bernisa-Berges* gelegenen Stadt

Játiva machen. Die auf das römische *Setabis* zurückgehende und noch von ihren mittelalterlichen Mauern umgebene Stadt wurde 1244 von *Jaime I.* von Aragonien den Mauren entrissen und wurde bald darauf Wohnsitz der Familie *Borja* (Borgia). In Játiva wurde 1378 der Papst *Kalixtus III.* (*Alonso de Borja*; seit 1429 Bischof von Valencia und seit 1455 Papst) und 1431 sein Neffe *Rodrigo de Borja* (von 1492 bis 1503 Papst *Alexander VI.*) geboren. Außerdem ist Játiva die Geburtsstadt des Malers *José de Ribera* (1591 bis 1652), der *El Españoleto* genannt wurde (siehe Seite 63) und dessen Denkmal auf der *Plaza del Españoleto* steht. An der Stiftskirche wurde vom 16. bis 18. Jh. gebaut; besonders sehenswert ist der Kirchenschatz, in dem sich ein kostbares Prozessionskreuz aus dem 13. Jh. befindet. Das *Museo Municipal* besitzt die berühmte * *Pila árabe* (wahrscheinlich aus dem 11. Jh.), ein maurisches Wasserbecken (für rituelle Waschungen bestimmt), das durch die für die islamische Kunst höchst ungewöhnlichen Menschendarstellungen (stillende Mutter, Berittene) Aufmerksamkeit erregt. Außerhalb der Stadt steht die gotische *Capilla de San Feliú* (13. Jh.; einzelne antike Bauteile), in der sich sehenswerte Altaraufsätze aus dem 15. Jh. befinden. Über der Kapelle steht das *Kastell* (15. Jh.; ältere, besonders maurische Bauteile), das lange Zeit als Staatsgefängnis gedient hat.

Route 2: Der Norden der Provinz

Man verläßt Valencia auf der N. III und kommt über *Chiva* nach *Requena* (69 km), das eine malerische Altstadt und die beachtenswerten Kirchen *Santa María* (eindrucksvolles, mit Skulpturen reich geschmücktes Portal) und *del Salvador* (Portal aus dem 15. Jh.) besitzt. Es empfiehlt sich, von Requena aus einen Abstecher (gut 40 km je Weg) auf der Nationalstraße III in Richtung Madrid zu machen, und zwar bis zum *Contreras-Stausee*. Die Straße führt über den mächtigen Staudamm (schöne Aussicht) im Tal des *Río Cabriel* (im Bereich des Staudamms kann man eine kleine Rundfahrt durch Einbeziehung der landschaftlich schönen alten Landstraße machen).

Von Requena fährt man nach *Chelva* (156 km; Kirche mit Barockfassade, römischer Aquädukt), von dort zurück und über die nach *Villar del Arzobispo* führende Straße hinaus in das Städtchen

Liria (205 km), das auf das iberische *Edeta* zurückgeht. An der *Plaza Mayor* stehen der Renaissancepalast der Herzöge von *Alba* (jetzt Rathaus) und die barocke Kirche *de la Asunción* mit einer dreigeschossigen Säulenfassade. In der Kirche *de la Sangre* (um 1300) sind vor allem an den Deckenbalken alte Malereien zu sehen.

4 km vor Valencia biegt man nach links ab, um die große Kartause *Porta Coeli* zu besuchen. Die Gebäude des 13. und 14. Jh. haben im wesentlichen im 18. Jh. ihr heutiges Aussehen erhalten. Die größte Ursprünglichkeit weisen der große gotische und der kleine Renaissance-Kreuzgang auf. Von Porta Coeli fährt man nach Valencia (276 km) zurück.

Portal der Kirche de la Sangre

DIE PROVINZ ALBACETE

Die Provinz Albacete (14858 qkm) wird in der Regel als ein Teil der im Zusammenhang mit den Provinzen Castellón de la Plana und Valencia bereits erwähnten Landschaft *Levante* betrachtet, obwohl sie aus historischer Sicht zur Region Murcia (ehem. Königreich) gehört, geographisch zu *La Mancha.*

Die Provinz wird von Nordosten nach Südosten von den Provinzen *Valencia*, *Alicante* und *Murcia*, im Südwesten von der Provinz *Granada*, im Westen von den Provinzen *Jaén* und *Ciudad Real* und im Norden von der Provinz *Cuenca* begrenzt. Die Hauptstraßen sind die N. 430 (Valencia – Albacete – Ciudad Real), die N. 301 (Cartagena – Albacete – Madrid) und die N. 322 (Requena – Albacete – Bailén). Die von Valencia/Alicante und von Cartagena kommenden Eisenbahnlinien vereinigen sich in Chinchilla de Monte-Aragón und führen dann über Albacete weiter nach Madrid. Besuchenswert sind die *Cueva de la Vieja* (Felsmalereien), die Orte *Chinchilla de Monte-Aragón* und *Almansa* und die *Lagunas de Ruideras.*

Die Provinzhauptstadt Albacete

Albacete liegt in der *Mancha*, zu der der ganze Norden der Provinz gehört. Die Stadt war bis 1833, als sie infolge Neugliederung der Provinz anstelle von *Chinchilla de Monte-Aragón* Provinzhauptstadt wurde, eines der für die Mancha typischen Riesendörfer (wie die meisten größeren Orte im Norden der Provinz), hat sich dann aber zu einer modernen Stadt entwickelt. Sie ist Bischofssitz. Existenzgrundlage sind der Weinbau, der Handel mit Obst und Safran und die Messerindustrie, deren Produkte heute zu den gefragtesten spanischen Reiseandenken zählen. An Sehenswürdigkeiten sind nur die Kirche *San Juan Bautista* und der Palast von *Cañavate* zu nennen.

Route 3: Der Osten der Provinz

Nur 14 km von Albacete entfernt liegt etwas abseits der nach Valencia führenden N. 430 die alte Provinzhauptstadt

Chinchilla de Monte-Aragón. Das Städtchen geht auf eine antike Ansiedlung zurück. Es ist rundum und auf einem Hügel angelegt, der etwa 200 m aus der Ebene aufragt. In dem Hügel befinden sich zahlreiche ehemalige Wohngrotten (in Chinchilla leben noch viele Menschen, die in diesen Wohngrotten geboren sind). Heute sind viele Grotten Eigentum wohlhabender Spanier, die sich Wochenendwohnungen eingerichtet haben.

Zentrum des Städtchens ist die *Plaza Mayor* mit der Kirche

Santa María del Salvador (15./16. Jh.), das bedeutendste Baudenkmal der ganzen Provinz Albacete (das Innere ist zum Teil im Platereskenstil geschmückt). Gegenüber der Apsis der Kirche steht das Rathaus mit einer ansehnlichen Barockfassade. An den von der Plaza Mayor hügelan führenden Straßen sind alte Häuser in gotischem Stil und im Mudejarstil zu sehen. Der Hügel wird von dem

Almansa

Castillo (15. Jh.; später mehrfach verändert; heute Schule) gekrönt.

47 km östlich von Chinchilla de Monte-Aragón zweigt nach links eine Straße ab, die nach *Alpera* (9 km) und zu der etwa 5 km von diesem Dorf entfernten

Cueva de la Vieja führt (den Schlüssel zu der Grotte bekommt man beim Bürgermeister von Alpera). In der Grotte sind Felsmalereien (zwischen 10000 und 2000 v. Chr.) zu sehen; es handelt sich um Darstellungen von Tieren und Menschen. Reproduktionen dieser Malereien sind auch im Archäologischen Museum in Barcelona zu sehen. Man fährt zurück zur N. 430 und dann weiter in die Stadt

Almansa (102 km, einschließlich Abstecher zur *Cueva de la Vieja*). Am Rande des in einer Ebene gelegenen Ortes ragt steil ein Kalkfelsen auf, der das in seiner heutigen Form aus dem 15. Jh. stammende, aber auf eine maurische Burg zurückgehende *Castillo* trägt. Am Fuß des Felsens steht die Kirche *Santa María de la Asunción*, deren Portal beachtenswert ist. Der Renaissancepalast der *Condes de Cirat* weist reichen Skulpturenschmuck auf.

Route 4: Der Westen der Provinz

Auf der N. 322 fährt man nach

Alcaraz (82 km), das sich mit seinem großenteils spätmittelalterlichen Baubestand, mit seiner *Plaza Mayor*, der Kirche *de la Trinidad* (1486), der *Torre del Tardón* (1586; Uhrturm), der *Lonja del Corregidor* (1518; restauriert 1718), dem Rathaus mit der *Puerta de la Aduana* (1530) als Kunststadt erweist. Man fährt bis *Robledo* zurück, dann über *Munera* und *Ossa de Montiel* zu den

Lagunas de Ruidera (171 km). Die zwölf südöstlich des Dorfes *Ruidera* gelegenen Seen (nordwestlich des Dorfes liegt der *Peñarroya-Stausee*), die das Quellgebiet des *Río Guadiana* bilden, sind ein beliebtes Erholungsgebiet (viele Sommerhäuser an der *Laguna de Colgada*).

DIE PROVINZ ALICANTE

Die Provinz Alicante (5863 qkm) war zum größeren Teil ein Stück des Königreichs Valencia (siehe Seite 161) und gehörte nach der Rückeroberung teils zu *Aragonien*, teils zu *Kastilien*.

Es ist daher einfacher, die Provinz in ihrer Gesamtheit der Landschaft *Levante*, von der schon mehrfach die Rede war, zuzuordnen. Aus geographisch-klimatischen Gründen wird auch von dem *Land Alicante-Adra* gesprochen (siehe Seite 33), das von Alicante bis Adra (Provinz Almería) reicht Diese Gliederung ist hier nur insofern von Bedeutung, als sie daran erinnert, daß der größte Teil der Provinz Alicante zum trockensten Gebiet Spaniens gehört. Die Provinz Alicante wird im Norden von der Provinz *Valencia*, im Osten vom *Mittelmeer*, im Süden und Westen von der Provinz *Murcia*, im Westen außerdem noch von der Provinz *Albacete* begrenzt.

Die wichtigsten Straßen der Provinz sind die N. 340 (Barcelona – Alicante – Cádiz), die Küstenstraße N. 332 (Valencia – Alicante – Almería) und die N. 330 (Alicante – Albacete).

Folgende Eisenbahnlinien berühren die Provinz: Valencia – Alicante – Cartagena; Alicante – Granada; Alicante – Madrid; außerdem gibt es die landschaftlich sehr reizvolle Küstenstrecke Alicante – Denia; von dem an der Strecke Alicante – Madrid gelegenen Villena gehen Nebenlinien nach Cieza (Provinz Murcia) und nach Alcoy aus.

In der Provinz Alicante liegt der bevorzugte Teil der Ferienlandschaft *Costa Blanca*. Die wichtigsten Sehenswürdigkeiten der Provinz sind *Elche mit seinem Palmenhain und Calpe mit dem *Peñón de Ifach.

Die Provinzhauptstadt Alicante

Alicante liegt im Norden der *Bucht von Alicante* in einer Mulde am Fuß des Burgbergs, an dessen Hang sich ein Teil der Stadt hinaufzieht. Gegen Norden ist die Stadt durch eine Hügelkette gegen kühle Winde abgeschirmt. Die Stadt lebt hauptsächlich von ihrem ausgezeichneten Hafen und vom Fremdenverkehr. Der Hafen ist wichtiger Ein- und Ausfuhrhafen und außerdem der Standort der größten Schleppnetzflotte an der spanischen Mittelmeerküste. Das auch im Winter sehr angenehme Klima hat aus Alicante einen auch im Winter gern aufgesuchten Badeort gemacht.

GESCHICHTE

Wahrscheinlich liegt Alicante an der Stelle der griechischen Kolonie *Akra Leuka*, des späteren römischen *Lucentum*, das in maurischer Zeit (718 bis ca. 1250) *Al-Lukant* hieß. Im 11. Jh. war Alicante Hauptstadt einer Taifa.

SEHENSWÜRDIGKEITEN

Die vorwiegend moderne Stadt besitzt nur wenige Baudenkmäler aus älterer Zeit. Von der prächtigen, palmenbestandenen Uferpromenade *Explanada de España* aus geht man durch die *Avenida de Méndez Núñez* und dann nach rechts durch die *Calle de Miguel Soler* zur Kirche *San Nicolás de Bari* (17. Jh.), die als das bedeutendste Baudenkmal der Stadt anzusehen ist. Südlich der Kirche verläuft die für Wagen gesperrte Geschäftsstraße *Calle Mayor* (*Casas Consistoriales*, Rathaus, 17./18. Jh.).

An der Verlängerung der Calle Mayor steht die Kirche *Santa María* (1721 bis 1724 Umgestaltung eines älteren Bauwerks). Von der Kirche aus führt ein Weg hinauf zum *Castillo de Santa Bárbara* und ein anderer hinunter zur *Playa del Postiguet*. Zwischen der Playa und dem Castillo verläuft ein unterirdischer Gang, von dem aus ein Aufzug zum Castillo hinaufführt (Zugang links der Straße nach Valencia).

Etwa 5 km nordöstlich der Stadt liegt das mit dem Autobus zu erreichende *Monasterio de Santa Verónica* (auch *Santa Clara* und *Santa Faz* genannt), in dessen Kirche (18. Jh.) ein Tuch aufbewahrt wird, das als das *Schweißtuch der Veronika* gilt.

Nördlich des Klosters liegt *San Juan de Alicante*, von wo ein Weg ins Seebad *Playa de San Juan* (von Alicante direkt mit Triebwagen zu erreichen) führt. Der hervorragende Sandstrand dieses Seebades ist zugleich der schönste Strand von Alicante (Entfernung über *Albufereta* etwa 8 km).

Route 1: Die Costa Blanca (nördlicher Teil)

Die *Costa Blanca* beginnt unmittelbar südlich der Grenze zwischen den Provinzen Valencia und Alicante mit dem halbinselartigen Küstenvorsprung, dessen markanteste Punkte der 753 m hohe *Montgó* und die Kaps *de San Antonio* und *de la Nao* sowie der *Peñón de Ifach* sind. Der erste Badeort an der meist felsigen Küste ist

Denia (100 km). Die griechische Gründung *Artemisium* wurde zum römischen *Dianium* (nach einem Dianatempel, von dem Reste im Rathaus zu sehen sind), später kurze Zeit zum Hauptort einer maurischen Taifa (die am Burgberg hinaufführenden Mauern sind römischen und maurischen Ursprungs) und nach 1244 ein fester Platz der christlichen Rückeroberer (das bedeutendste Baudenkmal aus dieser Zeit ist das *Castillo* auf dem Burgberg). Heute ist Denia Hafenstadt (Fischer- und Sporthafen), Industriestadt (Spielwarenindustrie) und Badeort (schwarzsandige Strände; hübsche, zum Teil nur vom Meer aus zu erreichende Badebuchten; Feriensiedlung *Las Rotas*).

Jávea (91 km), das von mittelalterlichen Mauern und von Weinfeldern umgebene Städtchen, besitzt eine sehenswerte Wehrkirche (14. Jh.). Obwohl die Strände großenteils mit Kiesel bedeckt und felsig sind, ist der Ort ein beliebter Ferienplatz. An der Küste befinden sich zahlreiche Tropfsteinhöhlen. Die Küstengewässer sind ein Paradies für Unterwasserfischer.

Südöstlich von Jávea liegt das *Cabo de la Nao*, der östlichste Punkt Spaniens, und südwestlich des Kaps die Badebucht von *Granadella*.

Calpe (64 km) ist ein Badeort, der sich steigender Beliebtheit erfreut. Zu ihm gehören der große weißsandige Strand *Playa de Levante* und einige kleinere Strände, vor allem aber der * *Peñón de Ifach*, ein 328 m aus dem Meer aufragender einstiger Vulkan und eine der markantesten Landmarken an der spanischen Mittelmeerküste, gewissermaßen die verkleinerte Ausgabe des *Felsens von Gibraltar* und deshalb auch der „Kleine Felsen von Gibraltar" genannt. Bei Calpe beginnt einer der schönsten Abschnitte der Costa-Blanca-Küstenstraße.

Altea (50 km) besitzt noch einen Teil seiner Stadtmauern (16. Jh.), ist recht hübsch an einem Hügelhang gelegen und verfügt über einen fast ausschließlich kiesigen Strand.

Benidorm (42 km) ist der weitaus bedeutendste Badeort an der Costa Blanca, ein internationales Seebad mit all den Einrichtungen und Veranstaltungen, auf die der Gast Wert legt. Der Ort ist an der weitgeschwungenen, nach ihm benannten Bucht gelegen.

Der insgesamt rund 7 km lange feinsandige Strand wird von einem Felsvorsprung in die *Playa de Levante* (über ihr ragt das *Castillo* empor) und in die *Playa de Poniente*, die sich bis zum benachbarten *La Cala* hinzieht, geteilt. Etwas abseits der Touristenstadt Benidorm, die zusammen mit La Cala rund 70000 Feriengäste unterbringen kann, liegt das alte, teilweise noch befestigte Fischerstädtchen Benidorm mit vielfach recht verträumten Gassen und Winkeln, zum Beispiel dem *Carreró dels Gats*, dem Katzensteg.

17 km nördlich von Benidorm liegt das höchst eigenartige und besuchenswerte *Guadalest* mit

seinem auf einer Bergspitze gelegenen *Castillo San José*.

Villajoyosa (32 km) ist eine alte Stadt (römische Reste), die noch von Stadtmauern umgeben ist. Die gotische Kirche bildet mit ihrem Chor einen Teil der Stadtbefestigung. Südwestlich des Ortes hat sich am Strand von *Parals* ein hübsches Badeviertel entwickelt.

Auf landschaftlich sehr reizvoller Straße fährt man, *La Coveta Fuma* links liegen lassend, bis zu der Straßenkreuzung, von der aus nach rechts eine Straße an dem Thermalbad *Aguas de Busot* (341 m) vorbei zur *Tropfsteinhöhle von Canalobre*, 700 m hoch, führt (18 km je Weg), während man nach links an die Küste kommt und hier über die kleinen Badeorte *Carrer* und *Campello* und über die schon erwähnte Playa de San Juan Alicante erreicht. Fährt man aber auf der N. 332 weiter, so passiert man kurz vor Alicante das ebenfalls schon erwähnte Kloster de Santa Verónica.

Route 2: Die Costa Blanca (südlicher Teil)

Man verläßt Alicante auf der N. 332, läßt die nach *Elche* führende N. 340 rechts liegen, kommt an der Abzweigung nach *Los Arenales del Sol*, einem noch in den Anfängen seiner Entwicklung steckenden Badeort, vorbei und erreicht *Santa Pola* (18 km), ein sehr hübsch gelegenes Fischerstädtchen, das mit seinen großen, feinsandigen Stränden eine wesentliche Voraussetzung für die Entwicklung zu einem größeren Badeort bietet. Der Küste vorgelagert sind etliche Inseln, darunter die Insel *Tabarca*, die Mitte des 18. Jh. von Flüchtlingen aus der tunesischen Küstenstadt *Tabarka* besiedelt worden ist.

Man fährt weiter an der *Albufera de Elche* (Lagune) entlang und trifft nahe der Mündung des *Río Segura* auf

Guardamar del Segura (34 km), dessen einstige Wanderdünen durch die Anpflanzung von Pinien, Palmen und Eukalyptusbäumen befestigt worden sind. Die so entstandenen Wälder und der äußerst feinsandige Strand machen Guardamar zu einem angenehmen Ferienort (zu den kleinen Hotels ist 1974 ein 1000-Betten-Hotel gekommen). Früher war der Ort berühmt für seine Langustenzüchtereien.

Über *Torrevieja* (46 km), das durch seine großen Salinen *de la Mata* und *de Torrevieja* bekannt ist und dessen Bade- und Hotelzone sich in den letzten Jahren weit nach Norden fast bis an die Strände von Guardamar del Segura ausgedehnt hat, kommt man, *Cabo Roig* links liegen lassend, nach

Campoamor (61 km), einer zur Gemeinde *Orihuela* (34 km landeinwärts) gehörenden Ferienkolonie, die fast ausschließlich aus Appartementhäusern besteht und in der es alle erforderlichen touristischen Einrichtungen gibt. Rund 8 km südlich von Campoamor endet mit den Stränden von *Torre Horadada* die alicantinische Costa Blanca.

Route 3: Das Innere der Provinz

Man verläßt Alicante auf der N. 340 in Richtung Valencia und kommt zunächst nach *Jijona* (26 km), wo es ausgezeichnete *Turrones* (eine Art Mandelbrot) gibt, und steigt dann auf sehr kurvenreicher und steiler Straße hinauf in die *Sierra de Carrasqueta* (Paßhöhe 1024 m). Am Fuß des Gebirges liegt in 545 m Höhe, umgeben von Olivenhainen, Weinbergen und Wasserkraftwerken, die Industriestadt (u.a. Textil- und Konservenindustrie)

Alcoy (54 km). Die Stadt lohnt besonders vom 22. bis 24. April einen Besuch. An diesen Tagen wird das Fest des hl. Georg mit dem historischen Spiel „Moros y Cristianos“ (siehe Seite 38) gefeiert. Die Stadt besitzt ein sehenswertes archäologisches Museum mit Funden aus den Ruinen einer iberischen Stadt, dem *Poblado de la Serreta*, etwa 3 km östlich der Stadt.

Man setzt die Fahrt bis *Cocentaina* (61 km; mittelalterliche Stadtbefestigungen) fort und fährt dann über Alcoy zurück bis zu der über *Ibi* und *Biar* (mächtige, zum Teil aus maurischer Zeit stammende Burg) nach

Villena (105 km) führenden Straße. Den Mittelpunkt der Stadt bildet die im 15. Jh. erneuerte maurische Burg mit ihrem überaus wuchtigen Burgfried. In der spätgotischen Kirche *Santiago* (1492) fallen die gedrungenen, gewundenen Säulen auf, die sich in gewundenen Halbsäulen bis zu den Gewölberippen fortsetzen. Im *Museo Arqueológico* (im Rathaus) befindet sich vor allem der sogenannte *Schatz von Villena*, ein 1963 gefundener bronzezeitlicher Goldschatz (um 1000 v. Chr.), der vorwiegend aus rein goldenen Gegenständen besteht.

Villena: Inneres der Kirche

Über *Elda* (Burgruine) und *Novelda* (141 km; in der Nähe das über dem *Río Vinalopó* gelegene *Castillo de la Mola* mit eigenartigem Turm aus dem 14. Jh.) kommt man nach

* **Elche** (158 km). Die Stadt, die auf eine vielleicht schon in voriberischer Zeit entstandene Ansiedlung *Ilici* zurückgeht, ist vor allem berühmt wegen der in den nahebei gelegenen Ruinen von Ilici gefundenen Kalksteinbüste der „Dame von Elche“ (4. oder 3. Jh. v.Chr,; sie befindet sich heute im Museo Arqueológico in Madrid), sodann wegen ihrer großen Palmenhaine (mehr als 170000 Palmen), die den einzigen bedeutenden Palmenbestand Europas bilden. Die beiden schönsten Haine sind der *Palmeral de Elche*

„*Dame von Elche*“

und der *Huerto del Cura* (in diesem steht die *Palmera Imperial*, die wohl eine der ältesten Palmen Elches ist und deren Alter auf 130, von anderen auf 200 Jahre geschätzt wird. Die Dattelernte findet im Winter und Frühjahr statt. Die gebleichten Zweige der männlichen Palmen werden zum Palmsonntag in alle Teile Spaniens geliefert und an den Hausfassaden, besonders an Balkonen, befestigt. In der Stadt selbst, die mit ihren engen Gassen, flachdachigen Häusern und schmalen Fenstern an Nordafrika erinnert, verdient die Kirche *Santa María* (17. Jh.) Beachtung, vor der am 14. und 15. August das mittelalterliche Marienspiel „Misterio de Elche“ aufgeführt wird, ferner das archäologische Museum und schließlich die in Heimarbeit vorgenommene Herstellung der *Alpargatas* (Hanfschuhe), der an allen Stränden Spaniens beliebten Strandschuhe, die aber vielfach auch Lederschuhwerk ersetzen.

Durch das Hanfanbaugebiet von *Crevillente* und *Callosa* fährt man weiter in die am Fuß des *Cerro de Oro* und inmitten einer fruchtbaren Ebene (Getreide, Hirse, Zuckerrohr, Apfelsinenpflanzungen, Palmen- und Olivenhaine) gelegenen Bischofsstadt

Orihuela (191 km). Die Stadt geht auf das römische *Aurariola* zurück. In maurischer Zeit war es die Hauptstadt eines kleinen, *Cora* genannten Herrschaftsgebiets. Im 13. Jh. wurde es von den Christen zurückerobert. Von den Bürgern Orihuelas lebt nur der kleinere Teil (etwa ein Drittel) in der Stadt, alle übrigen wohnen auf dem Lande in sogenannten *barracas* (für diese Gegend typische Bauernhäuser) inmitten der Plantagen. Die wichtigsten Sehenswürdigkeiten der Stadt sind: die gotische **Kathedrale (14./15. Jh.), an deren Kreuzgang sich das Diözesanmuseum anschließt (in diesem Museum befindet sich das Gemälde „Der heilige Thomas von Aquin wird von zwei Engeln gestärkt“, ein Meisterwerk von *Velázquez*); die spätgotische Kirche *Santiago* (15. Jh.; Renaissancezubauten 16./17. Jh.; sehenswerter Kirchenschatz); das *Colegio de Santo Domingo* (16./17. Jh.) mit zwei schönen Innenhöfen und der Kirche aus dem 18. Jh.; die Kirche *Virgen de Montserrat* (1748) mit einer aus dem 13. Jh. stammenden Madonna (viel verehrtes Gnadenbild).**

Über *Guardamar* fährt man nach Alicante (251 km) zurück.

DIE PROVINZ MURCIA

Die Provinz Murcia (11 317 qkm) gehört zur Landschaft *Levante*, wird aber als einstiges Königreich oft auch als eine historisch eigenständige Landschaft betrachtet. Da das Königreich Murcia (das noch die heutige Pr. Albacete umfaßte) nach seiner Rückeroberung mit Neukastilien vereinigt wurde und da die Bewohner der Provinz das Kastilische sprechen, kann man Murcia auch als einen Teil der historischen Landschaft Neukastilien betrachten. Die Provinz wird im Norden und Nordwesten von der Provinz *Albacete*, im Südwesten von den Provinzen *Granada* und *Almería*, im Süden vom *Mittelmeer*, im Osten vom *Mittelmeer* und von der Provinz *Alicante* begrenzt. Die wichtigsten Straßen der Provinz sind die N. 340 (Barcelona – Murcia – Cádiz) und die N. 301 (Cartagena – Murcia – Madrid). Die beiden großen Eisenbahnlinien sind die Linien Valencia – Murcia – Granada (mit Abzweigung nach Cartagena) und Cartagena – Murcia – Madrid. Als Nebenlinien sind zu nennen: Murcia – Caravaca und Cieza – Alcoy. Ein Teil der *Costa Blanca* liegt in der Provinz Murcia. Sehenswert sind *Murcia, die Umgebung von *Alcantarilla und das *Mar Menor.

Die Provinzhauptstadt *Murcia

*Murcia liegt an den Ufern des durch seine Hochwasser berüchtigten *Río Segura*, inmitten einer weiten, künstlich bewässerten Vega. Die Stadt ist Sitz eines Bischofs und einer Universität. Die Stadt ist in einem tiefgreifenden Wandel begriffen; sie modernisiert sich und wird ständig durch neue Viertel erweitert. Dennoch lebt nach wie vor ein großer Teil der Bevölkerung auf dem Lande, in der die Stadt umgebenden Vega, deren Landwirtschaft die Existenzgrundlage der Stadt bildet. In der Vega von Murcia, die nach der von Valencia (diese wird meist Huerta genannt) die größte Spaniens ist, werden Obst und Gemüse, aber auch Baumwolle angebaut. Man trifft auch noch auf den Maulbeerbaum (die Seidenweberei spielte früher eine große Rolle).

GESCHICHTE

Die Stadt ist nach maurischer Überlieferung im 8. Jh. gegründet worden und hieß *Medina Mursija*. Ihre früheste Geschichte ist unklar. Fest steht, daß Murcia zu Beginn des 13. Jh. Hauptstadt eines maurischen Königreiches wurde, das jedoch nur wenige Jahrzehnte Bestand hatte. 1243 wurde das Königreich von den Christen erobert und mit Kastilien vereinigt. Im Spanischen Erbfolgekrieg stand Murcia auf der Seite des französischen Thronprätendenten; die Eroberung der Stadt durch den österreichischen Bewerber wurde dadurch verhindert, daß weite Teile der Vega unter Wasser gesetzt wurden. Im Spanischen Bürgerkrieg fielen fast alle Kirchen Plünderungen und Brandstiftungen zum Opfer; die Schäden sind im Rahmen des Möglichen beseitigt worden.

SEHENSWÜRDIGKEITEN

Die wesentlichen Sehenswürdigkeiten der Stadt sind die * Kathedrale und die * Ermita de Jesús.

Am Nordufer des Río Segura liegt die Altstadt von Murcia. Von der *Plaza de Martínez Tornel* (am *Puente Viejo* = Alte Brücke) geht man in nordöstlicher Richtung am Rathaus vorbei zur *Plaza del Cardenal Belluga*, an der die

* **Kathedrale** steht. Das Gotteshaus entstand im 14./15. Jh. an der Stelle einer Moschee, wurde im 16. Jh. restauriert und zu Beginn des 18. Jh. durch Hochwasser des Río Segura so sehr beschädigt, daß der von 1737 bis 1792 aufgeführte Bau fast als ein Neubau angesehen werden muß, der allerdings manche älteren Bauteile, in ihrem ursprünglichen Stil erneuert, umschließt. Dem im wesentlichen gotischen Bauwerk wurde nach Plänen von *Jaime Bort* ab 1737 die barocke Fassade vorgesetzt, die zu den besten barocken Bauten Spaniens zählt. Sehenswert sind außer dieser Fassade besonders der rund 92 m hohe Turm (Renaissance; der Abschluß ist klassizistisch), die gotische *Portada de los Apóstoles* (am rechten Querschiff), im Innern die Kapellen *de los Junterones* (vierte rechts; platereske Ausstattung) und *de los Vélez* (platereske Absidialkapelle), die *Capilla*

Murcia: Kathedrale

Mayor, im *Coro* der *Christus* von *Francisco Salzillo*, im Kapitelsaal ein Altaraufsatz aus dem 14. Jh.; im Museum der Kirche zahlreiche Altaraufsätze, darunter einer mit der von *F. Salzillo* geschaffenen *Virgen de la Leche* (ein Bein des Jesuskindes ragt über den Rahmen hinaus).

Von der Kathedrale aus geht man durch die mit Sonnensegeln überdeckten Geschäfts- und Fußgängerstraßen *Traperia* und *Platería* zur *Gran Via*, die zur *Plaza de Martínez Tornel*, dem Ausgangspunkt des Rundgangs, zurückführt. Man geht von dem Platz aus nun in westlicher Richtung zur Uferpromenade *Malecón (Paseo de Menéndez Pelayo)* und dann am *Botanischen Garten* vorbei zur *Calle Alix*, die zur Kirche *San Andrés* (barocker Bau des 16./17. Jh.; im Innern die auch während der Maurenzeit verehrte *Virgen de la Arrixaca*) und zu der neben ihr stehenden

***Ermita de Jesús** führt. Die Eremitage ist in ein *Museum* für den aus Murcia stammenden Bildhauer *Francisco Salzillo* (1707 bis 1783) umgewandelt worden. Salzillo hat unter anderem die *Pasos*, die Passionsgruppen, die in den Prozessionen der Karwoche mitgeführt werden, geschaffen. Diese Gruppen („Die Apostel", „Gebet auf dem Ölberg", „Gefangennahme", „Die Geißelung", „Veronika", „Die schmerzhafte Mutter", „Jesus fällt unter dem Kreuz") werden das Jahr über in der Ermita de Jesús aufbewahrt. Außerdem befindet sich dort eine aus der Werkstatt Salzillos stammende Krippe mit rund 550 Menschen- und rund 370 Tierfiguren.

Man folgt der *Calle de San Andrés*, biegt dann in die *Calle de Asisclo Diaz* ein, kommt an den einander fast gegenüber stehenden Kirchen *San Miguel* (17. Jh.; fast alle Plastiken stammen von Salzillo) und *San Esteban* (16. Jh.) vorbei, überquert die *Gran Via*, erreicht über die *Plaza de Romea* die Kirche *Santo Domingo* (16.–18. Jh.; nach 1936 völlig erneuert) und geht über die hinter der Kirche gelegene ***Plaza de Santo Domingo*** durch die ***Calle de la Merced*** zur

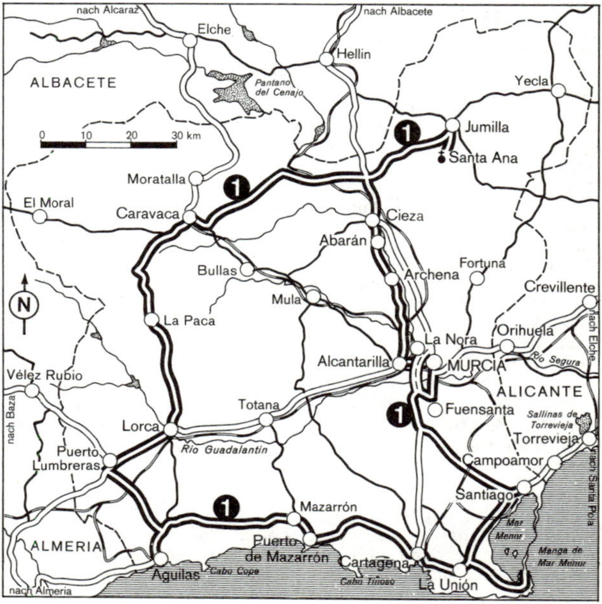

Kirche *de la Merced* (churrigueresskes Portal; zahlreiche Gemälde von Meistern der Schule von Murcia), zur *Universität* (ehemaliges Kloster *de la Merced*) und zum *Museo Provincial de Bellas Artes*, dessen Sammlungen zu einem wesentlichen Teil aus Werken murcianischer Maler bestehen.

Rundfahrt: Küste und Inneres (1)

Man fährt zunächst auf einer Nebenstraße zu dem am Rande der *Cresta del Gallo*, die teilweise einer Mondlandschaft gleicht, gelegenen *Santuario de la Fuensanta*, einem im 18. Jh. gegründeten Kloster, und von dort über *La Alberca* zur N. 301, von der gut 2 km südöstlich des *Puerto de la Cadena* eine Straße nach *Santiago de la Ribera* am

* **Mar Menor** (47 km) abzweigt. Das Mar Menor (Kleines Meer) ist eine große, inselübersäte Lagune, die durch zwei sehr schmale sandige Landzungen vom Meer getrennt ist. Auf der südlichen dieser beiden Landzungen, der *Manga del Mar Menor*, ist ein ausgezeichnetes Touristenzentrum (mit großem neuen Sportzentrum) entstanden. Von Santiago de la Ribera aus kann man auf reizvoller Straße in geringer Entfernung vom Ufer des Mar Menor bis zur Manga del Mar Menor (90 km) fahren. Die Orte am Mar Menor bilden in ihrer Gesamtheit den wichtigsten Ferienbezirk des murcianischen Abschnitts der Costa Blanca.

Von der Manga del Mar Menor fährt man durch die Bergwerksstadt *La Unión* nach

Cartagena (126 km). Die Stadt wurde im 3. Jh. v. Chr. von dem Karthager *Hasdrubal* gegründet. In karthagischer und in römischer Zeit *(Carthago Nova)* war sie wegen der Erzminen in ihrer Umgebung von großer Bedeutung; in den Minen sollen etwa 40000 Menschen gearbeitet haben. In maurischer Zeit war die Stadt vor allem Flottenstützpunkt. Die Hafenbucht gilt nach der von *Vigo* als die am besten geschützte Hafenbucht Spaniens.

Der Schutz der natürlichen Lage wurde besonders in christlicher Zeit durch Forts erhöht. Beiderseits der Hafeneinfahrt stehen die Forts *de las Galeras* (Westseite) und *de San Julián*. Auch zur Landseite hin ist die Stadt von mehreren Forts umgeben.

Der Hafen ist heute der Hauptkriegshafen des Landes. Nennenswerte Sehenswürdigkeiten besitzt die Stadt trotz ihres hohen Alters nicht. Man sollte aber wenigstens zu dem von hübschen Parkanlagen umgebenen *Castillo de la Concepción* am Ostrand der Stadt hinaufsteigen (gute Aussicht) oder einen Bummel über die Geschäfts- und Fußgängerstraße *Isaac Peral* (meist *Calle Mayor* genannt) machen.

Über *Puerto de Mazarrón* (162 km; kleiner Badeort), *Mazarrón* und *Águilas* (216 km; letzter Badeort an der Küste von Murcia) fährt man zu dem Straßenknotenpunkt *Puerto Lumbreras* (244 km) und dann nach

Lorca (262 km). Die inmitten einer fruchtbaren Huerta gelegene Stadt geht auf das iberorömische *Ilorci* (auch *Ilurco* und

Eliocroca) zurück. Die Altstadt liegt an einem Berghang (etliche Höhlenwohnungen) und wird von dem aus dem 13./14. Jh. stammenden *Castillo* überragt. In der Unterstadt steht die Stiftskirche *San Patricio* (16. bis 18. Jh.) mit reicher barocker, zum Teil churrigueresker Ausstattung. Von den zahlreichen Adelshäusern der Stadt ver-

Lorca: Stiftskirche

dienen Beachtung die *Casa de los Guevara* in der *Calle López Gisbert*, die *Casa de los Pérez de Pulgar* in der *Calle del Generalísimo* und die ebendort gelegenen *Casas de los Obispos de Murcia*.

Man fährt weiter über *Caravaca*, in dessen Kapelle *Santísima Cruz de Caravacu* eine Reliquie des Kreuzes Christi aufbewahrt wird (vom 2. bis 5. Mai große Feierlichkeiten), nach der im Norden der Provinz gelegenen Stadt *Jumilla* (390 km). In der Kirche *Santiago* (15. Jh.) befinden sich zahlreiche Werke von *Francisco Salzillo* (siehe Seite 179). Das rund 5 km von Jumilla entfernte Kloster *de Santa Ana* besitzt den „Christus an der Geißelsäule", ein ausgezeichnetes Werk des gleichen Künstlers.

Von Jumilla fährt man zurück bis zur N. 301, die zu dem hübsch gelegenen *Cieza* (424 km) führt. Bei *Abarán* wechselt man auf das Westufer des *Río Segura* hinüber und kommt nach dem kleinen, aber sehr beliebten Thermalbad *Archena*, dessen Quellen schon den Römern bekannt waren. Kurz nach *Ceutí* erreicht die Straße die Huerta von Murcia, die sich bis

* **Alcantarilla** (462 km) ausdehnt. Nur 2 km nordöstlich dieser Industriestadt liegt das politisch schon zu Murcia gehörende **La Ñora*. Dort befindet sich die *Contraparada*, das Zentrum des von den Mauren eingerichteten Bewässerungssystems der Huerta (Contraparada = Regulierungsschleuse). Die Bezeichnung Ñora entspricht dem gebräuchlicheren *Noria*, womit ein arabisches Schöpfrad gemeint ist. Solch ein hölzernes Schöpfrad besonders riesigen Ausmaßes gab es innerhalb der Systems von La Ñora bis 1936. Die zweite Sehenswürdigkeit von La Ñora ist das barocke Kloster *de San Jerónimo de la Ñora* (der sogenannte „Escorial von Murcia"), in dessen Kirche ein * „Hieronymus" (1795) von *Francisco Salzillo* steht. Die Statue gilt als Salzillos Meisterwerk und als eine der besten Plastiken der spanischen Bildhauerei.

Von dem Kloster, das etwas außerhalb von La Ñora liegt, fährt man nach Murcia (471 km) zurück.

DIE PROVINZ CUENCA

Die Provinz Cuenca (17061 qkm) gehört zu *Neukastilien*. Sie wird im Norden von der Provinz *Guadalajara*, im Osten von den Provinzen *Teruel* und *Valencia*, im Süden von der Provinz *Albacete* und im Westen von den Provinzen *Ciudad Real* und *Toledo* begrenzt. Die Fernverkehrsstraße N. III (Madrid – Valencia) durchzieht den Süden der Provinz, berührt aber die Hauptstadt Cuenca nicht. Weitere wichtige Straßen sind die N. 320 (Albacete – Cuenca – Guadalajara), N. 420 (Teruel – Cuenca – Alcázar de San Juan) und N. 400 (Cuenca – Tarancón – Ocaña). Die einzige Eisenbahnlinie ist die Linie Valencia – Cuenca – Madrid. Am sehenswertesten sind* Cuenca und seine Umgebung.

Die Provinzhauptstadt *Cuenca

*Cuenca liegt in 920 bis 1001 m Höhe über der Einmündung des *Huécarcañons* in den *Júcarcañon*. Die Stadt ist Bischofssitz. Die Existenzgrundlage bildet die Industrie (Holz- und Textilindustrie, Teppichfabrikation).

GESCHICHTE

Cuenca gilt als das römische *Conca*. In maurischer Zeit war es Festung. *Alfons VI.* von León und Kastilien (1065 – 1109) heiratete *Zaida*, die Tochter des maurischen Königs von Sevilla, die Cuenca als Mitgift erhielt. Aber erst 1177 konnte Cuenca fest mit dem Königreich Kastilien verbunden werden. Im Spanischen Unabhängigkeitskrieg, während des Karlistenaufstands (1872 – 1876) und im Jahr 1937 erlitt die Stadt schwere Zerstörungen.

SEHENSWÜRDIGKEITEN

Die wichtigsten Sehenswürdigkeiten sind die *Kathedrale, die Casas Colgadas und – außerhalb der Stadt – die *Ciudad Encantada und die *Torcas.

Cuenca besteht aus der ziemlich weiträumig angelegten Neustadt und der engen und winkligen, zwischen dem *Río Huécar* und dem *Río Júcar* gelegenen Altstadt. Etliche hoch über den Huécarcañon gespannte Brükken verbinden Neu- und Altstadt. Im Ostteil der Neustadt liegt der große *Parque de San Julián* und etwas östlich davon der *Puente de Valencia* über den Río Huécar. Jenseits des Flusses zweigt nach links die altertümliche *Calle de la Moneda* ab, während man, zunächst geradeaus *(Calle de Santa Coloma)* und dann nach rechts *(Calle Caballeros)* gehend, zur *Calle Alfonso VIII* kommt. Diese Straße führt durch drei Arkaden des barocken *Rathauses* (1762) hindurch zur *Plaza Mayor*, an deren Ostseite die

***Kathedrale** steht. Die um 1200 im Stil der normannischen Gotik wahrscheinlich von französischen Baumeistern erbaute Kirche (der Wiederaufbau der 1902 eingestürzten Fassade dauert an) ist im Innern infolge von Stiftungen überreich ausgestattet. Die zahlreichen Kapellen haben großartige Portale oder Gitter, beachtliche Altaraufsätze, vielfach hervorragende Artesonadodecken und Gemälde. Sehenswerte Grabmäler befinden sich in der Kapelle *Albornoz* und in der hinter dem Hochaltar gelegenen Kapelle *del Espíritu Santo* (diese ist nur zwischen Ostern und Pfingsten zugänglich). In der Schatzkammer sind vor allem die Goldschmiedearbeiten beachtenswert.

Cuenca: Hängende Häuser

Von der Kathedrale aus geht man durch die *Calle de San Pedro* zur Kirche *San Pedro* (17. Jh.) und zum *Castillo*, das auf dem höchsten Punkt der Stadt steht und von dem aus man einen prächtigen Blick auf die Schluchten der beiden Flüsse hat. Außerdem empfiehlt sich von der Kathedrale aus ein Spaziergang durch die malerische *Calle de Julián Romero* (etwa parallel zur Calle de San Pedro). Rechts von der Kathedrale führt die *Calle del Obispo Valero* zum Bischöflichen Palais, von wo aus man die

Casas Colgadas, die Hängenden Häuser, erreicht. Diese Häuser kleben am Hang über dem Río Huécar und sind bis zu zehn Stockwerken hoch. In einem dieser Häuser ist das Museum für abstrakte spanische Kunst untergebracht, in dem sich Bilder und Skulpturen der hervorragendsten abstrakten Künstler Spaniens befinden, z.B. von *A. Tapies* (geboren 1923) und *L. Feito* (geboren 1929).

In dem am Nordufer des Río Júcar gelegenen *Barrio de San Antón* steht die Seite 63 erwähnte Kirche *San Antón*.

Etwa 35 km nordöstlich von Cuenca und auf einer Fahrt durch das reizvolle Tal des Río Júcar erreichbar liegt die

***Ciudad Encantada**, eine etwa 2 qkm große „Verzauberte Stadt", die durch Erosion des Kalksteins zustande gekommen ist. Man glaubt sich in einer verfallenen Stadt mit Gassen und Plätzen, Häusern und Palästen und eigenartigen Gebilden, die Namen wie „Seelöwe", „Schiffe" erhalten haben.

Eine weitere Natursehenswürdigkeit sind die rund 25 km östlich der Stadt gelegenen

***Torcas**, auf unterirdische Wassertätigkeit zurückzuführende Erdtrichter bis zu 700 m Durchmesser und bis zu 80 m Tiefe. Wegweiser führen u.a. zur *Torca del Agua*, *Torca del Lobo* und zur *Torca de la Novia*.

Rundfahrt durch die ganze Provinz (1)

Man verläßt Cuenca auf der N. 320, überquert auf einer neuen Brücke einen Seitenarm des *Buendía-Stausees* und kommt nach *Sacedón* (89 km), das zwischen dem genannten Stausee und dem *Entrepeñas-Stausee* gelegen ist. Die beiden Stauseen werden vielfach als *Mar de Castilla* (Kastilisches Meer) bezeichnet. Die touristische Entwicklung dieses Gebietes steht noch aus.

Von Sacedón aus fährt man in südlicher Richtung am Buendía-Stausee entlang über *Buendía* nach *Huete*, das zur Mitgift der auf Seite 182 erwähnten Tochter des Königs von Sevilla gehörte und in dem noch einige alte Bauten (zum Teil Ruinen) zu sehen sind. Von dort kommt man über *Carrasco del Campo* nach *Tarancón* (Schloß aus dem Jahre 1835) und dann an der N. III zur Abzweigung (links) der ins Städtchen *Uclés* führenden Straße. Das dortige Kloster (16.–18. Jh.) war Sitz des Santiago-Ritterordens.

Man fährt auf der N. III weiter und kommt nach *Saelices* (184 km). Rund 2 km weiter östlich zweigt nach rechts der Weg zu den Ruinen von *Segobriga* ab. Es handelt sich hier um die Ruinen einer erst teilweise freigelegten römischen Stadt. Am besten erhalten ist das Theater, dessen Orchestra (Tanzplatz vor der Bühne) in den anstehenden Fels gehauen ist.

Bei *La Almarcha* (257 km) verläßt man die N. III und fährt auf der N. 420 nach

Belmonte. Das alte Städtchen wird von der prächtigen Burg (15. Jh.) des Geschlechts *Villena* überragt (Geburtsstätte des Seite 71 erwähnten Dichters *Luis de León*). Die gotische Stiftskirche (gute Innenausstattung) stammt ebenfalls aus dem 15. Jh.

Mota del Cuervo (311 km) liegt bereits in der Mancha, also in der Landschaft, die *Cervantes* durch die Taten seines *Don Quijote* berühmt gemacht hat. In dieser Gegend soll Don Quijote seine ersten Windmühlenkämpfe bestanden haben. Windmühlen gibt es dort noch heute (sie sind typisch für die Landschaft); der Name des Hotels *Mesón de Don Quijote* hält zusätzlich die Erinnerung an den berühmten Ritter wach.

Über das malerische *San Clemente* (Bauten aus dem 15. und 16. Jh.) und über *Honrubia* erreicht man den *Alarcón-Stausee*, einen der größten Stauseen Spaniens (zu ihm ist der *Río Júcar* auf einer Länge von rund 35 km aufgestaut). Benannt ist der See nach dem in der Nähe des Staudamms gelegenen Festungsstädtchen

Alarcón (402 km), in dessen mächtiger Stadtburg (14. Jh.) sich heute der *Parador Nacional Marqués de Villena* befindet. Die Kirche *Santa María* besitzt ein sehr schönes plateskes Portal und einen geschnitzten Altaraufsatz (16. Jh.) von *Alonso Berruguete*.

Über *Motilla del Palancar* (422 km) fährt man zurück nach Cuenca (490 km).

DIE PROVINZ GUADALAJARA

Die Provinz Guadalajara (12190 qkm) gehört zu *Neukastilien*. Sie wird im Norden von den Provinzen *Segovia* und *Soria*, im Osten von den Provinzen *Zaragoza* und *Teruel*, im Süden von der Provinz *Cuenca* und im Westen von der Provinz *Madrid* begrenzt. Die wichtigste Straße ist die N. II (Madrid – Guadalajara – Barcelona). Die einzige Eisenbahnlinie der Provinz ist die Linie Madrid – Guadalajara – Zaragoza, von der in Torralba, das nahe der Provinzgrenze, aber bereits in der Provinz Soria liegt, die Linie nach Pamplona abzweigt.

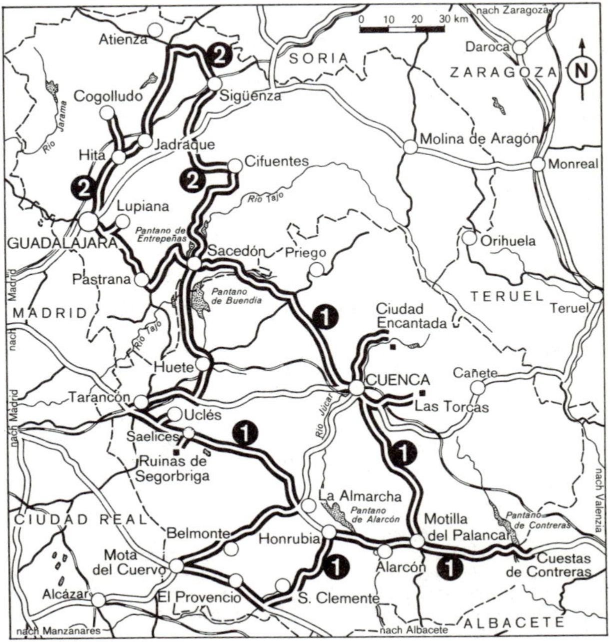

Die Provinzhauptstadt Guadalajara

Guadalajara, am Ostufer des *Río Henares* gelegen, ist der Bevölkerungszahl nach eine der kleinsten Provinzhauptstädte Spaniens. Da die Stadt ohne ausreichende Existenzgrundlage war, wanderte die Bevölkerung mehr und mehr nach Madrid ab. Dieser Entwicklung ist nun Einhalt geboten worden durch die Einbeziehung der Stadt in den zu industrialisierenden Raum rings um Madrid.

GESCHICHTE

Guadalajara ist wahrscheinlich das ibero-römische *Arriaca*, das die Mauren *Wad al-hadschara* nannten. Die Stadt wurde schon 1085 von einem Kampfgefährten des Cid den Mauren entrissen. Seit der Mitte des 15. Jh. war die Stadt Residenz der Herren *de Mendoza*, späteren Herzögen *del Infantado*, die mit ihren Bauten das Gesicht der Stadt prägten. Im 17. Jh. verlor Guadalajara infolge des Aussterbens der Herzogsfamilie den Status der Residenz, und der wirtschaftliche Rückgang begann. Darüberhinaus wurde die Stadt im Spanischen Bürgerkrieg schwer beschädigt. Der Wiederaufbau auch der Baudenkmäler ist im allgemeinen noch im Gang.

SEHENSWÜRDIGKEITEN

Die bedeutendste Sehenswürdigkeit ist der *Palast der Herzöge del Infantado* (15. Jh.), dessen prachtvolle Inneneinrichtung zwar durch Brand zerstört worden ist, dessen Fassade und Innenhof aber originalgetreu wiederhergestellt werden. Die Kirche *Santa María de la Fuente* besitzt noch einen Mudejarturm aus dem 13. Jh. Von der Kirche des ehemaligen Klosters *de la Piedad* (heute Universitätsinstitut) blieb das reich mit Skulpturen versehene Portal (frühes 16. Jh.) erhalten.

Rundfahrt durch den Westen der Provinz (2)

Da im Osten der Provinz lediglich das an der N. 211 gelegene *Molina de Aragón* (prächtige Burg aus dem 12./13. Jh.) einen Besuch lohnen würde, diese Stadt aber von den übrigen Sehenswürdigkeiten der Provinz zu weit entfernt liegt, wird die Rundfahrt auf den Westen der Provinz beschränkt.

Man verläßt Guadalajara auf der N. 320 und macht nach 9 km einen Abstecher (6 km je Weg) in das bescheidene Dorf *Lupiana*, in dem das im 14. Jh. gegründete Hieronymitenkloster *San Bartolomé* steht. Zu dem Kloster gehört einer der schönsten Renaissancekreuzgänge (um 1540) Kastiliens (besonders die dreistöckige Südseite ist beachtenswert).

In *Pastrana* (41 km), das kurze Zeit Hauptort des Herzogtums Pastrana der *Eboli* war, steht außer dem Schloß (16. Jh.) der Herzöge von Pastrana die gotische *Colegiata* (16. Jh.), die Grabkirche der Herzöge (unter den Gräbern der Familie Eboli befindet sich das der *Prinzessin Eboli*, die in Schillers „Don Carlos" eine Rolle spielt). In der Kirche befindet sich die bedeutendste Sehenswürdigkeit von Pastrana: vier Wandteppiche, die 1471 in Flandern nach Entwürfen des großen portugiesischen Malers *Nuno Gonçalvez* hergestellt wurden und Szenen aus der portugiesischen Geschichte zeigen (Eroberung der marokkanischen Städte *Tanger* und *Asilah* durch *Afonso V.* von Portugal).

Von Pastrana fährt man nach *Sacedón* (siehe Seite 184) und dann am Stausee *de Entrepeñas* entlang und über *Cifuentes* zur N. II, die man aber nach etwa 2 km wieder verläßt, um nach

* **Sigüenza** (162 km) zu fahren. Die in fast 1000 m Höhe über dem *Río Henares* gelegene Bischofsstadt (Bischöfe seit westgotischer Zeit nachweisbar) ist das *Segontia* der Keltiberer und Römer. Die bedeutendsten Sehenswürdigkeiten der Stadt sind das *Museo de Arte Antiguo* (Diözesanmuseum) und die *Kathedrale*. In dem Museum befinden sich vor allem Skulpturen von der Romanik bis zum Barock (darunter die Statue des Propheten *Elias*, die *Francisco Salzillo* zugeschrieben wird) und Gemälde (darunter eine „Verkündigung" von *El Greco*).

Die Kathedrale ist im Kern ein romanischer Bau (Mitte 12. Jh.) französischen Gepräges (Poitou). Mit den beiden wuchtigen Westtürmen und dem erst im 14. Jh. errichteten kleineren Turm am östlichen Querschiff macht die Kathedrale den Eindruck einer Wehrkirche. Im Innern sind besonders beachtenswert: die * *Capilla de Santa Librada*, ein Juwel der Renaissance (frühes 16. Jh.), wahrscheinlich von *Alonso de Covarrubias* geschaffen (die heilige *Librada* ist die Patronin von Stadt und Diözese Sigüenza); die *Capilla del Doncel* mit Gräbern der Familie *de Arce*, insbesondere dem des jungen *Don Martín Vázquez de Arce*, genannt *El Doncel* (der Edelknabe), der 1486 im Kampf gegen die Mauren fiel; die wahrscheinlich von *Covarrubias* geschaffene *Sakristei* (1573–1574), deren Decke mit 300 Medaillons (Köpfe oder Blumenrosetten) geschmückt ist. Sehenswert ist ferner die an der Südseite der Kathedrale gelegene malerische *Plaza Mayor* mit dem Renaissancerathaus.

Man fährt über *Cercadillo* in das typisch kastilische Dorf *Atienza* (188 km), das am Fuß eines von einer Burgruine gekrönten Felsens liegt. Sehenswert sind die von Arkaden umgebene *Plaza Mayor*, der Altaraufsatz in der *Capilla Mayor* der an der Plaza stehenden Kirche *San Juan* und die Barockkapelle der beim Friedhof stehenden Kirche *de la Trinidad*.

Nach Süden fahrend, erreicht man *Jadraque* (219 km), in dessen Pfarrkirche ein eigenartiges Gemälde von *Zurbarán* zu sehen ist: „Christus hebt nach der Geißelung seine Kleider auf". Von *Hita* (241 km) aus macht man noch einen Abstecher nach *Cogolludo* (17 km je Weg; Renaissancepalast *de Medinaceli* aus den Jahren 1492 bis 1495) und fährt dann nach Guadalajara (267 km) zurück.

DIE PROVINZ SORIA

Die Provinz Soria (10287 qkm) gehört zu *Altkastilien*. Sie wird im Norden von der Provinz *Logroño*, im Osten von der Provinz *Zaragoza*, im Süden von der Provinz *Guadalajara* und im Westen von den Provinzen *Segovia* und *Burgos* begrenzt. Die Hauptstraßen sind die N. 234 (Valencia – Soria – Burgos), die N. 122 (Zaragoza – Soria – Valladolid) und die N. 111 (Pamplona – Soria – Medinaceli). Bei Medinaceli trifft die N. 111 auf die N. II (Madrid – Barcelona), die nur den äußersten Süden der Provinz Soria berührt. Durch die Provinz verlaufen die folgenden Eisenbahnlinien: Pamplona – Soria – Madrid; Zaragoza – Soria – Burgos; Barcelona – Torralba – Madrid. Die sehenswertesten Orte sind Soria und * Medinaceli.

Die Provinzhauptstadt Soria

Die Provinzhauptstadt Soria liegt in 1056 m Höhe auf einem zweigipfligen Hügel am Westufer des *Duero*. Ihre Bevölkerungszahl nahm in den letzten 50 Jahren um mehr als 200% zu. Darin kommt die Bedeutung der trotzdem noch kleinen Stadt als Handelszentrum zum Ausdruck.

GESCHICHTE

Der Ursprung der Stadt wird mit der Zerstörung (133 v. Chr.) der rund 8 km nördlich gelegenen iberischen Stadt *Numantia* in Verbindung gebracht. Numantia wurde von *Scipio Africanus dem Jüngeren* dem Erdboden gleich gemacht, weil es den Römern erbitterten Widerstand geleistet hatte. Die Überlebenden von Numantia gelten als Gründer einer Ansiedlung, an deren Stelle heute Soria steht. Die weitere Geschichte der Stadt verlief bis auf die Tage der Reconquista ruhig; die Altstadt erweckt daher den Eindruck, als sei in ihr das Mittelalter erhalten geblieben.

SEHENSWÜRDIGKEITEN

Die bedeutendsten Baudenkmäler der Stadt sind die Kathedrale, das Kloster San Juan de Duero und der Gomara-Palast.

Man sollte den Rundgang mit einer Besichtigung des *Museo Numantino (Paseo del General Yagüe)* beginnen, in dem alle wesentlichen in den Ruinen von Numantia gemachten Funde zusammengetragen sind. Durch die Straßen *Marqués de Vadillo* und *General Mola* geht man in die Altstadt und biegt nach rechts in die *Calle de la Diputación* ein. Man trifft dort auf die romanische Kirche *San Juan de Rabanera* (12. Jh.; im Jahre 1908 restauriert), über deren Westportal ein prachtvolles * *Tympanon* zu sehen ist, und auf die *Diputación*, in der sich das *Museo Celtibérico* befindet. Man geht zurück zur Calle General Mola und erreicht dann von der *Plaza San Blas y el Rosel* aus durch die *Calle de Aguirre* den

Palacio de los Condes de Gomara, das eindrucksvollste Profanbauwerk der Stadt. Die Fassade des Renaissancepalasts (Ende 16. Jh.) besteht aus drei recht unterschiedlichen Teilen: der strengen Portalfassade, der sich nach rechts anschließenden gefälligen Arkadenfassade und dem sie begrenzenden wuchtigen Turm.

Von der Plaza de Aguirre geht man über eine Treppe zur *Plaza Ayllón*, an der die Kirche des Carmen-Klosters (17. Jh.) steht, und von dort durch die Straßen *Carmen* und *Real* zu der unter Denkmalschutz stehenden

Kathedrale San Pedro, einem romanischen Bau des 12. und 13. Jh., der im 16. Jh. umgestaltet wurde. Besonders sehenswert sind die Renaissanceausstattung und der romanische Kreuzgang.

Jenseits des etwa 200 m entfernten Duero liegen links die Ruinen des Klosters

San Juan de Duero (12./13. Jh.). Das romanische Kloster hat den Templern von Jerusalem gehört, und darauf mögen einzelne orientalische Züge zurückzuführen sein, zum Beispiel die beiden byzantinischen Baldachine in der Kirche und die ineinander verflochtenen Spitzbögen des sehr schönen Kreuzgangs.

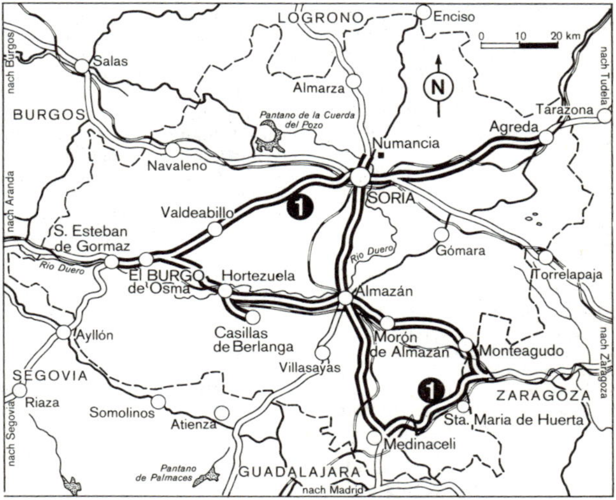

Man geht zurück zur Kathedrale und links an ihr vorbei auf einer Außenstraße der Altstadt und durch die *Calle de San Martín* zur Kirche *de la Merced* und weiter zur romanischen Kirche *Santo Domingo* (auch *Santo Tomé* genannt), deren ausgewogene Fassade den französischen Einfluß deutlich macht (Arkadenfassade des *Poitou*). Besonders beachtenswert sind die Skulpturen des Hauptportals.

Rundfahrt durch die ganze Provinz (1)

Nach einem Abstecher nach dem bereits erwähnten Ruinengelände von *Numantia* (8 km je Weg) und einem weiteren Abstecher (50 km je Weg) nach dem im Osten der Provinz gelegenen Städtchen *Agreda* (*Castillo de la Muela:* zahlreiche beachtenwerte Adelshäuser und Kirchen), dem einzigen einigermaßen lohnenden Ausflugsziel im Osten der Provinz, verläßt man Soria auf der N. 111 zur Fahrt in das am Duero gelegene Städtchen *Almazán* (35 km), an dessen mittelalterliche Stadtmauer sich die romanische Kirche *San Miguel* (12. Jh.) lehnt. Diese Kirche hat über der Vierung eine Trompenkuppel (über Ecktrichtern oder Trompen errichtete Kuppel) im Mudejarstil. Links der Kirche steht an der *Plaza Mayor* der *Palacio de los Hurtado de Mendoza* (vorwiegend 15. und 16. Jh.), das bedeutendste Baudenkmal der Stadt.

Man fährt weiter nach *Morón de Almazán* (49 km), einem Dorf, dessen hübscher Hauptplatz mit Rathaus, kleinem Palast und der spätgotischen Kirche (plateresker Turm) eine Fahrtunterbrechung wert ist. Auf der Weiterfahrt kommt man über das kleine, malerische *Monteagudo* (Burg aus dem 15. Jh.), das auf der Grenze zwischen den ehemaligen Königreichen Kastilien und Aragonien liegt, fährt dann einige Kilometer durch die Provinz Zaragoza, wo man auf die N. II trifft und folgt dieser Straße nach rechts bis

Santa María de Huerta (89 km). Das dortige Kloster wurde 1162 gegründet und wird seit 1930 wieder von Zisterziensern bewohnt. Die heutigen Bauten gehören vorwiegend dem 12. und 13. Jh. an (Umbauten wurden vor allem zur Zeit der Renaissance vorgenommen). Die eindrucksvollsten Teile der Klostergebäude (Führungen) sind der Saal der Laienbrüder, der Kreuzgang *Los Caballeros* (bevorzugte Grablege der in der Reconquista gefallenen Ritter), das *Refektorium mit der sich anschließenden Küche, sodann die Kirche, in der ein sehr schönes Chorgestühl (16. Jh.) und ein prachtvolles schmiedeeisernes Gitter (18. Jh.) zu sehen sind.

Auf der N. II fährt man bis zur Abzweigung (rechts) der Straße, die in das 3 km entfernte und 1201 m hoch gelegene Dorf

Medinaceli (116 km) führt. Das Dorf, das besonders als Aussichtspunkt besuchenswert ist, geht auf eine römische Stadt zurück, an die ein *Triumphbogen* (um 200 n. Chr.) erinnert.

Bald nach dem Ende der Maurenherrschaft (frühes 12. Jh.) wurde der Ort Sitz der Grafen und späteren Herzöge von Medinaceli (Grablege der Herzöge in der Kirche *Santa María*; der ehemalige Herzogspalast ist ein großes Gebäude ohne Besichtigungswert).

Man fährt weiter in Richtung auf das schon bekannte Almazán, biegt aber unmittelbar vor dem Ort nach links ab und erreicht *Hortezuela* (193 km). Von dort aus macht man einen Abstecher (12 km je Weg) über *Berlanga de Duero* (mächtige Burg aus dem 15. Jh.; spätgotische, gut ausgestattete Stiftskirche aus dem 16. Jh.) nach der in der Gemeinde *Casillas de Berlanga* gelegenen Einsiedelei *San Baudel de Berlanga. Das

Burgo de Osma: Kathedrale

mozarabische Bauwerk (11. Jh.) besteht aus einer 8,5 × 7,5 m großen Kapelle, an die eine kleinere, als Apsis dienende Kapelle (etwa 4 × 3,5 m groß) angebaut ist. In der Mitte der größeren Kapelle steht ein Pfeiler, der das Gewölbe trägt. Ein großer Teil der größeren Kapelle wird von einer Empore eingenommen, die von Hufeisenarkaden getragen wird. Von den romanischen Malereien (12. Jh.) sind nur Bruchstücke erhalten (die abgelösten Wandmalereien befinden sich heute im *Prado* in *Madrid* und im Museum *The Cloisters* in *New York*).

Von Hortezuela aus fährt man weiter nach *El Burgo de Osma* (216 km). Das Städtchen wurde bereits im 10. Jh. Bischofssitz und im 16. Jh. Sitz einer Universität (heute Technikum). Die gotische Kathedrale (13. Jh.) wurde im 16. und 18. Jh. verändert und erweitert; der 72 m hohe Turm, Wahrzeichen der Stadt, wurde 1739 vollendet. Im Innern sind vor allem der Aufsatz des Hochaltars (um 1550 von *Juan de Juni* geschaffen), das Grabmal des heiligen *Petrus von Osma* (1258) und der Kreuzgang (frühes 16. Jh.) beachtenswert. Das ehemalige Universitätsgebäude (1571) besitzt ein eindrucksvolles Portal und einen harmonisch gegliederten Innenhof.

Ein Abstecher (13 km je Weg) führt nach *San Esteban de Gormaz*, wo die 163 m lange alte Brücke über den Duero und die aus dem 12. Jh. stammenden Kirchen *San Miguel* und *del Ribero* sehenswert sind. Beide Kirchen haben eine reich geschmückte Vorhalle.

Von El Burgo de Osma aus fährt man auf direktem Weg nach Soria (270 km) zurück.

DIE PROVINZ BURGOS

Die Provinz Burgos (14269 qkm) gehört zu *Altkastilien*. Sie wird im Norden von der Provinz *Santander*, im Osten von den Provinzen *Álava*, *Logroño* und *Soria*, im Süden von der Provinz *Segovia* und im Westen von den Provinzen *Valladolid* und *Palencia* begrenzt. Die Hauptstraße der Provinz ist die Fernverkehrsstraße N. I (Madrid – Burgos – San Sebastián).

Wichtig sind ferner die Straßen N. 623 (Burgos – Santander) und N. 620 (Burgos – Valladolid). Die bedeutendste Eisenbahnlinie ist die Linie Irún – Burgos – Madrid. Neben ihr sind zu nennen: die Linien Burgos – Cidad Dosante und Burgos – Soria – Calatayud.

Ein wichtiger Eisenbahnknotenpunkt ist das an der Ostgrenze der Provinz gelegene Miranda de Ebro (Zaragoza – Bilbao).

Der sehenswerteste Ort der Provinz ist ** Burgos, die größte Natursehenswürdigkeit die Pancorbo-Schlucht.

Die Provinzhauptstadt **Burgos

** Burgos liegt in 856 m Höhe beiderseits des *Río Arlanzón* und am Fuß des bis 931 m ansteigenden *Cerro de San Miguel* (Burgberg). Die Stadt ist Sitz eines Erzbischofs. Seit einigen Jahrzehnten entwickelt sich Burgos zu einem beachtlichen Industriezentrum (vor allem Textilindustrie).

GESCHICHTE

Burgos wurde 882 oder 884 am Nordufer des Arlanzón gegründet und gehörte zunächst zum Königreich León. Im 10. Jh. wurde es die Hauptstadt der Grafschaft Kastilien, im 11. Jh. vorläufig und im 13. Jh. endgültig die Hauptstadt der vereinigten Königreiche León und Kastilien, zu denen auch die den Mauren entrissenen Gebiete im Süden der Meseta (Neukastilien) gehörten. In dieser Zeit des Aufstiegs wurde in Burgos der spanische Nationalheld *Rodrigo Díaz de Vivar* (1026 – 1099) geboren, der unter den Namen *El Campeador* und *El Cid* bekannt ist. Um 1500 verlor Burgos seine Stellung als Landeshauptstadt, blieb aber dank seinen Handelsprivilegien eine wirtschaftlich bedeutende Stadt. Während des Spanischen Unabhängigkeitskrieges wurden die Spanier bei Burgos 1808 besiegt. 1812 belagerte *Wellington* die Stadt, 1813 konnte er sie einnehmen. Im Spanischen Bürgerkrieg war Burgos bis zur Eroberung Madrids die Hauptstadt der Nationalisten und eine der wichtigsten Basen für die Kämpfe gegen Madrid.

SEHENSWÜRDIGKEITEN

Die wichtigsten Sehenswürdigkeiten der Stadt sind die ** *Ka-*

thedrale, der **Arco de Santa María*, die **Casa de Miranda* und das etwas außerhalb gelegene *** Monasterio de las Huelgas*.

Man beginnt den Rundgang am *Paseo del Espolón* (im Haus Nr. 3 ist das *Verkehrsamt*), einer hübschen Promenade, an deren westlichem Ende man zum

Arco de Santa María hinübergeht. Der Arco ist ein mächtiges Stadttor, das in den Jahren 1535 bis 1553 unter teilweiser Verwendung eines bis ins 11. Jh. zurückreichenden Turmes zu Ehren Kaiser *Karls V.* erbaut worden ist. Zwei halbrunde Türme flankieren das Tor. Über dem Torbogen sind in sechs Nischen bedeutende Persönlichkeiten der spanischen Geschichte dargestellt, darunter *Fernán González*, der erste Graf von Kastilien, der *Cid* und Kaiser *Karl V.* Gekrönt wird das Tor von einem Zinnenkranz, vier halbrunden, mit Zinnen versehenen Türmen und einer Ädikula mit der Mutter mit Kind.

Durch den Torbogen kommt man auf die *Plaza del Rey San Fernando* und auf die nordwestlich davon gelegene *Plaza de Santa María*, die beide an die

****Kathedrale*** grenzen. Das mächtige Gotteshaus, eines der schönsten gotischen Bauwerke Spaniens, entstand in den Jahren 1221 bis 1230 (Ausbauten noch bis in das 16. Jh. hinein).

Das Vorbild der französischen Kathedralgotik ist unverkennbar (Ähnlichkeiten mit *Coutances*, *Bourges* und *Reims*). Die Zweiturmfassade, die in der Portalzone ihres Skulpturenschmucks beraubt worden ist, weist eine prächtige Fensterrose und eine Art Königsgalerie auf.

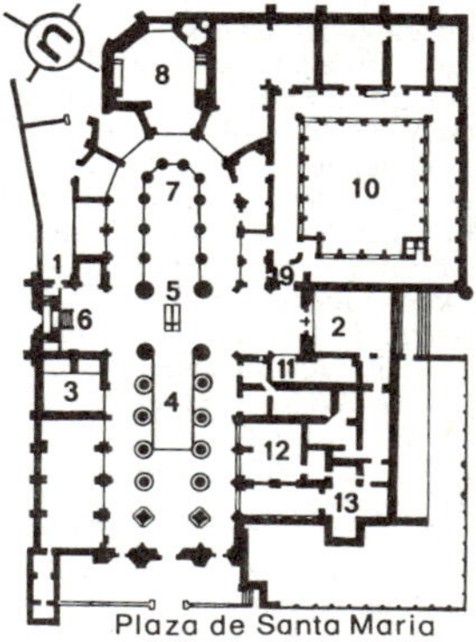

Grundriß der Kathedrale

Die beiden 84 m hohen Türme mit durchbrochenen Helmen wurden im 15. Jh. von *Hans von Köln* aufgeführt. Über der Vierung erhebt sich ein 50 m hohes Oktogon, das ungemein reich ornamentiert ist und von acht Fialen überragt wird (Mitte 16. Jh.). Von den Portalen sind besonders beachtenswert die platereske *Puerta de Pellejería* [1], die 1516 von *Franz von Köln* geschaffen wurde, und die skulpturenreiche, französisch anmutende *Puerta del Sarmental* [2] aus dem frühen 13. Jh. Das Innere, das man durch das Hauptportal an der *Plaza de Santa María* betritt, ist ein dreischiffiger Raum, an den ein wenig planlos zahlreiche Kapellen angebaut sind (dies ist übrigens einer der typisch spanischen Züge des Bauwerks). Die wesentlichsten Sehenswürdigkeiten im Innern sind: die *Capilla de Santa Ana* [3] mit dem spätgotischen Grabmal des Archidiakons *Diaz* und dem spätgotischen Altaraufsatz (Stammbaum Christi); der *Coro* [4] mit dem in *Limoges* (Frankreich) geschaffenen Grabmal des 1238 gestorbenen Bischofs *Mauricio*, des Gründers der Kathedrale; unter der Vierung das Grab des *Cid* und seiner Gattin [5]; im linken Querschiff [6] die zur *Puerta de la Coronería (Puerta Alta)* hinaufführende *Escalera Dorada* (Goldene Treppe), 1519 von *Diego de Siloé* geschaffen; in der *Capilla Mayor* [7] der Renaissance-Hochaltar (1562 bis 1580); die 1482 bis 1494 von *Simon von Köln* erbaute *Capilla del Condestable* [8] mit Grabmälern, einer Statue des heiligen *Hieronymus* und einem Triptychon; die *Puerta del Claustro* [9] mit Skulpturen aus dem 14. und 15. Jh.; der Kreuzgang [10] aus dem 13. Jh. mit Gräbern und Statuen und dem *Diözesanmuseum;* die *Capilla de la Visitación* [11] mit dem Alabastergrabmal des Bischofs *Alfonso de Cartagena;* die *Capilla de la Presentación* [12] mit dem Grabmal des Kanonikers *Gonzalo de Lerma* (16. Jh.) und der *Madonna* (1520) von *Sebastiano del Piombo;* die *Capilla del Santísimo Cristo* [13] mit dem sogenannten *Cristo de Burgos* (der Corpus ist aus Tierhaut).

An der Nordseite der Plaza de Santa María steht die Kirche *San Nicolás* (frühes 15. Jh.) mit dem aus vielfarbigem Alabaster bestehenden Altaraufsatz (rund 450 Figuren) von *Franz von Köln*, und rund 200 m weiter trifft man auf die gotische Kirche *San Esteban* (1280 bis 1350). Von dort kann man durch die *Calle del Arco de San Esteban* (Tor in maurischem Stil aus dem 13. Jh.) zur Burgruine hinaufgehen.

Durch die *Calle de Fernán González* geht man zur Kirche *San Gil* (14. Jh.), in der sich einige beachtenswerte Grabmäler und Altaraufsätze befinden, sodann durch die Straßen *de San Juan* (an der *Plaza de San Juan* steht das ehemalige *Pilgerspital;* Burgos war eine wichtige Station auf dem Pilgerweg nach Santiago de Compostela) und *de Santander* zur *Casa del Cordón*, einem spätgotischen Palast, der zwischen dem 15. und 18. Jh. den spanischen Königen oft als Residenz gedient hat.

Südlich des Río Arlanzón steht an der *Calle de la Calera* die 1545 erbaute

***Casa de Miranda,** ein großartiges Adelshaus, das heute als *Museo Arqueológico National* dient. Die Sammlungen umfassen Funde aus vorgeschichtlicher, römischer und westgotischer Zeit, Grabmäler aus dem 15. und 16. Jh. und Gemälde und Skulpturen aus dem 13. bis 18. Jh., die zu einem wesentlichen Teil aus ehemaligen Klöstern und Kirchen Altkastiliens stammen. Das wertvollste Stück des Museums ist der aus dem Kloster *Santo Domingo de Silos* (siehe Seite 196) stammende Altarvorsatz (12. Jh.; Silberarbeit mit Vergoldungen, Edelsteinen und Emailtafeln; 235 × 84 cm).

Karte S. 195

Unter den in der engeren Umgebung der Stadt gelegenen Sehenswürdigkeiten nimmt das

Monasterio de las Huelgas (knapp 2 km westlich der Stadt) die erste Stelle ein. Das Kloster entstand ab 1175 in Erweiterung eines königlichen Lustschlosses und war für einhundert nach den Regeln der Zisterzienserinnen lebende Frauen aus den ersten Familien Kastiliens bestimmt. Sehenswert sind vor allem der große Kreuzgang (San Fernando; romanisch), die gotische Kirche mit den Sarkophagen kastilischer Könige und das kleine Museum, dessen Sammlungen aus Kleidungsstücken und sonstigen Textilien bestehen, die man in den

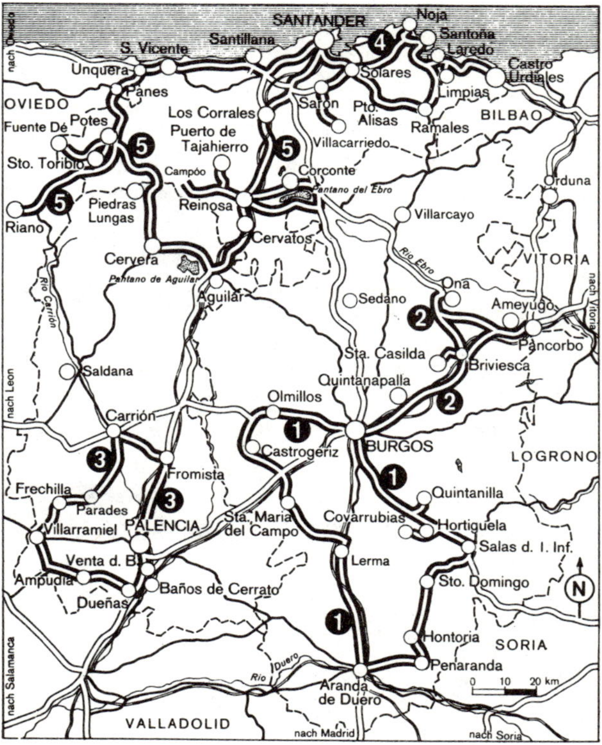

 Karte S. 195

Gräbern des Klosters gefunden hat. *Alfons VIII.*, der Gründer dieses Klosters, ließ auch das knapp 1 km nordwestlich des Klosters gelegene *Hospital del Rey* erbauen, eine Pilgerherberge, in der Santiagopilger bis zu drei Tagen Aufnahme fanden. Der Bau ist im 16. Jh. großenteils in platereskem Stil erneuert worden.

Gut 3 km östlich von Burgos steht die *Cartuja de Miraflores*, ein im 15. Jh. von *Hans* und *Simon von Köln* erbautes Kartäuserkloster, dessen Kirche einige hervorragende Kunstwerke birgt: die von *Diego de Siloé* geschaffenen Grabmäler (15. Jh.) von König *Johann II.* und seiner Gattin und von dem Infanten *Alonso*, dem Bruder *Isabellas der Katholischen;* der ebenfalls von *Diego de Siloé* geschaffene Hochaltaraufsatz, dessen Darstellungen sich auf das Leben Christi beziehen. Auf einem Fußweg (gut 2 km) kann man von dort aus das *Monasterio de San Pedro de Cardeña* erreichen, das im 9. Jh. gegründet wurde. Die Klosterbauten stammen aus dem 12. und 13. Jh., die Kirche wurde im 15. Jh. erbaut. Die Zisterziensermönche stellen den kräftigen Likör *Tizona* her.

Route 1: Der Süden der Provinz

Man verläßt Burgos in südlicher Richtung auf der N. I, von der man nach 8 km in die N. 234 (Richtung Soria) abbiegt. Nach weiteren 22 km zweigt nach links eine Straße nach dem knapp 4 km entfernten *Quintanilla de las Viñas* ab, wo eine zum Teil erhaltene westgotische Kirche (7. Jh.; recht sehenswerte Bauplastik) steht.

Nach diesem Abstecher fährt man auf der N. 234 weiter bis *Hortiguela* (41 km) und macht dort einen Abstecher (13 km je Weg) nach *Covarrubias*, in dessen ansehnlicher gotischer Stiftskirche sich die Sarkophage von *Fernán González*, des ersten Grafen von Kastilien, und seiner Frau und ein Triptychon flämischen Stils mit einer „Anbetung der Könige" (15. Jh.) befinden. Die N. 234 führt weiter über *Salas de los Infantes* (53 km) zur Abzweigung der nach *Aranda de Duero* führenden Straße. An dieser Straße liegt **Santo Domingo de Silos** (70 km) mit dem seit 1881 wieder von Benediktinern bewohnten gleichnamigen Kloster. Das Kloster

Sto. Domingo: Oberer Kreuzgang

wurde im 11. Jh. gegründet. Aus dem 11./12. Jh. ist der herrliche romanische **Kreuzgang, eines der hervorragendsten spanischen Baudenkmäler jener Zeit, erhalten geblieben. Alle übrigen Gebäude, auch die Kirche, wurden im 17. und

18. Jh. umgebaut und erneuert. Im Kirchenschatz ist unter anderem ein Silberkelch aus dem 11. Jh. (maurische Arbeit) zu sehen, der als Kelch des Klostergründers *Domingo* gilt.

Über Hontoria fährt man weiter nach *Peñaranda de Duero* (108 km), einem kleinen, aber recht sehenswerten Ort, der sich durch seine gut restaurierten alten Bauten auszeichnet. Sehenswert sind vor allem die Burgruine, die Stiftskirche (frühes 18. Jh.), der *Palacio de Miranda* (um 1500; ehemaliger Palast der Familie *Montijo*, aus der *Eugénie*, die Gattin Kaiser *Napoleons III.*, stammte) und die Säule (15. Jh.) in der *Calle de la Cava*, die einigen als Wegweiser, anderen als Schandpfahl gilt.

Über *Aranda de Duero* (126 km), wo die Kirche *Santa María la Real* als bedeutendes Werk des isabellinischen Stils (siehe Seite 62) einen Besuch wert ist, fährt man nach *Lerma* (206 km), das noch von Mauern aus dem 12. Jh. umgeben ist. Das Schloß der Herzöge von Lerma, die ehemalige Stiftskirche und viele andere Bauten stammen aus dem 17. Jh., in dem *Francisco Gómez de Sandoval y Rojas*, Herzog von Lerma, Günstling *Philipps III.* und Hauptverantwortlicher für die Vertreibung der Moriscos aus Spanien, die Stadt nach seinen Vorstellungen gestalten ließ.

Auf der Weiterfahrt kommt man über das malerische *Santa María del Campo* (ansehnliche Kirche *Santa María*, 15. Jh.) nach *Castrogeriz* (256 km), an dessen Kirche *San Antón* (16. Jh.) der Weg der Santiagopilger vorbeiführte. Über *Olmillos de Sasamón* (Burg aus dem 15. Jh.) fährt man nach Burgos (307 km) zurück.

Route 2: Der Nordosten der Provinz

Man fährt auf der N. I durch das malerische *Quintanapalla*, über den 981 m hohen *Puerto de la Brújula* und durch die Pralinenstadt *Briviesca* (Kirche *Santa Clara* mit einem Altaraufsatz aus dem 16. Jh.) zur

Garganta de Pancorbo (64 km), der Pancorbo-Schlucht, die der *Río Oroncillo* in die *Montes Obarenses* gebrochen hat und in der das malerische Dorf *Pancorbo* liegt. Nahe dem Nordostausgang der Schlucht steht bei *Ameyugo* das *Monumento al Pastor* (Schäferdenkmal). Nach einem Abstecher nach *Miranda de Ebro* (13 km je Weg; romanische Kirche *San Nicolás*) fährt man durch die Pancorbo-Schlucht zurück und biegt dann von der N. I in die N. 232 ein, um nach

Oña (101 km) zu fahren. In dem Städtchen steht das 1011 gegründete Kloster *San Salvador* (später Jesuitenkolleg) mit der zum Teil noch romanischen Kirche und einem wahrscheinlich von *Simon von Köln* erbauten gotischen Kreuzgang (15. Jh.). Von Oña aus fährt man zurück nach Briviesca (kurz vorher Abstecher zur Wallfahrtskirche *Santa Casilda*, 7 km je Weg) und kommt dann auf der N. I wieder nach Burgos (170 km) zurück.

DIE PROVINZ PALENCIA

Die Provinz Palencia (8029 qkm) gehört zur Landschaft *León*. Sie wird im Norden von den Provinzen *León* und *Santander*, im Osten von der Provinz *Burgos*, im Süden von der Provinz *Valladolid* und im Westen von *Valladolid* und *León* begrenzt. Die wichtigste Straße der Provinz ist die von Santander kommende N. 611, die südlich von Palencia auf die N. 620 (Burgos – Valladolid – Portugal) trifft. Durch die Provinz führen die Eisenbahnlinien Madrid – Palencia – Santander, Madrid – Palencia – Gijón, Madrid – Venta de Baños (südlich von Palencia) – Irún. Der sehenswerteste Ort ist Palencia.

Die Provinzhauptstadt Palencia

Palencia liegt in 793 m Höhe auf der Hochebene *Tierra de Campos* (einer Kornkammer) am linken Ufer des *Río Carrión*.

Blick in die Krypta der Kathedrale von Palencia

Die Stadt ist Sitz eines Bischofs. Ihre Existenzgrundlagen sind die Landwirtschaft in der gut bewässerten *Huerta de Palencia* und auf der *Tierra de Campos* und die sich immer mehr verbreitende Industrie.

GESCHICHTE

Palencia geht auf eine iberorömische Stadt „Pallantia" zurück, über deren weitere Schicksale in westgotischer und maurischer Zeit nichts Sicheres bekannt ist. Um das Jahr 1000 scheint die Stadt einen Wiederaufbau erlebt zu haben. Ihre Blütezeit fiel in das 12. und 13. Jh. 1208 wurde in Palencia die erste spanische Universität gegründet (rund 30 Jahre später nach *Salamanca* verlegt). Die spätere Geschichte hat keine Höhepunkte aufzuweisen.

SEHENSWÜRDIGKEITEN

Die bedeutendste Sehenswürdigkeit ist die *Kathedrale. Vom Ufer des *Río Carrión* aus *(Avenida del General Goded)* führt die *Bajada de Puentecillas* zur

Das Apostelgrab in der herrlichen Kathedrale von Santiago de Compostela war und ist eines der großen Pilgerziele der katholischen Welt.

Von den vielen eiszeitlichen Höhlenmalereien Spaniens gehören die Bison-Darstellungen in der Höhle von Altamira zu den eindrucksvollsten.

Der riesige Aquädukt von Segovia wurde um das Jahr 100 vor Christus von den Römern erbaut, um die Stadt mit Wasser zu versorgen.

***Kathedrale**, einem gotischen Bauwerk (1321 bis 1516), das infolge der langen Bauzeit viele Renaissance-Elemente aufweist.

An der zur *Plaza de San Antolín* gelegenen und vom Turm überragten Südfassade befinden sich die *Puerta del Obispo* (Bischofsportal; Ende des 15. Jh. von *Diego Hurtado de Mendoza* geschaffen) und die *Puerta de los Novios* (Brautportal; platereske Arbeit des 16. Jh.). Im Innern der Kirche sind beachtenswert: der große Hochaltaraufsatz, an dem zu Beginn des 16. Jh. *Juan von Flandern* (Tafelbilder), *Felipe Bigarny* (Bildhauerarbeiten) und *Juan de Valsameda* (Kalvarienberg als Abschluß des Aufsatzes) gearbeitet haben; die Basreliefs am Trascoro von *Gil de Siloé*; der an Bildhauerarbeiten äußerst reiche Chorumgang; die Silbermonstranz (16. Jh.) in der Sakristei; die flämischen Wandteppiche (16. Jh.) im Kapitelsaal; die Krypta, deren Mauerwerk teils in westgotische Zeit zurückreicht, teils von einer romanischen Kirche des 11. Jh. herrührt.

In Palencia sind ferner sehenswert: das Museum der Kathedrale (u. a. El Greco); die Kirche *San Miguel* (12. Jh.) an der *Calle de Miro/Calle Mayor Antigua;* die Kirche *San Pablo* (13. und 15. Jh.) an der *Plaza de León*; die Kirche des Klosters *Santa Clara* (14. Jh.) nahe der *Calle de Burgos.*

Route 3: Rundfahrt durch die Provinz

An *Villamuriel de Cerrato* (Wehrkirche der Templerritter aus dem 13. Jh.) vorbei fährt man nach *Venta de Baños*, in dessen Nähe das kleine

Baños de Cerrato (14 km) liegt. Dort steht die 661 erbaute (später renovierte) westgotische Basilika **San Juan Bautista*, ein nur 11 m langes dreischiffiges Gotteshaus mit Hufeisenbögen (vormaurisch), schönen Kapitellen und einem äußeren und inneren Wandfries.

Durch das Tal des *Río Pisuerga* und am *Canal de Castilla* (18. Jh.) entlang fährt man nach *Dueñas* (20 km; Kirche *Santa María* mit prächtigem Altaraufsatz, um 1500) und dann über *Ampudia* (43 km; Burgruine), *Villarramiel* (38 km), *Paredes de Nava* (67 km; Kirche *San Juan* mit Frühwerken des hier geborenen Bildhauers *Pedro Berruguete*, 1450–1504) nach *Carrión de los Condes* (91 km), einer alten Station der Santiagopilger. Sehenswert sind vor allem das romanische Portal der Kirche *Santa María del Camino* und der romanische Skulpturenfries der Kirche *Santiago*. Eine weitere Station der Pilger war

Frómista (104 km). Dort steht die im 11. Jh. erbaute (1904 restaurierte) ehemalige Klosterkirche *San Martín* mit großartigen Figurenkapitellen. Die Kirche zählt zu den reinsten romanischen Bauwerken Spaniens. (Von hier aus kann man einen Abstecher in den Norden der Provinz machen, der im Zusammenhang mit der Provinz Santander behandelt wird). Sonst fährt man von Frómista aus auf direktem Wege nach Palencia (136 km) zurück.

DIE PROVINZ SANTANDER

Die Provinz Santander (5289 qkm) gehört zu *Altkastilien*. Sie wird im Norden vom *Atlantik*, im Osten von der Provinz *Vizcaya*, im Süden von den Provinzen *Burgos* und *Palencia* und im Westen von den Provinzen *León* und *Oviedo* begrenzt. Die wichtigste Straße ist die großenteils küstennahe N. 634 (San Sebastián – Santander – La Coruña), von der in oder bei Santander die N. 623 nach Burgos und die N. 611 nach Palencia abzweigen. Die Provinz wird von den Eisenbahnlinien San Sebastián – Santander – Oviedo, Santander – Madrid und im äußersten Süden von der Linie Bilbao – Barruelo – La Robla durchzogen. Zur Provinz Santander gehört ein Teil der Ferienlandschaft *Costa Verde* (siehe Seite 89). Ferner hat sie Anteil an den touristisch interessanten Berglandschaften der *Picos de Europa* und des *Alto Campóo*. Die wichtigsten Sehenswürdigkeiten der Provinz sind die Höhle von *** Altamira, Santander, Castro Urdiales, die Höhlen von Puente Viesgo, der Ebro-Stausee und der * Desfiladero de la Hermida.

Die Provinzhauptstadt Santander

Santander liegt an einer weiten, gut gegen das offene Meer abgeschirmten Bucht auf einer hügeligen Halbinsel, an deren Hügelhängen hinauf die Stadt sich beständig weiter ausdehnt. Die Stadt ist Bischofssitz und Sitz der *Internationalen Universität Menéndez Pelayo*, an der Sommerkurse für Studierende aus aller Welt abgehalten werden. Die wirtschaftliche Grundlage der Stadt bilden der Erzbergbau in der Umgebung, eine ziemlich breit gefächerte Industrie, der Seehandel und der Tourismus.

GESCHICHTE

In der Bucht von Santander scheint schon in römischer Zeit ein Hafen bestanden zu haben. Die heutige Stadt geht aber auf die Ansiedlung zurück, die sich seit dem 11. Jh. um die Stiftskirche (heutige Kathedrale) herum entwickelte. Zur gleichen Zeit wurde auch der Hafen instandgesetzt. Seitdem erlebte die Stadt eine stetige Aufwärtsentwicklung, die aber erst im 18. Jh. durch eine Ausweitung des Schiffsbaus und durch den Handel mit Amerika größere Ausmaße annahm. Auf touristischem Gebiet kam die Stadt – ähnlich wie San Sebastián – durch Aufenthalte der königlichen Familie in Mode. 1941 wurde die Altstadt durch ein Großfeuer, das durch einen Wirbelsturm hervorgerufen worden war, zum größten Teil zerstört. An ihrer Stelle sind moderne Stadtviertel entstanden.

SEHENSWÜRDIGKEITEN

Die größte Sehenswürdigkeit der Stadt ist der Strand *El Sardinero

Am Hafen liegen zwischen dem *Paseo de Pereda* und der *Avenida de Alfonso XIII* die hübschen *Jardines de Pereda*. Von der Avenida aus geht man durch die *Calle de Somorrostro* hinauf zur *Kathedrale*. Von der alten Kathedrale steht außer dem gotischen Kreuzgang nur noch die romanische Krypta (12. Jh.), deren niedrige Gewölbe auf gedrungenen Bündelpfeilern ruhen. Zum Strand

***El Sardinero** fährt man auf der Küstenstraße, und zwar vom Paseo de Pereda aus über die *Calle de Juan de la Cosa* und die *Avenida de la Reina Victoria* (von ihrem Ende aus macht man einen Abstecher auf die Halbinsel *de la Magdalena*, auf der der ehemalige *Königliche Palast*, heute Sitz der Internationalen Universität, steht), dann über den *Paseo Ramón Pelayo*. Der Strand, der bei Ebbe durch zwei Felsen in drei Abschnitte *(Concha, Sardinero* im engeren Sinne und *Castañeda)* gegliedert ist, hat eine Länge von insgesamt fast drei Kilometern und ist ausgezeichnet ausgestattet. Unweit westlich des Strandes liegt die moderne *Universitätsstadt*.

Route 4: Der Osten der Provinz

Auf der N. 634 fährt man über das Thermalbad *Solares* bis *Beranga* (30 km; von dort Ab-

Laredo

stecher zum 11 km nordwestlich gelegenen kleinen Badeort *Noja* und seiner schönen *Playa de Ris*) und dann weiter nach *Santoña* (53 km), das an einer natürlichen Hafenbucht liegt. Sehenswert sind dort die Kirche *Santa María del Puerto* (romanische Figurenkapitelle) und das Kloster *San Sebastián de Ano*, in dessen Kirche die Regensburger Bürgerstochter *Barbara Blomberg* (um 1527–1597), die Geliebte Kaiser *Karls V.* und Mutter von *Don Juan de Austria*, beigesetzt ist. Gegenüber Santoña liegt am Südufer der Bucht

Laredo (67 km), das sich aus einem Fischerdorf zu einem internationalen Seebad entwikkelt (der Strand *La Salvé* ist rund 5 km lang). Die im alten Ortsteil stehende Kirche *de la Asunción* stammt aus dem 13. Jh., Etwa 8 km landeinwärts liegt der Wallfahrtsort *Limpias*, in dessen Pfarrkirche der wundertätige *Santo Cristo de la Agonía* verehrt wird (man sagt, der Christus weine blutige Tränen).

Castro Urdiales (93 km), malerisch gelegen, ist Hafenstadt und Badeort (500 m langer Strand). Der Ort geht auf das römische *Flaviobriga* zurück, das die älteste Stadt an der kantabrischen Küste gewesen sein soll.

Die Hafenbucht und den Ort selbst überragt die Wehrkirche *Nuestra Señora de la Anunciación* (13. bis 15. Jh.), in deren Nähe das kaum weniger wuchtige, von Tempelrittern erbaute *Castillo de Santa Ana* steht.

Man fährt über Laredo zurück bis *Colindres* (123 km) und von dort, das schon erwähnte Limpias links liegen lassend, nach *Ramales de la Victoria* (142 km), in dessen Nähe die Höhle *Covalanes* mit eiszeitlichen Felsmalereien (hauptsächlich rot punktierte Tierdarstellungen) liegt. Von Ramales aus fährt man über den 515 m hohen *Puerto de Alisas* hinunter nach *Solares* (180 km), von wo man über *Sarón* (192 km) und *Santa María de Cayón* (romanische Kirche) nach *Villacarriedo* (205 km) und seinem prächtigen Barockpalast *de Soñanes* (1718–1722 nach Plänen des Italieners *Cosimo Fontanelli* erbaut) kommt. Über Solares fährt man nach Santander (247 km) zurück.

Castro Urdiales

Route 5: Der Westen der Provinz

Man fährt auf der N. 611 bis *Barreda* (Vorort der Industriestadt *Torrelavega*) und biegt dort in die Straße nach

Santillana del Mar (32 km) ein. Das in seiner Gesamtheit unter Denkmalschutz stehende Städtchen wurde zunächst in der Literatur bekannt durch den Schelmenroman „Gil Blas von Santillana" von *Alain René Lesage* (1668–1747), dann in der Vorgeschichtsforschung durch die Entdeckung (1879) und die Untersuchung (1902 und 1903) der eiszeitlichen Malereien in der benachbarten Höhle von Altamira. Früher war Santillana ein Wallfahrtsort; in der heutigen Stiftskirche war die heilige *Juliana* beigesetzt (im Mittelschiff befindet sich heute noch der Juliana-Sarkophag aus dem 13. Jh.).

Von der Stiftskirche (12. Jh.) verdient ganz besondere Beachtung der romanische *Kreuzgang (Ende 12. Jh.), dessen Säulenkapitelle ausgezeichnete Skulpturen aufweisen (ganze Szenen mit Menschen und Tieren, Fabelwesen, Pflanzen, Flechtwerk). Im übrigen ist Santillana eine Stadt der Adelshäuser. Der *Parador de Gil Blas* an der *Plaza Ramón Pelayo* ist der *Palacio de Barreda* (17. Jh.). In der Nähe stehen die *Casa del Águila*, die *Casa de los Estrada* (heute Rathaus), die *Torre de Don Borja*, die *Casa del Infante Paz*. In der *Calle del Cantón* trifft man auf die *Casa Marqués*

Santillana del Mar

de Santillana, die *Casa de los Villa* (auch *de los Hombrones* genannt), das Hotel *Altamira* (Adelshaus des 16. Jh.) und die *Abadía* (ehemaliges Haus des Abtes). Etwa zwei Kilometer von Santillana entfernt liegt die seit längerer Zeit geschlossene

*** **Cueva de Altamira,** die Höhle von Altamira, die wegen ihrer hervorragenden eiszeitlichen Malereien die „Sixtinische Kapelle der Vorzeit" genannt worden ist. Bei den Malereien die bis zu 25000 Jahren alt sind, handelt es sich um die größten (einzelne Figuren bis zu zwei Meter hoch; die bemalte Gesamtfläche etwa 10 × 18 m groß) und schönsten mehrfarbigen Bilder der Eiszeit. (Farbbild Seite 200).

Von Santillana aus fährt man an die Küste. Dort liegen der Badeort *Comillas* (guter Strand; *Palacio de los Marqueses de Comillas* und im Park dieses Palastes der kleine von *Antonio Gaudi* erbaute Palast „El Capricho") und das malerische Hafenstädtchen *San Vicente de la Barquera* (64 km; weiter Strand, Kirche *Nuestra Señora de los Angeles* mit beachtenswerten Grabmälern). In *Unquera* (74 km; an der Grenze der Provinz Santander) biegt man in die N. 621 ein, auf der man ein kurzes Stück durch die Provinz Oviedo fährt und bei *Panes* (85 km) den

* **Desfiladero de la Hermida,** eine rund 25 km lange, grandiose Felsklamm, erreicht, die vom fischreichen *Río Deva* durchflossen wird und den Zugang zum Ostmassiv der *Picos de Europa* bildet. Nach etwa 18 km liegt in einem kleinen Nebental links *Lebeña* mit seiner westgotisch-mozarabischen Kirche aus dem Jahr 930. Am Ende der Klamm bildet das malerische *Potes* (*Torre del Infantado*, aus dem 15. Jh.) den Ausgangspunkt für Touren in die Gebirgswelt der Picos de Europa. Von Potes aus führt eine Straße an den Südosthängen der Picos de Europa entlang über den 1609 m hohen *Puerto de San Glorio* nach *Riaño* (siehe Seite 210).

Die wichtigste Straße ist die im Tal des Río Deva weiter aufwärts und bis in das Zentralmassiv der Picos de Europa führende Bergstraße. Gleich am Beginn dieser Straße, am westlichen Ortsausgang von Potes sollte man einen Abstecher (knapp 3 km je Weg) zu dem *Monasterio de Santo Toribio de Liébana* machen, in dessen Kirche der angeblich größte Splitter des Kreuzes Christi aufbewahrt wird. Die Bergstraße führt hinauf nach *Fuente Dé* (126 km; benannt nach der ganz in der Nähe gelegenen Quelle des *Dé*) mit dem *Parador Nacional de Río Deva*, von wo aus Touren (mit Bergführern) unternommen werden können. Von der Bergstation der Seilbahn (Talstation in Fuente Dé) aus kann man eine Bergwanderung zu dem 1667 m hoch gelegenen *Refugio Nacional de los Picos de Europa* (auch *Refugio de Áliva* genannt) machen, das von dem unterhalb von Fuente Dé gelegenen *Espinama* aus auch mit dem Jeep auf einer recht schwierigen Straße erreicht werden kann. Für Bergbesteigungen kommen vor allem die *Peña Vieja* (2613 m), der *Tesorero* (2570 m; Berghütte *Verónica*) und der *Llambrión* (2642 m; *Refugio de C. Jermoso*) in Betracht, von denen man eine großartige Aussicht über das Kantabrische Gebirge und auf den benachbarten *Torre Cerredo*, den mit 2648 m höchsten Berg des Kantabrischen Gebirges, hat.

Die dritte bei Potes abzweigende Straße führt in die Gebirgswelt des *Alto Campóo*, und zwar vor allem in die *Sierra de Peña Labra*, die auf der Grenze zwischen den Provinzen Santander und Palencia liegt und durch die eine West-Ost-Straße geplant ist. Vorerst fährt man auf der C. 627 über den 1329 m hohen *Puerto de Piedras Luengas* und dann durch den äußersten Nordosten der Provinz Palencia, über die Sommerfrische *Cervera de Pisuerga* (208 km; die Fahrt nach Fuente Dé eingeschlossen) nach *Aguilar de Campóo* (in der Nähe das besuchenswerte Kloster *Santa María la Real* mit rein romanischem Kreuzgang). In den Dörfern der engeren und weiteren Umgebung von Aguilar de Campóo trifft man auf schöne romanische Kirchen. Von Aguilar de Campóo (231 km) fährt man auf der N. 611 wieder in die Provinz Santander und kommt

Cervatos

über *Cervatos* (Stiftskirche aus dem 12. Jh.) zu dem Industrieort

Reinosa (263 km), der als Ausgangspunkt für einige lohnende Abstecher dient. Man kann eine Rundfahrt (62 km) um den 20 km langen *Ebro-Stausee* machen. Man kann auf der C. 625 zur *Ebroquelle* und weiter in das Wintersportgebiet am 942 m hohen *Puerto de Tajahierro* fahren oder, bei *Espinilla* von der C. 625 in die C. 628 einbiegend, in die *Sierra de Peña Labra* (siehe oben) fahren, in der das Hauptwintersportgebiet des *Alto Campóo* liegt.

Von Reinosa aus fährt man auf der landschaftlich reizvollen N. 611 bis *Los Corrales* (297 km), biegt dort nach *Puente Viesgo* (306 km) ab, besichtigt dort die eiszeitlichen Malereien und Gravierungen in den Höhlen *El Castillo* und *La Pasiega* und fährt nach Santander (337 km) zurück.

DIE PROVINZ OVIEDO

Die Provinz Oviedo (10 565 qkm) bildet die historische Landschaft *Asturien*. Sie wird im Norden vom *Atlantik*, im Osten von der Provinz *Santander*, im Süden von der Provinz *León* und im Westen von der Provinz *Lugo* begrenzt. Die wichtigsten Straßen der Provinz sind die N. 634 (San Sebastián – Oviedo – La Coruña), die Küstenstraße N. 632 (Ribadesella – Gijón – Luarca) und die N. 630 (Gijón – Oviedo – Sevilla). Folgende Eisenbahnlinien berühren die Provinz: San Sebastián – Oviedo; Madrid – Oviedo – Gijón mit den Abzweigungen Ujo – Collanzo, Villabona – Avilés/San Juan de Nieva, außerdem die Linien einiger von Gijón ausgehenden Lokalbahnen. Die Küste der Provinz gehört zur Ferienlandschaft *Costa Verde* (siehe Seite 89). Die sehenswertesten Orte und Landschaften sind * Oviedo, Cavadonga, der Desfiladero de los Beyos und die Picos de Europa.

Die Provinzhauptstadt *Oviedo

*Oviedo liegt im Schnittpunkt der beiden natürlichen Verkehrswege Asturiens an einem sanft abfallenden Hügelhang inmitten einer fruchtbaren Vega, die zum großen Teil von den Ausläufern des Kantabrischen Gebirges umschlossen ist. Die Stadt ist Sitz eines Bischofs und einer Universität. Neben der in der Vega betriebenen Landwirtschaft bilden Bergbau und Industrie die Existenzgrundlage der Stadt.

GESCHICHTE

Nach dem Sieg bei *Covadonga* (siehe Seite 210) entstand in den Bergen Asturiens ein christliches Königreich, dessen Hauptstadt im Jahre 810 das im 8. Jh. um ein Kloster herum gewachsene Oviedo wurde. Infolge der Ausdehnung dieses Reiches nach Süden hin wurde León 924 anstelle von Oviedo Hauptstadt. 1388 beschlossen die spanischen Cortes, daß Asturien in Zukunft den Rang eines Fürstentums haben und daß der kastilische Thronfolger den Titel „Prinz von Asturien“ führen solle. Infolge des Bergarbeiteraufstandes von 1934 und der fast zweijährigen Belagerung im Spanischen Bürgerkrieg erlitt Oviedo beträchtliche Zerstörungen. Die Schäden sind im wesentlichen behoben.

SEHENSWÜRDIGKEITEN

Die Hauptsehenswürdigkeit der Stadt ist die * Kathedrale.

Man beginnt den Stadtrundgang am großen und schönen *Parque de San Francisco*, an dessen Nordostseite die *Calle de Uría* entlangführt und die *Plaza del Generalísimo* liegt. Von der Plaza aus geht man durch die *Calle de*

 Karte S. 212

San Francisco (nach 1934 wiederaufgebaute Universität) und über die *Plaza de Porlier* zur *Plaza de la Catedral*. Die

* **Kathedrale** ist ein spätgotischer Bau (1388–1528), von dessen Äußerem vor allem das Hauptportal und der 82 m hohe Turm (erst um 1540 fertiggestellt) Aufmerksamkeit verdienen. Im Innern sind beachtenswert: der um 1525 von Giralte geschaffene Altaraufsatz in der *Capilla Mayor*; die *Capilla del Rey Casto*, das einstige Pantheon der asturischen Könige, in dem allerdings nur noch ein Sarkophag aus dem 10. Jh. erhalten ist; der spätgotische Kreuzgang (14. bis 15. Jh.); die **Cámara Santa*. Diese Heilige Kammer, auch *Capilla de San Miguel* (12. Jh.) genannt, besteht aus zwei Teilen (im vorderen und höheren befinden sich 6 ausgezeichnete Apostelpaare; im hinteren und niedrigeren Teil wird der kostbare Schatz der asturischen Könige aufbewahrt, zu dessen wertvollsten Stücken zwei Kreuze aus dem 9. Jh., ein byzantinisches Elfenbeindiptychon aus dem 6. Jh., ein *Arca Sanza* genanntes Reliquiar aus dem 9. Jh., ein mit Achaten besetzter und daher *Caja de las Ágatas* genannter Schrein aus dem 10. Jh. und das Diptychonreliquiar des Bischofs *Don Gonzalo Menéndez* aus dem 12. Jh. gehören). Am Weg zur Sakristei und zum Kreuzgang befindet sich der Zugang zur *Capilla de Santa Leocadia* (9. Jh.), der unter der Camara Santa gelegenen Krypta der Kathedrale.

Südlich der Kathedrale stehen die Kirche *San Tirso* (an der Außenseite der Apsis ist ein Drillingsfenster aus dem 9. Jh. eingemauert), das Bischöfliche Palais und hinter der Kathedrale das ehemalige Kloster *San Vicente* (heute *Provinzialmuseum*). Im Vorort *Santullano* steht die restaurierte Basilika *San Julián de los Prados* aus dem 9. Jh.

Nordwestlich von Oviedo erstreckt sich die *Sierra del Naranco*, und auf einer ihrer

S. Maria del Naranco

Anhöhen stehen, 4 km von der Stadt entfernt, die Kirche *Santa María del Naranco*, die als westgotische Königshalle um 845 erbaut wurde, und die um die gleiche Zeit erbaute (später teilweise restaurierte) ehemalige Palastkapelle *San Miguel de Lillo*. Zur Besichtigung läßt man sich von dem Wärter gegen ein Trinkgeld den Schlüssel geben. Wer über die Palastkapelle Genaueres erfahren möchte (kunstgeschichtliche Führung), wendet sich an den Pfarrer. Von dem nur wenig oberhalb der Bauten gelegenen Gipfel aus hat man eine herrliche Aussicht.

Route 1: Der Osten der Provinz

Von Oviedo aus fährt man nach **Gijón** (29 km), das die bedeutendste Hafen- und Industriestadt Asturiens ist, das aber wegen seines hervorragenden Strandes und wegen seiner schönen Umgebung auch als Badeort eine Rolle spielt. Die Stadt liegt an zwei Buchten, die durch das Vorgebirge *Santa Catalina* voneinander getrennt sind. An der östlichen Bucht befindet sich der Strand *San Lorenzo*, an der westlichen, in der Nähe des *Cabo Torres*, der sehenswerte Hafen *El Musel*. Nordwestlich von Gijón führt eine Straße über *Perlora* und *Candás* nach *Luanco* und damit an einem der schönsten Abschnitte (insgesamt gut 10 km) der * Costa Verde entlang.

Man fährt an der außerhalb der Stadt gelegenen riesigen *Universidad Laboral* (Arbeiteruniversität; 1955/56) vorbei und dann – auf landschaftlich immer reizvoller Straße – nach dem altertümlichen und an einer tief ins Land einschneidenden *Ría* gelegenen *Villaviciosa* (30 km; schöne Strände an der Einmündung der Ría), von wo aus man zwei Abstecher machen kann: nach *Amandi* (gut 1 km je Weg), dessen Kirche *San Juan* aus dem frühen 12. Jh. stammt und im Innern außer den ungewöhnlich gestalteten Blendarkaden im Chor recht eigenartige Kapitelle aufweist; und zum Kloster *San Salvador de Valdediós* (9 km je Weg), neben dessen romanischer Kirche, eine Kirche aus dem 9. Jh., der sogenannte *Conventín*, erhalten geblieben ist (die Fenster bestehen aus durchbrochenem Mauerwerk und verraten mozarabischen Einfluß).

Über die kleinen Badeorte *Colunga* (mit dem benachbarten *Lastres*), *La Isla* (in der Nähe die Kirche *Santiago de Gobiendes* aus dem 9. Jh.), *Ribadesella* (am *Río Sella*, der ein wichtiges Lachsfanggebiet ist) und über *Nueva* kommt man in die große Gemeinde

Llanes (98 km), an deren rund 40 km langer Küste nicht weniger als dreißig hübsche Bade-

Menhir Peña Tú

buchten mit halbmondförmigen Sandstränden liegen. Im Ort selbst liegt der Strand *El Sablón*; außerdem sind dort zu sehen: die Kirche *Santa María* (15. Jh.) mit flämischem Altar, der zinnengekrönte Turm *Cubo de Llanes*, die Herrenhäuser *Castañaga* und *El Cercao*. Die Umgebung ist reich an vorgeschichtlichen Grabhügeln und Steinsetzungen. In der Nähe von *Vidiago* steht der *Idolo de Peña Tú*, ein Menhir aus der Zeit der Megalithkultur.

Man fährt zurück bis *Posada*, biegt dort in die Straße nach *Cangas de Onís* ein, wendet sich aber kurz vor Erreichen dieses Ortes nach Süden, um

***Covadonga** (156 km) zu besuchen. Diese in dem engen Tal des Wildbachs *Diva* gelegene Stätte ist der Sage nach die Gegend, in der eine Gruppe geflohener Westgoten unter Führung des Grafen *Pelayo* im Jahre 718 die vordringenden Mauren geschlagen hat. Pelayo wurde daraufhin zum König ausgerufen, und Covadonga wurde zum Ausgangspunkt der Reconquista. In Covadonga sind zu sehen: die *Cueva Santa* mit dem Sarkophag Pelayos und einer Statue (12. Jh.) der *Virgen de Covadonga*, sodann die *Basílica de la Virgen y de las Batallas* (1877–1891), in deren reichem Kirchenschatz sich Votivgaben für die Virgen befinden, darunter eine mit etwa 1000 Brillanten besetzte Krone, die von der Virgen de Covadonga an hohen Feiertagen getragen wird.

Man fährt nach *Cangas de Onís* (186 km), das die Residenz der ersten Könige von Asturien war (römische Brücke über den Río Sella), dann auf der C. 637 durch den

Desfiladero de los Beyos (auch *del Sella* genannt), eine rund 20 km lange Schlucht, die der Río Sella in die Picos de Europa gegraben hat. Die Schlucht reicht bis in die Provinz León hinein, in der man bei *Puente de los Torteros* (241 km), kurz vor *Riaño*, den Weg nach Nordwesten einschlägt und die man über den 1490 m hohen *Puerto de Tarna* wieder verläßt. Man folgt dann dem Tal des fischreichen *Río Nalón* und kommt über *Campo de Caso* (Nalón-Schlucht), *Puente de Arco* (römische Brücke), *Blimea* (*Castillo de la Cabeza*, 16. Jh.), *Ciaño* (in der Nähe auf einem Aussichtshügel die *Capilla de Carbayo*) und die Industriestadt *La Felguera* nach *Cortina*, wo man das Nalón-Tal verläßt. Über *Las Cruces* kommt man nach Oviedo (342 km) zurück.

Route 2: Der Westen der Provinz

Man fährt von Oviedo über die Hafen- und Industriestadt *Avilés* (26 km; altes Viertel mit Arkadenstraßen, Palästen und einigen sehenswerten Kirchen, darunter *San Nicolás de Bari* aus dem 13./14. Jh.) nach *Salinas* (31 km), das sich des schönsten Strandes an der asturischen Küste rühmt und ein beliebter (der Bettenzahl nach noch kleiner) Badeort ist. Man folgt dann weiter der Küstenstraße, die allerdings nur selten ganz küstennah verläuft, und kommt über *Soto del Barco* (in der Nähe die Mündung des *Río Nalón*), läßt links das – trotz seinen Kohlenhalden und seines wichtigen Kohleverladungshafens – hübsche *San Esteban de Pravia* liegen, kommt dann rund 5 km westlich von *Muros* an eine Straßengabelung: an der N. 632 (links) liegt *El Pito* mit einer Pfarrkirche, in deren Krypta sich ein Altar aus dem 8. Jh. befindet; an der nach rechts abzweigenden Nebenstraße steht der wegen seiner Inneneinrichtung recht sehenswerte *Palacio de Selgas* (1880). Die Nebenstraße führt über *Cudillero* (54 km), das malerischste und stimmungsvollste Fischerdorf Asturiens, und vereinigt sich dann wieder mit der N. 632, die sich in vielen Windungen über *Soto de Luiña* und *Cadavedo* nach

Luarca (106 km) hinzieht. Luarca ist eine altertümliche und malerische Stadt ohne herausragende Sehenswürdigkeiten. Die zum Teil grausandigen Strände sind gut ausgestattet und machen Luarca zu einem beliebten Badeort (die Zahl der Fremdenbetten ist noch unzureichend).

Über das an der *Ria de Navia* gelegene *Navia* (127 km; etwa 5 km südöstlich *Coaña* mit gut erhaltenen Ruinen einer keltischen Ansiedlung), *Tapia de Casariego* (schöner Strand, besonders gern von Anhängern des Wellenreitens aufgesucht) und das hoch über der *Ría del Eo* gelegene *Castropol* (Wassersportzentrum) fährt man bis *Vegadeo* (167 km) an der Südspitze der Ría del Eo und an der Grenze zwischen den Provinzen Oviedo und Lugo.

Man fährt nun zurück bis Navia und dann im Tal des Río Navia aufwärts, an den Stauseen von *Doiras* und *Salime* vorbei, bis *Grandas de Salime* (271 km) und von dort durch die Ausläufer des Kantabrischen Gebirges, über den 1146 m hohen *Puerto del Palo*, nach *Tineo* (337 km), von wo aus man zwei Abstecher machen kann: nach dem 10 km entfernten *Obona*, in dessen Klosterkirche ein Silberaltar (11. Jh.) zu sehen ist, und über das *Monasterio San Juan de Corias* (in der Kirche Königsgräber aus dem 11. Jh.) nach dem 30 km entfernten *Cangas de Narcea* (Weinbau; Kirche mit dem Marmorgrabmal des Erzbischofs *Valdés*; angeblich römische Brücke über den *Río Narcea*).

Von Tineo aus erreicht man bei *La Espina* die N. 634, auf der man in Richtung Oviedo weiterfährt. In *Salas* (360 km) stehen die Friedhofskapelle *San Martín* (zum Teil aus dem 9. Jh.) und die Stiftskirche *Santa María* (16. Jh.) mit dem großartigen *Grabmal (16. Jh.) des Großinquisitors *Fernando de Valdés*, geschaffen von *Pompeo Leoni*. Über *Cornellana* (beachtenswerte Kirche *San Salvador*, zum Teil aus dem 12. Jh.) kommt man nach *Grado* (381 km), von wo aus man einen Abstecher (10 km je Weg) nach *San Román de Candamo* machen sollte. In der 1 km vom Ort entfernten *Cueva de Candamo* (auch *Peña de Candamo* genannt) sind gut erhaltene eiszeitliche Malereien und Gravierungen zu sehen, die, im Gegensatz zu den Malereien vieler anderer Höhlen, auch leicht zu erkennen sind.

Bei *Trubia* (394 km; 14 km von Oviedo entfernt) verläßt man die N. 634 zu einem weit ausholenden Umweg durch die

Cordillera Cantábrica, die sich nach Westen an die Picos de Europa **(siehe Seite 206)** anschließt und bis zu rund 2000 m ansteigt. Man fährt im Tal des *Río Teverga* aufwärts, passiert den *Desfiladero de Peñas Juntas*, eine von dem Fluß geschaffene Schlucht, besucht das ein wenig abseits der Straße gelegene *La Plaza* (Stiftskirche *San Pedro de Teverga* aus dem 11. Jh.), überquert den 1587 m hohen *Puerto* *de Ventana* (449 m; Grenze zwischen den Provinzen Oviedo und León), fährt dann auf leonesischem Boden am Stausee *de los Barrios de Luna* entlang nach *La Robla* (510 km). Von La Robla fährt man nach Oviedo zurück und benutzt dabei eine der landschaftlich schönsten, stellenweise aber auch schwierigsten Straßen Spaniens. Die Straße führt über *La Pola de Gordón* zum 1366 m hohen *Puerto de Pajares* hinauf (beliebtes Wintersportgebiet; Skilift; *Parador Nacional del Puerto de Pajares*). Mit zum Teil sehr starkem Gefälle (bis zu 15%) senkt sich die Straße im Tal des *Río Pajares* (ab *Campomanes Río Caudal* genannt) dem Ort *Vega del Rey* entgegen, in dessen Nähe auf einem Hügel die 1934 von Revolutionären zerstörte Kirche *Santa Cristina* (9. Jh.) steht. Das Besondere dieser Kirche ist die orientalisch anmutende Ikonostase (Chorschranke). Über *Pola de Lena*, das große Bergbauzentrum *Mieres*, *Olloniego* (alte Brücke über den Río Nalón) und *Las Cruces* erreicht man Oviedo (604 km). Der Straßenabschnitt zwischen *Mieres* und *Olloniego* weist zum Teil sehr starke Höhenunterschiede und zahlreiche Kurven auf (Vorsicht ist geboten!).

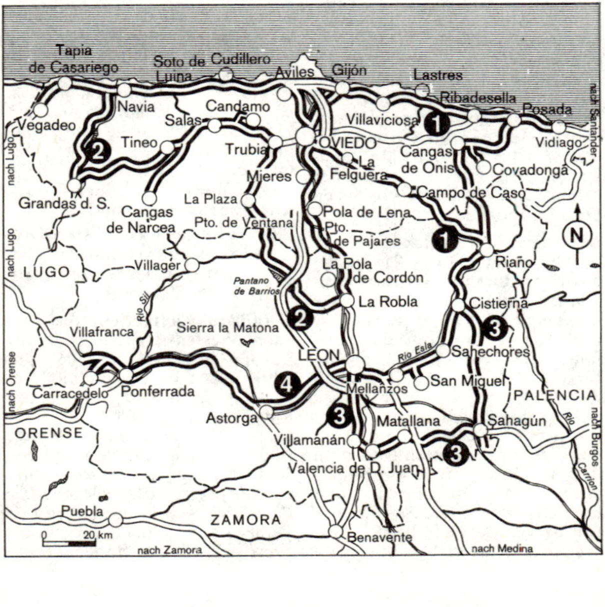

DIE PROVINZ LEÓN

Die Provinz León (15468 qkm) ist die Kernprovinz der historischen Landschaft León. Sie wird im Norden von der Provinz *Oviedo*, im Osten von den Provinzen *Santander* und *Palencia*, im Süden von den Provinzen *Valladolid* und *Zamora* und im Westen von den Provinzen *Orense* und *Lugo* begrenzt. Die wichtigsten Straßen der Provinz sind die Fernverkehrsstraße N. VI (Madrid – Astorga – La Coruña) und die N. 601/630 (Valladolid – León – Oviedo), zwischen denen als wichtigste Querverbindungen die N. 120 (León – Astorga) und die N. 630 (León – Benavente) verlaufen.

Die Eisenbahnlinien Madrid – Palencia – León – Oviedo, León – La Coruña und Salamanca – Astorga verlaufen durch die Provinz. Außerdem gibt es die Nebenstrecke León – Palanquinos – Medina de Rioseco – Valladolid. Die sehenswertesten Orte der Provinz sind **León, Astorga und Sahagún.

Die Provinzhauptstadt **León

**León liegt in 837 m Höhe auf der Nordmeseta, am linken Ufer des *Río Bernesga*, in den unmittelbar südlich der Stadt der *Río Torio* einmündet. Die Stadt ist Sitz eines Bischofs. Nach jahrhundertelangem wirtschaftlichen Stillstand erlebt die Stadt seit einigen Jahrzehnten eine zunehmende Industrialisierung.

GESCHICHTE

Die Stadt ist aus einem römischen Legionslager hervorgegangen; auch ihr Name geht auf diesen Umstand zurück (aus *Legio* wurde *León*). Die von den Mauren zerstörte Stadt wurde von *Alfonso I.* (739 bis 757) zurückerobert, aber erst von *Ordoño I.* um 850 neu bevölkert, von dem maurischen Feldherrn *Almansur* um 990 zerstört, aber noch unter *Alfonso V.* (994 bis 1028) wiederaufgebaut. *Ordoño II.* (910 bis 926) erhob León zur Hauptstadt des asturischen Königreiches, das nun nach León benannt wurde. Unter *Ferdinand III.* verlor León infolge der Vereinigung von Kastilien und León (1230) diese bevorzugte Stellung. Die weitere Geschichte der Stadt verlief ohne besondere Ereignisse.

SEHENSWÜRDIGKEITEN

Die bedeutendsten Sehenswürdigkeiten der Stadt sind die **Kathedrale, die Stiftskirche und Basilika *San Isidoro und das Kloster San Marcos.

Am Westrand des Altstadtkerns, des einstigen römischen Legionslagers, liegt die *Plazuela de San Marcelo* mit dem *Rathaus* (16. Jh.) und der *Casa de los Guzmanes* (16. Jh.; heute Provinziallandtag) an der Ecke der *Calle del Generalísimo*. Diese Straße, die

die Südgrenze des einstigen Legionslagers darstellt und heute die Hauptstraße der Stadt ist, führt zur

León: Kathedrale

** **Kathedrale,** an der vom 13. bis ins 15. Jh. hinein gebaut worden ist. Sie ist eines der bedeutendsten gotischen Baudenkmäler Spaniens, macht aber auch in ganz besonderer Weise den französischen Einfluß durch eindeutige Ähnlichkeiten mit den Kathedralen von *Amiens* und *Reims* deutlich. Die drei Portale der zweitürmigen Westfassade weisen hervorragende Bildhauerarbeiten auf. Besonders eindrucksvoll ist die Darstellung des *Jüngsten Gerichts am Mittelportal, das nach der auf einem Piedestal des Mittelpfostens stehenden Statue der *Virgen Blanca* (Weiße Jungfrau) benannt ist. Auch die drei Portale der Südseite zeichnen sich durch ihren Reichtum an Skulpturen aus. Das Innere der 91 mal 40 m großen Kathedrale besteht aus einer fünfschiffigen Vorhalle, einem dreischiffigen Langhaus, das durch das Querschiff vom fünften Joch ab fünfschiffig verlängert erscheint und sich bis zum Hochaltar fünfschiffig fortsetzt. Um den Hochaltar herum läuft ein Umgang, an den sich ein Kapellenkranz anschließt.

Die wesentlichen Sehenswürdigkeiten im Innern sind: die *Glasmalereien (13. bis 17. Jh.) der rund 1200 qm umfassenden Fensterfläche; das Chorgestühl (15. Jh.); die herrliche gotische **Capilla de Santiago* mit zahlreichen Statuen und prachtvollen Glasmalereien; der spätgotische Kreuzgang (am Nordeingang Statue des als Pilger gekleideten heiligen *Jakobus*; León war eine wichtige Station am Pilgerweg nach Santiago) mit der plateresken, zum Kapitelsaal hinaufführenden Treppe und mit dem kleinen, aber an Kostbarkeiten reichen Kirchenschatz (darunter eine mit Miniaturen geschmückte mozarabische *Bibel aus dem Jahr 920).

Man geht an der Nordseite (Chor) der Kathedrale entlang und dann durch die *Calle de los Cubos*, an deren linker Seite die guterhaltene und teilweise aus dem 3. Jh. n. Chr. stammende *Stadtmauer* mit ihren *Cubos* (Rundtürme) steht. Die Mauer setzt sich in westlicher Richtung an der *Calle de las Carreras* und besonders auf dem westlich der *Plaza del Espolón* gelegenen Kasernengelände fort und begleitet dann in südlicher Richtung ein Stück der *Calle Ramón y Cajal*. Dort steht, mit der Hauptfassade zur *Plaza San Isidoro* hin gewandt, die romanische Stiftskirche

***San Isidoro.** Mit dem Bau wurde unter *Ferdinand I.* (1035 bis 1065) begonnen; von dieser Kirche ist nur der Narthex (siehe unten) erhalten. Im 12. Jh. entstand dann die heutige Kirche. Das Hauptportal an der Südseite (es ist das linke der beiden Portale; der Giebel ist eine Zutat des 18. Jh.) weist reichen* Skulpturenschmuck auf: im Tympanon ist das Schlachtopfer *Abrahams* dargestellt, und über dieser Szene sieht man Engel, die das in einem *Clipeus* (Sonnenscheibe) dargestellte Lamm Gottes tragen. Beiderseits des Portalbogens befinden sich unter anderem Tierkreiszeichen. Im Innern der Kirche ist vor allem das Pantheon der Könige von León, der einstige Narthex (Vorhalle) der alten Basilika, sehenswert. Der Bau dieses *Narthex bedeutete die Geburtsstunde der leonesischen Romanik. Von größtem kunstgeschichtlichen Wert sind die *Fresken aus der zweiten Hälfte des 12. Jh. Der Narthex birgt 40 Fürstengräber. Im Kirchenschatz finden sich so kostbare Stücke wie der Achatkelch der *Doña Urraca* (11. Jh.) und der Schrein des heiligen *Isidor* (12. Jh.)

Von San Isidoro aus geht man durch die Straßen *de Renueva* und *Suero de Quinoñes* zum *Río Bernesga*, an dessen Ufer das ehemalige Kloster und die Kirche

San Marcos stehen. Das Kloster wurde im 12. Jh. als Komturei der Santiagoritter erbaut und diente im Mittelalter den Santiagopilgern als Herberge. Der Neubau des 16. Jh. erhielt die heute noch stehende großartige platereske *Fassade. Das Kloster ist heute zum größten Teil Luxushotel (*Hostal San Marcos* mit über 250 Zimmern), zum kleineren Teil *Provinzialmuseum*. In der Kirche ist das Chorgestühl (1537–1542) beachtenswert.

Route 3: Der Osten der Provinz

Man fährt auf der N. 630 bis *Villamañan* und biegt dort ab nach *Valencia de Don Juan* (38 km), wo das prächtige Schloß (15. Jh.) der Grafen von *Oñate* steht. Der einigermaßen direkte Weg von Valencia de Don Juan nach *Sahagún* führt über das an der N. 601 gelegene *Matallana*, ist bis dahin aber sehr schlecht. Will man eine bessere Straße benutzen, muß man weit nach Süden ausholen und über das bereits in der Provinz *Valladolid* gelegene *Mayorga* fahren. Von dort kommt man über *Saelices de Mayorga* und über *Melgar de Arriba* in das alte Pilgerstädtchen (am *Camino*)

Sahagún (87 km). Die romanischen Kirchen *de la Trinidad* und *San Tirso* (beide 12. Jh.), besonders aber *San Lorenzo* sind die großen Sehenswürdigkeiten des Ortes. Es handelt sich um Backsteinkirchen mit Mudejarelementen. Besonders eindrucksvoll sind der dreistöckige quadratische Turm von San Tirso und der vierstöckige pyramidenartig gebaute Turm von San Lorenzo. 5 km südlich von Sahagún liegt das kleine Dorf *Grajal de Campos* mit einem mächtigen rechteckigen, an den vier Ecken durch Rundtürme verstärkten Kastell (kurz vor 1500), das nach außen ganz und gar Festung (wahrscheinlich der erste spanische Festungsbau, der auf Artillerie abgestellt wurde), zum Innenhof hin aber Palast ist. Der einzige Eingang ist eine kleine Tür in einem der vier Türme.

Etwa 3 km entfernt liegt das um 1100 gegründete Kloster *San Pedro de Dueñas*, dessen Kirche mit ihren mudejarischen Zügen den Kirchen von Sahagún ähnelt. In der Kirche befindet sich eines der besten Werke von *Gregorio Fernández*, eine Kreuzigung (um 1610).

Man fährt weiter nach *Cistierna* (142 km), von wo aus man über *Riaño* (31 km) in das Gebiet der *Picos de Europa* (*Puerto de San Glorio*, 29 km; *Santa Marina de Valedón*, 34 km; *Desfiladero de los Beyos*, 33 km) und in die *Cordillera Cantábrica* (*Puerto de Tarna*, 28 km) gelangen kann.

Von Cistierna fährt man in südlicher Richtung weiter bis *Sahechores* (165 km), überquert kurz hinter diesem Ort den *Río Esla* und fährt über *Gradefes* (167 km; Zisterzienserkloster mit Kirche aus dem 12. Jh.) zum Kloster

*** San Miguel de Escalada,** einem der schönsten mozarabischen Bauwerke Spaniens, errichtet im Laufe des 10. Jh. Eine Vorhalle mit Hufeisenarkaden, die Gliederung des Kircheninnern durch Hufeisenarkaden, die fein ausgearbeiteten Kapitelle und die Basreliefs der Ikonostase geben dem Bau das besondere Gepräge.

Über *Mellanzos* und *Villafeñe* fährt man nach León (207 km) zurück.

Route 4: Der Westen der Provinz

47 km südwestlich von León liegt die auf das römische *Asturica Augusta* zurückgehende festesfrohe Stadt

Astorga, die noch von einem Teil ihrer römischen Mauern umgeben ist. Ihr bedeutendstes Baudenkmal ist die schon der Renaissance nahestehende spätgotische Kathedrale (15. bis 17. Jh.). Die Fassade ist plateresk. Im Innern sind vor allem der Aufsatz des Hochaltars (Mitte 16. Jh.; eine der besten Arbeiten von *Gaspar Becerra*) und der Kirchenschatz sehenswert. Nahe der Kathedrale steht der von *Antonio Gaudi* erbaute Bischöfliche Palast, in dem sich das *Museo del Camino* (Museum der Santiago-Pilgerstraße) befindet. Das Rathaus ist ein Renaissancebau, an dessen Mittelteil sich die „Uhr der Maragatos" befindet. Die *Maragatos* sind

Astorga: Rathaus

ein an alten Bräuchen und Trachten festhaltender Volksstamm unbekannter Herkunft (die einen sehen in ihnen Nachkommen von Germanen, die anderen von Berbern), der in der *Maragatería*, dem Gebiet zwischen Astorga und den *Montes de León*, lebt.

Durch dieses Gebiet fährt man weiter nach *Ponferrada* (111 km), dessen Tempelritterburg (12. Jh.; Ruine) dem Schutz des Pilgerwegs gedient hat und dessen mozarabische Kirche *Santo Tomás de las Ollas* aus dem 10. Jh. stammt. Von dort aus kann man Abstecher unternehmen nach: *Villafranca del Bierzo* (21 km; Jesuitenkirche *Santa María*, 1726; *Castillo des los Condes de Peña Ramiro*, 16. Jh.); nach dem bei *Carracedo* gelegenen *Carracedelo* (17 km) mit der ansehnlichen Ruine eines im 10. Jh. gegründeten Klosters, das zu Beginn des 13. Jh. zum Teil in einen königlichen Palast umgewandelt wurde. Von Villafranca aus fährt man nach León zurück oder weiter nach Galicien.

DIE PROVINZ LUGO

Die Provinz Lugo (9803 qkm) gehört zu *Galicien.* Sie wird im Norden vom *Atlantik*, im Osten von den Provinzen *Oviedo* und *León*, im Süden von der Provinz *Orense* und im Westen von den Provinzen *Pontevedra* und *La Coruña* begrenzt. Die Fernverkehrsstraße N. VI (Madrid – La Coruña) zieht sich von Südosten über Lugo nach Nordwesten durch die ganze Provinz. Neben dieser Straße ist die N. 640/540 (Ribadeo – Lugo – Orense) wichtig. Durch die Provinz führen die Eisenbahnlinien Madrid – Monforte de Lemos – Vigo und Madrid – Monforte de Lemos – Lugo – La Coruña. Der westliche Teil der Küste gehört zur Ferienlandschaft *Rías Gallegas*. Der sehenswerteste Ort ist *Lugo, die sehenswerteste Landschaft ist die Küste.

Die Provinzhauptstadt *Lugo

*Lugo liegt in 465 m Höhe am Rande der Meseta und am Ostufer des *Río Miño*, der zwischen Lugo und der südlichen Provinzgrenze fast einen einzigen Stausee bildet. Die Stadt ist Bischofssitz. Außerdem ist sie Mittelpunkt eines recht fruchtbaren Gebietes, vorwiegend landwirtschaftliches Handelszentrum und Standort einer bedeutenden Fleischverarbeitungsindustrie (Schlacht- und Gefrierhäuser).

GESCHICHTE

Die Stadt geht vielleicht auf eine keltische Ansiedlung namens *Lug*, sicher aber auf das römische *Lucus Augusti* zurück. Nach Eroberungen durch die Sueben, Westgoten, Mauren, dann, nachdem sich die Christen 755 der Stadt wieder bemächtigt hatten, nach einer Zerstörung und Plünderung durch die Normannen verlief die Geschichte der Stadt verhältnismäßig ruhig. Lediglich die Eroberung der Stadt durch die Franzosen (1809) und ein schnell niedergeschlagener Militäraufstand (1846) brachten eine gewisse Unruhe.

SEHENSWÜRDIGKEITEN

Die bedeutendste Sehenswürdigkeit ist die *Kathedrale.

Die rund 2100 m lange und durch 50 Rundtürme und einige andere Türme verstärkte *Stadtmauer* (teils aus dem 3. Jh., vorwiegend aber mittelalterlich) lädt zu einem Rundgang (etwa 45 Minuten) ein. Dieser Rundgang vermittelt einen unübertrefflichen Gesamteindruck von der Stadt. Von der *Puerta de San Fernando* aus geht man dann durch die *Calle de San Marcos* zur *Plaza de Santo Domingo*. Hier stehen die Kirche *Santo Domingo* (14. Jh.; romanisches Portal), *San Francisco*

(15. Jh.; im Kreuzgang trotz dieser späten Bauzeit romanische

Lugo: Stadtmauer

Kapitelle) und das besuchenswerte *Museo Provincial* (vor allem galicisches Kunsthandwerk und Keramikensammlung).

Von der *Plaza de S. Domingo* geht man zur *Plaza de España*. mit dem *Rathaus* (Rokokofassade aus dem 18. Jh.) und der im frühen 12. Jh. romanisch begonnenen, später mehr oder weniger gotisch weitergeführten und im 18. Jh. stark umgestalteten (klassizistische Fassade)

***Kathedrale.** Die wesentlichen romanischen Teile sind das Nordportal (im Tympanon „Christus in der Glorie") und die Kapitelle der Seitenschiffe. Im übrigen verdienen vor allem Beachtung: die 1726 erbaute und am Umgang hinter dem Hochaltar gelegene **Capilla de Nuestra Señora de los Ojos Grandes* (Unsere Liebe Frau mit den großen Augen); der Kreuzgang aus dem 18. Jh.

Route 1: Der Norden der Provinz

Auf der N. 640 fährt man nach dem an der Quelle des Río Miño gelegenen Städtchen *Meira* (34 km), wo von einem Zisterzienserkloster die spätromanische Kirche (1. Hälfte des 13. Jh.) erhalten geblieben ist. Die beiden teilweise erhaltenen Kreuzgänge, ein gotischer und einer im Stil der Renaissance, bilden heute den Hauptplatz des Ortes. Nach Durchqueren der *Sierra de Meira* kommt man an den *Río Eo*, der in seinem Unterlauf die Grenze zwischen den Provinzen Lugo und Oviedo bildet. Fast am Ende des Mündungstrichters des Río Eo, an der *Ría de Eo* oder *de Ribadeo*, liegt die Stadt *Ribadeo* (87 km), die wegen ihrer schönen Strände gern als Badeort aufgesucht wird. An der Einfahrt in die Ría steht ein Denkmal des galicischen Dudelsackpfeifers (der Dudelsack ist das „nationale" Musikinstrument der galicischen Provinzen).

Von Ribadeo aus fährt man in geringer Entfernung von der Küste nach *Barreiros* (105 km), das zwar sehr schöne Strände, aber nur unzureichende Unterkünfte besitzt. Von Barreiros aus folgt man dem asturischen Zweig der Santiago-Pilgerstraße über *Lorenzana* (große ehemalige Klosterkirche aus dem 18. Jh., dient heute als Pfarrkirche) nach

Mondoñedo (124 km), einer kleinen, alten Bischofsstadt. An der Kathedrale wurde von 1219 bis in das 18. Jh. hinein gebaut. Sie vereinigt daher in sich Elemente der Romanik und Gotik (unterer Teil der Fassade), der Renaissance, des Platereskenstils (Chor) und des Barock (zum Beispiel die oberen Teile der

Glockentürme). Aber alle diese Elemente haben sich zu einem harmonischen Ganzen vereinigt.

Sehenswert ist auch die barocke, reich ausgesattete Kapelle der *Virgen de los Remedios* (Jungfrau von der immerwährenden Hilfe), bei der sich ein Brunnen befindet, an dem sich die Santiagopilger zu erfrischen pflegten.

Man fährt zurück bis Barreiros und folgt dann der meist nahe der Küste verlaufenden Straße, die die ersten Eindrücke von den

Rías Gallegas, der galicischen Fjordküste, vermittelt. Es ist allerdings zuzugeben, daß diese Eindrücke noch verhältnismäßig schwach sind und man eigentlich erst an der *Ría de Vivero*, also fast am Ende der Küste der Provinz Lugo, einen Begriff davon bekommt, was die Rías Gallegas eigentlich sind. An der Ría de Vivero liegt *Vivero* (162 km), Hafenstadt und Badeort) (weiter feinsandiger Strand).

Von dort sind es 15 km bis *Vicedo*, einem malerischen an der Provinzgrenze und an der *Ría La Coba* gelegenen und an Stränden reichen Fischerort.

Von Vivero aus fährt man über *Villalba* (Burg aus dem späten 15. Jh.) nach Lugo (256 km) zurück.

Route 2: Der Süden der Provinz

Man fährt von Lugo aus auf der N. 640 in Richtung Orense und biegt nach 26 km in die C. 535 (links) ein. Diese Straße führt an den Miño-Stausee *Belesar*, an dessen Westufer auf einem Hügel

Puertomarín de los Templarios (38 km) liegt. Das alte Puertomarín ist ein Opfer des Stausees geworden, die alten sehenswerten Bauten des Ortes hat man aber rechtzeitig Stein um Stein abgebrochen und Stein um Stein an der heutigen Stelle wieder aufgebaut. So blieben eindrucksvolle Bauwerke erhalten, unter anderen die Wehrkirche *San Juan de los Caballeros* mit ihren sehr sehenswerten Portalen, die Kapelle *San Pedro*, etliche Adelshäuser und das *Hospital de los Peregrinos* (Pilgerspital).

Von Puertomarín aus fährt man zur N. 640 zurück, folgt dieser bis *Chantada* (79 km) und biegt dort nach *Monforte de Lemos* (116 km) ab. Dort sind die ehemalige Klosterkirche *San Vicente del Pino* (16. Jh.) und das *Colegio del Cardenal* (16. Jh.) sehenswert.

Von *Sarria* (154 km) macht man einen Abstecher (14 km je Weg) zum Kloster *San Julián de Samos* (im 6. Jh. gegründet; heutige Bauten aus dem 16.–18. Jh.), das im Mittelalter eine der großen Pilgerherbergen war.

Von dort kann man der alten, früher sehr beschwerlichen Pilgerstraße über *Tricastelo* und den 1337 m hohen Paß *El Poyo* nach *San Pedro* folgen und dann auf der N. VI nach Lugo (284 km) zurückfahren. Der kürzere Weg nach Lugo (213 km) geht über Sarria.

DIE PROVINZ LA CORUÑA

Die Provinz La Coruña (7876 qkm) gehört zu *Galicien*. Sie wird im Westen und Norden vom *Atlantik*, im Osten von der Provinz *Lugo* und im Süden von der Provinz *Pontevedra* begrenzt. Die wichtigsten Straßen sind die von Madrid kommende N. VI, die von Betanzos aus einerseits nach La Coruña, andererseits nach El Ferrol weiterführt, und die N. 550 (La Coruña – Santiago de Compostela – Pontevedra – Portugal). Die Eisenbahnlinien Madrid – La Coruña (mit Abzweigung nach El Ferrol) und La Coruña – Santiago de Compostela – Vigo/Tuy (mit Anschluß nach Lissabon) durchziehen die Provinz. Die Küsten der Provinz gehören zur Ferienlandschaft *Rías Gallegas*. Die sehenswertesten Orte und Landschaften sind **Santiago de Compostela, La Coruña und die Küste mit den Rías Altas.

Die Provinzhauptstadt La Coruña

La Coruña liegt an einer breiten Ría auf einer felsigen Halbinsel, auf der diese Halbinsel mit dem Festland verbindenden schmalen Nehrung und auf dem Festland selbst. Sein Hafen ist einer der wichtigsten Spaniens, insbesondere für die Fischerei. Die Fischkonservenindustrie spielt für die Wirtschaft der Stadt eine beachtliche Rolle. Außerdem ist La Coruña ein vielbesuchter Fremdenverkehrsort.

GESCHICHTE

La Coruña geht auf das ibero-keltisch-römische *Ardobicum Coronium* zurück, nach dem es im Mittelalter noch lange *Coronium* genannt wurde. Die zu Beginn des 5. Jh. auf die Iberische Halbinsel gekommenen Sueben machten die Stadt zur Hauptstadt ihres Königreichs, das etwa die heutigen vier galicischen Provinzen (Lugo, La Coruña, Pontevedra und Orense) umfaßte. Aus dem Hafen von La Coruña lief 1588 die *Große Armada* aus, die den Tod der *Maria Stuart* rächen sollte, aber im Ärmelkanal von den Engländern vernichtet wurde. 1589 steckten englische Truppen unter dem Befehl von *Sir Francis Drake* die Stadt in Brand, weil der von der Bürgerin *María Pita* (an sie erinnert die *Plaza de María Pita*) organisierte erbitterte Widerstand der Belagerten eine Einnahme unmöglich machte. In den letzten 200 Jahren stand La Coruña immer wieder im Lager aufständischer Bewegungen, was der Stadt mancherlei Nachteile brachte.

SEHENSWÜRDIGKEITEN

Am sehenswertesten ist die *Torre de Hércules*.

Der Brand von 1589 hat alle älteren Bauwerke fast restlos zerstört. Es genügt daher, einen Rundgang zunächst am Hafen entlang (*Avenida de Linares Rivas*, *Cantón Pequeño* und *Cantón Grande*; hier stehen die mehrstöckigen, an der ganzen Front mit Glasveranden versehenen Häuser, die der Stadt den Namen „Kristallstadt" eingebracht haben) zu machen und dann, immer noch in der Nähe des Hafens, durch die *Calle Real*, eine der Hauptgeschäftsstraßen, zu der bereits erwähnten *Plaza de María Pita* zu gehen. Östlich dieses Platzes liegt die Altstadt, die noch von alten Stadtmauern umgeben ist und in der vor allem die romanische Kirche *Santiago* (12./13. Jh.), die barocke Kirche *Santo Domingo* (17. Jh.) und die Stiftskirche *Santa María del Campo* (13./14. Jh.; romanisches Portal Santiago) besuchenswert sind. Im äußersten Norden der Halbinsel steht die

Torre de Hércules, ein Leuchtturm, der zu einem wesentlichen Teil aus römischer Zeit (um 100 n. Chr.) stammt und der vor allem der Aussicht wegen einen Besuch lohnt.

** Santiago de Compostela

Weit wichtiger als die Provinzhauptstadt La Coruña ist in geschichtlicher, kunstgeschichtlicher und touristischer Hinsicht die 65 km südlich von La Coruña auf einem Hügel gelegene Stadt Santiago de Compostela. Sie ist Sitz eines Erzbischofs und einer Universität, zählt nicht weniger als 36 Klöster und 46 Kirchen mit insgesamt weit über 100 Türmen und steckt voller Sehenswürdigkeiten.

GESCHICHTE

Die geschichtlichen Anfänge von Santiago sind völlig legendär. Der Apostel *Jakobus der Ältere* (Sohn des *Zebedäus*) soll auf der Iberischen Halbinsel das Christentum gepredigt haben und nach Jerusalem zurückgekehrt sein, wo er den Märtyrertod starb. Der Leichnam soll dann nach Spanien gebracht worden sein. Der Legende nach erschien im Jahre 813 über einem Feld ein Stern, und man fand in einer Höhle am Rand des Feldes das Grab des Apostels Jakobus. Auf dem Feld wurde eine Kirche erbaut, um die herum eine Stadt entstand, die den Namen *Campus Stellae* (Feld des Sterns), Compostela, erhielt. Im Jahre 844 erschien dem König *Ramiro I.* und seinen Soldaten in der Schlacht gegen die Mauren bei *Clavijo* (in der Nähe von Logroño) der Apostel Jakobus, der die Schlacht zugunsten der Christen entschied und seitdem den Beinamen *Matamoros* (Maurentöter) trug. Damit war Jakobus zum Vorstreiter und Schutzpatron der Reconquista geworden.

Im Jahr 977 wurde Compostela von den Mauren zerstört. Die bald darauf erbaute neue Stadt erhielt den Namen Santiago de Compostela. Mitte des 12. Jh. wurde der Santiago-Ritterorden gegründet. Ende des 12. Jh. wurde die Pilgerfahrt nach Jerusalem wegen des Türkeneinbruchs zu einer allzu großen Gefahr, und binnen kurzem entwickelte sich Santiago de Compostela zum bedeutendsten Pilgerziel der europäischen Christenheit. Die Jakobspilger mit der Muschel (als Trinkschale), dem breitkrempigen Hut, dem weiten Umhang und dem Pilgerstab gehörten zum Straßenbild Mittel- und Westeuropas, und die Pilgerstraßen, für die es bereits Reiseführer gab, wurden zu den vollkommensten Touristenstraßen.

Santiago de Compostela wurde von Jahr zu Jahr reicher und schöner, bis im Jahre 1589 der Bischof der Stadt aus Furcht vor den Engländern unter *Drake* die Reliquien des Apostels Jakobus versteckte. Die Pilgerfahrten wurden infolgedessen eingestellt, zumal sich die damaligen religiösen Auseinandersetzungen nachteilig auf das Pilgerwesen auswirkten. 1879 wurden die Reliquien wiederentdeckt, und seitdem ist die Stadt wieder Pilgerziel, wenn auch in bescheidenerem Maße als früher.

SEHENSWÜRDIGKEITEN

Die mit Abstand bedeutendste Sehenswürdigkeit der Stadt ist die *** Kathedrale.

Man beginnt den Rundgang auf der *Plaza del Obradoiro* (auch *Plaza de España* oder *Plaza Mayor* genannt) vor der Kathedrale. An der Südseite des Platzes steht das *Colegio de San Jerónimo* (17. Jh.) und dahinter das *Colegio de Fonseca* (16. Jh.); an der Westseite der *Palacio de Rajoy* (18. Jh.; heute Rathaus) und dahinter die kleine Kirche *San Fructuoso* (Fassade aus dem 17. Jh.); an der Nordseite das *Hospital de los Reyes Católicos* (16. Jh.; Fassade aus dem 17. Jh.; heute Luxushotel *Hostal de los Reyes Católicos;* teilweise Besichtigung möglich; prächtige Kapelle im isabellinischen Stil, heute Musiksalon); an der Ostseite, links der Kathedrale, der *Palacio del Arzobispo Gelmirez* (12. Jh.; Palast des ersten Erzbischofs von Santiago).

Man geht nun zunächst um die Kathedrale herum, und zwar links an dem Palacio Gelmirez vorbei zur *Plaza de la Inmaculada*, an deren Nordseite das große *Monasterio de San Martín Pinario* (17. Jh.; heute Priesterseminar) steht. Von der *Calle de la Arzabachería* aus biegt man nach rechts in die *Calle de la Via Sacra* ein und befindet sich nun an der Ostseite der Kathedrale, wo auch die *Plaza de los Literarios* (auch *de la Quintana* genannt) liegt. Die Ostseite des Platzes nimmt das *Monasterio de San Pelayo de Ante-Altares* (17. Jh.) ein. An der Südseite des Platzes steht die *Casa de los Canónigos* (um 1700). An der Südseite dieses Hauses entlang geht man zur *Plaza de las Platerías*, auf die von Süden her die *Rua del Villar* einmündet. An den beiden Ecken dieser Straße stehen die *Casa del Deán* (Ost) mit Barockportal und die *Casa del Cabildo* mit reicher Barockfassade. Von dort aus erreicht man wieder den Vorplatz der

*** **Kathedrale.** Sie ist im wesentlichen ein frühromanischer Bau des 11./12. Jh., der im 14. Jh. um einige Kapellen und um den Uhrturm neben dem Südportal, im 15. Jh. um die Kuppel, im 16. Jh. um den Kreuzgang und den Glockenturm erweitert, bzw. in diesen Teilen verändert wurde. Die beiden Westtürme wurden erst 1680 vollendet, und die von ihnen flankierte überreich ausgeschmückte churrigueresk Fassade entstand in den Jahren 1738 bis 1747. Zu dem Portal der Westfassade, die **Fachada del Obradoiro* (Fassade des Goldgeschmeides) genannt wird, führt eine Doppeltreppe aus dem frühen 17. Jh. hinauf. Man betritt die Kathedrale in der Regel durch das Südportal (*Puerta de las Platerías;* Skulpturen aus dem 11. Jh.) neben dem Uhrturm. Im Innern sind vor allem beachtenswert: die *Capilla Mayor* mit der Jakobus-Statue (13. Jh.) und die unter der Kapelle gelegene Krypta, in der der Apostel Jakobus und zwei seiner Schüler ruhen; die *Capilla de las Reliquias* (auch *Relicario* genannt) mit Gräbern und zahlreichen Kultgegenständen; der spätgotische Kreuzgang, ein Meisterwerk von *Juan de Álava;* das Museum; vor allem aber der *** *Pórtico de la Gloria*, der großartige Zugang von der westlichen Vorhalle ins Kirchenschiff. Das reiche Bildwerk dieses Porticus, das einem etwas legendären Meister *Mateo* (die einen halten ihn für einen Galicier, die andern für einen Franzosen; französisch beeinflußt war er auf jeden Fall) zugeschrieben wird, entstand in der zweiten Hälfte des 12. Jh. und ist als das Meisterwerk der romanischen Bildhauerkunst Spaniens anzusehen.

Von den außerhalb des Stadtkerns gelegenen Baudenkmälern verdient in erster Linie die Stiftskirche *Santa María del Sar* (im Vorort *Hórreo*) einen Besuch. Der nur zum Teil erhaltene schöne romanische Kreuzgang wird von einigen dem obenerwähnten Meister *Mateo* zugeschrieben.

Route 3: Der Osten der Provinz

Auf dem kleinen Umweg über *Cambre*, wo die schöne romanische Kirche *Santa María* steht, fährt man von La Coruña zur einstigen Hafenstadt *Betanzos* (23 km), dem *Brigantium Flavium* der Römer. In dem hübschen, altertümlichen und von Weinbergen umgebenen Städtchen sind die Kirche *San Francisco* mit dem auf einem Eber und einem Bären ruhenden Sarkophag des *Fernán Pérez de Andrade* und die Kirche *Santa María del Azogue* (beide 14. Jh.) sehenswert.
Man fährt an der *Ría de Betanzos* entlang nach *Miño* (weiter, von Dünen umgebener Strand) und dann nach dem an der *Ría de Ares*, der Mündungsbucht des *Río Eume*, gelegenen

Puentedeume (40 km). Das Städtchen war früher der Mittelpunkt der Feudalherrschaft der *Grafen von Andrade*. An dieses Geschlecht erinnern der *Torreón de Andrade* im Ortszentrum, die etwa 3 km östlich des Ortes gelegenen Ruinen der Burg *Andrade* (13. Jh.) und in der Kirche *Santiago* das Marmorgrabmal des *Fernando de Andrade*, der sich in den Kämpfen des aragonesischen Königreichs Neapel gegen Frankreich (1495–1497) auszeichnete und *Fürst von Caserta* wurde. Über dem Städtchen steht auf dem

Berg *Breamo* die romanische Kirche (12. Jh.) *San Miguel.*

Jenseits des Río Eume, den eine Brücke aus dem 14. Jh. überspannt, liegt der große Strand *de Cabañas*, an dem entlang man nach *Ares* weiterfährt. Dort wendet man sich nach Norden und kommt bei *Mugardos* an die *Ría de El Ferrol*, um die herum man über *Fene*, *Neda* und *Jubia* nach *El Ferrol* fährt.

El Ferrol (63 km) ist die Geburtsstadt des Generals *Franco* und wird heute meist *El Ferrol del Caudillo* genannt. Der Hafen der Stadt ist Handelshafen, vor allem aber einer der wichtigsten Kriegshäfen Spaniens. Der Kriegshafen kann mit Genehmigung der *Ayudantia Mayor del Arsenal* besichtigt werden.

Man fährt weiter über die kleinen Badeorte (gute Strände) *Valdoviño* und *Cedeira* (101 km), dann durch die südlichen Ausläufer der *Sierra de La Capelada* an die *Ría de Santa Marta*, an deren Ostufer *Ortigueira* (130 km) mit seinem von Pinien- und Eukalyptushainen umgebenen Dünenstrand liegt. Die Ría ist die schönste der nordspanischen Küste.

Man fährt nun durch die Provinz Lugo über *Vivero* (siehe Seite 220) und macht von *Irijoa* (242 km) einen Abstecher (5 km je Weg) zum *Monasterio de Monfero*, dessen Kirchenfassade (Barock, um 1700) und dessen Renaissance-Kreuzgang (erst 1789 vollendet) sehenswert sind. Über *Betanzos* kommt man wieder nach La Coruña (283 km).

Route 4: Der Süden der Provinz

Man fährt von La Coruña in Richtung *Betanzos*, biegt aber kurz vor Betanzos nach rechts in die C. 540 ein, die nach *Vilasantar* (50 km) führt. Dort steht das Kloster *Santa María de Mesonzo*, dessen Kirche im 12./13. Jh. erbaut wurde. Man fährt auf der C. 540 weiter bis *Corredoiras* und biegt dort ab nach

Sobrado (165 km), dessen am Pilgerweg gelegenes *Monasterio de los Monjes* noch im Jahre 1747 rund 8000 Pilgern Herberge gab. Ursprünglich standen dort ein Frauen- und ein Männerkloster, die zu Beginn des 12. Jh. beide verlassen waren. 1142 zogen französische Zisterzienser ein. Von den damaligen Kloster- und Kirchenbauten ist so gut wie nichts erhalten. Die Renaissance- und Barockbauten des 16.–18. Jh., die stark verfallen waren, werden seit einiger Zeit von den wieder eingezogenen Zisterziensern restauriert. Die zweitürmige Westfassade der Kirche ist nach churrigueresker Art mit Schmuck überladen. Die Lust an Verzierungen aller Art hat auch das Innere der Kirche geprägt, wenn auch zunächst die wuchtigen Pfeiler und Arkaden den Eindruck bestimmen. An die barocke Kirche schließt sich eine *Sakristei an, die von einem *Juan de Herrera* erbaut wurde (ob dieser mit dem Erbauer des Escorial identisch ist, steht nicht fest) und das bedeutendste Renaissancebauwerk Galiciens ist. Auch die drei Kreuzgänge – teils plateresk, teils barock – gehören zu den eindrucksvollsten Bauten des Landes.

Man fährt zurück nach Corredoira und von dort über *Mellid* und *Arzúa* nach Santiago de Compostela (s. S. 222).

Das südwestlich von Santiago de Compostela gelegene und auf der N. 550 zu erreichende *Padrón* (158 km), das römische *Iria Flavia*, ist durch die Jakobslegenden engstens mit Santiago de Compostela verbunden. Unter dem Hochaltar der Kirche *Santa María* wird der Stein aufbewahrt, an dem das Schiff des Apostels Jakobus festgemacht haben soll, und zwar, als der Apostel zur Missionierung des Landes ankam und als das Schiff mit den sterblichen Überresten des Apostels an Land trieb.

Für die Weiterfahrt benutzt man nach Möglichkeit die an den Ufern der Rías entlangführende Straße. Am Westufer der *Ría de Arosa* kommt man über die kleinen, an Stränden reichen Badeorte *La Puebla del Caramiñal* und *Santa Eugenia de Ribeira* (198 km), wechselt dann an das Ostufer der *Ría de Muros y Noya* hinüber und kommt über *Puerto del Son* in das altertümliche *Noya* (234 km), in dem zahlreiche alte Adelshäuser und die Wehrkirche *San Martín* (1434) zu sehen sind. In dem ummauerten Hof der Kirche *Santa María* befindet sich der sehenswerte *Crucero de Miñadoiro*, eine Folge von Kreuzwegstationen.

Die C. 550 führt weiter am Ufer der buchtenreichen Ría entlang nach *Muros* (270 km) mit seinen Treppenstraßen, Laubenhäusern, der gotischen Stiftskirche *San Pedro*, dem schönen Strand von *San Francisco* – und dem Ruhm, daß seine Frauen die schönsten Frauen Galiciens sind.

Der weitere Abschnitt der C. 550 ist zum Teil noch nicht gut ausgebaut, ist aber doch befahrbar. Auf ihm kommt man über *Carnota* und *Cée* nach

Corcubión (310 km), einem kleinen Badeort an der nach ihm benannten Ría. Südlich des Ortes liegen der Strand *de Quenje* und das *Castillo El Cardenal* und etwa 16 km südwestlich das *Cabo Finisterre* (Landsende).

Die von Corcubión nach La Coruña führende C. 552 verläuft landeinwärts; es ist daher ratsam, eine der vielen Stichstraßen zu benutzen, wenn man den einen oder anderen Teil der prächtigen Küste kennenlernen will. Man fährt von *Berdoyas* (327 km) zu den hübschen Badeorten *Mugía* (15 km) und *Camariñas* (22 km), von *Carballo* (372 km) nach *Lage* (34 km) oder nach *Malpica* (19 km) und kommt dann über das kleine Thermalbad *Arteijo* wieder nach La Coruña (406 km).

DIE PROVINZ PONTEVEDRA

Die Provinz Pontevedra (4477 qkm) gehört zu *Galicien*. Sie wird im Norden von der Provinz *La Coruña*, im Osten von den Provinzen *Lugo* und *Orense*, im Süden von *Portugal* und im Westen vom *Atlantik* begrenzt. Die wichtigsten Straßen sind die N. 550 (Santiago de Compostela – Pontevedra – portugiesische Grenze), N. 541 (Pontevedra – Orense) und N. 640 (Lugo – Caldas de Reyes). Durch die Provinz führen die Eisenbahnlinien Madrid – Orense – Vigo/Tuy, Madrid – Orense – La Coruña und La Coruña – Pontevedra – Tuy (mit Anschluß nach Portugal).

Die Küste der Provinz gehört zur Ferienlandschaft *Rías Gallegas*. Die sehenswerteste Landschaft ist die Rías-Küste, an der auch alle sehenswerten Orte liegen, unter denen man Vigo ein leichtes Plus gegenüber Pontevedra einräumen mag.

Die Provinzhauptstadt Pontevedra

Pontevedra liegt an der nach ihm benannten Ría, in die unmittelbar nördlich der Stadt der *Río Lérez* mündet. Obwohl oft von dem stillen und sogar von dem verträumten Pontevedra gesprochen wird, ist es doch eine regsame Handels- (Getreide, Obst, Wein) und Industriestadt (Bekleidung, Lederwaren, Keramik).

GESCHICHTE

Der Name des Ortes wird aus *Pontes Veteri* (Alte Brücken) hergeleitet, und damit wird der Ort auf eine römische Ansiedlung zurückgeführt. Während des Mittelalters und bis in die Neuzeit hinein war Pontevedra eine wichtige Hafenstadt (heute ist der Hafen fast völlig versandet). Im Spanischen Erbfolgekrieg erlitt die Stadt beträchtliche Zerstörungen. Viele Baudenkmäler, die diesen Krieg mehr oder weniger heil überstanden, erlebten zu Beginn des 19. Jh. unglückliche Restaurierungen.

SEHENSWÜRDIGKEITEN

Am sehenswertesten ist die Kirche *Santa María la Mayor*.
Etwa in der Mitte der Stadt, nahe der Brücke El Burgo und der *Plaza Muelle*, steht der *Parador Nacional Casa de Barón* (ehemaliges Palais; 18. Jh.), und von ihm aus führt die *Calle de Isabel II* zur Kirche

Santa María la Mayor (1520 bis 1559), deren herrliche plateresk *Fassade von *Cornelis de Holanda* geschaffen worden ist. Im vorwiegend gotisch gehaltenen Innern der Kirche verdienen die Christusfigur (18. Jh.) von *Ferreira* und die Kapelle des *Cristo del Buen Viaje* besondere Beachtung.

Man folgt der *Calle del Arzobispo Malvar* bis zur *Plaza de España* (in der Nähe die eindrucksvolle Ruine der goti-

Platz in Pontevedra

schen Kirche *Santa Domingo*), dann der belebten *Calle de Michelena* zur Kirche *La Peregrina* (1778–1782 von *Antonio Souto* erbaut; Rundbau). Nördlich der Kirche, steht an der *Plaza del Generalísimo* das Franziskanerkloster mit einer gotischen Kirche aus dem 14. Jh. und weiter nördlich am Ende der *Calle del Naranjo* in zwei Palästen des 18. Jh. das *Provinzialmuseum* (unter anderem Werke flämischer und spanischer Maler des 16. bis 18. Jh.).

Neben dem Museum steht die ehemalige Jesuitenkirche *San Bartolomé* (frühes 17. Jh.). Östlich dieser Kirche liegt an der *Calle de Santa Clara* das Franziskanerinnenkloster mit der Kirche *Santa Clara*. – Den Aufenthalt in Pontevedra sollte man mit einer Rundfahrt um die zwischen den *Rías de Pontevedra* und *de Vigo* gelegene Halbinsel *Morrazo* verbinden.

Die Rundfahrt vermittelt in erster Linie Landschaftserlebnisse. Sie führt über *Marín* (beliebter Badeort) an mehreren Stränden entlang nach *Bueu*, von dort etwas landeinwärts nach *Hio* (schönes altes Wegkreuz), dann am Ufer der Ría de Vigo entlang über *Cangas de Morrazo* (Badeort) und *Moaña* zurück nach Pontevedra (insgesamt 67 km; von dem zu Beginn der Rundfahrt genannten Marín aus kann man einen Abstecher nach dem im Innern der Halbinsel gelegenen und 525 m hohen *Mirador de Pontevedra* machen (hervorragende Aussicht).

Route 5: Die Rías der Provinz Pontevedra

Man verläßt Pontevedra in westlicher Richtung (C. 550) und kommt über *Poyo* (Kloster *San Juan* mit Kirche aus dem 17. Jh.) nach *Combarro*, das in seiner Gesamtheit mit einem großen Teil seiner Umgebung unter Denkmalschutz gestellt worden ist. Es geht dabei in erster Linie um die Erhaltung typisch galicischer Bauten, besonders der auf Pfeilern stehenden *Hórreos* (Kornspeicher). Auf der *Península de Salnes* geht die Rundfahrt weiter über den Badeort *Sangenjo* auf die über eine Brücke zu erreichende Insel

La Toja, einen der reizendsten Flecken im Küstengebiet von Pontevedra. Die Insel ist ein gut ausgestattetes und vielbesuchtes See- und Thermalbad. – Auf der

Weiterfahrt umrundet man die Bucht, in der La Toja liegt und kommt nach dem malerischen und zugleich aristokratischen

Cambados (57 km). In dem Ort und in seiner Umgebung stehen viele *Pazos* (typisch galicische Herrensitze), so der *Pazo de los Condes de Fefiñanes* an der *Plaza Mayor* (die Bezeichnung *Pazo* ist ein Beweis unter vielen für die Verwandtschaft der galicischen Dialekte mit dem Portugiesischen: *Pazo* = portugiesisch *Paço* = *Palacio*). Von Cambados aus kann man einen Abstecher (10 km je Weg) zu den Ruinen des romanischen Klosters *Armenteira* machen.

Man fährt dann über den hübschen Badeort *Villagarcía de Arosa* (*Pazo de Vista Alegre*, 16. Jh.; *Convento de Agustinas*, (18. Jh.) bis zu dem gegenüber von Padrón (s. S. 226) am *Río Ulla* gelegenen *Puentecesures* (91 km), dann über das Thermalbad *Caldas de Reyes* zurück nach Pontevedra (125 km), von wo man die Fahrt in Richtung Vigo fortsetzt. An der Strecke liegen: *Puente Sampayo* (133 km; 8 km östlich das *Castillo de Sotomayor* aus dem 15. Jh.) und *Redondela* (145 km).

Vigo (159 km), das auf das römische *Vicus* zurückgeht und dessen Hafen stets eine große Bedeutung gehabt hat, ist eine vorwiegend moderne und sehr hübsch gelegene Stadt, die nicht nur Handelsstadt, sondern auch wegen der benachbarten *Playa Samil* ein beliebter Badeort ist. Sehenswert sind vor allem das Fischerviertel *Berbés* und der Fischerhafen.

Man fährt an der Ostküste der Ría de Vigo weiter (zur Linken die bis *Canido* reichenden bepflanzten Dünen, dann das Fischerdorf *Panjón* mit seiner byzantinisch wirkenden modernen Kirche und die *Playa América*) nach *Bayona* (176 km), einem malerisch gelegenen Fischer- und Fremdenverkehrsort, dessen *Castillo* auf dem *Monte Real* heute ein Parador ist.

Über *La Guardia* (207 km) fährt man hinauf zum *Monte Santa Tecla* (341 m; Aussichtspunkt), der seit dem 6. Jh. v. Chr. besiedelt war (Funde in einem kleinen Museum); eine der Steinhütten, die es in großer Zahl dort gegeben hat, ist rekonstruiert worden.

Am *Río Miño* entlang, der die Grenze zwischen Spanien und Portugal bildet, fährt man zur Grenzstadt *Túy* (233 km), dem ibero-römischen *Tude*. Die Stadt wird von der Kathedrale (12. und 13. Jh.), die als Wehrkirche erbaut wurde, überragt (schönes Westportal). Die Kirche *San Bartolomé* (10. Jh.; klassizistische Fassade) ist eine der ältesten Kirchen Galiciens.

Von *Porriño* (248 km) aus kann man über *Puentearenas* einen Abstecher in das 19 km entfernte Thermalbad *Mondariz* machen, das von Pinienwäldern umgeben ist und in dessen Nähe das mittelalterliche *Castillo Sobroso* steht.

Für die Rückfahrt nach Pontevedra nimmt man entweder den Weg von Porriño über *Redondela* (268 km) oder von Mondariz über *Puente Sampayo* (291 km; zum Teil schlechte Straße).

DIE PROVINZ ORENSE

Die Provinz Orense (7278 qkm) gehört zu *Galicien*. Sie wird im Norden von den Provinzen *Lugo* und *León*, im Osten von der Provinz *Zamora*, im Süden von *Portugal* und im Westen von der Provinz *Pontevedra* begrenzt. Die Hauptstraßen sind: N. 120/541 (Ponferrada – Porriño/Pontevedra), N. 525 (Zamora – Santiago de Compostela) und N. 540 (Lugo – Viana do Castelo/Portugal), die sich alle in Orense treffen. Orense ist auch der Schnittpunkt der beiden Eisenbahnlinien Madrid – Vigo und Madrid – La Coruña. Der sehenswerteste Ort ist Orense.

Die Provinzhauptstadt Orense

Orense liegt am Südufer des Río Miño. Es ist Bischofssitz. Als Hauptstadt einer vorwiegend landwirtschaftlichen Provinz ist es ein Mühlenzentrum (Getreide- und Sägemühlen).

Neuerdings hat hier auch die Eisenindustrie Fuß gefaßt.

GESCHICHTE

Orense gilt den einen als das römische *Aquae Urentes*, den andern als das ebenfalls römische *Aurium*. Der erste Name wird mit den heißen Quellen in Verbindung gebracht, die noch heute einen Anziehungspunkt Orenses darstellen, der zweite Name, der im frühen Mittelalter die Form *Sedes Auriensis* erhielt, wird auf die Goldwäschereien zurückgeführt, die es in der Umgebung der Stadt gegeben hat. Wieder andere leiten den Namen Orense aus einer gotischen Bezeichnung ab, die „Warmer See" bedeutet haben soll. Im 6. und 7. Jh. war die Stadt Residenz der suebischen Könige. 716 von den Mauren erobert und um 900 von den Christen zurückerobert, dann vor allem durch die Handelstätigkeit der Juden zu einem blühenden Gemeinwesen geworden, erlebte die Stadt infolge der Judenverfolgungen zur Zeit der Katholischen Könige einen unaufhaltsamen Niedergang, dem erst in neuster Zeit Einhalt geboten werden konnte.

SEHENSWÜRDIGKEITEN

Das sehenswerteste Baudenkmal ist die Kathedrale.

Über den Río Miño führt der siebenbogige *Puente Viejo* (1230; vor allem im 15. Jh. restauriert), dessen mittlerer Bogen eine Spannweite von 43 m hat und 38 m hoch ist. Am Südufer des Flusses steht rechts auf dem *Campo de los Remedios* eine Wallfahrtskapelle. Von der Brücke aus führt die *Avenida del Generalísimo* zur *Alameda del Concejo*, der gegenüber die an der *Plaza Mayor* endende

Avenida de Pontevedra abzweigt. In dem altertümlichen Viertel (Treppengassen, Laubenhäuser) östlich und nördlich der Plaza Mayor steht die im 12. und 13. Jh. erbaute

Kathedrale, die im 16. und 17. Jh. schlecht restauriert worden ist. Der *Pórtico del Paraíso* mit seinen drei Portalen ist eine Nachahmung des Pórtico de la Gloria von Santiago de Compostela. Im Innern sind beachtenswert: der große Altaraufsatz (16. Jh.) von *Cornelis de Holanda* in der *Capilla Mayor;* in der *Capilla del Cristo* ein Kruzifixus aus dem 12. Jh. (er wird dem *Nikodemus* des Neuen Testaments zugeschrieben) und die „Schmerzhafte Mutter" von *Gregorio Fernández;* im rechten Seitenschiff das *Diözesanmuseum* mit dem Kirchenschatz. Durch den Kreuzgang kommt man zur Kirche *Santa María la Madre* und zum Bischöflichen Palais. Von der Plaza Mayor aus führt die *Calle de Colón* und die sie fortsetzende *Calle del Padre Feijoó* in den Süden der Stadt, zur romanischen Kirche *de la Trinidad* und zu den drei sehr ergiebigen und 66–68° heißen Schwefelquellen *Las Burgas*, die schon den Römern bekannt waren.

Route 6: Rundfahrt um Orense

Die Sehenswürdigkeiten der Provinz liegen innerhalb eines nicht sehr großen Umkreises um Orense, der ausschließlich den Westen der Provinz umfaßt.

Man verläßt Orense auf der N. 525 (Richtung Santiago de Compostela) und biegt nach 20 km nach rechts ab, um das *Monasterio de Osera* (30 km) zu besuchen. Das heute noch von Mönchen bewohnte Kloster wurde im 12. Jh. gegründet. Die Kirche stammt im wesentlichen noch aus dem 12./13. Jh., während die Klostergebäude nach dem Brand von 1552 in barockem Stil wiederaufgebaut worden sind.

Man fährt zur N. 525 zurück, überquert sie und fährt weiter nach *Carballino* (48 km; Sommerfrische und Thermalbad), dessen von *Antonio Palacios* erbaute Kirche *Vera Cruz* zu den bedeutendsten Sakralbauten der Gegenwart zählt.

Man folgt nun der N. 541, von der man nach Westen in die N. 120 einbiegt, an der das malerisch gelegene und zum Teil recht altertümliche Städtchen

Ribadavia (79 km) liegt. Zu sehen sind eine gotische Brücke über den *Río Avia*, Ruinen der Stadtmauern, des *Palacio de los Condes de Ribadavia*, des *Ca-*

Santa Comba de Bande

stillo de los Sarmientos, ferner die romanischen Kirchen *Sant-*

iago und *San Juan* und die ehemalige Klosterkirche *Santo Domingo* (14. Jh.). Das Städtchen ist Mittelpunkt eines berühmten Weinbaugebiets (Weine des *Ribeiro*).

Etwa 2 km östlich von Ribadavia überquert man den Río Miño und fährt dann über *Cortegada* zum Landwirtschaftszentrum und größten Ort im Südosten der Provinz

Celanova (126 km). An der *Plaza Mayor* steht das großartige Benediktinerkloster * *San Salvador*, nach seinem Gründer oft auch *San Rosendo* genannt. Ein Rest der ursprünglichen Bauten ist die im Hof des heutigen Klosters stehende kleine mozarabische Kapelle * *San Miguel* (10. Jh.). Die übrigen Klosterbauten stammen aus dem 16. (Großer Kreuzgang) bis 18. Jh. (Barockfassade der Kirche).

16 km südlich von Celanova liegt *Bande* mit *Baños de Bande* (dem römischen *Aquis Querquenis*) und der kleinen, eindrucksvollen westgotischen Kirche (7. Jh.) * *Santa Comba*.

Von dort fährt man über Celanova nach Orense (186 km) zurück.

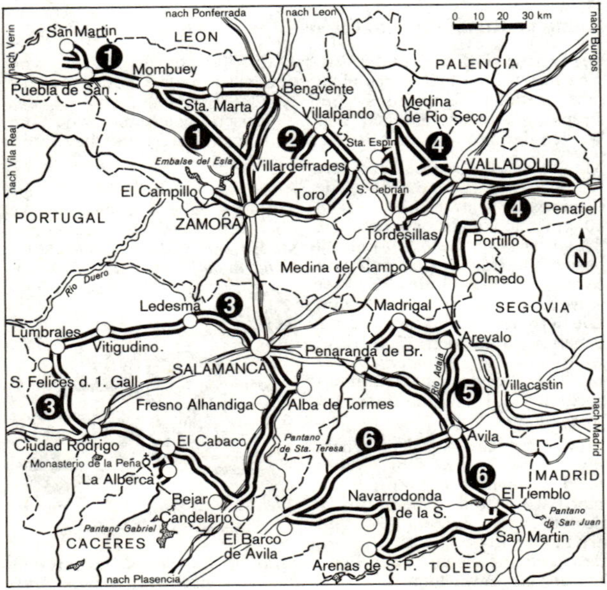

DIE PROVINZ ZAMORA

Die Provinz Zamora (10559 qkm) gehört zur Landschaft *León*. Sie wird im Norden von der Provinz *León*, im Osten von der Provinz *Valladolid*, im Süden von der Provinz *Salamanca* und im Westen von *Portugal* und der Provinz *Orense* begrenzt. Die wichtigsten Straßen sind die N. 122 (Valladolid – Zamora – Bragança/Portugal) und die N. 630 (Salamanca – Zamora – León) mit der nördlich von Zamora abzweigenden N. 525 (Orense – Santiago de Compostela). Den äußersten Nordosten der Provinz berührt die N. VI (Madrid – La Coruña).

Zamora liegt im Schnittpunkt der Eisenbahnlinien Madrid – La Coruña/Vigo und Madrid – Astorga. Der sehenswerteste Ort ist *Zamora, die sehenswerteste Landschaft das *Valle de Sanabria.

Die Provinzhauptstadt *Zamora

*Zamora liegt auf einer Hochterrasse über dem rechten Ufer des Río Duero. Durch die Einmündung des kleinen *Río Valderaduey* wird ein Felssporn gebildet, auf dessen höchstem Punkt die Kathedrale steht. Die Stadt ist Sitz eines Bischofs. In wirtschaftlicher Hinsicht ist Zamora vor allem der Haupthandelsplatz der Provinz Zamora, die zu den wichtigsten Weizenanbaugebieten Spaniens zählt.

GESCHICHTE

Über die Gründung der Stadt ist nichts bekannt. Im 5. Jh. geriet sie unter die Herrschaft der Sueben, zu Beginn des 8. Jh. in die Hände der Mauren, wurde aber bereits 748 von den Christen zurückerobert. 988 wurde sie von *Almansur* erobert, und über ihre Rückeroberung durch die Christen berichtet das Heldenepos „El Cid". 1474 bis 1476 war Zamora die Residenz der *Beltraneja* (angebliche Tochter *Heinrichs IV.* von Kastilien, aber, da dieser als impotent galt, als Tochter des *Beltrán de la Cueva*, des Geliebten der Königin, angesehen und daher Beltraneja genannt); die Beltraneja machte ihrer Tante *Isabella* (der Katholischen), der Halbschwester Heinrichs IV., den kastilischen Thron streitig, mußte ihre Ansprüche aber nach der Niederlage bei *Toro* (1476), trotz Unterstützung durch den portugiesischen König *Alfons V.*, den Schwager Heinrichs IV., aufgeben. Die Beziehung Heinrichs IV. zur Beltraneja ist Gegenstand der anzüglichen *Coplas de Mingo Revulgo*, die noch zu Lebzeiten der beiden entstanden.

SEHENSWÜRDIGKEITEN

Das bedeutendste Baudenkmal

ist die Kathedrale. Von dem den *Río Duero* überspannenden *Puente Viejo* aus hat man einen sehr schönen Blick auf die Altstadt. Von der Brücke aus geht man nach rechts am Ufer des Duero entlang bis zur Kirche *Santo Tomé* (romanisch; frühes 12. Jh.; älteste Kirche der Stadt), dann ein wenig westlich und stadteinwärts zur Kirche *Santa María de la Orta* (romanisch; 12. Jh.; einstige Kirche der Hospitaliter) und von dort durch die *Calle Balborraz* ins Stadtzentrum, das von der *Plaza Mayor* gebildet wird.

Wenige Schritte nordöstlich der Plaza Mayor gehen in spitzem Winkel voneinander aus die *Calle San Torcuato* (links; an ihr steht das Palais *Casa de los Momos*) und die *Calle Santa Clara*. An dieser steht die romanische Kirche *Santiago del Burgo*. Die Casa de los Momos (16. Jh.) gilt wegen ihrer Fassade als der schönste Profanbau der Stadt, während die Kirche Santiago del Burgo (12. Jh.) vor allem durch die eigenartigen Steinmetzarbeiten am Südportal beeindruckt.

Man geht zurück zur Plaza Mayor und folgt nun der *Calle Ramos Carrión* vorbei an dem in einem Palast (um 1600) eingerichteten *Parador Nacional Condes de Alba y Aliste* (von der gegenüber liegenden *Plaza Cánovas* aus ist es nicht weit bis zum *Museo de la Semana Santa*, in dem die *Pasos*, s. S. 179, für die Karfreitagsprozession aufbewahrt werden) bis zur Kirche *La Magdalena* (um 1200), einer vorwiegend romanischen Kirche mit sehr beachtenswertem Südportal und zwei Grabmälern (12. Jh.).

Durch die *Rua de los Notarios* kommt man schließlich zur

***Kathedrale,** einem im Kern romanischen Bauwerk (1151–1174), das aber im 15. und 16. Jh.

Kuppel der Kathedrale von Zamora

durch Um- und Anbauten erhebliche Veränderungen erfahren hat. Die eindrucksvollsten romanischen Bauteile sind der wuchtige Turm, die byzantinisch anmutende Kuppel mit ihren gleichfalls überkuppelten vier Rundtürmen und die *Puerta del Obispo* an der Südfassade. Im Innern verdienen vor allem Beachtung: die *Capilla del Cardenal* mit dem Altar (15. Jh.) von *Fernando Gallego*, das Grabmal (16. Jh.) des Kanonikers *Juan de Grado* in der *Capilla San Juan* und das dem Kreuzgang angeschlossene *Museum* mit großartigen flämischen Wandteppichen aus dem 15. Jh. Nordwestlich der Kathedrale steht das mehrfach veränderte *Castillo*, von dessen Burgfried aus man einen schönen Blick besonders auf die Kathedrale hat.

Route 1: Der Nordwesten der Provinz

Benavente, das man von Zamora aus auf der N. 630 erreicht (64 km) und das die ehemalige Residenzstadt der Grafen von Benavente ist, besitzt zwei beachtenswerte, vorwiegend romanische Kirchen: *San Juan del Mercado* (an der *Plaza de España*, dem alten Marktplatz, daher der Beiname der Kirche) und *Santa María del Azogue* (der Beiname leitet sich vom arabischen Wort *Souk* her, das ebenfalls *Markt* bedeutet). Etwas außerhalb liegt das *Castillo de los Condes de Pimentel*, das heute *Parador Nacional Rey Fernando II de León* ist.

Über *Santa Marta de Tera* (89 km; sehr beachtenswerte romanische Pfarrkirche aus dem 12. Jh.) und *Mombuey* (119 km; Kirche aus dem 13. Jh. mit ungewöhnlichem Glockenturm) kommt man nach *Puebla de Sanabria* (146 km) im

***Valle de Sanabria,** dessen Mittelpunkt der *Lago de Sanabria* ist, ein herrlicher, fischreicher und für alle Arten des Wassersports geeigneter See, von bis zu rund 2000 m hohen Bergen umgeben und von klaren Bergwassern gespeist. Die Umgebung des Sees ist ein hervorragendes, landschaftlich reizvolles und abwechslungsreiches Wandergebiet. Die am Südufer des Sees entlangführende Straße geht bis *Ribadelago de Franco* (19 km ab Puebla), einer zum großen Teil ganz neuzeitlichen Ansiedlung. Am Nordufer des Sees entlang kommt man nach San Martín de Castañeda (17 km ab Puebla), in dessen Nähe in rund 1500 m Höhe (der See liegt 1030 m hoch) die im 12. Jh. erbaute Kirche eines ehemaligen Benediktinerklosters erhalten geblieben ist. Der See und seine weitere Umgebung waren früher Eigentum dieses Klosters.

Von Puebla aus fährt man auf der N. 525 zurück, überquert auf einer Brücke den *Esla-Stausee* und erreicht dann Zamora (251) km.

Von Zamora sollte man noch einen Abstecher (11 km auf der N. 122 in Richtung *Alcañices*, dann nach rechts 8 km Landstraße in Richtung *El Campillo* am *Esla-Stausee*) zu der bei dem Dorf El Campillo stehenden kleinen Kirche **San Pedro de la Nave* (wegen des Schlüssels muß man in El Campillo nachfragen) machen. Die von ihrem früheren, jetzt überfluteten Standort Stein um Stein dorthin versetzte Kirche ist ein westgotisches Bau-

S. Martín de Castañeda

werk, das vielleicht schon um 700 entstanden ist. Außer der Ausgewogenheit aller Bauteile beeindruckt vor allem die ornamentale und die figürliche Bauplastik, die an den Säulenkapitellen am stärksten in Erscheinung tritt. Die figürlichen Darstellungen sind erzählender Art.

Route 2: Villalpando und Toro

Auf der C. 612 fährt man nach

Villalpando (49 km), das früher eine Komturei der Tempelritter war. Reste der Stadtmauern aus dem 12. Jh. und das prächtige Stadttor *San Andrés* (im 16. Jh. erneuert) sind erhalten. Mehr oder weniger stark vom Mudejarstil geprägt sind die Kirchen *Santa María la Antigua* (12. Jh.) und *San Nicolás* (13. Jh.). Die Umgebung des Städtchens wird *Raso de Villalpande* genannt (große Rebhuhnbestände).

Für die Weiterfahrt benutzt man die N. VI bis *Villardefrades* (70 km) in der Provinz Valladolid und schlägt dort die über *Tiedra* nach

***Toro** (98 km) führende Straße ein. Toro, das von *Hannibal* belagert worden sein soll und das mit dem römischen *Arbucala* in Verbindung gebracht wird, ist eine an Baudenkmälern reiche Stadt; sie wurde in die Reihe der „touristisch und künstlerisch interessanten Orte" aufgenommen. Die nördlich von Toro gelegene Landschaft wird *Tierra del Pan* genannt, weil dort vor allem Weizen angebaut wird; die südlich gelegene Landschaft heißt wegen des Weinanbaus *Tierra de Vino*.

Das bedeutendste Bauwerk der Stadt ist die in der Nähe der *Plaza Mayor* stehende romanische **Colegiata Santa María la Mayor* (1160–1240), deren schönste Kunstwerke die Darstellung des Jüngsten Gerichts (13. Jh.) am Westportal und das in der Sakristei aufbewahrte Marienbild *Virgen de la Mosca* (spätes 15. Jh.), in dem man ein Porträt *Isabellas der Katholischen* hat sehen wollen.

Sehenswert sind ferner: die Kirchen *San Julián, San Lorenzo* (Tafelbilder des Hochaltars von *Fernando Gallego*). *Sancti Spiritus* (14. Jh.; Alabastergrabmal der 1432 gestorbenen Königin *Doña Beatriz* von Kastilien; sodann Profanbauten wie das *Rathaus* (im 18. Jh. restauriert),

Frauen in Toro

vor dem ein klobiger iberischer *Toro* (Stier) steht, und der *Palacio Santa Cruz de Aguirre* (15. Jh.) sowie der *Palacio de las Leyes*. Außerdem besitzt der Ort eine der ältesten Stierkampfarenen des Landes.

Zu den Festtagen und zum Karneval werden noch die alten Trachten getragen, besonders die sogenannte *Tracht der reichen Witwe* (aus schwarzem, goldbesticktem Samt; siehe Abbildung).

Von Toro fährt man nach Zamora (131 km) zurück.

DIE PROVINZ SALAMANCA

Die Provinz Salamanca (12336 qkm) gehört zu den Landschaften *Kastilien* und *León*. Sie wird im Norden von den Provinzen *Zamora* und *Valladolid*, im Südosten von *Ávila*, im Süden von *Cáceres* und im Westen von *Portugal* begrenzt. Die wichtigsten Straßen sind die N. 501/620 (Ávila – Salamanca – Ciudad Rodrigo) und N. 630 (Zamora – Salamanca – Cáceres). Durch die Provinz führen die Bahnlinien Madrid – Salamanca – Astorga, Medina del Campo – Salamanca – Portugal und Salamanca – Palazuelo. Die sehenswertesten Städte sind **Salamanca und Ciudad Rodrigo, die landschaftlich und folkloristisch besuchenswerteste Gegend sind die einander benachbarten *Las Batuecas und die Umgebung von *La Alberca.

Die Provinzhauptstadt **Salamanca

**Salamanca liegt am rechten Ufer des *Río Tormes* auf einem hügeligen Gelände in durchschnittlich 800 m Höhe. Die Stadt ist Sitz eines Bischofs und der berühmtesten Universität Spaniens. Seit 1936 hat sich die Stadt, die schon lange ein wichtiger Verkehrsknotenpunkt war, zu einem Handels- und Industriezentrum entwickelt.

GESCHICHTE

Salamanca geht auf das iberische *Salmantica* zurück, das 217 v. Chr. von *Hannibal* erobert und bald darauf römisch wurde. Vom frühen 8. Jh. bis ins 11. Jh. hinein kämpften Mauren und Christen mit wechselndem Erfolg um die Stadt, die dann 1085 endgültig von den Christen zurückgewonnen wurde. Der Wiederaufbau der Stadt wurde gekrönt durch die Gründung der Universität (1218/1242), die bald, neben *Oxford*, *Bologna* und *Paris*, zu den bedeutendsten Universitäten Europas zählte. An ihr wurden besonders die arabischen Wissenschaften gelehrt und wurde das *Kopernikanische System* geraume Zeit vor seiner allgemeinen Anerkennung vertreten. Mitte des 16. Jh. zählte die Universität fast 8000 Studierende. Zum Schaden für Salamanca wirkte sich aus: die Abtrennung von Valladolid, das zum Bistum erhoben wurde (1593), die damit in Verbindung stehende Förderung der Universität Valladolid und schließlich die Vertreibung der Moriscos (1610), die für die Wirtschaft der Stadt eine entscheidende Rolle gespielt hatten. Im Jahre 1812 fand wenige Kilometer südlich von Salamanca die *Schlacht von Arapiles* (auch Schlacht von Salamanca genannt) statt, die den Rückzug der französischen Truppen aus Spanien einleitete. Die verbündeten Portugiesen, Spanier und Engländer standen

 Karte S. 232

unter dem Kommando von *Wellington*, die Franzosen befehligte Marschall *Marmont*.

SEHENSWÜRDIGKEITEN

Die wichtigsten Sehenswürdigkeiten der Stadt sind die ** Plaza Mayor, * die Catedral Vieja, ** die Catedral Nueva, ** die Universität und die * Casa de las Conchas.

Vom Südufer des *Río Tormes* aus hat man einen prächtigen Blick auf die Stadt. Die aus goldbraunem Salamancasandstein errichteten Bauten der Altstadt, die von der eine Einheit bildenden Alten und Neuen Kathedrale überragt wird, heben sich deutlich gegen die vorwiegend aus grauem Beton erbauten modernen Gebäude ab.

Von der wahrscheinlich um Christi Geburt erbauten *Römischen Brücke* (nur die 15 nördlichen Bögen stammen noch aus römischer Zeit) geht man durch das Viertel *Santiago (Plaza del Puente – Rivera del Puente – Calle de Tentenecio)* zur *Plaza Episcopal*, an der die

* **Catedral Vieja** (Alte Kathedrale) steht. Sie ist ein romanischer Bau (vorwiegend 12. Jh.), der von einem großartigen achteckigen und in einer Kuppel auslaufenden Vierungsturm, der berühmten * Torre del Gallo (Hahnenturm, benannt nach dem Wetterhahn), gekrönt wird. Im Innern (zu betreten durch das rechte Seitenschiff der Neuen Kathedrale) zieht die Apsis mit dem von *Nicolás Florentino* um 1445 geschaffenen * Altaraufsatz und dem das Deckengewölbe einnehmenden Fresko vom *Jüngsten Gericht* die Aufmerksamkeit auf sich. Sehenswert sind ferner der Kreuzgang und die sich an ihn anschließenden Kapellen, in denen sich beachtenswerte Grabmäler und andere Kunstwerke befinden. Die der Alten Kathedrale unmittelbar benachbarte und ein wenig höher gelegene

Neue Kathedrale

****Catedral Nueva** (Neue Kathedrale) ist ein im wesentlichen gotischer Bau aus der ersten Hälfte des 16. Jh., an dem aber bis ins 18. Jh. hinein weitergebaut wurde und der daher um manches platereske und barocke Stilelement bereichert worden ist. Plateresk ist vor allem das * Westportal *(Puerta del Perdón)*. Die Kuppel des 110 m hohen Turmes weist Züge des Churriguerismus auf. Von der reichen Innenausstattung verdienen vor allem das Chorgestühl von *Alberto Churriguera*, die *Capilla Dorada* (rechtes Seitenschiff), die Sakristei und das Gemälde „Jungfrau mit dem Kind und dem Knaben Johannes“ von *Luis de Morales* Beachtung.

Gegenüber den beiden Kathedralen führt die kurze *Calle de Calderón de la Barca* zur *Pla-*

zuela de la Univerdidad. Der Platz ist von den Gebäuden der

**** Universität** umgeben, und zwar von den *Escuelas Menores* (16. Jh.; platereske *Portale; hübscher Innenhof) und den *Escuelas Mayores* (16. Jh.), deren *Hauptfassade ein Meisterwerk des Platereskenstils der Frührenaissance ist.

Man geht zur Kathedrale zurück und dann auf der *Rúa Mayor* stadteinwärts (in nordöstlicher Richtung. An der Einmündung der *Calle de la Compañía* (links) trifft man auf die

*** Casa de las Conchas,** das Haus der Pilgermuscheln. Die Fassaden dieses gegen Ende des 15. Jh. erbauten Hauses sind mit Pilger- oder Jakobsmuscheln geschmückt. Das Haus besitzt einen reizvollen Patio.

Casa de las Conchas

Gegenüber dem Haus steht die *Clerecía* (17./18. Jh.); das ehemalige Jesuitenkolleg (heute Sitz der päpstlichen Universität), in dessen Kirche ein prunkvoller Hochaltar im Stil *Churrigueras* zu sehen ist.

Von der Clerecía aus führt die Straße *de la Compañía* zur *Plaza de las Agustinas,* an der das Augustinerinnenkloster (in der Kirche Hochaltargemälde „Unbefleckte Empfängnis" von *Ribera*) und der *Palacio de Monterrey* (um 1540) stehen. Etwas nördlich der Plaza de las Agustinas steht an der *Calle de Bordadores* die frühplatereske *Casa de las Muertes.* Geht man von der Plaza de las Agustinas durch die *Calle de Ramón y Cajal* nach Westen weiter, kommt man zum ehemaligen *Colegio del Arzobispo* (heute meist *Colegio de los Irlandeses* genannt), das im 16. Jh. erbaut wurde. In der Kapelle befindet sich ein Altaraufsatz (1529) von *Alonso Berruguete.* Man geht zurück zur Plaza de las Agustinas und erreicht von dort durch die *Calle del Prior* die

**** Plaza Mayor,** einen der größten und schönsten Plätze Spaniens. Der ganz von Arkadenbauten umschlossene Platz wurde in den Jahren 1729 bis 1755 nach Plänen von *Alberto Churriguera*, angelegt. Bis gegen 1850 fanden auf ihm noch Stierkämpfe statt, heute ist er unter anderem der Flanierplatz der jungen Burschen und Mädchen (nach guter spanischer Sitte gehen die Burschen in dieser Richtung, die Mädchen in jener Richtung um den Platz, und alle haben so die Möglichkeit, alle zu sehen und zu prüfen).

Südlich der Plaza Mayor fängt die *Calle San Pablo* an (etwas nach rechts steht zur Rúa Mayor hin die romanische Kirche *San Martín*), die an der *Casa de la Salina* (16. Jh.; heute Provinziallandtag) und an dem *Palacio de Orellana* (16. Jh.) vorbei zur *Calle Concilio de Trento* (links) führt. Über diese Straße kommt man zum *Convento de las Dueñas* (16. Jh.; platereske Fassade; vom Innern ist nur der schöne Kreuzgang zu besichtigen) und zum Kloster *San Esteban*. Die gotische Kirche (1524–1610) hat eine plateresque Fassade. Der *Hochaltar ist ein Werk (1693) von *José Churriguera*. Neben dem Altar befindet sich das Grab des *Herzogs von Alba* (1507–1582), einer der Hauptpersonen in *Goethes* „Egmont". Zum Kloster gehören drei Kreuzgänge, darunter der *Claustro de los Reyes*.

Route 3: Große Provinzrundfahrt

Von Salamanca aus fährt man zunächst in das mittelalterliche und noch von Mauern umgebene Städtchen *Ledesma* (34 km), dessen Kirche *Santa María* (14. Jh.) wegen ihrer Grabmäler einen Besuch verdient. Auf etwas eintöniger Strecke fährt man weiter nach *Vitigudino* (74 km), in dessen Umgebung es zahlreiche Wüstungen (aufgegebene Dörfer) und bei der Wüstung *Yecla la Vieja* Ruinen einer iberischen Befestigungsanlage gibt. In *Lumbrales* (101 km; barocke Pfarrkirche) biegt man nach Süden ab und kommt nach dem in seiner Gesamtheit unter Denkmalschutz stehenden Städtchen

San Felices de los Gallegos (110 km), das Ende des 7. Jh. von dem Bischof des portugiesischen *Porto* gegründet wurde, dessen Burg Ende des 13. Jh. der portugiesische König erbauen ließ und zu dessen wichtigstem Fest, „Santa Cruz", am 3. Mai, noch heute zahlreiche Teilnehmer aus Portugal kommen. Im Ort sind noch mehrere Herrenhäuser (wenn auch oft nur teilweise erhalten) zu sehen.

Ciudad Rodrigo (147 km) liegt auf einem Hügel über dem *Río Agueda*. Es geht auf das römische *Mirobriga* zurück, wurde bald nach der endgültigen Wiedereroberung (12. Jh.) durch die Christen von dem Grafen *Rodrigo González Girón* (nach ihm wurde die Stadt benannt) neu gegründet, zur Festung ausgebaut und zum Bischofssitz erhoben. Ruinen der zum Teil aus römischer Zeit stammenden, Stadtmauern sind noch zu sehen.

Parador Enrique II.

Das bedeutendste Baudenkmal ist die Kathedrale (12. bis 14. Jh.; im 16. Jh. sehr stark überarbeitet). Besonders beachtenswert sind die vorwiegend romanischen Portale und der Kreuzgang, der alle Spielarten der Gotik vom 13. bis 16. Jh. aufweist. Der im 14. Jh. erbaute und die Stadt überragende *Alcázar* ist heute *Parador Nacional Enrique II* (benannt nach König *Heinrich II.* von Kastilien, dem Erbauer des Alcázars).

Man fährt nun in das Gebiet der

Sierra de Peña de Francia, eines im allgemeinen wilden und dicht bewaldeten Höhenzuges, der vielleicht deshalb nach Frankreich *(Francia)* benannt worden ist, weil sich in seinen Dörfern viele französische Pilger und Soldaten niedergelassen haben. Die höchste Erhebung dieses Bergzuges ist die 1723 m hohe *Peña de Francia*, in deren Nähe das Dominikanerkloster *de la Peña* (201 km) steht. In der Klosterkirche wird die Statue der *Virgen Morena* aufbewahrt, die vor allem am 8. September das Ziel großer Wallfahrten ist. Zum Kloster gehört ein Gästehaus. Unterhalb des Klosters liegt das Dorf **La Alberca* (222 km), die urtümlichste Ansiedlung der ganzen Sierra und daher in seiner Gesamtheit unter Denkmalschutz gestellt. Enge Gassen mit grobem Pflaster, alte Häuser mit langen Balkonen und weit vorspringenden Dächern, ein von Laubenhäusern umgebener Hauptplatz, prächtige Trachten und alte Sitten und Gebräuche sind einige der Charakteristika dieses Dorfes, das von Mauren und Juden gegründet wurde und dessen Bevölkerung sich später vor allem mit Franzosen mischte. Unmittelbar südlich des Dorfes liegt das schöne und überaus fruchtbare Tal *Las Batuecas, überragt von dem gleichnamigen Karmeliterkloster (1599).

Man fährt zurück bis *El Cabaco* und von dort weiter nach *Bejar* (285 km; festungsartiges Schloß), von wo aus man einen Abstecher (3 km je Weg) nach *Candelario*, einem der typischsten und hübschesten unter den Salmatiner Dörfern, machen sollte. Dann wendet man sich auf der N. 630 nach Norden zu, verläßt diese Straße bei *Fresno-Alhándiga* und erreicht, durch das Tal des *Río Tormes* fahrend, das Städtchen

Alba de Tormes (354 km). Der Ort ist besonders vom 14. bis 22. Oktober das Ziel vieler Pilger, die das Grab der heiligen *Theresia von Ávila* (gestorben 1582) im Karmeliterkloster besuchen. Über dem Portal der Klosterkirche ist die Verkündigung Mariens dargestellt. Von dem großartigen Palast der Herzöge von *Alba* ist nur die *Torre de la Armería* erhalten geblieben. In einer der Apsiden

Alba de Tormes: Klosterportal

der romanischen Kirche *San Juan* sind die rustikalen Figuren Christi und der zwölf Apostel zu sehen. – Von Alba de Tormes fährt man nach Salamanca (375 km) zurück.

DIE PROVINZ VALLADOLID

Die Provinz Valladolid (8201 qkm) gehört zur Landschaft *León*. Sie wird im Norden von den Provinzen *León* und *Palencia*, im Osten von der Provinz *Burgos*, im Süden von den Provinzen *Segovia*, *Ávila* und *Salamanca* und im Westen von der Provinz *Zamora* begrenzt. Die Fernverkehrsstraße N. VI (Madrid – La Coruña) führt durch den Westen der Provinz. Weitere wichtige Straßen sind die N. 620 (Burgos – Valladolid – Salamanca), die N. 601 (Segovia – Valladolid – León), die N. 122 (Soria – Valladolid – Zamora) und die N. 403 als nach Valladolid führende Abzweigung der N. VI. Durch die Provinz verlaufen die Eisenbahnlinien Madrid – Valladolid – La Coruña/Vigo, Madrid – Medina del Campo – La Coruña/Vigo, Madrid – Valladolid – Santander/Gijón und Irún – Valladolid – Madrid. Die sehenswertesten Orte der Provinz Valladolid sind *Valladolid, Tordesillas und Medina de Rioseco.

Die Provinzhauptstadt *Valladolid

*Valladolid liegt an der Einmündung des *Río Esgueva* in den *Río Pisuerga* in 692 m Höhe inmitten einer furchtbaren Hochebene. Die Stadt ist Sitz eines Erzbischofs und einer Universität. Die Industrie gewinnt immer größere Bedeutung. Neben der Lebensmittel- und Textilindustrie sind vor allem die Maschinen- und Kraftwagenindustrie vertreten. Die Spanischen Eisenbahnen (RENFE) haben dort Fabriken für Eisenbahnzubehör.

GESCHICHTE

In maurischer Zeit soll Valladolid Sitz eines maurischen Statthalters gewesen sein (der Name der Stadt wird von *Belad Valed* = Land des Wali hergeleitet). Im 13. Jh. wurde die Stadt kastilischer Regierungssitz und bevorzugte Residenzstadt der kastilischen Könige. 1469 fand dort die Hochzeit von *Isabella von Kastilien* und *Ferdinand von Aragonien* statt. 1561 mußte Valladolid vorübergehend und 1621 endgültig auf seine hauptstädtischen Funktionen zugunsten Madrids verzichten. Die Erhebung der Stadt zum Bischofssitz (1593) war kein vollwertiger Ausgleich.

SEHENSWÜRDIGKEITEN

Die bedeutendsten Sehenswürdigkeiten sind das Colegio Mayor de Santa Cruz, das **Colegio de San Gregorio und die Kirche *San Pablo.

Von der *Plaza Mayor*, dem Hauptplatz der Stadt, geht man in östlicher Richtung zur *Plaza de Fuente Dorada* und dann durch die Straßen *Cánovas del Castillo* und *Cascajares* zur **Kathedrale,** einem von *Herrera,* dem Baumeister des Escorial, geplanten, aber nie vollendeten Gotteshaus. Im Innern sind der Hochaltar (1561) von *Juan de Juni* und die 2 m hohe *Custodia* (1590) des *Juan de Arfe* beachtenswert. Etwas nördlich der Kathedrale steht die Kirche *Nuestra Señora de las Angustias* (um 1600), in der sich die von den Valladolidern sehr verehrte *Virgen de los Siete Cuchillos* (oder *de los Siete Dolores* = Mutter von den Sieben Schmerzen) befindet; sie ist ein Werk von *Juan de Juni*; der Altaraufsatz ist von *Francisco de Rincón*. Durch die *Calle de las Angustias* geht man zur *Plaza de San Pablo*, an der die Kirche

***San Pablo** steht. Die Kirche (13. Jh.; später mehrfach verändert) hat eine verwirrend reich geschmückte spätgotische (isabellinische) Fassade, die um 1490 von *Simon von Köln* errichtet wurde. Zur Kirche gehört das Dominikanerkloster *San Pablo*, und an dieses ist das

****Colegio de San Gregorio** (1488 biš 1496) angebaut. Die Fassade dieses Colegios ist der von San Pablo sehr nahe verwandt, übertrifft sie aber noch in der Fülle der Schmuckelemente. Der stimmungsvolle Innenhof mit den zweistöckigen Arkaden und dem prächtigen Treppenhaus (Stalaktitendecke) steht der Fassade nicht nach. Im oberen Stockwerk ist das sehr besuchenswerte *Museo Nacional de Escultura* untergebracht. Hier befinden sich in erster Linie bemalte Holzplastiken der spanischen Bildhauer *Alonso Berruguete* (um 1482–1561), *Juan de Juni* (16. Jh.) und *Gregorio Fernández* (1566 bis 1636), *Pedro de Mena* (1628 bis 1688), *Diego de Silvé* (gest. 1563) u.a. Ein Saal ist den *Pasos* (siehe S. 75) vorbehalten.

Man geht nun die Calle de las Angustias zurück und dann hinter der Kathedrale her (vorbei an der Kirche *Santa María la Antigua* aus dem 14. Jh.) zur *Plaza de la Universidad*. An der

Collegio de S. Gregorio

Südostseite des Platzes steht die *Universität*, deren churrigueresque Fassade (1715) allein von dem einstigen Palast des Herzogs von Lerma stammt (das übrige Gebäude wurde nach einem Brand im Jahre 1939 neu errichtet). An der unmittelbar südlich der Universität gelegenen *Plaza de Santa Cruz* steht das

Colegio Mayor de Santa Cruz (1487–1491), dessen Fassade einen Platereskenstil aufweist, in dem Renaissance-Elemente vorherrschen (das Kolleg wird vielfach als erster spanischer Renaissancebau bezeichnet). Der dreistöckige Innenhof ist der Fassade zu vergleichen. In der Kapelle befindet sich der **Cristo de la Luz*, eines der besten Werke von *Gregorio Fernández*, und die beachtenserte *Dolorosa* von *Pedro de Mena*.

Wer sich besonders für *Cervantes*, den Schöpfer des *Don Quijote*, interessiert, wird die an der *Calle del Rastro* (in der Nähe der schönen Gärten des *Campo Grande*) gelegene *Casa de Cervantes* besuchen, in der der Dichter 1605 gelebt hat und die zusammen mit zwei benachbarten Häusern als *Museum* eingerichtet worden ist.

Route 4: Große Provinzrundfahrt

Man fährt auf der N. 601 bis *Villanubla* (10 km) und macht von dort aus einen Abstecher (7 km je Weg) nach *Fuensaldaña* mit seinem gut erhaltenen *Castillo de los Viveros* (15. Jh.) und einen weiteren Abstecher (8 km je Weg) nach *Wamba* (manchmal auch *Bamba* genannt), in dessen Kirche (13. Jh.) einige wesentliche Teile einer mozarabischen Kirche aus dem 10. Jh. erhalten geblieben sind. Von Villanubla fährt man weiter nach

Medina de Rioseco (40 km), einem altertümlichen Städtchen in der getreidereichen *Tierra de Campos*. Von den sechs sehenswerten Kirchen ist die Kirche *Santa María de Mediavilla* (15./16. Jh.) die weitaus bedeutendste. Der Hochaltaraufsatz ist ein Werk (1590) von *Esteban Jordán*. In der *Capilla de los Benavente* sind hervorragende farbige Stuckarbeiten zu sehen, die hauptsächlich die Schöpfungsgeschichte und das Jüngste Gericht darstellen; *Jerónimo de Corral* schuf diese Arbeiten Mitte des 16. Jh. Von den anderen Kirchen sind in erster Linie *San Francisco* und *Santiago* einen Besuch wert.

Von Medina de Rioseco aus fährt man auf der C. 611 nach Süden und macht von *Castromonte* (53 km) einen Abstecher (8 km je Weg) zum *Monasterio de la Santa Espina*, das seinen Namen von einem dort aufbewahrten angeblichen Dorn der Dornenkrone Christi hat. Die Kirchenfassade (18. Jh.) ist ein Werk von *Ventura Rodríguez*. Man fährt auf der C. 611 weiter und biegt kurz vor *Villasexmir* (67 km) nach rechts ab zu einem Abstecher (11 km je Weg) nach *San Cebrián de Mazote*, dessen *Kirche (10. Jh.) eines der schönsten Beispiele mozarabischer Kunst ist. In Villasexmir selbst zweigt eine Straße nach dem 7 km entfernten *Torrelobatón* ab, dessen guterhaltenes *Castillo* (15. Jh.) einen Besuch lohnt.

Tordesillas (85 km), das auf einem Hügel am Duero gelegene Städtchen, ist oft Wohnsitz von Angehörigen des kastilischen Königshauses gewesen. Der ehemalig königliche Palast (14. Jh.), der später in das *Monasterio de Santa Clara* umgewandelt wurde, ist im Mudejarstil erbaut. Das Kloster ist größtenteils Klausur und kann daher nicht besichtigt werden. Die mudejarische *Artesonadodecke im Chorgewölbe der Kirche vermittelt aber einen Eindruck von der Pracht, die im Mudejarstil erreicht werden kann. In der Kirche *San Antolín* (15. Jh.) steht ein beachtenswerter Altaraufsatz von *Juan de Juni*. In der Kolonialgeschichte wurde die Stadt durch den „Vertrag von Tordesillas" (1494) bekannt, durch den die neu entdeckte Welt zwischen Spanien und Portugal geteilt wurde.

Von Tordesillas aus lohnt sich ein Abstecher (21 km je Weg) nach *Simancas* (das man natürlich auch auf einem Kurzausflug von Valladolid, 9 km, erreichen kann). Das auf das römische *Septimanca* zurückgehende Städtchen besitzt eine Burg, die im Kern in maurische Zeit zurückreicht, aber erst im 13. und 16. Jh. ihr heutiges Aussehen erhalten hat. Die Burg hat lange Zeit als Staatsgefängnis gedient. Seit *Philipp II.* ist sie Staatsarchiv.

Über *Rueda* (96 km), die Stadt ausgezeichneter herber Weißweine, fährt man weiter nach

Medina del Campo (108 km), dessen große Sehenswürdigkeit das im Osten der Stadt auf einem Hügel gelegene **Castillo de la Mota* ist. Das 1440 erbaute und 1941 restaurierte Castillo ist

Castillo de la Mota

einer der bedeutendsten spanischen Wehrbauten seiner Zeit. Es war der bevorzugte Wohnsitz *Isabellas der Katholischen* (sie starb dort 1504) und 1504 bis 1506 Gefängnis des *Cesare Borgia*, dem die Flucht aus der festen Burg gelang. Unter den übrigen Bauten Medinas verdienen Beachtung: die Stiftskirche *San Antolín* (16. Jh.) und das *Rathaus* (17. Jh.), ferner das *Hospital Simón Ruiz* (Renaissancebau aus dem frühen 17. Jh.) und die *Casa de las Dueñas* (um 1600), ebenfalls ein Renaissancebau.

Olmedo (128 km) ist in seinen Kirchen sehr stark durch den Mudejarstil geprägt. Die aus Backstein gebaute Kirche *San Andrés* (13. Jh.) und die Kirche *Santa María* (Altaraufsatz aus dem 16. Jh. und eigenartiges Reliquiar, in Form eines Altaraufsatzes, mit 49 Büsten) sind besonders beachtenswert.

Man fährt auf der N. 403 in Richtung Valladolid weiter, biegt aber nach 17 km nach rechts ab, um das *Castillo* von *Portillo* (153 km) zu besuchen. Das nach außen hin gut erhaltene, im Innern aber sehr verfallene Castillo wurde im 15. Jh. für die Grafen von Benavente erbaut. Über *La Parrilla* erreicht man die am Duero entlangführende N. 122 und auf ihr das kleine

Peñafiel (208 km), dessen Ruhm das auf einem kahlen Hügel hoch über dem Duero gelegene *Castillo ist, ein Bau aus dem 11. Jh., der um 1300 seine heutige Gestalt erhielt. Das Castillo war der Wohnsitz des Seite 69 erwähnten Prinzen *Juan Manuel*, dessen Grabmal sich in der Kirche des Klosters *San Pablo* befindet. Das Kloster ist im wesentlichen ein Mudejarbauwerk, die an die Kirche angebaute *Capilla del Infante* ist jedoch ein plespateres Werk.

Für die Rückfahrt nach Valladolid (267 km) benutzt man die Straße am rechten Duero-Ufer und kommt über *Valbuena de Duero* (Kirche aus dem 12. Jh.).

DIE PROVINZ ÁVILA

Die Provinz Ávila (8048 qkm) gehört zu *Altkastilien*. Sie wird im Norden von der Provinz *Valladolid*, im Osten von den Provinzen *Segovia* und *Madrid*, im Süden von der Provinz *Toledo* und im Westen von den Provinzen *Cáceres* und *Salamanca* begrenzt. Die wichtigsten Straßen sind die N. 110 (Segovia – Ávila – Plasencia) und die N. 403/501 (Toledo – Ávila – Salamanca). Die Fernverkehrsstraße N. VI (Madrid – La Coruña) führt nur ein kleines Stück an der Nordostgrenze der Provinz entlang (über Arévalo).

Durch den Nordosten der Provinz führen die Eisenbahnlinien Madrid – Ávila – La Coruña/Vigo, Madrid – Ávila – Astorga, Madrid – Ávila – Santander/Gijón und Irún – Ávila – Madrid. Die sehenswerteste Stadt ist **Ávila, die sehenswerteste Landschaft die *Sierra de Gredos.

Die Provinzhauptstadt **Ávila

**Ávila liegt am Ostufer des *Río Adaja* und steigt nach Osten hin allmählich bis auf 1131 m an. Damit ist Ávila die am höchsten gelegene Provinzhauptstadt Spaniens. Die Stadt ist Bischofssitz. Neben der Industrie (besonders Textilindustrie) spielt der Tourismus für die Stadt eine ziemlich bedeutende Rolle.

GESCHICHTE

Die früheste Geschichte der Stadt ist reichlich legendär. Die Existenz einer römischen Ansiedlung *Avela* mag als einigermaßen sicher gelten. In diesem Ort soll ein Schüler des Apostels *Petrus* das Evangelium gepredigt haben. Während der Christenverfolgungen im frühen 4. Jh. sollen dort der heilige *Vinzenz* und seine beiden Schwestern den Märtyrertod erlitten haben. 714 wurde der Ort von den Mauren erobert. Rund 300 Jahre später kam er wieder endgültig unter christliche Herrschaft. Die Blütezeit Ávilas war das 16. Jh., und es paßt dazu, daß gerade in diesem Jahrhundert die heilige *Theresia von Ávila* (1515–1582; siehe Seite 72) lebte, die der Stadt bis in die Gegenwart hinein so sehr ihr Gepräge gegeben hat, daß Ávila heute vielfach schlechthin als die Stadt der heiligen Theresia gilt. Die Vertreibung der Moriscos (Anfang des 17. Jh.) führte zu einem lange anhaltenden Rückgang der Wirtschaft Ávilas.

SEHENSWÜRDIGKEITEN

Die bedeutendsten Sehenswürdigkeiten sind die **Stadtmauern, die *Kathedrale, die Kirche *San Vicente.

Die Altstadt bildet ein nach Osten gerichtetes Rechteck von

etwa 900 m Länge und etwa 400 m Breite und ist von einer

**** Mauer** umgeben, die Ende des 11. Jh. unter Verwendung von römischem Baumaterial errichtet wurde, rund 2500 m lang ist, durch 86 halbrunde Türme verstärkt wird und durch die neun Tore hindurchführen. Diese Mauer (sie wurde bis in die neueste Zeit hinein mehrmals restauriert) ist eine der großartigsten Verteidigungsanlagen des Mittelalters und die große Attraktion Ávilas. Man sollte daher die Stadtbesichtigung mit einem Rundgang um das Mauerviereck beginnen. Von der *Puerta del Alcázar* (Südostecke des Mauervierecks) gegenüber der *Plaza de Santa Teresa de Jesús* (so lautet der spanische Name

Ávila: Stadtmauer

der Heiligen) geht man zunächst an der Südseite der Altstadt entlang. Der *Paseo del Rastro* führt zur *Puerta del Rastro*, durch die man in die Altstadt hineingeht, um die rechts des Tores gelegenen *Casas de los Dávilas* zu besichtigen, eine Gruppe von Herrenhäusern des 13. bis 15. Jh. Sie sind nach der Adelsfamilie *de Ávila* (daraus ist die Form *Dávila* geworden) benannt, die in der Geschichte der Reconquista und der Eroberung Mittelamerikas eine bedeutende Rolle gespielt hat.

Man geht auf dem Paseo del Rastro weiter bis zur *Puerta de Santa Teresa*, durch die man bis zur *Plaza de la Santa* geht. Dort steht der *Convento de Santa Teresa*. Die barocke Klosterkirche wurde 1636–1638 an der Stelle des Geburtshauses der Heiligen gebaut.

An der Westseite des Mauervierecks stößt man auf die *Puerta del Puente*, der gegenüber sich neben einer modernen Brücke noch die mittelalterliche Brücke über den Río Adaja befindet. Der Aussischt auf die Stadt wegen lohnt es sich, jenseits des Flusses zum Kreuz *de los Cuatro Postes* hinaufzusteigen.

Dann setzt man den Weg um die Mauern fort und kommt nahe der Nordwestecke zur *Ermita de San Segundo* (12. Jh.) mit dem Grabmal des legendären ersten Bischofs von Ávila, des heiligen *Segundus*. Die Statue (1573) ist ein Werk von *Juan de Juni*.

An der Nordseite geht man bis zur *Puerta del Mariscal* und macht von dort einen kleinen Umweg über die weiter nördlich gelegenen Einsiedeleien *San-Martín* (18. Jh.) und *Nuestra Señora de la Cabeza* (13. Jh.) und zum *Convento de la Encarnación*, in dem die heilige Theresia Nonne und später Priorin war.

An der Ostseite des Mauervierecks, nahe der Nordostecke, liegt die *Puerta de San Vicente* und in ihrer Nähe die romanische Kirche

Karte S. 232

***San Vicente**, die im wesentlichen im 12. Jh. entstand, an der aber bis ins 15. Jh. hinein weitergebaut wurde. Die aus dem 12. Jh. stammenden Teile sind die bemerkenswertesten: die Fassade mit reich geschmückten Portalen, das Südportal mit den Darstellungen des heiligen *Vinzenz* und einer seiner Schwestern und die großartigen Sarkophage des heiligen Vinzenz und seiner beiden Schwestern.

Beim Gang an der östlichen Stadtmauer entlang kommt man an einem mächtigen Turm vorbei, dem sogenannten *Cimorro*, der nichts anderes ist als die einen Teil der Stadtbefestigung bildende Apsis der Kathedrale. Zur Besichtigung der

***Kathedrale** betritt man die Altstadt durch die *Puerta del Alcázar* und wendet sich dort

Apsis der Kathedrale

nach rechts. Mit dem Bau der Kathedrale wurde wahrscheinlich Mitte des 12. Jh. begonnen; als wichtigster Baumeister gilt der wohl aus Burgund stammende *Fruchel*. Erst im 15. Jh. wurden die Arbeiten beendet. Der Bau war als Kirche und Festung zugleich gedacht und hat tatsächlich bis ins 16. Jh. hinein auch als Festung gedient.

Die Zweiturmfassade ist, da der rechte Turm nicht vollendet wurde, ein Torso geblieben. Von den Portalen ist das an der Nordseite gelegene *Aposteltor* wegen seiner Skulpturen das wertvollste. Das Innere, das architektonisch der Romanik angehört, aber schon die ersten gotischen Ansätze erkennen läßt, ist mit zahlreichen Werken späterer Kunstepochen ausgestattet. Unter ihnen sind besonders bemerkenswert: die Glasmalereien (15. und 16. Jh.) im Querschiff; in der *Capilla Mayor* der von *Pedro Berruguete* und anderen geschaffene * Aufsatz des Hochaltars (1499–1508); das hinter dem Hochaltar stehende und von *Vasco de Zarza* 1518 geschaffene Grabmal des Bischofs *Alfonso de Madrigal*, genannt *El Tostado*; im *Museum* (Vorraum der Sakristei) eine *Custodia* (um 1570) von *Juan de Arfe*; der gotische Kreuzgang (14. Jh.).

Weitere sehenswerte Baudenkmäler sind: die in der Nähe der Puerta del Alcázar, aber außerhalb der Altstadt, gelegene Kirche *San Pedro* (12./13. Jh.); die nahe der Puerta del Mariscal innerhalb der Altstadt gelegene *Capilla de Mosén Rubín de Bracamonte* (16. Jh.; prächtige * Renaissancefassade); an der *Calle de Vallespín* die *Casa de Polentinos* (1520) und zwischen den Straßen *Jimena Blázquez* und *Sancho Dávila* die *Casa del Conde de Oñate*, beide im Herzen der Altstadt.

Route 5: Der Norden der Provinz

Arévalo kann man von Ávila aus auf der N. 403/N. VI (49 km) oder auf der landschaftlich reizvolleren Nebenstraße über *Gotarrendura* und *Villanueva de Gómez* erreichen. Die wichtigsten Baudenkmäler des Städtchens sind im Mudejarstil unter meisterhafter Verwendung des Backsteins erbaut. Das *Castillo* (nur für den Burgfried ist Naturstein verwandt worden) stammt aus dem 14. Jh. Ein besonders schönes Beispiel mudejarischer Backsteinbauweise sind die Türme der Kirche *San Martín*, und zwar in erster Linie die * *Torre de las Ajedreces* (Schachbrettturm). Der Name des Turmes weist auf die deutlich erkennbare Tatsache hin, daß hier (wie auch sonst oft) der Backstein nur eine Art Gerüst bildet (wie die Balken beim Fachwerkbau), die Zwischenräume (gewissermaßen die Felder des Schachbretts) aber mit weniger kostspieligem Material (Lehm und dergleichen; also auch insofern manchen Fachwerkbauten ähnlich) ausgefüllt sind. Sehr eindrucksvoll ist auch die etwas außerhalb des Ortes stehende Backsteinkirche *La Lugareja* (13. Jh.), die zwar nur zum Teil erhalten ist, aber die ornamentale Wirkung des Backsteins ausgezeichnet erkennen läßt.

Auf der C. 605 fährt man weiter nach

Madrigal de las Altas Torres (73 km). Im ehemaligen königlichen Palast, dem späteren *Real Monasterio de las Agustinas*, wurde 1451 *Isabella die Katholische* geboren. Außerdem stammte aus Madrigal der – Seite 248 erwähnte – Bischof *Alfonso de Madrigal* (1400–1454), der ein großer Humanist war. Die bedeutendsten Kirchen des Ortes – wiederum Backsteinkirchen – sind *San Nicolás de Bari* und *Santa María del Castillo*.

Über das in der Provinz Salamanca gelegene *Peñaranda de Bracomonte* (101 km; Karmeliterkloster mit hübschem Innenhof; Pfarrkirche mit sehenswertem Hochaltar) fährt man nach Ávila (160 km) zurück.

Route 6: Die Sierra de Gredos

Man fährt auf der N. 403 zum *Pantano del Burguillo* und macht von *El Tiemblo* (42 km) einen Abstecher (6 km je Weg) zu dem Kloster von *Guisando* und den in seiner Nähe auf freiem Feld stehenden vier iberischen Stierskulpturen. Über das in der Nähe des *Pantano de San Juan* (größte Segelflotte Spaniens und bedeutendste Segelschule des Landes) gelegene und sich zum Zentrum eines neuen Touristengebietes entwickelnde *San Martín de Valdeiglesias* (53 km) erreicht man den mittleren Teil der

* **Sierra de Gredos**, ein bevorzugtes Ziel der Bergsteiger (Höhen bis um 2600 m). Man kommt zunächst nach *Arenas de San Pedro* (124 km; Ausgangspunkt für Bergbesteigungen) mit dem Kloster *San Pedro de Alcántara* (Grab des heiligen *Petrus von Alcántara*) und dem

Castillo de la Triste Condesa (um 1400). Über *Navarredonda de la Sierra* (in der Nähe *Parador Nacional de Gredos*) und *El Barco de Ávila* (208 km; mittelalterliche Brücke über den *Río Tormes*; Burg aus dem 15. Jh.; im Innern heute Friedhof; Pfarrkirche mit beachtenswerten Kunstwerken) fährt man zurück nach Ávila (286 km). Auf diesem Weg kann man nach Passieren der Sommerfrische *Piedrahita* einen Abstecher nach *Bonilla de la Sierra* (schöne gotische Kirche) machen.

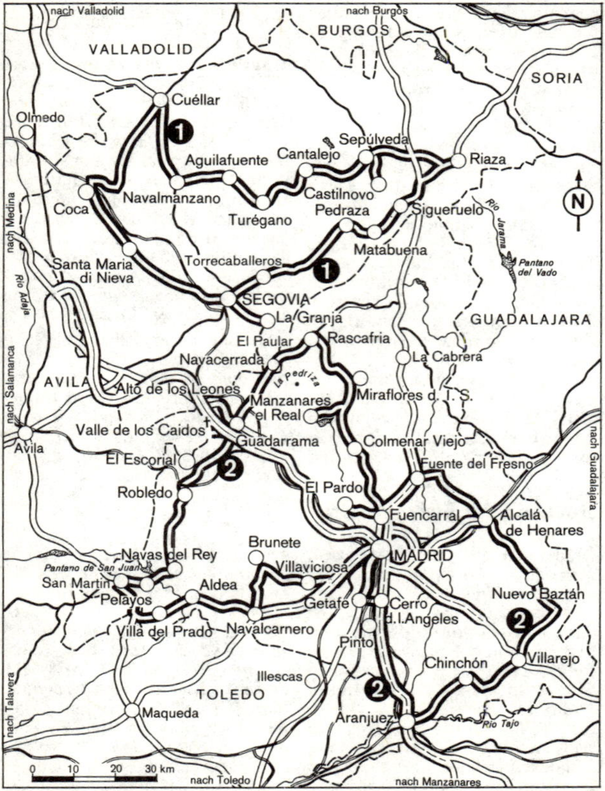

DIE PROVINZ SEGOVIA

Die Provinz Segovia (6949 qkm) gehört zu *Altkastilien*. Sie wird im Norden von den Provinzen *Valladolid* und *Burgos*, im Osten von der Provinz *Soria*, im Süden von den Provinzen *Guadalajara* und *Madrid* und im Westen von der Provinz *Ávila* begrenzt. Die wichtigsten Straßen sind die N. 601 (Madrid – Segovia – Valladolid) und die N. 110 (Soria – Segovia – Plasencia). Die Fernverkehrsstraße N. I (Madrid – San Sebastián) berührt den Osten der Provinz, die N. VI (Madrid – La Coruña) den äußersten Südwesten. Die einzige Eisenbahnlinie der Provinz ist die Linie Madrid – Segovia – Santander/Gijón bzw. La Coruña/Vigo. Die sehenswertesten Orte sind **Segovia mit *La Granja, sodann Sepúlveda, Cuéllar und die Burg **Coca.

Die Provinzhauptstadt **Segovia

**Segovia liegt auf einem rund 100 m hohen Felssporn zwischen dem Zusammenfluß von *Río Eresma* und *Río Clamores*. Die Stadt ist Bischofssitz. Unter den Industrien der Stadt spielen die Lebensmittel- und die chemische Industrie eine größere Rolle.

GESCHICHTE

Die Stadt hatte schon in keltiberischer und römischer Zeit keine geringe Bedeutung und zählte später zu den Bischofssitzen des westgotischen Reiches. Zur Zeit der Mauren scheint sie unbewohnt gewesen zu sein (ein ziemlich breiter Grenzstreifen südlich des Duero war zwischen Mauren und Christen strittig und lud daher wenig zur Besiedlung ein). Nach der wahrscheinlich um 1100 erfolgten Wiederbevölkerung entwickelte sich die Stadt schnell. Sie wurde königliche Residenz und sah im 14. und 15. Jh. mehrere Male die kastilischen Cortes in ihren Mauern. Ende des 16. Jh. setzte die Pest der Blütezeit Segovias ein Ende. Erst der Anschluß an das Eisenbahnnetz hat wieder zu einem bescheidenen Aufschwung geführt.

SEHENSWÜRDIGKEITEN

Die wichtigsten Sehenswürdigkeiten sind der römische **Aquädukt, die **Kathedrale, der *Alcázar und außerhalb der Stadt der *Palacio de la Granja.

Alle Zufahrtsstraßen treffen sich an der *Plaza del Azoguejo*, dem Mittelpunkt städtischen Lebens und Treibens (Markt). Der Platz liegt unterhalb des Felssporns, auf dem die Altstadt steht und zwischen der Altstadt und ihren einst wichtigsten Wasserquellen. Diesem Umstand verdankt Segovia die Errichtung eines Bauwerks, das in Spanien nicht seinesgleichen hat. Der

****Acueducto Romano** (Römischer Aquädukt), der von den Römern wahrscheinlich um das Jahr 100 n. Chr. als Wasserleitung für die auf dem Sporn gelegene Stadt erbaut wurde, spannt sich in zwei mächtigen, übereinander angeordneten Arkadenreihen über die Plaza del Azoguejo und erreicht in der Mitte eine Höhe von fast 29 m.

Der im Osten außerhalb der Stadt beginnende und ca. 1 km vom Alcázar entfernt endende Aquädukt ist gut 800 m lang und zählt insgesamt 119 Bögen. Auf einer Strecke von 276 m ist er zweistöckig angelegt. Auch für den höchsten Teil des Bauwerks (an der Plaza del Azoguejo) ist kein Mörtel oder sonstiges Bindemittel verwandt worden. Das Baumaterial ist Granit aus der *Sierra de Guadarrama.*

Für die Besichtigung der Stadt empfiehlt sich eine Rundfahrt um die noch von ibero-römischen Mauern und Türmen (im 11. und 12. Jh. erneuert) umgebene Altstadt und ein Spaziergang durch die Stadt.

Man fährt von der Plaza del Azoguejo aus durch die *Avenida Fernández Ladrera* an der romanischen Kirche *San Millán* (frühes 12. Jh.) vorbei zum *Paseo Nuevo*, in den man nach rechts einbiegt. Die Verlängerung ist die *Carretera de los Hoyos*, die zwischen dem Tal des *Río Clamores* und der Stadt (rechts) und dem *Cerro de la Piedad* (links; Kalvarienberg mit dem schönsten Blick auf die Stadt) bis zur Nordwestspitze des Felssporns führt, die vom *Alcázar* gekrönt wird. Nach Überqueren des *Río Eresma* kommt man zu dem kleinen Heiligtum *Nuestra Señora de la Fuencisla*, der Schutzheiligen Segovias, dann zum *Convento de los Carmelitas Descalzos* mit dem prunkvollen Grabmal des heiligen *Johannes vom Kreuz* (1542–1591), der das Kloster 1586 gründete, und schließlich zu der Kirche *San Marcos*, von der aus man einen kleinen Abstecher zur hoch über dem Vorort San Marcos und gegenüber dem Alcázar gelegenen Kirche *de la Vera Cruz* machen sollte; es handelt sich um eine romanische Rundkirche aus dem 13. Jh., die der Grabeskirche in Jerusalem nachgebildet ist.

Das Ziel eines weiteren Abstechers (auf der Straße *del Marqués de Villena* zu erreichen) ist das Hieronymitenkloster *El Parral* (15. Jh.), in dessen Kirche vor allem die Grabmäler der Familie *de Villena* Beachtung verdienen.

Man fährt unterhalb der Stadtmauern auf der *Ronda de Santa Lucia* weiter, fährt am Kloster *de Santa Cruz* vorbei und kommt durch die *Calle de San Juan* wieder zur Plaza de Azoguejo.
Man geht nun die *Calle de Cervantes* hinauf, die ein Teil der *Calle Real*, der Hauptgeschäfts- und Flanierstraße der Stadt, ist. Am Ende der Calle de Cervantes, unmittelbar an der Stadtmauer, steht die im 14. Jh. erbaute *Casa de los Picos*, die ihren Namen der im 16. Jh. vorgesetzten Fassade aus bossierten Quadern (Diamantquadern) verdankt. Die *Calle Juan Bravo* (Fortsetzung der Calle de Cervantes) führt zu einem der schönsten Plätze Segovias, zu der ganz in sich geschlossenen

Plaza de San Martín. Die Einheimischen nennen den Platz meist *Plaza de las Sirenas* wegen der beiden ein wenig eigenartigen modernen Sphinxen, die an der Freitreppe vor dem Denkmal *Juan Bravos*, eines Führers des Städteaufstands von 1520, stehen und die für die *Sirenen* des *Odysseus* gehalten wurden. Der Platz ist von alten Palästen umgeben, von denen die *Casa de Lozoya* mit ihrem Turm und dem hübschen plateresken Innenhof der sehenswerteste ist.

Das bedeutendste Bauwerk ist jedoch die Kirche *San Martín*, ein romanischer Bau aus dem 12. Jh., der auf zwei Seiten von einer Vorhalle (beachtenswerte Säulenkapitelle) umgeben ist (Vorhallen sind überhaupt ein charakteristischer Bauteil vieler Kirchen Segovias). Im gotisierten und teilweise barockisierten Innern befinden sich viele beachtenswerte Grabmäler, Gemälde und Skulpturen.

Wir gehen weiter zur *Plaza Mayor* (offiziell *Plaza del Generalísimo Franco*), an der das *Rathaus* (17. Jh.), die gotische Kirche *San Miguel* (16. Jh.) und vor allem die

**** Kathedrale** stehen. Die Kirche wurde im 16. Jh. errichtet und ist eines der spätesten gotischen Bauwerke Spaniens. Die zur *Plaza de la Catedral* hin gelegene schlichte Fassade erhält ihren Akzent durch einen imposanten, fast 110 m hohen und in einer Kuppel endenden Glockenturm.

In dem hohen und weiträumigen Innern ziehen besonders die Glasmalereien (16. und 17. Jh.), die Sterngewölbe und die barocken Gitter die Aufmerksamkeit auf sich. Außerdem verdienen Beachtung: das Chorgestühl aus dem 15. Jh. (es stammt wie viele andere Stücke aus der 1520 zerstörten Kathedrale); in der *Capilla de la Piedad* (fünfte Kapelle links) die „Beweinung Christi" (1571) von *Juan de Juni*; der an diese Kapelle sich anschließende * Kreuzgang mit der Sala Capitular und dem * Diözesanmuseum.

Segovia: Alcazar

An der *Plaza de la Merced* (Kirche *San Andrés* aus dem 12. Jh.) vorbei geht man durch die *Calle de Velarde* zum

*** Alcázar.** Die 80 m über dem Zusammenfluß von Eresma und Clamores gelegene ehemals königliche Burg wurde Ende des 11. Jh. erbaut, später mehrfach erweitert und nach dem Brand von 1862 zum großen Teil neu errichtet. Beim Wiederaufbau waren romantische Vorstellungen bestimmend. So ist ein Bauwerk zustande gekommen, das wenigstens nach außen hin in mancher Hinsicht an die deutschen Burgen *Hohenzollern* und *Lichtenstein* erinnert.

Man geht fast bis zur Kathedrale

zurück und biegt kurz vor der Kathedrale nach links in die *Calle de los Desamparados* ein, die zur *Plaza de San Esteban* mit der gleichnamigen Kirche (13. Jh.) führt. Man geht weiter durch die *Calle de la Victoria* zur *Plaza de la Trinidad* (*Torre de Hércules* aus der Zeit um 1200) und zur *Plaza de los Huertos* (an der Westseite der burgfriedartige Turm der *Casa de Arias Dávila*), dann über die *Plaza de San Facundo* zur *Calle de San Agustín* (im *Palacio de Almenara* befindet sich das kleine *Provinzialmuseum*) und zur *Plaza del Conde de Cheste*. Von dort aus sind es nur wenige Schritte bis zur Kirche *San Juan de los Caballeros* (im Innern zahlreiche Grabmäler aus dem 16. und 17. Jh. und das *Museo Daniel Zuloaga*, in dem Keramikarbeiten von *Daniel* und Arbeiten von seinem Neffen *Ignacio Zuloaga* zu sehen sind).

11 km südöstlich von Segovia liegt in fast 1200 m Höhe die Sommerfrische

***La Granja** (auch San Ildefonso genannt). Der Ort verdankt seine Entstehung einem klösterlichen Meierhof (um 1450), an dessen Stelle 1721–1739 der *Palacio Real* erbaut wurde. Die fast 150 ha großen und mit Wasserspielen ausgestatteten *Gärten, die das Schloß umgeben, sind in Anlehnung an die Gärten von *Versailles* geschaffen worden.

Von La Granja aus führt ein 13 km langer Weg zu dem westlich gelegenen *Palacio Real de Riofrío*, der 1732 erbaut wurde und als Jagdschloß diente.

Route 1: Große Provinzrundfahrt

Man verläßt Segovia auf der C. 605 und fährt zunächst nach *Santa María de Nieva* (30 km). Dort steht ein Kloster, in dessen Kreuzgang die figürlichen, erzählenden Säulenkapitelle Stück für Stück eine eingehende Betrachtung verdienen. Die nächste Station der Rundfahrt ist

Coca (47 km), das auf das römische *Cauca* zurückgeht, den Geburtsort des Kaisers *Theodosius*. Ein Rest der alten Ortsbefestigung ist der *Arco de la Villa*, ein Stadttor aus maurischer Zeit. Ein schönes Beispiel mudejarischer Baukunst ist der Turm der Kirche *San Nicolás* (13. Jh.). Ein mudejarisches Meisterwerk und das bedeutendste Werk mudejarischer Militärbaukunst im 15. Jh. ist das ***Castillo*, eine Backsteinburg, die um 1400 für die *Fonseca*, die Herren von Coca, erbaut wurde.

Die sehr geschickt restaurierte Ruine besteht aus einem quadratischen, innerhalb von drei Mauerringen gelegenen Burgbau mit einem wuchtigen Burgfried und etlichen vieleckigen Türmen, an die erkerartige Verteidigungstürme angebaut sind.

Diese Vielzahl von Türmen gibt der Burg ihr unverwechselbares Aussehen (siehe Bild Seite 60). Auch an diesem Bauwerk haben die Mudejaren bewiesen, wie ornamental der Backstein verwandt werden kann.

In der Pfarrkirche *Santa María* befinden sich zahlreiche Grabmäler der Familie Fonseca.

Über *Navas de Oro* fährt man weiter nach

Cuéllar (79 km). Auch dort steht im Mittelpunkt des Interesses die Baukunst der Mudejaren, die sich in der Stadtmauer mit der *Puerta de San Martín*, in dem im 15. Jh. für *Beltrán de la Cueva* erbauten und im 16. Jh. umgestalteten * *Castillo* und in der Kirche *San Martín* sowie in manchen anderen Bauten zeigt.

Über *Navalmanzano* und *Aguilafuente* erreicht man *Turégano* (127 km), dessen von Arkaden umgebener Dorfplatz von einem * Backsteinkastell überragt wird, in das die alte Pfarrkirche *San Miguel* (13. Jh.) hineingebaut ist.

Das Kastell gehört neben denen von Coca und Cuéllar zu den bedeutendsten mudejarischen Festungsbauten Kastiliens.

Über *Cantalejo* und *Aldealcorvo* kommt man nach

Sepúlveda (165 km). Das Bergstädtchen führt seinen Ursprung auf das römische *Septempublica* zurück, dessen Name mit „Sieben Tore" übersetzt zu werden pflegt. Die teilweise erhaltene Stadtmauer zählt auch heute noch sieben Tore, von denen der *Arco de la Villa* auf den Hauptplatz führt. An der höchsten Stelle des Ortes steht die Kirche *San Salvador*, ein romanisches Bauwerk, dessen ältester Teil (Apsis) Ende des 11. Jh. erbaut wurde. Ein früher romanischer Bau ist auch die Kirche *Virgen de la Peña* (Turm aus dem Jahr 1144). Zahlreiche Häuser des Ortes sind in die Stadtmauer hineingebaut und wirken manchmal wie eine der Stadtmauer vorgeblendete Hausfassade. Ein Abstecher führt zu dem rund 8 km südlich gelegenen *Castillo de Castilnovo*, einer maurischen Burg, die im 12. und 15. Jh. umgebaut wurde und landschaftlich schön gelegen ist.

Über die kleine, rund 1200 m hoch gelegene Sommerfrische *Riaza* (190 km; in der Nähe das Heiligtum *Nuestra Señora de Hontanares*) und *Sigueruelo* fährt man bis *Matabuena*, von wo aus man einen Umweg über *Pedraza* (233 km) macht. Das mittelalterliche, malerische, hier und da verfallen wirkende Städtchen besitzt das *Castillo de Velasco* (15. Jh.), die romanische Kirche *San Esteban* und zahlreiche hübsche Winkel *(Plaza del Ganado, Calle Mayor)*. Über *Torrecaballeros* fährt man nach Segovia (268 km) zurück.

MADRID

*** Madrid, die Hauptstadt Spaniens, liegt fast genau in der Mitte der Iberischen Halbinsel auf einer Hochfläche (im Durchschnitt etwa 665 m) und vorwiegend am Ostufer des *Manzanares*, der sich 60 bis 80 m tief in die Hochfläche eingegraben hat.

Die Hochfläche ist leicht hügelig; innerhalb des Stadtgebiets gibt es Höhenunterschiede bis rund 100 m. Die hügelige Hochfläche, in die Groß-Madrid mit neuen Vororten und durch Einbeziehung benachbarter kleiner Orte immer weiter hineinwächst, wird im Norden durch die bis 2430 m hohe *Sierra de Guadarrama*, das Hausgebirge der Madrider, begrenzt.

Die Altstadt – auf dem Stadtplan an der unregelmäßigen Straßenführung deutlich zu erkennen – bildet einen nur recht kleinen Teil des heutigen Stadtareals. und liegt zwischen dem *Palacio Real und dem Prado*. Die Mitte der Altstadt bildet die *Puerta del Sol*. Durch die nur wenig nördlich dieses Platzes verlaufende und 1910 angelegte breite *Gran Via* (früher *Avenida de José Antonio*) wird die Altstadt in einen größeren (und sehenswerteren) Südteil und einen kleineren Nordteil gegliedert. Die Gran Vía ist neben dem Straßenzug *Calle Mayor – Puerta del Sol – Calle de Alcalá* die einzige Straße der Altstadt, die den starken und ständig noch zunehmenden Verkehr einigermaßen bewältigen kann.

Im Vergleich zur Altstadt sind die neueren Stadtteile, die besonders nach dem Norden und Süden, weniger nach dem Osten hin entstanden sind und noch entstehen, weiträumig und sehr aufgelockert angelegt. Breite Straßen und weite Plätze geben diesen Teilen Madrids einen, wie die Madrider selbst zu sagen pflegen, „luftigen" Charakter. Es ist bezeichnend, daß Straßen, Alleen, Plätze und Parks mehr als 50% der Stadtfläche (unter Außerachtlassung der Vororte) ausmachen.

Verkehrsmäßig ist Madrid recht gut erschlossen durch Straßenbahnen (die immer mehr durch Autobusse ersetzt werden), durch Trolleybusse und vor allem durch Autobusse. Hinzu kommt die Metro (Untergrundbahn), die ständig weiter ausgebaut wird (zur Zeit 10 Linien). Die *Autobuses Extrarradio* bedienen das äußerste Stadtgebiet, das heißt: die neuesten am Stadtrand gelegenen Wohnsiedlungen und die vor allem im äußersten Süden gelegenen Industriegebiete.

So sehr Madrid als Sitz der Regierung und aller höchsten staatlichen Behörden, als Sitz der Versicherungsgesellschaften und Banken, der Verwaltungen großer Industrieunternehmen, als Sitz eines Bischofs, einer Universität und vieler kultureller Einrichtungen in starkem Maße Verwaltungs- und Beamtenstadt ist, so hat doch gerade in den letzten Jahrzehnten die industrielle Bedeutung Madrids so sehr zugenommen, daß die Landeshauptstadt in mancher Hinsicht eine ernsthafte Konkurrentin Barcelonas, der bedeutendsten Industriestadt Spaniens, geworden ist. Weit über 40% der Beschäftigten sind in der Industrie tätig. Zu den größten Industrien zählen die Flugzeugwerke, die Telefonwerke und die Automobilfabrik *Pegasus.* Rund ein Drittel der in der Industrie Beschäftigten gehören zur Bauindustrie. Das erklärt sich aus zwei Hauptproblemen, die Madrid zu lösen hat: Wohnungsbeschaffung für die aus den landwirtschaftlichen Provinzen rings um Madrid kommenden Zuwanderer und Bau von Straßen, die des ständig wachsenden Verkehrs Herr werden können. Im Vordergrund des Straßenbaus steht eine sechsspurige, kreuzungsfreie Stadtautobahn in Ost-West-Richtung.

Kaum minder wichtig ist der Bau von unterirdischen Parkplätzen und Tiefgaragen. Diese Arbeiten machen Teile von Madrid auf Jahre hinaus zu Großbaustellen.

GESCHICHTE

Die Keimzelle Madrids dürfte die spätestens im 9. Jh. von den Mauren etwa zwischen den heutigen Straßen *de Segovia* und *del Arenal* errichtete Festung *Magerit* (auch *Majrit*) gewesen sein. Dieses Viertel mit seinen engen und winkligen Gassen wird noch heute *Morería* genannt und erinnert so an die Mauren. 1083 wurde die Festung von König *Alfons VI.* erobert. Sie entwickelte sich darauf zu einer der wichtigeren Städte des Königreichs Kastilien. Im 14. Jh. traten die Cortes mehrmals in Madrid zusammen, im 15. Jh. ließen sich einige kastilische Könige in Madrid krönen. Das Schloß, das auf den maurischen Alcázar zurückging, wurde oft von den kastilischen, dann von den ersten spanischen Königen bewohnt. *Philipp II.*, der Erbauer des Escorial, erhob Madrid zur Hauptstadt des spanischen Reiches. Um diese Zeit (1561) war die Stadt bereits weit über die alte Maurenfestung hinausgewachsen. Für die weitere Ausdehnung der Stadt waren die Regierungszeiten von *Philipp IV.* (1621–1665; Anlage des *Parque del Retiro*) und von *Karl III.* (1759–1788; Anlage des *Botanischen Gartens*, der Prachtstraßen *Paseo del Prado*, *de la Castellana* und anderer, Errichtung der *Puerta de Alcalá*) von entscheidender Bedeutung. In das Jahr 1808 fiel das einzige Madrider Ereignis, das für die Geschichte ganz Spaniens von Bedeutung war: die Einwohner Madrids erhoben sich gegen *Murat*, der den Spaniern auf Befehl *Napoleons* dessen Bruder *Joseph Bonaparte* als König aufzwang; die erbitterten Straßenkämpfe, in denen weit über 1000 Madrider zu Tode kamen, waren der Auftakt zum Spanischen Unabhängigkeitskrieg gegen Frankreich. Eine neue Periode der Ausdehnung und vor allem der Modernisierung begann für die Stadt kurz nach der Mitte des 19. Jh., und diese Periode ist bis heute noch nicht zum Abschluß gekommen. In dieser Zeit ist Madrid – um nur einige touristisch interessante Zahlen zu nennen – die Stadt mit den 30 öffentlichen Parks, der 175 Hotels und rund 1300 Pensionen (insgesamt über 50000 Betten), der rund 800 Restaurants, 4000 Bars, 2200 Tavernen und 100 Tanzlokale geworden. Diese Entwicklung wurde nur durch den Bürgerkrieg gestört, in dem Madrid über zwei Jahre lang von den Nationalisten belagert wurde und schwere Zerstörungen erlitt.

SEHENSWÜRDIGKEITEN

Die wichtigsten Sehenswürdigkeiten sind: der *** Prado, der ** Palacio Real mit der Armería, der ** Parque del Retiro, das * Museo Arqueológico, die * Plaza Mayor, die * Plaza de la Cibeles, das * Museo Lázaro Galdiano, die * Ermita de San Antonio de la Florida und die * Casa de Campo.

Für die Besichtigung der Stadt werden mehrere Rundgänge und Rundfahrten vorgeschlagen. Als Ausgangspunkt ist jeweils die *Puerta del Sol* gedacht.

Puerta del Sol

1. Rund um die Plaza Mayor. Man beginnt den Rundgang auf dem Platz, der Jahrhunderte hindurch das Zentrum der Stadt war, diese Bedeutung aber allmählich verliert, an der

Puerta del Sol [1]. Der Name („Sonnentor") erinnert daran, daß dort früher ein Stadttor gestanden hat. Von dort aus geht man durch die nach Westen abzweigende *Calle Mayor* bis zu der links von dieser Straße gelegenen

Plaza de la Villa [2], einem der eindrucksvollsten Plätze der Altstadt. Auf dem Platz steht ein Denkmal für *Alvaro de Baztán*, der sich in der Seeschlacht von Lepanto auszeichnete. An der Ostseite des Platzes erhebt sich die *Torre de los Lujanes*, neben der sich die *Hemeroteca* (Teil der Stadtbibliothek) befindet. Die Westseite wird von den *Casa Consistoriales* (Rathaus), einem Barockbau des 17. Jh., eingenommen. Das Rathaus ist durch einen Bogen mit dem südöstlich von ihm stehenden Palais *Casa de Cisneros* verbunden (das Palais ist nach einem Neffen des berühmten Kardinals und Staatsmanns *Francisco Ximenes de Cisneros*, 1436–1517, benannt).

Zwischen der Torre de los Lujanes und der Casa de Cisneros führt die *Calle del Cordón* zur *Calle del Sacramento* und zu der südlich von ihr gelegenen *Plaza del Cordón*. Die an diesem Platz stehende *Casa de los Alfaro* war früher bischöfliche Residenz, während die an der Ostseite des Platzes (Ecke Calle del Sacramento) gelegene *Casa de Juan de Bargas* auf ein Haus zurückgeht, in dem der heilige *Isidro*, der Schutzpatron von Madrid, gearbeitet hat. An der Westseite des Platzes führt eine Treppe hinunter zur kleinen und hübschen *Plaza de San Javier*.

Von der Plaza del Cordón geht die Calle del Cordón weiter zur *Calle de Segovia*, an deren Südseite an der Stelle einer Moschee die Kirche *San Pedro el Real* (12.–14. Jh.) steht. Von dort geht man die *Calle del Príncipe Anglona* bis zur *Plaza del Marqués de Comillas*, an deren Südspitze die *Capilla del Obispo* (1520; in ihr ein schöner Altar von *Juan de Giralte*) steht. Südlich der Kapelle liegt an der *Plaza de San Andrés* [3] die Barockkirche *San Andrés* (17. Jh.).

Von der Plaza de San Andrés aus geht man in südlicher Richtung über die *Plaza Julio Romero de Torres* zur *Plaza de la Puerta de Moros* und von dort in nordöstlicher Richtung zur *Plaza del Humilladero*. Von dieser gehen nach Nordosten die beiden ihrer alten Wohnhäuser und ihrer Gaststätten wegen besuchenswerten *Calle de la Cava Baja* und *Calle de la Cava Alta* aus. Die Calle de la Cava Alta führt zur *Calle San Bruno* und zur

Catedral San Isidro Labrador (oder „Catedral de Madrid") [4]. Die in eine Häuserreihe eingezwängte Kirche, von 1622 bis 1664 von den Jesuiten als Ordenskirche erbaut (der Architekt war Francisco Bautista, der sich an dem Bau der Jesuiten-Kirche „Il Gesù" in Rom orientierte) und 1885 zur Kathedrale erhoben, kann sich trotz der ansehnlichen, mit korinthischen Säulen geschmückten Fassade mit den anderen Kathedralen Spaniens nicht messen. Die Schäden, die während des Krieges entstanden (vor allem an der Kuppel) sind wieder behoben. Im Innern sind zahlreiche Werke barocker Maler und Bildhauer zu sehen. In der Sakristei befindet sich ein „Jesus" von *Morales*. Das Hochaltargemälde „Dreifaltigkeit" von dem aus Aussig stammenden *Anton Raphael Mengs* (1728 bis 1779) gehört bereits dem Klassizismus an. Die

***Plaza Mayor** [5] erreicht man über die *Calle de Toledo*. Dieser von Arkadenhäusern umschlossene Platz wurde zu Beginn des 17. Jh. angelegt und hat als Tournier- und Stierkampfplatz, als Schauplatz der Autodafés und als Mittelpunkt vieler Volksfeste gedient. Die Fenster und Balkone der umstehenden Häuser waren gewissermaßen die Logen, von denen aus man den Veranstaltungen zusah. Ein Balkon der um 1600 erbauten (und Ende des 17. Jh. restaurierten) *Casa de la Panadería* an der Nordseite des Platzes war dem König vorbehalten. Insgesamt führen 9 Tore oder besser „Eintrittsbogen" auf den Platz, von denen der *Arco de Cuchilleros* (Bogen der Messerschmiede) das ursprüngliche Aussehen am besten wiedergibt. Von hier aus führt eine Treppe zu einem kleinen Platz gleichen Namens, eigenwillig und charakteristisch für diese Gegend der Stadt.

Durch die *Calle Gerona* (Südostecke des Platzes) geht man zu der nur wenige Schritte entfernten *Plaza de la Provincia*, an der das ehemalige *Cárcel del Corte* (1634), das Königliche Gefängnis, steht (heute Außenministerium). An den Platz schließt sich nach Nordosten die *Plaza de Santa Cruz* an, auf der in der Vorweihnachtszeit ein Christkindlmarkt stattfindet. Durch die *Calle de Esparteros* kommt man zur Calle Mayor und zur Puerta del Sol zurück.

2. Die nördliche Altstadt. Man folgt von der Puerta del Sol aus der nach Nordosten führenden *Calle de Alcalá* und kommt zunächst an der *Real Academia de Bellas Artes de San Fernando* [6] vorbei. Die berühmten Gemäldesammlungen der Akademie sind in die *Biblioteca Nacional* (s. S. 261) verlagert und zur Zeit nicht zu besichtigen. Von der Akademie aus kommt man an der Kirche *de las Calatravas* (1696; Altaraufsatz nach einem Entwurf von *José Churriguera*) vorbei zur *Gran Vía* (*Avenida de José Antonio*), der modernen Durchbruchstraße durch die Altstadt. An dieser Straße der Geschäfte, Hotels, Bars und Kinos steht die *Telefónica* [7], das 14stöckige Telefonhochhaus, ein Wahrzeichen der Stadt.

Vor dem Hochhaus biegt man nach rechts in die *Calle de Hortaleza* ein und stößt dort nach etwa 500 m auf die an der linken Seite gelegene Kapelle

San Antón [8], auch *de los Escolapios* genannt. In dieser Kirche ist ein Meisterwerk (1819) von *Goya* zu sehen: „Die letzte Kommunion des heiligen Josef von Calasanza“, eines Ordensgründers, der von 1556 bis 1648 gelebt hat. Vor der Kirche findet am Antonius-Tag (17. Januar) die Segnung der Haustiere statt (Antonius gilt als deren Schutzpatron). Wenige Schritte nördlich der Kirche biegt man nach links in die *Travesía de San Mateo* und dann wieder nach links in die *Calle de San Mateo* ein. An dieser liegt das

Museo Romántico [9], dessen Innenausstattung (Möbel und sonstige Einrichtungsgegenstände) genau derjenigen herrschaftlicher Häuser um 1860 entspricht. Außerdem sind zahlreiche Werke spanischer Maler aus der ersten Hälfte des 19. Jh. zu sehen. Die Calle de San Mateo endet an der *Calle de Fuencarral*, an der, gut 100 m nach rechts, das *Museo Municipal* [10] mit stadtgeschichtlichen Sammlungen liegt. Neben dem Museum, dessen prachtvolles Portal von *Pedro de Ribera* geschaffen wurde, liegt der *Jardin del Arquitecto Ribera* mit der *Fuente de Antón Martín* (1731), auch *Fuente de la Fama* genannt, ebenfalls ein Werk *Riberas*.

Durch die *Calle de Velarde* geht man zur *Plaza del 2 de Mayo* [11], dann durch die *Calle de Daoíz* zur *Calle de San Bernardo* und zur *Calle de Quiñones*, an deren Ecke die von *Ribera* erbaute Kirche *de los Benedictinos de Montserrat* (erste Hälfte des 18. Jh.) [12] steht.

An dem zu dieser Kirche gehörenden Kloster vorbei kommt man zur *Plaza de las Comendadoras* [13], an der Kirche und Kloster *de las Comendadoras de Santiago* stehen. Die Kuppelkirche wurde im 17. Jh. erbaut; die Fassade erinnert mit ihren quadratischen Türmen, deren Dächer mit Schieferplatten gedeckt sind, an Bauten, die für die sogenannte „österreichische Zeit“ (Herrschaft der Habsburger) typisch sind (Rathaus, Außenministerium). Man geht zur Calle de San Bernardo zurück, geht diese nach Süden und kommt dabei durch das ehemalige Universitätsviertel.

Die Calle de San Bernardo endet südlich der Gran Vía an der *Plaza de Santo Domingo*, von wo aus man durch die *Calle de Preciados* zur Puerta del Sol zurückgeht.

3. Umgebung der Plaza de la Cibeles. Von der Puerta del Sol führt die Calle de Alcalá zur

Plaza de la Cibeles [14]. Auf diesem kurzen Weg kommt man an einigen großen Bankgebäuden vorbei, die – zusammen mit einigen öffentlichen Gebäuden (zum Beispiel der an der Südostseite des Platzes stehenden Hauptpost) – nicht nur wegen ihrer Pracht die *Kirchen Madrids* genannt werden. Vor der Plaza de la Cibeles steht an der linken Seite der Calle de Alcalá das Kriegsministerium (18. Jh.), der ehemalige *Palacio de Buenavista* der Herzogin *Cayetana de Alba*, mit der *Goya* befreundet war. Die Mitte der Plaza de la Cibeles nimmt der *Cibeles-Brunnen* ein (18. Jh.; *Cibeles* = *Kybele*, antike Göttin der Fruchtbarkeit und Mutter alles Lebens). Nach Norden und Süden gehen von diesem Platz die Madrider Prachtstraßen aus, von denen noch die Rede sein wird.

Die Calle de Alcalá führt über den Platz hinaus zur *Plaza de la Independencia* [15], auf der die *Puerta de Alcalá* steht. Der Triumphbogen wurde 1778 zur Erinnerung an König *Karls III.* Einzug in Madrid errichtet.

Von der Plaza de la Independencia lassen sich einige lohnende Abstecher machen. Zunächst fährt man mit der Metro bis zur Station *Ventas*. Dort befindet sich die *Plaza de Toros de las Ventas* (Stierkampfarena) mit dem sehenswerten *Stierkampfmuseum*.

Zum zweiten Abstecher geht man von der Plaza de la Independencia durch die *Calle de Serrano* nach Norden und kommt zu dem links gelegenen großen Komplex

Biblioteca Nacional y Museo Arqueológico [16]. In diesem Gäudekomplex befinden sich neben der Nationalbibliothek und den Ausstellungsräumen für moderne Kunst vor allem das *Museo Arqueológico Nacional* mit seinen iberischen und römischen Altertümern (darunter die auf S. 175 erwähnte „Dame von Elche“), mit Nachbildungen der Höhlenmalereien von Altamira (s. S. 205) in einer unterirdischen Galerie, mit Kunstwerken (auch der dekorativen Kunst) des Mittelalters und der Renaissance und mit anderen Abteilungen (das Archäologische Museum befindet sich nach wie vor im Aufbau und Ausbau).

Das Ziel eines dritten Abstechers liegt ebenfalls an der *Calle de Serrano*, und zwar an der Kreuzung mit der *Calle de López de Hoyos*. Es handelt sich um das **Museo Lázaro Galdiano*, dessen Sammlungen von *Lázaro Galdiano* zusammengetragen und dem Staat geschenkt wurden. Es sind Gemälde berühmter in- und ausländischer Maler und viele andere Kunstwerke, wertvolles Mobiliar und erlesener Schmuck zu sehen.

Zum vierten Abstecher geht man durch die *Puerta de la Independencia* in den

**** Parque del Retiro,** meist kurz *Retiro* genannt. Die Anfänge des fast 150 ha großen Parks reichen in das 15. Jh. zurück. Bis ins 17. Jh. hinein waren der heute fast ganz verschwundene *Retiro-Palast* Sommerresidenz der Könige und der Park Schauplatz höfischer Feste. Während der französischen Besatzungszeit wurde der Palast fast ganz zerstört (ein Rest ist das Casón, s. S. 263, und das *Armeemuseum* an der *Calle de Alfonso XII*), der Baum- und Pflanzenbestand zu einem wesentlichen Teil vernichtet. Im 19. Jh. wurde der Park gründlich wieder instandgesetzt.

Von der Puerta de la Independencia aus geht man auf der *Avenida Méjico* (alle Hauptwege sind nach den Staaten des ehemals spanischen Südamerika benannt) zum *Estanque*, dem 250 × 125 m großen Teich, auf dem früher die Seefeste des königlichen Hofes stattgefunden haben. Am Ostufer steht ein mächtiges Denkmal *Alfons' XII.* Der Teich ist für den Rudersport frei gegeben (Bootsvermietung am Nordufer). Südlich des Teiches liegt der Teil des Parks, in dem Ausstellungen und im Juli/August die *Festivales de España* stattfinden, auf denen berühmte Theater- und Ballettensembles aus aller Welt auftreten. Östlich dieses Parkteils liegt der bescheidene *Zoologische Garten*, im Südosten steht das *Meteorologische Observatorium*, nach Süden zu schließt sich die *Rosaleda* (Rosengarten) an, während der Westteil das Gelände *La Chopera* (Sportanlagen) umschließt. Über das Parkgelände verstreut sind zahlreiche Brunnen (besonders beachtenswert ist die *Fuente de la Alcachofa* = Artischockenbrunnen, aus dem 18. Jh.),

Denkmal Ramón y Cajal

Denkmäler (zum Beispiel das als Brunnen gestaltete Denkmal – 1922 – des Histologen und Nobelpreisträgers *Santiago Ramón y Cajal*, 1852–1934) und Statuen wie der eigenartige *Ángel Caído* (Gefallener Engel) in der Nähe des Rosengartens.

Von der *Plaza del Ángel Caído* aus kann man den Park durch die *Puerta del Ángel Caído* (in der Nähe das *Astronomische Observatorium*) verlassen. Man befindet sich dann auf der Calle de Alfonso XII, gegenüber dem *Botanischen Garten*.

Der Stadtrundgang wird aber von der Plaza de la Cibeles aus in südlicher Richtung fortgesetzt. Man geht auf dem breiten *Paseo del Prado* in Richtung *Plaza Cánovas del Castillo*.

Dabei kommt man an der links gelegenen *Plaza de la Lealtad* vorbei, auf der ein *Obelisk* (1821–1848) an die Madrider Ereignisse des 2. Mai 1808 (Erschießung von Madridern durch die Franzosen) erinnert. Von der mit einem Neptunsbrunnen (18. Jh.) geschmückten **Plaza Cánovas del Castillo** [17] aus geht man zu Besichtigungen in einige Nebenstraßen. An der *Plaza de las Cortes* (rechts) steht der *Palacio de las Cortes Españolas*, die 1850 fertiggestellte Abgeordnetenkammer [18]. An der ebenfalls nach rechts (Südwesten) abzweigenden *Calle de Cervantes* liegen die *Casa de Lope de Vega* [19] (Haus Nr. 11), das zu einem *Museum* ausgestaltete ehemalige Wohnhaus des in Madrid geborenen großen Dramatikers *Lope de Vega* (1562–1635), und einige Häuser weiter (Nr. 2) das Haus, in dem der Dichter *Cervantes* 1616 gestorben ist.

Östlich der Plaza Cánovas del Castillo und über die *Calle de Felipe IV* erreichbar, liegen das bereits erwähnte Armeemuseum und der *Casón del Buen Retiro*, ein Überrest des ehemaligen Retiro-Palastes, in dem heute Werke Spanischer Kunst des 19. Jhs. und Picassos berühmtes Gemälde „Guernica" ausgestellt sind; weiterhin die *Academia de la Lengua* und die erhöht über dem Prado stehende Kirche *San Jerónimo el Real* (um 1500; im 19. Jh. durchgreifend restauriert).

Unmittelbar südöstlich der Plaza Cánovas del Castillo befindet sich die Sehenswürdigkeit, derentwegen allein schon Madrid eine Reise wert ist – der *Prado*.

*** Museo del Prado

***** 4. Museo del Prado** [20]. Das Museum wird in aller Welt kurz *Prado* genannt. Das langgestreckte, vorwiegend klassizistische Museumsgebäude entstand in der Zeit von 1785 bis 1830 und wurde in den letzten Jahren, zuletzt 1968, erweitert. Das von *Karl III.* geschaffene *Naturkundliche Museum*, das in diesem Gebäude untergebracht war, wurde unter *Ferdinand VII.* durch die heutige Gemäldegalerie ersetzt, deren Grundstock die von Kaiser *Karl V.* und von König *Philipp II.* gesammelten Gemälde darstellten. Diese Gemälde, ferner die Sammlungen späterer Könige, sodann Bilder aus kastilischen Klöstern, die unter der Regierung *Isabellas II.* aufgehoben wurden, endlich neuere Erwerbungen (Kauf und Legate) bilden heute einen der kostbarsten Kunstschätze Europas. In Anbetracht der großen Zahl von Kunstwerken (allein rund 3000 Gemälde) ist es wenig sinnvoll, während eines einzigen und vielleicht auch noch ziemlich kurzen Besuchs das ganze Museum zu durcheilen (eine gründliche Besichtigung erfordert Wochen).

Die folgenden Hinweise auf die wichtigsten Kunstwerke in den einzelnen Sälen sind daher als Orientierungshilfe bei der Beschränkung auf bestimmte Künstler oder auf besonders berühmte Werke gedacht (weil nur die wichtigsten Werke genannt werden wird auf eine Hervorhebung durch Sterne verzichtet; alle genannten Werke müßten sonst zwei bis drei Sterne erhalten).

Gute und nicht zu teure deutschsprachige Museumsführer sind im Foyer zu haben.

Da es im Museum ein Restaurant gibt, kann man sich auf einen ganztägigen Museumsbesuch einstellen.

Man betritt das Museum durch den gegenüber dem Luxushotel *Ritz* und dem *Goya-Denkmal* (1902) von *Benlliure* gelegenen Nordeingang, und zwar durch den oberen Eingang, der den Zugang zum Hauptgeschoß bildet. Hier befindet sich das Foyer, eine kreisrunde Vorhalle mit acht ionischen Säulen, in deren Mitte die 1564 von *Leone Leoni* geschaffene Statue Kaiser *Karls V.* steht (die Rüstung kann abgenommen werden). Von diesem Foyer aus (es wird auch Rotunde oder Saal I genannt) besucht man zunächst die Säle II bis IX, die der *italienischen Malerei* vorbehalten sind.

Saal II: „Der Kardinal“ (1510) von *Raffael*.

Saal III: „Verkündigung“ (um 1445) von *Fra Angelico*.

Saal IV: „Tod Mariens“ (15. Jh.) von *Andrea Mantegna*.

Saal V: „Lucrezia di Baccio del Fede“ von *Andrea del Sarto* (1486–1531); „Noli me tangere“ (1525) von *Correggio*.

Saal VI: Werke der *venezianischen Schule*.

Saal VII: „Die Schmerzensreiche“ von *Tizian* (1477–1576).

Saal VII A: Fast nur Werke von *Paolo Veronese* (1528–1588), darunter „Jesus unter den Schriftgelehrten“.

Saal VIII: Werke *Tizians*, darunter „Venus ergötzt sich an der Musik“.

Saal VIII A: „Auffindung des Moses“ (1575) von *Paolo Veronese*; „Der Edelmann mit der goldenen Kette“ (um 1550) von *Tintoretto*

Saal IX: *Tizian*-Saal mit zahlreichen Meisterwerken des großen Malers.

Saal IX A: Werke *Tintorettos*, darunter „Die Fußwaschung“.

Die untereinander verbundenen Säle X, XI und XXX sind *El Greco* vorbehalten.

Saal X: Vor allem Porträts.

Saal XI: Vorwiegend Szenen aus dem Leben Christi.

Saal XXX: „Die heilige Dreifaltigkeit“ (1577) und „Die Anbetung der Hirten“.

Die Säle XII bis XV enthalten fast nur Werke von *Velázquez* (1599–1660).

Saal XII: Unter anderen: „Die Trunkenbolde“, „Der Prinz Balthasar Carlos“, „Die Übergabe von Breda“ und „Die Spinnerinnen“.

Saal XIII: Unter anderen: „Gekreuzigter Christus“ (Bild Nr. 1167, und nicht das themengleiche, aber weniger gute Bild Nr. 2903) und „Die Anbetung der Heiligen Drei Könige“.

Saal XIV: Unter anderen vier Bilder von Hofnarren.

Saal XV: „Die Familie Philipps IV.“, bekannter unter dem Namen „Las Meninas“, das Meisterwerk des Malers.

Die Säle XVI bis XXIII sind den *flämischen* und *niederländischen Malern* vorbehalten.

Saal XVI: Werke von *Rubens*, darunter „Anbetung der Heiligen Drei Könige“ (1609).

Saal XVI A: Werke des *Anton van Dyck* (1599–1641), vorwiegend Porträts.

Saal XVII: Werke von *Rubens* und anderen Künstlern.

Saal XVII A: Werke von *van Dyck* und *Jakob Jordaens* (1593 bis 1678).

In einer herben Landschaft liegt das strenge, fast abweisende Klosterschloß El Escorial, das sich der düstere König Philipp II. erbauen ließ.

Das vom Tajo umflossene und auf engstem Raum zusammengedrängte Toledo ist eine der großen Stätten spanischer Geschichte und Kunst.

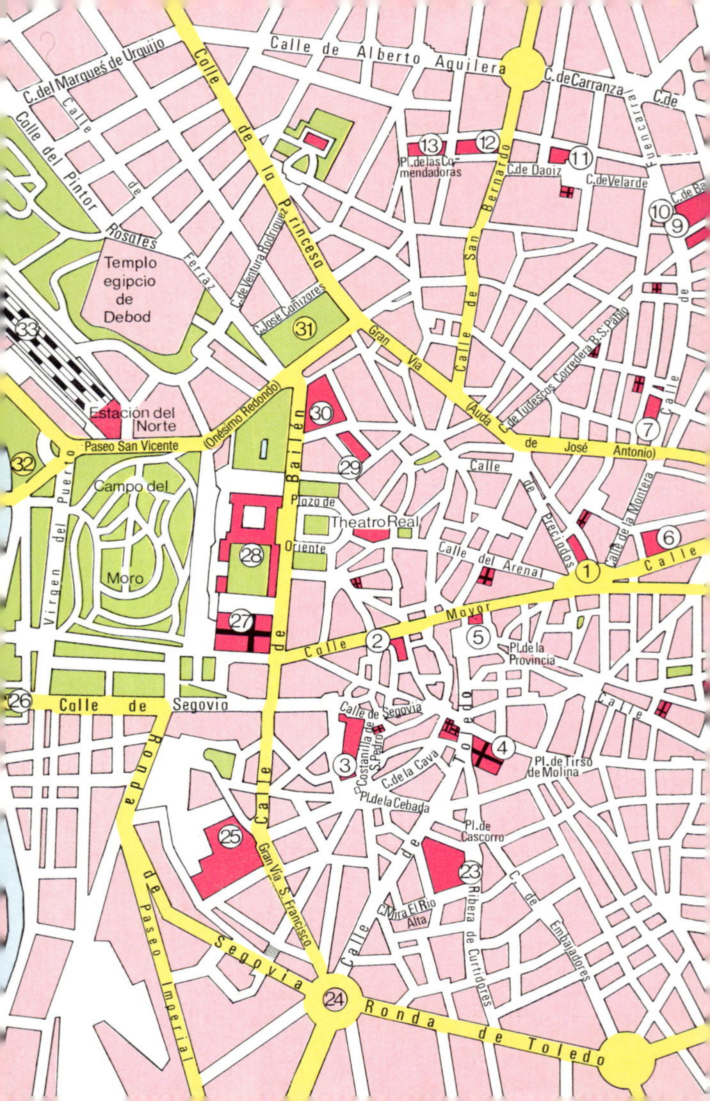

Calle de Alberto Aguilera
C. de Carranza
C. de
C. del Marqués de Urquijo
Calle de Rosales
Calle del Pintor
Calle de la Princesa
Pl. de las Comendadoras
Calle de San Bernardo
C. de Daoiz
C. de Velarde
Fuencarral
C. de Ba
Templo egipcio de Debod
Ferraz
C. de Ventura Rodriguez
C. Jose Cañizores
Gran Via
Corredera B. S. Pablo
C. de Tudescos
Calle
(Avda de José Antonio)
Estación del Norte
Paseo San Vicente
(Onésimo Redondo)
Calle de Bailén
Calle de Precindos
Calle de la Montera
Campo del Moro
Virgen del Puerto
Plaza de Oriente
Theatro Real
Calle del Arenal
Calle Mayor
Pl. de la Provincia
Calle de Segovia
Ronda de Segovia
Costanilla de S. Pedro
C. de la Cava
Toledo
Pl. de Tirso de Molina
Pl. de la Cebada
Pl. de Cascorro
Gran Via S. Francisco
C. Mira El Rio Alta
Ribera de Curtidores
C. de Embajadores
Paseo Imperial
Ronda de Toledo
1 2 3 4 5 6 7 9 10 11 12 13 23 24 25 26 27 28 29 30 31 32 33

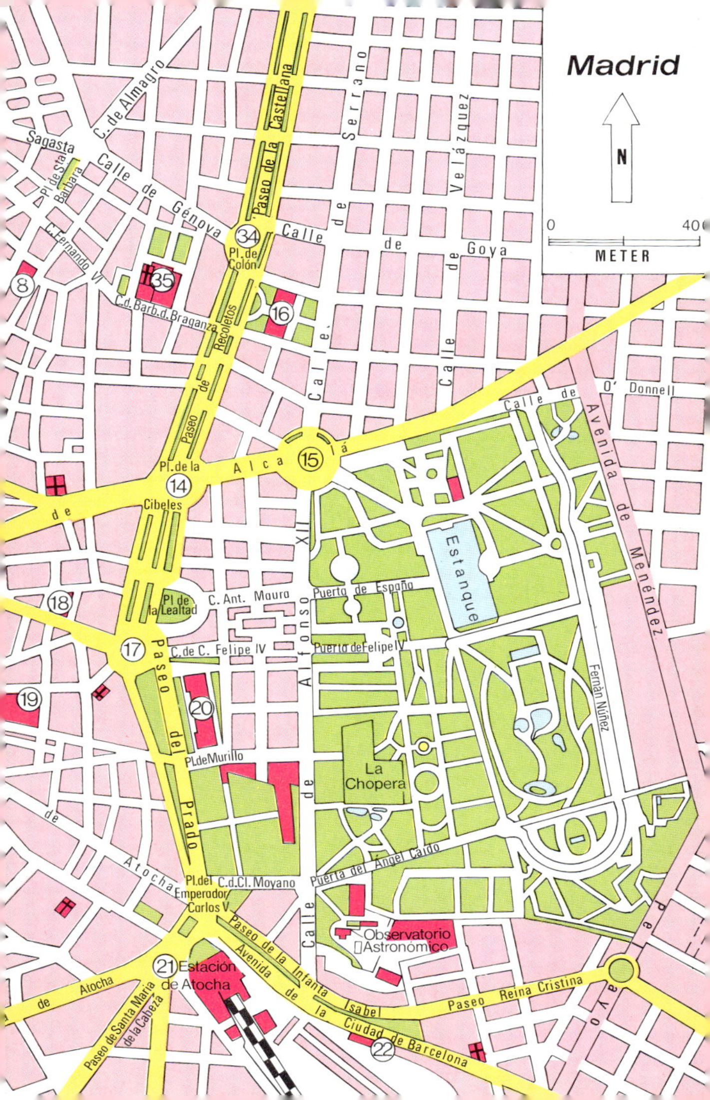
Madrid
N
0
400
METER
C. de Almagro
Sagasta
Pl. de Sta. Bárbara
Calle de Génova
Paseo de la Castellana
Serrano
Velázquez
Calle de Goya
Calle de
N. Fernando VI
C.d. Barb.d. Braganza
Pl. de Colón
Paseo de Recoletos
Calle
Calle
Calle de O' Donnell
Avenida de Menéndez Pelayo
Pl. de la Cibeles
de Alcalá
Estanque
Pl. de la Lealtad
C. Ant. Maura
Puerta de España
C. de C. Felipe IV
Puerta de Felipe IV
Calle de Alfonso XII
Fernán Núñez
Paseo del Prado
Pl. de Murillo
La Chopera
de Atocha
Puerta del Ángel Caído
Pl. del Emperador Carlos V
C. d. Cl. Moyano
Observatorio Astronómico
Paseo de la Infanta Isabel
Avenida de la Ciudad de Barcelona
Estación de Atocha
de Atocha
Paseo de Santa María de la Cabeza
Paseo Reina Cristina
8
14
15
16
17
18
19
20
21
22
34
35

Saal XVIII: Werke von *Rubens*, darunter „Liebesgarten" (1638).

Saal XVIII A: Werke von *Rubens*, darunter „Die drei Grazien" (um 1639).

Saal XIX: Werke von *Rubens* (Entwürfe für Wandteppiche).

Saal XX: Werke von *Rubens* und seinen Schülern.

Saal XXI: Werke der *flämischen Schule*, darunter Tierbilder von *Paul de Vos* (1596–1678).

Saal XXII: Werke der *niederländischen Schule* (17. Jh.).

Saal XXIII: Werke der *niederländischen Schule*, darunter „Die Königin Artemisia" (1634) von *Rembrandt*.

Es folgen nun wieder Säle mit *spanischer Malerei;* es handelt sich dabei vor allem um die große Galerie, die westlich der bisher behandelten Säle liegt und in die man unmittelbar vom Foyer aus gelangt. Gleich neben dem Foyer liegt der

Saal XXIV: *Spanische Malerei* des 15. Jh., darunter Arbeiten von *Pedro Berruguete* (um 1450 bis 1503).

Saal XXV: *Spanische Malerei* des 16. und 17. Jh.

Saal XXVI: Werke von *José de Ribera*, genannt *El Españoleto* (1591–1652), darunter „Jakobs Traum" und „Das Martyrium des heiligen Bartholomäus".

Saal XXVI A: Werke von *Francisco de Zurbarán* (1598 bis 1664).

Saal XXVII: Werke von Velázquez und seinem Schüler und Schwiegersohn *J. B. Martinez del Mazo* (1612–1667).

Saal XXVIII: Werke von *Murillo* (1618–1682), darunter „Die Unbefleckte Empfängnis von Soult".

Saal XXIX: *Spanische Malerei* des 16. und 17. Jh., besonders Werke von *Francisco de Herrera el Mozo* (1622–1685) und *Claudio Coello* (1642–1693).

Saal XXXII: Werke *Goyas*, darunter „Die nackte Maja" und „Die bekleidete Maja".

Die Säle XXXIII bis XXXVI sind der *französischen Malerei* gewidmet.

Saal XXXIII: „Ludwig XVI" von *A. F. Callet* (1741–1825).

Saal XXXIV: Unter anderen „Infantin María Ana Victoria de Borbón" von *N. Largillière* (1656–1746).

Saal XXXV: Unter anderen Landschaftsbilder von *Nicolas Poussin* (1593–1664) und „Gartenfest" von *Antoine Watteau* (1684 bis 1721).

Saal XXXVI: Werke von *Claude Lorrain* (1600–1682), darunter „Die büßende Magdalena".

In den Sälen XXXVII bis XXXIX sind Werke *italienischer Maler* des 17. und 18. Jh. zu sehen, darunter in Saal XXXIX mehrere Werke von *Tiepolo* (1696–1770).

Rechts vom Foyer liegen die Säle XL bis XLIV, in denen Werke alter *flämischer* und *deutscher Meister* zu sehen sind, darunter im Saal XLI je ein Triptychon von Rogier *van der Weyden* (um 1400–1464) und von *Hans Memling* (um 1430–1494), im Saal XLIII mehrere Werke von *Hieronymus Bosch* (um

◀ El Grecos „Kreuztragender Christus" ist eines der Meisterwerke des Maler-Mystikers und zählt zu den kostbarsten Schätzen des Prado-Museums.

1450–1516) und im Saal XLIV das „Selbstbildnis“ (1498) und andere Werke von *Albrecht Dürer*.

Dürer: Selbstbildnis

Man geht nun von der Rotunde (Foyer) aus ins Erdgeschoß und besichtigt dort im Saal LI (Rotunde) die kleine *romanische Kapelle*, deren Decke und Wände mit Malereien aus dem 12. Jh. geschmückt sind. Es handelt sich um Malereien, die von den Wänden einer Kapelle in der Provinz Segovia sorgfältig gelöst und im Prado wieder angebracht worden sind. Durch den Saal L (*spanische Altarbilder*, vorwiegend aus dem 15. Jh.) kommt man in den langgestreckten Saal XLIX, in dem Werke *spanischer Maler* des 16. Jh. zu sehen sind. Der sich anschließende Saal XLVIII ist ein Gang, der zu den *Goya-Sälen* LIII bis LVII A führt.

Saal LIII: Zeichnungen und Entwürfe von *Goya*.

Saal LIV: Gemälde, vorwiegend Porträts von *Goya*.

Saal LV: Entwürfe *Goyas* für Wandteppiche (hauptsächlich Volksszenen).

Saal LV A: Historische Gemälde, darunter die auf den Madrider Aufstand von 1808 sich beziehenden Gemälde „Der 2. Mai 1808 in Madrid; der Kampf gegen die Mamelucken“ und „Der 3. Mai 1808 in Madrid; die Erschießungen auf den Höhen des Príncipe Pío“, ferner Porträts, darunter ein Selbstbildnis.

Saal LVI: Weitere Entwürfe zu Wandteppichen.

Saal LVI A: Die sogenannte „Schwarze Malerei“, bizarre, phantastische und schaurige Bilder, die der alternde Goya an die Wände seines Landhauses gemalt hat und die, da der Maler Ölfarben benutzt hatte, später auf Leinwand übertragen werden konnten.

Saal LVII: Weitere Entwürfe zu Wandteppichen.

Saal LVII A: Entwürfe zu Wandteppichen, Porträts und Gemälde, darunter zwei, die das Fest des Stadtpatrons Isidro darstellen.

Im Saal LVIII ist der größte Teil der *Skulpturensammlung* des Prados ausgestellt. Es handelt sich in erster Linie um alte Kopien griechischer Werke.

Die sich anschließenden Säle LIX bis LX A sind wiederum alten *flämischen* und *deutschen Meistern* vorbehalten und bilden eine Einheit mit den Sälen XL bis XLIV des Hauptgeschosses.

Die Säle LXI bis LXV enthalten Werke großer spanischer Maler, und zwar *Murillos* (Säle LXI und LXII), *Riberas* (Säle LXI A und LXII A), von

Alonso Cano (1601–1667) und *Juan Carreño de Miranda* (1614 bis 1685) im Saal LXIII, von *Francisco Ribalta* und *Zurbarán* im Saal LXV.

Flämischen Malern sind wieder die Säle LXVI und LXVII gewidmet, und zwar *David Teniers dem Jüngeren* (1610 bis 1690) und *Jan Brueghel* (1568 bis 1625), dem sogenannten *Samt-* oder *Blumen-Breughel.* Im Saal LXIX ist die *Cafetería* (Restaurant).

Von den restlichen Sälen des Erdgeschosses verdienen Beachtung der Saal LXXIII mit dem wertvollen „Schatz des Dauphin" und der Saal LXXV wegen zahlreicher Werke von Rubens.

In dieser Übersicht sind einige weniger wichtige Säle, darunter die Säle des Obergeschosses im Süd- und Nordflügel (Werke spanischer, flämischer, französischer und italienischer Künstler), unberücksichtigt geblieben.

Ferner ist zu beachten, daß der Prado ab 1974 durch Neubauten mit 20 Ausstellungssälen und einem großen Vortragssaal erweitert wird; im Laufe der Zeit sind daher Neuordnungen im Museum zu erwarten.

Fortsetzung der Rundgänge

5. Atocha. Man kann diesen Rundgang an den dritten (Plaza de la Cibeles) anschließen, wenn man den Paseo del Prado bis zur *Plaza del Emperador Carlos V* weitergeht. Nimmt man die Puerta del Sol als Ausgangspunkt, kann man durch die *Calle de Atocha* zur Plaza del Emperador Carlos V gehen oder aber mit der Metro bis zur *Estación de Atocha* fahren.

Die Plaza del Emperador Carlos V [21] wird meist *Glorieta de Atocha* genannt. An ihr liegt die *Estación de Atocha*, von der aus die Züge nach den südspanischen Küstenstädten fahren. An der Nordostseite des Bahngeländes entlang führt die *Avenida de la Ciudad de Barcelona* zu der noch im Bau befindlichen Kirche *Nuestra Señora de Atocha* [22], zu der das *Panteón de Hombres Ilustres* gehört. In diesem Pantheon sind große spanische Staatsmänner des 19. Jh. und der ersten Jahrzehnte des 20. Jh. beigesetzt. Von der Glorieta de Atocha fährt man mit der Metrolinie 1 zur Puerta del Sol zurück.

6. Rastro und San Francisco Man geht von der Puerta del Sol auf dem Wege *Calle de Carteras – Plaza de Benavente – Calle Conde de Romanones* und *Calle Duque de Alba* zur langgestreckten *Plaza de Cascorro*, an deren Südende die

Plaza del Rastro [23], der Mittelpunkt des Madrider Flohmarkts, liegt. Der Markt findet am Sonntagvormittag statt, ein Besuch des Viertels lohnt sich aber auch zu anderer Zeit. Von der Plaza del Rastro geht man durch die Straßen *Cerillo del Rastro – Mira el Río Alta* zur *Calle de Toledo*, der man nach links bis zur *Glorieta de la Puerta de Toledo* [24] folgt. Auf diesem Platz steht die 1813 bis 1827 errichtete *Puerta de Toledo*, die an die Rückkehr König Ferdinands VII. aus französischer Gefangenschaft erinnert. In spitzem Winkel zur

Calle de Toledo geht von dem Platz die *Gran Vía de los Reyes Católicos* (auch *Gran Vía de San Francisco* genannt) aus, die an der *Plaza de San Francisco* endet. Dort steht die Kirche

San Francisco el Grande [25], ein überkuppelter Rundbau aus der zweiten Hälfte des 18. Jh. Die Kuppel hat einen Durchmesser von 33 m (das *Pantheon* in *Rom*, das in mancher Hinsicht dieser Kirche als Vorbild gedient hat, besitzt eine Kuppel mit einem Durchmesser von 43,40 m). Das prunkvolle Innere der Kirche ist mit vielen beachtenswerten Kunstwerken ausgestattet. Die Statuen der zwölf Apostel wurden von Bildhauern der zweiten Hälfte des 19. Jh. geschaffen (zum Beispiel von *Suñol* und *Benlliure*). Auch die Malereien sind Arbeiten von Künstlern des späten 19. und des 20. Jh. (zum Beispiel von *Francisco Pradilla* y *Ortiz*, 1848 bis 1921). In der ersten Kapelle links aber befindet sich ein frühes Werk von *Goya:* „Predigt des heiligen Bernardin von Siena".

Von San Francisco el Grande aus sollte man den folgenden, durchaus lohnenden Abstecher unternehmen. Man schlägt die *Calle de Bailén* ein, die in 23 m Höhe über die alte *Calle de Segovia* hinwegführt. Von dem 1935 erbauten Straßenviadukt aus fährt man mit einem Fahrstuhl zur Calle de Segovia hinunter und fährt dann mit einem Taxi über den *Puente de Segovia* [26] (zweite Hälfte des 16. Jh.; 1935 verbreitert) zum Westufer des Manzanares hinüber. Dann fährt man in südlicher Richtung zu den beiden sehenswerten Friedhöfen *San Justo* und *San Isidro* (besonders auf dem letzten sind großartige Grabmäler zu sehen). Gegenüber diesen Friedhöfen liegt am Ufer des Manzanares die *Pradera de San Isidro*, die im Mai der Hauptschauplatz des Isidro-Festes ist. Dieses Volksfest ist mit Opern- und Theateraufführungen, Stierkämpfen, sportlichen Wettkämpfen und anderen Ereignissen verbunden und zieht so die ganze Stadt in seinen Bann. Von seiner volkstümlichsten Seite zeigt es sich auf der Pradera de San Isidro.

Man kann nun auf dem Weg, den man gekommen ist, zurückfahren oder aber den Abstecher zu einer Rundfahrt ausdehnen und auf dem *Paseo de San Illán* zum *Puente de Toledo* (1720 bis 1732 von *Pedro de Ribera* erbaut) fahren. Von dort kommt man über die *Glorieta de las Pirámides* zur Glorieta de la Puerta de Toledo und zur Kirche San Francisco zurück.

7. Rund um den Palacio Real. Von der Puerta del Sol aus geht man durch die Calle Mayor zur Calle de Bailén und trifft an der letztgenannten Straße auf die

Catedral de la Almudena [27], an der schon seit über siebzig Jahren gebaut wird. Fertiggestellt ist die 130 m lange Unterkirche, während die Oberkirche – von der Fassade abgesehen – erst im Rohbau erstellt ist (der Termin der Fertigstellung ist noch nicht abzusehen). Die Kirche, deren voller Name *Catedral de Santa María la Real de la Almudena* lautet (in der Unterkirche befindet sich eine Statue der

Señora de la Almudena), soll an der Stelle der jetzigen Kathedrale San Isidro die Madrider Bischofskirche werden.

Vom Vorplatz der Kathedrale ist durch ein Gitter die *Plaza de Armas* abgetrennt, der Schloßhof des

** **Palacio Real** [28], der heute vielfach auch *Palacio Nacional* genannt wird. Der mächtige um einen Innenhof herum angelegte vierflügelige Bau, an den sich nach Süden hin beiderseits der Plaza de Armas zwei Flügel anschließen, wurde in der Zeit von 1738 bis 1764 an der Stelle des alten maurischen Alcázars errichtet. Der Entwurf stammte von dem aus Messina gebürtigen und vorwiegend in Turin tätig gewesenen Barockbaumeister *Filippo Juvara* (1676–1736), die Aus-

Palacio Real

führung lag in den Händen des Turiner Baumeisters und Bildhauers *Giovanni Battista Sacchetti*. Die beiderseits der Plaza de Armas gelegenen Flügel wurden erst Mitte des 19. Jh. angebaut. Von der Bogenhalle in der Mitte des westlichen dieser beiden Flügel hat man einen prächtigen Blick auf den *Campo del Moro* (Schloßpark), das Tal des Manzanares, die *Casa de Campo* (siehe Seite 275) und die Sierra de Guadarrama. In diesem Flügel befindet sich auch der Eingang zur *Armería*, der berühmten und höchst sehenswerten Waffensammlung der spanischen Könige, deren Grundstock die Waffensammlung Kaiser *Karls V.* ist. Das eigentliche Schloß, nämlich die quadratische Vierflügelanlage um den Ehrenhof, bildet wegen seiner reichen Innenausstattung ein einziges Museum. Der wertvollste Teil der Ausstattung sind rund 2500 Wandteppiche, die hauptsächlich aus dem 15. und 16. Jh. stammen und vorwiegend in flämischen und spanischen Werkstätten hergestellt worden sind. In der Nordostecke des Schlosses nimmt die ehemals Königliche Bibliothek (über 200000 Bände) 19 Säle ein. Die Große Treppe ist aus schwarzem und weißem Marmor gearbeitet. Die Decke des Thronsaales ist von *Tiepolo* bemalt worden. In der *Sala de Porcelana* sind zahlreiche Arbeiten der früheren Königlichen Porzellanmanufaktur beim Schloß Retiro zu sehen. Unter den zahlreichen Gemälden, die über die meisten Räume des Schlosses verteilt sind, befinden sich *Goyas* Porträts von *Karl IV.* und der Königin *Maria Luisa* (in der *Antecámara* der Gemächer der Königin *Maria Cristina*). Im Ehrenhof des Schlosses schließlich stehen Standbilder der vier in Spanien geborenen römischen Kaiser *Trajan*, *Hadrian*, *Theodosius* und *Honorius*. Da das Schloß dem spanischen Staatschef für offizielle Empfänge zur Verfügung steht, kommt es häufig vor, daß keine Besichtigungen möglich sind oder nur Teile des Palastes besichtigt werden können.

Der Ostfassade des Schlosses ist die 1841 geschaffene *Plaza de Oriente* vorgelagert (der Palast wird nach diesem Platz nicht selten *Palacio de Oriente* genannt). In der Mitte des Platzes steht ein Reiterstandbild König *Philipps IV.*, für das *Galilei* die statischen Berechnungen vorgenommen hat. Den Entwurf schuf der große spanische Bildhauer *Juan Martínez Montañés;* er lehnte sich dabei an eines der Reiterbildnisse an, die *Velázquez* von *Philipp IV.* gemalt hat. Der Guß wurde von dem Florentiner *Pietro Tacca* (1577 bis 1640) ausgeführt. Die Sockelreliefs sind moderne Arbeiten.

Von der Plaza de Oriente sind es durch die *Calle Pavía* nur wenige Schritte bis zum

Convento de la Encarnación [29]. Das Kloster wurde 1615/16 als Gründung *Margaretes von Österreich*, der Schwester Kaiser *Ferdinands II.* und Gattin König *Philipps III.* erbaut (die Fassade wurde 1755 erneuert). Es ist heute teilweise als Museum zugänglich und darf in mancher Hinsicht als eine Art Museum des Hauses Österreich, an das viele Porträts erinnern, angesehen werden. Am sehenswertesten ist das *Relicario*, in dem einzigartige Kostbarkeiten aufbewahrt werden.

Convento de las Descalzas Reles. In dem 1599 gegründeten Klarissenkloster (Führungen), das man von der Plaza de Oriente aus über die östlich des *Teatro Real* (19. Jh.) gelegene *Plaza de Isabel II* erreicht, befindet sich u.a. eine Sammlung hervorragender Wandteppiche (17. Jh.).

Man geht nun zurück zur Calle de Bailén und kommt, nach Norden gehend, an den *Jardines Sabatini* (links) und am *Museo del Pueblo Español* [30] vorbei. In diesem Museum des spanischen Volkes sind Trachten, Gebrauchsgegenstände und kunsthandwerkliche Arbeiten aus allen Regionen Spaniens zu sehen, es ist also ein umfassendes folkloristisches Museum. Die Calle de Bailén endet an der

Plaza de España [31]. Auf diesem Platz steht das große *Cervantes-Denkmal* (1928) mit den beiden bedeutendsten Romanfiguren, die Cervantes geschaffen hat, mit Don Quijote und Sancho Pansa. Hinter dem Denkmal erhebt sich das 107 m hohe *Edificio de España* (darin unter anderem das 356 Zimmer zählende Luxushotel *Plaza*, ein Schwimmbad und eine Aussichtsterrasse, die ab 11 Uhr aufgesucht werden kann). Diesem Hochhaus schräg gegenüber (an der Nordwestseite der Plaza de España) steht das höchste Gebäude Madrids, die *Torre de Madrid* (124 m; darin unter anderem ein Aussichtscafé). An der Südwestseite des Platzes läuft die *Calle de Ferraz* entlang, die zu dem nur wenige Schritte entfernten *Museo Cerralba (Calle Ventura Rodríguez 17)* führt. Es handelt sich hier um eine ursprünglich private Gemäldesammlung mit Werken großer spanischer und ausländischer Meister und um kunsthandwerkliche Sammlungen.

Geht man die Calle de Ferraz über die Calle de Ventura Rodríguez hinaus einige Schritte nach Nordwesten, kommt man zum Gelände der ehemaligen *Montaña-Kaserne*. Dort ist ein ägyptischer Tempel wiederaufgebaut worden. Es handelt sich um den *Tempel von Debod* (Dabud; rund 20 km südlich von Assuan), der im 4. Jahrhundert v.Chr. errichtet und später erweitert wurde. Spanien erhielt den Tempel von der ägyptischen Regierung 1970 als Geschenk zum Dank für die Hilfe, die es bei der Rettung nubischer Bau- und Kunstdenkmäler geleistet hatte. Von dem Tempel geht man zurück zur Plaza de España.

Die Plaza de España ist ein guter Ausgangspunkt für einige größere Abstecher in die westlichen Stadtrandgebiete. Zum ersten Abstecher geht man den *Paseo San Vicente* hinunter, biegt hinter den Jardines Sabatini nach links ein, um das *Museo de Carrozas* (Kutschenmuseum mit Kutschen aus vier Jahrhunderten) zu besichtigen und einen Spaziergang durch den Schloßpark (Campo del Moro) zu machen, und geht dann zum Paseo de Onésimo Redondo zurück. Diesem Paseo folgt man nun bis zur *Estación del Norte* (Nordbahnhof; Verbindungen nach Nordspanien) und weiter zum *Puente del Rey*, der den Manzanares überspannt. Jenseits des Manzanares liegt das weite Gelände der

***Casa de Campo** [32], das früher ein Teil der königlichen Gärten und königliches Landgut war. Aus dieser Zeit stammt noch die 1718 erbaute kleine Kirche. Heute ist das Gelände der Stadtpark (im Sinne von Vergnügungspark) der Stadt Madrid und wird zum größten Vergnügungspark Spaniens ausgebaut (künstlicher See; Badeanlagen; Sportplätze; Zoo; Einschienenbahn; Freilichttheater; Jugendherberge und vieles andere mehr).

Im Rahmen des zweiten Abstechers geht man von der Plaza de España ebenfalls bis zur Estación del Norte und biegt dann rechts in den *Paseo de la Florida* ein. Der Paseo führt zur

Ermita de San Antonio de la Florida [33]. Die Kapelle wurde 1792 bis 1798 von *Juan de Villanueva* erbaut, ihre Kuppel 1798/99 von *Goya* ausgemalt (unter anderen Darstellung eines dem heiligen *Antonius von Padua* zugeschriebenen Wunders). Die Fresken zählen zu Goyas besten religiösen Werken. Der große Maler ist im Chor der Kapelle beigesetzt; der Kopf fehlt allerdings (er ist auf ungeklärte Weise zwischen der Beisetzung des Leichnams in Bordeaux – dort starb Goya 1828 – und der Überführung nach Madrid verloren gegangen). Neben dieser Kapelle steht eine 1928 erbaute Kapelle, in der, im Gegensatz zur Grabkapelle Goyas, Gottesdienste stattfinden und die Mittelpunkt der Kirmes ist, die in der Woche des Antoniusfestes (13. Juni) stattfindet.

Der dritte Abstecher hat die

Ciudad Universitaria zum Ziel. Die Universitätsstadt ist von der Plaza de España aus auf der *Calle de la Princesa* zu erreichen (man kann auch die Autobus-

Universitätsstadt

linie 33 oder die Metrolinie 3 bis zur *Plaza de la Moncloa* benutzen).

An der Plaza de la Moncloa steht der mächtige Bau des *Ministerio del Aire* (Luftfahrtministerium; 1950). Von dort geht man zum *Arco de la Vic- Triunfo* genannt), der das Ein- *toria* (1956; auch *Arco del* gangstor zur Universitätsstadt bildet. Die erste Universitätsstadt wurde im Spanischen Bürgerkrieg zum größten Teil zerstört. Die heutige nach dem Bürgerkrieg nach und nach entstandene und noch nicht vollendete Stadt ist eine moderne, weiträumige Anlage. In der Nähe des Arco de la Victoria steht der *Palacio de América*, in dem sich das *Museo de América* befindet. Die Sammlungen dieses Museums befassen sich in erster Linie mit den präkolumbianischen Kulturen Amerikas. 1967 ist aber auch eine Abteilung für amerikanische und philippinische Volkskunst geschaffen worden, die mit rund 5000 Ausstellungsstücken wohl die größte Sammlung dieser Art ist. Von der Plaza de la Moncloa aus kann man mit der Metro bis zur Puerta del Sol zurückfahren.

8. Die Prachtstraßen. Unter den Prachtstraßen ist der Straßenzug zu verstehen, der sich von der Plaza de la Cibeles zum

Plaza de la Cibeles

kleineren Teil nach Süden und zum weitaus größeren Teil nach Norden hinzieht. Der Weg von der Puerta del Sol zur Plaza de la Cibeles und der von dort nach Süden führende Paseo del Prado sind bereits bekannt. Der vornehmste Teil der nördlichen Prachtstraße ist der an der Plaza de la Cibeles beginnende *Paseo de Recoletos* (früher *Paseo de Calvo Sotelo*). Rechts steht die schon bekannte Nationalbibliothek.

Nach links zweigt die *Calle de Doña Bárbara de Braganza* ab. An dieser Straße stehen das ehemalige Salesianerinnenkloster (heute Justizpalast) und die Mitte des 18. Jh. erbaute Barockkirche *Santa Bárbara* [35] (früher *Salesas Reales*). Im Innern der Kirche, die reich und fast rokokohaft heiter ausgestattet ist, befindet sich das 1765 von *Francisco Sabatini* geschaffene Marmorgrabmal König *Ferdinands VI.* und seiner Gattin, der portugiesischen Prinzessin *Barbara von Braganza*. Ferdinand und vor allem Barbara waren die Gründer des Klosters.

Man geht zurück zum Paseo und auf diesem weiter bis zur *Plaza de Colón*, auf der ein 17 m hohes *Kolumbus-Denkmal* (1885) steht. Die 3 m hohe Kolumbus-Statue wurde von *J. Suñol* geschaffen. Von der Plaza de Colón aus fährt man am besten mit einem Autobus der Linie 14 auf der Prachtstraße weiter nach Norden.

Der nächste Abschnitt heißt *Paseo de la Castellana*. An ihm liegen zahlreiche großartige oder wichtige Gebäude: die *Casa de la Moneda* (Münze), die *Presidencia del Gobierno*, das Gebäude der Zeitung „A.B.C." und des *Radio Nacional*. Ein Teil des nördlichen Abschnittes des Paseo de la Castellana ist die *Plaza de Castelar*, auf der das Denkmal des Historikers, Schriftstellers und Staatsmanns *Emilio Castelar y Ripoll* (1832–1899) steht. Rund 300 m weiter steht das Denkmal des Marschalls *Gutiérrez de la Concha, Marqués de Duero* (1808–1874), und schließlich am Ende der Castellana ein Denkmal der Königin *Isabella der Katholischen*. Die Königin ist zusammen mit ihrem Beichtvater, dem Kardinal, Großinquisitor und Staatsmann *Ximénez de Cisneros*, und mit dem Kriegshelden *Gonzalo de Córdoba*, dem *Gran Capitán* (siehe Seite 340) dargestellt. Das Denkmal ist ein Werk von *Manuel Oms*.

In seinem weiteren Verlauf führte der Paseo de Castellana früher den Namen *Avenida del Generalísimo Franco*.

In dem Abschnitt zwischen der *Plaza de Isabel la Católica* und den Straßen *R. Fernández Villaverde/Joaquin Costa* stehen zahlreiche wissenschaftliche Institute (rechts) und der Komplex der *Neuen Ministerien* (links). Der Freund des Fußballsports wird noch etwas weiter fahren, um sich das in der Nähe der *Plaza de Lima* gelegene berühmte *Bernabeu-Stadion* anzusehen.

DIE PROVINZ MADRID

Die Provinz Madrid (7995 qkm) gehört zu *Neukastilien*. Sie wird im Norden von der Provinz *Segovia*, im Osten von der Provinz *Guadalajara*, im Süden von der Provinz *Toledo* und im Westen von der Provinz *Ávila* begrenzt. Die sechs großen Fernverkehrsstraßen Spaniens gehen von Madrid aus: die N. I nach San Sebastián/Irún, die N. II nach Barcelona/La Junquera, die N. III nach Valencia, die N. IV nach Sevilla/Cádiz, die N. V nach Badajoz und die N. VI nach La Coruña. Als touristisch wichtige Straße ist außerdem die nach Toledo führende N. 401 zu nennen. Wie Madrid der Ausgangspunkt aller großen Straßen des Landes ist, so ist es auch der Treffpunkt aller wichtigen Eisenbahnlinien, so daß man aus allen Randgebieten Spaniens direkt nach Madrid kommen kann. Die bedeutendste Sehenswürdigkeit der Provinz Madrid ist die bereits beschriebene Hauptstadt Madrid. Neben ihr sind zu nennen: **El Escorial, das *Valle de los Caídos, *Aranjuez und die Landschaft der *Sierra de Guadarrama.

Route 2: Provinzrundfahrt

Man verläßt Madrid auf der N. 401 (Richtung Toledo) und kommt zunächst nach *Getafe* (13 km), dessen Kirche *Santa Magdalena* (16./17. Jh.) einen Versuch darstellt, von der Überladenheit des Platereskenstils loszukommen. Besonders die strengen Säulen der Kirche stellen dieses Bemühen unter Beweis. Von Getafe aus fährt man hinüber zur N. IV und zum 670 m hohen *Cerro de los Ángeles* (17 km). Da der Berg die geographische Mitte Spaniens ist, wird er einfach *El Punto* (Der Punkt) genannt. Das *Herz-Jesu-Denkmal* (28 m hoch, die Christusstatue allein 9 m) wurde 1919 errichtet.

Man fährt zur N. IV zurück und dann auf dieser nach Süden. Nach 8 km läßt man knapp 1 km rechts den Ort *Pinto* liegen. In dem dortigen *Castillo de Duques de Frias* (15. Jh.) hielt *Philipp II.* die Fürstin *Eboli*, die nicht zuletzt durch *Schillers* „Don Carlos" bekannt ist, gefangen. Die erste wichtige Station der Rundfahrt ist dann

***Aranjuez** (52 km). Dieser durch den ersten Vers von *Schillers* „Don Carlos" („Die schönen Tage in Aranjuez") im deutschen Sprachbereich sehr bekannt gewordene Ort wurde von König *Ferdinand VI.* (1746–1759) gegründet. Er ist besonders wegen seiner prächtigen Parks und Wälder, die sich an den Ufern des *Río Tajo* und des *Río Jarama* hinziehen, besuchenswert, besitzt aber auch Bau- und Kunstdenkmäler. Südlich der Tajobrücke liegt die

Plaza de San Antonio, die umgeben ist von der *Casa de Infantes* (1799) und dem *Jardín de Isabel* (im Osten), der *Capilla de San Antonio* (Mitte 18. Jh.) im Süden, der *Casa de Oficios* (Unterkünfte des Hofstaats) im Westen und – an diese Casa sich nach Norden anschließend – von dem *Parterre-Garten* (Mitte 18. Jh.) des *Palacio Real*. Nahe dem Osteingang des Gartens steht der prächtige *Herkulesbrunnen* (Mitte 18. Jh.). Aus dem Garten führt, in unmittelbarer Nähe des Palastes, eine kleine Treppenbrücke über einen vom Tajo abgeleiteten Kanal in den * *Jardín de la Isla*, in den zwischen Kanal und Tajo gelegenen und Mitte des 17. Jh. angelegten Inselgarten, der mit Statuen und Brunnen reich geschmückt ist.

Aranjuez: Palacio Real

Der *Palacio Real*, die einstige königliche Sommerresidenz, steht an der Stelle eines im 14. Jh. erbauten Hauses des Santiago-Ordens. Der Palast wurde unter *Philipp II.* von *Juan Bautista de Toledo* und *Juan de Herrera*, den Baumeistern des Escorial, erbaut. Nach einem Brand wurde er im 17. und 18. Jh. erneuert und erweitert. Das Innere des Palastes ist gut ausgestattet, birgt aber keine herausragenden Kunstwerke. An der schon erwähnten Tajobrücke beginnt die *Calle de la Reina*, eine Ulmen- und Platanenallee, die am *Jardín del Principe* entlang zur * *Casa del Labrador* führt. Das um 1800 erbaute und mitten im Garten gelegene Schlößchen ist sehr reich ausgestattet und lohnt eine eingehende Besichtigung.

Man fährt weiter über das hübsche Städtchen *Chinchón* (73 km), in dessen Kirche sich ein Gemälde („Mariä Himmelfahrt") von *Goya* befindet.

In *Villarejo de Salvanes* erreicht man die N. III, der man in Richtung Madrid bis zum *Río Tajuña* folgt. Unmittelbar nach Überqueren des Flusses biegt man nach rechts ab, um über *Carabaña* und *Villar del Olmo* nach *Nuevo Baztán* (117 km) zu fahren. Das Dorf wurde in den Jahren 1709 bis 1713 auf Veranlassung des baskischen Bankiers *Juan de Goyeneche* von *José de Churriguera* (siehe Seite 63) erbaut und von Basken besiedelt. Von Nuevo Baztán aus erreicht man auf einer landschaftlich reizvollen Nebenstraße

Alcalá de Henares (138 km). Die wesentlichen Sehenswürdigkeiten dieser in römische Zeit zurückreichenden Stadt stammen aus der Zeit des Kardinals *Ximénez de Cisneros* (1436 bis 1517), der der Stadt besonders zugeneigt war. Der Kardinal ließ für die von ihm gegründete Universität (1836 nach Madrid verlegt) das *Colegio de San*

Ildefonso erbauen. In dem später erweiterten Gebäudekomplex (heute Verwaltungsfachschule) befindet sich die **Hostería del Estudiante* (Restaurant im Stil kastilischer Gasthäuser des 15. Jh.). Von den vielen Kolleggebäuden, Kirchen und Palästen, die Alcalá besessen hat, wurden die meisten im Spanischen Bürgerkrieg mehr oder weniger stark zerstört, und manche Ruine ist noch heute anzutreffen. Restauriert wird noch die auf Kosten des Kardinals um 1500 erbaute Kirche *San Justo*, die einstige *Kirche der Magister* (ihre Kapitularen mußten den Doktortitel erworben haben). In Alcalá de Henares wurden der deutsche Kaiser *Ferdinand I.* (Bruder *Karls V.*) und der Dichter *Miguel de Cervantes Saavedra*, der Schöpfer des *Don Quijote*, geboren.

Man fährt nun über *Fuente del Fresno* (165 km; rund 3 km nördlich der *Autódromo del Jarama*) und *Fuencarral* (179 km) in den *Monte de El Pardo*, in dem das Dorf

El Pardo (189 km) liegt. Der Monte de El Pardo (auch *Montes del Pardo* genannt) ist ein großes Park- und Waldgebiet, das von einer rund 100 km langen Mauer umgeben ist. In der Nähe des Dorfes steht der im 16. Jh. erbaute königliche Palast *El Pardo*, der heute wieder eine Residenz des Königs ist und daher nicht besichtigt werden kann. Die ehemalige Hofkirche und vor allem die wegen ihrer Innenausstattung besuchenswerte *Casita del Príncipe* (18. Jh.) können dagegen besichtigt werden. Etwa 1 km vom Dorf entfernt liegt westlich des *Río Manzanares*, in rund 500 m Höhe, das Kloster *Santo Cristo*. In der *Capilla del Cristo* der Klosterkirche befindet sich ein ausgezeichnetes Werk von *Gregorio Fernández:* *„Christus im Grab“ (17. Jh.).

Man fährt nach Fuencarral zurück und schlägt dann, etwa 1 km nördlich dieses Ortes, die nach *Colmenar Viejo* führende Straße ein. Ganz in der Nähe der Abzweigung steht die *Ermita de Nuestra Señora de Valverde* (16. Jh.), in deren Kirche ein Muttergottesbild aufbewahrt wird, das aus vormaurischer Zeit stammen soll und Wallfahrtsziel ist. In dem Städtchen *Colmenar Viejo* (220 km) ist die Pfarrkirche wegen ihres plateresken Hochaltars einen Besuch wert.

8 km nördlich von Colmenar Viejo erreicht man den *Santillana-Stausee*, um den man zu einem Abstecher nördlich herum fährt nach *Manzanares el Real* (7 km), einem kleinen Luftkurort (908 m), der von einer Burg (15. Jh.) überragt wird. Nördlich des Ortes erstreckt sich die *Pedriza de Manzanares*. ein wildes Felsenmeer (im Bereich der 1714 m hohen *Peña del Diezmo* Übungsgebiet für Kletterer), das ein Ausläufer der *Sierra de Guadarrama* ist. Wanderungen durch die Pedriza sind zu empfehlen (schlechte Wege).

Man fährt zur Hauptstraße zurück und erreicht dann, nach Norden fahrend, die Sommerfrische *Miraflores de la Sierra* (238 km) (1150 m), die, wie der Name sagt, bereits im Gebirge liegt, und zwar in der

***Sierra de Guadarrama,** die man nun durchfährt. Über den 1769 m hohen *Puerto de la Morcuera* und das im *Lozoyatal* gelegene *Rascafría* (263 km) kommt man zum *Monasterio El Paular*, dem ältesten Kartäuserkloster Kastiliens; es wurde 1390 gegründet und gehört heute den Benediktinern von Montserrat. Die Kirche ist im wesentlichen ein Barockbau aus der zweiten Hälfte des 18. Jh. Von der durch ein Erdbeben schwer beschädigten älteren Kirche blieben erhalten der Marmorhochaltar (15. Jh.) und die bereits barocke und reich ausgestattete **Capilla del Tabernáculo* (1724).

Über den *Puerto de los Cotos* (1830 m) und den *Puerto de Navacerrada* (1849 m) kommt man in das 1208 m hoch gelegene *Navacerrada* (297 km), das Wintersportzentrum der Sierra de Guadarrama, das als Luftkurort aber auch im Sommer gern aufgesucht wird (besonders von den die heiße Hauptstadt fliehenden Madrileños). Die von *Villalba* (N. VI) aus hinaufführende Straße ist auch im Winter befahrbar.

Von Navacerrada aus führt die C. 600 in die 9 km unterhalb des Alto de los Leones de Castillo (1511 m) gelegene Sommerfrische Guadarrama (307 km). Wegen der Aussicht lohnt es sich, zur Paßhöhe hinaufzufahren (die neue N. VI verläuft unter dem Paß durch einen mautpflichtigen Straßentunnel). Nach dem Abstecher zur Paßhöhe fährt man weiter zum

***Valle de los Caídos** (314 km), **dem Tal der Gefallenen.** In diesem im Durchschnitt 1300 m hoch gelegenen Tal der Sierra de Guadarrama ist in den Jahren 1940 bis 1959 eine monumentale Gedenkstätte für die Gefallenen des Spanischen Bürgerkriegs geschaffen worden. Sie besteht aus einer 262 m langen, 20 m breiten und 35 m hohen, in den Felsen hineingesprengten unterirdischen Kirche und einem auf dem Felsen über der Kirche stehenden mächtigen Kreuz. An der Innenausstattung der Kirche haben sich viele Künstler beteiligt. Beachtenswert sind das Vorhalle und Kirche trennende Gitter mit 40 spanischen Heiligen und das die ganze Kuppel (42 m Durchmesser) einnehmende Mosaik. Alt sind die an den Seitenwänden hängenden acht Wandteppiche; sie wurden 1540 von *Wilhelm Pannenmaker* in Brüssel hergestellt (Apokalypse des Evangelisten Johannes). Das auf dem Gipfel stehende Kreuz ist 150 m hoch; die in 125 m Höhe angebrachten Kreuzesarme sind 46 m lang.

In der Kirche sind beigesetzt *José Antonio Primo de Rivera* (1903–1936), der 1933 die Falange gründete, und *Francisco Franco* (1892–1975), der von 1936 bis zu seinem Tode Caudillo Spaniens war.

Nur 14 km vom Valle de los Caídos entfernt ist der kleine Ort *San Lorenzo del Escorial* (328 km), in dessen oberem Teil *(El Escorial de Arriba)* Kloster und Schloß *de San Lorenzo* stehen, allgemein bekannt unter dem Namen

**El Escorial. Aus Anlaß des am 10. August (Laurentiustag) 1557 von den Spaniern über die Franzosen bei *St-Quentin* errungenen Sieges gelobte König *Philipp II.*, dem heiligen *Laurentius* ein Kloster zu bauen.

1562 wählte der König den Bauplatz aus, und 1563 begannen unter der Leitung des in Italien ausgebildeten *Juan Bautista de Toledo* die Bauarbeiten, die nach dem Tode von Juan Bautista (1567) von seinem Schüler *Juan de Herrera* weitergeführt und 1584 beendet wurden. Nur an einzelnen Teilen des Bauwerks wurde später noch gearbeitet.

Unter dem Einfluß Herreras, der der plateresken Gotik seiner Zeit völlig ablehnend gegenüberstand und der entschiedenste Verfechter des Desornamentadostils (siehe Seite 62) war, entstand ein – wenigstens nach außen hin – kahles, finsteres, festungs- und gefängnisartiges Bauwerk, über dessen künstlerischen Wert die Meinungen der Kunstkritiker und -historiker sehr weit auseinandergehen.

Jedenfalls ist der Escorial eines der bedeutendsten Renaissancebauwerke Spaniens und zugleich wegen seiner Raumgestaltung ein Frühwerk des Barocks.

Der Bau bildet, wenn man von dem Vorsprung an der Ostseite absieht, ein Rechteck von 206 m Länge und 161 m Breite. Die Ecken sind zu 56 m hohen Türmen ausgebaut, die neben den Mittelrisaliten die einzigen belebenden Elemente der Fassaden sind. In eintönigen Reihen sind an den Außenfassaden rund 1100 Fenster angebracht. Der Nord- und der Westfassade ist die breite *Lonja* (vor der Westfassade auch *Plaza del Monasterio* genannt) vorgelagert.

Durch das in der Mitte der Westfassade gelegene Hauptportal betritt man den **Patio de los Reyes* (Hof der Könige), einen der 16 großen und kleinen Innenhöfe, die die Gebäudemasse gliedern. Der Hof der Könige ist 64 m lang und 38 m breit. Links liegt das *Colegio* (Gymnasium), rechts das *Kloster*. Die Ostseite nimmt die Kirche ein, deren Fassade von zwei 72 m hohen Glockentürmen flankiert wird und vor der die Statuen sechs israelischer Könige

El Escorial: Hof der Könige

stehen, die dem Platz den Namen gegeben haben.

Die **Kirche, deren Grundriß dem der Peterskirche in Rom sehr stark ähnelt, ist das Kernstück des gesamten Bauwerks.

Man betritt sie durch eine Säulenhalle, an die sich der sogenannte *Sotacoro* (Unterer Chor) anschließt, der alles in allem eine verkleinerte Vorwegnahme des Hauptraumes darstellt. Der Hauptraum wird von vier wuchtigen Säulen in drei Schiffe gegliedert. Die Säulen tragen die Kuppel, deren äußere Höhe 95 m beträgt. Die Gewölbe der Schiffe sind von dem italienischen Maler *Luca Giordano*, dem Hofmaler *Karls II.*, ausgemalt worden. Von den über 40 Altären der Kirche ist der marmorne *Hochaltar in der **Capilla Mayor* der wertvollste. Sein Aufbau nimmt die gesamte Wand bis zum Gewölbe hinauf ein und ist rund 26 m hoch. Die in den Altaraufsatz eingeordneten Statuen sind in erster Linie Werke von *Pompeo Leoni* (Ende 16. Jh.). Beiderseits des Hochaltars befinden sich königliche Grabmäler, und zwar links das Kaiser *Karls V.*, rechts das König *Philipps II.* Die beiden Herrscher sind jeweils mit ihren Familienangehörigen in Bronzefiguren (Ende 16. Jh.) dargestellt. An dem Gang vom rechten Seitenschiff zur Sakristei befindet sich der Zugang zum *Panteón de los Infantes* (Grabstätte der königlichen Prinzen und Prinzessinnen) und zu dem reich ausgestatteten ***Panteón de los Reyes*, in dem spanische Könige und Königinnen von Karl V. an bis auf einige wenige Ausnahmen beigesetzt sind. In der Sakristei befinden sich wertvolle Gemälde von *Tizian*, *Greco*, *Zurbarán* und *Claudio Coello*. Neben dem Eingang zur *Antesacristía* führt eine Treppe in den ersten Stock und dort zum *Coro alto* (Oberchor) mit seinem prächtigen *Chorgestühl und zu einer Kapelle, in der ein *„Gekreuzigter" (1562) von *Benvenuto Cellini* zu sehen ist.

Von der Antesacristía aus hat man auch Zugang zum *Claustro principal bajo* (Unterer Kreuzgang), der von den Statuen des in seiner Mitte stehenden kleinen Tempels her auch *Patio de los Evangelistas* genannt wird. An ihm liegen die *Kapitelsäle* und die sogenannte *Alte Kirche*, in denen sich eine beachtenswerte **Gemäldesammlung befindet.

Außer der an der Südseite des Patio de los Reyes gelegenen und mit Fresken geschmückten *Bibliothek (hervorragende alte Handschriften, darunter der **Códice áureo* (Codex aureus) aus dem 11. Jh.) bleibt nun noch der *Palacio Real* zu besichtigen, den man durch das Mittelportal der Nordfassade betritt. Aufmerksamkeit erheischen in den Räumen des größtenteils in ein Museum umgewandelten Palastes vor allem die über 300 *Wandteppiche, die **Sala de las Batallas* mit einem 55 m langen Schlachtengemälde und die *Gemächer *Philipps II.*, der

Sterbezimmer Philipps II.

1598 im Escorial starb. Die Gemächer *Philipps II.* liegen in dem Gebäudeteil, der in Fortsetzung der Kirche, insbesondere der Capilla Mayor, aus der Ostfassade vorspringt. Von der neben dem Schlafzimmer gelegenen Privatkapelle aus konnte der König durch ein Fenster den Gottesdienst in der Kirche verfolgen, wenn seine schwere Krankheit ihn hinderte, sich in die Kirche zu begeben.

In den östlich des Escorials gelegenen *Jardines del Príncipe* steht die 1772 erbaute und geschmackvoll eingerichtete * *Casita del Príncipe*, die einen Besuch lohnt.

Von San Lorenzo del Escorial aus fährt man weiter in Richtung *Robledo de Chavela*, biegt aber unmittelbar nach Verlassen des Ortes nach links ein, um die etwa 3,5 km entfernte *Silla de Felipe II* (oder *Silla del Rey*) zu besuchen, auf einem Hügel gelegene Granitblöcke, auf denen *Philipp II.* Platz zu nehmen pflegte, um die Arbeiten am Escorial zu verfolgen. Die Aussicht von dieser Höhe auf den Escorial und auf die Sierra de Guadarrama ist großartig.

Man fährt dann über Robledo de Chavela und *Navas del Rey* in das Gebiet des

Pantano de San Juan (368 km), eine der beliebtesten Ausflugslandschaften der Madrider, von der auf Seite 249 bereits kurz die Rede war. Kurz nach Überqueren des *Puente de San Juan* – er überspannt den *Río Alberque* – kommt man nach dem *Poblado de San Juan*, zu dem eine Klosterruine, eine große Zahl von Apartamentos und das Sportzentrum des *Club Náutico de Madrid* gehören. Die Straße führt weiter über *Pelayos de la Presa* nach *San Martín de Valdeiglesias* (375 km; siehe Seite 249), von wo aus man über *Villa del Prado*, den Stausee *de las Picadas* und *Aldea del Fresno* nach *Navalcarnero* (421 km) fährt. Die dortige Kirche hat einen Mudejarturm (barocker Turmabschluß) und eine vorwiegend barocke Ausstattung.

Statt von Navalcarnero aus auf dem kürzesten Weg (N. V) nach Madrid zurückzukehren, fährt man auf der C. 600 in nördlicher Richtung nach *Brunete* (435 km). Rund um dieses Dorf herum hat sich im Spanischen Bürgerkrieg eine der heftigsten Schlachten um Madrid abgespielt. Das Dorf wurde völlig zerstört.

Nach dem Krieg ist es nach ganz modernen Planungen neu errichtet worden und stellt nun einerseits ein Modell für moderne Dorfbauweise dar, ist andererseits aber auch ein vorbildliches Beispiel für kastilische Bauweise.

In *Villaviciosa de Odón* (445 km), einer kleinen Sommerfrische, steht das *Castillo de los Condes de Chinchón*, das sein heutiges Aussehen durch den Escorial-Baumeister *Juan de Herrera* erhalten hat. Dort starb 1759 König *Ferdinand VI.* Das Schloß ist heute verlassen und befindet sich nicht im besten Zustand.

Über *Alcorcón* und vorbei an der Casa de Campo (siehe Seite 275) kommt man zurück ins Zentrum von Madrid (473 km).

DIE PROVINZ TOLEDO

Die Provinz Toledo (15368 qkm) gehört zu *Neukastilien*. Sie wird im Norden von den Provinzen *Ávila* und *Madrid*, im Osten von der Provinz *Cuenca*, im Süden von der Provinz *Ciudad Real* und im Westen von der Provinz *Cáceres* begrenzt. Durch die Provinz verlaufen die Fernverkehrsstraßen N. IV (Madrid – Ocaña – Sevilla/Cádiz) und N. V (Madrid – Talavera la Reina – Badajoz), die beide die Hauptstadt Toledo nicht berühren. Weitere wichtige Straßen sind die N. 401 (Madrid – Toledo – Ciudad Real) und N. 301 (Ocaña – Quintanar de la Orden – Albacete). Folgende Eisenbahnlinien durchziehen die Provinz: Madrid – Talavera de la Reina – Lissabon; Madrid – Toledo; Madrid – Ciudad Real – Lissabon; Madrid – Granada/Córdoba/Cádiz. Die mit weitem Abstand bedeutendste Sehenswürdigkeit der Provinz ist die Stadt ***Toledo.

Die Provinzhauptstadt *** Toledo

***Toledo liegt auf einem vom *Río Tajo* auf drei Seiten umflossenen Mäanderkopf, auf dessen engem Raum sich die Häuser der Altstadt drängen. Die Stadt ist Sitz eines Erzbischofs. Nach wie vor spielt für die Wirtschaft der Stadt die Anfertigung der *Toledaner Arbeiten*, insbesondere der *Toledaner Klingen*, eine große Rolle. Zu einem weiteren wichtigen Wirtschaftsfaktor ist der Tourismus geworden.

GESCHICHTE

Der Legende nach entstand Toledo einige tausend Jahre vor Christi Geburt. Die ersten sicheren Nachrichten über die Stadt stammen dagegen erst aus römischer Zeit. Mitte des 6. Jh. wurde Toledo die Hauptstadt des westgotischen Reiches und 589, nach dem Übertritt der arianischen Westgoten zur katholischen Kirche, der religiöse Mittelpunkt Spaniens (noch heute ist der Erzbischof von Toledo der Primas Spaniens).

In dieser Zeit fanden in Toledo mehrere Nationalsynoden statt, die sich gleichermaßen mit religiösen und politischen Angelegenheiten befaßten. Das 7. Jh. sah einige bedeutende Männer auf dem bischöflichen Stuhl von Toledo, darunter den heiligen *Ildefons* (657–667), den großen theologischen Schriftsteller der Westgoten.

Die Blütezeit der Stadt endete mit der Vernichtung des Westgotenreichs durch die Mauren.

712 wurde Toledo eine maurische Stadt, die, obwohl viele einflußreiche Mauren sie begünstigten, doch im Schatten der großen südspanischen Städte (Córdoba und Granada) stand.
1085 wurde Toledo von König

Stadtplan S. 287

Alfons VI. den Mauren entrissen. Wenige Jahre später war es bereits Residenz der Könige von Kastilien und wieder religiöser Mittelpunkt des christlichen Spanien. Maurische Einflüsse wirkten aber noch lange nach, zumal viele Mauren in der Stadt blieben.

Die arabische Sprache wurde bis gegen Ende des 16. Jh. neben der spanischen gesprochen, der Mudejarstil wurde dort ganz besonders gepflegt. Zu der christlichen und der maurischen Bevölkerungsgruppe kam eine jüdische, die fast ein Drittel der Einwohnerschaft (insgesamt 200000) ausmachte. Die mauren- und judenfeindliche Politik der Katholischen Könige veranlaßte auch die toledanischen Mauren und Juden zur Flucht, und damit begann der Niedergang der blühenden Stadt, zumal wenige Jahrzehnte später auch noch Madrid – anstelle von Toledo – Hauptstadt Spaniens wurde. Als Kaiser *Karl V.* aber versuchte, die Freiheiten der spanischen Städte zu beschneiden, ging von Toledo der Aufstand der *Comuneros* (der Einwohner der kastilischen Städte) aus.

Erst in jüngster Zeit lenkte Toledo noch einmal die Aufmerksamkeit auf sich, als während des Spanischen Bürgerkrieges die Besatzung des *Alcázars* den Belagerern 70 Tage Widerstand leistete. Der Ruhm der Alcázar-Besatzung wirkt noch heute nach; das erste Ziel der meisten Besucher von Toledo ist der Alcázar.

SEHENSWÜRDIGKEITEN

Die bedeutendsten Sehenswürdigkeiten der Stadt sind die **Kathedrale, das *Hospital de Santa Cruz, die Kirche *San Juan de los Reyes, die *Sinagoga del Tránsito, die Kirche *Santa María la Blanca, die *Casa del Greco, die Kirche Santo Tomé und der Alcázar. Hinzu kommt als Besonderheit eine** Rundfahrt um die Stadt.

Mit dem Wagen von Madrid kommend – und zum Besuch von Toledo kommt man in der Regel von Madrid –, trifft man in der Vorstadt *Las Covachuelas*

Blick auf Toledo

auf das an der rechten Seite der Einfallstraße *(Paseo de Madrid)* gelegene *Hospital de Tavera* [1] (auch *Hospital de Afuera* genannt). In dem in der zweiten Hälfte des 16. Jh. erbauten Hospital befindet sich das *Museum der Herzogin von Lerma*, das aus reich ausgestatteten Wohnräumen im Stil des 17. Jh. besteht. Die Hospitalapotheke ist eine Nachbildung der Apotheke des 16. Jh. In der Hospitalkirche ist das letzte Werk des großen Bildhauers, Malers und Baumeisters *Alonso Berruguete* (um 1486–1561) zu sehen, das *Grabmal des Kardinals *Juan* *de Tavera*, der das Hospital gegründet hat.

Auf dem Paseo de Madrid (rechts die Gartenanlagen des *Paseo de Merchán*) fährt man zur *Puerta Nueva de Bisagra* [2], einem mächtigen, von vier Türmen flankierten Doppeltor (Mitte 16. Jh.) mit einer Statue und zwei riesigen Wappen Kaiser *Karls V*. Beiderseits des Stadttores sind Teile der mittelalterlichen Stadtmauer zu sehen.

Sofern man genügend Zeit hat, macht man nun zunächst eine

** **Rundfahrt** um die Stadt. Man biegt nach rechts in den *Paseo de Recaredo* ein, kommt dann an der maurischen *Puerta Vieja de Bisagra* (Kern aus dem 9. Jh.) [3] vorbei und fährt an der teils maurischen, teils westgotischen Stadtmauer entlang zur *Puerta del Cambrón* (um 700, aber später mehrfach restauriert) [4], dann an der Innenseite der Stadtmauer entlang zum *Puente de San Martín* (13./14. Jh.) [5].

Man überquert auf dieser Brücke den Tajo und fährt zunächst hinauf zur *Ermita Nuestra Señora de la Cabeza* [6] und folgt dann der *Carretera de Circunvalación*, die sich hoch über dem Tajotal durch Oliven-

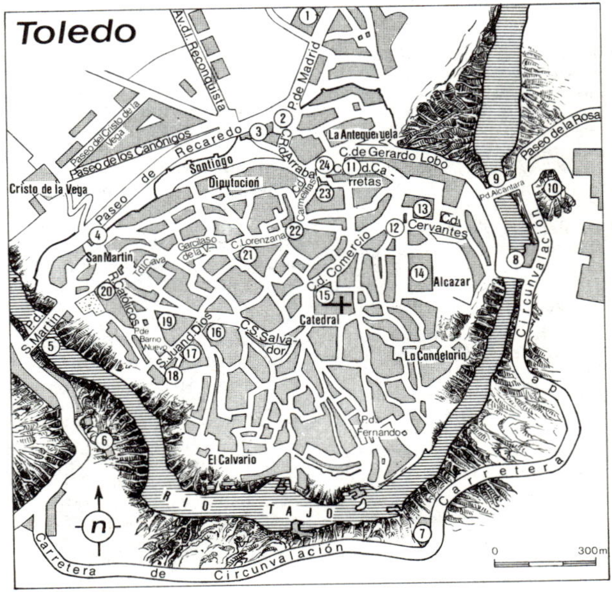

haine (*Los Cigarrales*; zahlreiche hübsche Landhäuser begüterter Toledaner) hindurch zur *Ermita La Virgen del Valle* [7] und von dort zum *Puente Nuevo* [8] hinzieht. Auf dieser Brücke muß man den Tajo überqueren, da der *Puente de Alcántara* [9] für den Autoverkehr gesperrt ist.

Diese Brücke – man fährt am westlichen Brückenkopf vorbei – steht an der Stelle einer von den Römern erbauten und von den Mauren völlig erneuerten Brücke und stammt aus dem 13. und 15. Jh. Den westlichen Brückenkopf bildet die *Puerta de Alcántara*, ein Torturm aus dem Jahre 1484, den östlichen ein 1721 errichteter Barockturm.

Am linken Ufer des Tajo steht, hoch über der Brücke, das *Castillo de San Servando* (11. Jh., aber vor wenigen Jahren völlig restauriert) [10]. Man fährt weiter an den mittelalterlichen Stadtmauern entlang, dann zur *Puerta de Alarcones* [11], biegt dort scharf nach links in die *Calle de la Cuesta de Armas*, an der der *Paseo del Miradero* (Aussichtsterrasse) liegt, ein und erreicht die *Plaza de Zocodover* [12], den Ausgangspunkt für die Spaziergänge durch Toledo.

Von der Plaza de Zocodover, dem Mittelpunkt des städtischen Lebens und Treibens, geht man zunächst durch den an der Ostseite des Platzes stehenden *Arco de la Sangre*, ein restauriertes maurisches Tor, in die *Calle de Cervantes*, an der das

***Hospital de Santa Cruz** [13] steht. Das von dem Kardinal *de Mendoza* gestiftete und in den Jahren 1514 bis 1544 im Stil der Frührenaissance erbaute Hospital (prächtiges platereskes Portal) ist heute Provinzialbibliothek und *Provinzialmuseum*. Die Kapelle dient als *Museum der Schönen Künste* (hervorragende flämische Wandteppiche, mehrere Werke von *Greco*). In dem vom großen Innenhof (schöne platereske Treppe) zu erreichenden *Archäologischen Museum* sind Funde aus iberischer, römischer und westgotischer Zeit zu sehen, sind aber auch viele Stücke aus maurischer Zeit zusammengetragen.

Man geht zur Plaza de Zocodover zurück und dann in südlicher Richtung durch die *Cuesta del Alcázar* zum

Alcázar [14]. Die Ende des 11. Jh. an der Stelle eines römischen Castrums erbaute Festung erfuhr bis ins 20. Jh. hinein immer wieder Zerstörungen, Restaurationen und Erweiterungen. Als Toledo im Spanischen Bürgerkrieg in die Hände der Republikaner fiel, leisteten die Nationalisten, die im Alcázar eingeschlossen waren, vom 22. Juli bis zum 27. September 1936 heldenhaften Widerstand. Der während dieser Kämpfe fast völlig zerstörte und heute zum größeren Teil wiederaufgebaute Alcázar ist infolge der Geschehnisse zur bekanntesten Sehenswürdigkeit Toledos geworden.

Der dritte Spaziergang von der Plaza de Zocodover aus führt nach Südwesten in die *Calle de Comercio*, die einer der wichtigsten Touristenwege ist und in der sich daher zahlreiche Straßenhändler mit Toledoarbeiten aufhalten. Die Straßen *Hombre de Palo* und *Arco de Palacio* setzen diese Straße fort, und die letzte mündet in die *Plaza del*

Generalísimo, die geographische Mitte Toledos. An diesem Platz stehen das Erzbischöfliche Palais (Nordwesten), das Rathaus (Südwesten) und vor allem die

****Kathedrale** [15]. Sie wurde von 1227 bis 1493 auf dem Platz erbaut, an dem die erste, in

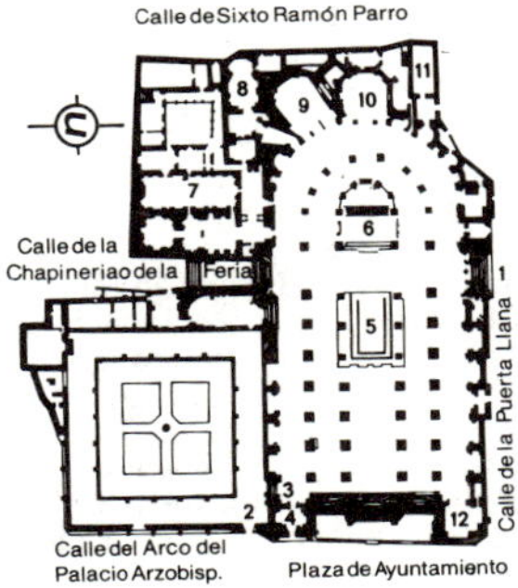

Grundriß der Kathedrale

maurischer Zeit in eine Moschee umgewandelte Kathedrale gestanden hatte. Der Plan geht vielleicht auf einen französischen Baumeister zurück. Der Einfluß französischer Gotik ist jedenfalls unverkennbar, obwohl spätere Stilepochen wesentliche Einzelheiten zum Gesamtbild beigetragen haben. An der Fassade erinnert fast nichts mehr an die geschlossenen Zweiturmfassaden, die von der französischen Kathedralgotik her vertraut sind. Links von den drei gotischen Portalen erhebt sich der 90 m hohe Nordturm (1380 bis 1440), in dem die 1753 gegossene und 17515 kg schwere *Campana gorda* hängt; rechts ragt aus dem unvollendeten Turm die 1504 erbaute und von einer barocken Kuppel gekrönte *Capilla Mozárabe* empor. An der Südseite der Kathedrale verdient besonders die *Puerta de los Leones* (1) aus der Zeit um 1460 Beachtung.

An der Nordseite befindet sich zwischen den Anbauten der Kathedrale die *Puerta del Reloj* (14. Jh.), die ihren Namen von der über ihr angebrachten Uhr hat.

Durch die *Puerta de Mollete* (2), an der die Eintrittskarten für bestimmte Teile der Kathedrale (geschlossene Kapellen, Chor, Kapitelsäle, Sakristei und Museum) zu haben sind, betritt man den Kreuzgang und von dort aus durch die *Puerta de la Presentación* (3) die Kathedrale. Das Innere ist 112 m lang (die Chorkapelle *San Ildefonso* nicht mitgerechnet), 56 m breit und im Mittelschiff 30 m hoch. Zwei Reihen von Bündelpfeilern gliedern den Raum in fünf Schiffe und einen doppelten Chorumgang. An den beiden äußeren Schiffen und an dem äußeren Chorumgang liegen 22 Kapellen. 750 Fenster mit Glasmalereien (15. und 16. Jh.) erhellen den Raum. Die wesentlichen Sehenswürdigkeiten des an Kunstwerken reichen Innern sind:

Capilla de San Juan (4) im Erdgeschoß des Nordturms; in ihr ist der Domschatz untergebracht (kostbarstes Stück: die 3 m hohe, 172 kg schwere und mit 260 Statuetten geschmückte *Prozessionsmonstranz*, die 1517–1524 von *Enrique de Arfe* geschaffen wurde und den Mittelpunkt der berühmten Toledaner Fronleichnamsprozession bildet).

Coro (5): Chorgitter (1547) von *Domingo de Céspedes*; **Chorgestühl (die untere Reihe mit Darstellungen von Szenen aus dem Krieg gegen Granada ist ein gotisches Werk von *Rodrigo Alemán*, 1495; die obere im Stil der Renaissance gehaltene wurde bis 1543 von *Felipe Bigarny* und *Alonso Berruguete* geschaffen); drei große Notenpulte (das mittlere stammt aus Deutschland, 1425; die beiden anderen sind Arbeiten von *Vergara*, 1570); auf dem Altar die *Virgen Blanca*, Ende des 13. Jh.

Capilla Mayor (6): plutereskes Gitter (1539–1548) von *Francisco de Villalpando*; spätgotischer, bis ins Gewölbe hinaufreichender *Altaraufsatz (1504 vollendet) mit Szenen aus dem Neuen Testament und einer großen Monstranz; beiderseits des Altars Grabmäler von Königen und Prinzen des 12. und 13. Jh.; außerdem links das Grabmal des Kardinals *Pedro González de Mendoza* (1428 bis 1495); an der Rückseite der Kapelle der sogenannte *Transparente*, ein churrigueresker Altar von *Narciso Tomé* (frühes 18. Jh.).

Sakristei (7): Gemälde von *Goya* und *Greco*, besonders beachtenswert das Altarbild „Entkleidung Christi" von *Greco*.

Capilla de Reyes Nuevos (8): erbaut 1531 bis 1534; reiche plateske Ausstattung.

**Capilla de Santiago* (9): Kleinod der Spätgotik; in der Mitte die von *Pablo Ortiz* 1489 geschaffenen Grabmäler *Don Álvaros de Luna* (um 1390–1453) und seiner Frau.

Capilla de San Ildefonso (10): in der Mitte das Grabmal des aus Cuenca stammenden und in Viterbo (Italien) 1367 gestorbenen Kardinals *Gil Álvarez Carrillo de Albornoz*.

**Sala Capitular* (11): Anfang des 16. Jh. erbaut; getäfelte Decke im Mudejarstil (1508; sogenannte Artesonadodecke); Wandfresken (1511) von *Johann von Burgund* und Bildnisse der Toledaner Erzbischöfe, zum großen Teil ebenfalls von *Johann von Burgund*.

Capilla Mozárabe (12): in dieser Kapelle findet täglich kurz nach 9 Uhr ein Gottesdienst in mozarabischem Ritus statt, das heißt in der Form, in der die Christen (Westgoten) nach der Eroberung der Stadt durch die Mauren als von den Mauren Geduldete und unter den Arabern (= Mauren) Lebende (Mozaraber) ihre Gottesdienste abzuhalten pflegten; die Kapelle wurde von *Enrique de Egas* für den Kardinal *Ximénez* erbaut; die Wandmalereien von *Johann von Burgund* befassen sich mit der Eroberung *Orans* (Algerien) durch den Kardinal *Ximénez*.

Von der *Plaza del Generalísimo* aus geht man am Rathaus vorbei zur *Calle San Salvador* (Kirche *San Salvador* mit westgotischen Säulen) und weiter durch die *Calle de Santo Tomé* zur Kirche

Santo Tomé [16]. Die Kirche, die ihre heutige Form im 14. Jh. erhalten hat (der Turm ist ein schönes Beispiel des Mudejarstils), ist berühmt durch *Grecos* Gemälde ***„Das Begräbnis des Grafen Orgaz", das nicht nur das Meisterwerk Grecos ist, sondern auch als eines der besten Werke europäischer Malerei gilt. In dem 1586 geschaffenen Bild stellt Greco die Legende dar, nach der die Heiligen *Augustinus* und *Stephanus* selbst den 1323 verstorbenen Grafen *Orgaz* ins Grab gelegt haben sollen.

Durch die *Calle de San Juan de Dios* kommen wir zur

***Casa del Greco** und zum

***Greco-Museum** [17]. In dem Museum sind 20 **Gemälde von Greco zu sehen, darunter eine großartige Ansicht von Toledo. Etwas weiter südwestlich liegt die

***Sinagoga del Tránsito** [18], die Mitte des 14. Jh. erbaut wurde und sich besonders durch ihre *Innenausstattung (Decke aus

S. María la Blanca

Lärchenholz mit Elfenbeineinlagen; prächtige Stuckarbeiten) als ein Meisterwerk der Mudejarkunst erweist. Man geht quer durch das ehemalige Judenviertel über die *Plaza de la Judería* (auch *Plaza de Barrio Nuevo* genannt) und kommt zur ehemaligen Kirche

***Santa María la Blanca** [19], die im 12. Jh. erbaut wurde und die erste Synagoge Toledos war. Das fünfschiffige Innere mit seinen auf achteckigen Pfeilern ruhenden Hufeisenarkaden weist besonders mit seinen Kapitellen auf die andalusische Kunst der Almohadenzeit hin. Die *Stuckarbeiten sind denen der Sinagoga del Tránsito zu vergleichen.

Die *Calle de los Reyes Católicos* führt zur Kirche

***San Juan de los Reyes** [20]. Die Kirche, mit deren Bau 1476 begonnen wurde, sollte ursprünglich die Grabkirche der Katholischen Könige und ihrer Nachfahren werden. Nach der Eroberung Granadas ließen die Katholischen Könige diese Absicht fallen. Infolgedessen gingen die Bauarbeiten nur noch schleppend weiter und wurden erst zu Beginn des 17. Jh. beendet. Das Innere der Kirche, vor allem des Kreuzgangs, beeindruckt durch die reiche und äußerst vielgestaltige Ornamentik im Stil der Spätgotik, durchdrungen von vielen Elementen des Mudejarstils. Der *Kreuzgang zählt zu den hervorragendsten Baudenkmälern der spanischen Spätgotik, bzw. des isabellinischen Stils. An den Außenwänden des Chors hängen Ketten von Christen, die gelegentlich der Eroberung Orans durch den Kardinal Ximénez aus maurischer Gefangenschaft befreit worden waren.

Man geht nun auf folgendem Weg durch den Nordwesten der Stadt: *Calle Baja de la Virgen de Gracia – Cuesta del Colegio de Doncellas* – hier am Kolleg nach links zur *Calle de Garcilaso de la Vega – Plaza de Padilla – Calle de Esteban Illán*. An dieser Straße steht die um 1400 erbaute *Casa de Mesa* [21], deren Saal ein eindrucksvolles Beispiel hispano-maurischer Kunst ist. Man geht weiter zum *Museo de los Consilios y de la Cultura Visigótica* [22], dem Museum für religiöse Kunst, dann durch die *Calle de Carmelitas* zur Kirche *Santo Cristo de la Luz* [23], einer ehemaligen Moschee (Ende 10. Jh.), deren ursprüngliches Aussehen sehr gut erhalten geblieben ist, und zur *Puerta del Sol* [24], einem im Mudejarstil gehaltenen mächtigen Stadttor aus dem frühen 14. Jh.

Hat man den Zeitpunkt seines Aufenthaltes günstig gewählt, sollte man nicht versäumen, an einem der farbenprächtigen Feste, die im Verlauf des Jahres hier und in den Dörfern der Provinz gefeiert werden, teilzunehmen, etwa den *Ferias de Agosto*, dem Jahrmarkt, oder dem *Fiesta del Olivo* (Fest des Olivenbaums) in *Mora de Toledo* am letzten Aprilsonntag u.v.a.

Route 1: Der Westen der Provinz

Man verläßt Toledo auf des N. 403 und kommt über *Torrijos* (29 km; *Palacio de Altamira*, im 16. Jh. von *Juan de Herrera* erbaut; platereske Stiftskirche aus dem 16. Jh.) nach *Maqueda* (41 km). Das Dorf besitzt einige bedeutende Baudenkmäler im Mudejarstil. Die beiden *Castillos de la Vela* und *de San Silvestre* wurden im 15. Jh. erbaut. Aus der gleichen Zeit stammt die Apsis der Kirche *Santa María*. Das Kircheninnere überrascht mit einem beachtenswerten Altaraufsatz und Grabmälern aus dem 16. Jh. Auf der N. V fährt man weiter in die im Tal des Río Tajo gelegene Stadt

Talavera de la Reina (84 km). Aus römischer Zeit stammen noch Teile der Stadtmauer, die im übrigen vorwiegend maurisch ist. An der im 14. Jh. erbauten Stiftskirche *Santa María* ist vor allem die eigenartige Fensterrose über dem spätgotischen Hauptportal (15. Jh.) zu beachten. Aus Backstein ist die Fensterrose der Kirche *Santiago de los Caballeros*. In der *Ermita de la Virgen del Prado* befindet sich ein Altaraufsatz, für den Azulejos (Kacheln) verwandt worden sind. Talavera ist überhaupt wegen der Herstellung blauer und gelber Azulejos bekannt.

In *Oropesa* (115 km) steht das *Castillo de los Duques de Frías* (14. Jh.), in dem sich heute der *Parador Nacional Virrey de Toledo* befindet. Etwa 2 km südwestlich liegt das Dorf *Lagartera*, dessen Frauen Stickereien verschiedenster Art herstellen (die Frauen arbeiten meist vor der Haustür, man kann ihnen also zusehen).

El Puente del Arzobispo (128 km) liegt am Río Tajo. Der etwa 50 km lange Tajo-Stausee *de Valdecañas* reicht bis in die Nähe des Städtchens, in dessen Kern sich der mittelalterliche Charakter weitgehend erhalten hat. Der Ort ist bekannt wegen seiner Keramiken und Töpferwaren.

Man fährt nun durch die Landschaft *La Jara* hinauf zum 807 m hohen *Puerto de San Vicente*, von dem aus man bequem das in der Provinz *Cáceres* gelegene *Monasterio de Guadalupe* (siehe Seite 303) erreichen kann. Zur Rundfahrt durch den Westen der Provinz Toledo schlägt man am Puerto de San Vicente

(162 km) aber die C. 401 ein und fährt über *La Nava de Ricomalillo*, *Los Navalmorales* und *Navahermosa* auf einer meist sehr kurvenreichen Straße am Nordfuß der *Montes de Toledo* bis zur Abzweigung (links) nach *Torrijos*. Auf dieser Straße nach Torrijos fährt man nach *San Martín de Montalbán* (261 km), in dessen Pfarrkirche die aus dem 13. Jh. stammende *Virgen de Melque* (siehe unten) und ein guter Altaraufsatz aus dem 17. Jh. zu sehen sind. Rund vier Kilometer nördlich von San Martín de Montalbán steht das *Castillo de Montalbán*, eine Burg der Tempelritter, die im 12. Jh. erbaut und im 14. Jh. erneuert wurde. Die rund 100 m über dem *Río Torcón* gelegene Burg ist recht eindrucksvoll. Etwa 4 km östlich der Burg liegt in einer recht einsamen und nicht leicht zu erreichenden Gegend die Ruine der Kirche **Santa María de Melque*, die im 9. Jh. erbaut wurde und eine der ältesten mozarabischen Kirchen Spaniens ist. Den Ausmaßen nach war diese Kirche einer der größten mozarabischen Bauten des Landes.

Man fährt nun auf der C. 401 weiter und erreicht rund 2 km nach *Polán* eine Abzweigung (links) nach dem gut 1 km von der C. 401 gelegenen

Alcázar de Guadamur (292 km). Das festungsartige *Schloß,

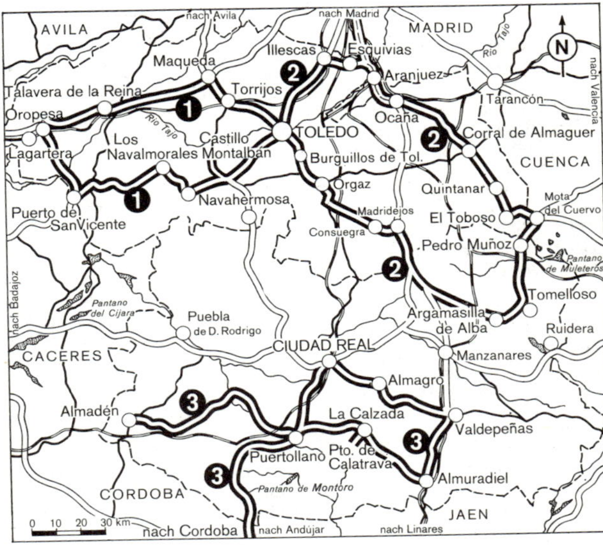

eines der schönsten Spaniens, wurde im 15. Jh. erbaut und im 19. Jh. restauriert. Die Wohnräume sind besonders mit altem Mobiliar sehr gut ausgestattet. Eine Besichtigung ist in Begleitung des Kastellans möglich, dem man ein Trinkgeld gibt. In der Nähe des Alcázars liegt *Guarrazar*, wo im 19. Jh. ein westgotischer Schatz gefunden wurde, zu dem besonders Weihekronen der westgotischen Könige gehörten. Die Weihekronen befinden sich heute im *Archäologischen Museum* in *Madrid*. Von Guadamur aus fährt man nach Toledo (308 km) zurück.

Route 2: Der Osten der Provinz

Auf der N. 401 fährt man von Toledo aus in nördlicher Richtung nach

Illescas (34 km). In der Kapelle des im 16. Jh. von dem Kardinal *Ximénez de Cisneros* gegründeten *Hospital de la Caridad* sind fünf *Gemälde von *El Greco* zu sehen, die zu den besten Alterswerken des Meisters gehören und 1602 bis 1604 entstanden sind. Es handelt sich um einen „Heiligen Ildefons“, eine „Krönung Mariens“, eine „Mariä Verkündigung“, eine „Geburt Mariens“ und eine „Virgen de la Caridad“ (Jungfrau der Barmherzigkeit). Von der Pfarrkirche verdient hauptsächlich der *Turm (14. Jh.) Beachtung; er ist ein mudejarisches Meisterwerk Neukastiliens.

Über *Esquivias* (42 km), wo *Cervantes* gelebt hat und getraut wurde (die Heiratsurkunde ist erhalten) und *Aranjuez* (62 km; siehe Seite 278) erreicht man

Ocaña (7 km). Die kleine Stadt besitzt einen weiten, von Arkadenhäusern umgebenen Hauptplatz (18. Jh.), etliche sehenswerte Kirchen (die zum Teil mudejarische Kirche *Santiago* mit ansehnlichen Grabmälern, die Kirche *Santa María* mit platereskem Altaraufsatz) und vor allem die Ruine des in gotischem und mudejarischem Stil gehaltenen *Palacio de los Duques de Frías*. Von Ocaña aus sollte man einen Abstecher (13 km je Weg) nach *Yepes* machen, in dessen Kirche (16. Jh.) sich ein Altaraufsatz mit 14 *Tafelbildern (1616) von *Luis Tristán* befindet; diese Tafelbilder gelten als die besten Werke des Meisters.

Die N. 301 führt über *Corral de Almaguer* in die *Mancha*, und in das Land des *Don Quijote*, das in die Provinzen Cuenca und Ciudad Rodrigo hineinreicht, hier aber geschlossen behandelt werden soll.

Quintanar de la Orden (135 km) scheint von *Cervantes* oft aufgesucht worden zu sein. Das Dorf *El Toboso* (144 km) gilt als die Heimat der *Dulcinea*, der Geliebten Quijotes, deren Urbild wahrscheinlich *Ana Zarco de Morales* war, in die sich Cervantes bei einem Aufenthalt in El Toboso verliebte. Das Haus der Dulcinea kann besichtigt werden. Im Rathaus werden wertvolle Ausgaben des Romans „Don Quijote“ aufbewahrt (zur Zeit Übersetzungen in 30 Sprachen). Im Rathaus muß man auch wegen der Besichtigung des Hauses der Dulcinea vorsprechen.

Von El Toboso aus fährt man in nordöstlicher Richtung zur N. 301 und stößt dort auf das Gasthaus *Venta de Don Quijote*, in dem der Ritter seine Waffen-Nachtwachen gehalten haben soll. Südöstlich davon liegt das auf Seite 184 bereits erwähnte *Mota del Cuervo*, von wo aus man durch die Randzone eines weiten Lagunengebietes, das in den Provinzen Toledo und Cuenca liegt, über *Pedro Muñoz* in die Stadt *Tomelloso* (200 km) fährt. Am Ortseingang liegt das *Museo del Carro y Labranza*, ein volkskundliches Manchamuseum.

Von Tomelloso aus fährt man in nordwestlicher Richtung weiter in das Städtchen

Argamasilla de Alba (208 km), das für den Don Quijote große Bedeutung gehabt hat. Der Dichter Cervantes wurde dort einige Zeit gefangen gehalten (das Haus wird gezeigt), und während dieser Gefangenschaft entstanden die ersten Kapitel des Romans „Don Quijote“. Sinnigerweise läßt Cervantes seinen Helden in Argamasilla geboren werden und sterben. Vielfach wird allerdings auch angenommen, daß die geistige Geburtsstätte des Don Quijote das Königliche Gefängnis in Sevilla gewesen sei, in dem Cervantes 1597 und 1602 ungerechterweise festgehalten wurde. Wahrscheinlich entstand in Sevilla aber nur die Idee.

In *Villarta de San Juan* erreicht man die N. IV, an der etwas weiter nordwestlich das Dorf *Puerto Lápice* (252 km) liegt. In einer der Gaststätten dieses Ortes soll Don Quijote vom Wirt zum Ritter geschlagen worden sein.

Man verläßt die N. IV bei *Madridejos* und fährt in das westlich davon gelegene Städtchen

Consuegra (275 km), dessen Gründung dem Kaiser *Trajan* zugeschrieben wird. Aus dem Ort führt ein beschilderter Weg, die sogenannte *Ruta Cervantina*, zu dem 2 km entfernten Hügel, auf dem eine Burgruine steht; in ihr ist man tatsächlich auf römisches Mauerwerk gestoßen. Auf dem *Cerro del Calderico* genannten Hügel stehen außer der Ruine

Consuegra

auch einige der für die Mancha typischen Windmühlen. Bis in die Maurenzeit zurück gehen Töpferei und Süßwarenherstellung, die für Consuegra eine große Rolle spielen. Von Consuegra fährt man nach

Orgaz (311 km), dessen Pfarrkirche (um 1760) eines der letzten Werke von *A. Churriguera* ist und einen sehr reichen Kirchenschatz besitzt. Über *Ajofrín* (gut ausgestattete Pfarrkirche) und *Burguillos de Toledo* (Pfarrkirche mit guten barocken Altaraufsätzen) fährt man nach Toledo (344 km) zurück.

DIE PROVINZ CIUDAD REAL

Die Provinz Ciudad Real (19749 qkm) gehört zu *Neukastilien.* Sie wird im Norden von der Provinz *Toledo*, im Osten von den Provinzen *Cuenca* und *Albacete*, im Süden von den Provinzen *Jaén* und *Córdoba* und im Westen von der Provinz *Badajoz* begrenzt. Die wichtigsten Straßen der Provinz sind die N. IV (Madrid – Valdepeñas – Sevilla – Cádiz), die N. 420 (Cuenca – Ciudad Real – Montoro/Córdoba) und die N. 401 (Toledo – Cuidad Real). An Eisenbahnlinien sind zu nennen: die Linie Madrid – Valdepeñas – Cádiz, die Linie Madrid – Ciudad Real – Badajoz – Lissabon, die Querverbindung Cuidad Real – Manzanares und die Linie Puertollano – Peñarroya.

Bedingt sehenswert sind die Stadt Ciudad Real und die Landschaft Campo de Calatrava.

Die Provinzhauptstadt Ciudad Real

Ciudad Real liegt in einer fruchtbaren Ebene, die von den Flüssen *Guadiana* und *Jabalón* bewässert wird. Die Stadt ist Bischofssitz. In wirtschaftlicher Hinsicht profitiert Ciudad Real gleichermaßen von Landwirtschaft und Weinbau wie vom Bergbau (Kohlen und Erze) der Provinz.

GESCHICHTE

Die Stadt wurde 1252 an der Stelle einer von den Mauren völlig zerstörten Ansiedlung als *Villa Real* (1420 in *Ciudad Real* umbenannt) gegründet und erhielt 1489 eine Stadtmauer, die ein Areal umschloß, das noch vor wenigen Jahrzehnten nicht ganz bebaut war. Die Geschichte der Stadt verlief ohne Höhepunkte.

SEHENSWÜRDIGKEITEN

Das sehenswerteste Bauwerk ist die Kathedrale.

Kommt man von Norden her nach Ciudad Real, fährt man durch die mudejarische *Puerta de Toledo* (1328), das einzige beachtenswerte Überbleibsel der alten Stadtbefestigungen. Das Zentrum der Stadt bildet die von Arkaden umgebene *Plaza Mayor* mit dem *Quijote-Denkmal* (1966).

An dem nicht weit entfernten *Paseo del Prado* steht die zu Beginn des 16. Jh. erbaute gotische

Kathedrale Santa María del Prado. Nach den schweren Schäden, die die Kirche 1936 erlitt, ist eine gründliche Restaurierung vorgenommen worden. Im Innern befindet sich ein beachtlicher Altaraufsatz (frühes 17. Jh.), der *Giraldo de Merlo* zugeschrieben wird und dessen Mitte die *Virgen del Prado* bildet. Die Virgen ist besonders Mitte August lebhaft gefeierte Stadtpatronin.

In der ebenfalls gotischen Kirche

San Pedro (16. Jh.) ist vor allem die *Capilla del Comulgatorio* mit dem alabasternen Altaraufsatz sehenswert.

In der mit modernen Malereien reich ausgestatteten *Diputación Provincial* befindet sich eine sehenswerte Insektensammlung.

Route 3: Campo de Calatrava

Bei dem *Campo de Calatrava* handelt es sich um das Kerngebiet der Provinz Ciudad Real, das dem 1158 gegründeten Calatrava-Orden, einem Ritterorden, dessen Aufgabe es war, die Grenzen gegen die maurischen Länder im Süden zu schützen, zu Lehen gegeben wurde (1495 fiel das Lehen an die Krone zurück). Der Campo de Calatrava ist ein vorzügliches Anbaugebiet für Wein und Oliven.

Von Ciudad Real aus fährt man nach

Almagro (23 km), der ehemaligen Residenz der Großmeister des Calatrava-Ordens. In der kleinen Stadt erinnern zahlreiche Adelshäuser und Klöster an die Ordenszeit. Die Kapelle *San Salvador* wurde im Auftrag des Augsburger Bankiers *Jakob Fugger* (1459–1525) erbaut. Fugger besaß in Almagro Lagerhäuser für das Silber und Quecksilber, das er in den Minen von *Almadén* (im Osten der Provinz) abbauen ließ. Eine einmalige Besonderheit für ganz Spanien ist der *Corral de Comedias* (16. Jh.), ein Theaterhof, der von dreistöckigen Arkaden, die man als Logen bezeichnen könnte, umgeben ist. Die Frauen von Almagro sind tüchtige Spitzenklöpplerinnen.

Man fährt weiter nach *Valdepeñas* (59 km), einem inmitten weiter Weinfelder gelegenen renommierten Weinort (kleines *Weinmuseum*; zahlreiche Weinkellereien), und dann auf der N. IV bis *Almuradiel* (89 km). Dort schlägt man die C. 410 ein und kommt nach *El Viso del Marqués* (94 km), dessen von italienischen Künstlern erbauter und ausgestatteter Palast (1564–1585) heute ein Annex des *Museo Naval* (Schiffahrtsmuseum) in Madrid ist.

Man fährt weiter ins Städtchen *La Calzada de Calatrava* (112 km) und macht von dort einen Abstecher (9 km je Weg) zum 706 m hohen *Puerto de Calatrava*, an dem die Burgruine *Salvatierra* und die unter Denkmalschutz stehende Ruine der Klosterburg *Calatrava* liegen. Die Klosterburg kann besichtigt werden.

Am Nordfuß der *Sierra de Calatrava* entlang fährt man von La Calzada de Calatrava aus nach *Puertollano* (138 km), der größten Stadt der Provinz Ciudad Real. Puertollano ist Industriestadt, Zentrum eines bedeutenden Kohlenreviers, besitzt aber keinerlei Sehenswürdigkeiten. Man kann von dort aus einen Abstecher (86 km je Weg) nach dem bereits erwähnten *Almadén* machen, wo sich die ergiebigste Quecksilberlagerstätte der Erde befindet. Außerdem führt von Puertollano aus die N. 420 durch die *Sierra de Alcudia*, einen Teil der *Sierra Morena*, nach Córdoba (150 km). Von Puertollano aus fährt man nach Ciudad Real (176 km) zurück.

DIE PROVINZ CÁCERES

Die Provinz Cáceres (19 945 qkm) gehört zur Region *Extremadura*. Sie wird im Norden von den Provinzen *Salamanca* und *Ávila*, im Osten von der Provinz *Toledo*, im Süden von der Provinz *Badajoz* und im Westen von *Portugal* begrenzt. Die wichtigsten Straßen der Provinz sind die N. 630 (Salamanca – Cáceres – Sevilla), die N. V (Madrid – Trujillo – Badajoz) und N. 521 (Trujillo – Cáceres – Valencia de Alcántara – Portugal). Neben der Eisenbahnlinie Madrid – Arroyo Malpartida – Lissabon sind die Linien Madrid – Cáceres – Badajoz und Salamanca – Empalme de Plasencia zu nennen.

Hinsichtlich der Sehenswürdigkeit sind * Cáceres, * Alcántara, * Plasencia, * Guadalupe und * Trujillo etwa gleichwertig.

Die Provinzhauptstadt * Cáceres

* Cáceres liegt im Mittelpunkt einer Hochfläche, die Altstadt auf einem aus dieser Hochfläche herausragenden Hügel. Die Stadt ist Bischofssitz. Sie ist der große Handelsplatz der Provinz, außerdem spielt die Korkverarbeitung eine große Rolle.

GESCHICHTE

Die Stadt geht auf ein römisches Lager zurück, für das die Namen *Norba Casarina* und *Castra Caecilii* überliefert sind. *Norba* wurde in dynastischen Auseinandersetzungen der Westgoten vernichtet. Die Mauren legten eine neue Stadt an und nannten sie *Alkazares*, woraus sich der heutige Stadtname entwickelt hat. Erst die vierte Eroberung (1229) durch die Christen war endgültig. Im späten Mittelalter litt die Stadt unter den Auseinandersetzungen rivalisierender Adelsgeschlechter. Erst *Isabella der Katholischen* gelang es 1477, diesen Kämpfen ein Ende zu setzen. Die Geschichte der Stadt verlief in der Folgezeit relativ ruhig.

SEHENSWÜRDIGKEITEN

Die Altstadt, in die man am besten von der *Plaza Mayor* (auch *Plaza del General Mola* genannt) hineingeht, liegt am Ostrand der Stadt. Sie bildet das sogenannte *Barrio monumental* (Denkmalsviertel), da an allen Straßen und Plätzen die für Cáceres typischen Adelspaläste (meist 15. und 16. Jh.) stehen. Eine Häufung solcher Häuser findet man besonders rings um die *Plaza de Santa María*, an der die Kathedrale (15. Jh.) steht, und um die einander benachbarten Plätze *San Mateo* und *San Pablo*. Zu den eindrucksvollsten Adelshäusern gehören: die an der *Plaza de las*

Veletas einander gegenüber gelegenen *Casa de la Cigüeñas* (Storchenhaus; heute Sitz des *Gobierno Militar*) und die *Casa de las Veletas* (Wetterfahnenhaus; über den Ruinen des maurischen Alcázars errichtet und heute archäologisches Provinzialmuseum), vor allem aber die südlich der Kathedrale an der *Cuesta del Marqués* stehende

***Casa de los Golfines de Abajo,** ein gotischer Bau des 15. Jh., der in plateresker Weise hervorragend geschmückt ist; auch Elemente des Mudejarstils sind verwandt worden.

Nördlich außerhalb der Altstadt steht die besuchenswerte Kirche *Santiago* (Wiederaufbau Mitte 16. Jh.; Turm von 1738), in der sich ein sehr guter Schnitzaltar (1557–1559) von *A. Berruguete* befindet.

Route 1: Große Provinzrundfahrt

Die sehenswerten Orte sind über die ganze Provinz verteilt. Da diese sehr groß ist (sie zählt zu den größten des Landes), führt die Rundfahrt über weite Entfernungen.

Man fährt auf der N. 521 bis *Malpartida de Cáceres*, biegt dort nach rechts ab und kommt über *Arroyo de la Luz* (Kirche mit plattereskem *Altaraufsatz von *Luis de Morales*) nach

***Alcántara** (63 km), dessen Name auf das arabische *el Kantara* (= die Brücke) zurückgeht. Die namengebende Brücke ist die unter Kaiser *Trajan* erbaute und später mehrfach zerstörte und wiederaufgebaute Brücke über den Tajo. Mitten auf der Brücke steht ein 14 m hoher Triumphbogen. Die Kirche *Santa María de Almocóvar* stammt aus dem 13. Jh. Das einstige Ordenshaus (16. Jh.) der Alcántara-Ritter ist auch als Ruine noch eindrucksvoll.

Man fährt bis *Brozas* zurück und von dort über *Garrovillas* in die kleine Bischofsstadt *Coria* (156 km), einen malerischen, von einer mächtigen Granitmauer umgebenen und von einem *Castillo* aus dem 15. Jh. beherrschten Ort. Die Kathedrale ist ein gotischer Bau, der in der Zeit der Renaissance Erweiterungen und Veränderungen erfahren hat.

Über *Pozuelo de Zarzón* erreicht man die Bischofsstadt

***Plasencia** (210 km). Die 1178 gegründete Stadt ist noch von der aus dem 12. Jh. stammenden Mauer umgeben. Die zum Teil bei Errichtung der *Neuen Kathedrale* zerstörte *Alte Kathedrale*, die heute als Pfarrkirche dient, besitzt einen beachtenswerten romanischen Kreuzgang. Die im Stil der Renaissance gehaltene Neue Kathedrale (16. Jh.) ist unvollendet geblieben. In ihr ist ein großartiger *Altaraufsatz (1626) von *Gregorio Fernández* zu sehen.

Von Plasencia aus sollte man zwei Abstecher unternehmen.

Der erste (40 km) führt an dem römischen *Aquädukt* (53 Bögen) von Plasencia und an den römischen Ruinen in der Gegend von *Villar de Plasencia* vorbei nach *Abadia*, wo ein gotisches Zisterzienserkloster (ursprünglich Burg der Tempelritter) steht, das später in einen Palast der Herzöge von Alba umgewandelt wurde. Das untere Stockwerk des Innenhofs ist in mudejarischem Stil gehalten und hat eine sehr große Ähnlichkeit mit dem mudejarischen Kreuzgang des Klosters *Guadalupe* (siehe Seite 303). An die einst von Dichtern besungene Schönheit der Palastgärten erinnern heute fast nur noch einige Skulpturen.

Der zweite Abstecher ab Plasencia hat *Yuste* und *Jarandilla* (47 km) zum Ziel. Von der nach Jarandilla führenden C. 501 zweigt bei *Cuacos* eine Straße nach dem 2 km entfernten *Monasterio de San Jerónimo de Yuste* ab. Das an sich nicht sehr bedeutende Kloster wurde dadurch bekannt, daß sich Kaiser *Karl V.* nach seiner Abdankung (1557) in dieses Kloster zurück-

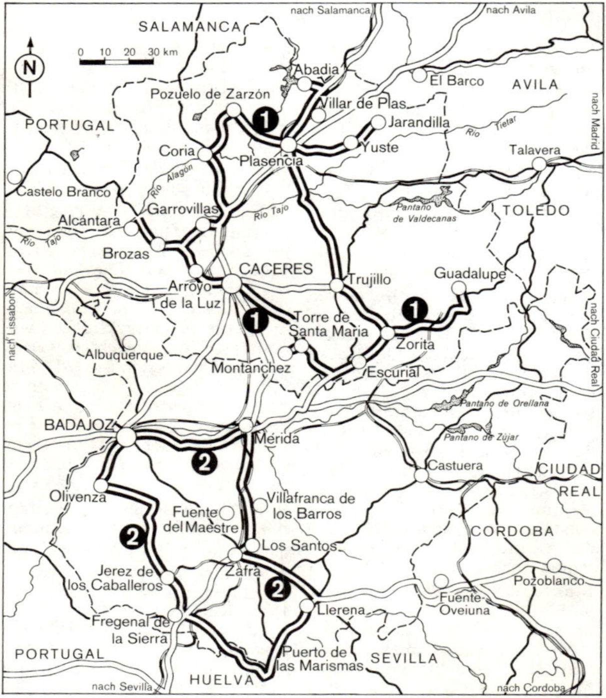

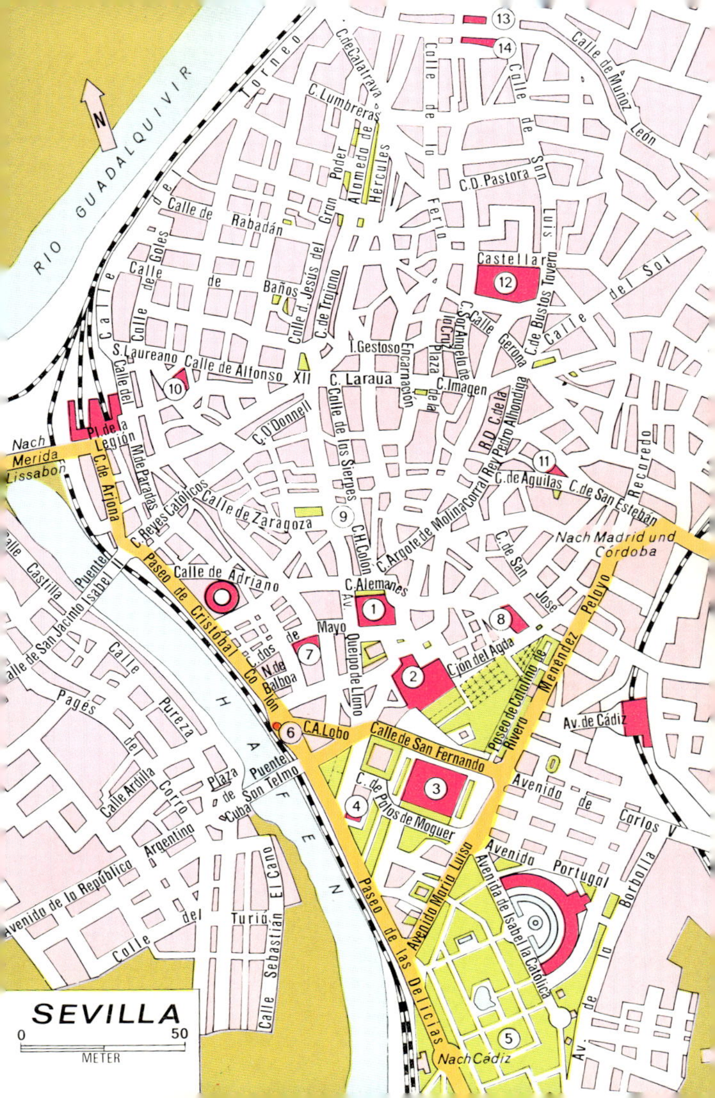

SEVILLA
0
50
METER
N
RIO GUADALQUIVIR
Calle del Torneo
C. de Calatrava
C. Lumbreras
Alameda de Hércules
Calle de la Feria
Calle de San Luis
Calle de Muñoz León
C.D. Pastora
Calle de Goles
Calle de Rabadán
Calle del Gran Poder
Calle de Baños
Calle d. Jesús del Gran Poder
C. de Trajano
Castellar
Calle de Bustos Tavera
Calle del Sol
S. Laureano
Calle de Alfonso XII
I. Gestoso
C. Laraua
Encarnación
Plaza de la Cruz
C. Sor Angela de la Cruz
Calle Gerona
C. Imagen
C. O'Donnell
Calle de las Sierpes
R.D.
C. de la Alhondiga
Corral Rey Pedro
Pl. de la Legión
Nach Merida Lissabon
C. de Arjona
M. de Paradas
C. Reyes Católicos
Calle de Zaragoza
C. de Aguilas
C. de San Estebán
Recuredo
C. Argote de Molina
C.H. Colón
Nach Madrid und Córdoba
C. de San José
Calle de Adriano
Paseo de Cristobal Colón
Puente Isabel II
Calle Castilla
C. Alemanes
Av. de Mayo
Queipo de Llano
C. dos de Mayo
N de Balboa
C. jon del Agua
Paseo de Catalina de Rivero
Menendez Pelayo
Calle de San Jacinto
Calle Pureza
Pagés del Corro
C. A. Lobo
Calle de San Fernando
Av. de Cádiz
H A F E N
Calle Ardilla
Plaza de Cuba
Puente de San Telmo
C. de Palos de Moguer
Avenida de Carlos V
Argentina
Avenida de la República
Calle Sebastián El Cano
Calle del Turia
Paseo de las Delicias
Avenida María Luisa
Avenida Portugal
Avenida de Isabel la Católica
Av. de la Borbolla
Nach Cádiz
1
2
3
4
5
6
7
8
9
10
11
12
13
14

zog, das er durch einen kleinen Palast erweitern ließ. Der Kaiser starb dort 1558. – *Jarandilla* verdient einen Besuch wegen der prächtigen *Burg* (um 1477), in der sich heute der *Parador Nacional de Carlos V* befindet.

Man setzt nun die Rundfahrt ab Plasencia fort und fährt nach

***Trujillo** (290 km). In dieser Stadt weitgehend mittelalterlichen Gepräges wurden *Francisco Pizarro* (um 1475–1541), der Eroberer Perus, und viele andere Conquistadoren geboren, andere Conquistadoren ließen sich nach ihren Abenteuern in Trujillo nieder. Auf der hübschen, von Arkadenhäusern umgebenen *Plaza Mayor* steht ein Reiterstandbild Pizarros, 1927 von dem US-Amerikaner *Rumsey* geschaffen und von dessen Frau der Stadt geschenkt. Zu den schönsten Arkadenhäusern der Plaza Mayor zählen der *Palacio del Marqués de la Conquista* und der *Palacio de los Vargas-Carvajales*. An der Nordostecke des Platzes steht die Kirche *San Martín* (16. Jh.). An der Nordseite erhebt sich die *Torre del Alfiler*, in deren Nähe eine Treppe und dann die *Calle Lamar* zur Kirche *Santa María la Mayor* (13./14. Jh.) hinaufführen. In der Nähe der Kirche steht auf dem höchsten Punkt der Granitkuppe, um die herum die Stadt sich entwickelt hat, das *Castillo*, dessen rechteckige Türme noch aus maurischer Zeit stammen.

Auf der C. 524 fährt man weiter

Die andalusische Freude am Blumenschmuck überschlägt sich fast auf der Plazuela de las Flores, dem Blumenplätzchen, in Córdoba.

Guadalupe: Kreuzgang

nach *Zorita* und von dort auf der C. 401 nach

***Guadalupe** (372 km), dessen malerisch gelegenes Kloster im 14. und 15. Jh. erbaut wurde (Ergänzungen aus dem 16. und 17. Jh.). Die älteren Bauteile weisen Elemente des gotischen und des mudejarischen Stils auf; der letzte ist in dem schönen Kreuzgang eindeutig vorherrschend. Das Kloster ist überreich an Kunstwerken, die es der großen Verehrung verdankt, die man in der Zeit des Kampfes gegen die Mauren der *Virgen de Guadalupe* entgegenbrachte (seit 1928 ist die Virgen die *Königin der Hispanidad*, des Spaniertums, und wird am 12. Oktober in großartigster Weise gefeiert). Zu den bedeutendsten Kunstschätzen des Klosters gehört der **Gemäldezyklus, den *Francisco de Zubarán* geschaffen hat und der sich in der *Capilla de San Jerónimo* befindet. Diese Gemälde allein rechtfertigen bereits einen Besuch des Klosters. Zum Kloster gehört eine *Hospedería*, so daß man die weite Fahrt nach Guadalupe mit einer Übernachtung verbinden kann.

Über *Zorita*, *Escurial* und *Torre de Santa María* (in der Nähe das malerische *Montánchez* mit maurischem *Castillo*) fährt man nach Cáceres (512 km) zurück.

DIE PROVINZ BADAJOZ

Die Provinz Badajoz (21657 qkm) ist die größte Provinz Spaniens; sie gehört zur Region *Extremadura* und wird im Norden von der Provinz *Cáceres*, im Osten von den Provinzen *Ciudad Real* und *Córdoba*, im Süden von den Provinzen *Sevilla* und *Huelva* und im Westen von *Portugal* begrenzt. Die wichtigste Straße ist die N. V (Madrid – Badajoz – Lissabon). Neben ihr sind zu nennen: N. 630 (Cáceres – Mérida – Sevilla), N. 523 (Cáceres – Badajoz), N. 432 (Badajoz – Córdoba) und N. 435 (Badajoz – Huelva). Durch die Provinz führen die Eisenbahnlinien Madrid – Badajoz – Lissabon, Badajoz – Zafra – Sevilla mit den Abzweigungen Zafra – Jerez de los Caballeros und Zafra – Huelva und schließlich die Linie Badajoz – Cáceres. Der bei weitem sehenswerteste Ort ist * Mérida.

Die Provinzhauptstadt Badajoz

Badajoz liegt auf einem Höhenrücken am linken Ufer des *Guadiana*. Die Stadt ist Bischofssitz. Die Geschichte der Stadt, die bis in römische Zeit zurückreicht (damals gehörte sie zur Provinz *Lusitania*), ist die einer immer wieder belagerten Grenzfestung. In der Altstadt ist die Enge der Festung erhalten geblieben. Festungscharakter hat die im 13. Jh. erbaute *Kathedrale* (die Fassade ist modern). In der Reliquienkapelle der Kathedrale befindet sich eine beachtenswerte Madonna mit Kind, ein Relief aus dem 15. Jh. In der *Torre de Espantaperros*, einem Rest der maurischen Befestigungsanlagen, ist das *Archäologische Museum* untergebracht, in dem unter anderem westgotische *Stelen* zu sehen sind. Im Nordwesten der Stadt liegen die *Puerta de Palmas* und der den Guadiana überspannende 582 m lange *Puente de Palmas* (beide Ende des 16. Jh.). Badajoz steht im Mittelpunkt des „Plan Badajoz", eines der größten Bewässerungs- und Bonifikationsprojekte Spaniens, durch das das Aussehen eines großen Teils der Provinz, insbesondere des Gebiets zwischen Badajoz und Mérida, von Grund auf verändert wird und das beispielhaft für ganz Spanien sein wird.

Route 2: Mérida und der Süden der Provinz

Durch die gut bewässerte und hauptsächlich von Getreidefeldern bedeckte *Vega del Guadiana* fährt man von Badajoz auf der N. V nach

* **Mérida** (61 km). Die am Guadiana gelegene Stadt wird das „Spanische Rom" genannt. Sie wurde um 25. v. Chr., also zur Regierungszeit des Kaisers *Augustus*, von den Römern gegründet, erhielt den Namen *Augusta Emerita* und wurde die Hauptstadt der Provinz *Lusitania*. Der

Blüte in römischer Zeit folgte ein allmähliches Absinken in westgotischer, maurischer und christlich-spanischer (seit 1228) Zeit. Es kann daher kaum überraschen, daß die wichtigsten Sehenswürdigkeiten der Stadt aus römischer Zeit stammen.

Von Badajoz kommend, biegt man kurz vor Mérida von der N. V nach links in die N. 630 ein und überquert dann auf der **Römischen Brücke* (erbaut im 1. Jh. v. Chr.; 790 m lang; 60 Bögen) den Guadiana. Am

Römische Brücke in Mérida

jenseitigen Ufer liegt rechts der maurische *Alcázar*, 835 erbaut und somit das älteste erhaltene maurische Baudenkmal auf spanischem Boden. Wenigstens teilweise ist dieser Bau ein restauriertes Bauwerk aus römischer Zeit. Vom Alcázar aus sind es nur wenige Schritte bis zur *Plaza de España*, in deren Nähe sich das *Museum* (vorwiegend römische Statuen, Büsten, Grabsteine) und der 15 m hohe *Trajansbogen*, einer der Zugänge zum *Forum* (= Plaza de España), befinden.

Von der Plaza de España aus geht man die *Calle de Santa Eulalia* bis zur nach rechts abzweigenden *Calle J. Ramón Mélida*, an deren Ende das Gelände mit den Ruinen des römischen *Amphitheaters* und des teilweise restaurierten römischen ** *Theaters* (beide kurz vor Christi Geburt erbaut) und mit Resten der römischen *Stadtmauer* liegt.

Von diesem archäologischen Gelände aus geht man am vorwiegend maurischen *Acueducto moderno* (auch Reste eines römischen Aquädukts sind zu sehen) entlang bis zur Kreuzung von Eisenbahn und *Avenida Teniente Coronel Yagüe*. Geht man diese Avenida ein wenig nach rechts, so trifft man auf die spärlichen Reste des römischen *Circus Maximus*. Geht man die Avenida nach links, kommt man zur Kirche *Santa Eulalia*, vor der eine zum Teil aus den Steinen des römischen Marstempels erbaute kleine Kapelle steht. Die Kapelle wird *Horno de Santa Eulalia* (Backofen der heiligen *Eulalia*) genannt, weil sie angeblich an der Stelle jenes Backofens steht, in dem die Heilige im Jahre 304 lebendig verbrannt worden sein soll. Die Fortsetzung der Avenida Yagüe nach Westen bildet die *Avenida Marquesa de Pinares* (zugleich N.630), die zu dem römischen *Acueducto de los Milagros* führt, über den das Wasser aus dem nördlich der Stadt gelegenen und ebenfalls von den Römern erbauten Stausee *Proserpina* herangeführt wurde. Ein weiterer römischer Stausee, der von *Cornalvo*, liegt an der N. V, etwa 17 km nordöstlich der Stadt.

Man kann diesen letzten Stausee

besuchen, wenn man von Mérida aus einen Abstecher (43 km je Weg) nach *Medellín* macht.

Medellín ist der Geburtsort des *Hernán Cortés* (1485–1547), der Mexiko eroberte. In der gut erhaltenen Burg aus dem 14. Jh. befindet sich ein *Museum*, dessen Sammlungen sich mit der Geschichte der spanischen Gebiete Südamerikas befassen.

Von Mérida aus setzt man die Rundfahrt in südlicher Richtung auf der N. 630 fort und macht von dem inmitten von Gemüse- und Weinfeldern gelegenen *Villafranca de los Barros* (104 km) einen Abstecher (9 km je Weg) nach *Fuente del Maestre*, in dessen Kirche *de la Candelaria* sich ein verwirrend vielgestaltiger Altaraufsatz befindet.

Nach diesem Abstecher fährt man auf der N. 630 weiter bis nahe *Los Santos* und biegt dort nach *Zafra* (125 km) ab, dessen in maurische Zeit zurückreichendes und im 15. Jh. restauriertes * *Castillo*, das schönste der Extremadura, kürzlich in den *Parador Nacional Hernán Cortés* umgewandelt worden ist.

Die N. 432 führt von Zafra nach *Llerena* (166 km), das wegen seiner *Plaza Mayor* einen Besuch verdient. Der Platz ist an drei Seiten von Häusern mit doppelten Arkaden umgeben. Dem so geschaffenen Gesamtbild ordnet sich die Kirche *Nuestra Señora de la Granada* (Unsere Liebe Frau mit dem Granatapfel) ein, da ihrer Längsseite im oberen Teil zwei Arkaden- oder Loggienreihen vorgesetzt sind. Der Turm hat eine starke Ähnlichkeit mit der *Giralda* von Sevilla (siehe S. 311).

Durch das Grenzgebiet der Provinzen Badajoz und Huelva und durch die Sierra Morena kommt man über den *Puerto de las Marismas* und *Fregenal de la Sierra* (ehemalige Tempelritterburg) nach

Jerez de los Caballeros (289 km). Der von Mauern umgebene Ort wird von der ehemaligen Burg (13. Jh.) der Tempelritter überragt. Die Kirchen weisen eine verschwenderische Fülle von Ornamentik auf. Die barocke Kirche *Santa María de la Encarnación* zeigt besonders im Innern den ganzen Reichtum barocker Ausstattung. Verwirrend vielfältig sind die Schmuckelemente der Fassade der Kirche *San Bartolomé*, an der auch blaue Azulejos und Stukkaturen angebracht sind; der Fassade entsprechen die oberen Stockwerke des Turms (Mitte des 18. Jh.).

Olivenza (355 km) gehörte bis 1801 zu Portugal. Dieser Zugehörigkeit verdankt der Ort seine Bauten im Manuelinischen Stil (siehe Seite 62). Das schönste dieser Bauwerke ist die Kirche *de la Magdalena*, neben der vor allem die Kapelle des *Hospital de la Caridad* sehenswert ist. Die Verspieltheit des manuelinischen Stils wird auch am Portal der Stadtbibliothek deutlich. – Von Olivenza aus fährt man nach Badajoz (379 km) zurück.

DIE PROVINZ HUELVA

Die Provinz Huelva (10085 qkm) gehört zu *Andalusien*. Sie wird im Norden von der Provinz *Badajoz*, im Osten von der Provinz *Sevilla*, im Süden vom *Atlantik* und im Westen von *Portugal* begrenzt. Die wichtigsten Straßen sind die N. 435 (Badajoz – Huelva), N. 431 (Sevilla – Huelva – Ayamonte) und N. 433 (Sevilla – Aracena – Beja/Portugal). Durch die Provinz verlaufen die Eisenbahnlinien Zafra – Huelva und Sevilla – Huelva – Ayamonte. Die Küste der Provinz bildet einen Teil der Ferienlandschaft *Costa de la Luz*. Der sehenswerteste Ort ist Aracena mit der *Gruta de las Maravillas, die besuchenswerteste Landschaft der zwischen Huelva und der Guadianamündung gelegene Teil der Costa de la Luz.

Die Provinzhauptstadt Huelva

Huelva liegt auf einer Art Halbinsel, die von den Mündungsarmen des *Río Odiel* und des *Río Tinto* gebildet wird. Die Stadt ist Bischofssitz. Ihre wirtschaftliche Bedeutung verdankt die Stadt, die phönikischen oder karthagischen Ursprungs sein soll, ihrem Handelshafen, in dem die Erze der zahlreichen im Innern der Provinz gelegenen Erzgruben verladen werden. Sehenswürdigkeiten besitzt die Stadt nicht.

Route 1: La Rábida und Aracena

Man fährt von Huelva aus am Río Odiel entlang, überquert den Río Tinto auf der neuen Brücke und biegt nach links ab zum

Monasterio La Rábida (15. Jh.), in dem *Christoph Kolumbus* Unterkunft fand, als der portugiesische König es 1484 abgelehnt hatte, die Reisepläne des Kolumbus zu unterstützen. Im Kloster befindet sich ein kleines *Kolumbus-Museum*. Die *Ruta Colombina* (Kolumbus-Straße) führt von dem Kloster aus nach *Palos* (8 km), aus dessen heute versandetem Hafen Kolumbus 1492 zu seiner ersten großen Entdeckungsreise auslief. Die Mudejarkirche *San Jorge*, von der aus Kolumbus zum Hafen hinuntergegangen sein soll, wurde 1473 erbaut.

Ab Palos macht man einen Abstecher (13 km je Weg) nach *Mazagón* (Badeort mit 18 km langem Dünenstrand *Playa de Castilla* und dem *Parador Nacional Cristóbal Colón*). Weiter südlich reicht bis zur Mündung des Guadalquivir der *Coto de Doñana*, der zum großen Teil ein einzigartiges Tierschutzgebiet ist. In der Strandzone dieses Gebietes sind einige das Tierleben stark beeinträchtigende Touristenzentren mit großen Hotels (darunter eins mit 1100 Betten) entstanden. Das zur Zeit größte Zentrum ist *Matalascañas*.

Von Palos fährt man auf der Ruta Colombina weiter nach *Moguer* (15 km), dessen Kloster *Santa Clara* (14. Jh.) das bedeutendste Mudejarbauwerk der Provinz Huelva ist. In der Klosterkirche befinden sich einige beachtenswerte Alabastergrabmäler. Der Turm der Kirche *Nuestra Señora de la Granada* wird wegen der Ähnlichkeit mit der *Giralda* in Sevilla die „Microgiralda" genannt. Das einstige Haus des Dichters und Nobelpreisträgers *Juan Ramón Jiménez* (1881–1958) ist in ein *Museum* umgewandelt.

Die Ruta Colombina trifft auf die N. 431, der man nach *Niebla* (36 km) folgt. Das noch von Mauern, sogar von einem Stück Zyklopenmauer, das vielleicht aus iberischer Zeit stammt, umgebene Städtchen besitzt die sehenswerte Kirche *Santa María de la Granada*, die im 13. Jh. vorübergehend Moschee gewesen ist. Über *La Palma del Condado* und *Valverde del Camino* fährt man nach

Aracena (138 km). Das alte Städtchen besitzt ein verfallenes maurisches *Castillo*, in dessen Umfriedung die Kirche *Nuestra Señora de los Dolores* steht. Zur Kirche gehört ein Mudejarturm mit ausgezeichneter Backsteinornamentik. In dem Hügel, auf dem das Städtchen erbaut ist, liegt die **Gruta de las Maravillas* (Eingang in der Straße *Pozos de la Nieve*), eine 1200 m lange und 40 m hohe Tropfsteinhöhle, deren Stalagmiten und Stalaktiten prächtige Farbtönungen aufweisen und sich in zahlreichen Seen spiegeln.

Man fährt zurück bis Valverde del Camino und behält dort die N. 435 bei. Auf ihr kommt man nach *Trigueros* (222 km). Dort läßt man sich den Weg zum **Dolmen de Soto* zeigen, einem mächtigen megalithischen Ganggrab, das aus dem 2. Jahrtausend v. Chr. stammen dürfte. An den Wänden sind eigenartige Gravierungen angebracht.

Über *San Juan del Puerto* fährt man nach Huelva (243 km) zurück.

Route 2: Die Costas Colombinas

Mit *Costas Colombinas* (Kolumbus-Küsten) werden vielfach die Küstenabschnitte zwischen Huelva und der Mündung des *Río Guadiana*, also ein Teil der *Costa de la Luz*, bezeichnet.

Eine Küstenstraße gibt es zwischen Punta Umbría und der Mündung des *Río Pedras*. Sonst führen von der N. 431 aus nur zwei Stichstraßen an die Küste.

Man verläßt Huelva in westlicher Richtung über die Rio-Odiel-Brücke und gelangt an Aljaraque vorbei zur Küste, wo man nach links in die Straße nach

Punta Umbría (59 km) einbiegt Dieser auf einer schmalen Landzunge und am Ende des kilometerlangen Strandes *Punta Umbría* gelegene Ort hat sich in den letzten Jahren zu einem vielbesuchten Badeort entwickelt. Auch *El Rompido*, das man am Strand entlang nach Nordwesten fahrend erreicht, erfreut sich einer wachsenden Zahl von Besuchern. Der Strand, der *Playa El Rompido*, aber auch *Playa de Nueva Umbría* genannt wird, liegt gegenüber dem Ort an einer Haffküste. Das Haff, das im Durchschnitt nur etwa 300 m breit ist, darf als ein Badeparadies für Kinder gelten. El Rompido gehört verwaltungsmäßig zu dem landeinwärts gelegenen und durch weite Pinienwaldungen zu erreichenden *Cartaya* (84 km), das von Phönikern gegründet worden sein soll und in dem es noch zahlreiche maurische Brunnen gibt.

Man überquert den Río Piedras und kommt nach *Lepe* (90 km), das auf das römische *Leptis*, eine Garnisonstadt, zurückgeht. Heute ist der Ort vor allem wegen seiner Weine und wegen seiner getrockneten Feigen bekannt. 5 km entfernt ist der Strand von Lepe, die *Playa de las Antillas*, an der

Las Antillas entstanden ist, ein Badeort mit Hotels, Appartements, Schwimmbädern, Cafés und Tanzlokalen. Las Antillas macht besonders deutlich, daß die Erschließung der Costas Colombinas mit Riesenschritten vorangeht.

Von Lepe fährt man auf der N. 431 bis zur Abzweigung (99 km) nach *Isla Cristina*, das in mancher Hinsicht mit Las Antillas verglichen werden kann.

Die N. 431, die mit Recht auch die *Ruta de los Pinares* (die Straße der Pinienwälder) genannt wird, endet in *Ayamonte* (109 km), der spanischen Grenzstadt am Río Guadiana. Auch diese Stadt, an deren Nordostrand erhöht der *Parador Nacional Costa de la Luz* steht, soll zu einem Brennpunkt des Tourismus werden. Als Touristenzentrum ist die südlich der Stadt gelegene *Isla Canela y del Moral* ausersehen.

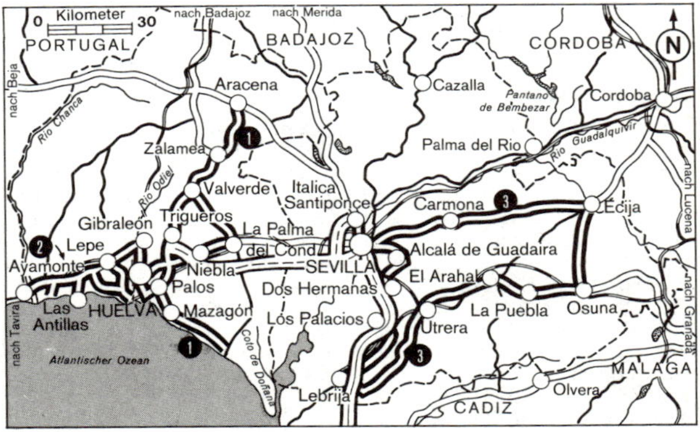

DIE PROVINZ SEVILLA

Die Provinz Sevilla (14001 qkm) gehört zu *Andalusien*. Sie wird im Norden von der Provinz *Badajoz*, im Osten von den Provinzen *Córdoba* und *Málaga*, im Süden von der Provinz *Cádiz* und im Westen von der Provinz *Huelva* begrenzt. Die wichtigste Straße ist die N. IV (Madrid – Sevilla – Cádiz). Außer ihr sind zu nennen die N. 630 (Badajoz – Sevilla), die N. 431 (Sevilla – Huelva) und die N. 334 (Sevilla – Antequera). Durch die Provinz führen die folgenden Eisenbahnlinien: Madrid – Córdoba – Sevilla – Cádiz, Sevilla – Badajoz, Sevilla – Huelva – Ayamonte, Sevilla – Granada/Málaga und Sevilla – Carmona – Los Rosales. Die sehenswertesten Orte sind *** Sevilla und Carmona (Necrópolis Romana).

Die Provinzhauptstadt *** Sevilla

***Sevilla liegt am linken Ufer des *Río Guadalquivir*. Es ist die viertgrößte Stadt Spaniens, Sitz eines Erzbischofs und einer Universität. Der Hafen von Sevilla ist der einzige Binnenhafen Spaniens; er kann auch von größeren Seeschiffen angelaufen werden. Handel und Industrie bilden die wirtschaftlichen Grundlagen der Stadt. Aber auch der Tourismus spielt eine sehr wesentliche Rolle.

GESCHICHTE

Sevilla geht auf das antike *Hispalis* zurück, das von Phönikern oder Iberern gegründet wurde. Caesar eroberte die Stadt im Jahre 45 v. Chr. und ließ sie befestigen. Den Römern folgten die Vandalen und Sueben, 441 die Westgoten und 712 die Mauren, die die Stadt *Ichebiliya* oder *Isbilia* nannten und die Herrschaft über sie den Nachkommen des westgotischen Königs *Witiza* überließen, weil diese die Mauren 711 gegen den westgotischen König *Rodrigo* zu Hilfe gerufen hatten. Der relativen Unabhängigkeit Sevillas setzte der Omaijadenkalif *Abderrahman* III. 913 ein Ende. Unter den seit 1146 regierenden Almohaden, die Sevilla besonders günstig gesinnt waren, entstanden die bedeutendsten maurischen Bauwerke. 1248 wurde Sevilla von *Ferdinand III.*, dem Heiligen, erobert und erfreute sich in der Folgezeit auch der Gunst der kastilischen Könige. Nach der Entdeckung Amerikas erhielt Sevilla das Monopol für den überseeischen Handel, außerdem wurde es Sitz des *Tribunal de las Indias* (Rat beider Indien). 1720 wurde der Sitz dieses Rates nach Cádiz verlegt, und das bedeutete den Anfang eines lange anhaltenden wirtschaftlichen Rückgangs für Sevilla. Als ab 1928 der Guadalquivir reguliert und Sevilla damit für den Seehandel sozusagen neu erschlossen wurde, begann für die Stadt eine neue Blütezeit.

SEHENSWÜRDIGKEITEN

Die bedeutendsten Sehenswürdigkeiten sind die ** Kathedrale mit der *** Giralda, der ** Alcázar, das * Rathaus, der * Parque María Luisa, die * Casa de Pilatos, das * Museo de Bellas Artes und der ** Barrio de Santa Cruz.

Die meisten Sehenswürdigkeiten liegen im Süden der Altstadt, in nicht zu großer Entfernung von der Kathedrale. Es empfiehlt sich daher, die Stadtbesichtigung mit dem Besuch der Kathedrale zu beginnen und von der Kathedrale aus einige Spaziergänge zu unternehmen.

Der Komplex der an der *Avenida Queipo de Llano* gelegenen

**** Kathedrale** [1] besteht in der Hauptsache aus dem *Patio de los Naranjos* mit der an der Südostecke stehenden *Giralda*, aus der Kathedrale und aus etlichen Anbauten an der Südseite der Kathedrale. Der Patio de los Naranjos ist der Hof, die Giralda das Minarett der einstigen Moschee, an deren Stelle im 15. Jh. die Kathedrale errichtet wurde. Die Kuppel wurde 1519 erneuert, da die erste Kuppel 1511 eingestürzt war. Von den drei Portalen der Westfassade weisen die * *Puerta del Bautismo* (1) und die * *Puerta del Nacimiento* (2) beachtliche Bildhauerarbeiten aus dem 15. Jh. auf. Die *Puerta Mayor* wurde 1885 neu gestaltet. Auch die an der Südseite gelegene *Puerta de la Lonja* (auch *Puerta de San Cristóbal* genannt; (4) wurde erst gegen Ende des 19. Jh. vollendet. An der Ostseite befinden sich die *Puerta de las Campanillas* (5) mit einer Darstellung des Einzugs in Jerusalem und die *Puerta de los Palos* (6) mit einer Anbetung der Könige. Die Bildhauerarbeiten (1520 bis 1522) stammen von dem Franzosen *Miguel Perrin*. Neben der Puerta de los Palos erhebt sich die *** *Giralda* (7), das 93 m hohe Wahrzeichen der Stadt. Das Ende des 12. Jh. erbaute Minarett ist ein Meisterwerk hispano-maurischer Kunst (siehe Seite 69). Man kann bis zu der in 70 m Höhe gelegenen Plattform hinaufsteigen. Der auf dieser Plattform stehende Glockenturm wurde 1568 erbaut. Die ihn krönende Windfahne ist eine 4 m hohe Bronzefigur des Glaubens. Neben der Giralda führt die *Puerta del Oriente* (8) in den

Giralda

* Patio de los Naranjos. Der Haupteingang ist aber die * *Puerta del Perdón* (9), ein maurisches Tor, das zu Beginn des 16. Jh. eine platereske Umrahmung erhalten hat. Der Patio de los Naranjos (10) ist der Vorhof der einstigen Moschee. Das Becken des früheren Reinigungsbrunnens soll aus der zerstörten westgotischen Bischofs-

kirche stammen. An der Ostseite des Hofes befindet sich die Bibliothek des Domkapitels mit der *Biblioteca Colombina* (11), Restbeständen der umfangreichen Sammlung des Kolumbussohnes Hernando Colón. Die Westseite nimmt das *Sagrario* (12) ein, eine Barockkirche aus dem 17. Jh. Aus dem Hof führen zwei Portale in die Kathe-

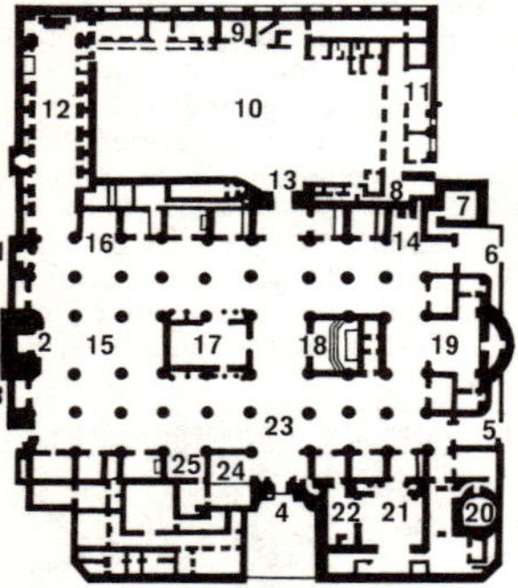

Grundriß der Kathedrale

drale: die unvollendete *Puerta de los Naranjos* (13) und die *Puerta del Lagarto* (14), neben der die *Capilla de la Granada* zu sehen ist, ein Rest der Moschee.

Man betritt die Kathedrale durch eines der Westportale. Das Innere beeindruckt durch seine Weite (die Kathedrale ist eine der größten christlichen Kirchen), die allerdings durch den *Coro* und die *Capilla Mayor*, die beide als abgeschlossene Räume in das Mittelschiff hineingestellt sind, beeinträchtigt wird. Die wesentlichen Sehenswürdigkeiten im Innern sind: der Grabstein (15) des *Fernando Colón*, des Sohnes von Christoph Kolumbus; die *Capilla de San Antonio* (16) mit einem von *Murillo* 1656 gemalten **Bild des heiligen *Antonius von Padua;* das gotische **Chorgestühl* (15. Jh.) im *Coro* (17); der großartige, von dem flämischen Bildhauer *Pieter Dancart* 1482 begonnene und von anderen Künstlern 1526 vollendete **Altaraufsatz* in der *Capilla Mayor* (18); die *Capilla Real* (19), ein Werk der Renaissance, mit den Grabmälern kastilischer Könige und Königinnen; die **Sala Capitular* (20) mit einer *„Unbefleckten Empfängnis" von *Murillo;* die **Sacristía Mayor* (21) mit zahlreichen Kunstwerken, von denen hauptsächlich Beachtung verdienen: die **Kreuzabnahme* (1548) des Brüsselers *Pieter de Kempeneer* (in Spanien *Pedro de Campaña* genannt), die gut 3 m hohe und rund 300 kg schwere **Monstranz* (um 1585) von *Juan de Arfe*, der **Tenebrario*, ein fast 7 m hoher 15armiger Leuchter (um 1560), von *Bartolomé Morel* und Reliquiare; die *Sacristía de los Cálices* (22) mit Gemälden von *Goya*, *Murillo* und anderen und dem *„Gekreuzigten", einem Meisterwerk des *Juan Martínez Montañés;* vor der *Puerta de San Cristóbal* das aus der Kathedrale von *Havanna* (Kuba) nach Sevilla geschaffte *Grabmal* (23) des *Christoph Kolumbus* (die sterblichen Überreste ruhen aber in *Santo Domingo*, Dominikanische Republik); die *Capilla de la Antigua* (24) mit dem plateresken *Grabmal des Kardinals *Mendoza;* die *Capilla de San Hermenegildo* (25) mit dem gotischen *Grabmal des Erzbischofs *Juan de*

Cervantes (gestorben Mitte des 15. Jh.); die *Glasmalereien der Fenster, Werke aus dem 16. bis 19. Jahrhundert.

Der erste Spaziergang führt über die *Plaza del Triunfo* an der *Lonja* (Börse; Ende 16. Jh.) vorbei zum

** **Alcázar** [2]. Der maurische Festungs- und Palastbau ist von den kastilischen Königen, die ihn zur Residenz erwählten, gründlich umgestaltet worden. Da aber die Umgestaltungen im mudejarischen Stil vorgenommen wurden, macht das Bauwerk in seiner Gesamtheit doch noch einen maurischen Eindruck. Der Weg durch den Alcázar führt vom *Patio de la Montería* (Jägerhof) durch die *Puerta del León* (Löwentor) in den *Patio del León* (Löwenhof), der von der prächtigen *Mudejarfassade des *Palacio del Rey Don Pedro* (1364) beherrscht wird. Durch das Hauptportal des Palastes gelangt man in den **Patio de las Doncellas* (Mädchenhof) mit marmornen Säulenpaaren und prächtigen Stuckarbeiten. An der Südostseite des Hofes liegt der *Salón de Carlos V* (hervorragende *Kassettendecke aus dem 16. Jh.), an den sich die Gemächer der *María de Padilla*, der Geliebten *Pedros des Grausamen* von Kastilien, anschließen. Es folgen an der Südwestseite des Hofes der *Comedor* (Kassettendecke aus der Zeit *Philipps II.*) und der ***Salón de Embajadores* (Botschaftersaal), der mit seiner Artesonadokuppel der schönste Raum des Alcázar ist. Durch das sogenannte *Dormitorio de Felipe II* gelangt man in den **Patio de las Muñecas* (Puppenhof), der in seinem unteren Teil im Mudejarstil erhalten ist. Durch das sogenannte *Dormitorio de los Reyes Moros* (Schlafgemach der maurischen Könige) kommt man in den Patio de las Doncellas zurück.

Um die Räume im ersten Stockwerk zu besuchen, muß man in den Patio de la Montería zurückgehen, wo sich der Aufgang befindet. Dort ist vor allem das *Oratorio de los Reyes Católicos* mit dem von dem Pisaner *Francisco Niculoso* 1504 geschaffenen *Azulejos-Altar sehenswert.

Neben dem Palacio del Rey Don Pedro gibt es den *Palacio de Carlos V*, den man vom Patio del León aus über den *Patio de Maria de Padilla* erreicht. Die wichtigsten Teile dieses Palastes sind die *Salones de Carlos V*, deren Wände mit ausgezeichneten *Wandteppichen (1554) geschmückt sind (auf ihnen ist die Eroberung von *Tunis* durch *Karl V.* dargestellt), und die Kapelle, die für die Hochzeit (1526) *Karls V.* mit *Isabella von Portugal* erbaut worden ist. Von den Salons aus hat man Zugang zu den herrlichen **Gärten des Alcázar. Am Wege dorthin liegt der **Patio del Yeso* (Stuckhof), ein Rest des Almohadenpalastes.

Vom Alcázar aus geht man durch die *Calle S. Gregorio* weiter nach Süden, sieht an der *Calle de San Fernando* die *Universität* [3], die ehemalige Tabakfabrik (gern mit der Oper „Carmen" in Verbindung gebracht), geht in der *Avenida de Roma* am *Palacio de San Telmo* [4], einem Barockbau des 17. Jh. (heute Priesterseminar) vorbei und kommt in den schönen und weiten **Parque de María Luisa*, in dem noch zahlreiche für die *Ibero-amerikanische Ausstellung* von 1929 errichtete Bauten stehen, darunter an der *Plaza de América* das Haus des *Museo Arqueológico* [5], in dem Funde aus vorgeschichtlicher und römischer Zeit zu sehen sind. Man geht am Ufer des toten Arms (Hafen) des Guadalquivir entlang bis über den *Puente de San Telmo* hinaus, trifft dann auf die mächtige *Torre del Oro* [6], ein maurisches Bauwerk (1220), das früher durch Mauern mit dem Alcázar verbunden war, und geht von dort durch die *Calle de Núñez de Balboa* zum *Hospital de la Caridad* [7]. In der Kapelle des Hospitals sind einige Gemälde von *Murillo* und zwei packende, sich in äußerst realistischer Weise mit der Vergänglichkeit des Menschen befassende *Bilder von *Juan de Valdés Leal* zu sehen.

Der zweite Spaziergang führt in den östlich der Kathedrale und des Alcázar gelegenen

****Barrio de Santa Cruz,** die einstige *Judería*, die den Sevillanern selbst als das typischste Viertel ihrer Stadt gilt. Dieses Viertel muß man planlos und stets auf Entdeckungen bedacht durchstreifen. Man wird dann vielleicht auch auf die *Plaza de los Venerables Sacerdotes* stoßen, an der das *Hospital de los Venerables Sacerdotes* [8], ein Priester-Altersheim, steht. In dem Heim befindet sich das *Museo de Semana Santa* (Museum der Karwoche) mit Werken, die eigens für die Prozessionen der Karwoche geschaffen sind. Die barocke Kapelle hat vor allem *Juan de Valdés Leal* mit Fresken geschmückt.

Der dritte Spaziergang führt durch die *Calle Colón* zur *Plaza de San Francisco*, an der das

***Rathaus** *(Ayuntamiento)* [9] steht. Der großartige plätereske Bau wurde nach Plänen von *Diego de Riaño* 1527 bis 1571 errichtet und Ende des 19. Jh. restauriert. An der westlich des Rathauses gelegenen *Plaza Nueva* werden für die Karwoche Tribünen aufgeschlagen, von denen aus Sevillaner und Fremde den berühmten Prozessionen zusehen. Vom Rathaus aus geht man nach Norden in die **Calle de las Sierpes* (Schlangenstraße), die Fußgängern vorbehaltene Hauptgeschäftsstraße der Stadt.

Am Ende dieser Straße biegt man nach links in die *Calle de Alfonso XII* ein und kommt zum

***Museo de Bellas Artes** [10], dem ehemaligen Kloster *de la Merced*. In dieser Gemäldegalerie sind vor allem Gemälde von *Murillo* und *Zurbarán* zu sehen, die ausschließlich in der ehemaligen Klosterkirche ausgestellt sind. Gut vertreten ist auch *Juan de Valdés Leal*.

Auf dem letzten Spaziergang kommt man durch die Straßen *Argote de Molina*, *Corral del Rey*, *Cabeza del Rey Don Pedro* und *de Aguilas* zur

***Casa de Pilatos** [11], dem schönsten Mudejarpalast Sevillas. Der Palast wurde 1492 bis 1533 erbaut, und da der Bauherr eine Reise nach *Jerusalem* gemacht hatte, verbreitete sich die Ansicht, der Palast sei eine Nachbildung des Hauses des *Pilatus* in Jerusalem. Am reizvollsten ist der Innenhof mit seinem Schmuck aus grünen und blauen Azulejos und seinen zum Teil antiken Büsten und den aus *Italica* (siehe unten) stammenden Statuen.

Casa de Pilatos

Man geht zur *Cabeza del Rey Don Pedro* zurück und folgt dann den Straßen *de la Alhóndiga*, *de Bustos Tavera* (links der im 15. Jh. errichtete *Palacio de las Dueñas*, auch *Casa del Duque de Alba* genannt [12]), *de San Luis* bis zur *Puerta de la Macarena* [13], einem im 18. Jh. restaurierten Stadttor, in dessen Nähe Reste der römischen, von den Mauren restaurierten Stadtmauer erhalten geblieben sind. Vor der *Puerta de la Macarena* steht die Kirche *San Gil*, die im Bürgerkrieg schwer beschädigt wurde und mit der nun die nach dem Krieg erbaute *Basilica de la Macarena* [14] verbunden ist. In dieser Basilika wird die * *Virgen de la Macarena*, das in Sevilla am leidenschaftlichsten verehrte Gnadenbild der Gottesmutter, aufbewahrt.

In einem kleinen Museum sind die kostbaren Gewänder und Schmuckstücke zu sehen, die der Virgen verehrt worden sind.

Es bleibt nun noch die jenseits des toten Arms des Guadalquivirs gelegene Vorstadt *Triana* zu besuchen, die vorwiegend von Arbeitern und von einer immer kleiner werdenden Zigeunergruppe bewohnt wird. Triana ist vor allem durch seine Töpferei bekannt. Die ehemalige *Cartuja* (Kartäuserkloster) ist heute eine Azulejosfabrik (Besichtigung möglich). In der gotischen Kirche *Santa Ana* (13. Jh.) wird die *Virgen de la Rosa*, das große Gnadenbild Trianas, aufbewahrt.

Route 3: Große Provinzrundfahrt

Zum Auftakt wird man das 7 km nördlich von Sevilla gelegene *Santiponce* besuchen, in dessen Klosterkirche *San Isidoro del Campo* ein Altaraufsatz (um 1610) von *Juan Martínez Montañés* zu sehen ist und in dessen Nähe die Ruinen der großen Römerstadt * *Itálica* liegen. Auf die Größe und Bedeutung dieser um 200 v. Chr. gegründeten Stadt, in der die Kaiser *Trajan* und *Hadrian* geboren wurden und die die Mauren zerstörten, läßt die Größe des Amphitheaters schließen: es konnte 40000 Zuschauer fassen.

Zur Rundfahrt verläßt man Sevilla auf der N. IV und kommt zunächst in die altertümliche, maurisch wirkende Stadt

Carmona (33 km). Die beiden Stadttore *Puerta de Córdoba*

und *Puerta de Sevilla* sind im Kern noch römisch. Die bedeutendste unter den vielen Kirchen des Ortes ist die Kirche *Santa María* (im Innern beachtenswertes Triptychon aus dem 15. Jh.), neben der der *Patio de los Naranjos* der einstigen Moschee erhalten geblieben ist. Eine Säule dieses Patios weist ein westgotisches Kalendarium auf. Westlich außerhalb der Stadt liegt die **Necrópolis Romana*, ein römischer Friedhof mit rund 1000 Gräbern aus dem 2. Jh. v. Chr. bis zum 4. Jh. n. Chr. Es befinden sich unter diesen Gräbern zahlreiche Familiengräber von Vornehmen, Gräber in Form zweistöckiger um einen Innenhof herum angelegter Häuser. Die eindrucksvollsten Gräber sind das der *Servilia* und das des *Elephanten*, die beide nach Skulpturen benannt wurden.

Auf der N. IV fährt man weiter nach *Écija* (89 km), das als einer der heißesten Orte Spaniens gilt. Zahlreiche hohe Glockentürme überragen die Stadt, die deshalb auch die „Stadt der Türme" heißt. In der Kirche *Santa Cruz* ist ein frühchristlicher Sarkophag aus dem 5. oder 6. Jh. zu sehen, der als Altarantependium dient. Die Kirche *de los Descalzos* (18. Jh.) ist churrigueresk. Von den zahlreichen Palästen verdienen besonders die in der *Calle Castelar* gelegenen Paläste *de los Marqueses de Peñaflor* und *de Torre Cabrera* Beachtung.

Auf der C. 430 fährt man weiter nach *Osuna* (133 km), der Hauptstadt des einstigen Herzogtums Osuna. Der Ort wird von der im 16. Jh. erbauten Stiftskirche überragt, mit der die Kapelle des Heiligen Grabes, die Grabstätte der Herzöge von Osuna, verbunden ist. Die ehemalige Universität ist heute Lyzeum. Zahlreiche Ruinen in der Umgebung erinnern daran, daß Osuna auf die römische *Colonia Genetiva Julia* und auf das iberische *Urso* zurückgeht.

Über *La Puebla de Cazalla* und *El Arahal* fährt man nach *Utrera* (201 km), dessen gotische Kirche *Santiago* eine Krypta besitzt, in der sich Leichen mumifizieren. In der Nähe des Ortes liegt das Heiligtum *Nuestra Señora de la Consolación*, das am 8. September das Ziel einer großen *Romería* ist. In der Umgebung von Utrera befinden sich berühmte *Kampfstierzüchtereien* (die bevorzugte Rasse ist die der *Vistahermosa-Stiere*, benannt nach dem Grafen von Vistahermosa in Utrera).

Auf der N. 333/N. IV erreicht man die alte Grenzfeste *Lebrija* (249 km), deren Kirche *Santa María* ursprünglich eine Moschee war (1249 umgebaut). Die restaurierte Kirche des *Castillo* hat ihren mudejarischen Charakter behalten.

Auf der Fahrt von Lebrija über *Los Palacios y Villafranca* nach *Dos Hermanas* (300 km) hat man zur Linken die *Marismas*, ein weites Sumpfgebiet, das mehr und mehr trocken gelegt und kultiviert wird und in dem sich die Weiden der Stierzüchtereien befinden.

Über *Alcalá de Guadaira* (großartige, türmereiche *Burgruine mit römischen Grundmauern) fährt man nach Sevilla (323 km) zurück.

DIE PROVINZ CÁDIZ

Die Provinz Cádiz (7385 qkm) gehört zu *Andalusien*. Sie wird im Norden von der Provinz *Sevilla*, im Osten von der Provinz *Málaga* und dem *Mittelmeer* und im Westen vom *Atlantik* und von der Provinz *Huelva* begrenzt. Die wichtigsten Straßen sind die N. IV (Madrid – Cádiz) und die N. 340 (Málaga – Cádiz). An Eisenbahnlinien sind vorhanden: die Linien Madrid – Cádiz (mit der Abzweigung nach Sanlúcar de Barrameda) und Madrid – Algeciras. Die Provinz hat mit ihrer atlantischen Küste Anteil an der Ferienlandschaft *Costa de la Luz*, mit ihrer Mittelmeerküste an der Ferienlandschaft *Costa del Sol*.

Die besuchenswertesten Orte sind *Cádiz, Arcos, *Vejer de la Frontera, Grazalema, Tarifa und der in Afrika gelegene spanische Freihafen Ceuta.

Die Provinzhauptstadt * Cádiz

*Cádiz liegt auf einer schmalen, rund 10 km langen Halbinsel; die Altstadt nimmt lediglich den felsigen Nordteil dieser Halbinsel ein. Cádiz ist in erster Linie Handels- und Hafenstadt, seine Werft ist die zweitgrößte des Landes.

GESCHICHTE

Cádiz geht auf das von den Phönikern um 1100 v. Chr. gegründete *Gadir* zurück (die Einwohner von Cádiz heißen noch heute *Gaditanos*). In karthagischer und römischer Zeit war Cádiz eine bedeutende Stadt. Die Westgoten zerstörten die Stadt, und die Mauren taten fast nichts für ihren Wiederaufbau. Nach der Eroberung (1262) durch die Christen mußte die Stadt neu bevölkert werden. Mit der Entdeckung Amerikas kam die Stadt zu großem Reichtum, der zahlreiche Piratenüberfälle zur Folge hatte. Im Jahre 1812 wurde in dem von den Franzosen nicht besetzten Cádiz eine liberale Verfassung für Spanien entworfen, die aber von dem absolutistischen König *Ferdinand VII.* nicht anerkannt wurde; der König, der lange in französischem Exil gewesen war, ließ die liberale Bewegung von französischen Regimentern niederschlagen.

SEHENSWÜRDIGKEITEN

Am sehenswertesten ist die Altstadt mit ihren Plätzen, Parks, ihren Museen und einer Reihe von Kirchen, die wertvolle Gemälde enthalten.

Über einen ins Meer hinausragenden Landarm, dessen kilometerlanger Strand Cádiz im Sommer zu einem Touristenzentrum gemacht hat, erreicht man die Torbögen der alten Stadtmauer. Von hier aus kann man um die ganze Altstadt herumlaufen oder fahren (Pferdedroschken!).

Über die Avenida Primo de Rivera gelangt man zu *Santa Cruz de las Aguadas* (Heilig Kreuz zu den Wassern), der alten Kathedrale. Der Renaissancebau (Anfang 16. Jh.) verdankt seinen Beinamen dem Umstand, daß sich unter seinem Hochaltar die einzige Quelle der gaditanischen Halbinsel befindet (Cádiz bekommt sein Trinkwasser von *El Puerto de Santa María*). Nur wenige Schritte entfernt steht die

Catedral Nueva (Neue Kathedrale), ein kuppelgekrönter Bau des 18. und 19. Jh., der seit einigen Jahren – und auf absehbare Zeit – wegen Schäden am Fundament geschlossen ist. Besucht werden kann das *Domschatzmuseum*, das die berühmte *Custodia del millon* enthält, eine rund 4 m hohe von *Antonio Suárez* um 1660 geschaffene Prozessionsmonstranz, die als die größte und kostbarste der Welt gilt. In der Krypta, die die Begräbnisstätte der Bischöfe von Cádiz ist, befindet sich auch das Grab des aus Cádiz stammenden Musikers *Manuel de Falla* (1876–1946), der sich um die *Cante jondo*, die typisch andalusische Volksmusik, sehr verdient gemacht hat.

Ebenfalls an der Avenida de Primo de Rivera steht die Kirche

Santa Catalina (auch de los Capuchinos genannt), deren von Murillo geschaffenes Altarbild *„Verlobung der hl. Katharina" sich jetzt im Museo de Bellas Artes (s. S. 319) befindet. Bei den Arbeiten an diesem Bild stürzte Murillo vom Gerüst; er starb an den Folgen dieses Sturzes (1682).

Weiter liegen am Wege das ins Meer hinausgebaute *Castillo de San Sebastián*, die Badebucht *Caleta*, das *Castillo de Santa Catalina*, der *Parque Genovés*, die *Alameda*, eine Parkanlage, in der ein riesiger Magnolienbaum steht, die *Plaza de España* mit dem Denkmal für die Cortes von 1812 und schließlich der *Hafen*, der die ganze Nordseite der Halbinsel einnimmt.

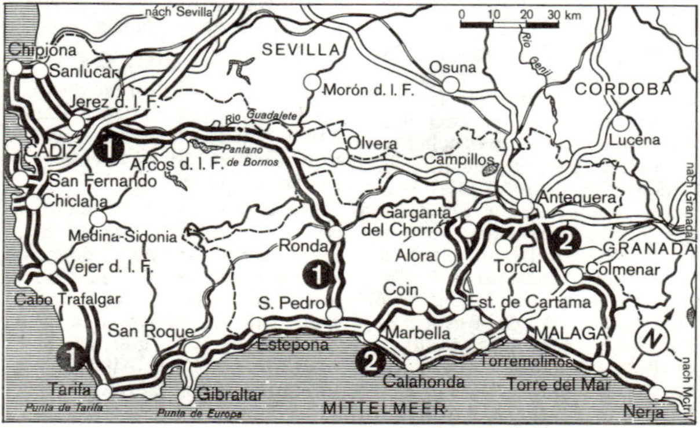

Im Stadtinnern liegen: das *Oratorio de San Felipe Neri* (*Plaza de Santa Inés*), in dem die Cortes 1812 die liberale Verfassung verkündeten und in dem eine „Unbefleckte Empfängnis" von *Murillo* hängt; zwei Häuser weiter das *Museo Municipal* (Stadtmuseum); die Kirche *Santa Cueva* (*Calle de San Francisco*) mit Gemälden von *Goya*; das *Hospital de Mujeres* (*C. Obispo Calvo y Valero*; „Franziskus" von *El Greco* in der Rokokokapelle).

In der *Academía de Bellas Artes* (*Plaza del Generalísimo*) mit dem **Museo de Bellas Artes** sind vor allem Werke von *Zurbarán* zu sehen, aber auch *Murillo* und andere spanische und nichtspanische Meister sind vertreten. In dem im gleichen Gebäude untergebrachten *Archäologischen Museum* befindet sich ein menschenförmiger **Sarkophag* aus dem 5. Jh. v. Chr., der in der karthagischen Nekropole *Punta de la Vaca* bei Cádiz gefunden wurde.

Route 1: Große Provinzrundfahrt

Man verläßt Cádiz auf der N. IV, kommt südlich des Stadtausgangs an der *Punta de la Vaca* (links), an der *Playa de la Palma* und *Playa de Cortadura* (rechts) vorbei und überquert dann die Bucht von Cádiz auf der (noch) mautpflichtigen Brücke „Jose Leon de Carranza", von der aus man einen schönen Blick auf Cádiz, seine Bucht und die anliegenden Städte *San Fernando* und *Puerto Real* hat.

Die N. IV führt weiter nach

El Puerto de Santa Maria (17 km), einem der größten Badeorte der Provinz Cádiz. Kilometerlange feinsandige Strände liegen nur wenige hundert Meter vom Ort entfernt. In der Stadt verdienen die gotische, aber barokkisierte Kirche *Santa Mària*, das maurische *Castillo de San Marcos*, ebenso aber die vielen reizenden Wohnhäuser mit breiten Arkaden und schmiedeeisernen Fenstergittern Aufmerksamkeit. In der Stadt gibt es zahlreiche *Bodegas* für Jerez-Weine und die nur hier üblichen *Cocideros de Mariscos*, Geschäfte, in denen es Delikatessen wie Krabben, Hummer und Langusten fertig zubereitet zu kaufen gibt.

Man fährt in Küstennähe weiter über *Rota* (kleiner Fischer- und Badeort, dessen Charakter durch die US-amerikanische Militärbasis bestimmt wird) und *Chipiona* (kleiner Badeort mit dem Strand *de Regla* und dem *Santuario Nuestra Señora de Regla*) nach *Sanlúcar de Barrameda* (84 km), einer vorwiegend modernen Stadt von vornehmem Aussehen, an der Mündung des Río Guadalquivir gelegen und Ausfuhrzentrum der berühmten *Manzanilla-Weine*. Sehenswert sind der Palast der Herzöge von *Medina-Sidonia* und das herrliche *Mudejarportal der Kirche *Santa María de la O*.

Man fährt nun landeinwärts in die berühmte Weinstadt

Jerez de la Frontera (86 km), die Heimat des *Jerez* oder *Sherry*. Die wichtigsten Sehenswürdigkeiten dieser ungemein schmucken Stadt sind die Kirche *San Salvador* (17./18. Jh.), in der ein Gemälde von *Zurbarán* („Schlafende Maria") zu sehen ist, die gotische Kirche *San Miguel* (15. Jh.) mit einem zum Teil von *Juan Martínez Montañés* geschaffenen Altaraufsatz, der im Kern aus dem 11. Jh. stammende *Alcázar* und die 4 km südöstlich der Stadt gelegene *Cartuja*, deren gotische Kirche (15. Jh.) sehr reich ausgestattet ist. Ein Aufenthalt in Jerez sollte aber auch mit einem Besuch der großen Bodegas von *González-Byass* oder *Domecq* verbunden werden.

Arcos de la Frontera (116 km) ist eine altertümliche und malerische Bergstadt, in der die gotischen Kirchen *Santa María de la Asunción* und *San Pedro*, die Burg der Herzöge von *Arcos* und das *Hospital de la Caridad* sehenswert sind. An der *Plaza de España* steht der *Parador Nacional Casa del Corregidor*, von dem aus man einen herrlichen Blick auf die am Steilhang gelegene Stadt und das Tal hat.

Auf der N. 342 fährt man am Guadalete-Stausee *Bornos* entlang nach *Olvera* (186 km), überragt von der Kirche *Nuestra Señora de la Encarnación* und der Ruine einer maurischen *Burg*, dann zurück bis zur Abzweigung der C. 339, die nach

***Ronda** (246 km) in der Provinz Málaga führt. Ronda ist wegen seiner Lage eine der sehenswertesten Städte Spaniens. Es liegt am Rande eines Hochplateaus, das der *Río Guadalevin* durch eine bis zu 200 m tiefe Schlucht zerteilt. Die Häuser der Stadt wagen sich bis an den Rand der Steilhänge heran. Über die Schlucht spannt sich der rund 90 m hohe *Puente Nuevo* (18. Jh.). Nördlich der Schlucht liegt die Neustadt *(Mercadillo)* mit der *Plaza de Toros* (1784), der ältesten erhaltenen Stierkampfarena Spaniens. Die wichtigsten Sehenswürdigkeiten nächst dem *Tajo* (Guadalevin-Schlucht) liegen in

Puente Nuevo in Ronda

der Altstadt *(Ciudad)* südlich der Schlucht. An der *Calle Marqués de Paradas* steht die *Casa del Rey Moro*, ein sehenswerter maurischer Palast, von dem aus im Felseninnern eine Treppe (365 Stufen) in die Schlucht hinunterführt. An der *Plaza de la Duquesa de Parcent* erhebt sich die Kirche *Santa María la Mayor*, die ursprünglich eine Moschee war. Weiter südlich stehen die Ruinen der maurischen *Alcazaba*. – 20 km südl. die 2 km lange „Cueva de la Pileta“ (Steinzeitmalereien).

Auf der C. 339 fährt man durch die *Sierra Bermeja* hinunter an die Mittelmeerküste, die *Costa del Sol*, die man bei *San Pedro de Alcántara* (285 km) erreicht. An der Küste folgen, in *Guadalmina* bei San Pedro de Alcántara beginnend, Hotels und Ferienkolonien in ununterbrochener Reihe. Zentrum ist

Estepona (301 km), das neben Marbella einer der exklusivsten Badeorte der Costa del Sol ist. Zum Ort gehören weite feinsandige Strände. Die Küste ist für den Unterwassersport sehr geeignet.

Kurz nach Überschreiten der Grenze zwischen den Provinzen Málaga und Cádiz überquert man den *Río Guadiaro* und erreicht das in voller Entwicklung sich befindende Touristenzentrum *Sotogrande del Guadiaro* (331 km). Die nächste Station der Rundfahrt ist *San Roque* (341 km), das von den Spaniern nach dem Verlust Gibraltars (1704) gegründet wurde und von dessen Platz *Los Cañones* man einen ausgezeichneten Blick auf die *Punta de Europa* und die nordafrikanische Küste hat.

Gibraltar, das zur Zeit von Spanien aus nur auf dem Umweg über Tanger zu erreichen ist, liegt 9 km von San Roque entfernt. Die *felsige Halbinsel, auf der 711 die Mauren unter Führung *Tariks* (daher der Name *Djebel al Tarik* = Berg des Tarik) landeten und die die Engländer nach der Eroberung von 1704 zu einem Militärstützpunkt ausbauten, ist eine der eindrucksvollsten Landmarken des Mittelmeers. Die Stadt liegt am terrassenförmigen Westhang des Felsens. Die wesentlichen Sehenswürdigkeiten sind die *Alameda Gardens* mit ihren subtropischen Pflanzen, der *Ape's Den* (Affenfelsen), die *Upper Galleries* (Verteidigungsanlagen, 18. Jh.) und dieTropfsteinhöhle *St-Michael's*.

Algeciras (356 km), gegenüber von Gibraltar an der *Bucht von Algeciras* gelegen, besitzt einen wichtigen Handels- und Passagierhafen, der auf Kreuzfahrten gern angelaufen wird. Von dort besteht Schiffsverbindung nach

Ceuta, der seit 1581 spanischen Stadt am afrikanischen Ufer der *Straße von Gibraltar*. In der vorwiegend modernen Stadt ist vor allem die Kirche *Nuestra Señora de África* (1704–1726) sehenswert. Der besuchenswerte Berg *Acho* ist das Gegenstück des Felsens von Gibraltar.

Von Algeciras fährt man nach

Tarifa (378 km), das an der engsten Stelle der Straße von Gibraltar und am Berührungspunkt von Mittelmeer und Atlantik, von Costa del Sol und Costa de la Luz liegt. Der maurische *Alcázar* des orientalisch anmutenden Städtchens ist noch ziemlich gut erhalten. Die dem Ort südwestlich vorgelagerte **Punta Marroquí* ist der südlichste Punkt des europäischen Festlandes (bei klarem Wetter Blick auf Tanger). Mit einem Tragflächenboot (nur Personen!) erreicht man von hier aus Tanger in 30 Min.

***Vejer de la Frontera** (427 km) ist das schönste der sogenannten „Weißen Dörfer" der Provinz Cádiz, ein maurisch geprägter Ort ohne herausragende Sehenswürdigkeiten, aber voller kleiner Schönheiten die entdeckt werden wollen. 14 km entfernt ist *Cabo Trafalgar*, das durch die Schlacht von 1805 bekannt geworden ist, und der wildromantische Strand „Los Canos de Meca".

Über *Chiclana de la Frontera* fährt man durch San Fernando nach Cádiz (481 km) zurück.

DIE PROVINZ MÁLAGA

Die Provinz Málaga (7276 qkm) gehört zu *Andalusien*. Sie wird im Norden von der Provinz *Córdoba*, im Osten von der Provinz *Granada*, im Süden vom *Mittelmeer* und im Westen von den Provinzen *Cádiz* und *Sevilla* begrenzt. Die wichtigsten Straßen sind die N. 340 (Murcia – Málaga – Cádiz), N. 331 (Málaga – Córdoba), N. 321 (Málaga – Jaén) und N. 342 (Granada – Campillos). Durch die Provinz führen die Eisenbahnlinien Granada – Bobadilla – Sevilla/Málaga und Córdoba – Bobadilla – Málaga-Algeciras; außerdem gehen von Málaga aus die Linien nach Fuengirola und Coin. In der Provinz Málaga liegt das Kernstück der Ferienlandschaft *Costa del Sol*. Die sehenswertesten Orte sind *Málaga und *Ronda, das bereits im Rahmen der Rundfahrt durch die Provinz Cádiz beschrieben worden ist, die bedeutendsten Naturschönheiten die *Garganta del Chorro und die *Cueva de Nerja.

Die Provinzhauptstadt * Málaga

*Málaga liegt an der nach ihm benannten Bucht und am Rande einer von den *Montes de Málaga* umgebenen, sehr fruchtbaren Ebene. Die Stadt ist Bischofssitz. Der Hafen ist nach dem von Barcelona der wichtigste an der spanischen Mittelmeerküste. Über ihn wickelt sich vor allem der Handel mit den Produkten der *Vega de Málaga* (Rosinen und Wein sind die bedeutendsten Handelswaren) ab. Wegen seines äußerst günstigen Klimas wird Málaga besonders als Winterkurort aufgesucht.

GESCHICHTE

Málaga gilt als Gründung der Phöniker. Nach karthagischer, römischer und westgotischer Herrschaft fiel die Stadt 711 in die Hände der Mauren. Erst 1487 konnte sie von den Christen zurückerobert werden. Im 16. Jh. hatte Málaga unter den Aufständen der Moriscos zu leiden, die sich gegen die harten Ausweisungserlasse der Katholischen Könige wandten. 1831 wurde eine liberale Bewegung durch zahlreiche Erschießungen unterdrückt. Nach Ausrufung der Republik wurden 1931 über 40 Kirchen und Klöster geplündert und in Brand gesteckt. Weitere Schäden verursachte der Spanische Bürgerkrieg.

SEHENSWÜRDIGKEITEN

Sehenswert sind der * Paseo de la Alameda/Paseo del Parque, die * Kathedrale, die * Alcazaba und der Gibralfaro. Von dem *Puente de Tetuán* im Westen (die Brücke führt über den *Río Guadalmedina* in das Bahnhofs-

und Industrieviertel) bis in die Nähe der *Plaza de Toros* im Osten führt der

***Paseo de la Alameda/Paseo del Parque,** von dem der erste mit Platanen bepflanzte Abschnitt auch *Avenida del Generalísimo* genannt wird und der zweite auf einem dem Meer abgewonnenen Gelände angelegt wurde und prächtig mit Bäumen, subtropischen Pflanzen, Statuen und Brunnen geschmückt ist.

Am Ostende des Paseo de la Alameda zweigt nach links die *Calle del Marqués de Larios* (Hauptgeschäftsstraße) ab, die an der *Plaza de José Antonio* endet. An diesem Platz steht das *Museo Provincial de Bellas Artes* mit einer kleinen, aber wertvollen Gemäldegalerie, in der sich auch zwei frühe Arbeiten des in Málaga geborenen *Pablo Picasso* (geboren 1881) befinden.

Zwischen dem Paseo de la Alameda und dem Paseo del Parque liegt die *Plaza de Queipo de Llano*, von der nach Norden die *Calle de Molina Larios* ausgeht. An dieser Straße steht die hauptsächlich im 16. Jh. im Stil der Renaissance erbaute

***Kathedrale,** die nach einem Erdbeben (1680) neu errichtet, aber nie ganz fertiggestellt wurde. Ihre wesentlichen Kunstwerke sind die von *Pedro de Mena* (17. Jh.) geschaffenen 40 *Holzfiguren am Chorgestühl und in der dritten Seitenkapelle rechts das *Gemälde der *Señora del Rosario* von *Alonso Cano*.

Neben der Kathedrale steht die Pfarrkirche *(Sagrario)* mit einem prachtvollen isabellinischen *Portal (frühes 16. Jh.). Vorbei an dem Garten, in dem das Sagrario liegt, führt die *Calle Cister* zur *Plaza de la Aduana*, von der aus man zur

***Alcazaba,** den Resten einer maurischen Festung, hinaufsteigt. Von dem maurischen Bau, der vom 8. bis 14. Jh. auf römischen (vielleicht sogar auf phönikischen) Fundamenten entstand, sind nur einige recht malerische Reste erhalten, so einige Tore und Innenhöfe. In den neuerdings rekonstruierten Teilen ist ein kleines *Archäologisches Museum* untergebracht. Die sehr hübschen Gärten verleihen den Gebäuden einen ganz besonderen Zauber. Von der Alcazaba führt ein Weg hinauf zum 130 m hohen

Gibralfaro (Berg des Leuchtturms), wo auf antiken Fundamenten eine maurische Festung erbaut wurde, von der hauptsächlich die aus dem 13. Jh. stammenden Bauten noch erhalten sind. Die **Fernsicht vom Gibralfaro ist einzigartig. Unmittelbar südlich des *Castillo de Gibralfaro* steht der *Parador Nacional de Gibralfaro*. Unterhalb des Gibralfaro liegen das vornehme Wohnviertel *La Caleta* und die *Playa de Baños del Carmen*, einer der schönen Strände im Stadtgebiet. Rund 6 km nördlich von Málaga liegt nahe dem Stausee *del Agujero* die *Finca de la Concepción*, ein Gut, dessen herrliche *Gärten eine tropische Vegetation aufweisen. Zum palastartigen Gutshaus gehört ein kleiner Tempel (Nachbildung eines griechischen Tempels), der als Museum dient. In ihm sind römische Funde aus verschiedenen Gegenden der Provinz Málaga ausgestellt.

Route 2: Große Provinzrundfahrt

Man verläßt Málaga auf der N. 340 in östlicher Richtung und kommt über die kleinen Fischer- und Badeorte *Rincón de la Victoria* und *Torre del Mar* in das auf einem Felssporn gelegene *Nerja* (54 km), dessen

*** Cueva de Nerja** eine der großen touristischen Attraktionen der Provinz ist. Die prächtige Tropfsteinhöhle, die bereits in der Steinzeit Menschen als Unterschlupf gedient hat, sieht heute im Sommer Theater-, Musik- und Ballettdarbietungen.

Man fährt zurück bis Torre del Mar und von dort über *Vélez-Málaga* (78 km; Ruinen einer maurischen Burg; Kirche *Nuestra Señora de la Encarnación* aus dem 13. Jh.) und *Colmenar* (119 km) nach *Antequera* (150 km; Ruine einer maurischen Burg; an der *Plaza Alta* der *Arco de Santa María*, 1585).

Nordwestlich des Ortes liegen in etwa 1 km Entfernung etliche steinzeitliche Grabkammern (Dolmen), von denen die

*** Cueva de Menga** die bedeutendste ist. Sie ist 25 m lang und 6 m breit, weist Gravierungen auf und dürfte im 2. Jahrtausend v. Chr. angelegt worden sein. 15 km südlich von Antequera liegt das Felsenmeer *El Torcal* mit eigenartigen Felsengebilden.

Man fährt auf der C. 337 weiter bis zur Abzweigung (rechts) nach *Alora* und dann im Tal des *Río Guadalhorce* aufwärts zur

***Garganta del Chorro** (200 km), einer bis zu 400 m tiefen und etwa 5 km langen Schlucht, an deren Felswänden ein schwer begehbarer Fußpfad entlangführt und in deren unmittelbarer Nähe die Ruinen der maurischen Stadt *Bobastro* liegen.

Über Alora, *Estación de Cartama*, *Alhaurín el Grande*, *Coin* und das in der *Sierra Blanca* gelegene *Ojén* kommt man nach

*** Marbella,** einem hübschen andalusischen Ort, der aber allmählich zwischen den rundherum angelegten Hotelzentren und Ferienkolonien, zu denen die Ferienstadt *Nueva Andalucia* gehört, erstickt. Marbella zählt zu den internationalen Badeorten ersten Ranges.

Zwischen Marbella und Málaga entwickelt sich die Costa del Sol mehr und mehr zu einer geschlossenen Fremdenverkehrszone. Schwerpunkte sind neben Marbella die Orte (oder Ortsteile) *Calahonda* (303 km), *Fuengirola* (316 km; maurische Burgruine; 9 km landeinwärts das malerische Dorf *Mijas*), *Playa de Benalmádena* (323 km) und vor allem das weit ausgedehnte und mondäne

*** Torremolinos** (333 km), das größte Seebad der Costa del Sol, ausgestattet mit allem, was man von einem erstklassigen internationalen Seebad erwarten darf. Von dort fährt man auf der neuen Schnellstraße nach Málaga (346 km) zurück.

Von Málaga aus kann man eine Schiffsreise nach der an der afrikanischen Küste gelegenen spanischen Stadt

Melilla machen. In der ummauerten Altstadt steht eine mächtige *Zitadelle*. Das Viertel *Mantelete* ist eine Fundgrube für marokkanische und indische Reisemitbringsel.

DIE PROVINZ CÓRDOBA

Die Provinz Córdoba (13718 qkm) gehört zu *Andalusien*. Sie wird im Norden von den Provinzen *Badajoz* und *Ciudad Real*, im Osten von der Provinz *Jaén*, im Süden von der Provinz *Málaga* und im Westen von der Provinz *Sevilla* begrenzt. Die wichtigsten Straßen sind die N. IV (Madrid – Córdoba – Cádiz), die N. 432 (Granada – Córdoba – Badajoz) und die N. 331 (Córdoba – Málaga). Folgende Eisenbahnlinien führen durch die Provinz: Madrid – Córdoba – Sevilla/Málaga; Córdoba – Marchena; Córdoba – Almorchón; Puente Genil (Campo Real) – Jaén. Der sehenswerteste Ort ist ** Córdoba.

Die Provinzhauptstadt ** Córdoba

** Córdoba liegt am Nordufer des *Río Guadalquivir* in einer weiten Ebene, die im Norden von der *Sierra de Córdoba*, einem Teil der Sierra Morena, begrenzt wird. Die Stadt ist Bischofssitz. Dank seiner fruchtbaren *Campiña* ist Córdoba ein wichtiger landwirtschaftlicher Markt, aber in neuster Zeit hat auch die Industrie (vor allem die Textilindustrie) an Bedeutung gewonnen. Wie in maurischer Zeit, so wird auch heute noch Goldfiligranschmuck hergestellt. Auch der Tourismus bildet eine nicht zu unterschätzende Einnahmequelle.

GESCHICHTE

In der Umgebung von Córdoba lebten schon in der Steinzeit Menschen, wie die Überreste des „homo fósil cordubensis" (vorgeschichtlicher Mensch von Córdoba), die bei *Alcolea* (11 km nordöstlich von Córdoba) gefunden wurden und sich heute im Museo Arqueológico Provincial in Córdoba befinden, beweisen. Über die Entstehung Córdobas und über seine früheste Geschichte ist jedoch nichts bekannt. In römischer Zeit war die Stadt zeitweilig Hauptstadt der Provinz *Baetica*. Dem Verfall zur Zeit der Westgoten folgte eine Blütezeit während der Maurenherrschaft, und zwar besonders in der Zeit von 756 bis 1031 (Emirat und Kalifat von Córdoba).

Das Ende des Kalifats führte zu einer Unterordnung Córdobas unter Sevilla, dennoch blieb die Stadt weiterhin ein geistiges Zentrum des Islams. 1236 fiel die Stadt wieder in die Hände der Christen. Da die Christen die von den Mauren geschaffenen großartigen Bewässerungsanlagen in der *Campiña* verfallen ließen, war dieser Herrschaftswechsel gleichbedeutend mit Niedergang und Verarmung. Erst mit der Neuerschließung der Campiña hat vor wenigen Jahrzehnten die wirtschaftliche Gesundung der Stadt begonnen.

SEHENSWÜRDIGKEITEN

Die wichtigsten Sehenswürdigkeiten sind die *** Mezquita-Catedral, der * Puente Romano und das Museo Provincial de Bellas Artes mit dem Museo de Julio Romero de Torres.

Über den Guadalquivir spannt sich der sogenannte

* **Puente Romano** (Römische Brücke), eigentlich eine maurische Brücke auf römischen

Córdoba

Fundamenten. Den Brückenkopf am linken Flußufer bildet die maurische *Fortaleza de la Calahorra* (13. Jh.), während am rechten Flußufer die *Puerta del Puente*, ein Triumphbogen aus dem Jahre 1571, steht. Wenige Schritte stadteinwärts (zur Kathedrale hin) erhebt sich der *Triunfo de San Rafael*, eine im 18. Jh. zu Ehren des Erzengels *Raphael*, des Schutzpatrons der Stadt, errichtete Säule mit zahlreichen symbolischen Darstellungen. Von dort aus geht man am Bischöflichen Palais vorbei durch die *Calle Amador de los Ríos* zum

Alcázar, einem teils aus maurischer, teils aus christlicher Zeit stammenden Gebäudekomplex, der vor wenigen Jahren nach alten Bauplänen restauriert worden ist und der jetzt als Museum dient. Der Besuch lohnt sich in erster Linie wegen der prächtigen * Gärten und wegen der * Aussicht.

Vom Triunfo de San Rafael aus führt die *Calle Torrijos* an der Südwestfront der

*** **Mezquita-Catedral** entlang zur *Calle Puerta del Perdón* an der Hauptfront der Mezquita-Catedral. Die Mezquita-Catedral (Moschee-Kathedrale) ist eine der größten Sehenswürdigkeiten Spaniens. Der 179 m lange und 129 m breite Gebäudekomplex ist von einer bis zu 20 m hohen, zinnengekrönten Mauer umgeben und wird von einem 60 m hohen Glockenturm und einer Kirche mit gotischem Strebewerk überragt. Diese nach außen hin in Erscheinung tretenden Elemente deuten auf die Entstehungsgeschichte des Bauwerks hin. An der Stelle einer westgotischen Basilika (die vielleicht an der Stelle eines römischen Tempels stand) ließ *Abderraham I.* ab 785 eine elfschiffige Moschee mit Vorhof errichten (die einzelnen Bauphasen sind im Grundriß, Seite 327, kenntlich gemacht). In der Längsachse dieser Moschee liegen die *Puerta del Perdón* (1) als Eingang zum Vorhof und die *Puerta de las Palmas* (2) als Eingang zur Moschee. Diese Moschee wurde unter *Abderrahman II.* (822 – 852) und unter *Hakam II.* (961–976) erweitert und erhielt ihre endgültige Ausdehnung unter *Almansur* (977 bis 1002). Der Komplex besteht zu etwa einem Drittel aus dem mit Orangenbäumen und Palmen bepflanzten Vorhof *Patio de los Naranjos* und im übrigen aus der neunzehnschiffigen Moschee, in die 19 Tore vom Vorhof aus hineinführten (heute ist nur noch eins, die schon erwähnte Puerta de las Palmas, geöffnet). Nach der Eroberung Córdobas durch die Christen tauchten schon bald Pläne zur Umwandlung der Moschee in eine Kathedrale auf, aber erst im 16. Jh. ließ das Domkapitel gegen den Willen der Stadtverwaltung mitten in die Moschee eine christliche Kirche hineinbauen, einen Fremdkörper, der die großartige Einheitlichkeit und Geschlossenheit der Moschee zerstört hat. Auch der Glockenturm, der Ende des 16. Jh. an die Stelle des abgerissenen Minaretts trat, wirkt störend. Durch die *Puerta del Perdón* (1), die 1377 errichtet wurde (rechts von ihr steht der Glockenturm, dessen Besteigung sich lohnt), den **Patio de los Naranjos* und die *Puerta de las Palmas* (2) geht man in die Moschee-Kathedrale und sieht sich in einem Wald von rund 850 Säulen verschiedenster Art und Herkunft, durch den sich unter weiß-roten Hufeisenbögen die Lang- und Querschiffe wie Alleen hinziehen. Für den Rundgang behält man zunächst die Hauptachse der älteren Moschee bei, kommt zum sogenannten *Zweiten Mihrab* (3), heute *Capilla de Villaviciosa* genannt, der Gebetsnische der von *Abderrahman II.* erweiterten Moschee, dann zum ***Dritten Mihrab* (4), der Gebetsnische des Erweiterungsbaus von *Hakam II.*, die mit ihrem Vorraum der prachtvollste Teil der Moschee ist. Man geht zurück in den Erweiterungsbau Abderrahmans II. und trifft dort auf den sogenannten *Crucero*, die aus dem *Coro* (5), dem *Querschiff* (6) und der *Capilla Mayor* (7) bestehende

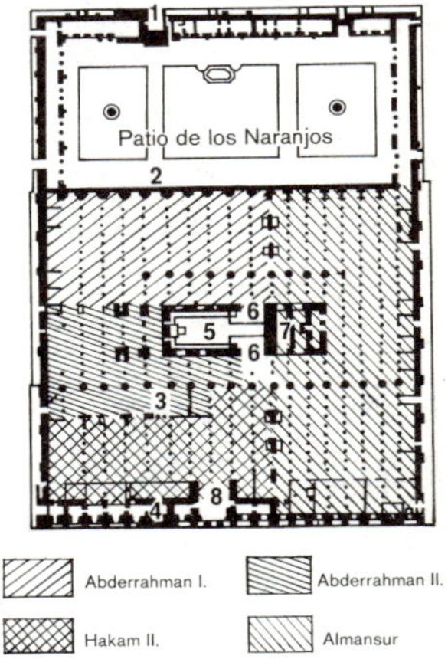

Grundriß der Kathedrale

christliche Kirche, die in die Moschee hineingebaut worden ist. Es handelt sich bei dem Crucero um einen vorwiegend spätgotischen Bau mit Elementten des Platereskenstils und der Renaissance. Das churrigereske Chorgestühl im Coro stammt aus dem 18. Jh. Von den zahlreichen Kapellen und sonstigen Räumen, die in christlicher Zeit im Innern der Moschee eingerichtet worden sind, verdienen vor allem die **Sakristei* (8) und ihre Nebenräume Beachtung. In der Sakristei und in der sich anschließenden Schatzkammer befinden sich zahlreiche Kunstwerke und in der *Capilla del*

Cardenal das *Grabmal des Kardinals *Pedro de Salazar.*

Nördlich und nordwestlich der Mezquita-Catedral liegt die *Judería*, das alte Judenviertel, mit der am Westrand gelegenen *Sinagoga* (1314; Mudejarstil), die *Calle Maimónides*, von der man, vorbei an der *Puerta de Almodóvar* (restauriertes mittelalterliches Stadttor), durch die Straßen *Tejón y Marin*, *Eduardo Dato* und *Concepción* zur Kirche *San Nicolás de la Villa* (reicher Kirchenschatz; prächtiger Turm von 1496) geht. Durch die *Calle de Gondomar* kommt man zur *Plaza de José Antonio* (Stadtzentrum mit einem Denkmal für den Gran Capitán, s. S. 277).

Von diesem Platz geht man die Straßen *Jesús y María* (Renaissancepalast *Fuensanta*, heute Musikkonservatorium, links) und *Ángel de Saavedra* bis zur Kirche *Santa Ana*, biegt nach links in die *Alta de Santa Ana* ein und trifft an der *Plazuela de Jerónimo Páez* auf den Renaissancepalast (1540), in dem das **Museo Arqueológico* eingerichtet ist (Ausstellungsstükke aus römischer, westgotischer und maurischer Zeit).

Plaza del Potro

Von der Plazuela geht man durch die *Calle J. R. de Torres* und den *Portillo* zur *Calle San Fernando* und von ihr durch die *Calle Romero Barros* zur **Plaza del Potro*, dem Fohlenplatz, einem der hübschesten Plätze Córdobas. In seiner Mitte steht der von Cervantes in seinem „Don Quijote" erwähnte *Fohlenbrunnen.* In der *Posada del Potro* (Gasthaus zum Fohlen) hat Cervantes gelegentlich gewohnt. Gegenüber der Posada steht das

Museo Provincial de Bellas Artes (ehemaliges *Hospital de la Caridad*, 15. Jh.) mit Gemälden alter und neuer spanischer und nichtspanischer Meister. Angeschlossen ist das *Museo de Julio Romero de Torres*, in dem sich Werke des gleichnamigen, aus Córdoba stammenden Malers (1885–1930) befinden.

Geht man die erwähnte Calle San Fernando und die sich anschließende *Diario de Córdoba* nach Norden, so kommt man zum *Rathaus* (1594–1631) und zur Kirche *San Pablo* (13. Jh.), der nächst der Kathedrale sehenswertesten Kirche der Stadt. Von dort führen die Straßen *Alfaros* und *Juan Rufo* zum

Palacio de los Marqueses de Viana, vielfach *Casa de Don Gome* genannt. Dieser wahrhaft königliche Adelssitz stammt in der Hauptsache aus dem 17. Jh. Er ist um 14 herrliche Innenhöfe herum angelegt und besitzt eine hervorragende Innenausstattung. Eine Besichtigung ist mit Genehmigung des Eigentümers möglich.

Nördlich des Palastes und durch die *Calle Santa Isabel* erreichbar steht die Kirche *Santa Marina*, in deren Taufkapelle einige der berühmtesten Stierkämpfer Córdobas getauft wurden (vor der Kirche ein Denkmal des großen Toreros Manolete).

Rund 10 km westlich von Córdoba liegen die Ruinen der zwischen 912 und 936 erbauten maurischen Palaststadt **Medina Azahara*, die 1010 von Berbern zerstört wurde. Das Baumaterial für das in der Nähe gelegene Kloster *San Jerónimo el Real* (Beginn des 15. Jh.) stammt aus der Ruinenstadt.

Rund 7 km nordwestlich von Córdoba liegen, auf der *Carretera del Brillante (Parador Nacional La Arruzafa)* erreichbar, am Hang der Sierra de Córdoba die **Ermitas*, Einsiedeleien, die in maurische Zeit zurückreichen und heute noch von einigen Einsiedlern bewohnt werden.

Route 1: Lucena – Baena

Auf der N. IV/N. 331 erreicht man von Córdoba aus die Stadt **Lucena** (72 km), in der die Kirche *San Mateo* mit der churrigueresken *Capilla del Sagrario* und die *Torre del Moral*, in der *Boabdil*, der letzte König von Granada, gefangen gehalten wurde, sehenswert sind. – Über *Cabra* und *Priego de Córdoba* (*Castillo Medinaceli* und barocke Kirchen) kommt man nach

Baena (150 km) mit ummauerter Oberstadt, maurischem Kastell und den beachtenswerten Kirchen *Santa María*, *Madre de Dios* und *de Guadalupe*. – Über *Castro del Río* fährt man nach Córdoba (214 km) zurück.

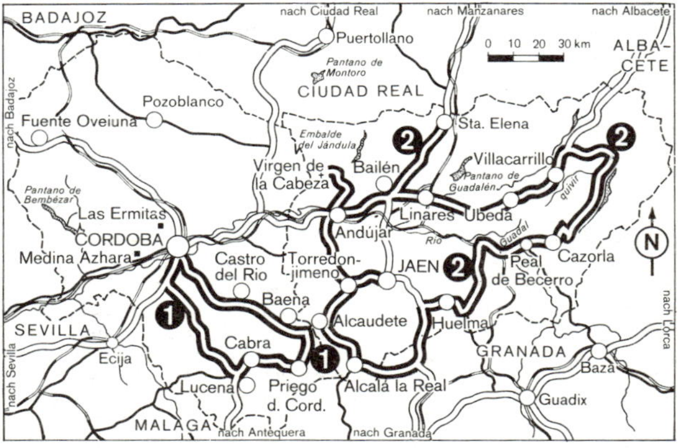

DIE PROVINZ JAÉN

Die Provinz Jaén (13498 qkm) gehört zu *Andalusien*. Sie wird im Norden von der Provinz *Ciudad Real*, im Osten von der Provinz *Albacete*, im Süden von der Provinz *Granada* und im Westen von der Provinz *Córdoba* begrenzt. Die wichtigsten Straßen sind die N. IV (Madrid – Bailén – Sevilla), die N. 323 (Bailén – Jaén – Granada), die N. 322 (Albacete – Úbeda – Bailén) und die N. 321 (Úbeda – Jaén – Loja). Durch die Provinz verlaufen die Eisenbahnlinien Madrid – Linares – Granada/Córdoba/Cádiz und Espelúy – Jaén – Málaga. Die sehenswertesten Orte sind *Jaén, *Úbeda und *Baeza.

Die Provinzhauptstadt * Jaén

*Jaén liegt am Rand des Guadalquivirbeckens und am Hang seines Burgberges *Santa Catalina*. Unmittelbar östlich der Stadt liegt die vom *Río Guadalbullón*, einem Nebenfluß des Guadalquivir, bewässerte Vega.

Die Stadt ist Bischofssitz. Der wichtigste Wirtschaftszweig ist Olivenanbau und -verarbeitung. Der *Plan de Jaén*, der zusätzliche Landbeschaffung durch Bewässerung, eine Wiederaufforstung und eine Wiederbevölkerung mancher Provinzteile (Kolonistendörfer) vorsieht und zum Teil schon verwirklicht hat, trägt nicht wenig zum wirtschaftlichen Aufschwung der Stadt bei.

GESCHICHTE

Das karthagische und später römische *Auringis*, auf das Jaén zurückgeht, war eine Festung. Festungscharakter scheint die Stadt auch in maurischer Zeit gehabt zu haben, in der sie den Mittelpunkt eines kleinen von Córdoba und später von Granada abhängigen Königreichs bildete. 1246 wurde Jaén von den Christen zurückerobert, 1491 war Jaén eine wichtige Angriffsbasis im Entscheidungskampf gegen Granada.

SEHENSWÜRDIGKEITEN

Die bedeutendste Sehenswürdigkeit ist die *Kathedrale.

Die Hauptstraße ist die *Avenida del Generalísimo*, die durch die *Plaza de las Batallas* (Platz der Schlachten) unterteilt wird. Auf dem Platz steht ein Denkmal zur Erinnerung an zwei der wichtigsten Schlachten in der Geschichte Spaniens: an die Schlacht von *Las Navas de Tolosa*, in der im Jahre 1212 die Mauren von den vereinigten Heeren Kastiliens, Aragoniens und Navarras besiegt wurden, und an die Schlacht von *Bailén*, in der im Jahre 1809 eine starke französische Armee von den zahlenmäßig weit unterlegenen Spaniern zur Kapitulation gezwungen wurde. Die beiden Schlachtenorte liegen im Norden der Provinz Jaén.

Man geht die Avenida del Generalísimo nach Süden und erreicht dann auf dem Wege *Calle Roldán y Marín – Plaza de José Antonio – Calle de la Pescadería – Plaza del Posito* die *Plaza de San Francisco*, von der aus die *Calle Campanas* zur *Plaza de Santa María* führt. Dort steht die

***Kathedrale,** ein ursprünglich gotisches Bauwerk, das von *Andrés de Vandelvira* im 16. Jh. in ein Renaissancebauwerk umgewandelt wurde. Die Fassade, die erst Ende des 17. Jh. vollendet wurde, ist barock. Im Innern verdienen besondere Beachtung das um 1520 entstandene Chorgestühl im Coro, die *Sala Capitular* mit einem Altaraufsatz von *Pedro Machuca* (16. Jh.), das in der Sakristei untergebrachte *Museum* (besonders Werke des aus Jaén stammenden Meisters *Bartolomé*, der in erster Linie schmiedeeiserne Gitter schuf) und schließlich in der Kapelle hinter dem Hochaltar das „Schweißtuch der Veronika", das 1376 von Rom nach Jaén gebracht worden sein soll (in der Peterskirche in Rom und im Kloster Santa Clara bei Alicante wird allerdings auch das „echte" Schweißtuch aufbewahrt).

Von der Plaza de Santa María geht man durch die *Calle Maestra* zur *Calle Martínez Molina*, die eines der malerischsten Viertel der Stadt durchquert. In diesem Viertel stehen die Kirchen *San Bartolomé* (mudejarischer Bau), *San Andrés* (ehemalige Synagoge; herrliches *Gitter von Meister *Bartolomé*) und vor allem *de la Magdalena* mit dem *Altaraufsatz von *Jacopo Florentino* (16. Jh.).

Unmittelbar über der Altstadt erhebt sich der Burgberg mit dem im 13. Jh. erbauten *Castillo de Santa Catalina* und dem *Parador Nacional* (prächtige Aussicht).

Route 2: Große Provinzrundfahrt

Man verläßt Jaén auf der N. 321 in westlicher Richtung und kommt über *Martos* (Gefängnis mit durchaus sehenswerter Fassade von 1577) nach *Alcaudete* (44 km), von wo aus man auf der N. 432 nach *Alcalá la Real* (72 km) fährt. Diese Stadt wird von dem maurischen *Castillo de la Mota* (14. Jh.; später restauriert) überragt.

Über den 1040 m hohen *Puerto Carretero* und über *Huelma* und *Jodar* durch meist recht dünn besiedelte Gebiete erreicht man in der Nähe des Stausees *de Pedro* die nach rechts abzweigende C. 328, die über *Peal de Becerro* (iberische Gräberstadt *Tugia*) nach *Cazorla* (243 km) führt. Der malerisch in der *Sierra de Cazorla* gelegene Ort besitzt zwei gut erhaltene maurische Burgen (*Castillo de las Cinco Esquinas* und *Castillo de las Cuatro Esquinas*), die sehenswerten Ruinen der Renaissancekirche *Santa María*, zahlreiche Adelshäuser, den *Mirador del Caudillo* (Aussichtspunkt) und den in Pinienwäldern gelegenen *Parador Nacional El Adelantado*. Dieser Parador liegt allerdings 16 km außerhalb der Stadt, nahe dem Guadalquivir und etwa 13 km nördlich der Quelle dieses Flusses. Die Straße, die für die Weiterfahrt ab Cazorla benutzt wird, führt fast an dem Parador vorbei und zieht sich dann am Guadalquivir-Stausee *de el Tranco de Beas* nach Nordosten bis *Cortijos Nuevos*. Von dort aus erreicht man über die C. 3210 die N. 322, auf der man über *Villacarrillo* durch eine recht reizvolle Landschaft nach der an Baudenkmälern ungewöhnlich reichen Stadt

***Úbeda** (400 km) fährt. Die Stadt, die maurische Festung gewesen ist, erlebte im 16. Jh. eine große Blütezeit, die in zahlreichen Renaissancebauten ihren Niederschlag gefunden hat. Um sich in den höchst winkligen Gassen der Stadt nicht hoffnungslos zu verirren, begibt man sich am besten, den Hinweisschildern folgend, zunächst zum *Parador Nacional Condestable Dávalos*, der an der *Plaza Vázquez de Molina* (auch *Plaza de Santa María* genannt) steht und in einem Renaissancepalast des 16. Jh. eingerichtet ist.

Links vom Parador steht der *Palacio de las Cadenas*, 1562 von *Andrés de Vandelvira* für *Juan Vázquez de Molina*, den Sekretär *Philipps II.*, erbaut und heute Rathaus und Fremdenverkehrsbüro. Rechts vom Parador erhebt sich die Renaissancekirche *San Salvador* (1536 bis 1556), erbaut von *Vandelvira*, deren Fassade, Hochaltaraufsatz und Chorgitter besondere Beachtung verdienen. An der Südseite des Platzes steht die Kirche *Santa María de los Reales Alcázares* (13. Jh.), die einstige Hauptmoschee der Stadt, mit Renaissanceportal und einem gotischen Kreuzgang (15. Jh.). Im Innern, das zum großen Teil Mudejarcharakter hat, sind schöne Gitter von dem bereits genannten Meister *Bartolomé* zu sehen. Weitere sehenswerte Bauten sind: an der *Plaza del Generalísimo* das *Alte Rathaus* (17. Jh.; heute Kunstgewerbeschule) und die Kirche *San Pablo* (älteste Teile aus dem 14. Jh.); die Kirche *San Nicolás* (vorwiegend gotisch; 14. Jh.) am gleichnamigen Platz; in der Nähe der *Estación de Tranvías* das *Hospital de Santiago*, das letzte Werk (1562–1575) von *Vandelvira* und zugleich einer der sehenswertesten Bauten der Stadt. Auf einem Bummel durch die Gassen sind noch etwa 35 beachtenswerte Kirchen und Paläste zu finden.

* **Baeza** (409 km), Úbeda benachbart, ist erheblich kleiner als Úbeda, aber sehr ähnlich geartet. Auch hier spielt die Renaissance die beherrschende Rolle. Die wesentlichen Sehenswürdigkeiten sind: der *Palacio de Benavente* (16. Jh.; heute *Seminario de San Felipe Neri*); der *Arco del Pópulo* (16. Jh.) mit seiner Umgebung; der *Palacio Municipal* (16. Jh.), die Klosterruine *San Francisco* (16. Jh.) und die *Kathedrale* (16. Jh.).

Über *Linares* fährt man nach *Bailén*. An der von Bailén nach Nordosten führenden N. IV liegen bis nach *Santa Elena* hin zahlreiche Ortschaften, an deren Gründung im 18. Jh. auch deutsche Kolonisten beteiligt waren.

Von *Andújar* (464 km) macht man einen Abstecher (33 km je Weg) zu der Wallfahrtskirche *Virgen de la Cabeza* und dem gleichnamigen *Parador* und fährt dann über *Torredonjimeno* nach Jaén (517 km) zurück.

DIE PROVINZ GRANADA

Die Provinz Granada (12531 qkm) gehört zu *Andalusien*. Sie wird im Norden von der Provinz *Jaén*, im Osten von den Provinzen *Albacete*, *Murcia* und *Almería*, im Süden vom *Mittelmeer* und im Westen von der Provinz *Málaga* begrenzt. Die wichtigsten Straßen sind die N. 323 (Jaén – Granada – Motril), die N. 342 (Cartagena – Granada – Loja – und von dort N. 321 nach Málaga) und die Küstenstraße N. 340 (Almería – Motril – Málaga). Durch die Provinz führen die Eisenbahnlinien Madrid – Granada, Granada – Sevilla/Málaga und Granada – Almería/Alicante. Die Provinz hat Anteil an der Ferienlandschaft *Costa del Sol*. Der sehenswerteste Ort der Provinz ist *** Granada, die besuchenswerteste Landschaft ist die * Sierra Nevada mit den ihr südlich benachbarten * Alpujarras.

Die Provinzhauptstadt *** Granada

*** Granada liegt an zwei tief ins Stadtgebiet hineinstoßenden Ausläufern der *Sierra Nevada*, am Nordufer des *Río Genil* und am Rande einer sich nach Westen erstreckenden fruchtbaren *Vega*. Die Stadt ist Sitz eines Erzbischofs und einer Universität. Wirtschaftsgrundlagen bilden vor allem Verkauf und Verarbeitung der Erzeugnisse der Vega. Außerdem spielt der

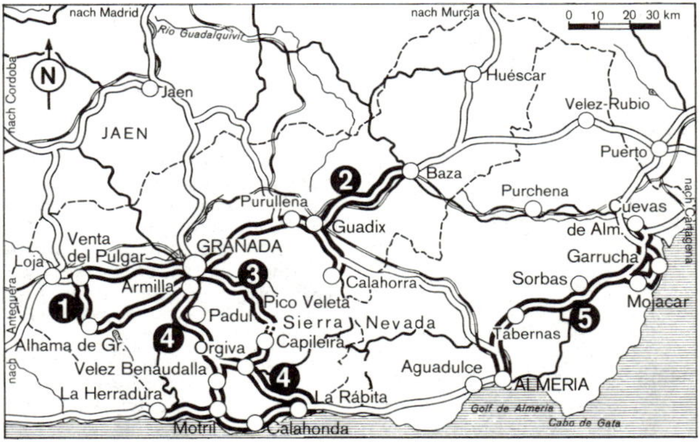

Tourismus eine ganz hervorragende Rolle.

GESCHICHTE

Eine ibero-römische Ansiedlung, die auch in westgotischer Zeit Bestand hatte, dürfte der Kern der maurischen Stadt *Gharnatha* gewesen sein, die bis zu Beginn des 13. Jh. ziemlich unbedeutend war. Der Zusammenbruch des Almohadenreiches, eingeleitet durch die maurische Niederlage bei *Las Navas de Tolosa* (siehe Seite 330), ermöglichte es den *Nasriden*, ein selbständiges Königreich Granada zu schaffen, das etwa die heutigen Provinzen Granada, Málaga und Almería umfaßte und von 1241 bis 1492 Bestand hatte. Diese rund 250 Jahre waren die Blütezeit Granadas, die besonders in der *Alhambra* bleibenden Ausdruck gefunden hat. Während das Königreich im Laufe dieser Zeit infolge der fortschreitenden christlichen Eroberungen mehr und mehr zusammenschrumpfte, vergrößerte sich die Stadt beständig. Als *Boabdil*, der letzte maurische König, sie 1491 den Katholischen Königen übergab (Einzug am 1. 1. 1492), zählte sie rund 500000 Einwohner (heute nur etwa ein Drittel davon). In den ersten Jahrzehnten der christlichen Ära war Granada noch eine Stadt der Kunst und des Geisteslebens. Als ihr aber mit der Vertreibung der Moriscos (1568–1570) und der damit verbundenen Vernachlässigung oder Zerstörung der Bewässerungsanlagen die Existenzgrundlagen entzogen wurden, begann der Niedergang.

Erst zu Beginn des 20. Jh. begann der Wiederaufstieg vor allem infolge der Wiederinstandsetzung oder Neuanlage des Bewässerungssystems.

SEHENSWÜRDIGKEITEN

Die bedeutendsten Sehenswürdigkeiten sind die *** Alhambra und Generalife, ** Kathedrale und Capilla Real und die Stadtviertel * Albaicín und * Sacro Monte.

Die Besichtigung der Stadt beginnt man am besten mit dem Besuch der weitaus attraktivsten Sehenswürdigkeit, der

*** **Alhambra,** die auf dem bis in die Nähe der *Plaza Nueva* in die Stadt hineinragenden Alhambrahügel gelegen ist und die Stadt in einzigartiger Weise beherrscht. Die Alhambra, deren Name meist mit „Die Rote“ (Rotes Schloß) übersetzt wird, besteht aus vier Teilen: der *Alcazaba* auf der Westspitze des Hügels, dem *Palacio árabe* (Alhambrapalast), dem *Palacio de Carlos V* in der Mitte des Hügels und den *Gartenanlagen* im Osten. Der ganze Komplex ist von einer turmreichen Mauer umgeben.

Von der Plaza Nueva aus erreicht man durch die *Cuesta de Goméerez* die *Puerta de las Granadas* (Granatäpfeltor; 16. Jh.), durch das man die * *Alamedas de la Alhambra* betritt, ein parkartiges Tal zwischen der Alhambra (links) und dem *Monte Mauror* (rechts). Auf dem Monte Mauror stehen die *Torres Bermejas* (13. Jh.), die über die Puerta de las Granadas mit der Alhambra durch eine teilweise erhaltene

In dem Säulenwald der Mezquita-Catedral von Córdoba scheint in maurischem Rahmen maurischer Geist geheimnisvoll weiterzuleben.

Schauplatz eines der Märchen aus Tausend-und-einer-Nacht könnte der stimmungsvolle Myrtenhof der berühmten Alhambra in Granada sein.

Die weite Bucht der mallorquinischen Hauptstadt Palma de Mallorca beherrscht die hohe, festungsartige Kathedrale aus dem Mittelalter.

Tanzdarbietungen gehören auf den Kanarischen Inseln – hier in Las Palmas auf der Gran Canaria – zur Folklore des touristischen Alltags.

Mauer verbunden sind. Durch das Tal führen drei Wege: der rechte geht hinauf zu den Torres Bermejas und weiter *(Cuesta de las Cruces)* zum *Campo de los Mártires* und zur *Antequeruela baja* (Haus des Musikers *Manuel de Falla*, heute *Museum*); der mittlere Weg (*Paseo de la Alhambra*; Fahrweg) bildet für Wagen die Zufahrtsstraße zur Alhambra, zum Generalife, zum Luxushotel *Alhambra Palace* und zum Hotel ⌂⌂ *Washington Irving*; der linke Weg schließlich ist der Fußweg zur Alhambra.

Dieser Weg führt über drei kleine Plätze; am zweiten steht ein *Denkmal* des aus Granada stammenden Romanciers *Ángel Ganivet* (1865–1898), der „Granada la Bella" schrieb. Am Ende des Weges steht die * *Puerta de la Justicia* (1348), die den Eingang in den rund 725 m langen und bis zu 180 m breiten Alhambrabezirk bildet. Nach einigen Schritten betritt man durch die *Puerta del Vino* (Weintor; 14. Jh.) die *Plaza de los Aljibes* (Zisternenplatz), an deren Ostseite die *Palacios Árabe* und *Carlos V* stehen, während die Westseite von der *Alcazaba* eingenommen wird. Im Palacio de Carlos V löst man die Eintrittskarten und besichtigt dann zunächst die Alcazaba, den ältesten Teil (13. Jh.) der Alhambra. Von der mächtigen * *Torre de la Vela* aus hat man einen herrlichen Blick über Alhambra und Generalife, über Granada und den Sacro Monte und auf die Sierra Nevada.

Hinter dem Palacio de Carlos V liegt der Eingang in den *Alcázar*, für den die Bezeichnung Palacio árabe oder (im Deutschen) Alhambrapalast geläufiger ist. Die Schönheiten dieses weitläufigen, vorwiegend im 14. Jh. erbauten Palastes zu beschreiben, ist Sache der Dichter. Hier müssen die für einen Rundgang notwendigen sachlichen Hinweise genügen. Der Palast gliedert sich nach dem Beispiel arabischer Sultanspaläste in den *Mexuar* (Räume für öffentliche Versammlungen und Gerichtsverhandlungen), den *Diwan* (Staatsräume) und den *Harem* (Wohngebäude des Königs und der Frauen). Den Mittelpunkt eines jeden dieser drei Teile bildet ein Innenhof. Auf dem Rundgang werden folgende Räume betreten:

Mexuar: ehemaliger Versammlungs- und Gerichtsraum, 1632 in eine Kapelle umgewandelt, neuerdings restauriert;

Oratorio: von den drei Zwillingsfenstern aus hat man einen schönen Blick auf das Tal des *Río Darro*, das sich an der Nordseite des Alhambrahügels hinzieht;

Torre und *Jardín de Machuca:* der Name geht auf *Pedro* und *Luis de Machuca*, die Baumeister des Palacio Carlos V, zurück, die in dem Turm gewohnt haben sollen;

Patio del Mexuar: Innenhof, an dessen Südseite sich die prächtige * Fassade des *Cuarto de Comares* erhebt; durch die linke der beiden in diese Fassade eingelassenen Türen betritt man einen Gang, der in den großen Innenhof des Diwans führt; der Innenhof wird vorwiegend

* *Patio de los Arrayanes* (Myrtenhof) genannt, aber auch *Patio de la Alberca* (wegen des in seiner

Mitte gelegenen großen Teiches); an der Nordseite des Patios liegt die *Sala de la Barca*, hinter der die 45 m hohe * *Torre de Comares* emporragt; in dem Turm befindet sich die ** *Sala de Embajadores* (Gesandtensaal), ein prächtiger Kuppelsaal, der zu den sehenswertesten Räumen der Alhambra zählt;
*** *Patio de los Leones:* an der Ostseite des Patio de los Arrayanes befindet sich ein Durchgang zur *Sala de los Mozárabes*, von dem aus man den Löwenhof betritt; dieser 28,5 m lange und 15,7 m breite Hof war der Mittelpunkt der königlichen Winterwohnung und ist das bedeutendste maurische Baudenkmal Spaniens; in der Mitte des von 124 Marmorsäulen und zwei reizenden Pavillons umgebenen Hofes steht der Löwenbrunnen, eine zwölfeckige Brunnenschale, die von zwölf plumpen Löwen aus schwarzem Marmor getragen wird; an der Südseite des Hofes liegt die * *Sala de los Abencerrajes* (in ihm sollen 36 Männer des Geschlechts der Abencerragen auf Befehl eines Königs heimtückisch niedergemacht worden sein), an der Ostseite die * *Sala de los Reyes* (Saal der Könige mit Stalaktitenkuppeln und bildergeschmückten Alkoven) und an der Nordseite die ** *Sala de las Dos Hermanas* (Saal der beiden Schwestern), deren Stalaktitengewölbe das größte und wohl auch schönste der von arabischen Künstlern geschaffenen Gewölbe dieser Art ist (der Name des Saales rührt von den beiden gleichartigen Bodenplatten beiderseits des kleinen Springbrunnens her). –Durch die nördlich der Sala de las Dos Hermanas gelegene *Sala de los Ajimeces* kommt man zum * *Mirador de Daraxa*, von dem aus man den hübschen *Patio de Daraxa*, den inneren Palastgarten, überblickt. Man geht vom Mirador in die Sala de las Dos

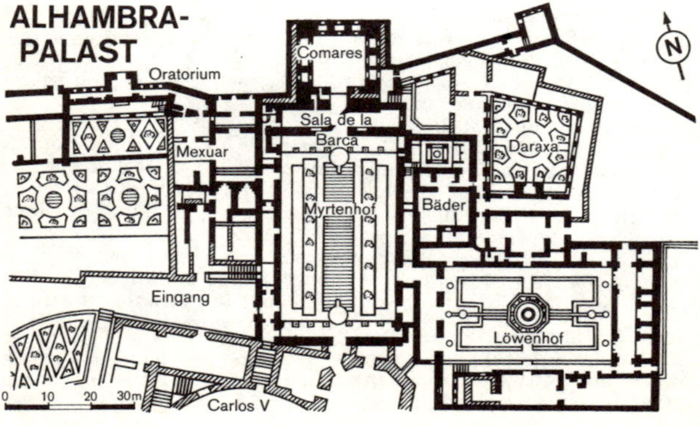

Hermanas zurück und kommt durch deren westlichen Ausgang und vorbei an den **Baños*, ausgedehnten Badeanlagen aus dem frühen 14. Jahrhundert zum *Patio de la Reja* (Hof der Grille), von dem man Zugang hat zu dem auf Seite 338 erwähnten Patio de Daraxa.

Nach der Besichtigung des Palacio árabe wendet man sich dem *Palacio de Carlos V zu, einem nach außen quadratischen, im Innern aber kreisrunden Renaissancebau, den die Brüder *Machuca* für *Karl V.* erbauten (der Bau wurde nicht vollendet) und der als Stierkampfarena gedacht war. Heute befinden sich in ihm die *Museos de Bellas Artes y Arqueológico de la Alhambra*.

Südöstlich der beiden Paläste stehen die Kirche *Santa María* (um 1600 an der Stelle der Moschee erbaut) und das ehemalige Franziskanerkloster, das in den *Parador Nacional San Francisco* umgewandelt worden ist.

Es lohnt sich, einen *Mauerrundgang zu machen und dabei einzelnen Türmen besondere Aufmerksamkeit zu schenken, und zwar an der Nordseite der *Torre de las Damas* (neben einem Teich, an dessen Rand zwei Löwen sitzen), der *Torre de la Cautiva* (Turm der Gefangenen), in der die zum Islam übergetretene *Isabel de Solís*, die Lieblingsfrau des Königs *Mulay Hassan* (1466–1482) gewohnt haben soll, und die *Torre de las Infantas*, sodann an der Südseite die *Torre de los Siete Suelos*, durch die *Boabdil*, der letzte König Granadas, die Stadt verlassen haben soll und die seitdem verschlossen ist.

In der Nähe des Seite 337 erwähnten Hotels Washington Irving befindet sich der Eingang zum

Generalife, einem wahrscheinlich zu Beginn des 14. Jh. fertiggestellten Sommersitz der Könige von Granada. Die Anlage besteht aus schlichten Bauten, einer prächtigen Zypressenallee und reizvollen *Gärten mit Wasserspielen (Große Wasserspiele während der Besichtigungszeiten). Im Freilichttheater des Generalife und auch auf der Alhambra finden im Rahmen des *Festival Internacional de Música y Danza* Ende Juni/ Anfang Juli Konzerte und Ballettveranstaltungen statt.

Nach Alhambra und Generalife wendet man sich der

****Kathedrale** zu, die man von der Plaza Nueva aus am besten auf dem Wege *Calle de los Reyes Católicos – Gran Vía de Colón* erreicht; Eingang nahe der Ecke Gran Vía de Colón/Calle de los Oficios, gegenüber dem *Cabildo Antiguo* (altes Rathaus, 18. Jh.).

Die Kathedrale, an der von 1523 bis zum Beginn des 18. Jh. gebaut worden ist, war als Siegesdenkmal der spanischen Reconquista gedacht. Sie ist im wesentlichen ein Renaissancebau, und zwar einer der besten Spaniens. Der beachtenswerteste Teil der Kirche ist die ** *Capilla Mayor*, der Chor, mit dem Marienleben von Alfonso Cano, den Glasmalereien, den Apostelstatuen, den Statuen der Katholischen Könige und den Büsten von Adam und Eva. Im äußeren südlichen Seitenschiff der Kathedrale (sie ist fünfschiffig) befindet sich das prachtvolle hochgotische ***Portal* der *Capilla Real*, die man aber in der Regel von außen, von der *Plaza de la Lonja* aus, betritt.

****Capilla Real**, die spätgotische Königskapelle (erbaut in den beiden ersten Jahrzehnten des 16. Jh.), war als Grabkapelle für die Katholischen Könige gedacht. In ihr sind hinter einem großartigen plateresken *Gitter des Meisters *Bartolomé* von *Jaén* die *Grabmäler der Katholischen Könige (geschaffen von dem Florentiner *Domenico Fancelli*) und ihrer Tochter *Johanna der Wahnsinnigen* und deren Gatten *Philipp des Schönen* (geschaffen von *Bartolomé Ordóñez*) zu sehen.

Die schlichten Bleisärge stehen in der Krypta der Kapelle. In der Kapelle ist noch der *Schnitzaltar (frühes 16. Jh.) von *Felipe Bigarny* beachtenswert. Die Sakristei der Capilla Real ist ein kleines *Museum, in dem sich sehr gute Werke flämischer sowie spanischer und italienischer Maler befinden. Es handelt sich hier um die einstige Sammlung der Königin Isabella.

Unmittelbar südlich der Kathedrale liegt das kleine Viertel *Alcaicería*, der Seidenbazar der maurischen Zeit, heute voll von Geschäften, in denen die Erzeugnisse des granadinischen Kunsthandwerks zu haben sind.

Geht man von der Westseite der Kathedrale aus durch die *Calle Capuchinas* zur *Plaza de la Trinidad* und von dort durch die *Calle de la Duquesa* (rechts die Universität), so erreicht man die *Calle del Gran Capitán*, an der die Renaissancekirche *San Jerónimo* (16. Jh.) steht. In ihr befinden sich die Gräber des Gran Capitán und seiner Frau (siehe Seite 277); beiderseits des Hochaltars stehen die Statuen der beiden Personen. Die Calle del Gran Capitán wird nach Norden fortgesetzt durch die *Calle de San Juan de Dios*, an der das *Hospital de San Juan de Dios* (16. Jh.) steht. In der barock-churrigueresken Basilika befinden sich in einer silbernen Urne die sterblichen Überreste des heiligen *Juan de Dios* (1495 bis 1550; in Deutschland meist *Johannes von Gott* genannt). Die Calle de San Juan de Dios setzt sich in der *Cuesta del Hospicio Real de la Cartuja* fort, an der der große Renaissancebau des *Hospital Real* (16. Jh.) liegt. Von ihm führt die *Cuesta* zu der am *Camino de Alfacar* etwas außerhalb am Hange eines Hügels gelegenen

Cartuja (Kartause), die zu Beginn des 16. Jh. von dem *Gran Capitán* gegründet wurde. Von dem Kloster sind nur die Kirche, die Sakristei und ein Kreuzgang erhalten. Die Kirche, im 17. Jh. vollendet, ist ein Werk des Churriguerismus. Besonders beachtenswert sind die Gemälde von *Bocanegra* und die Statue des heiligen Bruno von *José de Mora*. Die *Sakristei ist wegen ihrer reichen churrigueresken Ausschmückung in liebenswerter Übertreibung die „christliche Alhambra“ genannt worden.

Von dem Hospital Real aus kann man auf dem *Paseo del Triunfo* und in das noch maurisch wirkende, auf einem dem Alhambrahügel benachbarten Hügel gelegene Viertel

***Albaicín** gehen. Will man sich nur am Rande dieses Viertels bewegen, so geht man von der Plaza Nueva aus im Tal des Río Darro nach Osten. Auf dem ersten Weg kommt man zu den Ruinen der maurischen Stadtmauer und zur *Plaza de San Nicolás*, dem Mittelpunkt des Albaicín, von dem aus man einen prachtvollen *Blick auf die Alhambra und auf die Vega von Granada hat. Der zweite Weg führt vorbei an der Mudejarkirche *Santa Ana* (16. Jh.; platereskes Portal), den *Baños Árabes* (älteste Teile aus dem 11. Jh.) und dem *Museo Arqueológico de la Casa de Castril* (vorgeschichtliche und antike Sammlungen). Beide Wege treffen sich unterhalb des Generalife an der *Cuesta del Chapiz*, an der die weitläufige maurische *Casa del Chapiz* (Binnenhöfe, Arkaden, Teiche, Gärten mit Bewässerungsanlagen) liegt, die heute als *Arabisches Kolleg* dient. Von dort führt der *Camino del Sacro Monte* hinauf zum

***Sacromonte** (Heiliger Berg), auf dem die Benediktinerabtei *Sacromonte* (17. Jh.) steht. Auf dem Wege dorthin kommt man durch das berühmte *Zigeunerviertel* von Granada, das zum größeren Teil aus Höhlenwohnungen besteht. Viele dieser Wohnungen sind als *Tavernen* eingerichtet, in denen teils gute, oft aber auch recht schlechte Zigeunertänze dargeboten werden. Es ist ratsam, solche Tanzveranstaltungen im Rahmen einer organisierten Stadtrundfahrt (etwa „Romantisches Granada“) zu besuchen.

Route 1: Loja

Man verläßt Granada auf der N. 342 in westlicher Richtung und kommt zunächst nach *Santafé* (12 km), das aus einem während der Belagerung Granadas angelegten Militärlager entstanden ist. Dort wurde die Kapitulation Granadas unterzeichnet, und dort sagte *Isabella die Katholische Christoph Kolumbus* Unterstützung für seine geplanten Reisen zu. Bei *Lachar* verläßt man die Vega von Granada und erreicht kurz vor Loja die *Infiernos de Loja*, die sehenswerte Kaskadenschlucht des *Río Genil*. In

Loja (57 km) selbst, einer malerischen, verwinkelten und terrassenförmig angelegten Stadt, sind die maurische *Alcazaba* und die Kirchen *San Gabriel* (1552; schöne Artesonadodecke) und *Santa María de la Encarnación* (16. Jh.) sehenswert.

Man fährt auf der N. 342 zurück bis zur *Venta del Pulgar* und biegt dort nach rechts in die Straße nach *Alhama de Granada* (97 km) ein. In dem hübsch gelegenen Thermalbad sind Ruinen römischer und maurischer Badeanlagen und eine Pfarrkirche aus dem frühen 16. Jahrhundert zu sehen. Am Stausee *de los Bermejales* vorbei kommt man wieder in die Vega von Granada. In *Gabia la Grande* (136 km) sind eine Taufkapelle aus dem 5. oder 6. Jh. und ein maurischer Turm zu sehen. Über *Armilla* kommt man nach Granada (146 km) zurück.

Route 2: Guadix

Man verläßt Granada auf der N. 342 in östlicher Richtung und kommt über den 1392 m hohen *Puerto de la Mora* in eine recht wilde und nur sehr dünn besiedelte Landschaft, in deren östlichem Teil zahlreiche Hügel auftauchen, in die in mehreren Stockwerken übereinander *Höhlenwohnungen gegraben sind. Besonders zahlreich sind diese Höhlenwohnungen in *Purullena* (54 km), einem Dorf, das fast nur aus Höhlenwohnungen besteht. Auch

Guadix (60 km) besitzt ein Viertel, das aus Höhlenwohnungen besteht, den sogenannten *Barrio de Santiago*. Dort gibt es ca. 5000 Zigeuner, die als reinrassig gelten. Im übrigen handelt es sich bei Guadix, das Bischofssitz ist, um eine Stadt, deren durch Funde bestätigte Historie in ibero-römische Zeit zurückreicht. Ruinen der maurischen Burg und Stadtmauer sind noch zu sehen. Die Kathedrale wurde im 16. Jh. erbaut und im 18. Jh. barockisiert. Ihr Chorgestühl ist churrigueresk.

Rund 15 km südlich von Guadix liegt das Dorf *La Calahorra* mit einem im 16. Jh. erbauten burgartigen *Schloß, das von genuesischen und lombardischen Künstlern im Stil der italienischen Renaissance ausgestattet wurde.

Baza (108 km), dessen Ursprung wahrscheinlich in iberischer Zeit liegt, mutet zum Teil maurisch an und ist im übrigen fast modern. Die Ruinen einer maurischen Burg, die Stiftskirche *Santa María* (16. Jh.; Turm im 18. Jh. vollendet) und die am Hang des *Javalcón* gelegenen Höhlenwohnungen sind die Sehenswürdigkeiten des Ortes. Man fährt auf dem Weg, den man gekommen ist, nach Granada (216 km) zurück.

Route 3: Sierra Nevada

Eine landschaftlich sehr schöne Straße mit zahlreichen Aussichtspunkten, aber noch erheblich zahlreicheren Kehren führt von Granada in südöstlicher Richtung in das Kernstück der *Sierra Nevada hinein, und zwar zunächst in die durchschnittlich 2500 m hoch gelegene Gegend der *Peñones de San Francisco*, in der etliche das ganze Jahr über geöffnete Hotels stehen und die ein großartiges *Wintersportgebiet ist. Wintersporteinrichtungen (Lifte und Gondelbahnen) sind vorhanden, neue werden angelegt. Über dieses Wintersportgebiet hinaus führt die Straße weiter bis zum Gipfel (3392 m) des *Pico Veleta* (55 km) und ist damit die höchste Straße Europas. Vom Pico aus überblickt man einen großen Teil Andalusiens, über den hinweg man bei klarem Wetter bis nach Kastilien hineinsehen kann. Im Süden wird das Mittelmeer, meist auch das marokkanische Rifgebirge, sichtbar. Nach Osten zu verstellt eine mächtige Bergkulisse die Sicht. Dort erhebt sich unter anderem der *Mulhacén* (3478 m), der höchste Berg Festlandspaniens. Die Verbindung zwischen dem Pico Veleta und dem Mulhacén ist kaum mehr als ein Wanderweg zwischen kleinen Bergseen.

Route 4: Alpujarras – Costa del Sol

Man verläßt Granada in südlicher Richtung auf der N. 323, die über den 865 m hohen *Puerto del Suspiro del Moro* („Paß des Maurenseufzers") geht, südlich von *Padul* zu einer großartigen Bergstraße wird und am Westrand der *Alpujarras entlang über *Vélez de Benaudalla*, eines der Alpujarras-Dörfer, nach *Motril* (75 km) führt. Von dort aus fährt man durch die sehr fruchtbare Vega von Motril (vor allem Anbau von Südfrüchten) und durch den kleinen, mit seinen meist kubischen, weißgekalkten Häusern nordafrikanisch wirkenden Badeort *Salobreña* nach

Almuñécar (98 km), das zusammen mit dem benachbarten *La Herradura* der bedeutendste Badeort an dem zur Provinz Granada gehörigen Abschnitt der Costa del Sol ist. Der Ort besitzt einige feinsandige und einige kiesige Strände. Aus römischer Zeit sind Reste eines Aquädukts und die am Ufer des *Río Verde* gelegene *Torre del Monje* (Mönchsturm), eine taubenschlagähnliche Begräbnisstätte, vorhanden. Auf dem Burgberg sind Reste antiker Bauten zu sehen; die Bedeutung der unterirdischen Anlage, die *Cueva de los Siete Palacios* (Höhle der sieben Paläste) genannt wird, ist unklar.

Man fährt zurück bis Motril und dann an der Küste entlang weiter über die unbedeutenden Badeorte *Torrenueva*, *Calahonda* und *Castell de Ferro* bis *La Rábita* (166 km). Unmittelbar östlich dieses Ortes zweigt links die Straße (N 333) ab, die durch die Landschaft ***Las Alpujarras** (auch *Alpujarra* genannt) führt. Diese Landschaft umfaßt den gesamten Südhang des Kernstücks der Sierra Nevada bis zur Meeresküste hin. Teile von ihr zählen zu den wildesten Gebirgslandschaften Europas. Andere Teile sind Terrassenlandschaften, in denen Nutzpflanzen angebaut werden. In geschichtlicher Hinsicht sind die Alpujarras die Landschaft, in der die Moriscos sich in den Jahren 1568 bis 1570 bis zum äußersten gegen ihre Vertreibung gewehrt haben. Die Straße führt über *Albuñol* und über den 1125 m hohen *Puerto Camacho* (großartiger Blick auf die Sierra Nevada) nach *Orgiva* (219 km), einem guten Ausgangspunkt für Touren (beschwerlich) in das Mulhacén-Gebiet. Eine gut befahrbare Straße führt in das 20 km entfernte *Capileira* und überwindet auf dieser kurzen Strecke einen Höhenunterschied von rund 1000 m. Die Hauptstraße geht von Orgiva aus nach *Lanjarón* (229 km), einem sehr hübsch gelegenen Mineralbad, das sich zu einem recht beliebten Touristenzentrum entwickelt hat. Der Ort liegt vor der mächtigen Kulisse der *Peñas del Diablo*, die den Kern eines wildreichen *Nationalparks* bilden. Nur Saumpfade führen in dieses vom 3015 m hohen *Cerro de Caballo* überragte Gebiet.

Von Lanjarón aus erreicht man nach wenigen Kilometern die N. 323, auf der diese Rundfahrt begonnen hat und auf der man nach Granada (277 km) zurückfährt.

DIE PROVINZ ALMERÍA

Die Provinz Almería (8774 qkm) gehört zu *Andalusien*. Sie wird im Norden von der Provinz *Murcia*, im Osten und Süden vom *Mittelmeer* und im Westen von der Provinz *Granada* begrenzt. Ihre wichtigsten Straßen sind die N. 340 (Murcia – Almería – Málaga) und die N. 324 (Almería – Guadix und weiter nach Córdoba). Die einzige Eisenbahnlinie ist die Linie Almería – Guadix mit Anschlüssen nach Madrid, Barcelona, Granada. Die Provinz hat kleine Anteile an den Ferienlandschaften *Costa del Sol* und *Costa Blanca*. Der sehenswerteste Ort ist *Almería.

Die Provinzhauptstadt * Almería

* Almería liegt an dem nach ihm benannten Golf, der von schützenden Gebirgszügen umgeben ist, und westlich der Mündung des *Río Andarax*. Die Stadt ist Bischofssitz. Die wirtschaftlichen Grundlagen bilden die fruchtbare Vega, der für die Ausfuhr wichtige Hafen und der Tourismus.

GESCHICHTE

Almería geht auf eine ibero-römische Hafenstadt zurück, die etwa an der Stelle des heutigen *Pechina*, 12 km landeinwärts am *Río Andarax*, gelegen hat. Die Bewohner dieser Stadt wurden im 10. Jh. nach der von den Mauren gegründeten Hafenstadt Almería umgesiedelt. Die Stadt nahm eine derart glänzende Entwicklung, daß sie nach dem Zusammenbruch des Kalifats von Córdoba die Hauptstadt eines Reiches wurde, zu dem zeitweilig auch Córdoba, Murcia, Jaén und Teile Granadas gehörten. 1489 wurde die Stadt endgültig von den Christen zurückerobert. Seitdem hat sie nur noch eine untergeordnete Rolle gespielt.

SEHENSWÜRDIGKEITEN

Die bedeutendsten Sehenswürdigkeiten sind die Kathedrale und die * Alcazaba.

Almería besteht aus modernen Stadtteilen, deren Hauptstraßen mit Palmen bestanden sind, und aus der ganz und gar maurisch anmutenden Altstadt. Von der *Puerta Purchena*, die den Mittelpunkt der Stadt bildet, geht man durch die den Fußgängern vorbehaltene *Calle de las Tiendas* zur *Plaza Vieja* und weiter durch den Torbogen des *Rathauses* zur *Calle Almanzor*, von der ein Weg hinauf zur

* **Alcazaba** abzweigt. Die maurische Burg, die eine Fläche von über 43 000 qm eingenommen hat, wurde vom 8. bis 12. Jh. erbaut und von den *Katholischen Königen* ausgebaut. Im Jahre 1522 wurde sie durch ein Erdbeben großenteils zerstört. Der am besten erhaltene Teil ist der Burgfried (*Torreón del Homenaje*, 15. Jh.) und die in eine Kapelle umgewandelte einstige Moschee.

Eine zum Teil recht gut erhaltene Mauer zieht sich vom Alcazaba-

Hügel zum Nachbarhügel hin, auf dem die Ruinen des *Castillo de San Cristóbal* und ein *Herz-Jesu-Standbild* (1928) stehen.
Man geht zurück zur Calle Almanzor, biegt nach rechts in die *Calle de la Reina* und dann nach Überqueren der *Calle de Queipo de Llano* nach links in die *Calle de Bailén* ein, an die sich die *Calle General Castaños* anschließt. An der *Plaza de la Catedral* steht die

Kathedrale, ein wehrhafter Bau aus dem 16. Jh., dessen West- und Nordfassade ansehnliche Werke der Renaissance sind. Im Innern ist vor allem das Grabmal des Bischofs Villalán in der Christuskapelle beachtenswert. Südlich der Kathedrale liegt die *Hafenpromenade*, der baumbestandene *Paseo del Parque*, der im Westen im Fischerviertel *Chanca* endet. Das Viertel besteht aus kubisch geformten Terrassenhäusern, von denen viele zum Teil wie Höhlenwohnungen in die Hügel reichen.

13 km westlich von Almería liegt *Aguadulce*, der einzige nennenswerte Badeort an der Costa de Almería.

Route 5: Vera – Costa Blanca

Man verläßt Almería auf der N. 340 und kommt durch weite Orangenhaine, dann durch eine graue, unfruchtbare Lehmhügellandschaft nach *Tabernas* (31 km; maurische Burgruine) und dann nach *Sorbas* (58 km), das auf einem vom *Río de Aguas* umflossenen Hochplateau liegt. An der Steilwand hoch über dem Fluß sind die „Hängenden Häuser" zu sehen. Sehenswert sind auch die Höhlenwohnungen und Töpferwerkstätten.

Vera (93 km), das 1518 durch ein Erdbeben völlig zerstört und auf Anordnung *Karls V.* wieder aufgebaut wurde, rühmt sich seines strahlenden Sonnenscheins (365 Sonnentage im Jahr). Das *Real Hospital de San Agustín* wurde 1521 von *Karl V.* gegründet. Es empfiehlt sich, einen Abstecher nach *Cuevas de Almanzora* zu machen. Trotz des Namens, der Almanzorahöhlen bedeutet, handelt es sich hier um ein Städtchen, das an der Straße nach Cartagena liegt, und nicht nur um Höhlen. Zu dem Städtchen gehört aber ein besonders sehenswertes Viertel mit Höhlenwohnungen, die sich in den Tuffhängen des Almanzora befinden. Außerdem ist die Ruine der stark gotisch beeinflußten maurischen Burg besuchenswert.

Von Vera aus fährt man an die Küste, die als äußerster Ausläufer der Costa Blanca bezeichnet werden darf. Man kommt dort zunächst in den kleinen Badeort *Garrucha* (102 km), dessen Buchten für den Tauchsport sehr gut geeignet sind. Jenseits der Mündung des Río de Aguas liegt etwas landeinwärts auf einem Hügel das malerische, nordafrikanisch anmutende Dorf **Mojácar** (110 km), das eines der reizvollsten Dörfer an der Costa de Almería ist. An dem zu diesem Ort gehörenden Strand steht der *Parador Nacional de los Reyes Católicos*. Über *Turre* fährt man zur N 340 und auf dieser zurück nach Almería (190 km).

DIE BALEAREN-PROVINZ

Die seit 1979 autonome Balearen-Provinz (5014 qkm) besteht aus den Inseln *Mallorca*, *Menorca*, *Ibiza*, *Formentera* und einigen weiteren kleinen Inseln. Die drei erstgenannten Inseln sind mit Flugzeug und Schiff am besten von Barcelona aus zu erreichen. Nach Formentera verkehren von Ibiza aus Schiffe. Nur Mallorca hat ein größeres Straßennetz (Palma – Puerto de Sóller, Palma – Puerto de Pollensa, Palma – Cala Ratjada und Palma – Santany) und Eisenbahnlinien (Palma – Artá, Palma – Felanitx und Palma – Santany). Fast die gesamten Küsten einer jeden der vier obengenannten Inseln bilden je eine Ferienlandschaft. Die bedeutendsten Sehenswürdigkeiten sind auf Mallorca: *Palma de Mallorca, die mallorquinische *Costa Brava, die Cartuja von Valldemosa, die *Cuevas del Drach und die Cuevas de Artá; auf Menorca die *Taula von Trepucó, der *Pas d'en Revull und die *Naveta d'es Tudons; auf Ibiza die Stadt *Eivissa.

Die Provinzhauptstadt * Palma de Mallorca

*Palma de Mallorca liegt an der großen Westbucht der Insel, und zwar da, wo sich die weite Ebene, die die Mitte der Insel einnimmt, mit den Ausläufern der an der Nordwestküste sich hinziehenden Kordillere berührt. Die Stadt ist Bischofssitz. Die wirtschaftliche Grundlage bilden der Handel, der Tourismus und in geringerem Maße die Industrie.

GESCHICHTE

Die Geschichte der Stadt ist weitgehend auch die Geschichte Mallorcas und der Balearen. Es folgt hier daher eine Gesamtübersicht.

Gegen Ende der Jungsteinzeit und in der Bronzezeit lebte auf den Balearen eine Bevölkerung, die Megalithanlagen geschaffen hat. Auf Mallorca erinnern an sie die *Talayots* (Zyklopentürme) von *Capicorp Vell*, auf Menorca neben den Talayots einige *Taulas* (riesige Opfertische) und *Navetas* (Grabkammern). Auf Ibiza und Formentera erinnert nichts an diese Zeit. Im 7. Jh. v. Chr. scheinen sich die Karthager zu Herren der Balearen gemacht zu haben. In dieser Zeit hat die Insel Ibiza die Hauptrolle gespielt. Im Jahre 123 v. Chr. eroberten die Römer die Balearen. Das Schwergewicht verlagerte sich von Ibiza nach Mallorca. Mehrere Römersiedlungen entstanden, eine auch in der Gegend des heutigen Palma. Nach dem Zusammenbruch des Römischen Reiches gehörten die Balearen kurze Zeit zum Reich der Vandalen, dann zum Oströmischen Reich. Gegen Ende des 8. Jh. wurden sie von den Mauren erobert. Während der Maurenzeit entwickelte sich Palma zu einer blühenden Stadt. Anfang des

12. Jh. begannen die Bemühungen der Grafen von Barcelona (der späteren Könige von Aragonien) um die Rückeroberung der Balearen. Die Bemühungen hatten aber erst 1229 (hinsichtlich Menorcas sogar erst 1286) dauernden Erfolg. 1262 wurde das Königreich Katalonien/Aragonien geteilt. Zum neu geschaffenen Königreich Mallorca gehörten die Balearen und einige südfranzösische Gebiete. 1349 fiel das Königreich Mallorca, dessen Hauptstadt Palma war, an Aragonien zurück. Seit dem 14. Jh. waren die Balearen den Überfällen berberischer und besonders algerischer Piraten ausgesetzt. Im Spanischen Erbfolgekrieg eroberten die Engländer Menorca und bauten Mahón zu einem starken Stützpunkt aus. Erst 1802 kam die Insel endgültig an Spanien zurück.
In den Jahren 1925 bis 1935 war Mallorca, und zwar die engere Umgebung von Palma, zum ersten Mal eine Art Touristenzentrum. Nach dem Zweiten Weltkrieg eroberte sich der Tourismus zunächst Mallorca und dann nach und nach Ibiza, Menorca und Formentera.

SEHENSWÜRDIGKEITEN

Die wichtigsten Sehenswürdigkeiten der Stadt Palma sind die *Kathedrale (Seo), die *Lonja, die Kirche *San Francisco und das Schloß *Bellver.

Der schönste Teil der Hafen- und Uferpromenade ist der palmenbestandene *Paseo de Sagrera*, an dem die 1426 bis 1451 von *Guillém Sagrera* erbaute

***Lonja**, der schönste gotische Profanbau der Balearen, steht. Das Innere der ehemaligen Börse ist ein großer Saal, dessen Gewölbe von sechs gewundenen Säulen getragen wird.

Am Ende des Paseo de Sagrera führt eine Treppe auf die alte Stadtumwallung hinauf, hinter der sich, die Bucht und die Stadt beherrschend, die

***Kathedrale** erhebt. An diesem gotischen Bauwerk wurde vom Ende des 13. Jh. bis gegen 1600

Palma: Kathedrale

gebaut; es weist daher auch Elemente der Renaissance auf. Besonders beachtenswert sind die **Puerta del Mirador* (an der Meerseite) und im Innern der über der Puerta del Mirador angebrachte gotische Altaraufsatz (14. Jh.) des früheren Hochaltars, die plateresken Kanzeln beiderseits des Chors, die *Capilla Real* mit der *Capilla de la Trinidad* (Grabmäler mallorquinischer Könige) und die *Kapitelsäle* (heute *Museum*), in denen sich unter anderem das Grabmal des Gegenpapstes *Klemens VIII.* (1424 bis 1429) und zwei mächtige barocke Kerzenleuchter befinden.

Gegenüber der Kathedrale steht der *Almudaina-Palast*, der einstige Palast der maurischen Statthalter, dann der Könige von Mallorca. Das bis in die neuste Zeit hinein ständig veränderte Gebäude ist nun eine der königlichen Residenzen.

Nach Osten hin schließt sich an die Kathedrale ein recht altertümliches und winkliges Viertel an, in dem zahlreiche alte Adelspaläste stehen und das kreuz und quer zu durchstreifen sich lohnt.

Auf dem Wege *Calle Palau – Calle San Pedro Nolasco – Calle Morey* (*Caza Oleza* an der Ecke) – *Calle de la Almudaina* (maurischer Torbogen) – *Calle Palan Reial – Plaza Cort* (*Rathaus* mit prächtig geschnitztem Dachvorsprung) – *Calle Cadena* (Kirche *Santa Eulalia* mit sehenswerter *Eloy-Kapelle*) – *Calle Zavellá* (*Casa Vivot*, einer der schönsten Adelspaläste Palmas) und *Plaza Quadrado* kommt man zum Kloster

***San Francisco.** Die im 13./14. Jh. erbaute Kirche (Fassade aus dem 16. Jh.) ist nach der Kathedrale das bedeutendste kirchliche Bauwerk Palmas. Besonders sehenswert ist der Kreuzgang, dessen * Nordgalerie schönste Gotik ist.

Im Westteil der Stadt, über die Straße *Andrea Doria* erreichbar, befindet sich das *Pueblo Español*, eine sehenswerte Gruppe von originalgetreuen Nachbildungen berühmter spanischer Bauten, zum Beispiel des Myrtenhofs der Alhambra und des Greco-Hauses in Toledo. Gegenüber steht der *Kongreßpalast*.

Vom westlichen Vorort *Terreno* aus führt ein Weg hinauf zu dem im 14. Jh. von den mallorquinischen Königen erbauten

***Castillo Bellver**, einem mächtigen, von der *Torre del Homenaje* überragten Rundbau, dessen runder Innenhof von einer zweistöckigen Galerie umgeben ist, an die sich die Schloßräume (heute großenteils *Städtisches Museum*) anschließen.

Badeorte und Sehenswürdigkeiten Mallorcas

Westlich von Palma bilden an der Bucht von Palma die Badeorte *Cala Mayor*, *San Agustín*, *Ca's Catalá-Illetas*, *Portals Nous*, *Palma Nova* und *Magalluf* eine fast ununterbrochene Kette von Hotels, Pensionen und Appartementhäusern. Kleine Sand- oder Felsbuchten und weite Sandstrände bestimmen das Bild dieses Küstenabschnitts.

Jenseits der Bucht von Palma liegen die Badeorte *Santa Ponsa*, *Paguera* und *Camp de Mar*, von denen besonders die beiden ersten durch Urbanisationen immer mehr vergrößert werden. Am Ende dieses Küstenabschnitts liegt *Puerto de Andraitx*, das besonders Unterwassersportlern gefallen wird.

Nördlich von Puerto de Andraitx beginnt die wilde

***Mallorquinische Costa Brava**, die fast überall felsige und steile Nordwestküste der Insel, an der sich eine bis zu 1445 m *(Puig Mayor)* ansteigende Kordillere hinzieht. Eine landschaftlich großartige Straße führt vorwiegend in Küstennähe bis *Puerto de Sóller*. An dieser Straße liegen das malerische Bergdorf *Estellenchs* am Fuße des *Galatzó* (1025 m), das wegen seiner Terrassenkulturen sehenswerte *Bañalbufar*, etwas abseits sodann

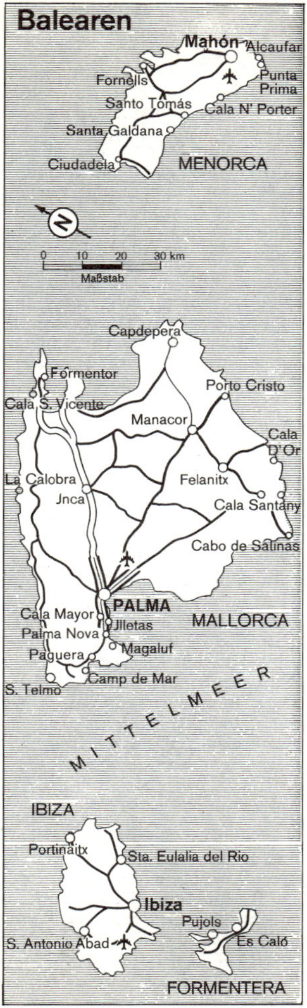

Valldemosa, in dem die mallorquinischen Könige im 14. Jh. ein *Schloß* erbauten, das 1399 in ein Kartäuserkloster umgewandelt wurde. In diesem im 18. Jh. fast völlig erneuerten und 1835 aufgehobenen Kloster verbrachten *Chopin* und seine Freundin *George Sand* den Winter 1838. Die Zellen, in denen die beiden gewohnt haben und die mit zum Teil sehr umstrittenen Erinnerungsstücken ausgestattet wurden, sind heute eine der einträglichsten Attraktionen Mallorcas und der Balearen.

Weiter liegen an oder in der Nähe der Straße die Schlösser *Miramar* und *Son Marroig*, die dem Erzherzog *Ludwig Salvator von Österreich* (1847 bis 1915), dem großen Freund der Balearen, gehört haben, das Bergdorf *Deyá*, das bei Dichtern und Malern beliebt ist, und schließlich der Hafen- und Badeort *Port de Sóller*.

Die Straße verläuft nun mitten durch das Gebirge. Am Anfang liegt das von Orangenhainen umgebene hübsche Städtchen *Sóller*, an dessen Straßen viele kleine Adelshäuser stehen. Die Straße führt unterhalb des *Puig Mayor* zur *Gorg Blau*, einer von einem Wildbach durchflossenen Schlucht. In der Nähe zweigt nach Norden die schöne, aber sehr kurvenreiche Straße nach *La Calobra* ab, in dessen Nähe die Schlucht des **Torrent de Pareis*, eine der größten Natursehenswürdigkeiten der Insel, liegt.

Vorbei an dem einsam gelegenen Kloster *Lluch* und über *Pollensa* (überragt von den Hügeln *Puig de El Calvari* und *Puig de María*, beide mit Wallfahrtskapellen) führt die Straße nach *Cala de San Vicente* (Badeort an der Costa Brava) sowie nach *Puerto de Pollensa* und *Formentor*, an der *Bucht von Pollensa* gelegenen Badeorten.

Es folgen an der Ostküste: *Alcudia* mit Stadtmauern (Fundamente aus dem 14. Jh.) und den Ruinen eines römischen *Amphitheaters; Puerto de Alcudia*, ein zu beachtlicher Bedeutung gelangter Badeort; *Ca'n Picafort* der Ort mit dem längsten Sandstrand; *Cala Ratjada*, ein besonders bei Deutschen beliebter Badeort (etwas landeinwärts *Capdepera* mit sehenswerter Festungsanlage und weiter landeinwärts das malerische, mittelalterliche *Artá*); südlich von Cala Ratjada liegen unmittelbar an der Küste die

Cuevas de Artá, eine der großen Tropfsteinhöhlen Mallorcas (besonders beachtenswert ist die „Säulen-" oder „Botschafter-Halle"). Südlich der Höhle folgen einander die Badeorte *Playa de Canyamel, Costa de los Pinos, Cala Bona, Cala Millor, S'Illot* und schließlich *Porto Cristo* mit den

***Cuevas del Drach,** der größten und schönsten, aber auch am meisten für Besuchergruppen hergerichteten Tropfsteinhöhle der Insel (Lichtorgel; musikalische Darbietungen auf dem Höhlensee).

Von dieser Höhle aus landeinwärts liegen die bescheideneren *Cuevas dels Hams* und das durch seine Perlenherstellung (*Perlas Majóricas*) bekannt gewordene Städtchen *Manacor*.

An den kleinen Buchten südlich von Porto Cristo liegen die Badeorte *Calas de Mallorca, Cala Domingo, Cala Murada, Porto Colom* (landeinwärts liegt das Städtchen *Felanitx*, von dem aus man Ausflüge nach dem *Castillo de Santueri* und nach dem *Santuario de San Salvador*, beide recht lohnend, unternehmen kann), *Cala d'Or, Porto Petro, Cala Mondragó, Cala Figuera* und *Cala Santany* (in der Werbung tauchen noch zahlreiche andere Namen auf).

An der Südwestküste liegen weite, zum größeren Teil noch völlig unerschlossene Dünenstrände mit Pinienwäldern. Der einzige nennenswerte Badeort ist *Puerto de Campos*, der neuerdings auch *Colonia Sant Jordi* und *Playa de Salinas* genannt wird.

An der Westküste südöstlich von Palma schließlich liegen die Badeorte *El Arenal, Las Maravillas* und *Ca'n Pastilla*, alle an der rund 5 km langen *Playa del Arenal*, die auch die mallorquinische *Costa del Sol* genannt wird, und *Ciudad Jardín/Coll d'en Rebassa* am Stadtrand von Palma. Der bekannteste dieser Badeorte ist *El Arenal*, dessen Name daher oft auch stellvertretend für alle Orte dieses Touristengebietes gebraucht wird. Von *Ciudad Jardín* und *Coll d'en Rebassa* abgesehen, sind diese Orte fast reine Hotelstädte, in denen kaum Einheimische wohnen.

Von den im Inselinnern gelegenen Orten sind noch zu erwähnen: *Inca* mit seinen *Cellers*, gemütlichen Weinkellern, und *Randa* mit dem auf dem Berg *Randa* gelegenen *Santuario de Nuestra Señora de Cura* und dem *Santuario de Nuestra Señora de Gracia*.

Badeorte und Sehenswürdigkeiten Menorcas

Die Hauptstraße Menorcas verbindet die heutige Hauptstadt *Mahón* mit der alten Hauptstadt *Ciudadela* (heute noch Bischofssitz). Von dieser Straße gehen Stichstraßen aus, die an die Nord- und Südküste der Insel führen.

Mahón ist wegen seiner prächtigen Hafenbucht sehenswert. Südöstlich der Stadt liegt die vorgeschichtliche Siedlung

Trepucó mit der am besten erhaltenen *Taula der Balearen. An dem südlich davon gelegenen Küstenabschnitt befinden sich zwei der größten Badeorte Menorcas: *Cala Alcaufar* mit der Villen- und Bungalowsiedlung *S'Algar* und das vor allem mit Ferienhäusern und Bungalows ausgestattete *Punta Prima*. Weiter östlich liegt an einer prächtigen Felsenbucht die Hotel- und Bungalowsiedlung *Cala'n Porter*, in deren Umgebung vorgeschichtliche Wohnhöhlen zu sehen sind.

Von *Mercadal* aus erreicht man das neue Touristenzentrum *Santo Tomás* und von *Ferrerías* aus *Cala Galdana*, die schönste Bucht Menorcas. Diese kann man auch von

***Pas d'en Revull** aus durch den *Barranco de Algendar*, eine großartige Schlucht und einen der landschaftlich schönsten Teile Menorcas, erreichen.

Kurz vor Ciudadela liegt die

***Naveta d'es Tudons,** ein vorgeschichtliches Grab und das größte erhaltene vorgeschichtliche Baudenkmal der Balearen. In *Ciudadela* selbst stehen noch einige ansehnliche Paläste.

Badeorte und Sehenswürdigkeiten *Ibizas

***Eivissa,** die Inselhauptstadt, ist der Lage nach eine der schönsten Hafenstädte des Mittelmeers. Die von mächtigen *Festungsmauern* umgebene Alt- oder Oberstadt wird von der *Kathedrale* (14. und 17. Jh.) überragt. Nahe der Kathedrale steht das **Archäologische Museum*, in dem ein Teil der Funde zusammengetragen sind, die man in der großen karthagischen Nekropole auf dem *Puig dels Molins* (Windmühlenberg) westlich der Stadt gemacht hat. Dieses Museum, das hinsichtlich der karthagischen Kleinkunst das bedeutendste der Erde ist, steht unter den Sehenswürdigkeiten der Balearen an erster Stelle. Als Badeort hat Ibiza eine gewisse Bedeutung durch die südlich gelegenen Strände *Figueretas* und *d'en Bossa*.

Die Badeorte der Insel sind: an der Ostküste das zusammen mit *Es Caná* zur Touristenstadt gewordene *Santa Eulalia del Río*; an der Westküste das noch weit größere und unruhigere *San Antonio Abad*; an der Nordküste das besonders Freunden des Unterwassersports zu empfehlende *Portinatx*.

Auf der Insel *Formentera*, deren Mittelstück fast nur aus zwei riesigen Stränden besteht, bilden *Playa d'es Pujols* und *Es Caló* die touristischen Zentren, in denen in den letzten Jahren moderne, zum Teil recht große Hotels gebaut worden sind.

DIE KANARISCHEN INSELN

Die Kanarischen Inseln bilden zwei Provinzen: die Provinz *Las Palmas* (4065 km²) mit den Inseln *Gran Canaria*, *Lanzarote*, *Fuerteventura*, *Graciosa* und *Alegranza*); die Provinz *Santa Cruz de Tenerife* (3208 km²) mit den Inseln *Tenerife*, *La Palma*, *Gomera* und *Hierro*. 1982 wurden die Inseln eine autonome Region. Eine allgemeine Beschreibung der Inseln wurde bereits auf Seite 91 gegeben. Für den Tourismus kommen alle Inseln – außer Graciosa und Alegranza – in Betracht.

Vom spanischen Mutterland aus bestehen regelmäßige Flugverbindungen mit den Inseln Gran Canaria, Tenerife und Lanzarote. Interinsulare Flugverbindungen bestehen zwischen Gran Canaria, Tenerife, Lanzarote, Fuerteventura und La Palma.

Schiffsverbindungen gibt es von Cádiz nach Gran Canaria und nach Tenerife. Außerdem bestehen Schiffsverbindungen zwischen allen Inseln.

GESCHICHTE

Die im Altertum recht bekannten Kanarischen Inseln (der Geograph *Ptolemäus* legte den ersten Längengrad seiner Weltkarte durch die heute *Hierro* genannte Insel) gerieten zur Zeit des Zusammenbruchs des Römischen Reiches in Vergessenheit und wurden erst ab Anfang des 14. Jh. von genuesischen, portugiesischen und mallorquinischen Seefahrern nach und nach wiederentdeckt. 1339 sind bereits alle Inseln auf einer mallorquinischen Seekarte verzeichnet. Die Eroberung der Inseln dauerte von 1402 bis 1496. Den Katholischen Königen gelang es, portugiesische Ansprüche abzuwehren, private Ansprüche der Eroberer oder ihrer Nachfahren abzugelten und so die Inseln nach und nach ganz für Spanien zu gewinnen.

Die Eroberer fanden auf den Inseln eine in steinzeitlichen Verhältnissen lebende Bevölkerung vor, über deren Herkunft auch heute noch keine Klarheit besteht. Sprachlich und, nach Schädelmessungen zu urteilen, auch rassisch gehörte sie zur Gruppe der *Berber*. Schädelmessungen waren möglich, da die *Guanchen*, wie die Urbevölkerung genannt wird, ihre Toten mumifizierten und Mumien in größerer Zahl gefunden wurden (in den Museen von Las Palmas und Santa Cruz de Tenerife sind Mumien zu sehen). Die Guanchen, die den Eroberern härtesten Widerstand leisteten, wurden vernichtet oder von den Spaniern assimiliert. In manchen Schichten der Bevölkerung sind heute noch Rassenmerkmale der Guanchen festzustellen.

Die Hispanisierung der Inseln machte nach Abschluß der Eroberung rasche Fortschritte. Für die Entdecker und Eroberer

Amerikas waren die Inseln seit den Tagen des Kolumbus eine wichtige Versorgungsstation. Versuche der Holländer und Engländer, sich der Inseln zu bemächtigen, wurden im 16. bis 18. Jh. mehrfach abgeschlagen. Im Februar 1936 wurde Franco zum Generalkapitän der Kanarischen Inseln ernannt, und im Juli brach er von Tenerife nach Tetuán (Marokko) auf, um sich an die Spitze der spanischen Truppen in Spanisch-Marokko zu stellen (siehe S. 62). Neuerdings gibt es eine politisch-kulturelle Kanarische Unabhängigkeitsbewegung.

Die Insel Gran Canaria

Las, Palmas, die Hauptstadt der Insel und der Provinz und Sitz eines Erzbischofs, ist mit über 15 000 Fremdenbetten der weitaus bedeutendste Badeort der Insel und der Provinz. Im Norden der Stadt, nahe dem *Puerto de la Luz*, liegen die vorzüglichen Strände *Alcaravaneras* und *Canteras*. Im südlichen (älteren) Teil der Stadt stehen an der *Plaza de Santa Ana* die Kathedrale (1497 bis 1820) und das *Museo Canario* (ausgezeichnete anthropologische Sammlung). Den Platz selbst schmücken bronzene Hunde, die als Wahrzeichen der *Islas Canarias* (= Hundeinseln) gelten. Hinter der Kathedrale steht die *Casa de Colón*, die frühere Residenz des Militärgouverneurs (heute *Museum*); ob sich *Kolumbus* dort aufgehalten hat, ist nicht zu beweisen.

Auf einer Fahrt in den wüstenhaften Süden der Insel kommt man über *Telde* (sehenswerte Kirche *San Juan Bautista*, 15. Jh.) und vorbei an der *Montaña de las Cuatro Puertas*, einem Heiligtum der Guanchen, nach *Gando* (Flughafen), sodann in die neuen, an der Südost- und Südküste entstandenen und sich ständig vergrößernden, zum Teil aber auch aus verschiedenen Gründen in unfertigem Zustand belassenen Küstenorte, die vorwiegend zur Gemeinde *San Bartolomé de Tirajana* gehören; die bekanntesten Strandzonen und Touristenzentren sind *Mas-*

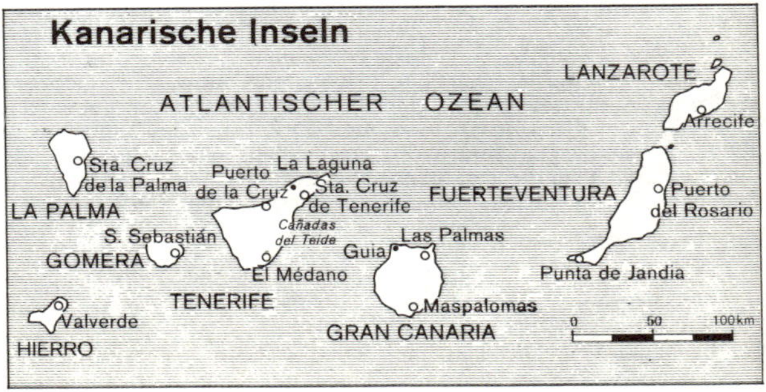

palomas, *Playa de San Agustín* und *Playa del Inglès*. Bei der Einrichtung dieser Touristenzentren haben deutsche Investoren eine wesentliche Rolle gespielt; deutsche Touristen haben heute einen Hauptanteil an den Besucherzahlen.

Über *Tafira Alta* und *Monte Coello* (nahebei der mächtige Krater *Caldera de Bandama*) sowie das hübsche *Santa Brígida* kommt man von Las Palmas aus in die *Cumbres*, das Gebirge im Herzen der Insel, und zwar zum 1490 m hohen **Cruz de Tejeda* (*Parador Nacional de Tejeda*), von dem aus man in einer wilden Felslandschaft den *Roque Nublo*, einen rund 70 m hohen Basaltblock, sieht. Über *Teror* (Kirche *Nuestra Señora del Pino* mit der *Virgen del Pino* und einem wertvollen Kirchenschatz) fährt man nach Las Palmas zurück.

Eine dritte Fahrt führt in den fruchtbaren Norden der Insel, nach *Arucas* mit dem Aussichtsberg *Montaña de Arucas*, zu dem *Cenobio de Valerón* (Guanchenheiligtum), nach *Gáldar* (einstige Residenz eines Guanchenkönigs) und schließlich in das von Gärten und Plantagen umgebene *Agaete*.

Die Inseln Lanzarote und Fuerteventura

Lanzarote, die – wenn man einige kleinere Inseln ausklammert – nördlichste der Kanarischen Inseln, ist die am stärksten vom Vulkanismus geprägte Insel (über 300 Vulkankegel; roter und schwarzer Lavasand fast über die ganze Insel hin). Der Hauptort der Insel ist die Hafenstadt *Arrecife*, die einen orientalischen Eindruck macht. Dieser Eindruck wird verstärkt durch das Dromedar, das als Reit-, Last- und Arbeitstier dient. Vor dem alten Hafen liegt das *Castillo San Gabriel* (16. Jh.).

Für Touristen werden Ausflüge (Beförderungsmittel sind Reitdromedare) in die *Montañas del Fuego* (Feuerberge) veranstaltet. Bei den Feuerbergen handelt es sich um Vulkanaschenkegel, deren sandige Asche bereits 10 cm unter der Oberfläche Temperaturen aufweisen kann, die zum Kochen eines Eis ausreichen.

Fuerteventura, zwischen Lanzarote und Gran Canaria gelegen, ist sehr stark den austrocknenden Winden aus der *Sahara* ausgesetzt. Obwohl diese im Küstenbereich vegetationsarme Insel dem Touristen wenig zu bieten hat, wird versucht, den Hauptort *Puerto del Rosario* (🏨 *Parador Nacional*), *Corralejo* und die im äußersten Südwesten gelegene *Punta de Jandía* zu Badeorten und zu Zentren des Tauchsports zu machen. Daß Unterwassersportler dort auf ihre Kosten kommen, ist nicht zu bestreiten.

Die Insel *** Tenerife

Durch den Tourismus ist die Insel ***Tenerife (Teneriffa) zur bekanntesten der Kanarischen Inseln geworden. Die fast im äußersten Nordosten gelegene und vorwiegend moderne Hauptstadt der Insel und der Provinz

Santa Cruz de Tenerife besitzt keine nennenswerten Baudenkmäler (die Kirche *de la Concepción* ist am ehesten einen Besuch wert), dafür aber die hübsche *Plaza de la Candelaria* mit der von *Canova* 1778 geschaffenen *Candelaria-Säule*, an der *Plaza de España* den *Palacio Insular*, in dem sich unter anderem das *Museo Insular* (Guanchen-Sammlungen) befindet, sodann die *Calle del Castillo*, eine sehr verlockende Geschäftsstraße.

Von Santa Cruz de Tenerife ist es nicht weit zur hochgelegenen alten Hauptstadt *La Laguna*, einer vorwiegend vornehmen und stillen Stadt, die Sitz eines Bischofs und einer Universität ist. Von La Laguna aus kann man einen Ausflug in den im Norden gelegenen prächtigen Wald *Las Mercedes* machen. Man kann über *Tegueste* zu dem hübschen Badeort *Bajamar* fahren. Wichtiger aber sind die beiden folgenden Ausflüge.

Der erste führt durch den *Esperanza-Wald* zu den *Cañadas*, dem Rand des alten, riesigen Kraters des *Teide* (Seilbahn), in dem sich der heutige Teide (3707 m) aufgebaut hat. Die ** Landschaft um den Teide ist mit ihren weiten Lavafeldern, ihren bizarren Felsformationen *(Los Roques, Los Azulejos, Zapato de la Reina)*, ihrer fremdartigen Vegetation *(Retama* und *Euphorbia*, hoch am Teide das *Teideveilchen*) eine der größten Natursehenswürdigkeiten der Kanarischen Inseln. In den Cañadas steht der 🏰 *Parador Nacional Cañadas del Teide*.

Der zweite Weg ab La Laguna führt über *Tacoronte* (etwas abseits an der Küste die Ferien- und Eigenheimkolonie *Mesa del Mar*) nach **Puerto de la Cruz**, einem kleinen Fischerort, der zum bedeutendsten Badeort Tenerifes geworden ist. Von dort führt eine Straße hinauf ins * *Valle de la Orotava*, die sich über *El Portillo* hinaus bis zu den *Cañadas* fortsetzt. An dieser Straße liegt in geringer Entfernung von Puerto de la Cruz der * *Jardín Botánico*, der mit seinem reichen Pflanzenbestand einen großartigen Überblick über die kanarische Flora, darüber hinaus aber auch über die tropische und subtropische

Drachenbaum von Icod

Flora überhaupt gibt. Im oberen Teil des Orotava-Tals liegt das vornehme und an Gärten reiche Städtchen *La Orotava*, das durch seine * Blumenteppiche, die am Fronleichnamstag die Straßen bedecken, berühmt geworden ist.

Das ganze Orotava-Tal ist wegen seiner überreichen Vegetation eine der schönsten Landschaften der Kanarischen Inseln.

Westlich von Puerto de la Cruz liegt *Icod de los Vinos*. In der Nähe der Pfarrkirche dieses Ortes steht der größte und älteste * Drachenbaum der Kanarischen Inseln; sein Alter wird auf etwa 2500 Jahre geschätzt.

In einem neuerdings geradezu hektischen Tempo wird die Südostküste bis zum äußersten Süden der Insel hin touristisch erschlossen. Es handelt sich vor allem um das Gebiet südwestlich des Wallfahrtsortes *Candelaria* (in der dortigen, 1958 erbauten Basilika wird das Gnadenbild der *Virgen de la Candelaria*, der Schutzpatronin der Kanarischen Inseln, aufbewahrt; größte Wallfahrt am 14. und 15. August). Dort entstanden dank Bewässerung und Straßenbau Touristenzentren in Strandzonen, die zu den folgenden Gemeinden gehören: *Granadilla de Abona* (*Playa del Médano*), *Arona* (*Los Cristianos*), *Adeje* (*Playa de las Américas*) und *Santiago del Teide* (*Puerto de Santiago*). In der Werbung erscheinen für die Küstenzonen noch viele andere phantasiereiche Namen; da sie keinen offiziellen Charakter haben, wird auf ihre Nennung verzichtet. Zur Südostzone der Insel gehört der neue, 60 km von Santa Cruz entfernte internationale Flughafen Reina Sofía (Busverbindungen: Santa Cruz, Puerta de la Cruz, Flughafen Los Rodeos).

Die Inseln Gomera, Hierro und La Palma

Gomera ist eine fast kreisrunde, zum größeren Teil ziemlich unwegsame Insel, die einen gewissen Ruhm durch die *Pfeifsprache* erlangt hat, mit der sich Hirten über weite Entfernungen verständigen. Der an der Ostküste gelegene Hauptort *San Sebastián de la Gomera* war die letzte Station des *Kolumbus* vor seiner ersten Überfahrt nach Amerika (1492).

Hierro ist eine gebirgige und trockene Insel, die nur in der Niederung von *El Golfo* in etwa den Reichtum an Vegetation besitzt, den man von den Kanarischen Inseln erwartet. Der Hauptort der Insel ist *Valverde* (571 m; 5000 Einw.), von dem eine Straße hoch um die Golfs-Niederung herum nach Südwesten führt (viele Aussichtspunkte).

La Palma hat sehr gute Aussichten, ein Touristenzentrum zu werden. Der an der Ostküste der Insel gelegene Hauptort *Santa Cruz de la Palma* ist ein hübsches, freundliches Städtchen mit alten, zum Teil recht vornehmen Häusern, einer modernen Uferpromenade, einem Renaissancerathaus (16 Jh.), im Verhältnis zu seiner Größe zahlreichen Kirchen, einem malerischen Fischerviertel, dem 🏨 *Parador Nacional de la Palma*, den im Süden gelegenen Stränden *Bajamar* und *Cancajos* (Urbanisationsgebiet) und dem westlich gelegenen Heiligtum *Nuestra Señora de las Nieves*, das der Schutzpatronin der Insel geweiht ist.

Die große Sehenswürdigkeit ist die in der Inselmitte gelegene **Caldera de Taburiente*, ein Krater von 28 km Umfang und 770 m Tiefe. Eine Straße führt zu der am Rande des Kraters gelegenen 1833 m hohen *Cumbrecita* hinauf, von der aus man einen großartigen Blick in die Tiefe des großenteils von Pinienhainen bedeckten Kraters hat. In der Mitte des Kraters ragt der *Roque Idafé* empor, an dem sich die letzten Guanchen verteidigt haben sollen.

SPEZIELLE PRAKTISCHE HINWEISE

Hier werden für alle touristisch wichtigen Orte die folgenden Angaben (oder wenigstens einige von ihnen) gemacht:

Nach dem Ortsnamen Höhenangabe (außer bei Küstenorten) und Einwohnerzahl, danach der Hinweis auf das *Informationsbüro* (MIT, OIT, OMT, CIT; über diese Abkürzungen s. unter Auskunft, Seite 13) oder anderer Touristik-Informationen, bei größeren Orten gegebenenfalls die Adresse.

Post: Für größere Städte die Anschrift der Hauptpost;

✈ Wichtigste Flugverbindungen und gegebenenfalls die Anschriften der Stadtbüros der Lufthansa (LH), der Swissair (SR) und der Austrian Airlines (OA);

🚢 Wichtigste Schiffsverbindungen;

🚆 Wichtigste Eisenbahnverbindungen;

🚌 Wichtigste Autobusverbindungen;

⌂⌂⌂, ⌂⌂, ⌂ Kleine Auswahl von Hotels entsprechend der S. 20 vorgenommenen Einteilung;

△ Jugendherberge mit Angabe der Öffnungszeit;

⛺ Nicht vollständige Angabe einiger Campingplätze;

Restaurants: Nur Angabe des einen oder anderen, vor allem eines typischen Restaurants;

Fest: Nur Hinweis auf besonders typische Feste.

AGUADULCE
500 🚌 Almería.

⌂ „Juan de Austria".

AGUILAR DE CAMPOO
900 m / 6900 (OIT) 🚌 Palencia.

🚆 Strecke Madrid–Santander.

⌂⌂ „Valentín". – ⌂ „Comercio"; „Portico de Castilla"; „Siglo XX".

AGUILAS
20 000 🚆 Almendricos.

⌂⌂ „Carlos III". – ⌂ „Madrid".

ALARCÓN
871 m / 400 🚌 Cuenca.

⌂⌂ „Parador Nacional Marqués de Villena"; „Claridge".

ALBACETE
685 m / 117000
Inf.: OIT, Avda R. Acosta 3.
Post: Plaza del Caudillo.
🚆 Alicante, Valencia, Cartagena, Madrid, Murcia.
🚌 Almansa, Ciudad Real, Cuenca, Hellín u.a.
⌂⌂⌂ „Los Llanos"; „Parador de la Mancha" (5 km außerhalb).
⌂⌂ „Bristol Gran Hotel".
⌂ „Albar".

ALCANAR
72 m / 6000 🚆 Barcelona, Valencia (Bahnhof außerhalb).
⌂ „Biarritz" (6 km außerhalb).
⛺ „Estanyet", „Casas de Alcanar"; weitere Plätze in Richtung S. Carlos de la Rápita.

ALCAÑIZ
381 m / 11 000 (CIT, Ayuntamiento) Tortosa.
„Parador de la Concordia".

ALCOY
562 m / 66 000 (CIT).
Játiva, Valencia.
„Reconquista".
Fest: 22.–24. April „Moros y Cristianos".

ALFAZ DEL PI
88 m / 5000 Alicante.
„Park Hotel Panorama".
„Tropical".

ALGECIRAS
17 m / 85 000
Inf.: OIT, Estación Marítima, Av. de la Marina (Puerto).
Post: José Antonio 4.
Tánger, Ceuta, Melilla.
Córdoba, Madrid, Málaga und Sevilla. Cádiz, Málaga, Sevilla.
„Reina Cristina"; „Octavio".
„Alarde". – „El Estrecho".
„Costasol", „Bahía".

ALHAMA DE ARAGÓN
436 m / 1600 Madrid, Zaragoza, Barcelona.
„Parque"; „Termas".

ALHAMA DE GRANADA
883 m / 6000 Granada.
„Balneario Alhama de Granada".

ALICANTE
7 m / 252000
Inf.: OIT, Explanada de España 2. – *Post:* Plaza Gabriel Miró.
Madrid, Barcelona, Palma de Mallorca, Ibiza u.a.
Ab Estación Término nach Madrid, Barcelona (und weiter nach Frankreich); ab Estación Benalú nach Murcia, Granada.
Provinzverbindungen und Madrid, Valencia, Almería.
L „Sidi San Juan Palace-Sol".
„Adoc"; „Gran Sol"; „Meliá-Alicante".
„Covadonga", Plaza de los Luceros 17; „Leuka", Segura 23.
„Bahía", Gravina 14; „Reforma", Reyes Católicos 7.
Orihuela 97, Tel. 281211.
„Bahía" (siehe auch Playa de San Juan).
Fest: Eine Woche um den 24. Juni „San Juan".

ALMERÍA
16 m / 140000
Inf.: OIT, Hermanos Machado 1.
Post: Plaza de Casinello.
Madrid, Barcelona, Melilla.
Melilla (im Sommer montags bis samstags, sonst montags bis mittwochs und freitags bis samstags).
Granada, Madrid, Kurswagen nach Barcelona.
Provinzverbindungen und Murcia, Granada, Málaga.
„Gran Hotel Almería"; „La Parra". – „Costasol", Generalísimo 58; „Indalico", Dolores R. Sopeña 4. – „Embajador", Calzada de Castro 4.
Colegio „Alejandro Salazar", Ciudad Jardín, Tel. 243155.
„La Garrofa".

ALMONTE
75 m / 13000 Huelva; hierzu gehört die 30 km lange Touristenzone Playa Matalascañas mit den Hotels
„El Flamero"; „El Rocío".
„Endrina". – Zur Lage siehe Seite 307 bis 308.

ALMUÑÉCAR
24 m / 15 000 Granada.
Inf.: OMT, Paseo de Altillo.
„La Najarra".
„Carmen"; „Goya"; „Mediterráneo"; „Donosti".
„El Paraíso".

ALSASUA
584 m / 7100 Irún, Madrid, Zaragoza. – „Alaska“ (6 km in Richtung San Sebastián).
Aldapa Texeria s/n.

ALTEA
61 m / 11 000 (CIT)
Valencia, Alicante. –
„Cap Negret“.
„Altaya“. – „Cap-Negret“.

ANDÚJAR
212 m / 34000 Córdoba, Jaén. Córdoba, Linares.
„Don Pedro“.
„Del Val“ (1 km außerhalb).

ANTEQUERA
577 m / 42000 (OMT)
Granada, Sevilla.
Málaga, Sevilla.
„Parador Nacional“.
„La Yedra“ (außerhalb).

ARANDA DE DUERO
798 m / 27000 Valladolid, Barcelona, Madrid, Irún.
Almazán, Peñafiel, Burgos, Madrid, Valladolid.
„Los Bronces“; „Montehermoso“ (Richtung Burgos).
„Costaján“ (an der N 1).

ARANJUEZ
489 m / 35 000 (OIT)
„Las Mercedes“.
„Francisco José“; „Príncipe“.

ARCHENA
102 m / 10 000 Murcia.
„Termas“. – „Madrid“.

ARCOS DE LA FRONTERA
185 m / 28 000 Cádiz.
„Parador Nacional Casa del Corregidor“. – „Mesón la Molinera“.

ARENYS DE MAR
10 m / 10000 (CIT).
Gerona, Barcelona, Madrid.
„Raymond“. – „Carlos I“; „Impala“; „Titus“.

ASTORGA
868 m / 13 000 Madrid, Salamanca, León, La Coruña u. a.
Inf.: OIT, Plaza de España 1.
„Gaudi“. – „Gallego“; „San Narcisco“.

ÁVILA
1128 m / 42000
Inf.: OIT, Plaza de la Catedral 4.
Post: Plaza de la Catedral.
Madrid, Salamanca, Valladolid, La Coruña.
Provinzverbindungen, Segovia, Madrid.
„Palacio de Valderrábanos“. – „Parador R. de Borgoña“. – „Cuatro Postes“ (außerhalb der Altstadt); „Encinar“; „Rey Niño“.

AYAMONTE
49 m / 12 000 Huelva.
„Parador Nacional Costa de la Luz“; „Don Diego“.
„Marqués de Ayamonte“.

BADAJOZ
188 m / 115000
Inf.: OIT, Pasaje de San Juan 1.
Post: Paseo General Franco.
Madrid, Sevilla, Lissabon.
Provinzverkehr, Córdoba.
„Gran Hotel Zurbarán“, Paseo de Castelar. – „Río“, Avenida de Elvas; „Lisboa“, Avenida Elvas 13. – „Conde Duque“, M. Torrero 27.
Avenida José Antonio 10-A.

BAGUR
200 m / 2000 (mit Aiguablava und Sa Riera) Gerona.
„Aiguablava“.
„Bonaigua“.
„Bagur“; „Sa Riera“; „Rosa“; „Sa Tuna“.
„El Masset“; „Bagur“.

BAILÉN
349 m / 14000 🚌 Jaén, Linares.
🏨 „Parador Nacional de Turismo"; „Don Lope de Sosa" (Motel).
🏠 „Sur"; „Zodiaco".

BAJAMAR (Tenerife)
56 m / 2300 (CIT) 🚌 La Laguna, Santa Cruz de Tenerife.
🏨 „Nautilus". – 🏨 „Neptuno"; „Tinguaro"; „Delfín-Laguna".

BALAGUER
233 m / 12000 🚌 Lérida.
🚂 Lérida, Pobla de Segur.
🏨 „Conde Jaime de Urgel".
🏠 „Mirador del Segre".

BAÑOLAS
172 m / 10000 🚌 Gerona, Olot, Ripoll.
🏠 „Victoria", „Mirallac".
⛺ „El Lago", „El Sombrero", beide am Bañolas-See.

BAÑOS DE PANTICOSA
1639 m / zum Dorf Panticosa, 500 Einw., gehörend 🚌 in der Saison (Ende Juni bis Ende September) nach Huesca.
🏨 „Gran Hotel", „Mediodía".
🏠 „Continental".

BARCELONA
3 Millionen
Inf.: OIT, Gran Vía 658; OMT, Estación de Francia, Estación Marítima, Aeropuerto, Bajos Plaza Cataluña, Plaza San Jaime und Pueblo Español; CIT.
Post: Plaza de Antonio López.
✈ Verbindungen mit den meisten Flughäfen des spanischen Festlandes, ferner mit Las Palmas und Tenerife (Kan. Inseln) sowie mit Mallorca, Ibiza und Menorca; viele Auslandsverbindungen. – LH, Paseo de Gracia 83; SR, Paseo de Gracia 44.

🚢 Alicante, Ibiza, Mahón, Palma de Mallorca, Valencia; viele Auslandsverbindungen.

🚂 Ab *Término* (Hauptbahnhof, auch *Estación de Francia* genannt) nach Port Bou, Lérida, und allgemein alle Verbindungen in Richtung Norden; ab *Estación Sants* (auch *Central* genannt) alle Hauptzugverbindungen; ab *Estación de Plaza de Cataluña* und *Estación de Plaza de España* (beide unterirdisch) Vorortverkehr und Verbindungen in die engere Umgebung.

🚌 Zahlreiche Provinzverbindungen, ferner Verbindungen an die Costa Brava und nach Gerona sowie nach Tarragona und Valencia; Europabus-Verbindungen. *Stadtverkehr:* Dichtes Netz von Obussen und Autobussen; Untergrundbahn; Bergbahnen auf den Tibidabo und den Montjuich sowie nach Vallvidrera; Schwebebahn vom Hafen zum Montjuich; sehr starker Taxiverkehr.

🏨 L „Diplomatic", Pau Claris 122; „Princesa Sofia", Pl. Pío XII; „Ritz", Gran Vía 668; u.a.
🏨 „Colón", Catedral 7; „Royal", Ramblas 117.
🏨 „Condado", Aribau 201; „Gala Placidia", Via Augusta 112; „Gran Vía", Gran Via 642.
🏠 „Naciones Unidas", Pasaje Bacardi 2; „Mesón Castilla", Valdoncella 5; „Suizo", Plaza del Angel 12; „Rey Don Jaime I", Jaime I 11.
⛺ 4 Plätze, alle 6–16 km südwestlich der Stadt.

Restaurants: „Agut d'Avignon", Trinidad 3; „Joanet", Paseo

Nacional 67; „Vía Veneto"; Ganduxer 10 (ziemlich teuer), „Reno", Tuset 27 (elegant und sehr teuer).

BARRUERA
1130 m / 140
„Manantial", Caldas de Bohí.
„Caldas", Caldas de Bohí; „Beneria", Pl. Trayo.

BAYONA
20 m / 100000 Pontevedera.
P.N. „Conde de Gondomar".
„Rompeolas"; „Bayona".
„Pedra Rubia", 11 km südlich an der C. 550, am Strand von Mougas; „Bayona Playa".

BENALMÁDENA-COSTA
mit Arroyo de la Miel zum landeinwärts gelegenen Benalmádena, 6700 Einw., gehörend (OMT).
Málaga, Fuengirola.
L „Tritón".
„Alay"; „Costa Azul".
„Siroco"; „Villasol"; „Rubens".
„Bali"; „San Fermín".

BENAVENTE
744 m / 12000 Zamora.
Zamora, Astorga.
„Parador Rey Fernando II".
„Martín"; „Benavente".

BENICARLÓ
11 m / 14000 (OMT) Castellón de la Plana.
Barcelona, Valencia.
„Parador Nacional", Ctra. Nacional 340, Km 145.
„Marynton"; „Sol"; „Matéu".
Colegio „Santo Cristo del Mar", Avenida Yecla 2.
„Alegría del Mar", „El Tordo y el Olivo".

BENICASIM
15 m / 14000 (CIT) Castellón de la Plana.
Barcelona, Valencia.
„Azor"; „Voramar"; „Trinimar".
„Bonaire"; „Miami".
„Benicasim", „Bonterra", „Florida", „Gran Avenida", „Montemar", „Trauro".

BENIDORM
15 m / 25 000
Inf.: OIT, Av. Martínez Alejos 16; CIT, Almendros 5.
Alicante, Carcagente (Anschluß nach Valencia).
Alicante, Valencia.
L „Gran Hotel Delfín".
„Los Dálmatas"; „Don Pancho"; „Cimbel"; „Avenida".
„Alameda"; „Royal"; „Celtibero"; „Voramar".
„Los Angeles"; „Colón"; „Fleming"; „Montemar".
„Benidorm" (mit Bungalows), „El Hortet".

BIELSA
1053 m / 500 Barbastro.
„Parador M. Perdido", 14 km nordwestlich des Ortes, im oberen Valle de Pineta und am Fuß des 3352 m hohen Monte Perdido gelegen.

BILBAO
19 m / 450000
Inf.: OIT, Alameda Mazarredo.
Post: Alameda de Urquijo.
Madrid, Barcelona, Valencia. Santiago de Compostela, Sevilla.
Barcelona, León, Madrid, San Sebastián, Santander; Lokalbahnen in die Umgebung.
Provinzverbindungen, ferner Burgos, Logroño, Pamplona, San Sebastián, Vitoria u.a.
L „Villa de Bilbao", Gran Vía 87 (mit dem ausgezeichneten Restaurant „Artagan").
„Aránzazu", Rodríguez Arias 66; „Ercilla", Ercilla 37.
„Conde Duque", Campo Volantín 22; „Nervión", Campo Volantín 11.

„Excelsior", Hurtado de Amezaga 6; „Zabálburu", P. M. Artola 8.
Restaurants: „Guría", Barrencalle Barrena 8; „Casa Vasca", Avenida del Ejército 13 (typisch baskisch).

BLANES
13 m / 20 000 (CIT) Gerona, Barcelona.
„Horitzo"; „Park Blanes".
„Lyon Majestic".
„Cavall de Mar", „Blanes" und mehrere andere Plätze.

BURGOS
860 m / 158 000
Inf.: OIT, Al. Martínez, 7.
Post: Pl. del Conde de Castro 1.
Irún, Madrid, Soria, Calatayud, Valladolid, Lissabon.
Provinzverbindungen, ferner Madrid, Santander, Bilbao, Valladolid, Palencia, León, Logroño und viele andere Orte.
L „Landa Palace" (gut 3 km außerhalb an der N 1).
„Almirante Bonifaz", Vitoria 22; „Condestable", Vitoria 8.
„Corona de Castilla", Madrid 15; „Fernán González", Calera 17; „Rice", Av. Reyes Católicos, 30.
„Martha", General Mola 18.
General Vigón (Polígono Docente).
„Fuentes Blancas".
Restaurants: „Puerta Real", Plaza de Rey San Fernando; „Casa Ojeda", Vitoria 3; „Mesón de los Infantes", Corralón de los Infantes.

CÁCERES
439 m / 72 000
Inf.: OIT, General Mola 33.
Madrid, Badajoz, Zamora, Sevilla.
Provinzverbindungen, ferner Madrid, Badajoz, Mérida, Salamanca u. a.
„Extremadura", Virgen Guadalupe; „Alcántara", Virgen Guadalupe 14.
„Ara", Juan XXIII, 3.
Colegio „Donoso Cortés", San Francisco (1. 7.–31. 8.).

CADAQUÉS
23 m / 1500 (CIT) Figueras.
„Llane Petit"; „Rocamar"; „Playa Sol". – „Port-Lligat".
„Cadaqués".

CÁDIZ
4 m / 157 000
Inf.: OIT, Calderón de la Barca 1. – *Post:* Plaza de Topete.
Kanarische Inseln; Auslandsverbindungen.
Sevilla, Madrid, Puerto Santa María (Anschluß nach Sanlúcar de Barrameda).
Provinzverbindungen.
„Isecotel", Amilcar Barca 35; „Atlántico", Parque Genovés 9. – „Regio", Ana de Viya 11.

CALA BONA (Mallorca)
(Gem. Son Servera, 4500 Einw.)
„Gran Sol"; „Levante"; „Cónsul".

CALA D'OR (Mallorca)
(Gemeinde Santany, 3400 Einw.)
„Cala Esmeralda"; „Tucan".
„Rocador"; „Skorpios Playa".
„Delfins"; „Ses Puntetes".

CALAFELL
46 m / 4600 (CIT) Barcelona, Tarragona.
„Kursaal".
„Miramar".
„Canadá"; „Alondra".
„El buen vino".

CALAHONDA
14 m / 140 (Teil von Mijas).
Málaga. – „Miramar".

CALA MAYOR (Mallorca) (gehört zu Palma de Mallorca) „Nixe Palace"; „Santa Ana".
„La Cala"; „Cala Mayor".
„Ferrari"; „Impala".

CALA MILLOR (Mallorca) (gehört zu den Gemeinden Son Servera und San Lorenzo).
„Playa Cala Millor"; „Sumba". – „Bahía del Este".

CALA MURADA (Mallorca) (gehört zur Gemeinde Manacor, 22000 Einw.)
„Cala Murada". – „Los Alamos"; „Valparaíso".

CALA RATJADA (Mallorca) (gehört zur Gemeinde Capdepera, 4000 Einw.)
„Bella Playa"; „Aguait".
„Mar Azul"; „Regana".

CALA SAN VICENTE (Mallorca) (gehört zur Gemeinde Pollensa, 11000 Einw.)
„Molins". – „Cala San Vicente"; „Simar". – „Niu".

CALAS DE MALLORCA (Mallorca; Gemeinde Manacor)
„Los Chihuahuas"; „Los Mastines".
„América"; „Balmoral"; „María Eugenia"; „Los Canarios".

CALATAYUD
534 m / 17000 Madrid, Burgos, Soria, Teruel, Zaragoza.
„Calatayud". – „Fornos".

CALDAS DE ESTRACH
33 m / 1000 (CIT)
Barcelona
„Colón". – „Jet".
„Estrach".

CALDAS DE MALAVELLA
84 m / 2000 Gerona.
„Balneario Prats"; „Balneario Vichy Catalán".
„Esteve".

CALELLA (Prov. Barcelona)
10 000 Barcelona.
„Amaika"; „Las Vegas".
„Calella Park"; „Volga".
„La Granja"; „Bona Vista"; „El Faro"; „Roca Grossa".
Fest: Ende Mai/Anfang Juni Aplec de la Sardana.

CALELLA DE PALAFRUGELL (Gerona) (gehört zur Gemeinde Parafrugell, 12 000 Einw.)
Gerona, Barcelona (Gerona auch).
„Alga". – „Garbi"; „Duing".
„San Roc"; „Batlle"; „Gelpi".
„La Siesta"; „Moby Dick".

CALONGE
36 m / 4500 (mit San Antonio de Calonge, das an der Küste liegt) (OMT) Barcelona u. a.
„Park Hotel San Jorge".
„Cap Roig"; „Condado de San Jorge".
„Los Porches".
„Internacional", Gogo".

CALPE
59 m / 8000 Alicante.
„Venta la Chata"; „Paradero Ifach". – „Ifach".

CAMBADOS
16 m / 14000 Pontevedra.
„Parador del Albariño".

CAMBRILS
18 m / 11000 Tarragona.
„Augustus I"; „La Dorada".
„César Augustus"; „Mónica"; „Tropicana".
„La Corona", „Costa Blanca", „La Llosa", „Sol", u. a.

CAMP DE MAR (Mallorca) (gehört zur Gemeinde Andraitx, 6000 Einw.)
„Lido"; „Playa"; „Villa Real".
„Villas Camp de Mar".

CANDANCHÚ
1600 m / 250 Jaca.
Station Canfranc (10 km südlich), von dort nach Jaca Huesca, Zaragoza und Pau.
„Edelweiss“. – „Tobazo“.

CANDELARIA (Tenerife)
5 m / 1570 Santa Cruz.
„Tenerife Tour“; „Los Geranios“.

CANET DE MAR
15 m / 8000 Barcelona.
Barcelona, Gerona.
„Carlos“; „Rocatel“.
„Victoria“; „La Llave“; u. a.

CANGAS DE ONÍS
64–260 m / 6600 (mit Covadonga).
Oviedo (für beide Orte).
„Pelayo“ (in Covadonga).
„Ventura“ (in Cangas d. O.).
Fest: Anfang August „Fiestas del Pastor“ (Hirtenfest).

CA'N PASTILLA (Mallorca)
(gehört zu Palma de Mallorca)
„Alexandra-Sol“.
„Java“; „Linda“; „Lotus Playa“; „Oleander“; „El Cid“.
„Apolo“; „Cisne“; „Orléans“; „Perla-Sol“.

CA'N PICAFORT (Mallorca)
(gehört zur Gemeinde Santa Margarita, 3900 Einw.).
„Clumba Mar“; „Exagon“; „Janeiro“. – „Vista Park“.

CARTAGENA
3 m / 175 000
Inf.: CIT, Plaza de Castellini 5.
Post: Plaza de San Francisco.
Murcia, Valencia, Madrid.
Alicante, Murcia, La Unión, La Manga del Mar Menor, Cabo de Palos, Lorca u.a.
„Cartagonova“, Marcos Redondo 3; „Mediterráneo“, Puerta de Murcia 11. – „Los Habaneros“, San Diego 60.

CA'S CATALÁ (Mallorca)
(Gem. Calviá, ca. 4000 Einw.).
„Maricel“.
„Gran Hotel Albatros“.
„Ca's Catalá“.

CASTELLDEFELS
25 000 (CIT) Barcelona, Tarragona, Reus.
„Gran H. Rey Don Jaime“.
„Neptuno“; „Playafels“; „Rancho“; „Bel-Air“.
„Elvira“; „Luna“; „Miramar“.
„La Ballena Alegre 1“ (mit Bungalows); „Estrella de Mar“.

CASTELLÓN DE LA PLANA
110000.
Inf.: OIT, Plaza María Agustina, 3. – *Post:* Plaza Tetuán.
Barcelona, Murcia, Madrid.
Provinzverbindungen und nach Valencia.
„Del Golf“ (am Strand); „Mindoro“, Moyano 4.
„Myriam“, Obispo Salinas 1; „Turcosa“, Av. de Buenavista, 1.
„Amat“, Temprado 15; „Doña Lola“, Lucena 3.
Colegio „Santa María del Lidón“, Orfebres Santalínea 2 (Ostern; 1. 7.–31. 8.); „Castillo de Olite“, Avda Hermanos Bou (1. 7.–31. 8.).

CASTRO URDIALES
19 m / 13 000 Santander.
Inf.: CIT, La Mar 23.
„Las Rocas“; „Vista Alegre“.
„Miramar“.
„Brazomar“; „Oriñón“.
Fest: In der zweiten Augusthälfte „Fiestas del Corso Blanco“, ein Volksfest mit Blumenkorso, Stierkämpfen, Regatten usw.

CAZORLA
884 m / 10 000 (OIT) Jaén, Úbeda.
„P.N. El Adelantado“, 27 km südöstlich der Stadt in 1260 m Höhe gelegen. – „Cazorla“.
Colegio „Ximénez Rada“, Manricio Martínez 6.

CESTONA
70 m / 4000 S. Sebastián.
„Arocena“; „Gran Hotel Balneario Cestona“. – „Arteche“.

CEUTA (Nordafrika)
75 000.
Inf.: OIT, Cañonero Dato 1.
Post: Plaza Valiño.
Algeciras, Málaga.
„La Muralla“, Plaza de Africa 15; „Ulises“, Camoens 5.
„Africa“, Muelle Cañonero Dato, 9.
„Atlante“, General Franco 1; „Miramar“, Reyes Católicos 23.
Plaza Vieja 27 (1. 7. – 31. 8.).

CHICLANA DE LA FRONTERA
17 m / 36 000 Cádiz.
„Fuentemar“. – „Puyazo“.

CHIPIONA
13 000 Puerto de Santa María, Sanlúcar d. Barrameda.
„Cruz del Mar“. – „Del Sur“.

CIUDADELA (Menorca)
18000 Mahón.
Alcudia (Mallorca).
„Cala Blanca“; „Esmeralda“; „Almirante Farragut“.
„Menurka“; „Los Delfines“.

CIUDAD REAL
632 m / 52000
Inf.: OIT, Carrero Blanco, 1.
Post: Calle Toledo 32.
Madrid, Badajoz.
Provinzverbindungen.
„Castillos“, Rey Santo 8.
„Alfonso El Sabio“, Carlos Vázquez 8.
Colegio „El Doncel“, Ronda del Parque 38.

CIUDAD RODRIGO
653 m / 13000 (OIT).
Salamanca.
Medina del Campo, Fuentes de Oñoro, Lissabon (OIT).
„Parador Enrique II“.
„El Cruce“; „Conde Rodrigo“.

CÓLERA
10 m / 500 Port Bou, Gerona.
„Lido“; „Tocamar“.

COLONIA DE SANT JORDI
(Mallorca; gehört zur Gemeinde Ses Salines, 4000 Einw.).
„Marqués del Palmer“.
„El Coto“; „Tres Playas“.

COMARRUGA
(gehört zu Vendrell, 9000 Einw.).
Vendrell, Tarragona.
„Gran Hotel Europe“.
„Casa Martí“; „Brisamar“; „Velamar“. – „Gallo Negro“ (alle Hotels nur Sommerhotels).

COMILLAS
3000 (CIT) Torrelavega.
„Casal del Castro“; „Paraíso“. – „Josein“.

CORCUBIÓN
1800 La Coruña.
„El Hórreo“.

CÓRDOBA
123 m / 285000.
Inf.: OIT, Hermanos González Murga, 13; OMT, Plaza de Judá Leví. – *Post:* Cruz Conde 21.
Madrid.
Madrid, Sevilla, Huelva, Cádiz, Algeciras, Málaga, Granada, Valencia, Barcelona.
Provinzverbindungen, ferner Badajoz, Granada, Jaén, Málaga, Sevilla, Valencia.
„Parador La Arruzafa“; „Gran Capitán“, Avenida de América 3; „Meliá Córdoba“, Jardines de la Victoria.

„Los Gallos", Avenida de Medina Azahara 7; „Maimónides", Torrijos 4; „El Califa", Lope de Hoces 14.
„Colón", Alhaken II 4; „Marisa", Cardenal Herrero 6; „Selu", Eduardo Dato 7.
„Campamento Municipal".
Restaurants: „El Caballo Rojo", Cardenal Herrero 28; „Castillo de la Albaida", Carretera de Trassierra (4 km nordwestlich).

COSTA BLANCA
Inf.: (für die ganze Costa Blanca) Jefatura Provincial de Turismo, Artilleros 4, Alicante, und Isidoro de la Cierva 10, Murcia.

COSTA BRAVA
Inf.: (für die ganze Costa Brava) Jefatura Provincial de Turismo, Juan Maragall 35, Gerona, und Patronato de Turismo de Gerona, Área de servicio Agullana, La Junquera.

COSTA DE LA LUZ
Inf.: (für die ganze Costa de la Luz) Jefatura Provincial de Turismo, Ana de Viya, 5, Cádiz.

COSTA DEL AZAHAR
Inf.: (für die ganze Costa del Azahar) Jefatura Provincial de Turismo, Pl. María Agustina, 5, Castellón de la Plana, und Avenida de Navarro Reverter 2, Valencia.

COSTA DE LOS PINOS
(Mallorca; gehört zur Gemeinde Son Servera.)
„Punta Rotja" mit Golfplatz (9 Löcher).

COSTA DEL SOL
Inf.: (für die ganze Costa del Sol) Jefatura Prov. de Turismo, Puerta del Mar, 12, Málaga, und Costa del Sol Tourist Promotion Board, Palacio de Congreso, Torremolinos.

COSTA DORADA
Inf.: (für die ganze Costa Dorada) Jefatura Provincial de Turismo, Pasaje Mercader, 14, Barcelona, und Rambla Nova, 25, Tarragona.

CUENCA
1001 m / 42000.
Inf.: OIT, Colón, 34.
Post: Parque de San Julián 18.
Madrid, Valencia.
Provinzverbindungen, ferner nach Albacete, Madrid, Teruel, Valencia.
„Torremangana", San Ignacio de Loyola 9.
„Cueva de Fraile", Ctra. Cuenca – Buenache, km 7.
„Xúcar", Cervantes 17; „Cortés", Ramón y Cajal 59; „Posada de San José", Julián Romero 4.
Colegio „Alfonso de Ojeda", San Ignacio de Loyola 13.

CULLERA
19 000 (CIT) Valencia.
„Sicania" (4 km außerhalb an der Carretera del Faro).
„Bolendam"; „Safi".
„Santa Marta".

DENIA
30 000 (CIT) Alicante, Valencia. Alicante, Cartagena.
Ibiza.
„Denia".
„Los Ángeles"; „Costa Blanca"; „Las Rotas".
„Los Llanos" (Bungalows), „Edén del Sol", „Las Marinas".

DEVA
3000 S. Sebastián.
„Miramar". – „Monreal".
„Iciar", im benachbarten Iciar.

DEYÁ (Mallorca)
222 m / 420
„Es Molí" (an der Straße nach Valldemosa). – „Costa d'Or" (Ortsteil Lluch Alcari).

EL ARENAL (Mallorca)
(gehört teils zu Palma de Mallorca, teils zur Gemeinde Lluchmayor, 13000 Einw.).
„Garonda"; „Delta"; „Playa de Palma-Sol"; „Río Bravo".
„Amazonas"; „Flamingo"; „Gran Fiesta"; „Neptuno"; „Playa Golf"; „Cristina Palma".
„Dulce Francia"; „Dunas Blancas"; „Orient".
„Playa de Palma".

ELCHE
88 m / 165 000
Inf.: CIT, Parque Municipal.
Valencia, Alicante, Murcia, Granada. – Alicante.
„Huerto del Cura", F. García Sanchiz 14.
„Cartagena".
„Don Jaime", Primo de Rivera 5.
„Camping El Palmeral" u.a.
Fest: Mitte August „Fiestas de la Asunción" mit Aufführung des Schauspiels „El Misterio de Elche".

EL ESCORIAL (San Lorenzo)
1030 m / 8000
Inf.: OIT, Floridablanca 10.
Madrid, Ávila, Salamanca.
Madrid, Ávila.
„Victoria Palace".
„Miranda Suizo"; „Jardin".
„Santa Maria del Buen Aire", La Herrería, (geschl. 5. 9. bis 5. 10.).
„LaHerrería".

EL FERROL
15 m / 88 000 La Coruña, Madrid, Vivero, Oviedo, Gijón. Zahlreiche Verbindungen in die engere Umgebung, ferner nach La Coruña und Lugo.
„Parador Nacional"; „Almirante", Frutos Saavedra 2.
„Ryal", Galiano 43.

EL SALER
270 Valencia.
P.N. „Luis Vives", Ctra. de Alicante, km 16. – „Patilla II".

ESTARTIT
(gehört zu Torroella de Montgrí, 5000 Einw.) (CIT) Torroella de Montgrí und von dort nach Gerona, Barcelona u.a. (CIT).
„Bell Aire".
„Coral"; „Miramar"; „Club de Campo Torre Grau".
„Rifort", „La Sirena"; „L'Empordá".

ESTEPONA
24000 (OIT) Málaga, Algeciras und weiter nach Cádiz.
„Atalaya Park"; „Golf el Paraíso".
„Santa Marta". – „Dobar".
„La Chimenea". D
Restaurant: „Molino", Urbanización El Saladillo.

FIGUERAS
39 m / 30 000
Inf.: CIT, Ronda Ferial.
Strecke Port Bou–Gerona.
Gerona und zahlreiche Verbindungen an die Costa Brava.
„President"; „Ampurdán"; „Durán"; „Rallye"; „Pirineos".
„Trave"; „España"; „Ronda".
„La Fresca", „Pous".

FORMENTERA, ISLA DE
(Baleareninsel, gut 3000 Einw.).
Ibiza.
San Fernando:
„Rocabella"; „Rocaplana"; „Capri"; „Calma"; „Voramar"; alle Playa Es Pujols.

San Francisco Javier:
🏨🏨🏨 „La Mola".
🏨🏨 „Formentera Playa".
🏨 „Cala Sahona"; „Tahití".

FUENGIROLA
6 m / 30 000 (mit Santa Fé, Los Boliches, Torreblanca del Sol und Carvajal) (OMT).
🚌 Torremolinos, Málaga, Mijas, Benalmádena, Marbella, Estepona, Ronda, Algeciras.
🏨🏨🏨 „Las Palmeras"; „Las Pirámides".
🏨🏨 „Florida"; „Torreblanca"; „La Concha"; „Mare Nostrum".
🏨 „El Cid"; „Stella Maris".

FUENTE DE/ESPINAMA
1070 m / 140 🚌 Unquera (an der Straße Gijón–Santander).
🏨🏨 Parador „Río Deva".

FUENTERRABÍA
24 m / 8000 🚌 S. Sebastián.
🏨🏨 Parador „El Emperador".
🏨 „Guadalupe"; „Provincial de Jaizquibel" (empfehlenswertes Restaurant mit Aussichtsterrasse).
Fest: Um den 8. September Festlichkeiten, deren Höhepunkt am 8. September die „Romería al Santuario de Nuestra Señora de Guadalupe" ist.

GANDÍA
47000 (OIT) 🚌 Alicante, Valencia, Oliva. 🚆 Alcoy.
🏨🏨🏨 „Bayren I".
🏨🏨 „Madrid"; „Safari"; „Tres Delfines"; „Bayren II".
🏨 „Gandía Playa", alle am Strand gelegen.
⛺ „Ros", „L'Alquería".

GARRUCHA
24 m / 3000 🚌 Almería.
🏨 „Delfin"; „Costablanca".

GERONA (GIRONA)
70 m / 88000
Inf.: OIT, J. Maragall 35; OMT, Plaza de España 1 (Rathaus).
Post: Avenida Ramón Folch.
✈ Madrid, Palma de Mallorca.
🚆 Port Bou, Barcelona.
🚌 Provinzverbindungen, vor allem zur mittleren und südlichen Costa Brava, ferner nach Barcelona und Südfrankreich.
🏨🏨 „Costabella" (2 km nördlich); „Inmortal Gerona", Ctra. Barcelona 31; „Ultonia", Avda. Jaime I, 22.
🏨 „Condal", Juan Maragall 10; „Europa", Juli Garreta 23; „Peninsular", Non 3; „Bellmirall", Bellmirall 3; „Reyma", Subida Rey Don Martín. 15.

GIJÓN
255000
Inf.: OIT, Pl. del Institutio 8.
Post: Plaza del 6 de Agosto.
🚆 Oviedo, León, Madrid, Avilés (Anschluß nach Luarca).
🚌 Oviedo, La Coruña, Madrid, Santander, Irún.
🏨🏨🏨 „Hernán Cortés", Fernández Vallín 5; „Príncipe de Asturias", Manso 2.
🏨🏨 Parador „Molino Viejo"; „Robledo", Alfredo Truán 2.
🏨 „León", General Mola 11.
⛺ „Gijón".
Restaurant: Ganz ausgezeichnet ist das Restaurant des Paradors im Parque Isabel la Católica.

GOMERA, ISLA DE
(westlich von Tenerife gelegene Insel, knapp 30000 Einw.).
🏨🏨🏨 Parador im Hauptort San Sebastián de la Gomera (gut 6500 Einw.). – 🏨 „Canarias", ebenfalls im Hauptort gelegen. Außerhalb von San Sebastián gibt es noch keine Unterkünfte.

GRANADA
682 m / 263000
Inf.: OIT, Casa de los Tiros, Pavaneras 19.
Post: Puerta Real.
✈ Madrid, Barcelona.
Madrid, Valencia, Almería, Sevilla (in Bobadilla Anschluß nach Málaga).
Provinzverbindungen, unter anderem in die Sierra Nevada (Wintersportgebiet, aber auch im Sommer besucht), ferner nach Córdoba, Jaén, Málaga, Murcia Sevilla u. a.
Parador „San Francisco" in der Alhambra; „Alhambra Palace", Peña Partida 2; „Carmen", Avda. José Antonio 62; „Luz Granada", Calvo Sotelo 18; „Meliá Granada", Angel Ganivet 7.
„Brasilia", Recogidas 7; „Los Ángeles", Cuesta de Escoriaza 17; „Guadalupe", Avenida de los Alijares; „Victoria", Puerta Real 3; „Washington Irving", Paseo del Generalife 2.
„Anacapri", Joaquín Costa 7; „Montecarlo", José Antonio 44; „Sierra Nevada", außerhalb an der Straße nach Madrid, 79.
△ Colegio „Emperador Carlos", Carretera de Ronda.
△ „Sierra Nevada" (an der Straße nach Madrid); „Maria Eugenia" (an der Straße nach Málaga); „Reina Isabel" (an der Straße nach La Zubia); alle drei mit Bungalows.

Restaurants: „Torres Bermejas", Plaza Nueva 5; „Sevilla", Oficios 14; „Alcaicería", in der Alcaicería Manueles (s. S. 340).

Feste: Im Januar *Dia de la Toma* zur Erinnerung an die Eroberung Granadas im Jahr 1492. – Große Feiern während der *Semana Santa* (Karwoche). – Ende Juni/Anfang August Internationales Musik- und Tanzfestival.

GREDOS
(gehört zu Navarredonda de la Sierra, 1525 m / 850).
Madrid, Ávila.
„Parador Nacional de Gredos", 2,5 km von Navarredonda entfernt und 1650 m hoch gelegen.

GUADALAJARA
679 m / 57000
Inf.: OIT, Travesía de Beladíez 1.
Post: Teniente Figueroa 5.
Madrid, Pamplona, Barcelona, Sigüenza.
Provinzverbindungen sowie nach Madrid.
„Pax Hotel" (an der Umgehungsstraße, N II in Richtung Barcelona). – „España".
Restaurant: „Mesón Hernando", an der erwähnten Umgehungsstraße.

GUADALUPE
640 m / 4000 Navalmoral de la Mata, Eisenbahnstation an der Strecke Madrid–Valencia de Alcántara.
Parador Nacional „Zurbarán".
„Hospedería del Real Monasterio".

GUADIARO
1800 (zusammen mit Sotogrande) Algeciras.
L „Tenis Hotel Sotogrande" (unter anderem Golfplätze mit 9 und 18 Löchern). – „Patricia", zusammen mit dem Appartementhaus „Torre Guadiaro" (Ferienwohnungen) nördlich des Río Guadiaro, in Richtung Estepona, gelegen.

GUARDAMAR DEL SEGURA
6000 Alicante.
„Meridional"; „Las Dunas"; „Delta"; „Europa"; „El Oasis".

HARO
479 m / 9000 🚂 🚌 Logroño.
⌂ „Iturrimurri"; „Higinia".

HUELVA
127 000
Inf.: MIT, General Mola, 10.
Post: Avenida Italia.
🚂 Ayamonte, Sevilla, Zafra (Anschluß nach Madrid).
🚌 Provinzverbindungen, ferner nach Sevilla.
⌂⌂⌂ „Luz Huelva", Alameda Sundheim 26. – ⌂⌂ „Tartessos", Martín Alonso Pinzón 13.
⌂ „Costa de la Luz", José María Amo 8; „Andalucía", Vázquez López 22.
△ Av. Océano 13, Punta Umbria.
△ „Las Vegas", im benachbarten Aljaraque.

HUESCA
488 m / 44 000
Inf.: OIT, Coso Alto 21.
Post: Coso Alto 14.
🚂 Zaragoza, Canfranc.
🚌 Provinzverbindungen, ferner nach Zaragoza, Lérida, Pamplona.
⌂⌂ „Pedro I de Aragón", Del Parque, 34.
⌂ „Mirasol", Ramón y Cajal 29.
△ Colegio „Fernandez de Vega y Frago", Prolongación Avda. de Balaguer, im benachbarten Barbastro.
△ „San Jorge", an der N 240.

IBIZA/EIVISSA (Stadt u. Insel)
40 000
Inf.: OIT, Vara de Rey.
Post: Vicente Cuervo 2.
✈ Barcelona, Madrid, Valencia, Alicante, Palma de Mallorca.
⛴ Barcelona, Valencia, Palma de Mallorca, Insel Formentera, Sète (Südfrankreich).
🚌 Verbindungen mit allen wichtigen Orten.
⌂⌂⌂ „Los Molinos"; „Torre del Mar"; „Royal Plaza".
⌂⌂ „El Corso", Talamanca; „Ibiza Playa", Ses Figueretas; „Victoria", Talamanca.
⌂ „Cenit"; „Ebeso"; „Mare Nostrum" (Playa Den Bossa); „Ses Figueres"; „Marigna".
Rest.: „D'Alt Vila", Pl. Luis Tur; „Celler Balear", Ignacio Wallis 18.

ILLETAS (Mallorca; gehört zur Gemeinde Calviá)
⌂⌂⌂ L „De Mar-Sol".
⌂⌂⌂ „Bon Sol"; „Bonanza Park u. -Playa"; „Gran Hotel Albatros"; „Illetas".
⌂⌂ „Villas Bon Sol"; „Playa Marina".

IRÚN
52000
Inf.: OIT, Puente Internacional und Estación del Norte, also an den Grenzübergängen für Autofahrer und Bahnreisende.
🚂 Paris, Madrid u.a.
🚌 San Sebastián, Pamplona.
⌂⌂ „Alcázar", Avda. Iparralde, 11 (mit Restaurant „Jantokia").
⌂ „Términus", Estación del Norte (Renfe).

ISLA CRISTINA
15000 🚌 Huelva.
⌂ „Pato Azul"; „Mary Nina".

JACA
819 m / 14 000
Inf.: OIT, Plaza Calvo Sotelo.
🚂 Zaragoza, Canfranc.
🚌 Huesca, Zaragoza, Pamplona.
⌂⌂ „Gran Hotel". – ⌂ „Conde de Aznar"; „Mur"; „Casa Sanz".

JAÉN
574 m / 97000
Inf.: OIT, Arquitecto Bergés 3.
Post: Plaza de San Francisco.

🚂 Espelúy, Puente Genil, Madrid.
🚌 Provinzverbindungen, ferner nach Granada, Córdoba.
🏨 „Castillo de Santa Catalina".
🏨 „Condestable Iranzo", Paseo de la Estación, 32; „Xauen", Plaza Dean Mazas 3.
🏠 „Rey Fernando", Plaza Coca de la Piñera 7.
⛺ Colegio „Navas de Tolosa". Avda. Andalucía (1. 7.–31. 8.), *Restaurant:* „Mesón Nuyra", Pasaje Nuyra.

JARANDILLA DE LA VERA
660 m / 3000 🚌 Plasencia, Navalmoral de la Mata.
🏨 Parador Nacional „Carlos V".
🏠 „Jaranda", an der Verlängerung der Avenida C. Sotelo.

JÁVEA
50 m / 11 000 🚌 Alicante.
🏨 „Parador Costa Blanca".
🏠 „Miramar"; „Plata".
⛺ „El Mediterráneo"; „Jávea".

JEREZ DE LA FRONTERA
55 m / 180000
🚂 🚌 Cádiz, Sevilla; außerdem Autobusverbindungen in die engere Umgebung.
🏨 L „Jerez", Av. Alvaro Domecq 35. – 🏨 „Aloha" (Motel), an der Umgehungsstraße (N IV); „Capele", Gral. Franco 58.
🏠 „El Coloso", Pedro Alonso 13.
⛺ „Primo de Rivera", Avenida Carrero Blanco (1. 7. – 31. 8.).
Feste: Anfang Mai Feria del Caballo (Pferdefest); Anfang September Weinfest.
Besichtigungszeiten einiger Jerez-Kellereien: Domecq, San Ildefonso 3, von 9.30–12.30 und – außer samstags – von 15–17.30 Uhr; Gonzáles Byass, M. María Gonzáles 13, montags bis freitags von 9.30–12.30 und 15.30 bis 16.45 Uhr.

LA CORUÑA
233000
Inf.: Dársena de la Marina; Pl. María Pita; Durán Lóriga 9.
Post: Avda. de la Marina.
✈ Madrid (mehrmals täglich).
⛴ Gijón, Santander, Pasajes.
🚂 El Ferrol, Vigo, Lugo, Madrid.
🚌 Provinzverbindungen, ferner nach Lugo, Orense, Oviedo, Gijón, Pontevedra, Vigo u.a.
🏨 „Atlántico", Jardines de Méndez Núñez (mit Restaurant „Abrego"); „Finisterre", Paseo del Parrote.
🏨 „Riazor", Avenida Barrie de la Maza.
🏠 „España", Juana de Vega 7; „Los Lagos"; „Vista al Mar"; „Maycar"; „Mara"; „Navarra".
⛺ „Gandario", Gandario Sada (15. Juni bis 15. September).

LA ESCALA
3000 (CIT) 🚌 Figueras, Gerona.
🏨 „Nieves Mar"; „Voramar".
🏠 „Hostal Poch"; „La Barca"; „Mediterráneo"; „Garbi".
⛺ „La Escala"; „Montgó Europ"; „Maite"; „Riells".

LA JUNQUERA
112 m / 2000
Inf.: OIT, Area de Servicio „Agullana" A-17.
🚌 Figueras, Gerona.
🏨 „Puerta de España", an der N II. – 🏠 „Frontera"; „Junquera"; „Goya", alle an der N II.
⛺ „Molí de Vent", an der N II nahe der Zollstation.

LA MANGA DEL MAR MENOR
(Postzustellbezirk Cabo de Palos, Provinz Murcia.) (CIT)
🚌 Cartagena, Murcia.

🏨 „Galúa-Sol"; „Doble Mar Casino"; „Cavanna".
⛺ „Mar Menor" (San Javier).

LA MOLINA
1400–1700 m / 350 (CIT)
🚂 Barcelona, Puigcerdá.
🏨 „Palace Hotel" mit Restaurant „Supermolina" (in erster Linie Wintersporthotel).
🏨 „Adsera"; „Roc blanc".
🏠 „La Solana"; „Solineu".
Sehr gute Wintersporteinrichtungen; internationale Wettbewerbe.

LANJARÓN
659 m / 5000 🚌 Granada.
🏨 „Miramar". – 🏠 „Andalucía"; „Nuevo Palas"; „Parque" und zahlreiche weitere *Hotels und Hostales.

LANZAROTE, ISLA DE
(nordöstlich von Gran Canaria gelegene Insel, 40000 Einw., Hauptort Arrecife, 20000 Einw.).
Inf.: CIT, Arrecife Gran Hotel, Arrecife.
✈ Las Palmas, Málaga, Sevilla, Madrid, Fuerteventura, Tenerife.
🚢 Las Palmas, Santa Cruz de Tenerife, Fuerteventura, Santa Cruz de la Palma und spanische Festlandshäfen.
🏨 „Arrecife Gran Hotel"; „Los Fariones"; „San Antonio" (Tias). – 🏨 „Lancelot Playa". – 🏠 „Cardona"; „Playa Blanca" (dies im äußersten Süden an der Playa Blanca gelegen).

LA PALMA, ISLA DE
(nordwestlich von Tenerife gelegene Insel, 70 000 Einw., Hauptort Santa Cruz de la Palma, gut 15000 Einw.).
✈ Santa Cruz de Tenerife.
🚢 Santa Cruz de Tenerife, Las Palmas Puerto del Rosario (Fuerteventura) Arrecife (Lanzarote); Cádiz über Teneriffa bzw. Gran Canaria.
🏨 „Mayantigo"; „Parador Nacional" in Santa Cruz de la Palma.
🏠 „Canarias".

LA RÁBIDA / PALOS DE LA FRONTERA
3500 🚌 Palos, Huelva.
🏠 „La Pinta", Rábida, 69.

LAREDO
12000
Inf.: OIT, Plaza de Velarde 1.
🚂 Santander und Bilbao ab Station Treto-Laredo.
🚌 Santander, Castro Urdiales, Bilbao, Irún.
🏨 „El Ancla"; „Cosmopol"; „Risco".
🏠 „El Cortijo".
⛺ „Carlos V"; „Laredo"; u.a.

LAS PALMAS (Gran Canaria)
350 000
Inf.: OIT Casa del Turismo im Parque de Sta. Catalina; Flughafen.
Post: General Franco.
✈ Santa Cruz de Tenerife, Punta Jandia (Fuerteventura), Arrecife (Lanzarote), Sevilla, Málaga, Barcelona, Madrid.
🚢 Santa Cruz de Tenerife, Santa Cruz de la Palma, Arrecife, Cádiz.
🏨 L „Cristina", Gomera 4; „Santa Catalina", León y Castillo 227; „Reina Isabel", Alfredo L. Jones 40;. – 🏨 „Concorde", Tomas Miller 8; „Rocamar", Lanzarote 8.
🏨 „Atlanta", Alfredo L. Jones 37; „Brasilia", Faro 12; „Gran Canaria", Las Canteras 38; „Fataga", Néstor Torres 12; „Villa Blanca", Alfredo L. Jones 35.

⌂ „El Cisne“, Ferreras 19; „Playa Mar“, Sargento Llagas 20; „Nautilus“, Las Canteras 5; „Tanagua“, Sagasta 92.
⛺ „La Pardilla“, rund 12 km südlich bei Telde gelegen (auch für Wohnwagen eingerichtet).
Restaurants: „El Lasso“, Lomo del Lasso; „El Guanche“, Parque Santa Catalina; „Acuario“, Pi y Margall 25; „House Ming“, Paseo de las Canteras 30.

LA TOJA
(Gemeinde El Grove, 6000 Einw.).
🚌 El Grove, Pontevedra, Vigo, Villagarcia.
🏨 L „Gran Hotel de la Toja“; 🏨 „Louxo“. – 🏨 „Touris“ (in El Grove). – ⌂ „Balneario“.

LEÓN
823 m / 132000
Inf.: OIT, Plaza Regla, 3.
Post: Plaza Catedral 1.
🚂 Madrid, Vigo, Gijón, La Coruña, Burgos, Irún, Nebenstrecke nach Bilbao.
🚌 Provinzverbindungen, ferner nach Santander, Valladolid, Madrid, Salamanca.
🏨 L „San Marcos“, Plaza San Marcos 7.
🏨 „Conde Luna“ (mit Rest. „El Mesón“), Independencia 5.
⌂ „Quindós“, José Antonio 24 (kommt 🏨 sehr nahe); „Oliden“, Pl. Sto. Domingo; „París“, Generalísimo 20; „Don Suero“, Suero de Quiñones 15.
⛺ Colegio „Europa“, Paseo del Parque 2.
⛺ Nächster Campingplatz ist „Don Suero de Quiñones“, 30 km südwestlich an der N 120 bei Hospital de Orbigo gelegen.
Restaurants: „Novelty“, Independencia 2; „Emperador“, Santa Nonia 2 (auch Zimmer).

Feste: Fiesta de las Cabezadas am 2. Sonntag nach Ostern in der Kirche San Isidoro. – Im Juni Foro u Oferta im Kreuzgang der Kathedrale und das Fest der Cantaderas (Volkssängerinnen).

LEPE
– / 11500 (zusammen mit dem an der Küste gelegenen Ortsteil La Antilla) 🚂, 🚌 Huelva.
⌂ „La Antilla“; „Miramar“; beide in La Antilla.

LEQUEITIO
– / 7000 🚌 Bilbao.
⌂ „Beitia“.
Fest: Am 29. Juni „Fiestas de San Pedro“ mit Aufführung des typischen und symbolhaften Tanzes „Kaxarranka“.

LÉRIDA (LLEIDA)
154 m / 110000
Inf.: OIT, Avenida Blondel 1.
Post: Avenida Caudillo 14.
🚂 Barcelona, Pobla de Segur, Tarragona, Zaragoza.
🚌 Provinzverbindungen, ferner nach Barcelona, Tarragona, Zaragoza, Huesca.
🏨 „Condes de Urgel II“, Avda. de Barcelona 17.
⌂ „Ilerda“, etwa 2 km außerhalb in Richtung Barcelona; „Principal“, Plaza Pahería 8.
⛺ „San Anastasio“, Rambla de Aragón 11 (1. 7.–31. 8.).
⛺ „Las Balsas“ (an der Straße nach Huesca).

LLAFRANCH
300 🚌 Palafrugell.
🏨 „Paraíso“; „Terramar“.
⌂ „Casamar“; „Levante“; „Bella Costa“.
⛺ „Kim's“ (mit Bungalows).

LLANES
14500 (CIT) 🚂 🚌 Oviedo, Santander, Bilbao.
🏨 „Don Paco“. – ⌂ „Monte-

mar"; „Peñablanca".
⛺ „Entre Playas" (am Strand); „El Brao"; „Palacio de Garaña".
⛺ „Residencia", Avda. Escuelas (1. 7.–30. 8.).
Fest: 12.–31. August (Höhepunkt am 16.) Fiesta de San Roque mit Pericote-Tänzen (vor allem am 16.).

LLANSÁ
2000 🚌 Figueras.
🏠 „Grimar" (etwas außerhalb in Richtung Port Bou); „Mendisol"; „Berna"; „Grifeu".
⛺ „La Farella"; „L'Ombra".

LLORET DE MAR
10000 (CIT)
🚌 Gerona, Blanes, Tortosa.
🏨 „Rigat Park"; „Tropic"; „Roger de Flor"; „Santa Marta"; „Monterrey".
🏨 „Carabela"; „Flamingo"; „Rosa Mar"; „Clua Marsol"; „La Carolina".
🏠 „Florida Park"; „Oasis Park"; „Festa Brava"; „Montecarlo"; „Rosamar Park"; „Windsor".
⛺ „Canyelles" (Bungalows), u. a.
Fest: 24.–26. Juli Fiesta de Santa Cristina mit Land- und Seeprozession zur Kapelle der heiligen Cristina.

LOGROÑO
385 m / 111000
Inf.: OIT, Miguel Villanueva 10.
Post: Plaza de San Agustín.
🚂 Bilbao, Zaragoza.
🚌 Provinzverbindungen, ferner nach Bilbao, Pamplona, Soria, Zaragoza, San Sebastián, Burgos, Miranda de Ebro.
🏨 „Carlton Rioja", Gran Vía del Rey Juan Carlos I, 5.
🏨 „Gran Hotel", Vara de Rey 5.
🏠 „El Cortijo", 2 km westlich (Straße nach El Cortijo).
Restaurant: „Mesón de la Merced", Mayor 136.
Fest: Mehrere Tage um den 21. September (Matthäus) Fiestas de San Mateo, verbunden mit dem Weinfest der Weinlandschaft Rioja Alta.

LORCA
327 m / 65000 (OMT) 🚌 Murcia, Almería, Granada. 🚂 Valencia, Granada.
🏨 „Alameda", Musso Valiente 8. – 🏠 „La Alberca", Moreno 1.

LOS BARRIOS
23 m / 9000 🚌 Algeciras.
🏨 „Guadacorte-Meliá" (in einem Park mit kleinem See gelegen); „La Posada de Terol".

LUARCA
24000 (OIT) 🚌 Oviedo, La Coruña. – 🚂 Avilés.
🏨 „Gayoso-Hotel", Paseo de Gómez 4.
🏠 „Gayoso", Pl. de Alfonso X el Sabio.
⛺ „Residencia juvenil", Villar.
⛺ „Los Cantiles".
Fest: Am letzten Sonntag im Juli das an altem Brauchtum ungemein reiche und daher folkloristisch sehr reizvolle Fest der „Vaqueiros de Alzada".

LUGO
465 m / 74000
Inf.: OIT, Pl. de la Soledad, 15.
Post: Calle de San Pedro 5.
🚂 El Ferrol, Irún, La Coruña, Madrid, Vigo.
🚌 Provinzverbindungen, ferner nach El Ferrol, La Coruña, Orense, Oviedo, Pontevedra, Santiago de Compostela, Vigo u. a.
🏨 „Lugo", Ramón Ferreiro.
🏨 „Méndez Núñez", Reina 1.
🏠 „Miño", Tolda de Castilla 2; „Gerdiz", Río Neira 25.

⚠ Armando Durán (1. 8.–30. 8.); „Hermanos Pedrosa", Pintor Corredera 4 (1. 7.–30. 7.).

Restaurants: „Portón do Recanto", Catedral 20; „La Barra", San Marcos 27.

Fest: 4.–12. Oktober „Fiestas de San Froilán", zu deren vielen Veranstaltungen die „Feria del Pulpo" (Krakenmarkt) gehört.

MADRID

650 m / 3250000

Inf.: OIT, Torre de Madrid, Plaza de España (Eingang Princesa 1), und Calle Duque de Medinaceli 2, außerdem im Bahnhof Chamartín und in der Empfangshalle des Flughafens Barajas; OMT, Plaza Mayor 3. Ganz ausgezeichnete Informanten sind in der Regel Hotelportiers und Taxifahrer.

Post: Palacio de Comunicaciones, Plaza de la Cibeles.

✈ Verbindungen mit allen Flughäfen des spanischen Festlandes, der Balearen und der Kanarischen Inseln, die Flughäfen der kanarischen Inseln La Palma und Fuerteventura ausgenommen, ferner zahlreiche Auslandsverbindungen. – LH, Edificio España, Gran Vía 88; SR, Edificio España, Gran Vía 84; OA, Calle Serrano Jover 5. – Der Air Terminal befindet sich Plaza de la Hispanidad/Plaza de Colón; Zubringerbus 30 Minuten.

Madrid hat drei Hauptbahnhöfe: *Estacion de Chamartín* am nördlichen Stadtrand; *Estación de Atocha* südlich des Prado; *Estación Príncipe Pío.* Vom ersten und dritten Bahnhof bestehen Verbindungen nach Nordspanien, von der zweiten Verbindungen nach Südspanien. Zwischen den Bahnhöfen Chamartín und Atocha verkehren Vorortzüge. – Das Reisebüro des RENFE (Spanische Eisenbahnen) für Auskünfte, Platzkarten und Fahrkartenvorverkauf befindet sich Alcalá 44.

Es bestehen rund 160 Autobusverbindungen, darunter viele Provinzverbindungen (u. a. nach El Escorial, Valle de los Caídos, Guadarrama, Aranjuez und Alcalá de Henares) und Verbindungen mit touristisch wichtigen Orten der weiteren Umgebung, darunter Toledo, Ávila, Segovia, Cuenca, Gredos. – Die Abfahrtsstellen der Autobusse sind über die Stadt verteilt und bei den Hotelportiers sowie in der OIT zu erfragen.

Stadtverkehr: Enges Autobusnetz, daneben Untergrundbahnen, deren Netz sehr gut ausgebaut ist.

L „Ritz", Plaza de la Lealtad 5 (Paseo del Prado); „Villa Magna", Paseo de la Castellana 22; „Meliá Madrid", Princesa 27; „Barajas", Logroño 305.

„Convención", O'Donell 53; „Suecia", Marqués de Casa Riera 4; „Plaza", Pl. de España 8.

„Carlos V", Maestro Vitoria 5; „Cortezo", Doctor Cortezo 3; „Madrid", Carretas 10; „Principe Pío", San Vicente 14; „Puerta de Toledo", Glorieta Pta. de Toledo 2; „Atlántico", Gran Vía 38; „Anaco", Tres Cruces 3; „Victoria", Plaza del Angel 7; „Gran Vía", Gran Vía 25; „Regina", Alcalá 19.

„Francisco I", Arenal 15; „Internacional", Arenal 19; „Santander", Echegaray 1;

„Ramón de la Cruz“, D. Ramón de la Cruz 94; „Europa“, Carmen 4; „Terán“, Aduana 19; „Paris“, Alcalá 2.

„Richard Schirrmann“, Casa de Campo; „Sta. Cruz de Marcenado“; Calle Sta. Cruz de Marcenado 28.

„Madrid“, am km 7 der Straße Madrid–Burgos (ganzjährig geöffnet); „Osuna“, 15,5 km vom Zentrum an einer beschilderten Abzweigung von der zum Flughafen führenden Autostraße; weitere Campingplätze in der Nähe von Madrid sind: „Alpha“ in Getafe, 12 km in Richtung Aranjuez; „Solagua“ in Leganés, 12 km südwestlich von Madrid zwischen Leganés und Alcorcón (geöffnet von Mai bis Oktober).

Restaurants: „Horcher“, Alfonso XII 6; „Zalacaín“, Alvarez de Baena 4; „Los Porches“, Paseo Pintor Rosales 1; „Café de Chinitas“ (nur Abendessen; andalusische Folkloreveranstaltungen), Torija 7; „Corral de la Morería“ (wie „Café de Chinitas“), Morería 17; „Las Cuevas de Luis Candelas“ (Alt-Madrid), Cuchilleros 1; „Botín“ (Alt-Madrid), Cuchilleros 17.

Feste: Im Mai Romería de San Isidro Labrador, des Schutzheiligen der Stadt, und die rund 15 Tage um den 15. Mai dauernde Fiesta, zu der ein großes Stierkampfprogramm gehört.

MAGALLUF (Mallorca)

„Antillas-Sol“; „Atlantic“; „Barbados-Sol“; „Coral Playa-Sol“; „Meliá Magalluf“.

„Americano“; „Barracuda“; „Pax“; „Samos“; „El Caribe“; „Jamaica“; „Magalluf Park-Sol“; „Trinidad-Sol“.

„Don Paco“; „Dulcinea“; „Florida“; „Villa Sol“.

MAHÓN (Menorca)

22000

Inf.: MIT, Pl. Generalísimo, 13.
Post: Buen Aire 15.

✈ Palma de Mallorca, Barcelona, Valencia, Madrid.

Palma de Mallorca, Barcelona.

Ciudadela u.a.

„Port Mahón“.

„Capri“.

„El Paso“; „Jume“; „Orsí“.

Siehe auch Villacarlos, S. 391.

MÁLAGA

8 m / 504000

Inf.: OIT, Larios 5; Flughafen.
Post: Paseo del Parque.

✈ Madrid, Melilla, Valencia, Barcelona, Kanarische Inseln.

Córdoba, Sevilla, Madrid, Fuengirola.

Provinzverbindungen; Almería, Granada und Sevilla.

Ceuta.

Málaga Palacio“, Cortina del Muelle 1 (zwischen Kathedrale und Hafen); „Guadalmar“.

„Parador Nacional de Gibralfaro“ (zur Lage s. S. 323); „Bahía“, Somera 8; „Casa Curro“, Sancha de Lara 7; „Los Naranjos“, Paseo de Sancha 28; „Las Vegas“, Paseo de Sancha 28; die beiden zuletzt genannten Hotels liegen am östlichen Stadtrand, an der N 340 nach Almería.

„California“, Paseo de Sancha 19; „Lis“, Córdoba 7; „Olletas“, Cuba 1–3; „Lynda Mar“, Canales 6; „Alameda“, Casas de Campos 3; „Casala“, Alameda Colón 3; „Niza“, Larios 2; ca. 30 *Hostales.

„Mediterráneo“, Plaza Pío XII. 4, Carranque.

⛺ „Balneario del Carmen" (mit Bungalows).

MALGRAT DE MAR
10 000 🚆 🚌 Barcelona.
🏠 „Monte Playa"; viele *Hotels und Hostales.
⛺ „Las Naciones Europ", „La Piscina".

MARBELLA
25 m / 60 000 🚌 Málaga.
Inf.: OIT, Miguel Cano 1.
🏨 L „Meliá Don Pepe"; „Golf Hotel Nueva Andalucía"; „Puente Romano". – 🏨 „Marbella Club"; „El Fuerte".
🏨 „Estrella del Mar" (sich deutlich 🏨 nähernd); „San Cristóbal"; „Bellamar".
🏠 „Baviera"; „Nagueles"; „Alfil"; „Club Pinomar".
⛺ „Africa", Calle Trapiche 2 (geschlossen 1. 11.–30. 11.).
⛺ „Marbella" an der N 340; „La Bungavilla".
Restaurants: „Hacienda", gut 12 km östlich des Ortszentrums; „Gran Marisquería Santiago" (Fischspezialitäten), Paseo Marítimo 5.

MASPALOMAS
Siehe San Bartolomé de Tirajana, S. 383.

MATARÓ
28 m / 97 000 🚆 Barcelona.
🏨 „Castell de Mata", etwa 2 km nordöstlich an der N II.
🏨 „Colón". – 🏠 „Cerdanyola".
⛺ „Costa de Levante"; „Playa Sol".

MAZAGÓN
(gehört zur Gemeinde Palos de la Frontera) 🚌 Huelva.
🏨 Parador Nacional „Cristóbal Colón". – 🏠 „Hilaria".

MEDINACELI
1200 m / 1000 (CIT) 🚌 Soria.
🏨 „Nico Hotel 70", etwa 3 km südöstlich an der N II.
🏠 „Duque de Medinaceli".

MEDINA DEL CAMPO
721 m / 19000 (OIT) 🚆 Madrid, Segovia, Salamanca und andere.
🏠 „La Mota"; „Reina Isabel"; „Europa"; „San Roque".

MEDINA DE RIOSECO
731 m / 5000 (OIT) 🚆 Valladolid.
🏨 „Los Almirantes", San Francisco 2. – 🏠 „Norte"; „Sur".

MELILLA (Nordafrika)
69000
Inf.: MIT, General Aizpuru 20 und in der Estación Marítima del Puerto. CIT.
Post: P. Vallescá.
✈ Málaga, Almería.
🚢 Málaga, Almería und Islas Alhucemas.
🏨 Parador Nacional „Don Pedro de Estopiñán"; „Avenida".
🏠 „Anfora"; „Nacional"; „Parque"; „Rusadir San Miguel".

MÉRIDA
217 m / 42000
Inf.: MIT, Teniente Coronel Asensio 9.
🚆 Badajoz, Cáceres, Madrid, Sevilla, Zamora.
🚌 Badajoz, Cáceres u. a.
🏨 Parador „Vía de la Plata", Plaza Queipo de Llano 3.
🏨 „Emperatriz", Plaza de España 19.
🏠 „Texas", Carretera de Madrid.
⛺ „Lago de Proserpina", etwa 5 km nordwestlich der Stadt.

MIRANDA DE EBRO
463 m / 37000 (CIT)
🚆 Madrid, Bilbao, Irún, La Coruña, Léon, Zaragoza u. a.
🏨 „Don César", etwas außerhalb an der N I.

„Achuri", Calle de la Estación, 86.
„Rodríguez de Valcárcel", Anduval 86.

MOJÁCAR
175 m / 1800 Almería.
Parador Nacional „Reyes Católicos", gut 2 km südöstlich.
„Mojácar"; „Indalo".
„Continental"; „Puntazo".
„El Cantal de Mojácar", am Strand gelegen.

MONTSERRAT
720 m / (gehört zur Gemeinde Monistrol de Montserrat, 3000 Einw.) Barcelona.
„Abad Cisneros".
„El Monasterio", Pl. Moves tir; „Colonia Puig".

MORELLA
984 m / 3500 (CIT)
Castellón de la Plana.
„Cardenal Ram"; „El Cid".

MOTILLA DEL PALANCAR
830 m / 4000 Cuenca, Albacete, Valencia, Madrid.
„Gijon"; „Del Sol".

MOTRIL
39 m / 39 000
Granada, Málaga, Almería.
„Costa Nevada", Enrique Martín Cuevas.
„Alborán", Carretera 1 (Varadero); „Tropical", Avda. Rodríguez Acosta 23.
„Don Cactus", rund 10 km südöstlich, an der N 340 in Richtung Almería.

MURCIA
43 m / 290000
Inf.: OIT, Alejandro Seiquer 4.
Post: Calle del Pintor Villacís
Madrid, Barcelona. – Der Flugplatz San Javier liegt 45 km südöstlich bei San Javier am Mar Menor (Zubringerdienst).
Madrid, Granada, Valencia, Alicante, Barcelona u.a.
Provinzverbindungen, ferner nach Alicante, Almería, Granada und Valencia.
„Siete Coronas Meliá", Ronda de Garay 3.
„Fontoria", Madre de Dios 4; „Conde de Floridablanca", Corbalán 7.
„Hispano I", Trapería 8; „Avenida", Avda. Canalejas 10.
Restaurant: „Rincón de Pepe", Sancho 1.
Feste: Feierlichkeiten der Karwoche, in der ersten Hälfte der Osterwoche, sodann großes Frühlingsfest mit Blumenschlacht und dem „Entierro de la Sardina" (Begräbnis der Sardine).

NAVACERRADA
1203–1860 m (zusammen mit dem Puerto de Navacerrada) / 1500 Madrid, Segovia.
„Arcipreste de Hita" (Navacerrada); „Las Postas" (Navacerrada); „Venta Arias" (Puerto de Navacerrada).
„Posadoiro" (Puerto de Navacerrada).
„Puerto de Navacerrada".
Wintersporteinrichtungen im Bereich des Puerto de Navacerrada.

NAVARREDONDA DE GREDOS
1525–1650 m / 800 Ávila.
„Parador de Gredos", rund 3 km östlich des Ortes gelegen.
„Almanzor", Ctra. de El Barco 14.
„Peña Histórica", an der Straße C 500.

NERJA
21 m / 11000 Málaga, Almería.
„Parador Nacional", Playa Burriana. – „Balcón de Europa". – „Portofino".

NOJA (Gem. Trengandin)
1200 🚌 Santander.
⌂ „La Encina“, Barrio de Ris 62; „Montemar“, Playa de Ris.
⛺ „Playa Dorada del Ris“, u.a.

NUEVALOS
724 m / 350
⌂⌂ „Monasterio de Piedra“.

OLITE
388 m / 3000 🚂 Madrid, Pamplona, Irún, Zaragoza.
⌂⌂ Parador Nacional „Príncipe de Viana“. – ⌂ „Castillo“.

OLOT
433 m / 25 000 (CIT) 🚌 Gerona.
⌂ „Montsacopa“; „Estrella“; „La Perla“; „Salvi“. – ⛺ „Les Tries“.

ORENSE
125 m / 97000
Inf.: OIT, Curros Enríquez 1.
🚂 Vigo, La Coruña, Lugo, Madrid u.a.
🚌 Provinzverbindungen, ferner nach Vigo, Pontevedra, Lugo, Santiago de Compostela.
⌂⌂⌂ „San Martín“, Curros Enríquez 1.
⌂⌂ „Sila“, La Habana 61.
⌂ „Barcelona“, Pontevedra 13.
⛺ Avda. Pérez Serantes.

ORIHUELA
23 m / 48000 (OIT) 🚂 Murcia, Alicante, Valencia.
⌂⌂⌂ „La Zenia“. – ⌂⌂ „Montepiedra“. – ⌂ „Casa Corro“.

OROPESA
420 m / 5000 (MIT; OIT).
⌂⌂⌂ Parador Nacional „Virrey Toledo“. – ⌂ „La Plata“.

OROPESA DEL MAR
33 m / 1500 (CIT)
🚌 Castellón.
⌂⌂ „El Cid“; „Neptuno Stop“.
⌂ „Agave Westfalia“, „Playa“.
⛺ „Blavamar“; „Almendros“.

OVIEDO
226 m / 190000
Inf.: OIT, Cabo Noval 5.
Post: Alonso Quintanilla 1.
✈ Madrid, Barcelona, Santiago de Compostela.
🚂 Madrid, Gijón, San Sebastián, La Coruña.
🚌 Provinzverbindungen, ferner nach Madrid, La Coruña, Lugo, Santander, San Sebastián.
⌂⌂⌂ L „La Reconquista“.
⌂⌂⌂ „La Jirafa“; „Regente“.
⌂⌂ „Principado“. – ⌂ „España“.
Restaurants: „Marchica“, Casal 8; „Pelayo“, Pelayo 15.

PAGUERA (Mallorca)
(gehört zur Gemeinde Calviá).
⌂⌂⌂ „Coronado“ (Cala Fornells); „Sunna“.
⌂⌂ „Lido Park“; „Gaya“; „Reina Paguera“; „Carabela“.
⌂ „Linda Playa“.

PAJARES
1072 m / 400 🚂 🚌 Oviedo.
⌂ Parador „Puerto de Pajares“, 5 km südlich in 1360 m Höhe; Wintersportzentrum.

PALAMÓS
12000 (mit La Fosca), (OIT)
🚌 Gerona, Barcelona u.a.
⌂⌂ „Trías“; „San Luis“.
⌂ „Marina“; „El Sosiego“.
⛺ „La Coma“, „La Fosca“ u.a.

PALENCIA
740 m / 74000
Inf.: OIT, Mayor 105.
Post: Plaza de Léon 1.
🚂 Madrid, León, Santander, Vigo, Irún u.a.
🚌 Provinzverbindungen, ferner nach Madrid, Valladolid, Burgos u.a.
⌂⌂ „Castilla la Vieja“; „Rey Sancho de Castilla“.
⛺ „José Antonio Elola“, Campo de la Juventud (1. Juli bis 31. August).

PALMA DE MALLORCA
300 000
Inf.: OIT, Jaime III, 8; Flughafengebäude; Pueblo Español.
Post: Carrer de la Constitució.
✈ Mahón, Ibiza, Gerona, Barcelona, Valencia, Alicante und Madrid. – LH, Tous y Maroto 5; SR, Jaime III, 31.
⛴ Mahón, Ibiza, Cabrera, Barcelona, Valencia, Sète (Südfrankreich).
🏨🏨🏨 L „Son Vida", außerhalb; „Victoria-Sol", Joan Miró 21.
🏨🏨🏨 „Meliá Mallorca", Monseñor Palmer 2; „Bellver-Sol", Paseo Ingeniero G. Roca, 11.
🏨🏨 „Augusta", Francisco Vidal; „Constelación", Corp Marí 27; „Majórica", Garita 3.
🏨 „Isla de Mallorca", Almirante Churruca 5; „César", Cabo Martorell 19; „Jumbo Park", Can Tapara 3 (San Agustín).
⛺ „Playa de Palma", Playa del Arenal (ganzjährig).

PALMA NOVA (Mallorca)
(gehört zur Gemeinde Calviá).
🏨🏨🏨 „Cala Blanca-Sol"; „Delfín Playa"; „Punta Negra"; „Comodoro-Sol". – 🏨🏨 „Aquarium"; „Bermudas"; „Canaima"; „Palma Nova". – 🏨 „Don Bigote".

PAMPLONA
449 m / 184000
Inf.: OIT, Duque de Ahumada 3.
Post: Paseo de Sarasate 9.
🚂 Irún, Madrid, Zaragoza.
🚌 Provinzverbindungen, ferner in die Hauptstädte aller benachbarten Provinzen.
🏨🏨🏨 L „Tres Reyes", Jardines de la Taconera. – 🏨🏨 „Maisonnave", Nueva 20; „Orhi", Leyre 7.
🏨 „Perla", Plaza del Castillo 1.
Fest: 7. – 14. Juli: „San Fermines".

PANCORVO
635 m / 750 🚂 🚌 Burgos.
🏨🏨 „El Molino", etwa 3 km nördlich an der N I.
🏨 „Pancorvo", an der N I.

PEÑÍSCOLA
460 m / 2700 (CIT) 🚌 Castellón.
🏨🏨🏨 „Hostería del Mar" (1 km nördlich). – 🏨🏨 „Cartago".
🏨 „Playa"; „Dos Bahías".
⛺ „Bellavista", „Ferrer", u.a.

PINEDA DE MAR
12 000 🚂 🚌 Barcelona.
🏨 „Taurus Park"; „El Paradis"; „Mont Paláu"; „El Coral".
⛺ „Bell-Sol"; „Caballo de Mar"; „El Camell"; „Coral".

PLASENCIA
352 m / 29000 🚂 🚌 Cáceres.
🏨🏨 „Alfonso VIII". – 🏨 „Iberia".

PLAYA DE ARO
42 m / 2300 (OMT) 🚌 Barcelona, Caldas de Malavella, San Felíu.
🏨🏨🏨 „Columbus". – 🏨🏨 „Cosmopolita"; „Aromar". – 🏨 „Bell Repos"; „Costa Brava"; „Miramar".
⛺ „Riembau", „Valldaro", „Vall d'Or Europ", „Sa Cova".

PLAYA DEL INGLÉS
Siehe San Bartolomé de Tirajana, S. 383.

PLAYA DE SAN JUAN
(Teil von San Juan/Alicante).
🏨🏨 „Almirante"; „Castilla".
🏨 „Babieca"; „Calablanca".
⛺ „El Caballo loco".

PONFERRADA
543 m / 50000
Inf.: OMT, José Antonio 3.
🚂 Madrid, León, Vigo, La Coruña und andere.
🚌 Astorga, León, Villafranca.
🏨🏨 „Del Temple", Portugal 2.
🏨 „Madrid", José Antonio 46.

PONTEVEDRA
19 m / 66000
Inf.: OIT, General Mola 1.
Post: Oliva 19.
Madrid, Santiago de Compostela, La Coruña, Vigo.
Provinzverbindungen, ferner nach Orense, Lugo, La Coruña, Vigo, Santiago de Compostela und anderen.
Parador Nacional „Casa del Barón", Plaza Maceda.
„México", Andrés Murvais 8.
„Mar Atlántico", Padre Fernando Olmedo 3.
Fest: Am 11. Juli „Fiesta de San Benitiño de Lérez".

PORT DE SÓLLER
(gehört zur Gemeinde Sóller, Mallorca, 10000 Einw.).
„Eden Park"; „Espléndido"; „Es Port". – „Mare Nostrum"; „Porto Sóller"; „Madrid"; „Monte Azul".
Fest: Mehrere Tage um den zweiten Montag im Mai Fest „Nuestra Señora de la Victoria".

PORTALS NOUS (Mallorca)
(gehört zur Gemeinde Calviá).
„Fabiola"; „María Luisa".
„Savalón"; „Colorado".

PORTO COLÓM (Mallorca)
(gehört zur Gemeinde Felanitx).
„Las Palomas"; „Cala Marsal"; „Marivista".

PORTO CRISTO (Mallorca)
470
„Drach"; „Felip"; „Castell Dels Hams"; „Saboga".

POTES
291 m / 1300 (CIT) Unquera.
„Picos de Valdecoro"; „Picos de Europa"; „La Cabaña".

PREMIÁ DE MAR
20 000 Barcelona.
„Premiá"; „Bellamar"; „Posada del Mar".

PUEBLA DE SANABRIA
960 m / 1600 Zamora, Orense, Madrid, Vigo.
„Parador Nacional de Turismo". – „Los Perales".

PUERTO DE ALCUDIA
(Mallorca, 4000 Einw.).
„Princesa". – „Ciudad Blanca". – „Bahía de Alcudia"; „Lagomonte".

PUERTO DE ANDRAITX
(Mallorca, 6000 Einw.).
„Brismar"; „Moderno"; „Acal".

PUERTO DE LA CRUZ
(Tenerife) 22 000
Inf.: OIT, Plaza de la Iglesia; (CIT).
L „Botánico"; „Ybarra Semiramis"; „San Felipe".
„Meliá"; „Martiánez"; „Ybarra Vallemar"; „Tigaiga".
„Don Juan"; „Ikarus"; „Monopol"; „Trovador".
„Esquilón"; „Puerto Azul"; „San Amaro".

PUERTO DE MAZARRÓN
Fischer- und Badeort (Sandstrand), 36 km westlich Cartagena.
„Dos Playas". – „Bahía".
„Durán"; „Reyamar".
Playa Mazarrón.

PUERTO DE POLLENSA
(gehört zur Gemeinde Pollensa, Mallorca, 10000 Einw.)
„Daina"; „Illa d'Or"; „Pollensa Park"; „Pollentia".
„Raf"; „El Motelyn".

PUERTO DE STA. MARÍA
6 m / 56 000 Cádiz.
„Fuentebravia", rund 7 km westlich an der Playa de Fuentebravía; „Meliá Caballo Blanco", gut 2 km südlich (Valdelagrana). – „Puertobahía" mit Restaurant „Mesón Jerezano".

PUERTO LUMBRERAS
331 m / 7500 Murcia.
„Parador Nacional", an der Straße N 340.
„Riscal"; „Salas".

PUIGCERDÁ
1152 m / 6500 (CIT) Barcelona.
„Park Hotel". – „María Victoria"; „Del Lago".

PUNTA UMBRÍA
6000 (CIT) Huelva.
„Pato Amarillo"; „Pato Rojo". – „Emilio".
„Pinos del Mar".

PUZOL
48 m / 10000; 17 km nördlich von Valencia (Busverbindung).
L „Monte Picayo", 3 km nordwestlich des Ortes.

REINOSA
850 m / 13 000 (OIT) Santander.
„Fontibre-Iberia"; „Vejo".
„La Corza Blanca".
„Alto Ebro", J. Díaz 8.

REUS
134 m / 47000 (CIT) Tarragona.
„Francia"; „Gaudí"; „Olle".

RIBADEO
32 m / 9000
Inf.: OIT, Plaza de España.
Lugo, Oviedo, La Coruña.
„Parador Nacional"; „Eo".
„Riberas del Eo".

RIBADESELLA
8000 Oviedo.
„Gran Hotel del Sella".
„La Playa"; „Marina".

RIPOLL
680 m / 13 000 (CIT)
Barcelona, Puigcerdá.
Olot, Ribas de Freser.
„Monasterio"; „Payet".

RONDA
723 m / 32 000
Inf.: OIT, Pl. del Mercado.
Algeciras, Córdoba, Madrid.
Málaga.
„Reina Victoria", Jerez 25.
„Polo", Mariano Soubirón, 8; „Royal", Virgen de la Paz, 42.

ROQUETAS DE MAR
19 000 Almería.
„Alis"; „Sabinal"; „Park Hotel". – „Los Angeles".

ROSAS
7000 (CIT) Figueras, Cadaqués, Villajuiga.
„Almadraba Park".
„Canyelles Platja"; „Goya Park"; „Montecarlo".
„Marítim"; „Univers"; „Grecs"; „Victoria".
„Bahía de Rosas"; „Rodas".

ROTA
20000 Puerto de Santa María, Cádiz.
„Caribe". – „Playa de la Luz"; „Parque Victoria".

SACEDÓN
740 m / 1900 Guadalajara.
„Mari Blanca"; „Plaza".
„Alvarfañez" (ganzjährig).

S'AGARÓ
(gehört zu San Felíu de Guixols)
San Felíu de Guixols, Caldas de Malavella.
L „La Gavina".
„Sibill" (nach Palamós zu).

SALAMANCA
800 m / 167000
Inf.: OIT, Gran Vía 41; OMT, Pl. Mayor. – *Post:* Gran Vía 3.
Sevilla, Zamora, Astorga, Madrid, Medina del Campo, Fuentes de Oñoro (und weiter nach Lissabon), Barco d'Alva (und weiter nach Porto).
Provinzverbindungen, ferner nach Plasenica, Cáceres, Zamora, Valladolid, León, Madrid, Sevilla.

„P. N. de Salamanca"; „Gran Hotel", Plaza Poeta Iglesias 3; „Monterrey", Azafranal 21; „Regio", gut 4 km östlich an der N 501 (in Richtung Ávila).
„Alfonso X", Toro, 44.
„Ceylán", Plaza del Peso 5; „Emperatriz", Compañía 4.

„Don Quijote" (im 3 km östlich gelegenen Cabrerizos; mit Bungalows).
Restaurants: „Candil Nuevo", Plaza de la Reina 2; „Viuda de Fraile", Plaza del Corrillo 15.

SALLENT DE GÁLLEGO
1305 m / 800 Huesca.
„Formigal", im 5 km östlich gelegenen Ortsteil El Formigal, der Wintersportplatz ist.
„Eguzki Lore", Urbanización Formigal.

SALOBREÑA
77 m / 8500 Granada.
„Salobreña", 4 km westlich in Richtung Málaga. – „Salambina", 1 km westlich.

SALOU
9000 (OIT) Tarragona.
„Salou Park".
„Calaviña"; „President"; „Carabela Roc"; „Negresco".
„La Terraza"; „Planas".
„Cala Garbi", „Playa Larga Salou", „Salou" (Bungalows).

SAN ANDRÉS DE LLAVANERAS
114 m / 2500 Barcelona.
„La Masia"; „Las Palmeras"; „Santa Gema".

SAN ANTONIO ABAD (Ibiza)
10000
„Palmira"; „Nautilus".
„Abrat"; „Acor-Playa"; „Bellamar"; „Cala Gració"; „Helios"; „Pinet Playa"; „San Diego"; „Tropical".
„Es Pla"; „Montblanch"; „Piscis"; „Tagomago".
„San Antonio" (Bungalows).

SAN BARTOLOMÉ DE TIRAJANA (Gran Canaria)
(zu dieser Gemeinde gehören die südlichen Strandzonen der Insel Gran Canaria, die von dem im Gebirge gelegenen San Bartolomé de Tirajana, 20000 Einw., etwa 30 km entfernt sind).
L „Maspalomas Oasis", Playa de Maspalomas; „Tamarindos", Playa de San Agustín.
„Faro de Maspalomas", ebendort; „Apollo", Playa del Inglés; „Don Gregory", Playa Las Burras.
„Las Margaritas", Playa del Inglés; „Catarina Playa".
„Sahara Playa", Playa del Inglés.
Restaurant: „San Agustín Beach Club" (mit Schwimmbad).

SAN CRISTÓBAL (Menorca)
(gehört zur Gemeinde Mercadal, 3000 Einw.).
„Santo Tomás". – „Los Cóndores". – Beide Hotels liegen an der Playa Santo Tomás der Cala de Santa Galdana.

SAN FELIU DE GUIXOLS
14000 Gerona, Barcelona, Caldas de Malavella, Palafrugell, Torroella de Montgrí.
„Reina Elisenda".
„Murlá Park"; „Montjoi"; „Port Salvi"; „Panorama-Park".
„Les Noies"; „Montecarlo"; „Nautilus"; „Regina".
„San Pol", „Balmaña".

SAN FERNANDO
73 000 Cádiz.
„Sal y Mar", Plaza del Ejército 32. – „Las Salinas". Constructora Naval 11.

SANGENJO
13000 (OIT) 🚌 Pontevedra.
⌂ „Minso"; „Cervantes"; „Maricielo"; „La Terraza"; „Canelas" (bei Portonovo gelegen).
⛺ „Paxariñas"; „Playa Mayor".

S. HILARIO DE SACALM
801 m / 4500 🚌 Gerona.
⌂⌂⌂ „Solterra". – ⌂⌂ „Suizo".
⌂ „Roma".

SANLÚCAR DE BARRAMEDA
30 m / 49 000 🚆 Puerto de Santa María. 🚌 Cádiz.
⌂⌂ „Guadalquivir", Calzada del Ejército. – ⌂ „Andalucía".

SAN LUIS (Menorca)
48 m / 2500
⌂⌂ „S'Algar"; „San Luis"; beide in der Urbanización S'Algar.
⌂ „Pueblo Menorca" (Punta Prima); „Sur Menorca" (Urbanización Biniancolla); „Xaloc" (Punta Prima).

SAN PEDRO DE ALCÁNTARA
48 m / 7500 🚌 Málaga, Estepona.
⌂⌂⌂ „Golf Hotel Guadalmina".
⌂ „El Pueblo Andaluz".
Einige in unmittelbarer Nähe von San Pedro gelegene Hotels werden den benachbarten, aber mit ihrem Kern ziemlich weit entfernten Ferienzentren Estepona und Marbella zugerechnet.

SAN POL DE MAR
2000 🚆 🚌 Barcelona.
⌂⌂ „Gran Sol". – ⌂ „La Costa"; „Re"; „L'Hostalet III"; „Sant Antoni".
⛺ „Kanguro", „La Maresma".

SAN ROQUE
109 m / 21 000
🚆 Algeciras, Ronda, Córdoba.
🚌 Málaga, Cádiz.
⌂ „Río Grande"; „San Roque" (zu diesem Motel gehört auch ein Campingplatz mit Bungalows).

SAN SALVADOR
(gehört zu Vendrell, 9000 Einw.)
🚌 Vendrell, Tarragona.
⌂⌂ „Europe San Salvador".
⌂ „L'Ermita"; „Mey".
⛺ „Camping San Salvador".

SAN SEBASTIÁN
181 000
Inf.: OIT, Andía 13 u. Reina Regente. – *Post:* Calle Urdaneta.
✈ Madrid, Barcelona.
🚆 Madrid, Barcelona, La Coruña, Zumárraga u. a.
🚌 Provinzverbindungen, ferner nach Santander, Gijón, Oviedo, Madrid, Pamplona.
⌂⌂⌂ „Londres y de Inglaterra", Zubieta 2; „San Sebastián", Zumalacárregui 20 (mit dem Restaurant „Or Konpon"); „Monte Igueldo", auf dem Monte Igueldo.
⌂⌂ „Avenida", Ctra. a Igueldo; „Guadamendi", Barrio de Igueldo.
⌂ „Parma", General Jáuregui 11; „Arana", Vergara 7.
⛺ „Anoeta", Ciudad Deportiva (ganzjährig). – ⛺ „Igueldo".
Restaurants: „Chomin", Infanta Beatriz 14; „Casa Nicolasa", Aldamar 4.

SAN VICENTE DE MONT'ALT
(oberhalb von Caldas de Estrach)
140 m / 1200 🚌 Barcelona.
⌂⌂ „Clipper", Marítimo 21.
⌂ „Montalmar", Montalmar 1.

SANTA BRÍGIDA
520 m / 1400; 15 km südlich von Las Palmas (Gran Canaria).
⌂⌂ „La Posada".
Restaurant: „Las Grutas de Artiles", 2 km nördlich des Ortes (in einer Naturhöhle eingerichtet; Schwimmbad).

SANTA CRUZ DE TENERIFE
200000
Inf.: OIT, Plaza de España, Palacio Insular (CIT).
Post: Plaza de España.
✈ Flughäfen Los Rodeos bei La Laguna und Reina Sofía (im Süden der Insel, rund zwei Autostunden von Puerto de la Cruz). – Las Palmas, Santa Cruz de la Palma, Arrecife (Lanzarote), Madrid, Barcelona, Sevilla, Málaga.
⛴ Las Palmas, Santa Cruz de la Palma, Arrecife (Lanzarote), Puerto del Rosario (Fuerteventura) und Cádiz auf dem spanischen Festland.
⌂⌂⌂ L „Mencey", J. Naveiras 38.
⌂⌂ „Diplomático", Antonio Nebrija 6; „Plaza", Plaza de la Candelaria 9; „Colón Rambla", Viera y Clavijo 49; „Ucanca", Cruz Verde 24.
⌂ „Pelinor", Bethencourt Alfonso 8; „Taburiente", Dr. Guigou 25; „San José", Santa Rosa de Lima 11; „Anaga", Imeldo Seris 19.
Restaurants: „La Riviera", Rambla 155; „La Estancia", Méndez Núñez 116.

SANTA EULALIA DEL RÍO (Ibiza)
10000 (zusammen mit Es Caná)
⌂⌂⌂ „Fenicia", Ca'n Fita.
⌂⌂ „S'Argamasa"; „Augusta", beide in der Urbanización S'Argamasa; „Cala Llonga"; „Siesta"; „Tres Torres".
⌂ „Caribe"; „Coral Playa"; „Es Caná Playa"; „Atlantic".
⛺ „Florida".

SANTANDER
15 m / 181000
Inf.: OMT, Jardines Pereda 2, u. Plaza Velarde 1.
Post: Avenida de Alfonso XIII.
✈ Madrid.
🚆 Bilbao, Madrid, Oviedo, Reinosa, Segovia u. a.
🚌 Provinzverbindungen, ferner nach Bilbao, Burgos, Madrid u. a.
⌂⌂⌂ L „Real", Pérez Galdós 28.
⌂⌂⌂ „Bahía", Alfonso XIII, 6.
⌂⌂ „María Isabel", Avenida de García Lago.
⌂ „Roma", Avenida de los Hoteles 5; „Colón", Plaza de las Brisas 1.
⛺ „Bellavista"; „Cabo Mayor".
Restaurants: „Chiqui", Avenida de García Lago; „Rhin", Plaza de Italia 2; „El Molino" (alte Mühle an der N 611).
Fest: Im August findet das Festival Internacional de Música y Danza statt. Es ist eine der großen Veranstaltungen der Asociación Europea de Festivales de Música (internationale Besetzung).

SANTA POLA
12000 🚌 Alicante.
⌂⌂ „Pola-Mar", „Rocas Blancas". – ⌂ „Espinosa"; „Patilla"; „Picola"; „Manolita".
⛺ „Bahía de Santa Pola", „Bochiot"; „Rocas Blancas".

SANTA PONSA (Mallorca)
(eine zur Gemeinde Calviá gehörende Urbanisation)
⌂⌂ „Pionero"; „Rey Don Jaime".
⌂ „Casablanca"; „Isabella"; „Ofelia"; „Playa de Mallorca"; „Oeste"; „Siesta Mar".

SANTIAGO DE COMPOSTELA
260 m / 75000
Inf.: OIT, Rúa del Villar 43. Oficina Arcicofradía del Apóstol Santiago (Auskunft vor allem für Pilger), Plaza de la Quintana.

Post: Travesía de Fonseca.
✈ Madrid, Oviedo, Valladolid, Barcelona, Sevilla.
🚂 La Coruña, Madrid, Pontevedra, Vigo.
🚌 Pontevedra, Orense, Lugo, La Coruña und andere.
⌂⌂⌂ L „Los Reyes Católicos", Plaza de España 1.
⌂⌂ „Peregrino", Avenida Rosalía de Castro; „Compostela", General Franco 1.
⌂ „Gelmírez", General Franco 92; „Universal", Plaza de Galicia 2; „La Perla", Figueroa 10.
⛺ „Santiago de Compostela".
Restaurants: „Don Gaiferos", Rúa Nova 23; „Alameda", Avenida Figueroa 15.

Fest: Die zweite Julihälfte bildet einen Festkreis, die „Fiestas de Santiago Apóstol", mit Höhepunkt am 25. Juli (Tag des Apostels Jakobus).

SANTIAGO DE LA RIBERA
3000 🚌 Cartagena.
⌂ „Lido"; „Ribera"; „Manida"; „Don Juan"; „Miramar".

SANTILLANA DEL MAR
82 m / 4000 (MIT) 🚌 Santander, Torrelavega, Comillas.
⌂⌂ Parador „Gil Blas", Plaza Ramón Pelayo. – ⌂ „Altamira".
⛺ „Santillana".

SANTO DOMINGO DE LA CALZADA
638 m / 5600 🚌 Logroño, Haro, Burgos, Vitoria, Bilbao.
⌂⌂ „Parador Nacional", Plaza del Santo. – ⌂ „Santa Teresita".
Fest: 10.–15. Mai „Fiestas de Santo Domingo; Höhepunkte sind die an altem Brauchtum reichen Veranstaltungen des 10., 11. und 12. Mai.

SEGOVIA
1005 m / 54000
Inf.: OIT, Plaza Mayor 10.
Post: Plaza Doctor Laguna 5.
🚂 Der Bahnhof liegt außerhalb der Stadt; Autobusverbindung zu jedem Zug ab Plaza Mayor 10. Verbindungen nach Madrid, Palencia, Santander, Zamora, Orense, Vigo, León, Valladolid.
🚌 Provinzverbindungen, ferner nach Madrid, Valladolid, Soria, Zaragoza, Barcelona und vielen anderen Orten besonders in den benachbarten Provinzen.
⌂⌂⌂ „Parador Nacional".
⌂⌂ „Las Sirenas", Juan Bravo 30; „Acueducto", Paseo del Padre Claret 10.
⌂ „Victoria", Franco 5; „Sol Cristina", Quesada 40.
⛺ „El Acueducto".
Restaurants: „Mesón de Cándido", Plaza del Azoguejo 7; „Mesón Duque", Cervantes 12. In La Granja (s.S. 254) sodann „Mariben" und „Roma", die bei einem ganztägigen Besichtigungsaufenthalt in La Granja wichtig sein können.

SEGUR DE CALAFELL
(Gemeinde Calafell)
Inf.: CIT, Ctra. General.
🚂 🚌 Tarragona, Barcelona.

SEO DE URGEL
691 m / 9500 (OIT) 🚌 Lérida.
⌂⌂ „Parador Nacional"; „Castell Motel".
⌂ „Andría"; „Cadi"; „Mundial".
⛺ „En Valira", „La Quera".
Fest: Von Anfang Juli bis Anfang September wird an jedem Sonntag das Mysterienspiel „Retaule de Sant Ermengol" aufgeführt.
Im benachbarten Staat Andorra sind vor allem die Hotels „Andorra Palace" (Andorra la Vella)

und „Roc Blanc“ (Les Escaldes) zu empfehlen.

SEVILLA
10 m / 655 000
Inf.: Deleg. Prov. Plaza Nueva 8; Av. de la Constitución 21.
Post.: Avda. de Queipo de Llano 40.

✈ Madrid, Alicante, Valencia, Barcelona, Kanarische Inseln, Santiago de Compostela.

Von der Estación de Córdoba, Plaza de Armas, nach Córdoba, Valencia, Barcelona, nach Huelva, Ayamonte und nach Badajoz, Zamora. – Von der Estación de Cádiz, San Bernardo, nach Cádiz, Granada, Málaga, Córdoba und Madrid.

Provinzverbindungen, ferner nach Córdoba, Granada, Málaga, Huelva, Cádiz, Badajoz, Cáceres, Salamanca, Valladolid, Algeciras, Ronda, Valencia und vielen anderen.

L „Alfonso XIII“, S. Fernando 2; „Luz Sevilla“, Martín Villa 2.

„Macarena“, S. Juan de Ribera 2; „Doña María“, Don Remondo 19; „Inglaterra“, Plaza Nueva 7.

„Alcázar“, Menéndez Pelayo 10; „Bécquer“, Reyes Católicos 4; „Don Paco“, Plaza Jerónimo de Córdoba 4; „Sierpes“, Corral del Rey 22.

„Central“, Zaragoza 18; „Capitol“, Zaragoza 66.

„Sevilla“; weitere Plätze im 14 km südöstlich gelegenen Dos Hermanas.

Restaurants: „El Burladero“, José Canalejas 1; „Bodegón Torre del Oro“, Santander 15; „Hostería del Laurel“, Plaza Venerables 5; „Luna Parque“, Avenida María Luisa 1; „Río Grande“, Betis 70; „Mesón del Moro“, Mesón del Moro 6.

Feste: Die Feierlichkeiten der *Semana Santa* (Karwoche) gehören zu den großartigsten Veranstaltungen Spaniens. Die beiden der Karwoche folgenden Wochen bringen eine dichte Folge heiterer Veranstaltungen, die in der zweiten Woche in der „Feria“ und den „Fiestas de Primavera“ ihren Höhepunkt finden.

SIERRA NEVADA
(Erholungs- und Wintersportgebiet im Herzen der Sierra Nevada, bis zu etwa 40 km südöstlich von Granada sich erstreckend, erreichbar auf und durchquert von der Carretera Sierra Nevada.)

„Meliá Sierra Nevada“, 35 km von Granada an der Straße nach Pradallano.

„Parador Nac. Sierra Nevada“ (35 km von Granada an der Ctra. Veleta); „Sol y Nieve“, Pradollano; Höhenlage der 3 Hotels rund 2500 m.

„Telecabina“, Pl. Pradollano.

S'ILLOT (Mallorca)
(gehört zur Gemeinde San Lorenzo, 4000 Einw.)

„Mariant“, Levante 3; „Punta Amer“, P. de Neptuno; „Peymar“, Neptuno 1; „Playa Mar“, Rosa de los Vientos 7.

SITGES
10 m / 12000
Inf.: CIT, Plaza Eduardo Maristány.

Barcelona, Tarragona.

„Calípolis“ (mit Grill-Restaurant „La Brasa“); „Terramar“. – „Antemare“; „Los Pinos“. – „Arcadia“; „Bahía“; „Sitges“; „Platjador“.

„Almendros“; „Cala Morisca“; „El Garrofer“; „Sitges“.

Restaurants: „El Greco", B. Fernández 26; „Fragata", Paseo de la Ribera 1.

SORIA
1056 m / 32000
Inf.: OIT, Plaza Ramón y Cajal.
Post: Paseo del General Yagüe.
🚂 Madrid, Burgos, Calatayud, Pamplona.
🚌 Provinzverbindungen, ferner nach Madrid, Logroño, Zaragoza, Barcelona, Segovia.
🏨 Parador „Antonio Machado"; „Caballero"; „Alfonso VIII"; „Mesón Leonor"; „Cadosa" (mit gutem Restaurant), etwa 5 km östlich (N 122).
🏠 „Las Heras".
⛺ „General Yagüe", Paseo de San Francisco 1 (1. 7.–15. 8.); „Juan Yagüe", Vladeavellano de Tera (1. 7.–31. 8.).
⛺ „Fuente de la Teja" (mit Bungalows).

TALAVERA DE LA REINA
371 m / 55000 🚂 Madrid.
🏨 „León", N V, 4 km westlich.
🏠 „Talavera", Avda. Gregorio Ruiz 1.

TAMARIU
(gehört zu Palafrugell; dorthin Autobusverbindung).
🏨 „Hostalillo", Bellavista 28.
🏠 „Jano"; „Tamariu".
⛺ „Tamariu" (nördl. des Ortes).

TARIFA
7 m / 15 000 🚌 Algeciras, Cádiz.
🏨 „Balcón de España" (Bungalow-Hotel), gut 7 km nordwestlich in Richtung Cádiz (N 340).
🏠 „Dos Mares", ebenfalls in Richtung Cádiz; „Mesón de Sancho" (Hotel mit einigen Bungalows und eigener Stierkampfarena), 10 km nordöstlich in Richtung Málaga.
⛺ „Torre de la Peña" (Bungalows); „Río Jara", „Paloma".

TARRAGONA
22 m / 120000
Inf.: OIT, Rambla Nova, 46.
Post: Plaza Corsini.
🚂 Barcelona, Reus, Lérida, Valencia, Madrid, Zaragoza.
🚌 Provinzverbindungen, ferner nach Barcelona, Castellón de la Plana, Lérida, Valencia.
🏨 „Imperial Tarraco", Rambla Vella 2.
🏨 „Lauria", Lauria 4; „Astari", Vía Augusta 95.
🏠 „Nuria", Vía Augusta 217; „El Callejón", Vía Augusta, 213.
⛺ „San Jordi" Av. Pres. Companys (1. 7.–31. 8.); „Roger de Flot", San Francisco 3.
⛺ „Las Palmeras", „Tamarit", „Torre de la Mora", „Tarraco".
Rest.: „La Puda", Muelle Pescadores 25 (Fischspezialitäten).

TENERIFE (SÜDZONE)
(es handelt sich hier um die an der Südküste gelegenen, touristisch erschlossenen Strände, die zu den Gemeinden Granadilla de Abona, Arona, Adeje gehören; hinzu kommen die Strände der Südwestküste, die zu den Gemeinden Guia de Isora und Santiago del Teide gehören; alle Gemeindezentren liegen mehr oder weniger weit landeinwärts).
🏨 „Los Gigantes", Puerto Santiago (Santiago del Teide); „Gran Tinerfe"; „Park Hotel Troya", beide Playa de las Américas (Adeje); „Europe", Avenida Litoral (Arona).
🏨 „Belroy Moreque", Los Cristianos (Arona); „Médano"; „Playa Sur Tenerife", beide Playa de El Médano (Granadilla de Abona).

⌂ „Ten-Bell", Las Galletas (Arona); „Las Nieves", Guia de Isora.

Von Granadilla de Abona führt eine Straße hinauf in die Cañadas del Teide (und weiter über La Orotava nach Puerto de la Cruz); dort stehen ⌂ „Parador Nacional Cañadas del Teide" und ⌂ „Bambi Cañadas".

TERUEL
915 m / 28000
Inf.: OIT, Calle Tomás Nougués 1 (Erdgeschoß).
Post: Yagüe de Salas 19.
🚆 Valencia, Zaragoza.
🚌 Provinzverbindungen, ferner Madrid, Zaragoza, Cuenca, Barcelona.
⌂⌂ „Parador Nacional", Carretera de Zaragoza, etwa 2 km außerhalb.
⌂ „Goya", Tomás Nougués 3.
⛺ „Las Viñas", Ciudad Escolar.

TOLEDO
529 m / 58000
Inf.: OIT, Puerta de Bisagra.
Post: Calle de la Plata 1.
🚆 Aranjuez, Madrid.
🚌 Provinzverbindungen, ferner nach Madrid, Ciudad Real.
⌂⌂⌂ Parador „Conde de Orgaz", Paseo de los Cigarrales.
⌂⌂ „Alfonso VI", General Moscardó 2; „Hostal del Cardenal" (mit ausgezeichnetem Restaurant), Paseo de Recaredo 24; „Carlos V", Trastamara, 1.
⌂ „Maravilla", Barrio Rey 7; „Los Cigarrales" an der Umgehungsstraße.
⛺ „San Servando", Castillo.
⛺ „El Greco", „Toledo" (mit Bungalows), „El Ángel".
Restaurants: „Chirón", Paseo de Recaredo 1 (gegenüber der Puerta del Cambrón); „Venta de Aires" und „Venta del Greco", beide Circo Romano.
Fest: Fronleichnam mit einzigartiger Prozession.

TORDESILLAS
702 m / 6500 (OIT) 🚌 Valladolid.
⌂⌂⌂ „Parador Nacional de Tordesillas". Ctra. de Salamanca.
⌂⌂ „El Montico", rund 5 km östlich in Richtung Valladolid.

TORREDEMBARRA
5300 (CIT) 🚆 🚌 Tarragona.
⌂ „Costafina"; „Morros".
⛺ „Clara", „Valle de Oro", „La Noria", „La Pineda", „Relax-Sol".

TORREMOLINOS
29 000
Inf.: OIT, La Nogalera 517 u. MIT, María Barrabino 12.
🚌 Málaga, Benalmádena, Mijas, Fuengirola, Marbella, Ronda, Estepona, Cádiz.
⌂⌂⌂ L „Meliá Torremolinos".
⌂⌂⌂ „Don Pablo"; „Al Andalus"; „Parador del Golf"; „Tropicana"; „Meliá Costa del Sol".
⌂⌂ „El Griego"; „La Caracola"; „Isabel"; „Los Nidos"; „Las Palomas".
⌂ „Victoria"; „San Miguel"; „Los Arcos"; „Miami".
⛺ „Torremolinos" (Bungalows).

TORREVIEJA
15 000 (OIR) 🚌 Alicante.
⌂⌂ „Fontana", Cap de Pon 17.
⌂ „Berlin"; „Eden-Roc".

TOSSA DE MAR
2500 (OIT)
🚌 Lloret de Mar, Blanes, Barcelona, Palafrugell, Gerona.
⌂⌂⌂ „Gran Hotel Reymar".
⌂⌂ „Alexandra"; „Florida"; „Gran Hotel Delfín"; „Mar Me-

nuda"; „Vora Mar". – ⌂ „Ancora"; „Corisco"; „Flor Tossa". Weitere 100 Hotels, Hostales und Pensionen.
⛺ „Cala Llevadó", „Turismar", „Caravaning Club Pola", „Tossa", „Can Martí".

TRUJILLO
564 m / 10000 (OIT) 🚌 Cáceres.
⌂⌂ „Conquistador", 3 km nordöstlich (NV).
⌂ „Las Cigueñas", 1 km nordöstlich (NV); „Emilia", General Mola 28.

TUDELA
275 m / 23000 (CIT)
🚆 Pamplona, Zaragoza.
⌂⌂ „Morase"; „Tudela".
⌂ „Santamaría"; „Navarra".

TUY
58 m / 12000 🚆 🚌 Vigo.
⌂⌂ Parador Nacional „San Telmo", Avenida de Portugal.

ÚBEDA
758 m / 30000
Inf.: Plaza de los Caídos.
🚌 Zur Eisenbahnstation Linares–Baeza (Strecke Madrid–Córdoba), Verbindungen innerhalb der Provinz Jaén, ferner nach Valencia, Sevilla, Madrid, Granada und anderen.
⌂⌂ „Parador Nacional Condestable Dávalos", Plaza Vázquez de Molina 1.
⌂ „Consuelo", Ramón y Cajal 12; „La Paz", Andalucía 1.

VALDEPEÑAS
701 m / 24000 (OIT)
🚆 Madrid, Cádiz, Málaga, Granada, Almería.
⌂⌂ „Meliá El Hidalgo" (Motel), 7 km nördlich an der N IV.
⌂ „Vista Alegre", an der Umgehungsstraße (N IV); „Cervantes", Seis de Junio 46.

VALENCIA
13 m / 752000
Inf.: MIT, Paz 46; OMT, Plaza País Valenciá 1.
Post: Plaza País Valenciá 24.
✈ Mahón (Menorca), Palma de Mallorca, Ibiza, Barcelona, Bilbao, Kanarische Inseln, Málaga, Madrid, Sevilla.
⛴ Palma de Mallorca, Ibiza.
🚆 Almería, Barcelona, Granada, Madrid, Málaga, Zaragoza; Alcoy, Cullera, Liria.
🚌 Provinzverbindungen, ferner nach Alicante, Castellón de la Plana, Almería u. a.
⌂⌂⌂ L „Sidi Saler Palace-Sol", Playa del Saler.
⌂⌂⌂ „Astoria Palace", Plaza Rodrigo Botet 5; „Reina Victoria", Barcas 4; „Azafata" (Manises, am Weg zum Flughafen).
⌂⌂ „Metropol", Játiva 23; „Excelsior", Barcelonina 5; „Oltra", Plaza País Valenciá 4; „Renasa", Cataluña 5.
⌂ „Bristol", Abadía de San Martín 3; „La Marcelina", Playa de Levante 72; „Sorolla", Convento Santa Clara 5.
⛺ „El Palmar", „El Saler", „Devesa Gardens", „La Golondrina".
Restaurants: „Viveros", Jardines del Real; „Las Arenas", Playas de Levante; „Las Graelles", Plaza Galicia.
Fest: 12.–19. März die „Fallas", das an altem Brauchtum reiche Josefsfest.

VALLADOLID
691 m / 330000
Inf.: OIT, Plaza de Zorilla 3.
Post: Plaza de los Leones de Castilla.
✈ Madrid, Barcelona.
🚆 Ariza, Barcelona, Gijón, Irún, La Coruña, Madrid, León, Santander, Vigo.

🚌 Provinzverbindungen, ferner Burgos, León, Madrid, Palencia, Salamanca u.a.
🏨🏨🏨 „Olid Meliá", Plaza San Miguel 10; „Felipe IV", Gamazo 16; „Conde Ansúrez", María Molina 9.
🏨 „Inglaterra", María Molina 2.
⛺ „Onésimo Redondo", Cementerio 2 (1. 7. – 31. 8.).
Restaurant: „Mesón La Fragua", Paseo de Zorilla 10.

VERÍN
412 m / 9000 🚌 Orense.
🏨🏨 „Parador de Monterrey", etwa 4 km nordwestlich gelegen.
🏨 „Dos Naciones".

VIC
486 m / 30000 🚆 Barcelona.
🏨🏨🏨 „Parador Nacional", 14 km nordöstlich des Ortes gelegen.
🏨 „Colón", Rambla Passeig 1.

VIELLA
974 m / 2000 (OIT)
🏨🏨🏨 „Tuca", 1 km östlich.
🏨🏨 Parador „Valle de Arán", gut 2 km westlich im Valle de Arán.

VIGO
27 m / 255000
Inf.: OIT, Jardines Elduayen; CIT, Uruguay 2.
Post: Reconquista 2.
✈ Madrid.
🚆 Burgos, Irún, La Coruña, Madrid.
🚌 Pontevedra, Tuy.
🏨🏨🏨 „Bahía de Vigo", Cánovas del Castillo 5; „Samil Playa", Playa de Samil.
🏨🏨 „Ensenada", Alfonso XIII 35 (Residencia).
🏨 „Estación", Alfonso XIII 47; „Galicia", Colón 13.
⛺ „Altamar", Cesáreo González 4.
⛺ „Samil", „Islas Cíes".

VILLACARLOS (Menorca)
2700
🏨🏨 „Agamenón"; „Rey Carlos III".
🏨 „Hamilton"; „Del Almirante".

VILLACASTÍN
1099 m / 1750 🚌 Segovia.
🏨🏨 „Albergue Nacional de Carretera" (mit sehr gutem Restaurant).
🏨 „Hostería del Pilar"; „Mirasierra", beide Ctra. La Coruña.

VILLAJOYOSA
20 00 🚆 🚌 Alicante.
🏨🏨🏨 „El Montíboli", etwa 3 km südwestlich in Richtung Alicante. – 🏨 „El Pino"; „Les Ribetes".
⛺ „La Cala", „Hércules", „El Paraíso", „Sertorium".

VILLALBA
472 m / 17 000 🚌 Lugo.
🏨🏨 Parador „Condes de Villalba". – 🏨 „Anduriño".

VILLANOVA I LA GELTRU
22 m / 43 000
🏨🏨 „César", Isaac Peral 4.
🏨 „Bernardo y Margarita", Ramón Llull 4; „Mar Cal Ceferino", Libertad 16–18; „Mare Nostrum", Rambla de la Pau 66.

VINAROZ
19 000 🚌 Castellón.
🏨🏨 „Miramar". – 🏨 „Duc de Vendome"; „Roca".
⛺ „Vinaroz", „El Castell".

VITORIA
525 m / 193000
Inf.: OIT, Postas 13.
Post: Postas 17.
🚆 Irún, Madrid, La Coruña, Miranda de Ebro, Estella.
🚌 Provinzverbindungen, ferner nach Bilbao, Pamplona, Logroño, Madrid.
🏨🏨🏨 „Canciller Ayala", Ramón y Cajal 5.
🏨🏨 „General Álava", Avda. de Gasteiz 53.

„Páramo", General Álava 11; „Residencia Desiderio", Colegio San Prudencio 2.
„Colegio Menor Manuel Iradier", Domingo Martinez de Aragón 2 (1. Juli bis 31. Aug.).
Restaurants: „Carey", Manuel Iradier 20; „Dos Hermanas", Postas 27.

VIVERO
13000 (OIT) Lugo. El Ferrol.
„Las Sirenas". – „Tebar".
„Vivero" (am Strand).

ZAFRA
508 m / 12000 Badajoz und Córdoba bzw. Sevilla.
Parador „Hernán Cortés".

ZAMORA
650 m / 59000
Inf.: OIT, Santa Clara 20.
Post: Santa Clara 15.
Madrid, Gijón, Astorga, La Coruña, Vigo.
Provinzverbindungen, ferner nach Madrid, Salamanca, Valladolid, León und anderen.
Parador „Condes de Alba de Aliste", Plaza de Cánovas.
„Cuatro Naciones", José Antonio 7; „El Sayagués", Plaza Puentica 2; „La Farola", Plaza Martín Álvarez 2.
„Residencia", Villalpando 3.

ZARAGOZA
208 m / 571 000
Inf.: OIT, Torreón de la Zuda, Plaza Pio XII.
Post: Paseo de la Independencia 33.
Madrid, Barcelona.
Madrid, Barcelona, Irún, Bilbao, Valencia, Valladolid, Canfranc.
Provinzverbindungen, ferner nach Huesca, Lérida, Soria.
L „Corona de Aragón", César Augusto 13.
„Goya", 5 de Marzo 5; „Gran Hotel", Costa 5; „Rey Alfonso I", Coso 17.
„Oriente", Coso 11; „Europa", Alfonso I 19; „Cataluña", Coso 94; „El Cisne", außerhalb.
„Los Molinos", San Miguel 28; „Lafuente", Valenzuela 7; „Gran Vía", Gran Vía 38.
„Baltasar Gracián", Francoy López 4.
„Casablanca Europ".
Restaurants: „El Cachirulo", gut 4 km außerhalb an der Straße in Richtung Logroño; „Parilla Albarracín", Vía Imperial; „Costa Vasca", Valenzuela 13.

ZARAUZ
15000 (CIT) S. Sebastián.
„La Perla", Avda. Navarra 1.
„Zarauz", Avda. Navarra 4.
„Alameda", Seitximeneta; „Duque", Vizconde Calea 25; „París", Avda. Navarra.
„Gran Camping Zarauz", „Talai-Mendi".

ZUMAYA
7300 S. Sebastián.
„Zumaya", Gorostidi 3–4.

REGISTER

Werden hinter Ortsnamen bzw. Namen von Sehenswürdigkeiten mehrere Seitenzahlen genannt, so weist die fettgedruckte Zahl auf die Seite hin, auf der eine ausführliche Beschreibung des Ortes bzw. der Sehenswürdigkeit beginnt.

Ein Polyglott-Reiseführer sagt Ihnen alles Wichtige, was Sie wissen wollen – vor Antritt der Reise, unterwegs und hält schließlich auch die Erinnerung wach, wenn Sie Ihren Urlaub hinter sich haben.

Denken Sie daran, daß es schon jetzt für mehr als 250 Feriengebiete und Reiseziele in aller Welt Polyglott-Reiseführer gibt. Sie sind – ohne Übertreibung kann es gesagt werden – millionenfach verbreitet! Und wenn Ihr Trip Sie über die Grenzen des deutschen Sprachraumes hinweglockt, so können Sie hierfür beispielsweise die Polyglott-Sprachführer nutzen. Ihr Buchhändler sagt Ihnen, welche es gibt. Denn er möchte ebensowenig wie „Polyglott", daß Sie unvorbereitet oder unzureichend informiert die nächste Reise antreten.

Schließlich will die Polyglott-Redaktion es auch nicht versäumen, Sie auf das große Fremdsprachenprogramm des Langenscheidt-Verlages für Urlaub und Reise hinzuweisen. Hier gibt es spezielle Reise-Sprachkurse mit Büchern und Cassetten, handliche Wörterbücher für unterwegs, Elektronische Wörterbücher im Taschenrechner-Format, Sprachführer für über 20 Sprachen und viele weitere Angebote für Ihre Reise.

Ihr Buchhändler berät Sie gern. Die Stichwörter „Polyglott" und „Langenscheidt" sollten Sie sich auf jeden Fall merken!